Adolf Noreen

Altnordische Grammatik I

Altisländische und Altnorwegische Grammatik

Adolf Noreen

Altnordische Grammatik I

Altisländische und Altnorwegische Grammatik

ISBN/EAN: 9783965065260

Auflage: 1

Erscheinungsjahr: 2021

Erscheinungsort: Treuchtlingen, Deutschland

© Literaricon Verlag UG (haftungsbeschränkt)

www.literaricon.com

Alle Rechte beim Verlag und bei den jeweiligen Lizenzgebern. Dieser Titel ist ein Nachdruck eines historischen Buches. Es musste auf alte Vorlagen zurückgegriffen werden; hieraus zwangsläufig resultierende Qualitätsverluste bitten wir zu entschuldigen.

Printed in Germany

ALTNORDISCHE GRAMMATIK I.

ALTISLÄNDISCHE

UND

ALTNORWEGISCHE GRAMMATIK

UNTER BERÜCKSICHTIGUNG DES URNORDISCHEN

VON

ADOLF NOREEN.

DRITTE VOLLSTÄNDIG UMGEARBEITETE AUFLAGE.

HALLE

MAX NIEMEYER.

1903.

Vorwort.

[I. aufl. 1884.] *Beim ausarbeiten der vorliegenden altisländisch-altnorwegischen grammatik habe ich in erster linie mich bestrebt, der in den vorhandenen werken dieser art wenigstens nach heutigen anforderungen gar zu kärglich bedachten lautlehre die ihr gebührende sorgfältige behandlung angedeihen zu lassen. Aus der besonders in den letzten jahren auf diesem gebiete so reich emporgewachsenen literatur, die ich mit allem fleiss ausgebeutet zu haben glaube, ist in meine darstellung alles das aufgenommen worden, was mir von wesentlicher bedeutung zu sein und dabei die vergleichsweise gesicherten ergebnisse der forschung darzustellen schien, während noch unabgeschlossene untersuchungen und flüssige theorien nur in geringerem masse berücksichtigung finden konnten. — —*

Ein anderer punkt, auf welchen ich auch ganz besonders mein augenmerk gerichtet habe, ist die zeitliche und örtliche auseinanderhaltung der vielartigen in der altnordischen lautgeschichte zu tage tretenden erscheinungen. Ich habe also den versuch gemacht, sowol den lautentwicklungen ihr rechtes sprachgebiet als entweder urnordisch, altisländisch oder altnorwegisch anzuweisen, als auch innerhalb jedes der genannten sprachkreise das gegenseitige chronologische verhältnis der erscheinungen, soweit möglich, festzustellen. — —

[II. aufl. 1892.] *Die schnellen fortschritte unserer wissenschaft haben dazu geführt, dass diese grammatik schon nach wenigen jahren fast wie ein neues buch erscheint. Von arbeiten, die mir bei der ausarbeitung dieser neuen ausgabe besonders nützlich gewesen sind, nenne ich nur für das altnorwegische die ausgezeichnete abhandlung E. Wadsteins, 'Fornnorska homiliebokens ljudlära', Upsala 1890, für das altisländische das musterhafte werk L. Larssons, 'Ordförrådet i de älsta isländska handskrifterna', Lund 1891. — —*

Betreffs der altnordischen orthographie habe ich in dieser auflage (wie auch schon in meiner ‚Geschichte der nordischen sprachen' in Paul's Grundriss I, V, 4) nur die eine wichtige veränderung durchgeführt, welche mir dringend geboten schien, indem ich konsonantisches i *und* u *überall durch* j*, resp.* u *(nicht* j*, resp.* v*) wiedergebe, jenes im einklang mit allen, dieses mit den besten handschriften. — —*

Zur dritten auflage: *Wiederum haben die wissenschaftlichen fortschritte dazu geführt, dass die neue auflage meines buches ein wesentlich verändertes aussehen darbietet. Keine seite, kaum ein einziger paragraph ist ohne erhebliche änderung geblieben. Von arbeiten, die mir bei dieser revision förderlich gewesen sind, mögen besonders hervorgehoben werden: für die allgemeine grammatik die wichtige abhandlung O. v. Friesen's, 'Till den nordiska språkhistorien', Uppsala 1901, welche mir zu einer durchgreifenden umarbeitung der umlautslehre anlass gegeben hat, und für das altnorwegische die reiche materialsammlung M. Hægstad's, 'Gamalt trøndermaal', Kristiania 1899 (desselben 'Maalet i dei gamle norske kongebrev', 1902, habe ich hauptsächlich nur mehr für die nachträge benutzen können).*

Um eine allzugrosse anschwellung des buches zu vermeiden, habe ich jedes irgendwie entbehrliche wort gestrichen, besonders diejenigen vielen altnorwegischen nebenformen, welche nur ganz regelmässige entsprechungen oder rein orthographische varianten zu den altisländischen sind; so dass also jetzt jede von mir erwähnte form, welche nicht ausdrücklich als 'aisl.' oder 'anorw.' angegeben wird, als altisländisch und *altnorwegisch anzusehen ist, obwol sie nur in ihrem altisländischen gewand auftritt. Trotz dieser knappen form ist dennoch das ganze nicht unbedeutend umfangreicher als früher geworden, besonders wol weil ich nötig gefunden habe seltene sprachformen der regel nach durch quellenzitate zu belegen, was hoffentlich beifall finden wird. Auch habe ich zu den etwas seltneren flexionstypen die beispiele soweit möglich vollständig angeführt, was nicht nur* an und für sich empfehlenswert erschien, sondern auch dadurch geboten, das Wimmer's grammatik, auf die ich in den früheren auflagen diesbezüglich manchmal rekurrieren konnte, jetzt nicht mehr vorrätig ist.

In der orthographie habe ich jetzt, wie schon in meinem 'Abriss der an. (aisl.) grammatik', 1896, die änderung vorgenommen, dass ich ausser bei wiedergabe rein altnorwegischer formen das zeichen ð durch þ ersetzt habe, dies in übereinstimmung mit den ältesten altisländischen handschriften und vielen in der letzten zeit erschienenen ausgaben (auch solchen, die hauptsächlich für anfänger bestimmt sind) wie Sijmon's und Jónsson's Eddaausgaben, Golther's und Jónsson's ausgaben der Íslendingabók u. a. Zwar halte ich aus gründen, die Brate in Bezzenberger's Beiträgen XI, 179 ff. trefflich entwickelt hat, diese neuerung weder von der wissenschaft unbedingt erheischt, noch für den ersten unterricht gerade förderlich, aber sie ist doch eine früher oder später zu ziehende konsequenz unserer sonstigen altisländischen orthographie und scheint deshalb auch schon ziemlich allgemein durchgedrungen zu sein.

Herzlichen dank schulde ich herrn cand. phil. T. Ericsson, der auf meinen wunsch die zusammenstellung des registers zu übernehmen die güte hatte.

Uppsala, 15. jan. 1903.

Adolf Noreen.

Inhalt.

	seite
Einleitung § 1—16	1

Lautlehre.

	seite
I. Abschnitt: Einleitendes über schrift und aussprache	26
Kap. 1. Die runen § 17—21	26
Kap. 2. Das lateinische alphabet § 22—51	29
I. Aussprache der vokalzeichen § 23—33	30
II. Aussprache der konsonantenzeichen § 34—45	32
III. Phonetische übersicht § 46—51	36
II. Abschnitt: Die sonanten	41
Kap. 1. Lautgesetze der starktonigen silben § 53—129	41
A. Qualitative veränderungen § 53—116	41
I. Urnordische vorgänge § 53—57	41
II. Umlaut § 58—83	45
A. Verschiebung durch palatalisirung § 59—72	45
1. *i*-umlaut § 60—64	46
2. *j*-umlaut § 65—67	51
a) Regressiver umlaut § 65—66	51
b) Progressiver umlaut § 67	53
3. *R*-umlaut § 68—69	53
4. Palatalumlaut § 70—72	55
B. Verschiebung durch labialisirung § 73—83	56
1. *u*-umlaut § 74—78	56
2. *w*-umlaut § 79—81	67
3. Labialumlaut § 82—83	71
III. Brechung § 84—92	72
IV. Die diphthonge § 93—102	78
a) Entwicklung der alten diphthonge § 93—97	78
b) Entstehung neuer diphthonge § 98—102	80
V. Sonstige verschiebungen § 103—116	82
B. Quantitative veränderungen § 117—129	90
I. Dehnung § 117—121	90
II. Kürzung § 122—124	93
III. Hiatuserscheinungen § 125—129	96
Kap. 2. Lautgesetze der schwachtonigen silben § 130—153	99
I. Urnordische vorgänge § 130—136	99
II. Sonstige qualitative veränderungen § 137—143	102

	seite
III. Kürzung § 144—145ᵃ	109
IV. Schwund § 145ᵇ—152	111
V. Svarabhakti § 153	118
Kap. 3. Vokalwechsel aus urgerm. zeit stammend § 154—167	119
I. Spuren speziell urgerm. lautgesetze § 154—157	119
a) Umlautserscheinungen § 154—155	119
b) Sonstiges § 156—157	122
II. Ablaut § 158—167	123
Kap. 4. Etymologische übersicht über die sonanten § 168—212	133
I. Die sonanten der starktonigen silben § 168—208	133
1. Monophthonge § 168—185	133
2. Diphthonge § 186—208	137
II. Die sonanten der schwachtonigen silben § 209—212	140
III. Abschnitt: Die konsonanten	141
Kap. 1. Urnordische vorgänge § 214—228	142
A. Qualitative und quantitative veränderungen § 214—221	142
B. Schwund § 222—228	146
Kap. 2. Altwestnordische lautgesetze § 229—306	152
I. Wechsel der artikulationsarten § 229—246	152
A. Die stimmhaften spiranten § 229—231	152
B. Die stimmlosen spiranten § 232—235	158
C. Die stimmhaften explosivæ § 236—238	159
D. Die stimmlosen explosivæ § 239—241	160
E. Die halbvokale, nasale und liquidæ § 242—246	162
II. Wechsel der artikulationsstellen § 247—256	163
A. Die labiale § 247—250	163
B. Die interdentale und dentale § 251—253	165
C. Die palatale und velare § 254—256	166
III. Quantitative veränderungen § 257—276	168
A. Dehnung § 257—272	168
1. Assimilation § 257—268	168
a) Regressive assimilation § 257—264	168
b) Progressive assimilation § 265—268	173
2. Sonstige fälle von konsonantendehnung § 269—272	177
B. Kürzung § 273—276	181
IV. Uebrige lautgesetze der konsonanten § 277—306	184
A. Schwund § 277—306	184
1. Im anlaute § 277—280	184
2. Im in- und auslaute § 281—293	185
B. Zusatz § 294—302	195
C. Metathese § 303—306	197
Kap. 3. Konsonantenwechsel aus urgermanischer zeit stammend § 307—312	199
I. Spuren urgermanischer lautgesetze § 307—309	199
II. Spuren indoeuropäischer lautgesetze § 310—312	205
Kap. 4. Etymologische übersicht über die konsonanten § 313—345	207

I. Die stimmlosen explosivæ § 313—318 207
II. Die stimmhaften explosivæ § 319—324 208
III. Die stimmlosen spiranten § 325—331 210
IV. Die stimmhaften spiranten § 332—334 211
V. Nasale § 335—339 212
VI. Liquidæ § 340—343 213
VII. Halbvokale § 344—345 214

Flexionslehre.

I. Abschnitt: Deklination 215
  Kap. 1. Deklination der substantiva § 346—412 215
    A. Vokalische stämme (starke deklination) § 346—388 . . . 215
      I. a-stämme § 346—362 215
        a) Reine a-stämme § 347—353 216
        b) wa-stämme § 354—356 223
        c) ja-stämme § 357—359 224
        d) ia-stämme § 360—362 225
      II. ō-stämme § 363—374 227
        a) Reine ō-stämme § 364—369 227
        b) wō-stämme § 370 230
        c) jō-stämme § 371—373 230
        d) iō-stämme § 374 231
      III. i-stämme § 375—382 232
      IV. u-stämme § 383—388 238
    B. n-stämme (schwache deklination) § 389—401 242
      I. an-stämme § 389—395 242
      II. ōn-stämme § 396—399 245
      III. in-stämme § 400—401 247
    C. Uebrige (konsonantische) stämme § 402—412 248
      I. Einsilbige stämme § 402—408 248
      II. r-stämme § 409—411 252
      III. nd-stämme § 412 252
  Kap. 2. Deklination der adjektiva § 413—431 254
    A. Starke deklination § 414—421 254
      a) Reine a-, ō-stämme § 416—419 256
      b) wa-, wō-stämme § 420 260
      c) ja-, jō-stämme § 421 261
    B. Schwache deklination § 422—425 261
      a) Flexion des positivs und superlativs § 423—424 . 262
      b) Flexion des komparativs und partic. präs. § 425 . 262
    C. Komparation § 426—431 263
    Anhang: Komparation der adverbia § 432—433 267
  Kap. 3. Die zahlwörter § 434—453 268
    a) Kardinalzahlen § 434—443 268
    b) Ordinalzahlen § 444—448 271
    c) Andere numeralia § 449—453 272

Inhalt.

		seite
Kap. 4. Pronomina § 454—469		273
1. Persönliche § 454—456		273
a) Ungeschlechtige § 454—455		273
b) Geschlechtiges § 456		275
2. Possessiva § 457		276
3. Demonstrativa § 458—462		277
4. Relativa § 463		281
5. Interrogativa § 464		282
6. Indefinita § 465—469		284
II. Abschnitt: Konjugation		288
A. Tempusbildung § 470—516		288
I. Starke verba § 471—496		288
a) Ablautende verba § 472—491		289
Klasse I § 472—473		289
Klasse II § 474—478		290
Klasse III § 479—485		292
Klasse IV § 486		295
Klasse V § 487—488		296
Klasse VI § 489—491		298
b) Reduplizirende verba § 492—496		300
Klasse I § 492		300
Klasse II § 493		300
Klasse III § 494		301
Klasse IV § 495		302
Klasse V § 496		302
II. Schwache verba § 497—510		303
a) Erste schwache konjugation § 499—501		304
b) Zweite schwache konjugation § 502—504		305
c) Dritte schwache konjugation § 505—508		307
d) Vierte schwache konjugation § 509—510		310
III. Verba, die zum teil stark, zum teil schwach gehen § 511—516		311
a) Verba präterito-präsentia § 511—515		311
b) Das verbum *valda* § 516		314
B. Endungen § 517—536		314
I. Aktivum § 517—531		314
a) Infinitiv § 518—519		315
b) Präsens indikativ § 520—522		316
c) Präteritum indikativ § 523—524		321
d) Konjunktiv (optativ) § 525—527		323
e) Imperativ § 528		325
f) Participium § 529—531		326
II. Medio-passiv § 532—536		327
Anhang: Die wichtigsten urnordischen inschriften		334
Nachträge und berichtigungen		348
Register		350

Verzeichnis wichtiger abkürzungen.

Aarbøger = Aarbøger for nordisk oldkyndighed, København 1866 ff.
Accentuierung = Die alt- und neuschwedische accentuierung von A. Kock, Strassburg 1901 (Quellen und forschungen LXXXVII).
adän. = altdänisch.
AfdA. = Anz. f. d. A. (s. unten).
afranz. = altfranzösisch.
afris. = altfrisisch.
ags. = angelsächsisch.
agutn. = altgutnisch.
ahd. = althochdeutsch.
aind. = altindisch.
air. = altirisch.
aisl. = altisländisch.
allg. = allgemein.
an. = altnordisch.
anal. = analogisch.
anfr. = altniederfränkisch.
An. gr. II = Altnordische grammatik II. Altschwedische grammatik von A. Noreen, Halle 1897 ff.
Annaler = Annaler for nordisk oldkyndighed, København 1836 ff.
anorw. = altnorwegisch.
Ant. tidskr. f. Sv. = Antiqvarisk tidskrift för Sverige, Stockholm 1864 ff.
Anz. f. d. A. = Anzeiger für deutsches alterthum, Berlin 1876 ff.
aostnorw. = altostnorwegisch.
aostn. = altostnordisch.
Arkiv = Arkiv for nordisk filologi (s. § 16, a, s. 22).
as. = altsächsisch.
aschw. = altschwedisch.

asl. = altslavisch.
awestnorw. = altwestnorwegisch.
beisp. = beispiel.
Beitr. = Beiträge zur geschichte der deutschen sprache und literatur, Halle 1874 ff.
bes. = besonders.
Beyging = J. Þorkelsson, Beyging sterkra sagnorða í íslensku, Reykjavík 1888.
bez. = bezeichnet, -en.
Bezz. Beitr. = Beiträge zur kunde der indogermanischen sprachen, herausgg. von A. Bezzenberger, Göttingen 1877 ff.
Bidrag = Bidrag til den ældste skaldedigtnings historie af S. Bugge, Christiania 1894.
Burg = Die älteren nordischen runeninschriften von Fritz Burg, Berlin 1885.
Cod. AM. s. § 12 anm. 2 (s. 13).
Cod. Holm. s. § 12 anm. 2 (s. 13).
Cod. Reg. g. s. s. § 12 anm. 2 (s. 13).
Cod. Tunsb. = Codex Tunsbergensis (s. § 15, 25).
Cod. Ups. Delag. s. § 12 anm. 2 (s. 13).
d. = deutsch.
dän. = dänisch.
dial. = dialektisch.
dicht. = dichterisch.
Egilsson = Lexicon poëticum, conscripsit S. Egilsson, Havniæ MDCCCLX.
engl. = englisch.
F. Hom. = Fornnorska homliebokens ljudlära af E. Wadstein, Upsala 1890.

Verzeichnis wichtiger abkürzungen.

finn. = finnisch.
Forn. forml. = L. F. A. Wimmer, Fornnordisk formlära (s. § 16, a; die citate stimmen auch mit desselben verfassers 'Altnordische grammatik, aus dem dänischen übersetzt von E. Sievers', Halle 1871).
Fritzner = Ordbog over Det gamle norske Sprog af J. Fritzner. Omarbeidet Udgave. I—III, Kristiania 1886—96.
germ. = germanisch.
Germania = Germania. Vierteljahrsschrift hrsgg. von F. Pfeiffer und K. Bartsch, Stuttgart und Wien 1856—81.
geschr. = geschrieben.
gew. = gewöhnlich.
got. = gotisch.
Gött. gel. anz. = Göttingische gelehrte anzeigen.
gr. = griechisch.
Grundriss [1, 2] = Grundriss der germanischen philologie, hrausgg. von H. Paul, 1., resp. 2. auflage, Strassburg 1891, 1892, resp. 1897 ff.
G. Tr. = Gamalt trøndermaal Av M. Hægstad, Kristiania (Videnskabsselskabets Skrifter II, 1899, no. 3) 1899.
Hb. = Hauksbók udg. af Det kong. nord. Oldskrift-selskab, København 1892—96.
hdschr. = handschrift.
Hertzberg = E. Hertzberg, Glossarium, Christiania 1895 (Norges gamle love V, 2).
Hild. = Hildinakvadet av M. Hægstad, Christiania (Videnskabsselskabets Skrifter II, 1900, no. 2) 1900.
ieur. = indoeuropäisch.
I. F. = Indogermanische Forschungen. Zeitschrift hrsgg. von K. Brugmann und W. Streitberg, Strassburg.
I. F. Anz. = Anzeiger für indogermanische Sprach- und Altertumskunde, hrsgg. von W. Streitberg, Strassburg.
inschr. = inschrift, -en.
isl. = isländisch.
Kong. = Maalet i dei gamle norske kongebrev av M. Hægstad, Kristiania (Videnskabsselskabets Skrifter I, 1902, no. 1) 1902.
kons. = konsonant(isch).
K. Z. = Zeitschrift für vergleichende sprachforschung, hrsgg. von A. Kuhn u. a., Berlin 1852 ff.
lapp. = lappisch.
Larsson = Ordförrådet i de älsta isländska handskrifterna av L. Larsson, Lund 1891.
lautges. = lautgesetzlich.
Læsebog = L. F. A. Wimmer, Oldnordisk læsebog (s. § 16, f.).
lehnw. = lehnwort, -wörter.
litau. = litauisch.
mengl. = mittelenglisch.
misl. = mittelisländisch.
mnorw. = mittelnorwegisch.
mndd. = mittelniederdeutsch.
ndän. = neudänisch.
ndd. = (neu)niederdeutsch.
ngutn. = neugutnisch.
nisl. = neuisländisch.
nnorw. = neunorwegisch.
No. Hom. = das anorw. homilienbuch (s. § 15, 4).
No. I. = Norges Indskrifter med de ældre Runer. Udg. ved S. Bugge, Christiania 1891—1903.
nschw. = neuschwedisch.
N. spr. = Till den nordiska språkhistorien. Bidrag af O. v. Friesen, Uppsala 1901 (Skrifter utg. af K. Hum. Vetenskaps-Samfundet i Uppsala VII, 2).
obl. = casus obliqui.
onorw. = ostnorwegisch.
orkn. = orknöisch.
ostn. = ostnordisch.
Reykj. Máld. = Reykjaholts Máldagi (s. § 12, 1 und 9).

Rímb. = Rímbeygla (s. § 12, 3).
run. = runisch.
Runenschrift = Die runenschrift von L. F. A. Wimmer. Uebers. von F. Holthausen, Berlin 1887.
schw. = schwach.
selt. = selten.
shetl. = shetländisch.
Skjaldesprog = Det norsk-islandske skjaldesprog. Af F. Jónsson, København 1901.
son. = sonant(isch).
Sønderjyll. run. = Sønderjyllands runemindesmærker af L. F. A. Wimmer, København 1901. (Separat aus 'Haandbog i det nordslesvigske spörgsmaals historie').
st. = stark.
St. Hom. = das Stockholmer homilienbuch (s. § 12, 7).
Studier = Studier over de nordiske Gude- og Heltesagns Oprindelse af S. Bugge, Christiania 1881—89.
Supplement = Supplement til islandske Ordbøger af J. Þorkelsson, (ved J. Thorkelsson) I, II, IV, Reykjavík 1876, 1879—85, 1899.
Sv. fornm. tidskr. = Svenska fornminnesföreningens tidskrift, Stockholm 1872 ff.

Sv. Landsm. = Nyare bidrag till kännedom om de svenska landsmålen ock svenskt folklif, Stockholm 1879 ff.
Tidskr. f. Fil. N. R. = Nordisk Tidskrift for Filologi (og Pædagogik), Ny Række, København 1874 ff.
Tidskr. f. Phil. og Pæd. = Tidskrift for Philologi og Pædagogik, København 1860 ff.
Upphavet = Upphavet til det norske folkemaal av M. Hægstad, Kristiania 1899. (Separat aus 'Syn og segn').
urgerm. = urgermanisch.
Urg. lautl. = Abriss der urgermanischen lautlehre von A. Noreen, Strassburg 1894.
urn. = urnordisch.
urspr. = ursprünglich.
Vigfusson = An icelandic-english dictionary by G. Vigfusson, Oxford MDCCCLXXIV.
vok. = vokal.
westn. = westnordisch.
wgerm. = westgermanisch.
wnorw. = westnorwegisch.
ZfdA. = Zeitschrift für deutsches Alterthum, Leipzig und Berlin 1841 ff.
ZfdPh. = Zeitschrift für deutsche Philologie, Halle 1868 ff.

Einleitung.

§ 1. Unter altnordisch (an.) verstehen wir hier die sprache der germanischen bewohner des skandinavischen nordens (mit einschluss von Island, Grönland und den Färöern) und der vom norden aus besiedelten gegenden der jetzigen britischen, russischen und deutschen reiche, von den anfängen dieser sprache bis zur reformation (um 1530). Seit welcher zeit die germanische bevölkerung im norden wohnhaft gewesen ist, kann noch nicht einmal annäherungsweise exakt angegeben werden. Jedenfalls steht es fest, dass sie schon vor Christi geburt da war, ja nach Montelius schon im anfang des sogen. steinalters (im 3. jahrtausend v. Chr.). Indessen kennt man nichts von der beschaffenheit der sprache in der zeit v. Chr.

Anm. 1. Man wendet bisher oft — aber sehr inkorrekt — die bezeichnung altnordisch als gemeinsamen namen für nur zwei (übrigens nicht hinlänglich scharf aus einander gehaltene) altnordische sprachen (das altisländische und das altnorwegische) an. Diese ausdrucksweise, anfänglich auf einem theoretischen irrtum beruhend, muss aber jetzt, weil auch praktisch irre führend, vermieden werden.

Anm. 2. Ueber das alter der germ. sprache im norden s. einerseits O. Montelius, Nordisk tidskrift 1884, s. 21, G. Kossinna, I. F. VII, 276 ff., 293 note und K. B. Wiklund, När kommo svenskarne till Finland? Upsala 1901; andererseits Joh. Steenstrup, Historisk tidskrift (dän.) 6. Række, VI, 114, R. Saxén, Den svenska befolkningens ålder i Finland (in Finska forminnesföreningens tidskrift XXI, no. 3), Helsingfors 1901 und B. Salin, Vitterhets historie och antiqvitets akademiens Månadsblad 1896, s. 42 ff. (Stockholm 1901).

§ 2. Seinen verwandtschaftsverhältnissen nach bildet das nordgermanische oder nordische einen selbständigen zweig innerhalb der germanischen (germ.) familie des indoeuropäischen (ieur.) sprachstammes. Seine nächsten verwandten sind also die beiden übrigen zweige derselben familie, der (vandilische oder) ostgermanische — das gotische (got.),

§ 3. Einleitung.

wandalische, burgundische u. a. umfassend — und der (deutschenglische oder) westgermanische (wgerm.), von denen vielleicht jener dem nordischen etwas näher steht, weshalb er früher oft mit diesem unter dem namen "ostgermanisch" zusammengefasst worden ist. Die vorzugsweise wichtigen übereinstimmungen der nord- und ostgermanischen sprachen sind:

1. Die vertretung des urgermanischen *ww* durch *ggw*, z. b. aisl. *tryggue*, got. *triggwa* der treue.

2. Die vertretung des urgerm. *jj* durch *ggj*, resp. *ddj*, z. b. aisl. *tueggia*, got. *twaddjē* zweier.

3. Die erhaltung der alten endung *-t* in der 2. sg. prät. ind. (wgerm. auf *-i*), z. b. aisl. und got. *gaft* gabst.

Anm. Noch andere übereinstimmungen erwähnt H. Hirt, Journal of germ. philology II, 272.

§ 3. Das altnordische ist keine einheitliche sprache, sondern eine kollektivbezeichnung vieler zu verschiedenen zeiten und in verschiedenen gegenden existierenden sprachen, von denen die älteste, die zugleich die mutter der übrigen ist, passend als urnordisch (urn.) bezeichnet wird. Unter der urnordischen sprache versteht man demnach das altnordische bis zu der zeit seiner verzweigung in verschiedene dialekte, die später als völlig selbständige sprachen hervortraten. Diese spaltung fällt in die sogenannte vikingerzeit (c. 800 bis c. 1050) und ergab statt éiner altnordischen sprache zunächst drei: altnorwegisch (anorw.), altschwedisch (aschw.), das in weiterem verstand auch den sehr eigentümlichen altgutnischen (agutn.) dialekt umfasst, und altdänisch (adän.), zu denen nach der besiedelung Islands (c. 900) bald als vierte altisländisch (aisl.) kam. Erst im 11. jahrh. sind die differenzen so gross, dass man von vier (literatur)sprachen, statt dialekten, reden darf, wenn auch noch lange zeit einerseits aisl. und anorw., andererseits aschw. und adän. einander sehr nahe stehen, so dass man die beiden ersten als westnordische (westn.), die beiden letzteren als ostnordische (ostn.) gruppe zusammenzufassen pflegt.

Anm. In der vikingerzeit und noch später wurde sowol in Skandinavien als in England das altnordische als *dǫnsk tunga* 'dänische zunge' bezeichnet. Später kam dieser ausdruck auch, obwol selten, in der bedeutung von westnordischer sprache statt des dann in dieser bedeutung üblichen *norrǿnt mál* 'nordische sprache' vor.

§ 4. Die hauptkennzeichen des urnordischen gegenüber dem gotischen sind:
1. Die erhaltung der stammauslaute *a* und *i* im nom. und acc. sg. der *a*- und *i*-stämme (got. synkope), z. b. ðaȝaʀ : *dags* tag, *staina* : *stain* stein, -ȝastiʀ : *gasts* gast.
2. Die endung *-as* im gen. sg. der *a*-stämme (got. *-is*), z. b. ȝoðaȝas : *dagis* tages.
3. Die endung *-ē* im dat. sg. der *a*-stämme (got. *-a*), z. b. *-kurnē* : *kaúrna* korn.
4. Die endung *-an* im gen. und dat. sg. der *an*-stämme (got. *-ins*, resp. *-in*), z. b. *-halaiƀan* : *ga-hlaibin* genossen.
5. Die endung *-iu* im dat. sg. der *u*-stämme (got. *-au*), z. b. *maȝiu* : *magau* sohne.
6. Die endung *-iʀ* im nom. plur. der *r*-stämme (got. *-jus*), z. b. ðohtriʀ : *dohtrjus* töchter.
7. Die endung *-ō* in der 1. sg. des schwachen präteritums (got. *-a*), z. b. *tawiðō* : *tawida* brachte zu stande.

§ 5. Die denkmäler des urnordischen bestehen ausschliesslich aus runeninschriften. Diese, die an altertümlichkeit der sprachform alle übrigen germanischen sprachdenkmäler überragen, bedienen sich des älteren, allen germanischen stämmen gemeinsamen runenalphabets von 24 zeichen und sind zu einer anzahl von über 100 in Schweden, Norwegen, Dänemark und Schleswig vorhanden. Von dieser ziemlich grossen anzahl sind jedoch nur etwa die hälfte von eigentlich sprachlicher bedeutung, und auch von diesen sind die meisten sehr kurz. Die wichtigsten sind die folgenden, welche hier in chronologischer ordnung aufgeführt werden, wiewol bei vielen die datierung sehr unsicher ist und die ansichten der gelehrten zum teil noch weit aus einander gehen.

Aus der zeit c. 250—300 n. Chr. die inschriften von Vi und Torsbjærg.

300—400 die inschriften von Gallehus, Einang, Himlingøie und Nydam.

400—500 die inschriften von Kragehul, Lindholm, Tune und Stenstad.

500—600 die inschriften von Etelhem, Valsfjord, Sjælland (brakteat nr 57), Åsum, Bø, Bratsberg, die ältere von Tørviken (oder Jondal), die ältere von Mykle-

4   § 6. Einleitung.

bostad, Skärkind, Vånga, Kjølevig (oder Strand), Tomstad, Tanum, Berga, Skåång, Möjebro (oder Hagby), Järsberg (oder Varnum), Opedal, Reistad und Årstad. 600—700 die inschriften von Svarteborg, Veblungsnæs, Tjurkö, Fonnås, By, Istaby, Gommor, Stentofta und Ødemotland. 700—800 die inschriften von Ågedal, Noleby (oder Fyrunga), Björketorp, Vatn, Flistad, Sölvesborg und Räfsal.

<small>Anm. Ueber die urn. inschriften vgl. u. a. besonders die bahnbrechenden abhandlungen von S. Bugge in Tidskr. f. Phil. og Pæd. VII, VIII und in Aarbøger 1871, sowie desselben grossartiges werk Norges Indskrifter med de ældre Runer, Chra. 1891 ff.; ferner L. Wimmer, Die runenschrift, Berlin 1887, Sønderjyllands runemindesmærker, Kopenhagen 1901; F. Burg, Die älteren nordischen runeninschriften, Berlin 1885; E. Brate in Bezz. Beitr. XI, 177 ff. Zur chronologie vgl. O. Montelius in Sv. fornm. tidskr. VI, 236 ff. und IX, 272 ff.; Wimmer, Runenschrift, s. 300 ff., Sønderjyll. run., s. 28 ff.; Bugge, No. I. passim. Abbildungen bei G. Stephens, Handbook of the old northern runic monuments of Scandinavia and England, Kopenh. 1884; die norwegischen besser bei Bugge, No. I.</small>

§ 6. Eine andere, zum teil vielleicht ältere quelle zur kenntnis des urnordischen haben wir in den lehnwörtern, die aus dem urn. in die finnischen und lappischen sprachen hineingekommen sind, und die oft noch altertümlichere sprachformen als die der runeninschriften voraussetzen, was vielleicht daraus zu erklären ist, dass die entlehnungen zum teil schon in den ersten jahrhunderten unserer zeitrechnung (um 500 oder noch früher) stattgefunden haben; anderseits aber ist es oft schwer oder unmöglich, diese lehnwörter von den in das finnische eingedrungenen gotischen wörtern auszuscheiden, ein umstand, welcher den wert dieser quelle für die nordische sprachgeschichte sehr vermindert, besonders weil eben die altertümlichsten formen in dieser weise zweideutig sind.

<small>Anm. Vgl. V. Thomsen (übers. von E. Sievers), Ueber den einfluss der germ. sprachen auf die finnisch-lappischen, Halle 1870, Beröringer mellem de finske og de baltiske Sprog (in Videnskabs Selskabets Skrifter, 6. Række, hist. og phil. Afd. I, 1), Kopenh. 1890 (bes. s. 27 ff., 150 f.); K. B. Wiklund, Lule-Lappisches Wörterbuch, Helsingfors 1890 (bes. s. 179 ff.), Laut- und Formenlehre der Lule-Lappischen Dialekte (in Göteborgs K. Vetenskaps- och Vitterhets Samhälles Handlingar, Ny tidsföljd XXV), Sthlm. 1891, Die nordischen Lehnwörter in den russisch-lappischen Dialekten (in Journal de la société finno-ougrienne X, 146), Helsingfors 1892; J. K. Qvigstad, Nordische Lehnwörter im Lappischen (in Christiania Videnskabs-Selskabs Forhandlinger 1893, no. 1), Christiania 1893.</small>

§ 7. 8. Einleitung.

§ 7. Weniger ergiebig ist eine dritte, übrigens oft schlecht überlieferte, quelle: die nordischen orts- und völkernamen bei lateinischen und griechischen schriftstellern aus den ersten sieben jahrhunderten unserer zeitrechnung, wie z. b. Strabo, Mela, Plinius, Tacitus, Ptolemæus, Procopius und vor allem Jordanes (im 6. jahrh.).

Anm. Vgl. K. Müllenhoff, Deutsche alterthumskunde II, Berlin 1887; L. F. Läffler, Om de östskandinaviska folknamnen hos Jordanes (in Sv. Landsm. XIII, 9), Sthlm. 1894; Th. v. Grienberger, ZfdA. XLVI, 128 ff.

§ 8. Eine übersicht der urn. grammatik zu geben ist wenigstens zur zeit nicht wol möglich, da die quellen teils an umfang unzureichend, teils oft nicht sicher deutbar sind. Die bisherigen ergebnisse der forschungen auf diesem gebiete finden daher am besten ihren platz als momente in der darstellung der beiden altertümlichsten tochtersprachen des urnordischen. Dies sind die westnordischen.

Die wichtigsten übereinstimmungen der beiden westnordischen literatursprachen, wie sie in den ältesten quellen hervortreten, gegenüber den ostnordischen sind:

1. Umlaut in vielen fällen, wo er im ostn. nicht da ist, z. b. westn. *være* : ostn. *vāre* (er) wäre, westn. *i gǽr* : ostn. *ī gār* gestern, westn. *lǫnd* : ostn. *land* länder.

2. Ein silbenauslautendes *u* in gewissen wörtern, wo im ostn. *ō* auftritt, z. b. westn. *kú* : ostn. *kō* kuh, westn. *sú* : ostn. *sō* sau, westn. *gnúa* : ostn. *gnōa* reiben u. dgl.

3. Uebergang von *ī, ē, ȳ* in konsonantisches *i* vor *a, o, u*, welcher dem ostn. mit wenigen ausnahmen fremd ist, z. b. westn. *siá* : ostn. *sēa* sehen, westn. *fiande* : ostn. *fīande* feind, westn. *biár* : ostn. *bȳar* dorfes.

4. Assimilation von *mp, nk, nt* zu resp. *pp, kk, tt* in weit grösserem umfange als im ostn. durchgeführt, z. b. westn. *kroppenn* : ostn. *krumpin* krüppelig, westn. *ekkia* : ostn. *œnkia* wittwe, prät. westn. *batt* : ostn. *bant* band.

5. Die endungen pl. nom. *-er, -ir*, acc. *-e, -i* statt ostn. nom. *-iar, -iær*, acc. *-ia, -iæ* bei sehr vielen maskulinen (*i-* und *ja*-stämmen), z. b. westn. *drenger, -e* : ostn. *drængiar, -ia* bursche.

6. Die endung *-onom, -unum* gegen (normalerweise) ostn. *-umin, -omen* im dat. pl. des mit suffigiertem artikel versehenen substantivs, z. b. westn. *fótonom* : ostn. *fōtumin* den füssen.

§ 9. Einleitung.

7. Einzelne wichtigere pronominalformen, wie z. b. westn. *ek* : ostn. *iak, iœk* ich; westn. *vér* (anorw. auch *mér*) : ostn. *vī(r)* wir; westn. *ér* oder *þér* : ostn. *ī(r)* ihr; westn. *sem* : ostn. *sum* gleichwie; u. a.

8. Die präteritalbildung auf *-ra*, welche im ostn. nicht vorkommt, z. b. 3. sg. westn. *sere* : ostn. *sāþe* säete.

9. Die medio-passiv-form auf *-sk* neben der im ostn. fast ausschliesslich gebräuchlichen auf *-s(s)*, z. b. westn. *kallask* : ostn. *kallas(s)* genannt werden.

Anm. Was hier angeführt ist, gilt nur für die eigentlichen literatursprachen. Dialektisch kamen ohne zweifel vielfache abweichungen vor, wie dies besonders in moderner zeit der fall ist. (Ueber die gruppierung der neunordischen dialekte s. J. A. Lundell: ‚Svenska folkmålens frändskaper' in Antropologiska sektionens tidskrift B. I, h. 5, Stockholm 1880).

§ 9. Die hauptunterschiede des altisländischen und altnorwegischen unter einander, wie sie in den ältesten literarischen quellen hervortreten, sind:

1. *U*-umlaut im aisl. in vielen fällen, wo er im anorw. (bes. im onorw.) nicht vorhanden ist, z. b. dat. pl. aisl. *sǫkom* : aonorw. *sakum* sachen, 1. pl. prät. aisl. *kǫlloþom* : aonorw. *kallaðom* nannten.

2. Aisl. regelmässig *e, o* statt resp. *i, u* überall in endungen und ableitungssilben, während dagegen im anorw. (normalerweise) durch eine art von vokalharmonie *e, o* nur nach gewissen vokalen der vorhergehenden silbe eintreten, z. b. 3. sg., resp. pl. prät. ind. aisl. *spurþe, -þo* : anorw. *spurði, -ðu* fragte, -en, aber sowol aisl. wie anorw. *lodde, -o* haftete, -en.

3. Erhaltung im aisl. von anlautendem *h* vor *l, n, r*, welches im anorw. (ausser in den dialekten von Orknö und Shetland) ziemlich früh schwindet, z. b. aisl. *hlaupa* : anorw. *loupa* laufen, aisl. *hníga* : anorw. *níga* sich neigen, aisl. *hringr* : anorw. *ringr* ring.

4. Uebergang von tautosyllabischem *ðn* in *mn*, von dem das aisl. ziemlich wenige spuren hat, ist im anorw. fast als regel zu betrachten, z. b. aisl. *suefn* : anorw. *suemn* schlaf.

5. Aisl. selten, anorw. dagegen häufig sind die pronominalformen *mit* neben *vit* wir zwei, *mér* neben *vér* wir, *huarr* neben *huœrr* (aisl. *huerr*) welcher von mehreren.

6. Speziell anorw. ist die endung -*r* neben -*ð*, -*t* in der 2. pl., z. b. aisl. *grípeþ*, -*et* : anorw. *grípir*, -*ið*, -*it* greifet, aisl. *gripoþ*, -*ot* : anorw. *gripur*, -*uð*, -*ut* griffet.

§ 10. In der geschichte des altisländischen möchte man am passendsten drei perioden unterscheiden: Die erste von den anfängen der besiedelung (ende des 9. jahrhs.) bis um 1200 zeigt noch eine sprachform die anfangs natürlich gar nicht, später fast nur durch die oben (§ 9) angegebenen merkmale von dem ältesten anorw. unterscheidbar ist. Die zweite, die des sog. klassischen aisl., von c. 1200 bis c. 1350 zeigt dagegen wichtige sprachliche veränderungen, die den unterschied vom anorw. scharf hervortreten lassen, wie z. b. den übergang von *ǿ* in *ǽ* (s. § 115), später auch von *é* in *ié* (§ 99); die dehnung von *a*, *o*, *u* vor *l* + *f*, *g*, *k*, *m*, *p*, später auch von *a* vor *ng* und *nk* (§ 119, 3 und 4); die vertretung älterer *e*, *o* in endungen durch resp. *i*, *u* (§ 138, 1 und § 139, 1); später diphthongierung von *e*, *ǫ* zu resp. *ei*, *au* vor *ng*, *nk* (§ 98 und § 101), während *ǫ* sonst zu *ø* wird (§ 110, 2); svarabhaktisches *u* vor antekonsonantischem *r* (§ 153, 1); mediopassiv auf -*z*, später -*zt* statt -*sk*. Die dritte — 'mittelisländische' (misl.) — periode von c. 1350 bis um 1530 zeigt spuren von mehreren sprachlichen erscheinungen, die sonst als das neuisländische konstituierend betrachtet werden, wie z. b. den übergang von *á* in *ó* nach *v* und *w* (§ 83); von anlautendem *kn*- in *hn*- (§ 241); von *rn* und *nn* in *ddn* (§ 295); von *rl* und *ll* in *ddl* (§ 295); mediopassiv auf -*st* statt -*zt* u. a. m.

§ 11. Dialektische differenzen innerhalb des altisländischen sind nur in sehr geringem mass bemerkbar, wenn sie auch natürlich nicht ganz fehlen. So z. b. zeigt sich ein übergang von *lf*, *rf* in *lb*, *rb* vorzugsweise in solchen handschriften des 13. und 14. jahrhs., die aus dem westlichen viertel der insel stammen (§ 229, 3). Andererseits unterbleiben im westen die sonst allgemein vor *ng* und *nk* auftretenden erscheinungen: diphthongierung des *e* zu *ei* (§ 98) und dehnung des *a* zu *á* (§ 119, 4). Anlautendes *kn*- ist im norden nicht zu *hn*- (§ 241) geworden. Einige aisl. hdschr. schieben *s* zwischen *f* und *t* ein, andere aber nicht (§ 299, 1). In einigen fällen, wo die schrift keine verschiedenheit aufzuweisen hat, darf eine solche auf grund der jetzigen mundarten vorausgesetzt werden.

§ 12. Einleitung.

So z. b. ist wol der unterschied ziemlich alten datums, dass altes *hw* im norden und westen als *kv*, in einem teile des südöstlichen Islands als *ch*, sonst aber als *chw* ausgesprochen wird. Die hierher gehörigen fragen sind aber bisher fast gar nicht untersucht worden, weshalb nähere aufschlüsse noch nicht zu geben sind. — In wie weit die sprache Grönlands (wo von 986 bis c. 1450 isländische kolonisten wohnten) ein von derjenigen des mutterlandes abweichendes gepräge gehabt hat, ist den unbedeutenden (runen-)denkmälern gegenüber nicht abzusehen.

§ 12. Die denkmäler des aisl. sind zweierlei art:

A. Runeninschriften. Diejenigen (etwa 45), welche sich noch auf Island finden, sind sämmtlich in sprachlicher hinsicht ziemlich wertlos, zumal die ältesten (die inschriften auf dem kirchthor von Valþjófstaður und auf einem grabstein von Hjarðarholt) erst aus dem anfang des 13. jahrhs. stammen und also schon jünger als die ältesten handschriften mit lateinischem alphabet sind.

Anm. 1. Vgl. Kr. Kålund in Aarbøger 1882, s. 57 ff. und B. M. Ólsen in Árbók hins íslenska fornleifafélags 1899, s. 19 ff.

B. Handschriften mit lateinischem alphabet, die sowol überaus zahlreich als auch zum grossen teil sehr wertvoll sind. Von den durch alter oder sonst besonders wichtigen seien hier erwähnt:

a) Aus der zeit 900—1100 stammen die 39 aisl. personennamen im Reichenauer Necrologium; hrsgg. (nur die aisl. namen) in Diplomatarium islandicum I, Kopenh. 1857—76, s. 171 f., und (alle an. namen) in der dänischen Antiquarisk tidsskrift 1843—45, s. 73 ff.

b) Aus dem ende des 12. jahrhs. und der zeit um 1200:

1. Das älteste stück (wahrscheinlich aus der zeit 1178 bis 1193) von dem als Reykjaholts máldagi (inventarienverzeichnis) bekannten originaldokument im stiftsarchiv zu Reykjavík; hrsgg. (photolithographisch) von Samfund til udgivelse af gammel nordisk litteratur, Kopenh. 1885.

2. Ein kleines bruchstück eines homilienbuches, Cod. AM. 237 a, fol.; hrsgg. von Þ. Bjarnarson in Leifar fornra kristinna fræða íslenzkra, Kopenh. 1878, s. 162 ff.; vgl. dazu V. Dahlerup in Tidskr. f. Fil. N. R. IV, 153.

§ 12. Einleitung. 9

3. Eine komputistische abhandlung ('Rímbeygla') und eine glossensammlung, Cod. Reg. g. s. 1812, ältester teil, und (von derselben hand) Cod. AM. 249 l, fol.; jene hdschr. hrsgg. von L. Larsson, Kopenh. 1883, diese von G. Þorláksson in Småstykker udg. af Samfund &c., Kopenh. 1884, s. 78 ff.

4. Zwei bruchstücke der Grágás, Codd. AM. 315 d und (ein wenig jünger) c, fol.; hrsgg. von V. Finsen, jene hdschr. in Grágás, Kopenh. 1852, I. 219 ff. (vgl. dazu J. Hoffory in Tidskr. f. Fil. N. R. III, 294 f. note), diese ib. I, 231 ff. und Grágás, Kopenh. 1883, s. 490 ff.

5. Eine teilungsurkunde in der sog. Þingeyrabók, Cod. AM. 279 a, 4°; hrsgg. (von J. Sigurðsson) in Diplomatarium islandicum I, 305 f.

6. Plácitúsdrápa, Cod. AM. 673 b, 4°; hrsgg. von F. Jónsson in Mindre afhandlinger udg. af det philologisk-historiske samfund, Kopenh. 1887, s. 210 ff.

c) Aus der zeit c. 1200 bis gegen 1250:

7. Das umfangreiche und in sprachlicher, besonders orthographischer, hinsicht sehr wichtige Stockholmer homilienbuch, Cod. Holm 15, 4°; hrsgg. von Th. Wisén, Homilíu-Bók, Lund 1872; vgl. dazu L. Larsson, Studier över den Stockholmska homilieboken I—II, Lund 1887, und Svar på prof. Wiséns 'Textkritiska anmärkningar', Lund 1888, sowie Wisén im Arkiv IV, 193 und Några ord om den Stockholmska homilieboken, Lund 1888.

8. Ein bruchstück des Elucidarius, Cod. AM. 674 a, 4°; hrsgg. (photolithographisch) von der Arnamagnæanischen Kommission (durch K. Gislason), Kopenh. 1869; vgl. dazu Gislason in Aarbøger 1870, s. 262 ff. und Hoffory in Det philologisk-historiske samfunds mindeskrift, Kopenh. 1879, s. 140 ff.

9. Das zweite stück von Reykjaholts máldagi (vgl. 1 oben) aus der zeit 1204—1208; hrsgg. wie 1.

10. Cod. AM. 673 a, 4°, umfassend teils zwei verschiedene, aber gleichzeitige bruchstücke aus dem sog. Physiologus, hrsgg. (photolithographisch) von V. Dahlerup in Aarbøger 1889, s. 199 ff.; teils eine allegorische auslegung vom schiff und regenbogen, hrsgg. von L. Larsson in ZfdA. XXXV, 244 ff.

11. Cod. AM. 655, 4°, fragmm. I (abschrift nach anorw. original), II—VIII, XII—XV, XIX, XXIII, legenden, biblische geschichte u. dgl. enthaltend. Hrsgg. I von Gislason in 'Um frumparta', Kopenh. 1846, s. LXVII ff.; II von C. R. Unger in Mariu saga, Chra. 1871, s. XXXII ff. (teilweise von Gislason, a. o. s. LXIX f.); III—VIII von G. Morgenstern in Arnamagnæanische fragmente, Leipzig-Kopenh. 1893, s. 1—25, 35—44 (vgl. dazu L. Larsson in Anz. f. d. A. XXI, 56 ff.); XII, XIII von Unger in Postola sögur, Chra. 1874, s. 211 ff., 529 ff., 762 ff., 791 ff., 834 ff.; XIX von Unger in Maríu saga, s. XXXI ff.; XXIII von Gislason, a. o. s. LXXXII ff.; unediert sind XIV und XV.

12. Die homilien und dialoge Gregors des grossen, Cod. AM. 677, 4°, älterer teil; hrsgg. von Bjarnarson in Leifar &c., s. 19 ff.; vgl. hierzu Dahlerup in Tidskr. f. Fil. N. R. IV, 150 ff.

13. Zwei homilienbruchstücke, Cod. AM. 686, c und (etwas jünger) b; hrsgg. jenes von Gislason in 'Um frumparta', s. C ff., dieses von Bjarnarson in Leifar &c., s. 175 ff. (vgl. Dahlerup a. o., s. 153 f.).

14. Sechs bruchstücke der ältesten redaktion der sogenannten legendarischen Olafssage im norwegischen reichsarchiv zu Kristiania, membr. nr. 52; aus der zeit 1230 bis 1240; hrsgg. (photolithographisch) von G. Storm in Otte brudstykker af den ældste saga om Olav den hellige, Chra. 1893.

15. Ein grosses bruchstück einer legendensammlung, Cod. AM. 645, 4°, älterer teil; hrsgg. von L. Larsson, Isländska handskriften Nr. 645, 4°, Lund 1885.

d) Aus der zeit c. 1250—1300:

16. Die haupthandschrift der Grágás, Cod. Reg. g. s. 1157, um 1250 geschrieben; hrsgg. von V. Finsen, Grágás I, II, Kopenh. 1852.

17. Die haupthandschrift der sog. Eddalieder, Cod. Reg. g. s. 2365, aus dem ende des jahrhs.; hrsgg. von S. Bugge, Norrœn fornkvæði, Chra. 1867 (vgl. Arkiv II, 116 ff.), phototypisch von L. Wimmer und F. Jónsson, Håndskriftet Nr. 2365 4to gl. kgl. Samling, Kopenh. 1891.

18. Die Uppsalaer handschrift der Snorra Edda,

§ 12. Einleitung.

Cod. Ups. Delag. 11, 4°, aus derselben zeit; hrsgg. (das meiste) von der Arnamagnæanischen kommission (durch J. Sigurðsson) in Edda Snorra Sturlusonar II, Kopenh. 1852, s. 250 ff. (vgl. Dahlerup und Jónsson in Islands grammatiske litteratur, Kopenh. 1884—86, I, 56 ff., sowie E. Mogk in ZfdPh. XXII, 129 ff., 364 ff.), III, Kopenh. 1880—87, s. 259 ff. und (der kleine rest) in Diplomatarium islandicum I, Kopenh. 1857—76, s. 500 f., 504 ff.

e) Aus der zeit c. 1300 bis c. 1350:

19. Der grösste (zum teil etwas norvagisirende) teil der grossen miscellanhandschrift Hauksbók, d. h. Codd. AM. 371, 544 (und 675, 4°; vgl. § 15, 22); hrsgg. (durch F. und E. Jónsson) von Det k. nordiske oldskrift-selskab, Kopenh. 1892—96.

20. 'Annales islandorum regii', Cod. Reg. g. s. 2087, von verschiedenen schreibern zwischen 1306—1328 (mit einigen jüngeren zusätzen) geschrieben; hrsgg. von G. Storm, Islandske annaler, Chra. 1888, s. 79 ff.

21. Cod. reg. g. s. 2367, umfassend teils den ausführlicheren text der Snorra Edda, hrsgg. von der Arnam. komm. in Edda Snorra Sturlusonar I, Kopenh. 1848, s. 24 ff. (vgl. Th. Möbius, Hattatal I, Halle 1879, II, Halle 1881) — handausgabe von F. Jónsson, Kopenh. 1900 —, teils zwei gedichte des Orknöer bischofs Biarne Kolbeinsson: Iómsvikingadrápa, hrsgg. von C. af Petersens, Jómsvikinga Saga, Lund 1879, s. 103 ff., und Málsháttakuæþe, hrsgg. von Th. Möbius in ZfdPh., Ergänzungsband (Halle 1874), s. 1 ff. und 615 f., noch genauer von F. Jónsson in Småstykker udg. af Samfund til udg. af g. nordisk litteratur, Kopenh. 1884—91, s. 283 ff.

22. Die grosse sagenkollektion 'Möðruvallabók', Cod. AM. 132, fol., hrsgg. von F. Jónsson, Egils saga, Kopenh. 1886—88; Kr. Kålund, Laxdœla saga, Kopenh. 1889—91; K. Gislason, Hallfreðs saga in Fire og fyrretyve prøver &c., Kopenh. 1860, s. 6 ff.; H. Gering, Finnboga saga, Halle 1879, und Ǫlkofra þáttr in Beiträge zur deutschen philologie J. Zacher dargebracht, Halle 1880; ferner (mit 'normalisirter' orthographie:) Th. Möbius, Kormaks saga, Halle 1886; G. Þorláksson, Glúma in Íslenzkar fornsögur I, Kopenh. 1880, s. 1 ff.; K. Gislason, Sagan af Droplaugarsonum, Kopenh. 1847, und Fóstbrœðra saga,

§ 12. Einleitung.

Kopenh. 1852; H. Friðriksson, Bandamanna saga, Kopenh. 1850; unediert sind drei bruchstücke der Nials saga.

f) Noch spätere handschriften siud in sprachlicher hinsicht weniger bedeutend. Hier mag von solchen nur erwähnt werden:

23. Die zwischen 1370—80 von zwei händen geschriebene riesige handschrift, geschichtlichen inhalts, Flateyjarbók, d. h. Cod. reg. g. s. 1005; hrsgg. von G. Vigfusson und C. R. Unger, Flateyjarbok I—III, Chra. 1860—68 (ein kleiner teil phototypisch von A. Reeves, The finding of Wineland, London 1890, und — derselbe teil — photolithographisch von dem dän. generalstab, Flateyjarbok, Kopenh. 1893).

Die ältesten aisl. (und anorw.) sprachformen sind oft nicht in den ältesten handschriften zu finden, sondern in einigen skaldengedichten, die zwar erst in handschriften des 13. jahrhs. erhalten sind, die aber in folge der metrischen abfassung manche form von besonderer altertümlichkeit aufbewahrt haben. Eine den heutigen forderungen der wissenschaft genügende ausgabe dieser hochwichtigen denkmäler wird jetzt von der Arnamagnæanischen kommission vorbereitet.

Anm. 2. Ueber die aisl. literatur s. vorzugsweise K. Maurer, Ueber die ausdrücke altnordische, altnorwegische und isländische sprache, München 1867 (in den schriften der bair. akademie); Udsigt over de nordgermaniske retskilders historie, Kra. 1878; Ueberblick über die geschichte der nordgermanischen rechtsquellen, Leipzig 1882 (in v. Holtzendorff's Encyclopädie der rechtswissenschaft I[4], 321 ff.); G. Storm, Snorre Sturlassöns historieskrivning, Kopenh. 1873; G. Vigfusson, Sturlunga saga I (prolegomena), Oxford 1878; G. Þorláksson, Udsigt over de norsk-islandske skalde, Kopenh. 1882; G. Cederschiöld, Fornsögur Suðrlanda (einleitung), Lund 1884; J. Þorkelsson, Om digtningen på Island i det 15. og 16. årh., Kopenh. 1888. Eine sehr knappe aber treffliche übersicht über die wichtigsten schriftwerke bietet O. Brenner, Altnordisches handbuch, Leipzig 1882, s. 7 ff.; eine zeitgemässe gesammtdarstellung bietet E. Mogk im Grundriss[1] IIa, s. 71 ff. (vgl. K. v. Amira, ib.[2] III, 100 ff.); ausführlicher und reichhaltiger F. Jónsson, Den oldnorske og oldislandske litteraturs historie I—III, Kopenh. 1894—1902, wozu vgl. die wichtigen gegenbemerkungen von B. M. Ólsen, Hvar eru Eddukvæðin til orðin (in Tímarit 1894) und S. Bugge, Bidrag til den ældste skaldedigtnings historie, Chra. 1894, sowie desselben Helgedigtene, Kopenh. 1896.

Vollständiges verzeichnis der textausgaben bei Th. Möbius, Verzeichniss der auf dem gebiete der altnordischen (altisländischen und altnorwegischen) sprache und literatur von 1855 bis 1879 erschienenen schriften, Leipzig 1880, und Catalogus librorum islandicorum, Leipzig 1856 (für die

§ 13. Einleitung.

zeit vor 1855); die nach 1880 erschienenen ausgaben verzeichnet jährlich das Arkiv.

Die handschriften sind vorzugsweise in folgenden grossen sammlungen aufbewahrt: 1. Die Arnamagnæanische (AM.) der universitätsbibliothek zu Kopenhagen; s. (Kr. Kålund), Katalog over den Arnam. håndskriftsamling, I, II, Kopenh. 1888—94. 2. Die alte sammlung der königlichen bibliothek (Reg. g. s.) zu Kopenhagen; s. (Kr. Kålund) Katalog over de oldnorskislandske håndskrifter i det store k. bibliotek, Kopenh. 1900. 3. Die Delagardiesche der universitätsbibliothek zu Upsala (Ups. Delag.); s. V. Gödel, Katalog öfver Upsala universitets bibliotheks fornisländska och fornnorska handskrifter (in Skrifter utgifna af Humanistiska vetenskapssamfundet i Upsala II, 1), Ups. 1892. 4. Die sammlung der königlichen bibliothek zu Stockholm (Holm.); s. V. Gödel, Katalog öfver kongl. bibliotekets fornisländska och fornnorska handskrifter (in Kongl. bibliotekets handlingar nr 19—22), Stockh. 1897—1900. — Zur datierung der ältesten hdschr. vgl. u. a. Hoffory, Gött. gel. anz. 1884, s. 478 ff.

§ 13. Innerhalb der geschichtlichen entwickelung des altnorwegischen kann man dieselben drei perioden wie im aisl. unterscheiden. Die sprachform der ersten periode ist in ihrem gegensatze zum aisl. durch das oben (§ 9) angeführte schon hinlänglich charakterisiert worden. Die zweite periode (c. 1200 bis c. 1350) scheint zunächst keine grösseren veränderungen durchgeführt zu haben. Das 14. jahrh. bringt aber mehrfache abweichungen vom älteren sprachgebrauche mit sich. So z. b. treten ziemlich allgemein *ll* (schon im 13. jahrh.), *nn, ss* statt resp. *rl, rn, rs* auf (s. § 262); *i* wird vor *f, p, m, l, r* + kons. oft zu *y* (§ 82); zwischen kons. und auslautendem *r* entsteht ein svarabhaktivokal, nach welchem das *r* bisweilen schwindet (§ 153, § 291,3) u. a. m. Die dritte — 'mittelnorwegische' (mnorw.) — periode (c. 1350 bis um 1530), die übrigens fast gar keine literatur aufzuweisen hat, lässt z. b. anlautendes *hw-* zu *kv-* werden (§ 235). Übrigens zeigt diese periode in folge der vereinigung Norwegens (1319) in personalunion mit Schweden einen ziemlich starken einfluss des schwedischen (z. b. die endung *-in* in der 2. pl. des verbs, einzelne schwedische wortformen wie *biugg* st. *bygg* gerste, *högh* st. *hár* hoch) und, nachdem Norwegen später mit Dänemark vereint worden ist, noch mehr des dänischen (z. b. stimmhafte statt stimmloser verschlusslaute nach vokalen, *-e* statt *-a* in endungen, einzelne dänische lehnwörter und wortformen wie *sē* st. *siá* sehen, *spørge* st. *spyria* fragen, u. a. m.) auf die sprache Norwegens. Endlich hört das norwegische zur zeit der reformation auf als literatursprache zu existieren, wird durch das dänische ersetzt und lebt von da ab bis in die erste hälfte dieses jahrhunderts nur in seinen dialekten (vgl. A. Taranger, Vort retsmaals historie 1388—1604, Kra. 1900).

§ 14. Schon in alter zeit sind im anorw. dialektische differenzen bemerkbar, wie es auch bei den geographischen verhältnissen nicht anders zu erwarten war. Besonders hervortretend — je später je mehr — ist der gegensatz zwischen der sprache des westlichen Norwegens, welche zum teil dieselbe entwickelung wie ihre tochtersprache auf Island durchläuft, und derjenigen des östlichen Norwegens, welche noch mehr in die augen fallende übereinstimmungen mit dem gleichzeitigen altschwedisch aufzuweisen hat. Die hauptunterschiede des **ostnorwegischen** (onorw.) vom **westnorwegischen** (wnorw.) um 1350 dürften sein:

1. Onorw. (oft schon in der ältesten literatur) *þænn* 'den', *þæt* 'das', *þær* 'dort' gegen wnorw. *þann, þat, þar*. Vorzugsweise onorw. ist auch der (bald nach 1200 auftretende) progressive umlaut *ia > iæ*, z. b. *hiærta* st. *hiarta* herz.

2. Onorw. zeigen sich (schon im 13. jahrh.) spuren sowol progressiver als regressiver vokalharmonie, z. b. *oko* oder *uku* st. *vaku* (wnorw. *vǫku*) wachen, *mykyt* st. *mykit* grosses.

3. Onorw. wird (seit 1300) *y* vor *r* oder *l +* kons. bisweilen zu *iu*, z. b. *hiurðir < hyrðir < hirðir* hirt, *lykiull < lykyll < lykill* schlüssel.

4. Onorw. geht *a* in endungen nach langer wurzelsilbe in *æ* über, z. b. *sendæ* senden (aber *gera* thun).

5. Onorw. erscheint der zwischen auslautendem *r* und einem vorhergehenden konsonanten mit der zeit eintretende svarabhaktivokal oft als *a*, wnorw. dagegen als *u* oder *o*, z. b. onorw. *prestar, aftar* gegen wnorw. *prestur* priester, *aftor* zurück.

6. Onorw. werden (nach 1300) *ld, nd* zu *ll, nn* assimiliert, z. b. der ortsname *Vestfoll < -fold, bann < band* band.

7. Onorw. gehen *rð, rt* und die sekundären verbindungen *rn, rs, lð, ln, ls, lt* in resp. kakuminales *d, n, s, t* über (s. § 244).

8. Onorw. kann auslautendes *r* nach dem svarabhaktivokal schwinden, z. b. *bréða(r)* gegen wnorw. *bréðor* brüder.

§ 14. Einleitung.

9. Onorw. wird *tl* zu *tsl*, woraus dann *sl*, z. b. *lisli* st. *litli* der kleine.

10. Wnorw. geht *sl* in *tl* über, z. b. *sýtla* st. *sýsla* beschäftigung.

Eine mittelstellung nimmmt gewissermassen ein das Drontheimische, das jedoch dem onorw. am nächsten steht (s. M. Hægstad, G. Tr., bes. s. 95 ff.).

Schwieriger ist — wegen des fast gänzlichen mangels an hingehörigen denkmälern — zu bestimmen, in wie weit die dialekte, die sich auf den westlichen inseln Europas ausbildeten, nachdem sich dort skandinavische — wol meist norwegische — auswanderer angesiedelt hatten, von der sprache des mutterlandes abwichen. Diese kolonien waren:

a) Die Färöer, deren charakteristischer dialekt in neuerer zeit vielfache beachtung gefunden hat wegen der umfangreichen gedichte altertümlichen inhalts, die im 19. jahrh. auf den inseln nach der volkstümlichen tradition aufgezeichnet worden sind. Schon aus anorw. zeit stammen teils die etwas vor 850 datierende Kirkebøer runeninschrift (s. Wimmer, Runenschrift, s. 311 f.), teils nicht ganz unbedeutende handschriftliche quellen (s. Diplomatarium norvegicum, passim; G. Storm in Norges gamle love IV, 665 ff., 698 ff.), unter denen die wichtigste eine grosse, von einem färöischen schreiber zwischen 1320 und 1350 abgeschriebene sammlung altnorwegischer gesetze (Cod. Hist. Lit. 12 fol. in der universitätsbibliothek zu Lund; einige stücke daraus hrsgg. von Keyser und Munch, Norges gamle love III, 12 ff., 41, 68 f., 90 f., 108 f., 122 ff., 134 f.) sein dürfte. Von dialekteigentümlichkeiten seien hier bemerkt: *æ*, *ǽ* statt *ø*, *ǿ*, z. b. *æx* st. *øx* axt, *bær* st. *bør* dorf; der svarabhaktivokal *u* vor auslautendem *r*, z. b. *fingur* st. *fingr* finger; die präposition *með* statt *við*; die konjunktion *néa* statt *né* '(weder) noch'.

b) Die Orknöer-inseln, wo der nordische dialekt um 1800 ausgestorben ist. Denkmäler der alten zeit sind die 30 runeninschriften zu Maeshowe aus der zeit um 1150 (s. P. A. Munch, Samlede Afhandlinger IV, 516 ff.), sowie 5 bis 7 diplome aus der zeit 1329—1426 (s. M. Hægstad, Hild., s. 32), welche uns belehren, dass *h* vor *l*, *n*, *r* hier mindestens 200 jahre länger als in Norwegen blieb, und dass in einigen wörtern *u*, *ú* vor *o*, *ó* bevorzugt wurden, z. b. *brut* st. *brot* bruch, *landbúle* st. *-bóle* pächter, u. a. m. (s. Hægstad, Hild., passim, und S. Bugge, Aarbøger 1875, s. 240).

c) Die Shetland-inseln (Hialtland), deren um 1800 ausgestorbener nordischer dialekt als denkmäler aus alter zeit nur 8 bis 10 diplome aus der zeit 1299—1509 (s. Wadstein F. Hom., s. 67 f. note, Hægstad a. o., s. 32) aufzuweisen hat. Diese zeigen *ey, ay* oder *ō* statt *øy*, z. b. *Orkneyar, Ōvendason* st. *Øyvindarson*; bisweilen *ú* statt *au*, z. b. *ūstan* st. *austan* von osten; *iak* neben *ek* 'ich'; *h* vor konsonantischem *i* wurde wie 'ich'-laut gesprochen (vgl. *Shetland* aus *Hialtland*); *ia* ist, wie oft im onorw., in *iæ* übergegangen, z. b. *siælfr* selbst; *l* schwindet vor *t*, z. b. *Hietland* < *Hialtland* (s. Wadstein a. o., Hægstad, Hild., passim).

d) Auf Man existiert schon seit jahrhunderten kein nordischer dialekt, von dessen einstigem dasein jedoch 26 wahrscheinlich aus der zeit 1050—1100 stammende runeninschriften zeugen (s. S. Bugge, Aarbøger 1899, s. 229 ff. und die daselbst zitierte literatur, bes. P. M. C. Kermode, Catalogue of the Manks crosses, 2. aufl., Isle of Man 1892). In betreff der sprache geben diese nur sehr wenige aufschlüsse.

e—g) In Irland und dem nördlichen Schottland sowie auf den Hebriden (Suðrøyiar) ist die nordische sprache längst erloschen: in Irland um 1250 (s. A. Bugge, Aarbøger 1900, s. 279 ff.), auf den Hebriden um 1400 oder etwas später. Von denkmälern aus alter zeit giebt es nur ein aus Irland stammendes verzeichnis der runennamen (s. S. Bugge, Bidrag, s. 23 f.), natürlich von geringer sprachlicher bedeutung.

§ 15. Die denkmäler des altnorwegischen (mit ausschluss der eben erwähnten inseldialekte) sind, wenn wir von einigen ins altirische, angelsächsische und mittelenglische eingedrungenen lehnwörtern (s. Noreen, Grundriss ² I, 522 und die ib. s. 523 zitierte literatur sowie Björkman, Scandinavian loanwords in middle english, Upsala 1900, und 'Zur dialektischen provenienz der nordischen lehnwörter im Englischen' in Språkvetenskapliga sällskapets i Upsala förhandlingar 1897—1900) sowie von den wenigen bei lateinischen schriftstellern zitirten eigennamen absehen, zweierlei art:

A. Runeninschriften (etwa 150), die jedoch fast alle gleichzeitig oder doch wenig älter als die literaturdenkmäler

§ 15. Einleitung. 17

sind, daher in sprachlicher hinsicht nicht besonders wichtig. Hier mögen deshalb nur erwähnt werden aus der zeit gegen 1000 die wichtige und ausführliche (211 runen) inschrift von Karlevi (auf der schwedischen insel Öland) — in welcher ein norwegischer skalde in 'dróttkuætt' einen dort begrabenen dänischen häuptling verherrlicht —, um 1050 die inschrift von Frösö in der jetzt schwedischen provinz Jämtland, um 1150 die von Flatdal in Telemarken und aus dem 13. jh. die zum teil metrischen inschriften von Aardal in Sogn.

Anm. 1. S. besonders Nicolaysen, Norske fornlevninger, Chra. 1862—66; Undset, Indskrifter fra middelalderen i Throndhjems domkirke (Chra. videnskabs-selskabs forhandlinger 1888, nr. 4); S. Boije in Bidrag till kännedom om Göteborgs och Bohusläns fornminnen och historia III, 266 ff., Sthlm. 1886 (behandelt die inschriften der jetzt schwedischen provinz Bohuslän; dazu auch Brusewitz und Montelius ib. I, 425 ff.); Bugge, No. I. passim. Ueber die inschr. von Karlevi s. S. Söderberg, Ölands runinskrifter, Sthlm. 1900 ff., s. 14 ff.; die von Frösö s. Noreen im Arkiv III, 31 ff.; die von Flatdal s. Wimmer, Døbefonten i Åkirkeby kirke, s. 53 f., Kopenh. 1887; die von Aardal s. Bugge in Foreningens til norske fortidsmindesmærkers bevaring aarsberetning for 1868, s. 30 ff., Chra. 1869.

B. Handschriften mit lateinischem alphabet, die zwar nach anzahl hinter den aisl. unvergleichlich zurückstehen, aber in betreff des alters diesen fast gleich kommen. Als die ältesten und wichtigsten mögen hier erwähnt werden:

a) Aus der zeit 900—1100 stammen sowol die anorw. (von den ostn. nicht genau zu scheidenden) personennamen im Reichenauer Necrologium (s. § 12, a) wie zwei urspr. vielleicht um 950 gemachten air. aufzeichnungen der runennamen (s. Bugge, Bidrag s. 23 f.); hrsgg. von v. Grienberger, Arkiv XIV, 104 und 106.

b) Aus dem ende des 12. jahrhs. und der zeit um 1200:

1. Drei legendenbruchstücke, Cod. AM. 655, 4⁰, fragm. IX, die wol sicher vor 1200 niedergeschrieben sind; hrsgg. von Unger in Heilagra manna sögur I, 269—71, II, 207—9, Chr. 1877, und Postola sögur, s. 823—5.

2. Drei bruchstücke des ältesten Gulathingsgesetzes, Cod. AM. 315 f., fol.; hrsgg. von G. Storm, Norges gamle love IV, 3—13, Chra. 1885.

3. Vier bruchstücke des älteren Gulathings-gesetzes, Fragm. 1 B im reichsarchiv zu Kristiania; hrsgg. von

§ 15. Einleitung.

Keyser und Munch, Norges gamle love II, 495—500, Chra. 1848 (1—3 auch photolithographisch, ib. IV, facsimil. XIII—XV; vgl. s. 795f.).

c) Aus der zeit c. 1200 bis gegen 1250:

4. Das sehr wichtige, von drei verschiedenen schreibern im anfang des 13. jahrhs. geschriebene homilienbuch, Cod. AM. 619, 4°; hrsgg. von Unger, Gammel norsk homiliebok, Chra. 1864 (vgl. dazu Wadstein, F. Hom., s. 4—33).

5. Ein bruchstück des älteren Eidsivathings- (oder vielleicht Borgarthings-)gesetzes, Fragm. 1 A im reichsarchiv zu Kristiania; hrsgg. photolithographisch in Norges gamle love IV, facsimil. XVII (vgl. s. 797).

6. Ein bruchstück des älteren Gulathings-gesetzes, Cod. AM. 315e, fol.; hrsgg. in Norges gamle love I, 115—18.

7. Ein bruchstück des stadtrechtes von Drontheim (Niðaróss biarkøyiarréttr), Cod. AM. 315g, fol., gegen 1250 geschrieben; hrsgg. in Norges gamle love IV, 71—4.

8. Die (ziemlich stark islandisirende) haupthandschrift der (nach dem lateinischen original Oddr Snorrason's übersetzten) sage Olaf Tryggvason's nebst einer aufzeichnung der zehn gebote und zehn wunder in Ägypten, Cod. AM. 310, 4°; hrsgg. von P. Groth, Die AM. haandskrift 310 qvarto, Chra. 1895.

9. Der erste teil der miscellanhdschr. Cod. Ups. Delag. 4—7, ein bruchstück der eben genannten sage Olaf Tryggvason's enthaltend; hrsgg. von P. A. Munch in Saga Olafs konungs Tryggvasunar, Chra. 1853, s. 64—71.

d) Aus der zeit c. 1250 bis c. 1300:

10. Die einzige vollständige handschrift ('Rantzovianus') des älteren Gulathings-gesetzes, Cod. 137, 4° e donatione variorum in der universitätsbibliothek zu Kopenhagen, um 1250 geschrieben; hrsgg. von Keyser und Munch, Norges gamle love I, 3—110, Chr. 1846.

11. Die einzige vollständige handschrift der legendarischen Olafssage, Cod. Ups. Delag. 8, zweiter teil, um 1250 geschr.; hrsgg. von Keyser und Unger, Olafs saga hins helga, Chra. 1849.

§ 15. Einleitung.

12. Die haupthandschrift der Barlaamssage, Cod. Holm. 6, fol., um 1250 geschr.; hrsgg. von Keyser und Unger, Barlaams ok Josaphats saga, Chra. 1851.

13. Der zweite und grösste teil der miscellanhdschr. Cod. Ups. Delag. 4—7 und AM. 666 b, 4°, romantischen inhalts und um 1250 von drei verschiedenen schreibern geschr.; hrsgg. von Kölbing, Pamphilus und Galathea in Germania XXIII, 129—41; Elis saga ok Rosamundu, Heilbronn 1881; Keyser und Unger, Strengleikar, Chra. 1850; unediert ist ein dialog zwischen mut und feigheit.

14. Die haupthandschrift des Speculum regale (oder Konungsskuggsiá), Cod. AM. 243 b α, fol., nach 1250 geschr.; hrsgg. von Brenner, Speculum regale, München 1881.

15. Drei bruchstücke des Speculum regale im reichsarchiv zu Kristiania; hrsgg. von Brenner a. o., s. 6—15, 21—3, 24—7, 35—9.

16. Ein bruchstück des Speculum regale, Cod. Reg. n. s. 235 g; hrsgg. von Brenner, a. o., s. 89—93.

17. Drei bruchstücke des älteren Frostuthingsgesetzes, Cod. Me II, 2 in der universitätsbibliothek zu Tübingen, um 1260—70 geschr.; hrsgg. von Sievers in Verzeichniss der doctoren ... im decanatsjahre 1885—86, Tübingen 1886, und von G. Storm, Norges gamle love V, 1—7 (und photolithographisch ib. facsim.), Chra. 1890.

18. Ein bruchstück der Karlamagnussage im reichsarchiv zu Kristiania; hrsgg. von Unger in Karlamagnus saga ok kappa hans, s. 556—8, Chra. 1860.

19. Die zwei (wol nicht die drei, s. Wadstein, Der umlaut von A, s. 31 note, in Skrifter udg. af Hum. Vetenskapssamfundet i Upsala III, 5, Ups. 1894) ersten hände der von fünf verschiedenen schreibern im ende des 13. jahrhs. geschr. haupthandschrift der Dietrichssage, Cod. Holm. 4, fol.; hrsgg. von Unger in Saga þiðriks konungs af Bern, Chra. 1853, s. 28—64 (untere hälfte), 65—95 (obere hälfte), 96—157, 171—3 und 182—7.

20. Die (etwas islandisirende) haupthandschrift der sage erzbischof Thomas', Cod. Holm. 17, 4°; hrsgg. von Unger, Thomas saga erkibyskups, s. 1—282, Chra. 1869.

21. Das überaus interessante, aus wachstafeln zusammengesetzte, von zwei verschiedenen händen geschriebene notizbuch von Hoprekstad in Sogn; hrsgg. photolithographisch von H. J. Huitfeldt-Kaas, En notitsbog paa voxtavler (Chra. videnskabs-selskabs forhandlinger 1886, nr. 10).

e) Aus der zeit c. 1300 bis c. 1350:

22. Die von drei norw. schreibern nach aisl. originalen niedergeschriebenen und daher mehr oder weniger islandisirenden partieen von Hauksbók (und zwar Cod. AM. 544, 4⁰ teilweise, 675, 4⁰ ganz; vgl. § 12, 19); hrsgg. in Hauksbók, Kopenh. 1892—6, s. 150—77, 178—85, 470—99.

23. Sieben bruchstücke der (sonst verloren gegangenen) norwegische königssagen enthaltenden grossen hdschr. Jófraskinna: Cod. Holm. 9 fol., Cod. AM. 325, VIII, 3, d, 4⁰ und zwei kleine stücke im reichsarchiv zu Kristiania; hrsgg. (phototypisch) von F. Jónsson in De bevarede brudstykker af skindbøgerne Kringla og Jöfraskinna, Kopenh. 1895.

24. Die einzige hdschr. der politischen streitschrift 'Oratio contra clerum Norvegiæ', Cod. AM. 114a, 4⁰ (blatt 3ᵛ—9ʳ), um 1325 von Ivar Klerk abgeschrieben; hrsgg. von G. Storm, En tale mod biskoperne, Chra. 1885.

25. Die grosse gesetzsammlung Codex Tunsbergensis (Cod. Reg. n. s. 1642), deren ältester und grösster teil zwischen 1320 und 1330 geschrieben ist; hieraus hrsgg. photolithographisch Borgarthings ældre kristenret, Chra. 1886 und Hirdskraa, ib. 1895; anderes von Keyser und Munch in Norges gamle love III, 17 f., 32 f., 44—55, 63—7, 70—3, 86—90, 93—7, 114 f., 118—20, 125—34; das meiste noch unediert (vgl. G. Storm, Norges gamle love IV, 425 ff.).

Uebrigens mag als in sprachlicher hinsicht besonders wichtig hervorgehoben werden die grosse menge von diplomen, die seit dem anfang des 13. jahrhs. das ganze mittelalter hindurch auftreten, nach 1400 fast die einzigen literaturdenkmäler ausmachen und vorzugsweise für die erforschung der dialektischen differenzen der jeweiligen sprachform von belang sind; hrsgg. von Lange, Unger und Huitfeldt-Kaas, Diplomatarium norvegicum, Chra. 1847 bis jetzt (B. I—XVI).

Anm. 2. Ueber die anorw. literatur (welche fast immer mit der aisl. zusammen behandelt worden ist), die textausgaben und die handschrift-

§ 16. Einleitung.

sammlungen s. die oben § 12, anm. 2 erwähnten werke (speziell über das anorw. handelt Brenner, Altnorw. handb., s. 3 ff.; Hoffory, Gött. gel. anz. 1884, s. 482 ff.).

Anm. 3. Einen versuch, einige von den wichtigsten anorw. denkmälern nach dialekten zu gruppiren, bietet M. Hægstad, G. Tr., s. 23 ff., 96 f. Demnach wären z. b. von den oben verzeichneten hdschr. onorw. nr. 1, 11, 17, 19 erste (und zweite?) hand, wnorw. nr. 4 dritte hand, 8, 23, während verschiedene übergangsstufen von nr. 9, 13, 14 und 24 repräsentirt werden sollen.

§ 16. Aus der menge von hilfsbüchern zum studium der aisl. und anorw. sprachen — die bisher fast nie gesondert behandelt worden sind — mögen als die brauchbarsten hervorgehoben werden:

a) Laut- und flexionslehre:

L. F. A. Wimmer, Fornnordisk formlära, Lund 1874, verglichen mit der vorrede zu dem lesebuche desselben verfassers. Die eigentliche formenlehre ist besonders gut, die lautlehre knapp und jetzt veraltet.

Einen knapp gehaltenen leitfaden für den anfänger bietet A. Noreen, Abriss der altnordischen (altisländischen) grammatik, Halle 1896.

Eine kurzgefasste geschichtliche darstellung giebt A. Noreen im Grundriss [2] I, 554—87, 608 ff.

Einzelne gebiete behandeln ausführlicher u. a. F. Jónsson, Det norsk-islandske skjaldesprog, Kopenh. 1901 (nur beiträge zur flexionslehre); J. Þorkelsson, Athugasemdir um íslenzkar málmyndir, Reykjavík 1874; Breytingar á myndum viðtengingarháttar, Reykj. 1887; Beyging sterkra sagnorða, Reykj. 1888—94 (vgl. dazu Wadstein, Arkiv VIII, 83 ff.); Íslensk sagnorð með þálegri mynd í nútíð. Reykj. 1895; B. Kahle, Die sprache der skalden, Strassburg 1892; S. Bugge bei Fritzner, Ordbog, 2. aufl., B. III, 1101 ff.; die einleitungen zu L. Larsson's ausg. der Isl. handskr. nr. 645, 4°, Lund 1885, und des Cod. 1812, 4°, Kopenh. 1883; H. Gering's ausg. der Finnboga Saga, Halle 1879, und der Íslendzk Æventyri I, Halle 1882; V. Dahlerup's ausg. des Ágrip, Kopenh. 1880; der Arnamagnæanischen ausg. der Hauksbók, Kopenh. 1892—6, u. a.; endlich verschiedene — zum teil sehr wichtige — abhandlungen von u. a. S. Bugge, Hj. Falk, K. Gíslason, J. Hoffory, A. Kock, E. Lidén, Fr. Läffler, A. Noreen, H. Paul und E. Sievers in u. a. folgenden zeitschriften: Beiträge

§ 16. Einleitung.

zur geschichte der deutschen sprache und literatur, Halle 1874 ff.; Aarbøger for nordisk oldkyndighed, Kopenh. 1866 ff.; Nordisk Tidskrift for Filologi (og Pædagogik), Ny Række, Kopenh. 1874 ff.; vor allem aber Arkiv for nordisk filologi I—IV, Christiania 1882—88, V ff. (= Arkiv för nord. fil., Ny följd I ff.), Lund 1889 ff.

Das altnorwegische berücksichtigt — jedoch nur in einzelheiten — N. M. Petersen, Det danske, norske og svenske sprogs historie II, 57 ff., Kopenh. 1830 (jetzt veraltet); Th. Möbius, Ueber die altnordische sprache, s. 15 ff., Halle 1872; J. L. Jones, The phonology of the Elis saga, Chicago 1897; M. Hægstad, Gamalt trøndermaal, Kra. 1899; Upphavet til det norske folkemaal, Kra. 1899; die einleitungen zu Sievers' ausg. der Tübinger bruchstücke, Tübingen 1886; Vigfusson's ausg. der Eyrbyggja Saga, Leipzig 1864; Keyser's und Unger's ausg. der Olafs Saga, Chra. 1849 und der Barlaams Saga, Chra. 1851; Unger's ausg. der Saga þiðriks, Chra. 1853; Groth's ausg. der AM. hdschr. 310 qvarto, Chra. 1895; die AM. ausg. der Hauksbók, Kopenh. 1892—6; aber vor allem die wichtige abhandlung E. Wadstein's Fornnorska homiliebokens ljudlära, Upsala (universitets årsskrift) 1890. — Ueber das 'mittelnorwegische' s. u. a. A. B. Larsen, Arkiv XIII, 244 ff. (vgl. dazu Hægstad, ib. XV, 100 ff.) und H. Falk & A. Torp, Dansk-norskens syntax, Kra. 1900, s. XI—XV.

b) Stammbildungslehre:

Eine zusammenfassende und einigermassen erschöpfende darstellung giebt es noch nicht. Einzelnes bieten: F. Kluge, Nominale stammbildungslehre der altgerm. dialekte, 2. aufl., Halle 1899; F. Tamm' Om fornnordiska feminina afledda på *ti* och på *iþa*, Upsala (univers. årsskr.) 1877; W. Schlüter, Die mit dem suffixe *ja* gebildeten deutschen nomina, Göttingen 1875; K. v. Bahder, Die verbalabstracta in den germ. sprachen, Halle 1880; L. Sütterlin, Geschichte der nomina agentis im germanischen, Strassburg 1887; Hj. Falk, Die nomina agentis der altnord. sprache (in Beitr. XIV, 1 ff.), 1889; E. Hellquist, Bidrag till läran om den nordiska nominalbildningen (im Arkiv VII, 1 ff., 97 ff.), 1890 (sehr reichhaltig) und Om nordiska verb på suffixalt *-k*, *-l*, *-r*, *-s* och *-t* (ib. XIV, 1 ff., 136 ff.), 1898;

§ 16. Einleitung.

T. E. Karsten, Studier öfver de nordiska språkens primära nominalbildning I, II, Helsingfors 1895, 1900 (vgl. dazu Falk, Arkiv XIII, 196 ff.).

Eine elementäre übersicht bietet F. Holthausen, Altisländisches elementarbuch, Weimar 1895, s. 108 ff.

c) Syntax:

G. Lund, Oldnordisk ordföjningslære (Nord. Oldskrifter XXIX—XXXI), Kopenh. 1862 (materialsammlung); K. Hildebrand, Ueber die conditionalsätze und ihre conjunctionen in der älteren Edda, Leipz. 1871; Th. Wisén, Om ordfogningen i den äldre Eddan, Lund (univers. årsskrift) 1865; E. Mogk, Die inversion von subjekt und prädikat (in I. F. IV, 388 ff.); A. Gebhardt, Beiträge zur bedeutungslehre der altwestnordischen præpositionen, Halle 1896; L. Bernstein, The order of words in old norse prose, New York 1897; G. Neckel, Über die altgermanischen relativsätze (in Palæstra V), Berlin 1900; M. Nygaard, Eddasprogets syntax I, II, Bergen 1865, 1867; desselben abhandlungen über das hilfsverb *munu* in Aarbøger 1878, den gebrauch des partic. präs. in Aarbøger 1879, den gebrauch des konjunktivs im Arkiv I—III, subjektlose sätze ib. X, 1 ff., particula expletiva *er* ib. XII, 117 ff., die stellung des verbs ib. XVI, 209 ff. und den gelehrten stil in Sproglig-historiske studier tilegnede prof. C. R. Unger, Kra. 1896; H. Winkler, (Der dativ und die örtlichen beziehungsverhältnisse im altnordischen, in) Germanische Casussyntax I, 454—510.

Eine knappe übersicht geben M. Nygaard, Oldnorsk grammatik til Skolebrug, 3. aufl., Bergen 1883; J. C. Pœstion, Einleitung in das studium des altnordischen I, Wien 1882; B. Kahle, Altisländisches elementarbuch, Heidelberg 1896; (am besten) F. Holthausen, Aisl. elementarbuch, Weimar 1895; ausführlicher H. Falk und A. Torp, Dansk-norskens syntax, Kra. 1900, passim.

d) Metrik:

Grundlegend sind die abhandlungen von E. Sievers, Beiträge zur skaldenmetrik I—III in Beitr. V, VI, VIII; Das verhältnis der ags. metrik zur altnord. und deutschen, ib. X; Proben einer metrischen herstellung der Eddalieder, Tübingen 1885. Einzelne ausführungen bieten ferner: Th. Wisén. Málaháttr

§ 16. Einleitung.

im Arkiv III, 193 ff.; desselben einleitung zu Riddara Rímur, (Lund-) Kopenh. 1881; K. Hildebrand, Die versteilung in den Eddaliedern, Halle 1873; J. Hoffory in Gött. gel. anz. 1888, s. 153 ff.; W. Ranisch, Zur kritik und metrik der Hamþismál, Berlin 1888; A. Heusler, Der Ljóþaháttr (in Acta Germanica I, 2), Berlin 1890, und Über germanischen versbau, Berlin 1894, bes. s. 93 ff.; E. H. Lind, Versifikation i Gulatingslagen (in Uppsalastudier tillegnade S. Bugge, Uppsala 1892); B. Kahle, Die sprache der skalden, Strassburg 1892; K. Gislason, Forelæsninger over oldnordisk verslære (in Efterladte skrifter II = Forelæsninger og videnskabelige afhandlinger, s. 27 ff.), Kopenh. 1897. Eine kurzgefasste übersicht geben E. Brate, Fornnordisk metrik, 2. aufl., Sthlm. 1898; F. Jónsson, Stutt íslenzk bragfræði, Kopenh. 1892; E. Sievers, Altnordische metrik (im Grundriss ² I, 876 ff., Strassburg 1893); Th. Wisén, Carmina norrœna I, 169 ff., Lund 1886. Eine ausführlichere darstellung bietet E. Sievers, Altgermanische metrik, s. 50 ff., Halle 1893.

e) Wörterbücher:

(R. Cleasby und) G. Vigfusson, An icelandic-english dictionary, Oxford 1874. Das reichhaltigste wörterbuch, aber nicht immer ganz zuverlässig; die etymologien sehr oft gänzlich verfehlt.

J. Fritzner, Ordbog over det gamle norske sprog, 2. ausg., I—III, Kra. 1886—96. Durchaus (nur nicht immer betreffs der quantitätsansetzungen) zuverlässig; legt auf das semasiologische besonderes gewicht; berücksichtigt vorzugsweise den anorw. wortschatz.

E. Hertzberg, Glossarium (in Norges gamle love V, 2), Chra. 1895. Enthält den wortschatz der altnorwegischen gesetze bis 1387.

S. Egilsson, Lexicon poeticum antiquæ linguæ septentrionalis, Kopenh. 1860. Ein seiner zeit ausgezeichnetes wörterbuch, jetzt aber in vielen beziehungen veraltet, wiewol noch unentbehrlich; enthält nur den poetischen wortschatz.

J. Þorkelsson, Supplement til islandske Ordbøger, Reykjavík 1876; Anden samling, Reykj. 1879—85; Fjerde samling, Kph. 1899 (wichtig, bes. für die grammatik).

Th. Möbius, Altnordisches Glossar (Wtb. zu einer auswahl aisl. und anorw. texte), Leipzig 1860.

§ 16. Einleitung.

H. Gering, Glossar zu den liedern der Edda, 2. aufl., Paderborn 1896 (vgl. dazu F. Jónsson, Arkiv XIV, 195 ff. und F. Detter, I. F. Anz. XI, 112 ff.); ausführlicher Vollständiges Wörterbuch zu den &c., Halle 1901 f.

L. Larsson, Ordförrådet i de älsta isländska handskrifterna, Lund 1891. Absolut vollständiges verzeichnis aller belegten formen in den oben § 12, 1—4, 6—10 und 15 genannten ältesten aisl. hdschr.; ohne übersetzung der wörter.

O. Rygh, Norske gaardnavne I—IV, 1 und XIV, Kra. 1897—1901 (Forord og indledning, Kra. 1898); Norske fjordnavne (in Sproglig-historiske studier tilegnede prof. C. R. Unger, Kra. 1896); Oplysninger til trondhjemske Gaardnavne, I, II, Trondhjem (K. no. videnskabers selskabs skrifter) 1883, 1893; Gamle personnavne i norske stedsnavne, Kra. 1901; vgl. K. Rygh, Bemærkninger om stedsnavnene i den søndre del af Helgeland (in der norwegischen Historisk tidsskrift I, 53 ff., Kra. 1871).

P. A. Munch, Historisk-geographisk beskrivelse over kongeriget Norge i middelalderen, Moss und Chra. 1849.

f) Lesebücher für anfänger:

L. F. A. Wimmer, Oldnordisk læsebog, 5. aufl., Kopenh. 1896 (eine ganz vorzügliche arbeit).

H. Sweet, An icelandic primer, 2. aufl., Oxford 1896 (ein kleiner auszug aus dem vorhergehenden).

M. Nygaard, Udvalg af den norröne Literatur (I—III), 3. aufl., Bergen 1889 (ein sehr gutes buch).

H. S. Falk, Oldnorsk læsebog, Kra. 1889 (gut).

F. Holthausen, Altisländisches lesebuch, Weimar 1896.

Treffliche kommentirte texte bietet Sagabibliothek, hrsgg. von G. Cederschiöld, H. Gering und E. Mogk, I—IX, Halle 1891—1901.

Von texten mit glossar seien hier erwähnt nur W. Ranisch, Die Vǫlsungasaga, Berlin 1891; A. Heusler, Zwei isländergeschichten, Hœnsna-þóres und Bandamanna saga, Berlin 1897.

Anm. 1. Sonstige hilfsbücher verzeichnen Th. Möbius' schon (§ 12 anm. 2) erwähntes Verzeichniss &c. und die bibliographie im Arkiv I ff.

Anm. 2. Betreffend die in dieser einleitung erörterten fragen vgl. meine 'Allgemeine historische übersicht' im Grundriss² I, 518 ff. (auch separat unter dem titel Geschichte der nordischen sprachen, Strassburg 1898).

Lautlehre.

I. Abschnitt. Einleitendes über schrift und aussprache.

Kap. 1. Die runen.

§ 17. Es kommen im alten norden drei verschiedene runenalphabete vor. Das erste ist das, welches auch bei den übrigen germanischen stämmen im gebrauch war. Es wird daher das germanische genannt oder, weil es im norden von einem jüngeren abgelöst wurde, das ältere; wegen der grösseren anzahl der zeichen wird es auch wol manchmal das längere genannt. Die zeichen sind 24, von denen einige von denjenigen, die in Deutschland und England im gebrauch waren, abweichen. Mit lateinischen buchstaben transskribiere ich im folgenden diese als

f u þ a r k ʒ w, h n i j ë?p ʀ s, t ƀ e m l ʋ o ð,

welche hier in der ordnung angeführt sind, die sie auf dem brakteaten von Vadstena (wo jedoch ð fehlt) haben.

Dieses alphabetes bedienen sich alle urnordischen runeninschriften sowie zum teil einige aus der vikingerzeit.

§ 18. Welche aussprache diesen zeichen im norden zukam, ist natürlich schwer ganz genau zu bestimmen. Aller wahrscheinlichkeit nach waren ƀ, ð, ʒ zeichen für stimmhafte spiranten, für explosivæ nur unmittelbar nach nasalen; *f* war bilabial, nicht labiodental; *w* ein mitlautendes *u*; *h* wol in den meisten stellungen als deutsches *ch* zu sprechen; ʀ ist ein palatales oder dorsales *r* (andere halten es für ein sehr dentales,

§ 19. 20. Die runen.

lispelndes *r*); *ƞ* drückt die verbindung von palatalem oder velarem nasal mit folgendem *g* aus (wol auch nur den ersten laut, aber sichere belege fehlen). Die übrigen zeichen sind wol wie in der späteren sprache auszusprechen. Jedoch scheint *a* sowol *ä* wie *a* zu bezeichnen. In späten inschriften wird der *a*-laut auch durch die (etwas modifizirte, hier durch ⌐ bezeichnete) *j*-rune ausgedrückt.

Anm. Ganz unsicher ist der lautwert des sehr seltenen *ė* (geschlossenes *e*? Bugge, No. I., s. 117 ff.; *y*, wie v. Grienberger, Arkiv XIV, 121 f., vorschlägt, ist ja unmöglich, da dieser laut nach aller wahrscheinlichkeit dem älteren urn. ganz fremd war).

§ 19. Dies runenalphabet, dessen sich die urnordischen inschriften bedienten, wurde in der vikingerzeit durch ein anderes ersetzt. Dieses **jüngere** runenalphabet ist aus dem älteren entwickelt, hat aber nur 16 zeichen, weshalb es auch als das **kürzere** bezeichnet werden kann. Weil es den Skandinaviern eigen ist, hat es auch einen dritten namen, das **nordische**. Dies ist in lateinischer transskription:

f u þ ǫ r k , h n i a s , t b l m ʀ.

Dieses alphabetes bedienen sich während der vikingerzeit fast ausschliesslich, später nur teilweise (s. § 21), sowol die ostnordischen als die westnordischen runeninschriften. Unter diesen letzteren nehmen die meisten inschriften der insel Man sowie mehrere norwegische wie die von Vang (in Valdres), Alvstad (Toten), Hønen (Ringerike) und viele auf Jäderen (s. Bugge, Aarbøger 1899, s. 231) eine besondere stellung ein durch verschiedene eigentümlichkeiten der runenformen.

§ 20. Ueber die aussprache dieses höchst mangelhaften alphabetes sei hier unter vergleichung des aisl.-anorw. normalalphabetes (s. kap. 2 unten) nur folgendes bemerkt (vgl. Noreen, An. gr. II, § 15):

a entspricht sowol (unnasalirtem) *a* wie *œ* und *ǫ*; *ǫ* bezeichnet die entsprechenden nasalirten laute.

i bez. *i* (sowol sonantisches wie konsonantisches) und *e*, später auch *œ*; dann werden *œ* und *e* auch durch die verbindung *ai*, seltener *ia*, ausgedrückt; sonst bez. *ai, ia* die diphthonge *œi, ia* (*iœ, iǫ*).

u bez. sowol *u* (sonantisches und konsonantisches) und *o* wie *y* und *e*, selten ǫ; später werden *o*, ǫ und *ę* auch durch *au* ausgedrückt; sonst bez. *au* teils *au*, teils *ey* (und *ey*).

f, l, m, n, r, s sind die entsprechenden aisl.-anorw. laute. Die nasale werden indessen gewöhnlich nicht vor den *b*- und *k*-runen, oft auch nicht vor der *t*-rune ausgeschrieben, z. b. *liki = længi, aitaþis = œndaðiss*.

b, k, t sind sowol mediæ, resp. *b, g, d*, wie tenues, resp. *p, k, t*; ausserdem bez. *b* bisweilen stimmhaftes *f* (ƀ), *k* oft spirantisches *g* (ʒ).

h bez. *h* und, besonders etwas später, spirantisches *g* (ʒ).

ʀ bez. palatales *r* (vgl. § 18), selten *e, æ* oder *i*.

þ bez. þ und ð.

Länge (sowol der vokale wie der konsonanten) wird nur ganz ausnahmsweise (dann durch doppelschreibung der betreffenden rune) bezeichnet, z. b. *trutin = dróttinn*.

§ 21. Schon um 1000 zeigen sich spuren einer neuen modifikation des runenalphabetes, die dahin zielte die runen in stand zu setzen ebensoviele laute auszudrücken wie das lateinische alphabet. Diese bestrebungen gewannen ihren abschluss durch die reformvorschläge, welche von Thoroddr rúnameistare (um 1125) vorgebracht und in der grammatischen abhandlung Olaf's huítaskáld (um 1250; hrsgg. von B. M. Ólsen in Den tredje og fjærde grammatiske afhandling i Snorres Edda, Kopenhagen 1884) dargestellt wurden. So entstanden allmählich die jüngsten runen, die punktirten (so genannt, weil einige der alten runen durch pünktchen modifizirt sind) oder, wie sie auch wol (nach dem königlichen gönner Olaf's) genannt werden, Waldemarsrunen. Dies alphabet, das in transskription natürlich ganz mit dem lateinischen alph. der gleichzeitigen altnord. literatur zusammenfällt, hat schon im 13. jahrh. die kürzere runenreihe so gut wie ganz verdrängt. Da aber seit dem 12. jh. das lateinische alphabet — auch für inschriftliche zwecke — immer häufiger angewandt wurde, so schwinden allmählich die runeninschriften überhaupt, in Norwegen mit dem ende des 14. jahrhs., auf Island dagegen erst nach der reformation. Aisl.-anorw. runenhandschriften hat es wahrscheinlich nie gegeben.

Anm. Ueber die entstehung und geschichte der runen s. vor allem das hauptwerk von L. F. A. Wimmer, Die runenschrift, übersetzt von F. Holthausen, Berlin 1887 (vgl. dazu R. Henning, Die deutschen runendenkmäler, Strassburg 1889, passim — dagegen Wimmer, De tyske runemindesmærker in Aarbøger 1894 und v. Grienberger, Arkiv XIV, 114 ff.; gute referate über Wimmers und Hennings arbeiten liefert E. Brate in Sv. fornm. tidskr. VII, 50 ff. und 247 ff.); weiter P. G. Thorsen "Om runernes brug til skrift udenfor det monumentale", Kopenh. 1877 und B. M. Ólsen 'Runerne i den oldislandske literatur', Kopenh. 1883 (vgl. dazu G. Storm in Arkiv II, 172 ff.; V. Dahlerup und F. Jónsson, Den første og anden grammatiske afhandling i Snorres Edda, s. VI ff., Kopenh. 1886; F. Jónsson, Den oldisl. og oldno. literaturs historie II, 246 ff.). Eine gute, populär gehaltene übersicht bietet P. Købke 'Om runerne i Norden', 2. aufl., Kopenh. 1890. Eine sehr kurze, aber fachmässiger gehaltene, orientirende übersicht giebt E. Sievers im Grundriss² I, 248 ff.

Kap. 2. Das lateinische alphabet.

§ 22. Wenigstens schon um 1100 begann man die heimische sprache in lateinischer schrift aufzuzeichnen, dies sowol auf Island als in Norwegen. Um den bedürfnissen der sprache zu entsprechen musste aber das lateinische alphabet einigermassen bereichert werden. Deshalb wurde aus dem runenalphabete ein zeichen, þ, beibehalten; aus dem angelsächsischen entlehnte man y und (später) ð; ausserdem nahm man zu digraphen (æ, œ, ǫ u. d.), modifizirung der lateinischen buchstaben durch 'zweige' (ę, ǫ, ǫ́ u. d.) und accente seine zuflucht. Diese reformversuche fanden — wenigstens was Island betrifft — durch die ganz hervorragende orthographische abhandlung eines unbekannten Isländers (um 1140; hrsgg. von V. Dahlerup und F. Jónsson in Den første og anden grammatiske afhandling i Snorres Edda, Kopenh. 1886) ihren einstweiligen abschluss (die aufnahme des ð geschah erst um 1225).

Die orthographie der handschriften ist natürlich sehr verschieden; oft ist sie in derselben hdschr. sehr inkonsequent. Im allgemeinen unterscheiden sich die anorw. handschriften von den aisl. vorzugsweise durch folgende zwei eigentümlichkeiten der orthographie. 1. þ wird fast nie im in- und auslaute gebraucht, während es in aisl. hdschr. in dieser stellung entweder ausschliesslich oder neben ð vorkommt. 2. gh kommt oft (im aisl. selten) statt g in spirantischer funktion vor.

§ 23—25. Aussprache der vokalzeichen.

Anm. Ueber die orthographie der handschriften vgl. vorzugsweise: K. Gislason 'Um frumparta íslenzkrar túngu í fornöld', Kopenh. 1846; K. J. Lyngby 'Den oldnordiske udtale' in Tidskr. f. Phil. og Pæd. II; Möbius, Analecta Norroena, 2. ausg., Leipz. 1877, s. 290 ff.; Hoffory, Arkiv II, 1 ff.; Wadstein, F. Hom.; Hægstad, G. Tr., s. 31 ff.; die einleitungen zu den in § 12 und § 15 erwähnten textausgaben (besonders den in § 16, a nochmals angeführten); endlich Islands grammatiske litteratur i middelalderen, udg. for Samfund til udg. af gammel nordisk litteratur, Kopenh. 1884—86.

Das bisher in den meisten grammatiken und sehr vielen textausgaben vorkommende normalalphabet nimmt auf die schreibung der ältesten und besten handschriften oder, was auf dasselbe hinauskommt, die phonetische seite der sprache allzu wenig rücksicht. Das alphabet, dessen wir uns in dieser grammatik bedienen, ist: *a á b d ð e é f g h i í k l m n o ó p r s t u ú v x y ý z þ ǫ ǫ́ œ ǽ ø ǿ*.

I. Aussprache der vokalzeichen.

§ 23. *a* bezeichnet kurzes offenes, *á* langes geschlossenes *a*.

Anm. Hier (wie im folgenden) wird zunächst die aussprache um 1200 — die zeit der ältesten hdschr. — berücksichtigt. Später wurde *á* wol im allgemeinen als langes offenes *o* (*å*) ausgesprochen (s. § 103).

§ 24. *e* bez. kurzes (geschlossenes, im aisl. jedoch vielleicht sowol geschlossenes wie offenes, vgl. § 85), *é* langes (geschlossenes) *e*.

§ 25. *i* bez. sowol konsonantisches als sonantisches *i*:

1. Kons. *i* (nicht spirans *j*) unmittelbar vor vokal (z. b. *hiarta* herz, *skióta* schiessen, *dylia* verhehlen) und in den verbindungen *ei, œi*.

Anm. 1. Die hdschr. haben vor vokal fast ausnahmslos *i*, selten im inlaut *gi* (z. b. Ágrip, s. Dahlerup's ausg. s. XXVII). Die schreibung *e* deutet in den aller ältesten hdschr. vielleicht eine etwas verschiedene aussprache an; kaum aber wenn das *e* ganz ausnahmsweise in jüngeren hdschr. (wie der anorw. Barlaamssage — § 15, 12 — und der einen hand der Flateyjarbók — § 12, 23) vorkommt. Das in 'normalisirten' textausgaben (und im nisl. seit c. 1794) übliche *j* kommt nur sehr selten in einigen anorw. und norvagisirend aisl. hdschr. (vgl. Wadstein, F. Hom., s. 111 f.; Groth, AM. 310, s. XXIX; Hægstad, G. Tr., s. 38) vor.

2. Son. kurzes *i* in übrigen stellungen; *í* ist der entsprechende lange laut.

Anm. 2. Die in anm. 1 angedeuteten hdschr. haben sehr selten *j* in der bedeutung von *i* oder *í*.

§ 26—31. Aussprache der vokalzeichen.

§ 26. *o* bez. kurzes, *ó* langes geschlossenes *o*.

§ 27. *u* bez. sowol konsonantisches als sonantisches *u*:
1. Kons. *u* (nicht spirans *v*, *w*) unmittelbar vor vokal (z. b. *huar* wo, *suá* so, *hǫggua* hauen) sowie in den verbindungen *au*, *ou* (*ǫu*).
Anm. 1. Nur einige von den ältesten hdschr. (wie z. b. Reykj. Máld. erste hand und Rímb.) und vereinzelte späteren (wie die zwei ersten norw. schreiber der Hauksbók) schreiben konsequent *u* vor vokal (s. z. b. L. Larsson, Cod. 1812, 4°, s. XV, und Hb. s. XXIII, XXXIII); sonst ist die schreibung *v* häufiger; selten ist *w*. Auch kommt *av* (oder die ligatur *ɷ*) statt *au* vor.

2. Son. kurzes *u* in übrigen stellungen; *ú* ist der entsprechende lange laut.
Anm. 2. Die hdschr. haben sehr oft *v*. Ob (wie Hb. s. LIII angenommen wird) auch *y* bisweilen denselben lautwert haben kann, bleibt sehr zweifelhaft.

§ 28. *y* bez. sowol konsonantisches wie sonantisches *ü*:
1. Kons. *ü* nur in den verbindungen *ey* (*œy*, *ay*), *ǫy*.
Anm. 1. Statt des seltenen *ay* kommt in den hdschr. auch *av* oder die ligaturen *ay̨*, *ɷ* vor.

2. Son. *ü* in übrigen stellungen; *ý* ist der entsprechende lange laut.
Anm. 2. Die hdschr. haben oft *u* oder *v*.

§ 29. *ǫ* bez. kurzes offenes *o*; *ǫ́* ist der entsprechende lange laut.
Anm. 1. Die ältesten hdschr. haben *ǫ*, *o* oder die ligatur *ɷ*: später kommt gewöhnlich *o*, bisweilen *ao*, *au* (*ɷ*) vor. Die normalisirten ausgaben schreiben gewöhnlich, aber sehr irreleitend, nach vorgang des nisl., *ǫ̈*, ein zeichen das erst im 16. jahrhundert aus der deutschen schrift entlehnt worden ist.
Anm. 2. Später bez. *ǫ* einen *ǫ̈*-laut (s. § 84); *ǫ́* ist dann durch das gleichwertige *á* (s. § 23 anm.) ersetzt.

§ 30. *œ* bez. kurzes, *œ́* langes offenes *ä*.
Anm. Die hdschr. haben statt *œ* (so besonders anorw.) auch *ę* oder *e*, sehr selten *ae*. Die normalisirten texte geben gewöhnlich, sehr unzweckmässig, den kurzen laut durch *e*, den langen durch *œ* wieder.

§ 31. *ø* bez. kurzes (geschlossenes und offenes), *ǿ* langes (geschlossenes) *ö*.
Anm. Die hdschr. verwenden ausser *ǫ̈* und (in anorw. hdschr. auch) *œ* — welche beiden verwandten zeichen wir hier aus praktischen gründen durch *ø* wiedergeben — nicht selten *o*, bisweilen *ey*, *eo* (in alten aisl. hdschr.). Die normalisirten textausgaben verwenden im allgemeinen — sehr unzweckmässig — *ǫ̈* für den kurzen, *œ* für den langen laut.

§ 32. Die nasalität, die tonstärke und die tonhöhe der vokale werden in dieser grammatik — wie auch sonst allgemein — der regel nach nicht bezeichnet.

Anm. Nur die in § 22 erwähnte alte orthographische abhandlung bezeichnet die nasalität und zwar durch einen über das vokalzeichen gesetzten punkt, welcher bezeichnungsweise wir uns auch ganz ausnahmsweise hier bedienen.

§ 33. Länge wird — wie wir schon oben gesehen haben — durch einen über den vokal gesetzten akut (´) ausgedrückt.

Anm. 1. Nur die ältesten hdschr. verwenden in dieser weise accente. Die hdschr. des 13. jahrhs. bezeichnen die länge gewöhnlich nicht; die noch späteren verdoppeln das vokalzeichen, wobei statt *aa* seit 1300 nicht selten die ligatur *æ* gebraucht wird.

Anm. 2. Die hdschr. drücken durch den accent bisweilen den platz des hauptones, bisweilen nur den punkt des *i*, bisweilen diæresis aus; vgl. Wadstein, F. Hom., s. 122 f.

II. Aussprache der konsonantenzeichen.

§ 34. *b, d, m, p, r, s, t, x* sind etwa wie im deutschen auszusprechen.

Anm. 1. Statt *d* haben die hdschr. nicht selten *ð* (so z. b. das älteste bruchstück der Grágás, s. § 12, 4), selten *ð*, sehr selten *þ*; vgl. Hoffory, Tidskr. f. Fil. N. R. III, 294 f., Arkiv II, 25 note.

Anm. 2. In dem alveolaren *r*-laute, der durch *r* bezeichnet wird, sind zwei laute zusammengefallen, die in runenschrift (doch nicht der jüngsten) durch verschiedene zeichen ausgedrückt wurden: das alveolare *r* und das palatale *ʀ*; vgl. oben § 18 und § 20. Ob der unterschied in einigen anorw. dialekten noch in literarischer zeit bewahrt ist und das *r* also zum teil zwiefache geltung hat, bleibt unsicher. — Auslautend nach einem konsonanten (wenigstens nach stimmlosem) ist wol *r* in den meisten gegenden stimmlos gewesen (vgl. Sievers, Beitr. V, 457 note), z. b. *akr, apr, otr*; so wol auch *m* nach *s* und *þ*, z. b. *bosm, meiþm*.

Anm. 3. Wo bei ableitung und flexion *ks, gs* entstehen, gebrauchen die normalisirten texte diese etymologischen schreibungen statt *x*, das in den hdschr. auch in diesem falle oft vorkommt.

Anm. 4. Statt *x* hat Cod. AM. 655, 4°, fragm. III bisweilen *z*; vgl. An. gr. II, § 49 anm. (anders Hoffory, Arkiv II, 83 note).

§ 35. *ð* bezeichnet im anorw. (vgl. § 44, 2) die stimmhafte interdentale spirans (engl. weiches *th*); s. Wadstein, F. Hom., s. 107 f.

Anm. Einige wenige anorw. denkmäler, wie die erste hand des Hoprekstader notizbuches u. a. (s. G. Storm, Tidskrift for retsvidenskab 1890, s. 424, 431 f.; Hægstad, G. Tr. s. 35) verwenden *þ*. Seit c. 1300 kommt *d*

§ 36. 37. Aussprache der konsonantenzeichen. 33

neben (wie z. b. in Oratio contra clerum, s. § 15, 24) oder statt ð vor (s. Hægstad a. o.); noch später tritt bisweilen *dh* auf, z. b. in dem 1394 geschriebenen gildestatut von Onarheim (hrsgg. von M. Pappenheim in Ein anorw. schutzgildestatut, Breslau 1888, s. 160 ff.).

§ 36. *f* bezeichnet zwei verschiedene laute:

1. Bilabiales, später labiodentales *f* im auslaut (des wortes oder des zusammensetzungsgliedes), vor *k, s, t, þ* und in der verdoppelung, z. b. *fara, rífka, liúfs, liúft, tylfþ, offra*.

2. Bilabiales *v* (*ƀ*), später labiodentales *v* in übrigen stellungen (vgl. aber wegen Cod. AM. 310, 4⁰ § 232, 1 und Groth's ausgabe s. XXXIV f.), z. b. *hafþa, erfa, kelfa, gefa, gaf, huarf*.

Anm. 1. Die ältesten hdschr. schreiben oft inlautend *v*, die anorw. auch *u*; jüngere haben in dieser stellung nicht selt. *fu* (anorw. bisweilen *fw*, z. b. in Oratio contra clerum), bes. nach *l*, z. b. *kælfua*.

Anm. 2. Ueber die bilabiale aussprache des *f* s. Noreen, Arkiv I, 297 f.; Hoffory, ib. II, 10 ff.; B. M. Ólsen, Germania XXVII, 271 f.; Mogk, ZfdA. X, 60 f., 186.

§ 37. *g* hat fünffache geltung:

a) Stimmhafter verschlusslaut (*g*) im anlaute, nach *n* und in der verdoppelung:

1. palataler vor palatalen vokalen, z. b. *gefa, gilde, giarn, læggia*.

Anm. 1. Die hdschr. schreiben bisweilen *gi* (jedoch nicht vor *i*), s. z. b. Hb., s. XXXVII; Hægstad, G. Tr., s. 36; Gering, Isl. Æv. I, XX.

2. velarer in übrigen fällen, z. b. *gamall, gripa, hanga, hǫggua, dǫgg*.

Anm. 2. Nach *n* kommt in anorw. (selt. in aisl., s. z. b. Cederschiöld, Geisli, Lund 1873, s. XIII) hdschr. bisweilen *gh* vor, das wol eine etwas verschiedene aussprache andeutet.

b) Stimmhafte spirans (*ʒ*) in- und auslautend (ausser in der verdoppelung, nach *n* und vor *s, t*):

1. palatale vor palat. vokalen sowie zwischen einem palat. vok. und einem konsonanten, z. b. *berge, segia, vigþa, regn*.

2. velare in übrigen fällen, z. b. *draga, dǫgom, biarga, helgan, lagþa, lag*.

c) Stimmlose spirans (*ch*-laut) inlautend (ausser nach *n*) vor *s* und *t* (vgl. Hoffory, Arkiv II, 16 ff.):

1. palatale nach palat. vokalen, z. b. *vegs, vigt*.

2. velare nach vel. vokalen, z. b. *blóþogs, blóþogt*.

§ 38—40. Aussprache der konsonantenzeichen.

Anm. 3. In anorw. (selt. in aisl.) hdschr. wird die spirans (sowol die stimmhafte wie die stimmlose) oft nach vokalen, bisweilen auch nach *l*, *r* durch *gh* (wie im aschwed. und adän.) wiedergegeben. Selt. ist anorw. *hg* (s. Hægstad, G. Tr., s. 36).

§ 38. *h* hat dreifache geltung:

1. *h* im allgemeinen, z. b. *hafa, himenn*. So auch in den (nur im isl. vorkommenden) verbindungen *hl, hn, hr*, z. b. *hlaupa, hníga, hringr*.

2. Stimmlose spirans (*ch*-laut) vor konsonantischen *u* (wenigstens in den meisten gegenden, vgl. B. M. Ólsen, Germania XXVII, 272 ff.) und *i* (wenigstens in gewissen gegenden, vgl. anorw. schreibungen wie *Tielmswal* st. *Hiœlmsvall, Tiœrundh* st. *Hiarrandr*, s. Rygh, Oplysn. s. 195, Gamle personnavne s. 293, oder *Syettelandia* 1312, *Schetland* 1391 st. *Hialtland*), z. b. *huat, hiarta*.

§ 39. *k* hat zweifache geltung:

1. Palatales *k* vor palat. vokalen, z. b. *kippa, ríke, kiolr*.

Anm. 1. Die hdschr. haben bisweilen *ki* (jedoch nicht vor *i*) — vgl. § 37 anm. 1 — oder *ch* (vgl. anm. 2).

2. Velares *k* in übrigen stellungen, z. b. *kasta, kuiþa, krefia, sǫk*.

Anm. 2. Die hdschr. haben oft *c, ch* oder (vor konsonantischem *u*) *q*. Viele der ältesten und besten hdschr. (z. b. die oben § 12, 1. 2. 3. 7. 12. 15 erwähnten; gewissermassen auch § 15, 4) bezeichnen der regel nach das velare *k* durch *c*, das palatale durch *k* (nur nach *s* auch durch *c*); andere (z. b. Ágrip) bez. jenes durch *c* oder *k*, dieses durch *ch* (neben *c* und *k*).

§ 40. *l* hat wahrscheinlich zweifache geltung:

1. Dentales *l* anlautend und (fast immer) in unmittelbarer und alter (d. h. nicht durch an. synkope entstandener) verbindung mit dental sowie in der verdoppelung, z. b. *liós, halda, falla*.

Anm. 1. Die hdschr. schreiben bisweilen *ll* vor *d, t*, s. § 269, 3.

2. Ein kakuminaler, zwischen *r* und *l* schwebender laut ('dickes' *l*) in übrigen fällen, z. b. *kliúfa, fliúga, tala, halfr, folk, holmr, ǫl*; auch *hals, ǫln, mylna* u. dgl., wo die verbindung von *l* mit dental durch an. synkope entstanden ist (vgl. 1 oben).

Anm. 2. Ueber ein eventuelles stimmloses *l* im inlaut s. § 230, 2, b. Sicher war wol auslautendes *l* stimmlos nach stimmlosen konsonanten, z. b. *hasl*.

§ 41—44. Aussprache der konsonantenzeichen. 35

§ 41. *n* hat dreifache geltung:

1. Dentales *n* anlautend und in unmittelbarer und alter (vgl. § 40, 1) verbindung mit dental sowie in der verdoppelung, z. b. *nenna, hǫnd*.

Anm. 1. Die hdschr. schreiben bisweilen *nn* vor *d, t*, s. § 269, 3.

2. Velares *n* (*ŋ*) vor *g, k*, z. b. *syngua, tǫng, hǫnk*.

Anm. 2. Die hdschr. bez. bisweilen diesen laut — oder auch oft die verbindung dieses lautes mit folgendem *g* (was sonst mit *ng* bezeichnet wird) — durch ein besonderes zeichen: η, ŋ oder ꝗ. Nicht selt. kommt auch *nn* vor, s. z. b. Hb. s. XLIX, Wadstein, F. Hom., s. 134.

3. Alveolares *n* in übrigen stellungen, z. b. *knútr, mon, venia, vanþa* (urn. **waniðō*).

Anm. 3. Ueber ein eventuelles stimmloses *n* im inlaut s. § 230, 2, b. Sicher war wol auslautendes *n* stimmlos nach stimmlosen konsonanten, z. b. *sókn, vápn, lausn, vatn*.

§ 42. *v* bez. bilabiales *v* (ƀ), später labiodentales *v*.

Anm. Die hdschr. haben oft *u*, selt. *w* oder (s. z. b. Hb., s. LIV) *y*.

§ 43. *z* ist ursprünglich (d. h. bei der einführung des lateinischen alphabetes) nur in der bedeutung von *ds* gebraucht worden. Aber schon in den ältesten der uns erhaltenen hdschr. tritt es — in folge des lautlichen überganges von *ds* in *ts* (§ 237, 1) — auch (und zwar häufiger) in der bedeutung von *ts* auf, weshalb es in dieser grammatik nur für *ts* gebraucht wird. Noch später bezeichnet es — in folge des überganges von intervokalischem *ts* in *ss* (§ 263, 2) — zwischen vokalen *ss*. Vgl. Wadstein, F. Hom., s. 118 f.; Mogk, AfdA. X, 65 f.; Gering, ZfdPh. XVI, 380; Hoffory, Arkiv II, 79 ff.; Gislason, Njála II, 626 ff.; Groth, Det AM. haandskrift 310, 4⁰, s. XXXVI ff.

Anm. Statt *z* kommt, bes. in den ältesten hdschr., auch *ds, ts* vor. Hie und da wird ausnahmsweise *þ* gebraucht (s. u. a. Specht, Acta germanica III, 1, s. 12; Gislason, Um frumparta s. 98 f.; Gering, Isl. Æv. I, XVIII f.).

§ 44. *þ* hat (im aisl.) zweifachen lautwert (im anorw. nur den unter 1 angegebenen):

1. Stimmlose interdentale spirans (engl. hartes *th*) anlautend, nach (stimmlosem) *f, k, p* und vor *k*, z. b. *þungr, tylfþ, fylkþa, hleypþa, vípka*.

Anm. 1. Die ältesten anorw. hdschr. haben im inlaut auch die majuskel Đ, welche wol nur eine andere form des *þ* ist; im 13. jh. kommen anlautend sowol Đ wie ð in der bedeutung von *þ* auch (aber sehr selt.)

in aisl. hdschr. vor. Einige, vorwiegend a n o r w., hdschr. haben *th*. — Die meisten normalisirten textausgaben schreiben ohne genügenden grund in- und auslautend *ð*.

2. Im aisl. (vgl. § 35) stimmhafte interdentale spirans (engl. weiches *th*) in übrigen stellungen, z. b. *meþan, verþa, baþ, leifþ, garþr* (= anorw. *meðan* u. s. w.).

Anm. 2. Die ältesten (aisl.) hdschr. zeigen nur selt. *ð* oder (wie AM. 677, 4°, s. § 12, 12) *d*. Seit dem anfang des 13. jahrhs. kommen *þ* und *ð* (das immer häufiger wird) promiscue vor, nach 1350 *d*.

§ 45. **Länge** ("gemination") wird durch doppelschreibung des betreffenden zeichens ausgedrückt.

Anm. Die hdschr. drücken die länge auch durch grosse buchstaben oder durch ein über den konsonanten gesetztes pünktchen aus. Neben *kk* kommen *cc, ck* (so z. b. in der Hauksbók regelmässig), *kc* vor.

III. Phonetische übersicht.

Das altwestnordische lautsystem um 1200 war also — mit dem jetzt erörterten normalalphabete ausgedrückt — folgendes:

§ 46. Sonanten (nur vokale):

	Velare od. Hintere	Palatale		
		Mittlere		Vordere
Ohne labialisirung:	*a á*	*œ ǽ*	*e é*	*i í*
Labialisirte:	*ǫ ǫ́* ..... *ǫ̈*			
	o ó ..... *ø ǿ*			
	u ú			*y ý*

§ 47. Konsonanten:

	Labiale	Interdent.	Dentale	Palatale u. Velare
Halbvokale:	*u; y*	—	—	*i; y*
Liquidæ: stimmhafte:	—	—	*l ll; r rr*	—
„ stimmlose:	—	—	*l r*	—
Nasale: stimmhafte:	*m mm*	—	*n nn*	*n*
„ stimmlose:	*m*	—	*n*	—
Spiranten: stimmhafte:	{anl. *v* / in. u. ausl. *f*}	{aisl. *þ* / anorw. *ð*}	—	*g*
„ stimmlose:	*f ff*	*þ*	*s ss* (*z = ts, x = ks*)	{anl. *h* / inl. *g*}

§ 48. 49. Phonetische übersicht. § 50. Nasalirung.

	Labiale	Interdent.	Dentale	Palatale u. Velare
Explosivæ: stimmhafte:	*b bb*	—	*d dd*	*g gg*
„ stimmlose:	*p pp*	—	*t tt* ($z = ts$)	*k kk* ($x = ks$).

Hierzu kommen laryngales *h* (hauchlaut) und kakuminales *l*. Ueber kakuminale *d, n, s, t* s. § 244.

§ 48. Eine verbindung von einem sonantischen mit einem konsonantischen vokale nennt man **diphthong**. Solche kommen im aisl.-anorw. in grosser anzahl vor und sind zweierlei art:

1. Fallende, die mit dem sonanten anfangen: (vorzugsweise aisl.) *au, ei, ey*, resp. (vorzugsweise anorw.) *ou (ǫu), œi, œy (ay)* und *ey*; anorw. auch dialektisch *œi*.

2. Steigende, die mit dem konsonanten anfangen: kurze: *ia, ie* (aisl.), *io, iu, iy, iǫ, iœ* (vorzugsweise aostnorw.), *iø*; *ua, ue, ui, uo* (misl.), *uǫ, uœ* (vorzugsweise anorw.), *uø*; lange: *iá, ié* (aisl.), *ió, iú, iǫ́, iǿ*; *uá, ué, uí, uǫ́, uǿ, uǿ*.

Anm. Auch einige **triphthonge** (verbindungen von einem sonantischen mit zwei konsonantischen vokalen) hat das aisl.-anorw. aufzuweisen: *uei (uœi)* z. b. in *sueigia* biegen, *uey (uœy)* und *uøy* z. b. in *kueykua, kuøykua* beleben; endlich *iau (iou), uau (uou)* in je einem einzigen beispiele: *siau* sieben, *tuau* zwei.

§ 49. Ihrer **quantität** nach treten — wie wir schon oben gesehen haben — sämmtliche vokale und explosivæ, stimmloses *f*, stimmhaftes *m* und *r*, dentales stimmhaftes *l* und *n*, endlich *s* sowol als kurz wie als lang ("geminirt") auf.

Unter 'lange silbe' verstehen wir im folgenden diejenige, die entweder einen langen vokal (oder einen diphthong) mit folgendem konsonanten (oder mit nasalirung) oder einen kurzen vokal mit zwei folgenden konsonanten (ausser *gg*) enthält, z. b. *ǫst, eig-a, hald-a*. Eine 'kurze silbe' ist dagegen vorhanden, wo entweder ein kurzer vokal von nur einem konsonanten (oder *gg*) gefolgt wird, oder die silbe einen langen unnasalirten vokal (oder einen diphthong) ohne folgenden konsonanten enthält, z. b. *far-a, egg, bú-a, dý-ia*.

Anm. Ueber die metrische geltung einer silbe s. Sievers, Beitr. XV, 401 ff., bes. 410; Altgerm. metrik, s. 58 f.

§ 50. Alle vokale (auch diphthonge) können auch als **nasalirte** vorkommen. Hauptsächlich aus der alten (in § 22 oben erwähnten) orthographischen abhandlung wissen wir, dass um 1140 nasalität wenigstens im aisl. in folgenden fällen da war (s. Noreen, Arkiv III, 1 ff., 36 ff.; Bugge, ib. II, 230 ff.; Kock, Arkiv XIII, 179 f., 185 ff.):

1. Unmittelbar vor nasal (nur nicht wenn diese stellung durch an. synkope entstanden ist), z. b. *sýna* zeigen (aber *sýna* gen. pl. von f. *sýia*), *ra·mr* stark, *va·nr* gewöhnt.

2. Unmittelbar nach nasal, wenigstens wenn die silbe starktonig oder halbstark (s. § 51 anm. 1) ist, z. b. *mé·r* mir, pl. *fra·me·r* zu *fra·mr* unverschämt.

3. Wo ein urnordischer nasal nach einem starktonigen (oder halbstarken) vokale fortgefallen ist, z. b. *í·* in, nom. pl. f. *ó·rar* unsere; früher auch *eta·* essen u. dgl. (während *gialda* vergelten u. dgl. noch früher, vielleicht schon urn., die nasalirung aufgegeben hat; vgl. anm. unten).

4. Wo schon in urgerm. zeit ein nasal hinter dem vokale fortgefallen ist, z. b. *fǽ·r* empfängt, *ǿre* jünger, *þé·l* feile, *há·r* hai.

Diese nasalirung schwindet allmählich, wol zu sehr verschiedener zeit in verschiedenen gegenden.

Anm. Wie lange im falle 3 ein schwachtoniger vokal nasalirt blieb, bleibt für das aisl. unsicher. Im anorw. war — wenigstens nach der Frösöerinschrift zu urteilen — in diesem falle schon um 1050 die nasalirung nicht mehr da, z. b. *kirua* (d. h. *gerua* aus *-an*) machen; s. Arkiv III, 31 ff.

§ 51. Ueber die altwestn. betonung ist bis jetzt nur verhältnismässig wenig genauer ermittelt worden. Es lässt sich aber vermuten, dass sie im wesentlichen mit derjenigen des ältesten altschwedisch übereinstimmte; vergl. meine darstellung im Grundriss² I, 565 ff., § 54. Hier sei nur in aller kürze folgendes bemerkt:

In betreff des exspiratorischen accents konnte eine silbe entweder haupttonig, stark nebentonig, schwach nebentonig oder unbetont sein. Die haupt- und stark nebentonigen fassen wir als starktonige, die andern als schwachtonige zusammen.

1. Der hauptton ruht der regel nach:

a) In zusammengesetzten wörtern auf der wurzelsilbe des ersten gliedes. Jedoch giebt es sehr viele wörter, bei denen

§ 51. Betonung.

die wurzelsilbe des letzten gliedes wenigstens alternativ den
hauptton trägt. Solche sind die meisten auf *for-* 'ver-', *of(r)-*
'allzu' und *tor-* 'schwer-,' z. b. *forboþ* verbot, *ofrgiald* über-
grosse vergeltung, *torkenna* unkenntlich machen; viele auf *á-*
'an-', *iafn-* 'eben-' und *ú-* (neben haupttonigem *ó-*) 'un-', z. b.
ásióna ansehen, *iafnsterkr* ebenso stark, *úhreinn* (aisl. neben
gewöhnlicherem *óhreinn*; umgekehrt anorw. öfter *úræinn* als
óræinn) unrein; ausserdem eine grosse menge einzelner wörter
mit einsilbigem ersten glied, insbesondere solche wo sowol das
erste wie das zweite glied langen vokal haben, z. b. *miskunn*
erbarmen, *fátǿkr* arm, *gáleyse* unachtsamkeit, *framfarenn* ge-
storben, *hórdómr* hurerei, *einvalde* herrscher, *rét(t)látr* recht-
fertig, *hugskot* gemüth, *nálǽgr* anliegend, *hótíþ* fest, die zahl-
wörter auf *-tán* (nicht aber *-tián*) wie *sextán* sechsten u. a. m.
Weil die hdschr. nur ausnahmsweise den platz des haupttones
angeben (s. § 33 anm. 2), und die metrik uns auch oft im
stiche lässt, sind wir in vielen fällen darauf beschränkt mit
hülfe der lautlichen verhältnisse — wie sie im folgenden
werden erläutert werden — konstatiren zu können, dass bei
einem worte die letzterwähnte betonungsweise wenigstens einst
vorhanden gewesen ist, z. b. *forynia* (aus **for-rynia*) vorbote,
Þuríþr (**Þúrfríþr*) ein frauenname, *árhialmr* bronzehelm (zu *eir*
bronze); bisweilen geht sogar aus der lautentwickelung hervor,
dass die früher vorhandene accentuirung mit haupttonigem
letzten gliede schon zu gunsten der gewöhnlicheren betonungs-
weise gewichen ist, z. b. *ellefo* (*ellifo*, **ainlíƀu*) elf. Oft stehen
neben einander doppelformen, die in folge der alternativen
betonung lautlich mehr oder weniger verschieden gestaltet sind,
je nachdem das erste oder zweite glied den hauptton trägt
oder einst getragen hat, z. b. *lík(h)amr* : *likamr* körper, *ǫ́stvinr* :
ástvinr lieber freund, *apinia* : *apynia* äffin, *fóst(r)syster* : *fosyster*
pflegeschwester, *Grik(k)land* : *Girkland* Griechenland, personen-
namen wie *Óláfr*, *-lafr* : *Áleifr*, *Þórlákr* : *Þorleikr*, *Hróarr* :
Hróþgeirr, *Þórarr* : *Þorgeirr*, anorw. *Æin(d)riþe* : *Indriþe*, *bryl-
laup* : *brilaup* hochzeit.

b) In einfachen wörtern auf der wurzelsilbe. Jedoch ist
in einzelnen fällen die ableitungssilbe, wenigstens alternativ,
haupttonig; so besonders in vielen mit *-ing-* und *-ung-* ab-
geleiteten wörtern, z. b. *þrening* dreieinigkeit, *mining* erinnerung,

kening poetische umschreibung, *teningr* würfel, *peningr* pfennig neben resp. *þrenneng* u. s. w. mit haupttoniger wurzelsilbe.

2. **Starker nebenton** tritt in folgenden fällen auf:

a) In zusammengesetzten wörtern auf der wurzelsilbe des nicht haupttonigen gliedes, z. b. *kirkiogarþr* friedhof. Jedoch ist das letzte glied schwachtonig in artikulirten nominalformen, z. b. *barnet, -eno* das, dem kind, so wie in vielen sonstigen wörtern, denen das gefühl der zusammensetzung abhanden gekommen ist, z. b. *Alrekr* (*Al-ríkr), *Hamþer* (älter *Hamþér*), *Sigurþr* (*Sig-wǫrðr), *gaman* freude, *þanneg* (*þannweg) dorthin, *nekkuat* (*ne-wœit-ek-hwat) etwas, *tottogo* zwanzig.

b) In einfachen wörtern auf sehr vielen ableitungssilben (zum teil aus alten zusammensetzungsgliedern entstanden), wie *-and-, -ind-, -und-, -ing-, -ung-, -ern-* und noch anderen (wofern sie nicht haupttonig sind, s. 1, b), z. b. *eigande* besitzer, *sanninde* wahrheit, *tíund* zehnt, *víkingr* vikinger, *lausung* falschheit, *faþerne* väterliche seite, *kaupangr* stadt, *apaldr* apfelbaum, *heimill* von rechtswegen gestattet u. a. Dialektisch können jedoch auch diese silben schwachtonig sein, z. b. *fíande* (pl. *fíandr* — s. Gislason, Njála II, 235 f. — nach § 61) neben dem aus *fíande (mit starktonigem *-and-*) entwickelten *fiande* und, mit anschluss an *fiá* hassen, *fiánde* (pl. *fiándr*, anal. neugebildet nach dem sg. statt *fiendr, vgl. *búendr* zu *búande* u. dgl.) feind u. a. mehr, s. § 61.

3. **Schwacher nebenton** kommt der regel nach derjenigen silbe zu, die in einem einfachen wort unmittelbar auf eine haupttonige silbe folgt (wofern jene nicht starken nebenton hat, s. 2, b), z. b. *tunga* zunge, *kallaþe* rief. Jedoch fehlt jedweder nebenton (also auch starker) in den meisten 2-silbigen komparativen, z. b. *stœrre* grösser, *yngre* jünger, *fǽrre* weniger, *betre* besser (aber *meire* grösser, *fleire* zahlreicher mit nebenton. ultima); ausserdem in einzelnen wörtern, z. b. *nío* neun, *tío* zehn, deren anzahl mit der zeit immer zunimmt.

Anm. 1. Wenn die haupttonige silbe kurz ist, so ist früher — und wol noch in gewissen, bes. anorw. dialekten — der folgende nebenton etwas stärker ("halbstark") gewesen, z. b. *gata* gasse, *talaþe* redete.

4. **Unbetont** ist eine silbe in allen übrigen fällen; natürlich auch die wurzelsilbe proklitisch oder enklitisch stehender

wörter, z. b. *eþa* oder, *meþan* während, *eke* (neben betontem *ekke*) nicht, *þikia* (bet. *þykkia*) dünken u. s. w.

> Anm. 2. Vgl. noch u. a. Wadstein, F. Hom., s. 122, 125; Bugge, Norrœn fornkvæði, s. 36 note, Aarbøger 1884, s. 87f.; Jessen, ZfdPh. II, 139f.; Sievers, Beitr. VIII, 75; L. Larsson, Arkiv IX, 122ff.; Beckman, ib. XV, 74ff.; Craigie, ib. XVI, 360ff.; Kock, Accentuierung s. 89f., 208ff. und bes. 219ff.

II. Abschnitt. Die sonanten.

§ 52. Das urnordische übernahm aus urgerm. zeit folgende sonanten:

Kurze: *a, e, i, o, u*. Lange: *ā, ē, ī, ō, ū, ǣ*.

Dazu kamen mehrere diphthonge:

Fallende: *ai, au, eo, eu, iu*. Steigende: *wa, we, wi*; *wā, wē, wī, wǣ*.

Diese vokale (und diphthonge) waren nasalirt, wenn ein nasaler konsonant unmittelbar nachfolgte oder doch in urgerm. zeit nachgefolgt war; *ū* scheint immer nasalirt gewesen zu sein und zwar aus letztgenanntem grunde.

Die entwickelung dieser laute innerhalb des (urnordischen und) altwestnordischen wurde durch folgende lautgesetze bestimmt.

Kap. 1. Lautgesetze der starktonigen silben.

A. Qualitative veränderungen.

I. Urnordische vorgänge.[1])

§ 53. *ǣ* in starktoniger silbe (vgl. anm. 2) ist schon in den ältesten urn. inschriften zu *ā* geworden, z. b. Torsbjærg -*māriʀ* (got. *mērs*) 'berühmt' und (später) Möjebro *Frawarāðaʀ* (vgl. got. *rēdan*) ein mannsname; vgl. ferner aisl.-anorw. *gráta* (got. *grētan*) weinen, *máne* (got. *mēna*) mond u. s. w. Die meisten an. *á* sind in dieser weise aus älterem *ǣ* entstanden.

---

[1]) Hier werden nicht alle solchen vorgänge aufgeführt, welche möglicherweise oder gar wahrscheinlich, sondern nur diejenigen, welche unzweifelhaft aus urn. zeit stammen. Der urn. übergang *iʀ > eʀ* wird jedoch erst später (§ 106, 2 mit anm. 3) behandelt.

Anm. 1. Die annahme Wimmer's (bei Burg, s. 153), dass spuren eines älteren urn. *æ* noch in einigen finn. lehnwörtern erhalten seien, ist wol hinfällig; s. Thomsen, Über den einfluss s. 123, Beröringer s. 30 note (vgl. Bugge, No. I. s. 153 und 305 note).

Anm. 2. In schwachtoniger silbe ist *æ* (zwar durch *a* bezeichnet, aber seinem lautwert nach) einstweilen erhalten. Über dessen folgende entwickelung s. § 131.

§ 54. *ai* wird schliesslich in den meisten stellungen zu *œi*, z. b. urn. Kragehul *haitē* > anorw. *hœiti*, aisl., daraus entwickelt, *heite* heisse; Tune *staina* > *stein* stein; Reistad *wraita* > *reit* ritzung; Björketorp *hᴀiðʀ-* > *heiþr* ehre. In folgenden stellungen wird es aber zu *ā* kontrahirt:

1. Vor (später geschwundenem) *h*. In den ältesten inschriften steht noch *ai*, z. b. Einang *faihiðō* schrieb, noch Maglemose *ᴀih* (und Fonnås *aih*?) = aisl.-anorw. *á* besitze, aber schon Åsum (und Noleby) *fāhi* schreibe. Sonstige beispiele sind: *fár* (got. *faihs*) schimmernd, *flár* (vgl. got. *þlaihan*) hinterlistig, *már* (*mór* § 74,2; ahd. *mēh*) möwe, *lán* (neben dem d. lehnw. *lén* lehn) darleihe, *ǽtt* (vgl. § 60,2; got. *aihts*) familie, *tǫ́* (vgl. § 74,2) zehe, *rǫ́* reh, *sáld* eimer zu *sár* (litau. *saīkas*, s. Lidén, Uppsalastudier s. 81 f.) zuber, *Há(a)rr* (< *haihahariʀ* zu got. *haihs*, lat. *cœcus*, s. Detter, Beitr. XIX, 503 note) ein Odinsname.

2. Vor (ursprünglichem) *r*. Urn. beisp. fehlen; spätere sind: *ár* (got. *air*) früh, *sár* (got. *sair*) wunde, *sárr* (finn. *sairas*) verwundet, *hárr* (ahd. *hēr*) grauhaarig, *árna* (vgl. aschw. *œrna*, got. *airinōn*) ausrichten, *ǫ́rr* (got. *airus*) bote, *ǫ́r* (finn. *airo*) ruder, *skǽrr* (**skairiʀ*; nach § 61? *upp-skárr* offenbar, vgl. Karsten, Stud. öfver de nord. spr. prim. nominalbildung II, 272; vgl. noch *skírr*, got. *skeirs*) hell.

Anm. 1. Vor *ʀ* tritt dagegen kontraktion nicht ein, z. b. *eir* (got. *aiz*) bronze, *meire* (got. *maiza*) grösser, *geirr* (urgerm. latinisirt *gaisus*) ger u. a. Ags., resp. d. lehnw. sind *lǽra* (vgl. got. *laisjan*) lehren, *ǽra* ehren (echt nordisch *eira* schonen).

3. In stark nebentoniger silbe (s. § 51, 2) und zwar:

a) Vor dem haupttone, z. b. *árhialmr* bronzehelm (zu *eir* bronze, vgl. anm. 1), *á* (zu *ey* 'immer', got. *aiw*) in fällen wie *á meþan* 'stets' (Kock, Arkiv VII, 177) oder *ávalt* (< **āw-allt*, got. *aiw allata*, s. v. Friesen, N. spr. s. 14 f.; später volksetymologisch

§ 54. Urnordische vorgänge: ai. 43

of valt, of alt, um alt) 'immer', ebenso nnorw. *ámyrja* neben aisl. *eimyria* heisse asche; mit später gekürztem vokal (s. § 122, 1) *nakkuarr* (< **nākkwarʀ* < **ne-wait-ek-hwa'riʀ*) neben *nøkkuarr* (< **nœikkwærʀ* § 79, 6 < **ne-wa'it-ek-hwariʀ*) irgend ein, *ellefo* (**œ'llefo* § 122, 6 < **a'llibu* § 62 < **ān-li'b-*, vgl. got. *ainlibim*) elf.

Anm. 2. *Báþer* (got. *bai þai*) 'beide' kann — unter annahme späterer verschiebung des haupttones — hierher gehören; aber das *á* kann auch vom acc. *báþa* (got. *bans þans*) aus weiter verschleppt worden sein.

b) Nach dem haupttone, z. b. *Þorlákr* u. a. mannsnamen auf *-lákr* neben (anders betontem, s. § 51, 1, a) *Þorleikr* u. s. w., *Óláfr* (woraus nach § 144, 1 *Ólafr*) neben *Áleifr* ein mannsname (wozu das entsprechende fem. *Álof* aus **-lóf*, **-lābu*, s. § 144, 5), *afráþ* (*-raþ* und, urspr. pl., *-roþ* aus **-róþ*) neben aschw. (*afraþ* und) *afrēþ* abgabe (zu aisl. *afreiþa* abtragen); anorw. sowol *ærfǽðe* (und *-aðe*, s. § 61, § 144, 1) arbeit und *andlǽte* (aschw. *andlāte*; zu *leita* spähen) antlitz als mannsnamen wie *Monámr* (ahd. *-heim*, Lundgren, Uppsalastudier s. 18 note), *Únáss* (neben aisl. *óneiss* trefflich), run. (auf Man) *Ufaak* (d. h. *Ófág*, aisl. *Ófeig*) und *Þurlābr* (aisl. *Þorleifr*; s. Bugge, Aarbøger 1899, s. 239). Hierher mit später gekürztem vokal auch die vielen mannsnamen auf *-arr* (aus **-[ʒ]āʀaʀ* neben haupttonigem oder vom simplex beeinflusstem *-geirr*), z. b. *Þórarr* neben *Þorgeirr* (entlehnt air. *Thomrair*), *Hróarr* (**Hróðwāʀʀ* s. § 222, § 144, 1) neben *Hrópgeirr*, frauennamen wie anorw. (s. Rygh, Gamle personnavne, s. 198 und 230) *Rǫnnog, Sǫlog* (aus **-vǫg* nach § 144, 5) neben *Rannvæig, Sǫlvæig*, sowie *nafarr* (**naƀa[ʒ]āʀaʀ*, finn. *napakaira*, ahd. *nabagēr*) bohrer, das negirende verbalsuffix *-at* (got. *ainata*; also urspr. gleich '[nicht] irgend etwas'), z. b. *varat* war nicht; möglicherweise auch (s. Kock, Arkiv XI, 136 f., XIV, 263 f.) anorw. *for(r)að* gefährliche passage (zu *eiþ* passage) und *huar(r)a* wo in aller welt (zu *á* 'immer', s. oben a).

Anm. 3. Aus den häufigen zusammensetzungen gelöst ist wol *klǣþe* kleid (s. Noreen, Arkiv VII, 82 f.). Ags. lehnw. sind wol *bátr* (neben ntr. *beit*) schiff, *gát* (1 mal im Physiologus, sonst *geit*) geiss, *tákn* (neben *teikn*) zeichen, *vákr* (neben *veikr*) weich, *lápmaðr* (ags. *lāðmon*) lootse (zu *leiþ* weg) gleichwie nisl. *sápa* seife. Das selt. *hāta* (Cod. Fris. und AM. 39 fol., s. Morgenstern L. F. Anz. I, 124, sowie urn. Lindholm *hāteka*) neben *heita* heissen ist zum prät. *hét, heit* neugebildet nach der analogie *láta : lét, leit* u. dgl. (Lidén, Uppsalastudier, s. 86 note). Ueber das nicht hierhergehörige selt. r**ǫ**k neben *reik* furche s. § 166, 2. Ganz unverwandt sind nisl. *gári* ader im holze und aisl. *geire* streifen (s. Torp in Sproglighistoriske studier tilegnede prof. Unger, s. 187). Unklar bleiben *háss* heiser (s. zuletzt Karsten, Stud. öfver de nord. spr. nominalbildning II, 205) und urn. Tune *δaliδun* teilten, wenn dies *ā* hat (eher zu litau. *dalýti* teilen, lettisch *dala* teil?).

§ 55. *au* wird schliesslich in den meisten stellungen zu *ǫu*, z. b. urn. auf mehreren brakteaten *laukaʀ*, woraus *lǫukr*, gewöhnlich aisl. *laukr*, anorw. *loukr*, beides aus *lǫukr* entwickelt; Björketorp -*δʌuδe* > *dauþe* tod, -*lʌusʀ* > *lauss* los. Nur wo *au* (durch schwund eines intervokalischen *h*, s. § 224,1) in antevokalischer stellung zu stehen kommt, wird es als *aw* (woraus später *af*, s. § 242) erhalten, z. b. acc. sg. m. *hawan (got. *hauhana*) zu *hór* (aus *hǫuhʀ, s. § 94,2; got. *hauhs*) hoch; durch ausgleichung entsteht dann sowol *hówan* (*hófan*) : *hór* wie *háwan* : *hár*, später *háwan* (*háfan*) : *hár*, noch später *há(a)n* : *hár*.

Anm. *Bákn* (ahd. *bouhhan*) zeichen (in *sigrbákn*) ist fremdwort (afris. *bāken*); ob auch das seltene *dámr* geschmack (vgl. ahd. *toum* duft)?

§ 56. *eu* ist in älteren urn. inschriften (vor 600) noch in den meisten stellungen erhalten, z. b. Skärkind -*leuƀaʀ*, Skåäng -*leuʒaʀ*, vielleicht Vi (hobel) *hleunō*; vgl. noch bei Ptolemæus *Theustes* einwohner der aschw. landschaft *Þiūst*. Wenn aber die folgende silbe *u* enthält, ist es schon damals zu *iu* geworden, z. b. Opedal n. sg. f. *liuƀu* lieb (s. Bugge, Arkiv VIII, 22). Erst später ist *eu* in allen stellungen zu *iu* geworden und also mit altem *iu* (in Reistad *Iuþinʒaʀ*, Björketorp *bʌriutiþ* bricht u. a., s. § 155 anm.) zusammengefallen. Gleichzeitig ist wol das urn. nicht belegte (und wol überhaupt seltene) *eo* zu *io* geworden. Noch später gehen sowol *io* wie *iu* von fallenden in schwebende diphthonge über, wie aus der folgenden entwickelung (s. § 96 und § 97) hervorgeht.

57. Die vikingerzeit übernahm also aus urn. zeit folgende sonanten:

Kurze: *a, e, i, o, u*. Lange: *ā, ē, ī, ō, ū*.

Diphthonge: fallende: *œi, ǫu*; schwebende: *io, iu*; steigende: *wa, we, wi* und *wā, wē, wī*.

Von diesem stand gehen wir im folgenden aus.

II. Umlaut.

58. Mit umlaut bezeichnet man im allgemeinen eine verschiebung des vokalsystems, die durch den assimilirenden einfluss benachbarter laute hervorgerufen wird. Die artikulationsstelle des vokals wird also nach der seite hin verschoben, wo der den umlaut bewirkende laut gebildet wird. Von diesem gesichtspunkte aus ist der an. umlaut zweierlei art: entweder eine palatalisirung oder eine labialisirung des betreffenden vokals.

Anm. Je nach dem platze des umlautwirkenden lautes nach oder vor dem umgelauteten unterscheidet man zwischen regressivem und progressivem umlaut. Im westn. jedoch ist der letztere nur spärlich vertreten.

A. Verschiebung durch palatalisirung.

§ 59. Die palatalisirung findet in starktoniger silbe (vgl. § 140) im allgemeinen (vgl. § 72 und § 140) nur bei denjenigen vokalen statt, die nicht schon mehr oder weniger palatal sind (vgl. das vokalschema § 46), also bei den velaren $a, o, u, \varrho, á, ó, ú, ǿ$ und solchen diphthongen, die diese vokale enthalten, wie $ia, io, iu, ió, iú, \varrho u$ (und den daraus entwickelten au, ou, s. § 94), $ua, uá$. Bewirkt aber wird im westn. dieser umlaut:

1. durch ein mittelbar (aber jedenfalls in der nächsten silbe, vgl. § 63 anm. 2) oder unmittelbar folgendes sonantisches i, welches in literarischer zeit sehr oft entweder in folge der synkope (s. § 145^b ff.) nicht mehr da ist oder auch in e (s. § 138) übergegangen ist: i-umlaut;

Anm. 1. Dass ein vokal auch durch unmittelbar folgendes i umgelautet wird, geht aus fällen wie blǽingr der schwärzliche, hǽll (*hāilʀ < urn. *hāhilaʀ) ferse, þrǽll knecht, hǽþ (anorw. hóð, got. hauhiþa) höhe, aschw. Stynge ein mannsname u. a. hervor, s. Bugge, No. I. s. 83 note; anders Brate, Bezz. Beitr. XIII, 27 ff.

2. durch ein mittelbar (aber jedenfalls in der nächsten silbe) oder unmittelbar folgendes, seltener unmittelbar vorhergehendes, konsonantisches i: (regressiver, resp. progressiver) j-umlaut;

3. durch ein unmittelbar folgendes palatales (also i-haltiges) r (urn. ʀ, urgerm. z; vgl. § 18; § 34 anm. 2; § 218, 1; § 256): ʀ-umlaut;

§ 60. *i*-umlaut von *a, á, o, ó.*

Anm. 2. Die annahme Kock's (Arkiv VIII, 256 ff., Beitr. XVIII, 463 f.), dass ein *R*, vor welchem ein *i* synkopirt worden ist, auch einen nicht unmittelbar vorhergehenden vokal umlautet, ist keineswegs zwingend.

4. durch ein unmittelbar folgendes, vor einem palatalen vokal stehendes *ʒ* (s. § 37, b, 1) oder *k* (s. § 39, 1): palatal-umlaut.

1. *i*-umlaut.

§ 60. Die fälle sind:
1. *a* > *œ* (woraus aisl. *e*, s. § 112), z. b. *ketell* (got. *katils*) kessel, *heldr* (got. *haldis*) lieber, *nefna* (got. *namnjan* aus *nam-nian*) nennen.
2. *á* (über dessen ursprung s. § 52, § 53, § 54) > *ǽ*, z. b. präs. 1. sg. *mǽle* spreche zu *mál* sprache, 2. sg. *lǽtr* (got. *lētis*) lässt.
3. *o* > *ø* (geschlossenes), z. b. *søner* söhne zu *sonr* sohn, 3. sg. konj. prät. *þølþe* zu *þola* dulden, *nørþre* nördlicher zu *norþr* nord, pl. *øxn* zu *oxe* ochs. Dieser fall ist verhältnismässig selten, weil (nach § 154, 2) *o* nie lautgesetzlich in der betreffenden stellung stand, sondern erst durch ausgleichung innerhalb eines paradigmas dazu gekommen ist.

Anm. 1. Weil (nach § 154, 2) *o* sehr oft mit *u* wechselt, entsteht häufig der schein, als ob *y* der *i*-umlaut von *o* (statt von *u*, s. 5 unten) wäre, z. b. *sonr* (älter und seltener *sunr*): pl. *syner* (jünger und seltener *søner*).

Anm. 2. Da dieses *ø* oft mit *e* wechselt (s. § 114), entsteht auch bisweilen der schein, als ob *o* zu *e* umgelautet wäre.

4. *ó* > *ǿ*, z. b. 1. sg. präs. *bǿte* büsse zu *bót* busse, *dǿma* (got. *dōmjan*) urteilen, 2. sg. präs. ind. *blǿtr* (got. *blōtis*) zu *blóta* mit opfer verehren.

Anm. 3. Weil (nach § 160 anm. 2) *ó* bisweilen mit *ú* wechselt, entsteht unter umständen der schein, als ob *ó* zu *ý* umgelautet worden wäre (vgl. oben anm. 1), z. b. *býle* (neben *bǿle*) aufenthaltsort zu *ból* ort, wo man sich niedergelassen hat, und zu *búa* wohnen (vgl. orkn. *landbúli* gegenüber gew. *landbǿle* pächter).

Anm. 4. Auch das nach § 74, 2 und § 111 durch *u*-umlaut entstandene *ǫ́* wird auf dieselbe weise zu *ǿ* *i*-umgelautet, z. b. pl. *spǿner* (neben *spǽner* zu *spánn*, *spǫ́nn*) zu *spǫ́nn* span. Beispiele sind äusserst selten, weil dies *ǫ́* nie lautgesetzlich, sondern nur durch ausgleichung innerhalb eines paradigmas in der betreffenden stellung steht. — Der sehr seltene pl. *nǿtr* (s. Gíslason, Udvalg af oldnordiske skjaldekvad, s. 148) statt *nǽtr* zu *nótt* (*nǫ́tt*) nacht ist wol eine analogiebildung nach *bót* : *bǿtr*, *rót* : *rǿtr*, *nót* : *nǿtr* u. dgl.

§ 60. *i*-umlaut von *u, ú, ǫ, ia, io, ió, iu, iú*.

5. *u* > *y*, z. b. *syner* söhne zu *sunr* (neben *sonr*, vgl. anm. 1) sohn, *fylla* (got. *fulljan*) füllen.

6. *ú* > *ý*, z. b. 1. sg. präs. *hýse* beherberge zu *hús* haus, 2. sg. präs. *lýkr* (got. *lūkis*) zu *lúka* schliessen.

7. *ǫ* (über dessen entstehung s. § 74,1, § 79,1) > *ø* (offenes), z. b. *øþle* (aus *ǫðli* < *aðuli*, vgl. § 63 anm. 2) neben *aþal* begabung und *ǫþoll* begabt (bei "Brage", s. Bugge, Bidrag s. 161, aschw. *aþul*; dazu *ǫþlask*, später nach *øþle* zu *øþlask* geworden, 'sich aneignen'), *øfþøgle* übergrosse schweigsamkeit (zu *þǫgoll* schweigsam wie *athygle* zu -*hugoll* u. dgl.), *viþførle* weites umherfahren (zu *fǫroll* reisend), anorw. *ørtog* (*ǫrti-* < *aruti-*, ahd. *aruzzi*) 1/24 mark. Beispiele sind selten, weil *ǫ* nur ausnahmsweise in der betreffenden stellung zu stehen kommt.

8. *ia* > *iæ* (aisl. *ie*), woraus später nach § 285 *æ* (*e*), z. b. pl. *vel(i)endr* zu *veliande* wählend (vgl. § 61). Beispiele sind selten, weil *ia* nur ausnahmsweise in der betreffenden stellung steht.

9. *io* > *iø*, woraus nach § 285 *ø*, z. b. 3. sg. konj. prät. *h(i)øgge* neben 1. pl. ind. prät. *hioggom* hieben, *b(i)øgge* neben *bioggom* wohnten. Beispiele sind sehr selten.

Anm. 5. Der scheinbare übergang *io* > *y*, z. b. *hygge, bygge* neben *h(i)øgge, b(i)øgge* ist nach anm. 1 oben zu beurteilen.

10. *ió* (über dessen entstehung s. § 96) > *iǿ*, woraus nach § 285 *ǿ*, z. b. 3. sg. konj. prät. *hlǿpe* neben 1. pl. ind. prät. *hlióνom* liefen, (*i)ǿse* neben *iósom* schöpften, (*i)ǿke* neben *iókom* vermehrten. Beispiele sind sehr selten.

Anm. 6. Wenn es bisweilen aussieht, als ob *ió* zu *ý* umgelautet worden wäre, so ist das betreffende *ió* erst nach der i-umlautszeit aus *iú* (< *iu*, s. § 97, 2) entstanden, z. b. 1. sg. präs. *lýse* leuchte zu *liós* licht, 2. sg. präs. *býþr* (got. *biudis*) zu *bióþa* bieten.

11. *iu* > *y*, zunächst aus *iy* (s. § 285), das durch den einfluss verwandter formen bisweilen erhalten sein kann, z. b. 3. sg. konj. prät. *yke* neben 1. pl. ind. prät. *iukom* vermehrten, *iyse* neben *iusom* schöpften, anorw. *lypi* neben *liupum* liefen. Beispiele sind sehr selten (s. z. b. anm. 5 oben).

12. *iú* (über dessen entstehung s. § 97, 1) > *ý*, zunächst aus *iý* (s. § 285), z. b. *sýke* krankheit zu *siúkr* krank, *dýpþ* (got. *diupiþa*) tiefe zu *diúpr* tief.

13. *ǫu* (über dessen entstehung s. § 55) oder vielmehr die daraus entwickelten (s. § 94) *ou* (vorzugsweise anorw.) und *au* (vorz. aisl.) > *ǿy*, resp. *ey* (*œy*, *ay*), z. b. 1. sg. präs. *dreymi, dreyme* träume zu *droumr, draumr* traum, 2. sg. präs. *leypr, hleypr* (got. *hlaupis*) läufst, *høyra, heyra* (got. *hausjan*) hören.

Anm. 7. Dieser fall ist natürlich nur ein korollar der in 1, 3, 5 u. 7 oben behandelten fälle.

14. *ua* > *uœ* (aisl. *ue*), z. b. nom. pl. *vender* neben gen. pl. *vanda* ruten, *huessa* (*hwassian) schärfen zu *huass* scharf.

15. *uá* > *uǽ*, z. b. 3. sg. konj. prät. *kuǽme* (ahd. *quāmi*) käme, *vǽta* (*wātian) nässen zu *vátr* nass.

Anm. 8. Ueber eventuelles anorw. *ý* > *i* s. § 140.

§ 61. Die stark nebentonigen vokale werden ganz wie die haupttonigen umgelautet, z. b. pl. *gefendr* (aus *-*andiʀ*) zu *gefande* geber (vgl. § 60, 8), *tíþende* neuigkeit, *faþerne, móþerne* väterliche, resp. mütterliche seite, *réttynde* recht, *hógynde* (neben *hǿgende*) kissen, anorw. *ambǽtti* (Hægstad, G. Tr. s. 67 f.) dienst zu *ambátt* dienstmagd, *afrǽðe* abgabe und *andlǽte* antlitz (vgl. § 54, 3, b); s. Kock, Beitr. XVIII, 457 f., Arkiv XII, 161 f. Dagegen werden schwach nebentonige vokale nicht umgelautet, z. b. pl. *fiandr* (s. § 51, 2, b) zu *fiande* feind, 3. sg. konj. prät. *kallaþe* riefe, *vesall* (anorw. auch *vesáll*, s. § 144, 1) elendig zu *sǽll* glücklich, *Ingemarr* (nnorw. auch -*már*) ein mannsname zu *mǽrr* (urn. -*māriʀ*) berühmt, *Styrkarr* (wozu die kurznamen *Kárr* und *Káre*) ein mannsname zu *kǽrr* lieb (s. Lundgren, Uppsalastudier s. 17 ff.), *varúþ* neben der neubildung *varhygþ* vorsicht, *meþan* (got. *miþþanei*) während, ? *uppskárr* offenbar zu *skǽrr* hell (s. § 54, 2). Wo die betonung zwischen starkem und schwachem nebenton schwankt (s. § 51, 2, b), finden sich natürlich doppelformen, z. b. *dómere* (got. *dōmareis*): *dómare* richter, *missere* : *missare* halbjahr, *allynges* : *ǫllonges* (durch kontamination auch *allonges, ǫllynges*) ganz und gar, anorw. *ǿrfǽðe* : *ǿrfaðe* arbeit.

Anm. Ueber eine art späteren umlauts in schwachtoniger silbe s. § 140.

§ 62. Andererseits wird der umlaut nur durch schwachtonigen (auch "halbstarken", s. § 51 anm. 1) vokal bewirkt. Daher unterbleibt er in zusammensetzungen wie *ǫstvinr* lieber freund, *fávíss* unwissend u. dgl. sowie in abgeleiteten wörtern

§ 63. Entwickelung des *i*-umlautes. 49

mit stark nebentoniger ableitungssilbe wie *sanninde* wahrheit, *máttigr* (got. *mahteigs*) mächtig, *brautinge* reisender, *drótning* königin; s. Wadstein, F. Hom. s. 145f., Sv. Landsm. XIII, 5, s. 26 (und die sonstige An. gr. II § 61 anm. zitirte literatur). Wo aber ein ursprünglich starktoniges *i* (*í*) zur schwachtonigkeit niedergesunken ist, bewirkt es natürlich umlaut (sofern dieser nicht durch assoziation mit verwandten unumgelauteten formen beseitigt wird, vgl. § 64), z. b. *Hrǿrekr* Rodrich zu *hróþr* ruhm, *Gýriþr* neben *Guþríþr* ein frauenname, *Brýn* aus **brú-vin*, *Mǿn* (**mó-vin*), *Rǿn* (**ró-vin*), *Ǽn* (**á-vin*), *Sǿndin* neben *Sandvin*, *Øystrin* neben *Austrin* u. a. dgl. anorw. ortsnamen (s. Rygh, Norske gaardnavne, Forord s. 86), *Sørkuér* (§ 79, 12) neben *Sorkuér* (§ 79, 8) und *Øluer* (§ 79, 6) neben *Ǫlvér* (vgl. Bugge bei Fritzner III, 1103) mannsnamen, *ýmiss* (vgl. got. *missō*) wechselnd, aisl. *s(i)eytián* neben *s(i)autián* siebzehn, *þeyge* (**þau-gi*) jedoch nicht, nom. acc. pl. ntr. *bǽþe* (**bá-þiu*, vgl. ahd. *bēdiu*) beide, *huetvetna* neben *huatvitna* was auch immer zu *huat* was, *huervetna* neben *huarvitna* allenthalben zu *huar* wo, *ellegar* (got. *aljaleikōs*) sonst, *ellefo* (s. § 54, 3, a) elf.

Anm. Aus den in § 61 und § 62 entwickelten gesichtspunkten erklärt sich ein fall wie der frauenname *Þuríþr* (s. § 51, 1, a).

§ 63. Der *i*-umlaut wurde am frühesten durch ein ganz unbetontes, erst später durch ein etwas stärker betontes *i* bewirkt. In folge dessen haben wir in der historischen entwickelung des *i*-umlautes mehrere verschiedene perioden zu unterscheiden (s. Kock, Beitr. XIV, 53 ff., XV, 261 ff., XVIII, 417 ff., Arkiv XII, 249 ff.; Noreen, Grundriss² I, 562 ff.; Pipping, Gotländska studier, Uppsala 1901, s. 97 ff.):

1. Die zeit vor dem anfang der allgemeinen *i*-synkope (d. h. vor c. 700), wo umlaut nur durch urn. ganz unbetontes (daher relativ früh synkopirtes, s. § 145ᵇ, 1) *i* bewirkt wird. So besonders in langer starktoniger silbe, z. b. um 700 Stentofta dat. pl. ɡestumʀ (= anorw. *gæstum*) zu **ɡest(i)ʀ* aus urn. (Gallehus) -ɡastiʀ gast, Björketorp 3. sg. präs. *barūtʀ* (= aisl. *brýtr*) aus urn. **briutiʀ* (got. 2. sg. *briutis*; vgl. noch Stentofta *bariutiþ*) brichst, -t; gleichzeitig ist wol *dǿmþa* (ich) richtete aus urn. **dōmiðō* u. dgl. — In fällen wie *kuǽnlauss* (**kwāni-*) unverheiratet zu *kuǽn* (*kuǫ́n*, *kuán* nach dem gen.) weib u. dgl.

§ 63. Entwickelung des *i*-umlautes.

(s. Falk, Arkiv III, 297 f.) ist wol *i* schon vor dem eintritt des *i*-umlautes synkopirt worden (s. Kock, Arkiv XII, 251, 255, Noreen a. o.).

Anm. 1. Nicht überzeugend sucht Bugge (No. I. s. 106 f.) den umlaut schon für die zeit um 500 nachzuweisen.

2. Die zeit der allgemeinen *i*-synkope (etwa 700—850), wo auch ein urn. etwas stärker betontes (daher relativ spät synkopirtes) *i* zwar in umlautender richtung wirkt, aber der synkope rascher anheimfällt, als dass umlaut bei dem beeinflussten vokale hat endgültig durchgeführt werden können (anders im agutn., s. Pipping a. o., s. 103 ff., 129). So besonders in kurzer starktoniger silbe, z. b. *salr* saal aus *$salir$, *valþa* (ich) wählte aus *$waliðō$ (vgl. got. *walida*).

3. Die zeit unmittelbar nach der *i*-synkope, wo umlaut auch durch ein urn. noch etwas stärker betontes (daher später erhaltenes) *i* bewirkt wird, z. b. *dǿmer* (got. *dōmeis*) richtest, *lykell* (pl. *luklar* nach 2 oben) schlüssel aus *$lukilr$ (pl. *$luklar$, älter *$lukilar$). Dieser prozess ist zwar ostn. erst um 960 sicher bezeugt durch die adän. inschrift von Store Rygbjærg, wo *li[n]ki* (d. h. *længi*) = anorw. *længi* (got. *laggei*) 'lange' belegt ist; doch dürfte er — wenigstens westn. — beträchtlich älter sei, denn der Norweger Þióðolfr ór Huini (vielleicht um 900) lässt schon *længi* mit *drængr* (aus *$ðrangir$ nach 1 oben) junger mann assoniren u. a. dgl.

4. Die spätere zeit, wo die umlautstendenz völlig erloschen ist. Demzufolge bewirken diejenigen *i* nicht umlaut, welche erst jetzt durch kürzung von urn. *ǣ, ai, ē* entstanden sind, ein übergang, welcher nach ausweis ags. lehnwörter wie die eigennamen *Bondi, Tosti, Tófi* (s. Sievers, Beitr. XII, 482 ff.) wenigstens im adän. schon um 1000 vollzogen war. Also z. b. *faþer, -ir* vater, 2. sg. prät. ind. *valþer, -ir* (got. *walidēs*) wähltest, 3. sg. konj. präs. *lúke, -i* (got. *lūkai*) schliesse, *Hamþer, -ir* (älter *Hamþér*) u. a.

Anm. 2. Aus dem oben 2 und 3 angeführten geht hervor, dass unter umständen ein *i* den vokal einer urspr. nicht unmittelbar vorhergehenden silbe umlauten kann, z. b. *eþle* (§ 60, 7), *eþle* (*$aðli$ < *$aðili$, ahd. *edili*) begabung, *ellefo* (< *$aina-lib$-, s. § 54, 3, a) elf, 3. sg. prät. konj. *velþe* aus *$walði$ aus *$waliði$ (vgl. got. *walidēdi*) wählte, sg. f. und nom., gen., acc. pl. *beþre* aus *$batri$ aus *$batiri$ (got. *batizei, -eins* u. s. w.) besser, *ellegar* aus *alliɡaʀ (vgl. § 62) < *aliltɡaʀ < *aljalīkōʀ (got. aljaleikōs) sonst, anorw. *ertog* (s. § 60, 7), *œrtog* (*arti- < *ariti-, ahd. *arizzi*) ¹/₂₄ mark; vgl. F. de Saussure in Mélanges Renier, s. 391.

§ 64. Ein durch den umlaut hervorgerufener vokalwechsel ist sehr häufig durch analogische ausgleichung aufgehoben worden. Wo nämlich in einem paradigma oder in einer gruppe von wörtern, die unter einander nahe verwandt sind, ein umgelauteter vokal und der diesem entsprechende unumgelautete neben einander vorkamen, ist manchmal der wechsel ausgeglichen worden, so dass bald jener, bald dieser vokal durchgedrungen ist, bald doppelformen entstanden sind, z. b.:

a) Sg. präs. ind. *flýg, flýgr, flýgr* statt *fliúg* (ahd. *fliugu*), *flýgr* (ahd. *fliugis*), *flýgr* von *fliúga* fliegen; sgn. nom. *ferþ*, gen. *ferþar* statt *ferþ* (*farði-), *farþar* fährt.

b) Sg. *staþr*, pl. *staþer* statt *staþr*, *steþer* stätte; sg. *valeþr*, pl. acc. *valþa* statt *veleþr*, *valþa* gewählt.

c) *bén* neben *bón* aus urspr. nom. *bén*, gen. *bónar* bitte; pl. *lyklar* neben *luklar* zu *lykell* schlüssel (vgl. § 63, 3); *myrginn* und *morgonn* morgen geben zu den kontaminationsbildungen *mørgenn* (vgl. § 60, 3) und *morgenn* anlass; ebenso sind *baztr* und *beztr* best aus urspr. nom. *betistr*, acc. *baztan* kontaminirt. S. weiter die flexionslehre.

Anm. Es giebt auch einige fälle, wo der umlaut in ein wort hineingekommen ist, dessen paradigma lautgesetzlich keine einzige umgelautete form aufzuweissen hatte. In solchen fällen ist also die analogie anderer paradigmen massgebend gewesen (s. Sievers, Beitr. V, 114 f.). Z. b. *hnot* nuss, pl. *hnetr* statt *hnutr* (aus *hnutiʀ s. § 63, 2) nach analogie von *rót*, pl. *rǿtr* wurzel u. dgl.; *gala* singen, sg. präs. *gel, gelr* nach *falla* fallen, präs. *fell, fellr* u. a. sowie nach präs. *tel, telr* zähle, -st u. dgl.

2. *j*-umlaut.

a) Regressiver umlaut.

§ 65. Die fälle sind:

1. *a* > *œ* (aisl. *e*), z. b. *telia* zählen zu *tal* zahl, *skepia* neben *skapa* schaffen.

2. *á* > *ǽ*, z. b. *ǽia* (prät. *áþa*) weiden, *klǽia* jucken neben *klá* reiben.

3. *ó* > *ǿ*, z. b. *bǿiar* dorfes (vgl. *bónde* bauer u. a.). Beisp. sind sehr selten.

§ 66. Regressiver *j*-umlaut.

4. *u* > *y*, z. b. *dylia* verhehlen zu *dulr* verbergung, *flytia* (prät. *flutta*) fortschaffen.
5. *ú* > *ý*, z. b. *lýia* (prät. *lúþa*) zerquetschen, gen. *býiar* dorfes (vgl. *bú* wohnsitz u. a.). Beisp. sind selten.
6. *iú* > *ý*, z. b. pl. *þýiar* (got. *þiujōs*) mägde, acc. sg. *nýian* (got. *niujana*) neuen.
7. *ǫu* (*ou*, *au*) > *ey* (aisl. *ey*), z. b. *deyia* sterben zu *dauþr* tot, pl. *meyiar* (got. *maujōs*) mädchen.
8. *uɑ* > *uœ* (aisl. *ue*), z. b. *kuelia* (prät. *kualþa*) quälen.

§ 66. Jedes kons. *i* wirkt, weil immer schwachtonig, umlaut; also auch ein (nach § 127^b) aus sonantischem *i* in hiatusstellung entstandenes, z. b. die mannsnamen *Heriolfr* aus *Hari-(w)olfʀ* (Hᴀriwolᴀfʀ Stentofta) und das latinisirte *Herioldus* aus *Hari(w)oldʀ* > *Hariwǫldur* (urn. *Harjawalðuʀ*, s. Noreen, Uppsalastudier s. 20 note; finn. als ortsname *Harjawalta*). Wenn es hier und da scheint, als ob vor geschwundenem *j* der umlaut unterblieben wäre, so erklärt sich das daraus, dass *j* nach der synkope eines unmittelbar folgenden vokals zunächst sonantisirt (s. § 220) und dann wie andere sonantischen *i* nach kurzer silbe ohne umlaut zu hinterlassen synkopirt worden ist (s. § 63, 2), z. b. mannsnamen wie gen. *Haraldar* (danach nom. *Haraldr* statt *Herioldr*, s. oben) aus *Hariwaldaʀ* < urn. *Harjawalðōʀ* oder *Ragnarr* aus *Raʒinhariʀ* < urn. *Raʒinaharjaʀ* (ahd. *Raginhari*) u. dgl. zu *harr* heer, statt dessen *herr* nach gen. *heriar* u. a. eingetreten ist. Wo innerhalb eines paradigmas son. und kons. *i* wechselten (je nachdem das "*j*" vor synkopirtem vokal stand oder nicht), sind bisweilen durch ausgleichung doppelformen entstanden, z. b. anorw. *huarr*, *huœrr* aus nom. *huarr* (*hwariʀ*), acc. *huœrian* (*hwarjana*); vgl. aschw. *skal* (*skali* < *skalju*, got. *skalja*) gegen aisl. *skel* (nach gen. *skeliar*) schale, aschw. *vaþ* (got. *wadi*) neben *væþ* (aisl. *veþ*) wette, *flat : flœt* fussboden, *fol : fyl* füllen. Aus der entwickelung *harja-* > *hari-* > *har-* (nicht > *hœrja-* > *hœri-* > *hœr-*) in *Haraldr* u. dgl. geht hervor, dass der umlaut jünger als die betreffende *a*-synkope (um 650) ist; aus der entwickelung *Hariwolfʀ* > *Hariolfʀ* > *Heriolfr* wiederum, dass er noch nach dem *w*-schwund vor *o* (650—850) lebendig war. Endlich zeigen formen wie anorw. dat. *huarium* (statt *huœrium*, nach *huarr* umgebildet; vgl. aschw. *vaþium* neben *væþium*), dass der *j*-umlaut jedenfalls vor der zeit der ältesten hdschr. (um 1200) erloschen ist.

b) Progressiver umlaut.

§ 67. Die fälle sind:

1. *a* > *æ*, nur anorw., bes. aostnorw., etwas nach 1200, z. b. *giarn* > *giærn* begierig, *gialda* > *giælda* entgelten, *fiall* > *fiæll* felsen; s. Hægstad, G. Tr. s. 58. In Oratio contra clerum bleibt *ia* vor *lf, lþ, rt*, bisweilen auch vor *ld*, s. Kock, Arkiv XIII, 170 f.

Anm. 1. Shetl. und orkn. tritt *ia* > *iæ* wenigstens nach *s* und zum teil *h* ein, z. b. shetl. *siælfr* 1355 selbst, *Hietland* 1509 Shetland, orkn. *siælver* 1426; s. Hægstad, Hild. s. 42.

2. *o* > *ø*, im allg. erst misl. und mnorw., aber zum teil weit früher nach ausweis von Cod. AM. 645, 4°, ält. teil, wo schon überwiegend *iø* steht, z. b. *giøf* gabe, *skiøldr* schild, *miøk* sehr statt *giof* u. s. w., während vor *rþ, rt, kk* (zum teil auch *rn, g, k*) und im lehnwort *diofoll* noch *io* vorherrscht, z. b. *iorþ* erde, *þiokkr* dick. Dass der umlaut, auch im 645, 4°, später als die dehnung *o* > *ó* nach § 119, 3 ist, geht aus *hiólp* hülfe u. dgl. mit konstantem *ó* (*o*) hervor. S. Kock, Beitr. XX, 118 ff.

Anm. 2. Ueber diesen umlaut in schwachtonigen silben s. § 139 anm. 3.

3. *ó* > *ǿ*, nur norw., aber erst mnorw., z. b. gen. *siǿar* (aus *siófar*) 1344 sees, *Stiǿrdal* (aus *Stióradalr*) ein ortsname, s. Hægstad, G. Tr. s. 58, 93.

Anm. 3. Das schon um 1250 auftretende anorw. *frø* same, welches Hægstad s. 59 aus *frió* mit schwund des *i* vor *ø* entstanden und demnach hierher geführt wissen will, ist besser anders zu erklären; s. § 74, 8.

3. ʀ-umlaut.

§ 68. Dieser umlaut ist zwar jünger als der *i*-umlaut, aber doch in vorliterarischer zeit vollzogen. Die fälle sind:

1. *a* > *æ* (aisl. *e*), z. b. *ker* (got. *kas*) gefäss, *gler* glas.

Anm. 1. Zweideutig sind *berr* (vgl. asl. *bosŭ*) baar, (aisl.) *here* hase, *mergr* (asl. *mozgŭ*) mark, die sowol hierher gehören (vgl. anorw. selt. *barr* neben *bærr*, aschw. *bar, hari* neben selt. *hæri*), wie auch altes mit *a* ablautendes (s. § 163) *e* haben können (vgl. nschw. dial. *bær* aus **beʀa-*, nnorw. *jase* aus *hiase — 1 mal anorw. als *hiæsi*, nach § 67, 1, belegt, s. Fritzner I, 831 — aus **hesan-*, aschw. *miærgher* aus *miarghr aus **meʀʒa-*).

§ 69. R-umlaut.

Vgl. Lindgren, Sv. Landsm. XII, 1, s. 57. Für anorw. *here* (nicht **hœri*), nisl. *hjeri* steht nur die letztere möglichkeit offen (vgl. § 112, § 99).

2. *á* > *ǽ*, z. b. *i gǽr* (und *i giár* nach § 254 anm. 1; aschw. *ī gār*) gestern, nom. pl. f. *þǽr* (urn. *þaʀ* Einang) die, *tuǽr* (aschw. *tuār*) zwei, *mǽr* (adän. *mār*) mädchen, *fǽr* (aschw. *fār*) schaf, *lǽr* (aschw. *lār*) schenkel, *ǽr* (acc. *á*) mutterschaf, *blǽr* (acc. sg. *blǫ́*, s. Larsson; gew. anal. *blǽ*) windstrich.

3. *o* > *ø* (geschlossenes), z. b. präfix *ør-* (got. *uz-*; vgl. § 139, 3) mit privativer bedeutung, 3. pl. prät. ind. *frøro* und part. prät. *frørenn* zu *friósa* frieren, resp. *køro* (*kuro*), *kørenn* (*korenn*) zu *kiósa* wählen, *frør* frost, *kør* (anorw. auch *kos-*) wahl, *hrør* leiche und *hrørna* gebrechlich werden neben *hriósa* schaudern, *snør* (*snor*, aind. *snušā́*) schwiegertochter, *hløra* neben *hlusta* lauschen, *løra* (vgl. got. *fra-lusans* verloren) memme, *hnøre* das niesen zu *hniósa* niesen, *gialdkere* (aus *-køre*, s. anm. 2) steuereinnehmer.

Anm. 2. Statt *ø* steht oft *e* nach § 114.

4. *ó* > *ǿ*, z. b. *ǿr* (got. *us*; vgl. § 139, 3, § 121, 1) aus.

5. *u* > *y*, z. b. anorw. präfix *tyr-* (got. *tuz-*) in *tyrtryggia* (s. Hertzberg) misstrauen, *gialdkyri* steuereinnehmer (vgl. oben 3).

6. *ú* > *ý*, z. b. *sýr* (lat. *sūs*) sau, *kýr* (acc. *kú*) kuh, *ýr* (got. *us*; vgl. § 121, 1) aus.

7. *iú* > *ý*, z. b. *dýr* (anorw. 1 mal *diúr* s. Fritzner; got. *dius*, gen. *diuzis*) tier, *hlýr* (ags. *hléor*) wange neben *hlust* ohr.

8. *ǫu* (*ou*, *au*) > *ey* (aisl. *ey*), z. b. *eyra* (vgl. got. *ausō*) ohr, *reyrr* (vgl. got. *raus*) rohr, *dreyre* (vgl. got. *driusan* herabfallen) blut, *heyrn* (vgl. got. *hauseins*) gegen *lausn* (got. *lauseins*) lösung.

§ 69. Wo bisweilen der umlaut fehlt, scheint dies teils dessen nicht-eintreten in gewissen (anorw.) dialekten (so wol in den oben erwähnten *barr, i giár, snor, diúr,* s. oben 1—3, 7), teils der (wenigstens ursprünglichen) schwachtonigkeit der silbe zuzuschreiben zu sein, z. b. präfix *tor-* neben selt. *tyr-*, präp. *ur* oder *or* neben *ýr*, selt. *ǿr*, präfix anorw. *or-, ur-, ór-, úr-* (s. Bugge bei Fritzner III, 1103) neben aisl. *ør-* (s. oben 3—6), *nafarr, Hróarr* (s. § 54, 3, b), 3. pl. prät. ind. *vǫ́ro* (vgl. got. *wēsun*) waren u. a.; teils endlich liegen analogiebildungen vor, z. b. *kuro* und *korenn* (s. oben 3) neben *køro*, resp. *kørenn* zu *kiósa*

§ 70—72. Palatalumlaut.

wählen nach analogie von *bruto, brotenn* zu *briόta* brechen
u. dgl., nom. sg. wie *nár* leiche statt *nǽr* nach gen. *nás* (vgl.
oben *mǽr*, das mit der zeit durch ein dem gen. *meyiar* nach-
gebildetes *mey* ersetzt wird), prät. *varþa* (vgl. got. *wasida*) zu
veria kleiden nach *varþa* (got. *warida*) zu *veria* wehren u. dgl.

Anm. Ausnahmen bilden auch, wenn überhaupt hierher gehörig (wie Bugge, No. I. s. 104 f. will), *arenn* (urn. acc. *aʀina*? By, vgl. lat. *āra*, oskisch *āso*) herd und der feuername *aldrnare* (zu got. *nasjan* retten?). Zur erklärung wäre dann etwa die vermutung Kock's, Arkiv XV, 357, heranzuziehen.

4. Palatalumlaut.

§ 70. Dieser ist wol noch jünger, jedenfalls jünger als
der *i*-umlaut. Wnord. ist er nur bei kurzem *a* sicher belegt,
z. b. dat. *dege* (urn. *ðaȝē, got. *daga*) zu *dagr* tag, *dreke* (aus
mndd. *drake*) drache, *fleke* neben *flake* (nach den kas. obl.)
flaches brettergerüst. S. Noreen, Arkiv I, 152 ff.

Anm. 1. *Heimdrege* neben -*drage* aschenbrödel und *afreke*, -*rake* einer der vorzügliches leistet, können von *drega* (neben gew. *draga*) ziehen und *afreka* leisten beeinflusst sein.

Anm. 2. In den meisten fällen ist *a* durch einfluss verwandter formen erhalten, z. b. *félage* genosse nach den kas. obl., dat. *þake* zu *þak* dach, konj. präs. *vake* (got. *wakai*) zu *vaka* wachen u. s. w.

§ 71. Hierher gehören auch fälle wie *fegenn* froh (vgl.
got. *fagin-ōn* sich freuen), pl. *regen* (got. *ragin*) götter, *Regenn*
ein mannsname, *megen* stärke und part. prät. wie *slegenn* (urn.
slaȝinaʀ Möjebro) geschlagen, *tekenn* genommen u. s. w. (s. § 491),
denn fälle, wo kein palataler konsonant dem *a* folgt, wie *arenn*
herd, *openn* offen, *alen* elle und part. prät. wie *farenn* gefahren,
malenn gemahlen u. s. w. zeigen, dass die einst nach der syn-
kopirungszeit entstandenen (s. § 63, 3) *i*-umgelauteten formen
(wie aschw. *ærin*, *ypin*, agutn. *eln* aus *elin*) bei den wörtern
auf -*in(n)* nach kurzer silbe im wnord. ihren unumgelauteten
vokal durch einfluss der während der synkopirungszeit ent-
standenen nicht *i*-umgelauteten synkopirten formen (s. § 63, 2)
erhalten oder wieder eingeführt haben. Also ist hier der
umlaut nicht durch das urn. *i*, sondern durch den diesen
wörtern spezifischen palatalen konsonanten bewirkt.

§ 72. Eine verwandte erscheinung ist der sporadische
übergang des schon durch *i*-umlaut entstandenen *ó* in *ý* vor

§ 73. Labialer umlaut. § 74. *u*-umlaut von *a*.

gi und *ki* (s. Bugge, Arkiv II, 300 ff.), z. b. *ýgiask* stössig werden neben *ǿgia* schreck einflössen, *ýger* statt gew. *ǿger* schrecker, *ýgr* (nach acc. *ýgian* u. a.) neben selt. *ǿgr* wild, *ýke* übertreibung (zu got. *wakan*, *wōk*, *wōkrs* u. a.).

B. Verschiebung durch labialisirung.

§ 73. Die labialisirung trifft im allg. (vgl. § 74, 2, 10, 11, § 79, 8) nur diejenigen vokale, die nicht schon mehr oder weniger labial sind (vgl. das vokalschema § 46), also *a, e, i, œ, á, é, í, ǽ* und solche diphthonge, die als letzten komponenten einen dieser vokale enthalten, wie *ia, ua, ui, uœ (ue), uá, ué, uí, uǽ, œi (ei)*. Bewirkt wird im westn. dieser umlaut:

1. durch ein mittelbar (aber jedenfalls in der nächsten silbe), bei langem vokal oder diphthong auch durch ein unmittelbar folgendes sonantisches — sei es ursprüngliches oder nach § 220 aus *w* entstandenes — *u*, das in literarischer zeit sehr oft entweder in folge der synkope (s. § 145ᵇ ff.) nicht mehr da ist, oder auch in *o* (s. § 139) übergegangen ist: *u*-umlaut.

Anm. 1. Kurzer vokal wird durch unmittelbar folgendes (dann synkopirtes) *u* nicht umgelautet; s. § 77, 2.

2. durch ein mittelbar (aber jedenfalls in der nächsten silbe) folgendes *w*: *w*-umlaut.

Anm. 2. Unmittelbar folgendes *w* bewirkt keinen umlaut (s. § 80).

3. durch ein unmittelbar folgendes, tautosyllabisches *f, m, p* (alle bilabial), *l, r* (beides wol labialisirt); oder durch ein unmittelbar vorhergehendes *v* (und *w*?): (regressiver, resp. progressiver) labialumlaut.

1. *u*-umlaut.

§ 74. Die fälle sind:

1. $a > \rho$, z. b. *mǫgr* (got. *magus*) sohn, *sǫk* (*saku) neben gen. *sakar* sache, pl. *lǫnd* (*landu) zu *land* land, 1. pl. präs. ind. aisl. *kǫllom* (aostnorw. *kallum*, s. § 77, 3) zu *kalla* rufen. Ebenso wo (das später synkopirte) *u* aus *w* entstanden ist, z. b. *gǫrr* (< *garuʀ, aschw. run. *karuʀ* Rök < *ʒarwaʀ) fertig.

§ 74. *u*-umlaut von *á*, *e*.

Anm. 1. Ueber die weitere entwickelung des *ǫ* bei nasalirung s. § 110, 1, bei schwachtonigkeit s. § 141.

2. *á* > *ǫ́* (später *á* geschrieben, s. § 103), z. b. *skǫ́l* schale, pl. *sǫ́r* zu *sár* wunde, pl. aisl. *ǫ́tom* (aostnorw. *átom* § 77, 3) zu *át* ass. Wo das *u* unmittelbar folgte, ist die labialisirung bis zu *ó* fortgeschritten, z. b. *kló* (*kláu, ahd. *kláwa*, ags. *cláwu*) klaue, *Póll* (neben später entlehntem *Páll*) Paul, selt. anorw. (s. Hægstad, G. Tr. s. 95) *tó* (*taihu > *táu, s. § 54, 1) neben gew. *tǫ́* zehe, *ó* (Falk, Arkiv VI, 11; Hægstad, G. Tr. s. 95; Rygh, Norske gaardnavne, Forord s. 41 u. a.) fluss (aus *áu < **ah(w)u*, got. *aƕa*) neben *ǫ́*, neubildung zu pl. *áwaʀ (got. *aƕōs*; daraus entwickelt nnorw. *åger*), später *á(a)r*, nach der analogie *skǫ́l* : *skálar* u. dgl. Nnorw. *hō* (*hahwu, s. Lidén, Uppsalastudier s. 94) nachgras, *rō* (mht. *rahe*) stange, *slō* (*slahwu) schlagbaum u. a. (s. Falk a. o.) erweisen anorw. *hó*, *ró*, *sló* neben den analogischen *hǫ́*, *rǫ́*, *slǫ́* u. s. w. *Mór* (*máhuʀ < *maihwaʀ, s. § 54, 1) möve und *nó-* (**náhu-* < *náhwa, got. *nēƕ-*) nahesind auch nach § 111 zu erklären.

3. *e* > *ø* (geschlossenes) tritt nur dann ein, wenn *e* nach § 87 (vgl. § 86) nicht gebrochen werden konnte, also nach *r* wie in 3. pl. prät. ind. *røro* (auch *rero* nach sg. *rera*, wie umgekehrt sg. *røra* nach dem pl.) ruderten, *grøro* (*grero*) keimten, *þreskoldr* (öfter *þreskǫldr* s. § 76, § 141) türschwelle, *Hallfrøþr*, *Guþrøþr* u. a. mannsnamen auf -(*f*)*røþr* (*-*freðuʀ*), anorw. *røttyndi* (kontamination von *réttyndi*, s. § 61, und *røttundi < *rettundi nach *rettr* < *réttr*, s. § 122) recht; nach *l* wol in 1. pl. präs. ind. anorw. *løsum* (1 mal) zu *lesa* lesen (s. Wadstein, F. Hom. s. 82); in nicht haupttoniger silbe, z. b. *tuí-*, *þrítøgr* u. dgl. 2, 3 dekaden enthaltend aus *teʒuʀ (danach das simplex *tøgr* statt *tiogr, aschw. *tiugher* dekade), vielleicht *møga* (1 mal, s. Larsson s. 219) nach *møgom, *-oþ*, *-o* neben *mega* können, später häufig anorw. *Ólafs-*, *krossmøssa* u. dgl. nach obl. *-møsso* (dann auch simplex *møssa*) messe. Ebenso wo *u* aus *w* entstanden ist, z. b. *røk(k)r* aus **rekw(a)ʀ* (vgl. got. *riqis*) dunkel; in diesem falle auch bei aus *i* (nach § 106, 1) entstandenem *e*, z. b. *døkkr* (*dekkuʀ < *dinkwaʀ, afris. *diunk*) dunkel. Vgl. Bugge, Arkiv II, 250 ff., Wadstein, F. Hom. s. 150 note, Hægstad, G. Tr. s. 52, 56.

Anm. 2. Ueber die weitere entwickelung des *ø* bei nasalirung s. § 111, bei schwachtonigkeit s. § 141.

§ 74. *u*-umlaut von *é*, *i*, *í*, *œ*.

4. *é* > *ǿ*, nur unmittelbar vor (später synkopirtem) *u*, z. b. *fǿ* (s. Larsson s. 104, Wadstein, F. Hom. s. 21, 82) geld aus *féu* (so im 10. jahrh., s. Wadstein, Altsächsische sprachdenkmäler, s. 129, 20; gleichzeitig geschrieben *fiu*, s. Bugge, Bidrag s. 22) und dies aus **fehu* (got. *faíhu*); vgl. nnorw. *fǿs* viehstall aus **fé-hós*. Die gew. form *fé* ist dem gen. *féar*, pl. gen. *féa*, dat. *féum* nachgebildet (darnach **fé-hós* > *fiós*).

5. *i* > *y*, nur in folgenden fällen:

a) wo *u* aus *w* entstanden ist, z. b. *nykr* (**nikuʀ* > **nikwiʀ*, ahd. *nihhus*, ags. *nicor*) nix, *ykkr* (**ikkuʀ* > **inkwiʀ*, got. *igqis*) euch beide, *yþr* (got. *izwis*) euch, *myrkr* (**mirkwiʀ* neben *mǫrkue*, obl. *miǫrkua*) finsternis, pl. *fyrþar* (**firhwiðōʀ* zu got. *faírhvus*) menschen, *tryggr* (**tigguʀ*, vgl. aschw. run. acc. *Siktriku*; got. *triggws*) treu, *styggr* (aschw. run. *Stikuʀ* < **stiggwaʀ*) abschreckend, präs. *hnyggr* (Þorkelsson, Beyging s. 230; **hnigguʀ* < **hniggwiʀ*) stösst u. a. m.

b) wo dem *i* ein bilabialer kons. (*b*, *m*, bei *p* fehlen beisp.) unmittelbar vorhergeht und das *u* erhalten ist, z. b. *byskop* (gew. durch fremden einfluss *biskop*) bischof, dat. *myklom, -o* (anal. *miklom, -o*) zu *mikell* (anal., bes. anorw., *mykill*) gross, *myskunn* (gew. *miskunn*) barmherzigkeit, anorw. ortname *Myðiu* zu *miðr* mittler, nisl. *mysa* nach obl. *mysu* zu aisl. *misa* (2 mal in Króka-Refs saga, Kopenh. 1883, s. 35; vgl. aschw. *mesost* aus **misu-ostr*) molken. Vgl. Hoffory, Tidskr. f. Fil. N. R. III, 295 f.

6. *í* > *ý*, nur unmittelbar vor (später synkopirtem) *u*, z. b. pl. *bý* (**bīu*; anal. auch sg. *bý* statt **bí*, aschw. *bi*) bienen, *blý* (ahd. *blīo*) blei, *slý* (ahd. *slīo*, ags. *slīw* schleie) byssus, *hýbýle* (got. *heiwa-*) neben *hí-býle* (nach dat. **hífe*, pl. gen. **hífa*) hauswesen, *ýr* (**īuʀ* < **īwaʀ*, ags. *īw*) eibe, *spýr* (got. *speiwis* speist, *snýr* (ahd. *snīwit*) schneit, *Týr* (ahd. *Tīo*, ags. *Tiw*, lat. *divus*) ein göttername neben pl. *tífar* götter, pl. *mýlar* (**mīulaʀ* < **mīwilōʀ*; sg. anal. *mýll*, *mýell*, selt. *mýfell* statt **mífell*) bälle. Vgl. aschw. *þȳ* (ags. *ðíu*, *ðýu*, *ðý*) die, dem, aschw. und agutn. ntr. *þrȳ* (ags. *ðríu*, *ðrý*) drei gegen die aisl. neubildung *þriú* (**þrýu* s. § 127ᵇ, b, 2) nach *tuau* u. dgl.

7. *œ* (aisl. *e*) > *ø* (offenes), z. b. *øx* (**œkus-* < **akwis-*; anorw. auch *œx*, s. Hertzberg; vgl. got. *aqizi*) neben *ǫx* (z. b. Dahlerup, Ágrip s. IX; Larsson, s. 396; Hertzberg, s. 760; nnorw. *ox*;

§ 74. *u*-umlaut von *œ, ia,*

ahd. *ackus*) und *ax* (z. b. Dahlerup a. o.; nach gen. *axar* — s. Fritzner — zu *ǫx* neugebildet) axt, *ǫrr* (*arwiʀ, No. Hom. *œr, œrr,* s. Thorkelsson, Supplement IV, 27, aschw. *ar, œr,* finn. *arpi*) narbe, *sǫkkr* (**sankwiʀ,* got. *sagqs*) gesunkene lage, pl. ntr. *rǫk* (z. b. St. Hom., No. Hom.; aus **rœku,* neubildung zu *rekia* darlegen) statt *rǫk* (z. b. Hb.; ags. *racu*) darlegung, obl. *rǫkkio* zu *rekkia* bett (s. Thorkelsson, Supplement IV, 122), komp. *gǫrr* (*ʒarwiʀ) zu *gǫrua* (anal. *gerua*) völlig, prät. *gǫrþa* (ahd. *garota* < *garwita*) machte, *mǫlþa* (got. *malwida*) zermalmte, präs. *hǫggr* (*hœgguʀ < *haggwiʀ) zu *hǫggua* hauen, *hnǫggr* (Þorkelsson, Beyging, s. 230) zu *hnǫggua* (Unger, Postola Sögur, s. 470, Thomas saga, s. 337) stossen, *þrǫngr* (Þorkelsson, a. o. s. 568; Leffler, Om *v*-omljudet, s. 60) zu *þrǫngua* drängen (dringen), komp. *þrǫngre* (*þrangwiʀē) enger, anorw. (z. b. Wadstein, F. Hom. s. 81) *gǫgnum* (auch *gœgnum,* aisl. *gegnom*) statt *gǫgnum* 'durch' nach (*í*) *gœgn* (aisl. *gegn,* anal. *gǫgn,* anorw. auch *gǫgn*) aus *gœgin (s. § 418 anm. 1) 'gegen', anorw. *ǫllyfti* (Wadstein, F. Hom. s. 79, 81, *ǫllykti, ǫllepti* Fritzner I, 324; III, 1077) elfte durch kontamination (vgl. *rǫttyndi* oben 3) von *ǫllofte (zu nnorw. *ǫllov, ǫllug,* anorw. *ǫllugu,* aschw. *ǫllovo,* adän. *œlluvœ* u. a. elf) und *œllifti* (> *œllyfti s. § 82), anorw. obl. *Hǫlgo* (anal. *Hœlgu*) zu *Hœlga* (anal. sowol *Hǫlga,* z. b. Hb., wie auch mask. *Hǫlge,* s. Bugge, Helge-digtene, s. 326 note) ein frauenname; ferner anorw. *stǫmfnu, Hǫllu, missǫmiu, hǫttu, stafkǫrtum* zu *stœmna, Hœlla, -sœmia* u. s. w., s. Hægstad, G. Tr. s. 51 f., 69.

8. *œ* > *ǿ,* nur unmittelbar vor (später synkopirtem) *u,* z. b. dat., acc. *sǿ* (in Rímb. und Physiologus, s. Larsson s. 296, 324) see aus *sǿu < *sǿw mit (vor der *u*-synkope) aus gen. *sǿwar* und dat. *sǿwe* entlehntem *w*; ebenso *lǿ* (s. Egilsson, s. 501; dazu *lǿbraut* verderblicher weg, s. Kahle, Die sprache der skalden, s. 283) neben *lǿ* verderb und anorw. (2 mal, s. Hægstad, G. Tr. s. 59) *frǿ*- statt *frǿ* same.

9. *ia* > *iǫ,* z. b. *smiǫr* (*smiaru < *smerwa § 85, § 220, ahd. *smero*) neben dat. anorw. *smǫr*(*u*)*e* (anal. *smiǫrue* und *smyrui* nach *smyrua* schmieren) aus *smerwe (§ 79, 3; anal. nom. **smeru,* woraus *smior* § 86) schmeer u. dgl., s. Torp und Falk, Dansk-norskens lydhistorie, s. 128 f.; ferner z. b. dat. pl. *hiǫrtom* (statt *hiortom*) aus *hiartum nach *hiarta* herz, *iǫforr* (st. *ioforr* fürst) aus aostnorw. *iafurr* nach pl. *iafrar* (§ 86 anm. 2; anal.

§ 74. *u*-umlaut von *ua, uá*.

iǫfrar, iofrar) u. dgl., s. Wadstein, Språkvetenskapliga sällskapets i Uppsala förhandlingar 1894—7, s. 1 ff., Kahle, Arkiv XII, 374 ff., Kock, Beitr. XX, 134 ff.

Anm. 3. Fälle wie *giǫf* gabe, *hiǫrr* schwert, pl. *fiǫll* berge, *stiǫrnor* sterne, 1. pl. präs. ind. *hiǫlpom* helfen u. dgl. (statt *giof, hiorr* u. s. w.) brauchen kein **giafu* u. s. w. vorauszusetzen, sondern können direkt neugebildet sein zu gen. *giafar, hiarar*, sg. *fiall, stiarna*, 3. pl. *hialpa* nach den typen *sǫk : sakar, vǫllr : vallar, barn : bǫrn, saga : sǫgor, hǫldom : halda*.

10. *ua > uǫ*, z. b. *vǫndr* (got. *wandus*) rute, *suǫrþr* (gen. *suarþar*) schwarte, obl. *vǫrto* zu *varta* warze. Postkonsonantisch (in welcher stellung *w* als solches bleibt, s. § 242) ist die labialisirung durch erhaltenes *u* bis zu **wo*, woraus (nach § 227, 1, a) *o*, fortgeschritten, z. b. *soppr* (neben anal. *suǫppr*) pilz, ball nach dat. acc. pl. *soppom, -o* (anal. *suǫppom, -o*), part. *s(u)orenn* (s. Egilsson und Hertzberg) statt *suarenn* geschworen nach den obl. formen auf *-um, -u*, pl. *sor* (Hertzberg) st. *suǫr* antwort nach dem dat., anorw. *horro* wo in aller welt, *horso* (anal. auch *hor*) wie und *horium* (Hægstad, G. Tr. s. 67) welchem zu *huarr* welcher. Hierher gehören wol auch *tottogo* (**tuattugu* s. § 257, 2 = acc. *tuá tugu*) zwanzig und *tolf* (statt noch 1 mal *tuolf*, s. Thorkelsson, Supplement IV, 153, und aschw. *tualf* Rök) zwölf nach dem einstigen dat. **tolfum < *twalfum* (vgl. got. *twalibim*); anders Grundriss² I, 627.

11. *uá > uǫ́*, z. b. *vǫ́þ* (**wáðu*) zeug zu gen. *váþar, þuǫ́ttr* (gen. *þuáttar*) waschen, pl. *vópn* zu *vápn* waffe. Vor erhaltenem *u* wird es zu **uó > ó* (vgl. *ua > uǫ > *uo > o* oben 10), z. b. *sóno* so (nun) aus *suá nú* (s. § 144, 4), *at sógoro* so gethan aus *at suá gǫro* (s. § 141), acc. *ófo* (Ólsen, Arkiv IX, 231 f.) zu *váfa* gespenst, obl. *kómo* (anal. *kuǫ́mo*) zu *kuáma* (anal. *kóma*) ankunft, *hóll* statt *huáll* hügel nach dat. pl. *hólom*, pl. *kǫngoróf or* zu *kǫngorváfa* spinne, *þóþóro* nichtsdestoweniger aus **þó-(a)þ-huáru*, 3. pl. prät. ind. *ófo, óro, kóþo, kómo, sófo* zu sg. resp. *vaf* wob, *var* war, *kuaþ* sagte, *kuam* kam, *suaf* schlief; s. Wadstein, F. Hom. s. 66 ff.

Anm. 4. *ue > e* ist vielleicht (vgl. Hægstad, G. Tr. s. 52) durch anorw. *s(u)efn* (neben *suefn*) schlaf belegt, so dass *e* zunächst in formen wie *suefnugr, suefnum* entstanden wäre. Aber ebensowol kann *sefn* (wie aschw. *semn, symn*) aus einem utr. *sefne* (agutn. *symni*; aisl. *suefne* nach *suefn*) stammen, dem das zu *sofa* (agutn. *sufa*) schlafen neugebildete anorw. *sofn*

§ 74. *u*-umlaut von *ué, ui, uí, uǽ*.

(s. Hægstad a. o.; aschw. *sompn*) nach § 60, 3 zu grunde liegt. Ein anderes beisp. wäre vielleicht pl. *viþkueþ* zu *viþkueþ* geschrei (s. Thorkelsson, Supplement IV, 176).

12. *ué* > *ué*, z. b. pl. *vél* (nur in der späteren aisl. form *vǽl* nach § 115 belegt, aber nnorw. *vēl*) zu *vél* kunstgriff, wonach aisl. *vǽla* (*vēla*) neben *véla* überlisten, wol auch *Vēlundr* (Sijmons, Grundriss², III, 726; aus ags. *Wēland*, s. Koegel, Geschichte der d. litteratur I, 100) neben *Vǫlundr* (ahd. *Waland*, s. Koegel a. o., s. 101 note), *vǫlundr* künstler und vielleicht aisl. (ziemlich spät) *huǽl* (*huél*?) neben sg. *huél* rad. Anders Kock, Arkiv XI, 140 (vgl. aber Sievers, Beitr. XVI, 244 f.).

13. *ui* > (**uy*, woraus nach § 227, 1, a) *y*, z. b. *kyrr, kuirr* ruhig (urspr. nom. *kyrr*, acc. *kuirran*; vgl. got. *qairrus*, acc. *qairrjana*), *syptr* statt *suiptr* beraubt nach dat. *syptom, -o* u. a. (dazu anorw. m. *andsyptir* atemnot), anorw. (s. Hertzberg, s. 863) *Syftun* neben *Suipthun* (kontaminirt *Siftun*) ein heiligenname, *syll* (anal. anorw. *suill*) zu gen. *suillar* (anal. *syllar*) grundschwelle, *sykn* (got. *swikns*) schuldlos aus urspr. m. **suikn*, f. *sykn* u. s. w., *syster* schwester aus **suistir*, obl. *systur, forvista* (-*ysta*) zu obl. *forysto* (-*visto*) leitung, *þyrell* (ahd. *dwiril*, nnorw. *tvirel*) quirl nach **þyrull* (nnorw. *tørull*, s. Ross; vgl. auch dat. pl. *þyrlum* < **þuirlum*); anorw. *tynni* (*tuinni*) zwei nach dem dat. (s. Hertzberg), *tyttugu* aus *tuittugu* (nach dem präfix *tui-*) zwanzig und *tyttugti* zwanzigste, *kuennsyft* (s. Hertzberg) neben -*suift* weibliche seite nach gen. -*suiftar*, *þyngan* neben *þuingan* zwang aus urspr. nom. -*un*, gen. -*anar* (s. § 130 anm. 3).

Anm. 5. *Tordýfill* scarabæus steht statt **tordyfill* (aschw. *torþevil*, ags. *tordwifel*; vgl. oben *þyrill*), wol in folge volksetymologischer anlehnung an *dúfa* tauchen (s. Bugge, Arkiv II, 219 f.).

14. *uí* > **uý* > *ý* (vgl. oben 13), z. b. *skýare* statt *skuiare* bedienter nach dem dat. pl., *Ósýfr* (**un-swīðruʀ*, eine *ru*-ableitung zu *suífa* ablenken, während das adj. *ósuífr*, pl. *ósuífer*, eine *o*-ableitung ist) neben *Ósuífr* ein mannsname (eig. rücksichtslos; noch 1 mal als adj. pl. *ósuífrir* in Sturlunga), anorw. oft (s. Hægstad, G. Tr. s. 56, 52) pl. *Suýar* und (mit parasitischem *i*) *S(u)ýiar* statt *Suiar* schweden nach dem dativ.

15. *uǽ* > **uǽ* > *ǽ* (s. § 227, 1, a), nur durch *sǽnskr* neben *suǽnskr* schwedisch nach *sǽnskom, -o* vertreten.

16. *œi* > *ey* (aisl. *ey*), nur wo *u* aus *w* entstanden ist, z. b. *ey* (*œiu < *aiwa, got. *aiw*, s. v. Friesen, N. spr. s. 24) neben schwachtonigem (vgl. § 75) *ei* immer, prät. *veyk* (s. Vigfusson) neben *veik* zu *ýkua* weichen, *sueyk* (s. Brenner, Altnordisches handbuch s. 136) zu *sýkua* betrügen, *veykr* (anal. gew. *veikr* nach dat. *veikom* u. dgl.) weich.

§ 75. Die stark nebentonigen vokale werden ganz wie die haupttonigen umgelautet, z. b. aisl. dat. pl. *gefǫndom* (aostnorw. *gefandum*, s. § 77, 3) zu *gefande* geber, *þegnskǫpom* (aostnorw. -*skapum*) zu *þegnskapr* tapferkeit, heldenthat. Dagegen erleiden schwachtonige vokale keinen umlaut, und schwankende betonung giebt zu doppelformen anlass, z. b. *Harþangr* (noch nnorw. *Harda'ngr*) ein landschaftsname zu *Hǫrþar* (lat.-germ. *Harudes*) ein völkername; *Áleifr* neben *Ólafr* (s. § 51, I, a), *ǫk(k)la* (ahd. *anklāo*) fussknöchel neben *kló* klaue, präf. *ná*- und *nó*- nahe- (s. § 74, 2); *án* und *ón* ohne, *hánom* und *hónom* ihm u. a. m. (s. § 111); *ei* und *ey* immer (s. § 74, 16). Fälle wie aisl. *greniǫn* heulen zu gen. *grenianar* statt lautgesetzlichen *grenion* (s. § 130, 1 u. anm. 3) und 3. pl. *elskǫþo* (anorw. *œlskaðo*) liebten zu 3. sg. *elskaþe* statt lautges. *elskoþo* (s. § 130, 1 u. anm. 3) beruhen auf analogiebildung nach den typen *sǫk* : *sakar* und *valþe* : *vǫlþo*.

§ 76. Andererseits wird der umlaut nur durch schwachtonigen vokal bewirkt. Daher fehlt er in fällen wie z. b. *barnungr* jung wie ein kind, *náttúra* natur u. a. Wo ein urspr. starktoniger vokal zur schwachtonigkeit niedergesunken ist, bewirkt er natürlich umlaut, z. b. die mannsnamen *Fǫstolfr* (Lind, Arkiv XI, 269; anorw. *Fastulfr*), *Ǫrnolfr* (gegen *Arngrímr* u. dgl.), *Ǫndoþr* (gen. *Andaþar*; aus *Andhǫþr, ahd. *Anthad*), *Stǫrkoþr* (gen. *Starkaþar*; s. Bugge, Sv. fornm. tidskr. XI, 110) und *at sógoro* § 74, 11. Durch schwankende betonung (eventuell auch assoziation mit verwandten formen) entstehen doppelformen, z. b. *dǫgorþr* : *dagverþr* frühstück, *ǫndorþr* : *andverþr* anfänglich, *ǫndoge* : *andvege* hochsitz, *ǫloge* : *alhuge* ernst, *Ǫlfoss* ein mannsname : *alfúss* sehr begierig, *ǫluþ* : *alýþ*, -*úþ* gewogenheit, *ǫfund* : *afund* neid, *ǫllonges* : *allynges* ganz und gar (vgl. § 61), *ǫlmosa* : *almusa* almose, *ǫmbott* : *ambótt* magd, *þroskoldr* : *þreskǫldr* (s. § 74, 3) türschwelle u. a. m. Vgl. die

§ 77. Entwickelung des *u*-umlautes. 63

An. gr. II § 66 anm. zitirte literatur und ausserdem einerseits Wadstein, Språkvetenskapliga sällskapets i Uppsala förhandlingar 1894—7, s. 9 ff., andererseits Kock, Arkiv XII, 155 ff., XIII, 359 ff.

§ 77. Der *u*-umlaut wurde am frühesten durch ein ganz unbetontes, erst später durch ein etwas stärker betontes *u* bewirkt. In folge dessen haben wir auch in betreff des *u*-umlautes mehrere perioden — in hauptsächlicher übereinstimmung mit denjenigen des *i*-umlautes (s. § 63) — zu unterscheiden (s. die An. gr. II § 67 zitirte literatur und ausserdem Bugge, Bidrag s. 16 ff., Kock, Arkiv X, 388 ff., XII, 166 ff., 258 ff.):

1. Die zeit vor dem anfang der allgemeinen *u*-synkope (d. h. vor c. 900), wo umlaut nur durch urn. ganz unbetontes (daher relativ früh synkopirtes, s. § 145^b, 1) *u* bewirkt wird. So besonders in langer starktoniger silbe, z. b. um 900 *ōs* (so im Abecedarium nordmannicum, *aus* im Cod. Leidensis lat. 83, 4°, beides denkmäler — freilich wahrscheinlich ostn. und zwar am ehesten adän. — aus dem 10. jahrh., wiewol Cod. Leid. eine etwas ältere vorlage voraussetzt) aus *$ansu_R$ als runenname und das kaum später entlehnte air. *sopp* aus *soppr* (s. § 74, 10); gleichzeitig ist wol z. b. acc. *mǫtkan* (später *mótkan*, s. § 111) zu *máttugr* (später *mǫttogr, móttogr*, s. 3 unten) 'mächtig' entstanden. — In fällen wie *kattbelgr* (*kattu-*) katzenbalg zu *kǫttr* katze, die mannsnamen *Arngrímr* zu *ǫrn* adler, *Ásmundr* zu *óss* (*ǫss*) gott u. dgl. ist wol *u* schon vor dem eintritt des *u*-umlautes synkopirt worden, wie ja auch schon die inschrift von Sölvesborg um 800 acc. sg. *Ásmu[n]t* aus *Ansumundu* aufzuweisen hat (s. Kock, Arkiv XII, 252, 259, Noreen, Grundriss² I, s. 562).

2. Die zeit der allgemeinen *u*-synkope etwa 800—950, wo auch ein urn. etwas stärker betontes (daher relativ spät synkopirtes) *u* umlaut bewirkt. So besonders in kurzer starktoniger silbe, z. b. *lǫg* (aus *laʒu*) gesetz zu *lag* lage, ordnung, gen. *Skǫglar* (*Skaʒulaʀ*) zu *Skagul* (später *Skǫgol*, s. 3 unten) ein valkyrienname. Dieser umlaut war im allg. noch um 900 nicht da nach ausweis des runennamens *laʒor* (aisl. *lǫgr*) in den air. runenreihen (s. § 15, B, a; vgl. auch ags. lehnwörter — freilich meistens aus dem adän. — wie *laʒu*

§ 77. Entwickelung des *u*-umlautes.

gesetz, sowie den runennamen *lagu* im Abecedarium nord., s. 1 oben). Andererseits muss er bald danach durchgeführt worden sein, weil das betreffende *u* zu dieser zeit synkopirt wird (s. § 145^b, 7), womit auch stimmt, dass das gedicht Hǫfoþlausn (aus dem j. 936; vgl. jedoch die bedenken Bugge's, Bidrag s. 25) wörter wie *lǫþ* (*laþu), *kuǫþ* (*kuaþu) u. dgl. als einsilbige reime gebraucht (vgl. auch den runennamen *laucr*, d. h. *lǫgr*, im Cod. Leidensis, s. 1 oben). — Nur unmittelbar nach kurzem vokal, in welcher stellung *u* überall aus *w* entstanden ist, ist es so rasch synkopirt worden, dass es keinen umlaut hinterlassen hat (vgl. § 63, 2). So erklären sich z. b. *stráþa* (*stráuða < *strawiðō, got. *strawida*) streute, *strá* (ahd. *strao*, gen. *strawes*) stroh, *nár* (got. *naus*) leiche, *fár* (got. pl. *fawai*) wenig, *hrár* (ahd. *hrao*) roh, *ána-sótt* (urn. gen. pl. *auna* vorfahren, brakteat aus Seeland, vgl. got. *awō* grossmutter) altersschwäche, *mær* (got. *mawi*) mädchen, *ǽr* (lat. *ovis*, got. *awi-str*) mutterschaf (vgl. § 68, 2), *kné* (got. *kniu*) knie, *tré* (got. *triu*) baum, *hlé* (ags. *hléo*) lee, *Ham-þér* (urn. *-þewaʀ* Torsbjærg, Valsfjord, got. *þius*) u. a. dgl. mannsnamen, *þír* (got. *þiwi*) magd, *ski* (St. Hom., gew. *ský* nach dat. *skýe*, pl. gen. *skýia*, dat. *skýiom*, s. Noreen, Uppsalastudier s. 212; ags. *scéo*, as. *scio*) wolke, *Signí* (Huitfeldt, Eysteins jordebog s. 619 f., Noreen a. o., gew. *Signý* nach gen. *Signýiar*; ahd. *Siginiu*) ein weibername, *Víle* (urn. *Wiwilā* Veblungsnæs, s. Sievers, Berichte d. kön. sächs. ges. d. wissenschaften 1894, s. 133) ein mannsname u. a. m., s. Kock, I. F. V, 153 ff. (wo jedoch *w*-schwund angenommen wird). Das scheinbar widersprechende *frór* neben *frár* (urn. *Frawa-* Möjebro, ahd. *frao*) munter ist zu acc. *fráfan* (*fráwan* statt *frawan nach *frár*) neugebildet nach der analogie *hór* : *háfan* (s. § 55) u. dgl.

Anm. Sonstige ausnahmen sind nur scheinbar. Da formen wie *Ólafr* (*Anulaibaʀ; über *Áleifr* s. § 75), aschw. *Skøþve* (*Skøðwi < **Skaðuwih-*; *Skaþvi* nach dem simplex) u. dgl. lautgesetzlich sein müssen, sind fälle wie *sparhaukr* (neben *spǫrhaukr*) sperber zu *spǫrr* sperling u. dgl. (teils und zwar ausnahmsweise als *Áleifr*, *Harþangr* u. dgl., s. § 75, teils als von zusammensetzungen wie *lagastafr* meer zu *lǫgr* flüssigkeit beeinflusst, teils und zwar gewöhnlich) als analogische neubildungen nach dem typus *kattbelgr* : *kǫttr* (s. 1 oben) zu erklären; anders Kock, Arkiv XII, 253 f., 258 f. (wesentlich übereinstimmend aber Beitr. XX, 135). — Wenn wirklich neben aisl. *Sǫrle* (ahd. *Sarulo*) auch *Sarle* (s. Þorkelsson, Bemærkninger til nogle steder i Heimskringla, s. 19 f., in Oversigt over d. k. d. vidensk. selsk. forhandl.

§ 77. Entwickelung des *u*-umlautes.

1884; dagegen Bugge, Bidrag s. 16 note) ein mannsname vorkommt, wie neben aisl. *Họgne* (ahd. *Haguno*) ostn. *Hagne* steht, so ist in diesen formen ein anderer mittelvokal als in jenen synkopirt worden (*Sarle* = ahd. *Saralo* oder *Sarilo*; *Hagne* = ahd. *Hagano*) wie in *eple* (**aðili*) neben *ẹple* (s. § 63 anm. 2); vielleicht sind auch hie und da formen ohne mittelvokal anzunehmen (s. Brate, Bezz. Beitr. XI, 183 ff.).

3. Die zeit nach der *u*-synkope, wo umlaut auch durch ein urn. noch etwas stärker betontes (daher später erhaltenes) *u* bewirkt wird, z. b. *Skọgol* aus **Skagul* (vgl. 2 oben), pl. *sọgor* zu *saga* aussage. Dieser prozess ist wenigstens in gewissen gegenden des nordens noch um 1000 nicht da nach ausweis des Reichenauer necr., wo neben *Sorli* (aisl. *Sọrle*) und *Olaf* (aisl. *Ólafr*) stehen *Assur, Azor* (aisl. *Ọzorr*) und *Anunt* (aisl. *Ọnundr*); s. Kock, Arkiv X, 349 f. Wann und wo im westn. dieser umlaut entstand, ist nicht genau zu ermitteln. Zwar finden sich bei den aisl. skalden bis um 1150 häufige assonanzen wie *faxa : Iarnsọxo, randar : strọndo* u. dgl. (s. Gíslason, Om helrím, s. 9 ff., Arkiv VIII, 52 ff.; Þorkelsson, a. o., s. 15 ff.; Möbius, Kormaks saga, s. 99 ff.; Jónsson, Sv. Landsm. XII, 7, s. 22 f. note; Kahle, Die sprache der skalden, s. 28 ff.), aber diese lassen nicht auf eine aussprache -*saxo, strando* schliessen, ebensowenig wie die auch zu dieser zeit vorhandenen, wenn auch nicht so zahlreichen, assonanzen *sọnn : mọnnom, mọgr : fọgro* u. dgl. (s. Wadstein, Sv. Landsm. XIII, 5, s. 33 f.; Kahle, a. o., s. 30 ff.) eine aussprache *mọnnom, fọgro* erheischen. Denn wie besonders aus fällen, wo sowol *ọ* wie *a* unzweifelhaft sind (z. b. *þrọm : gram* in der Họfoþlausn), hervorgeht, können bei diesen skalden *ọ* und *a* assoniren, sei es dass man eine auf dialektmischung oder archaisirung beruhende poetische lizenz anzunehmen hat (Kock, Arkiv X, 337 f.), oder wol eher dass die differenz noch nicht so sehr gross gewesen ist, weil der umlaut im werden begriffen war (Söderberg in Öfversigt af filol. sällskapets i Lund förhandlingar 1881—8, s. 94 f. note; Falk, Anz. f. d. A. XIX, 214 ff. und die daselbst zitirte literatur). Erst um 1200 sind "reine reime" (*a : a* und *ọ : ọ*) ausschliesslich herrschend, und zu der zeit — wenn nicht früher — muss wol also der betreffende umlaut vollständig durchgeführt worden sein; dies jedoch nur im aisl. und in vielen (vielleicht allen) awestnorw. denkmälern (z. b. Cod. Rantzovianus des Gulathingsgesetzes, s. § 15, 10). Im aostnorw. (inklusive dem

§ 78. Ausgleichung des *u*-umlautes.

Drontheimischen) dagegen tritt zwar konsequenter weise umlaut vor erhaltenem *u* ein bei nasalirtem *á* sowie den diphthongen *vá* und postkonsonantischem *ua, ui, uí* (beisp. s. § 74); betreffs der übrigen vokale aber erhalten sich die denkmäler sehr verschieden. Einige, wie die § 15, 11, 19 und 25 angeführten, zeigen nie (oder fast nie) umgelauteten vokal, z. b. dat. sg. *aru* (pl. *arum*) zu *ǫr* pfeil, *gafugr* bedeutend neben acc. *gǫfgan, Anundr* (aisl. *Ǫnundr*) ein mannsname u. s. w. Andere (s. z. b. § 15, 12) zeigen umlaut in unmittelbarer nähe von labialen (*b, f, m, v, w*) und labialisirten (wenigstens *l*) konsonanten, z. b. *bǫrnum* kindern, dat. ntr. *fǫgru* schönem, dat. pl. *mǫrgum* vielen, pl. *vǫkur* wachen, acc. *duǫlu* verzögerung, *ǫfund* neid, dat. pl. *ollum* allen, sowie wo der vokal nasalirt ist, z. b. dat. ntr. *skǫmmu* kurzem, *hǫndum* händen, 1. pl. *gǫngum* gehen (andere beisp. s. § 74). Wieder andere (s. z. b. § 15, 24) zeigen ausserdem umlaut in stark nebentoniger silbe, z. b. dat. pl. *fortǫlum* vorreden neben *talum* reden. S. Kock, Arkiv XII, 128 ff. (bes. 160 ff.); Wadstein, Der umlaut von *A* bei nicht synkopiertem *U*, Uppsala 1894; Hægstad, G. Tr. s. 55 note.

§ 78. Ein durch umlaut hervorgerufener vokalwechsel innerhalb eines paradigmas oder einer gruppe von verwandten wörtern ist oft durch **ausgleichung** beseitigt worden und zwar in verschiedener weise:

a) Der umlaut ist überall durchgedrungen, z. b. *sykn* statt *suikn nach f. *sykn*, dat. m. *syknum*, ntr. *syknu*; *syster*, gen. *systor* statt **suistir, systur* (s. § 74, 13).

b) Der umlaut ist überall geschwunden, z. b. *hallr* (got. *hallus*) fels nach gen. *hallar (später *halz*); *blár* blau und *grár* grau statt *blór (ahd. *blāo*) und *grór (ahd. *grāo*) — s. § 74, 2 — nach acc. *bláwan, *gráwan (später *bláan, blán* und *gráan, grán* nach *blár, grár*) u. dgl.; *harþr* statt *hǫrþr (got. *hardus*) hart nach zusammensetzungen wie *harþgǫrr* (vgl. § 77, 1) hart gemacht u. a.

c) Doppelformen sind entstanden, z. b. *hǫll*, selt. *hall* saal aus nom. *hǫll*, gen. *hallar*; *rǫnd*, selt. *rand* schild; *hǫfn*, spät auch *hafn* hafen (s. Gislason, Efterladte skrifter II, 175, 178); *bǫlkr*, selt. *balkr* balken; *ó, á* und *mór, már* (§ 74, 2); *fé, fé* (§ 74, 4); *hý-, hí-býle* und *týr, tír* gott (§ 74, 6); **gǫgnum, gægnum**

§ 79. *w*-umlaut von *a, á, e, i*. 67

und *Helga, Hælga* (§ 74, 7); *sé, sǽ* (§ 74, 8); *hóll, hváll* (§ 74, 8); *kyrr, kuirr, syll, suill* und *tynni, tuinni* (§ 74, 13); *skýare, skuíare* und *Ósyfr, Ósuífr* (§ 74, 14); *senskr, suǽnskr* (§ 74, 15) u. a. m. S. weiter die flexionslehre.

Anm. Schreibungen wie *ván, spánn* u. dgl. (statt lautgesetzlichen *ǫ́n, spǫ́nn* u. dgl. nach § 111) sind wol in den meisten fällen mit den auch vorkommenden *vǫ́n, spǫ́nn* u. dgl. gleichwertig (vgl. § 103). Die letztgenannten formen sind gen. *vánar, spánar* u. dgl. nachgebildet in analogie mit entsprechungen wie *skǫ́l*, gen. *skálar*, schale, *ǫ́r*, gen. *árar*, ruder u. dgl. Sie sind natürlich erst zu einer zeit entstanden, wo der übergang *ǫ́ > á* (s. § 111), dem formen wie *ǫ́n, spǫ́nn* u. dgl. sein dasein verdanken, längst durchgeführt ist.

2. *w*-umlaut.

§ 79. Die fälle sind:

1. *a > ǫ*, z. b. *hǫggua* hauen, *stǫþua* hemmen, pl. *sǫnguar* gesänge.

Anm. 1. Ueber die weitere entwickelung des *ǫ* bei nasalirung s. § 110, 1.

2. *á > ǫ́* nur durch **nǎkkuarr* (s. § 54, 3, a) > **nǫ́kkorr* (s. § 141) > **nókkorr* (s. § 111) > anorw. *nokkorr* (s. § 122, 4; anders Wadstein, F. Hom. s. 95, 97) irgend ein vertreten.

3. *e > ø* (geschlossenes), z. b. *røkkua* finster werden, *mørkue* (Elis, Barlaam u. a., s. Egilsson; auch *miǫrkue* nach den kas. obl. und *myrkue* nach *myrkr*) finsternis, anorw. dat. *smørue* zu *smiǫr* (s. § 74, 9; anal. *smør*) butter, nisl. *køt* (*køt, s. anm. 2; aschw. *kot*) fleisch nach dem dativ (vgl. aisl. *kiǫt* aus dem nom. *ketwa). Ebenso wo *e* aus älterem *i* (nach § 106, 1) entstanden ist, z. b. *søkkua* sinken, *støkkua* (got. *stigqan*) springen, *hrøkkua* zurückweichen, *kløkkua* stöhnen, *økuenn* dick, nisl. *økr* (nschw. dial. *ink*, vgl. lat. *inguen*, Bugge, Bezz. Beitr. III, 115) geschwulst.

Anm. 2. *ø* wechselt oft mit *e* nach § 114.

4. *i > y*, z. b. *syngua* singen, *þryngua* drängen (dringen), *slyngua* schleudern, dat. *lyngue* zu *lyng* (*lingu < *lingwa nach § 74, 5, a) heidekraut, *Yngue* (aschw. *Inge*) ein mannsname, *tyggua* kauen, acc. *trygguan* zu *tryggr* (s. § 74, 5, a) treu, *hrygguan* zu *hryggr* betrübt, *dygguan* zu *dyggr* treu, *stygguan* zu *styggr* abschreckend, dat. *byggue* zu *bygg* gerste, *gyggua* schreck einflössen, *skyggua* schatten machen, *þryskua* dreschen, *yþuarr* (got. *izwar*) euer, acc. *þykkuan* zu *þiokkr* (anal. *þykkr*) dick, *smyrua* schmieren, *tyrue* (vgl. *tiara* teer) kien, *fyrua*

§ 79. *w*-umlaut von *i̯*, *œ*.

(vgl. *fiara* ebbe) ebben, acc. *myrkuan* zu *myrkr* (as. *mirki*) finster, pl. *fyruar* (s. Gíslason, Efterladte skrifter I, 140; danach *syruar*, a. o. s. 143 f., statt *sǫruar*, s. 6 unten, krieger; vgl. got. *faírhus* welt) menschen, *þrysuar* dreimal, *Nyrue* ein inselname zu *Niǫruasund* der sund Gibraltars.

5. *i* > *ý*, nur durch selt. (s. St. Hom. und wol Háttatal 76) *strýkua* (aschw. -*strīka*, ags. *strícan*; öfter zu *strýkia* umgebildet, s. Fritzner) streichen und dessen part. prät. *strýkuenn* (s. § 473 anm.) vertreten. Vgl. 11 unten.

6. *œ* (aisl. *ę̄*) > *ø* (offenes), z. b. *mølua* (got. *gamalwjan*) zermalmen, *bølua* (z. b. Jones, The phon. of the Elis saga s. 4; gew. *bǫlua* nach *bǫl* unglück) verfluchen, *Øluer* (ahd. *Alawīh*), *Hǫruer* (ahd. *Hariwīh*) mannsnamen, *søkkua* (got. *sagqjan*) senken, *døkkua* verdunkeln, *støkkua* (got. -*stagqjan*) besprengen, *hrøkkua* scheuchen, *sløkkua* (aschw. *slækkia*, *sløkkia*) auslöschen, *nøkkueþr* (aschw. *nakwidher*) nackt, acc. *kløkkuan* zu *kløkkr* sentimental (vielleicht zu 3 oben), *þrøngua* (anorw. auch *þrængia*) drängen, *sløngua* (aschw. *slængia*) schleudern, *øngua* (got. *aggwjan*) engen, *øngr* (und *ǫngr* aus urspr. *ǫngr*, acc. *ønguan*; got. *aggwus*, acc. *aggwjana*) eng, *þrøngr* (s. Vigfússon und Hertzberg; gew. *þrǫngr*) eng, *snøggr* (selt. *snǫggr*, z. b. Gering, Finnboga saga, s. 74; nschw. dial. *snogg*, *snagg*) kurzhaarig, *gløggr* (selt. *glǫggr*, z. b. af Petersens, Jómsvíkinga saga AM. 291, 4°, s. XI, 2 mal, aschw. *glugg-*; got. *glaggwus*) genau, deutlich, *hnøggr* (nach acc. *hnøgguan*; ags. *hnéaw*) knapp, *døggua* betauen, *gørua* (mhd. *gerwen*) machen, *gørue* kleidung, *sørue* (mhd. *geserwe*) halsschmuck, pl. *sǫruar* krieger, *skrøkua* fabeln zu *skrǫk* (s. Hertzberg; auch anal. *skrøk*, s. ib. und Leffler, Om *v*-omljudet, s. 62 note) fabelei; *Nørua-sund* (auch anal. *Nǫrua-*) der sund Gibraltars zu *Nǫrr* (ags. *nearu* eng) mit der schwachen nebenform *Nere* (nach § 114 aus *Nørue*, got. *narwja*; anal. *Nǫrue*; s. Bugge, Helge-digtene s. 96 f.) ein mannsname. Ebenso wo *œ* aus *œi* entstanden ist (s. § 123), z. b. *nøkkuarr*, -*err* irgend ein, *øngr* (nach acc. *ønguan* u. dgl.) neben *enge* kein. Vgl. die scheinbar gleichlautenden *søkkua*, *støkkua*, *hrøkkua* mit geschlossenem *ø*, oben 3.

Anm. 3. *Gørr* (*gerr*) neben *gǫrr* (so immer bei den älteren skalden, s. Kahle, Die sprache der skalden, s. 44, und noch weit überwiegend in den ältesten hdschr., s. Larsson) fertig hat wol sein *ø* aus dem adv. komp. *gerr* (s. § 74, 7; *gerr*) und dem verbum *gǫr(u)a* (s. oben 6; *ger(u)a*) bezogen, wie

§ 79. *w*-umlaut von *ia, ua, ue, ui, uí, uœ, œi*.

umgekehrt das statt *gerþa* (*gerþa*) bald auftretende (s. Kahle a. o.) prät. *gǫrþa* (später s. Gering, Finnboga saga s. VI f., nach § 254 anm. 1 *giǫrþa* wie dann auch *giǫrr*) sein *ǫ* aus *gǫrr* entlehnt hat.

7. *ia > iǫ*, z. b. *Niǫruasund* (*Niarwa- < *Nerwa-*) s. oben 4, obl. *miǫrkua* zu *merkue* s. oben 3, *iǫrua* (anal. nom. *iǫrue* statt *erue*) sand, *Kiǫtua* (anal. nom. *Kiǫtue*) ein spottname.

Anm. 4. Fälle wie dat. sg. *hiǫrue* schwert, *smiǫrue* butter u. dgl. brauchen kein *hiarue* (anal. nach gen. *hiarar*), *smiarue* (nach nom. *smiaru*, s. § 74, 9) vorauszusetzen, sondern sind wol am ehesten direkte neubildungen zu nom. *hiǫrr* (s. § 74 anm. 3), *smiǫr* nach den typen *spǫrr*: *spǫrue*, *bǫl* : *bǫlue*.

8. *ua > uǫ*, z. b. *vǫlua* weissagerin, *vǫþue* muskel. Postkonsonantisch (in welcher stellung *w* als solches bleibt, s. § 242) ist die labialisirung bis zu **uo* (vgl. § 74, 10), woraus nach § 227, 1, a) *o*, fortgeschritten, z. b. *horuetna* (agutn. *hurvitna*) neben dem nach *huar* (anal. mnorw. auch *hor*, z. b. Dipl. norv. II nr. 451) 'wo' aufgefrischten *huǫr-*, *huarvetna* wo auch immer, *hotuetna* neben *huatvetna* was auch immer, *Sorkuér* neben *Suerkuer* (*Serkuer* s. 12 unten) ein mannsname; vgl. noch nnorw. diall. *solo* (*sulu*, nschw. dial. *solva*, *sula*) aus **swalwa* schwalbe (vgl. § 81 anm.).

9. *ue > ue* (woraus lautgesetzlich wol *e*, s. § 227, 1, a), z. b. *kuekua* (vgl. ahd. *quec* lebendig) beleben neben *kuikr* lebendig, *elzkuekua* neben *eldkueikia* (anal. -*kueykia*) feuerung.

10. *ui > (*uy*, woraus nach § 227, 1, a) *y*, z. b. part. prät. *ykuenn* gewichen, acc. sg. m. *kykuan* (anal. *kuikuan*) zu *kuikr* (anal. *kykr*; ags. *cwicu*) lebendig, *kykuende* (*kuikvende*, *kuikende*) animal, *tysuar* (ahd. *zwirō*) zweimal, *kyrkia* (statt **kyrkua*) neben *kuirkia* erdrosseln.

11. *ui > *uý > ý* (vgl. 10 oben), z. b. *ýkua* (anal. *výkua*) neben *víkia* weichen, *sýkua* neben *suíkia* betrügen.

12. *uœ* (aisl. *ue*) *> ue > e* (s. § 227, 1, a), z. b. *Serkuer* neben *Suerk(u)er* ein mannsname, *vekua* neben *vekia* erwecken, *vekue* m. oder *vek(ku)a* f., obl. *vek(k)o* (anal. *veko*) flüssigkeit.

13. *œi* (aisl. *ei*) *> ey* (aisl. *ey*), z. b. *keyk(u)a* (aus **kueykua* nach § 227, 1, a) neben *kueikia* beleben, *kueykua* zu pl. *kueikor* (wonach anal. sg. *kueika*, wie umgekehrt pl. *kueykor* nach dem sg.) feuerung, anorw. *Leykvin* (und *Leikvin*), *Øyðvin* (zu *Eið*), *Bleykin* (zu *bleikr* bleich) u. a. dgl. ortsnamen s. Rygh, Norske gaardnavne, Forord s. 86).

§ 80. Jedes *w* (d. h. kons. *u*) wirkt, weil immer schwachtonig, umlaut; also auch ein (nach § 128) aus sonantischem *u* in hiatusstellung entstandenes, z. b. der frauenname *Boþuildr* aus **Baðu(h)ildʀ* < *Baðwahildiʀ. Wenn es scheint, als ob unmittelbar nach kurzem vokal *w* ohne umlaut zu hinterlassen geschwunden wäre, so erklärt sich dies nach § 77, 2 so, dass *w* nach der synkope eines unmittelbar folgenden vokals sonantisirt worden ist, so dass hier kein *w*, sondern *u* synkopirt wurde; daher *stráþa* (got. *strawida*), *strá, nár* u. s. w. (s. § 77, 2). Wiederum wenn erhaltenes *w* einen unmittelbar vorhergehenden vokal nicht umgelautet hat, so ist dies wol so zu erklären, dass *w* in dieser stellung schon vor dem eintritt des *w*-umlautes zu *ƀ* (geschr. *f*) geworden ist (s. § 242), also nicht mehr als solches (d. h. kons. *u*) da war. Daher sind umlautlos z. b. *afe* (vgl. got. *awō* f., lat. *avus*) grossvater, pl. *máfar* (anal. *mófar*) zu *mór* möve, acc. *háfan* zu *hór* hoch (vgl. § 55), *fráfan* zu *frár* munter (vgl. § 77, 2), *láfe* (die selt. nebenform *lófe*, s. Larsson, hat ablaut wie aschw. *lōe*, finn. *luuva*, gr. ἀλώς, ἀλωή) dreschtenne, *ávalt* (s. § 54, 3, a) immer, *snífenn* (vgl. ahd. *snīwan*) beschneit, pl. *tífar* (vgl. § 74, 6) götter, *Ífarr* (*Īhu-hariʀ) ein mannsname, *Suífor* (*Suívǫr*) ein frauenname, *skǽfa* (got. *skēwjan*) gehen, dat. *hrǽfe* (got. *hraiwa*) leiche, *láfe* verderb, *frǽfe* (got. *fraiwa*) samen, acc. *mǽfan* schmalen, *slǽfan* stumpfen, *frǽfan* fruchtbaren, pl. *sǽfar* seen, dat. *snǽfe* (got. *snaiwa*) schnee, *ǽfen*- (got. *aiweins*) ewig, *ǽfe* lebenszeit. Da der übergang *w* > *ƀ* in der betreffenden stellung frühestens um 1000 (durch eine assonanz wie *Suífor* : *lífe*, s. § 242) bezeugt ist, wäre also der eintritt des *w*-umlautes frühestens zu dieser zeit zu verlegen. Damit stimmt auch, dass assonanzen, wo ein durch *i*-umlaut aus *u* (also älteres) und ein durch *w*-umlaut aus *i* entstandenes (also jüngeres) *y* mit einander reimen (z. b. *hygg* : *Tryggua, ynglengr* : *þryngue*), erst etwas nach 1000 belegt sind (s. Falk, Anz. f. d. A. XIX, 215 f.). Zu dieser zeit wäre demnach der *w*-umlaut schon vorhanden. Dagegen spricht nicht, dass noch im 11. jahrh. assonanzen wie *her* : *gǫrua, ekkio* : *nǫkkuat, hringe* : *lyngua* begegnen, wo man nicht *gǫrua, nǫkkuat, lingua* einzusetzen, sondern nur ein noch nicht ausgeprägtes *ǫ*, also "unreine reime" (vgl. § 77, 3 und Falk, a. o. s. 216) anzunehmen hat. Dass andererseits um 1200 der w-umlaut nicht mehr ein lebendiges lautgesetz gewesen ist, beweisen wol solche auf ausgleichung (s. § 81) beruhenden formen wie *nakkuat, gerua, tuisuar*, acc. *kuikuan* u. a.

§ 81. Durch ausgleichung kann der w-umlaut beseitigt werden, resp. wo er nicht lautgesetzlich motivirt ist eindringen (vgl. § 78), z. b. *Ǫlvalde* ein mannsname: *alvaldr* (nach anderen mit *al-* zusammengesetzten wörtern) herrscher, *Rǫgnvaldr : Ragnvaldr* (nach *Ragn-arr, -hildr* u. a.), *Nǫrue : Narfe* (*Nare*, nach **narum, -u* zu *nǫrr*, s. § 79, 6) mannsnamen, *nǫkkuarr, nøkkuarr : nakkuar, nekkuar* (nach *nakkor, nekkor* u. a.), *horvetna : huarvetna* (nach *huar*), acc. *ønguan : enguan* (nach *engom, -o*) keinen, *gørua : gerua* (nach prät. *gerþa*, seinerseits statt *gǫrþa* nach dem inf. **gerwa* vor dem eintritt des w-umlautes neugebildet), *tysuar : tuisuar* (nach dem präfix *tui-*), *Yngue, -arr : Ingue, -arr* (nach *Inge-marr, -biorg* u. a.), *Løykvin : Leikvin* u. a. m. (s. § 79 passim).

Anm. Es giebt auch fälle, wo eine umlautlose form in ein paradigma hineingekommen ist, das lautgesetzlich keine einzige unumgelautete form aufzuweisen hätte. Hier ist also die analogie anderer paradigmen massgebend gewesen, z. b. *gata* statt **gǫtua* (got. *gatwō*) gasse zu pl. aisl. *gǫtor*, aostnorw. *gatur*, nach dem verhältnis von *saga* aussage zu pl. *sǫgor*, *sagur* u. dgl.; ebenso *suala* statt **solua* (s. § 79, 8) schwalbe zu pl. *suǫlor*, *sualur*; *tiara* teer statt **tiǫrua* (s. § 79, 7; finn. *terva*) zu obl. *tioru* (später aisl. *tiǫro*, anorw. *tiaru*; s. § 74 anm. 3) nach *stiarna* gestirn zu *stiornu* (später *stiǫrno, stiarnu*); *fiara* strandwasser statt **fiǫrua* (lapp. *fjervva*) zu *fioru* (später *fiǫro, fiaru*).

3. Labialumlaut.

§ 82. Ein regressiver umlaut ist der vorzugsweise anorw., besonders nach 1300 häufige — aber doch sporadische — übergang *i* (das in allen wörtern noch der häufigere laut ist) > *y* vor tautosyllabischem *f, p, m, l, r* mit folgendem konsonanten, z. b. pl. *guðsyfiar* (s. Hertzberg) paten, *øllyfti* (s. § 74, 7) elfte; *klyppa* scheeren, vielleicht *syptr, -sypt* (anders s. § 74, 13); pl. *ymbrudagar* jejunia quatuor temporum, *gymstœinn* (Elis saga) edelstein; *sylfr* silber, *Þorgyls* ein mannsname, *ylmr* duft, *ylma* duften; *fyrra* entfernen, *byrta* kundmachen, *dyrfask* dreist sein, *vyrða* ehren, *herbyrgi* herberge, *hyrða* schützen, *hyrðir* hirt, *hyrta* züchtigen. S. z. b. Hægstad, G. Tr. s. 54.

§ 83. Progressiver labialumlaut. § 84. Brechung.

Anm. 1. Vor heterosyllabischem *f* (*b*) ist der übergang nur durch *yfa* (Wadstein, F. Hom., s. 79, Thorkelsson, Supplement IV, 183) bezweifeln, vor *n* nur durch *fynna* (Cod. Tunsb., s. § 15, 25) finden belegt. Ganz unklar bleiben *hyte* hitze und *hytta* finden statt gew. *hite, hitta* (s. Thorkelsson a. o., s. 73).

Anm. 2. Dialektisch scheinen *e* und *œ* vor *f* (*b*) zu *ø* zu werden, z. b. *gøfet* gegeben, *røfr* fuchs, *øptir* (? denn vgl. § 166, 3) nach, *Løftravágr* (statt *Lœiftra-*, vgl. § 123) ein ortsname (s. Bugge, Ant. tidskr. f. Sv. X, 224); *s*(*u*)*øfn* ist § 74 anm. 4 anders erklärt worden. Ebenso *é* und *œ* zu *ǿ* vor *m*, resp. *f* (*b*), z. b. *Klǿmœtson* (zu lat. *Clēmens*) ein mannsname, *ǿfenlegr* ewig. S. Hægstad, G. Tr. s. 69; Rygh, Gamle personnavne, s. 200.

Anm. 3. Ob derselbe übergang vor *l* stattfinde, bleibt sehr unsicher. Beisp. wären etwa (s. Bugge, Helge-digtene, s. 326) *hǫlzti* (aber daneben *holzti*) statt *hælzti* allzu, *Helge* (und *Hǫlge*; vgl. aber einerseits oben § 74, 7, andererseits Storm, Arkiv II, 128) statt *Hælgi* ein mannsname; über *ellyfti* und *Hellu* s. oben § 74, 7.

§ 83. Ein progressiver umlaut ist der speziell misl. übergang *á* (jetzt wie *ǫ* auszusprechen, s. § 103) > *ó* unmittelbar nach tautosyllabischem *v* (und *w*?, vgl. § 242), z. b. *vóði* (älter *váþe*) gefahr, *svó* (*suá*) so, *hvórki* (*huárke*) weder. Der übergang tritt nicht vor 1350 ein (s. Gislason, Aarbøger 1889, s. 360, 363).

Anm. 1. Unklar ist der misl. sporadische übergang *ue* > *uo* (obwol die schrift das *e* gewöhnlich behält) in den wörtern *huorn* jeden, *huossu* wie, *huort* wohin, *huorfa* weggehen (alle schon am ende des 14. jahrhs., s. Boer, Ǫrvar-Odds saga, s. III, Leiden 1888), *kuold* (gegen 1500 belegt) abend. Vgl. nisl. *hvolfa* (*hvǫlfa*) wölben, *hvolpur* junger hund und *hvör* (*hvur*) jeder, *hvönær* wann, *kvöld* abend, *kvörn* mühle, *tvöfalda* verdoppeln u. a. gegen *hvessa, kveða, sverfa* u. s. w. (s. B. M. Ólsen, Germania XXVII, 266 f.; Kahle, Gött. gel. anz. 1895, s. 909 ff.).

Anm. 2. Verwandt sind die übergänge *wǫ* > (*w*)*o* § 74, 10 und § 79, 8, *wǫ́* > (*w*)*ó* § 74, 11, *i* > *y* § 74, 5, b und die § 77, 3 erwähnten aostnorw. erscheinungen.

III. Brechung.

§ 84. Unter brechung verstehen wir hier die entstehung eines parasitischen vokals nach einem andern vokal durch den einfluss eines in der nächsten silbe folgenden sonantischen vokals. Brechung tritt im aisl.-anorw. nur bei dem aus urn. zeit stammenden *e* ein, welcher vokal (mit den unten § 87, § 90, § 91, 3, a, β erwähnten ausnahmen) gebrochen wurde, so oft in

§ 85. 86. Brechung.

der nächsten silbe ein — in literarischer zeit oft in folge der synkope (§ 145ᵇ ff.) geschwundenes — *a* oder *u* folgte. Je nach der verschiedenen qualität des parasitischen vokals haben wir zu unterscheiden zwischen der durch *a* hervorgerufenen *a*-brechung und der durch *u* bewirkten *u*-brechung. Vgl. auch § 92.

Anm. 1. Wo bisher eine *w*-brechung angenommen worden ist, liegt vielmehr *u*-brechung vor, indem *w*, vor dem eintritt der brechung, zu *u* sonantisirt worden ist; vgl. § 74, 9.

Anm. 2. Auch das nach § 123 aus *œi* entstandene *œ* scheint gebrochen zu werden, z. b. anorw. *Hiœlgi* (nach obl. *Hiœlga* aus *Hialga § 67, 1 < *Hælga*; s. Hægstad, G. Tr. s. 61, Undset, Indskrifter fra middelalderen, Chra. 1888, s. 13, Lundgren, Sv. Landsm. X, 6, s. 103) ein mannsname; s. Noreen, Arkiv I, 171.

§ 85. Durch die *a*-brechung wird aus *e* zunächst der fallende diphthong *ea, woraus dann steigendes *ia* (vgl. § 127ᵇ, a), z. b. *biarga* bergen, *hiarta* herz, *stiarna* stern, *gialda* vergelten, *hialdr* (urn. *Helðaʀ Tjurkö* als mannsname) kampf, *sialdan* selten, *iafn* eben, *siatna* sich vermindern, *iata* krippe, *iara* streit, *giafare* geber, *iaþarr* rand, *iaxl* backzahn u. a.

Anm. 1. Durch *u*- oder *w*-umlaut wird dies *ia* zu *iǫ*, z. b. *smiǫr*, *Niǫruasund* u. a., s. § 74, 9, § 79, 7. — Ueber a(ost)norw. *iœ* aus *ia* s. § 67, 1.

§ 86. Durch die *u*-brechung wird aus *e* zunächst *eu, später *io* (vgl. § 97, 2, § 127ᵇ, a und § 56), z. b. *iorþ* erde, *hiorþ* herde, *í fiorþ* (gr. πέρυσι) im vorigen jahre, *hiortr* (ags. *heorot*) hirsch, *hiorr* (got. *hairus*) schwert, *fior* (vgl. got. *fairhus*) leben, *miolk* (got. *miluks*) milch, *fiol-* (got. *filu*) viel-, *ioforr* eber, fürst, *iotonn* riese, *miok* (gr. μέγα) sehr; s. (Noreen und) Wadstein, F. Hom. s. 63 f., Språkvetenskapliga sällskapets i Upsala förhandlingar 1894—7, s. 1 ff., 7 f.; Kock, Beitr. XX, 134 f.; Kahle, Arkiv XII, 374 ff.; Jones, The phon. of the Elis saga, s. 5. Dies *io* ist aber schon früh in vielen (vielleicht den meisten) fällen durch ein auf analogischem wege geschaffenes *iǫ* (*u*- oder *w*-umlaut von *ia*, s. § 74, 9 mit anm. 3 und § 79 anm. 4) verdrängt worden, z. b. *iǫrþ* (statt *iorþ*) zu gen. *iarþar* u. s. w. (s. a. o.). Wo die voraussetzungen einer analogiebildung nicht vorhanden waren, blieb natürlich *io* alleinherrschend (wie in *þiokkr* dick, *fiogor* vier, *miok*, *í fiorþ*), bis es dem nach § 67, 2 entstandenen *iø* (einstweilen *iǫ* — vgl. § 110, 2 — oder *iø*, erst nisl. *iö* geschrieben) wich. Diesem übergange entzogen sind aber diejenigen fälle, wo *io* schon (nach § 119,3 oder sonst) zu *ió* gedehnt worden ist, z. b. *hiólp* hülfe, *miólk* milch, dat. *siólfom* selbst, *fiórom* (**fioðrom* § 282) vier statt urspr. *hiolp* u. s. w.

Anm. 1. In einigen fällen findet man anorw. *iu* neben *io*, z. b. *fiugur* vier (ntr.), *fiugrtán* vierzehn, *þiukkr* dick; nur *iu* in *Siugurðr* Sigwart, *Siugvalde* (**Seɣu-waldi*) ein mannsname. Wahrscheinlich steht *iu* ursprünglich nur vor erhaltenem *u* oder *w*, also *þiokkr* (**þekwuʀ*), aber dat. *þiukkum* (vgl. An. gr. II, § 75, 2).

Anm. 2. In anderen fällen findet man a(ost)norw. *ia* neben *io*, wo dieser letztere laut der ältere sein muss (also der wechsel nicht nach § 89 zu beurteilen ist), z. b. *fialde* menge, *fiatur* fessel, *iafur* fürst, *iatun* riese. Wahrscheinlich ist *ia* einst vor erhaltenem *a* (vgl. *iu* statt *io* vor *u*, s. anm. 1) entstanden, also *fiolde* (**feluði*, vgl. *fiol*-), aber obl. *fialda*; *fiotur*, aber pl. *fiatrar* (aus *fiotrar* < **feturōʀ*) u. s. w. S. Kock, Beitr. XX, 136 ff. (vgl. An. gr. II, § 118); anders Hultman, Finländska bidrag (Helsingfors 1894), s. 96 note, Torp und Falk, Dansk-norskens lydhistorie, s. 126.

§ 87. Brechung findet nicht statt, wo ein *v, w* (kons. *u*), *l* oder *r* dem *e* unmittelbar vorhergeht, oder heterosyllabisches *h* (das früh mit ersatzdehnung schwand, s. § 224, 1) unmittelbar folgte, z. b. *verþa* werden, *velta* wälzen, *vefa* weben; *huerfa* sich wenden, *suelta* hungern; *leþr* (**leþra*) leder, *legr, lega* grabplatz; *reka* treiben, *rǫkkr* (s. § 74, 3; vgl. dagegen *þiokkr*) finsternis; 1. sg. präs. ind. *sé* aus **seh(w)u* sehe, *fé* (*fé* < *féu*, got. *faíhu*, s. § 74, 4) vieh, geld.

§ 88. Wo in einem paradigma oder einer gruppe von verwandten wörtern gebrochene und ungebrochene formen wechseln sollten, ist oft ausgleichung eingetreten, so dass entweder der gebrochene vokal durchgeht, z. b. *bialke* balken nach obl. *bialka*, dat. *hialte* nach nom. *hialt* schwertknopf; oder es ist der ungebrochene vokal verallgemeinert worden, z. b. *þegn* (aschw. *þiægn*) freier mann, *setr* (und *seta* f.) sitz nach dat. *setre* (vgl. auch *setia* sitzen, aus *sœtia*), *selr* (aschw. *siæl*) seehund nach dat. **sele*, *melr* sandbank, *stertr* (aschw. *stiærter*) sterz, *snerta* berühren nach präs. *snertr*, *gnesta* krachen, *serþa* unzucht treiben, *bera* bärin nach **bere* (ahd. *bero*) bär, obl. *sétta* (aschw. *siätta* aus **siāhta* < **siahta*) nach nom. *sétte* (**sehte*) sechste; oder endlich sind doppelformen entstanden, z. b. *biarg* und *berg* gebirge, *fiall* fels: als ortsname *Fell* (*Mosfell* u. a.), *berfiall* bärenhaut : *bókfell* pergament, *fialms-* : *felms-*

fullr erschrocken, *guþspiall* : *-spell* evangelium, *kiaptr, kioptr* und *keptr* kinnlade, *spiall* und *spell* schaden, *kiarf* : *kerf* garbe, *spiald* : *speld* tafel, *siatna* : *setna* zusammensinken, *iata* : *eta* (nach *eta* essen) krippe, *siot* : *set* sitz, pl. *miot* mass : *met* gewicht, pl. *óñot* fehltritt : *fet* spur, *kialta* : *kelta* (nach obl. *keltu*, vor dessen brechung zu *kioltu*, neugebildet) schoss, anorw. *Þiasmǫr* : *Þesmǫr* (s. Hægstad, G. Tr. s. 61) ein ortsname, anorw. *Hiǽlgi* (aus *Hǽlgi*, s. § 84 anm. 2) : *Hǽlgi* ein mannsname u. a. m.

Anm. Das den brechungsvokalen zu grunde liegende *e* kann in gewissen formen (zu *ǫ*) *w*-umgelautet worden sein (§ 79, 3) in anderen schon in urgerm. zeit (zu *i*) *i*-umgelautet (s. § 155), endlich in andern zunächst in genannter weise *i*-, dann (zu *y*) *w*-umgelautet (s. § 79, 4). Durch ausgleichung entstehen dann doppelformen wie *miǫrkue* : *mørkue* (*myrkue*) und *smiǫr* (*smior*) : *smør* § 79, 3 und 74, 9; *fiarre* : *firre* fern, anorw. *tiogo* (1 mal bei Sighuatr) zwanzig : acc. pl. *tigo* (*tego*) dekaden, anorw. *Siugurðr* : *Sigurðr* und *Siugvalde* : *Sigvalde* (*Siʒi-waldi*) § 86 anm. 1; *þiokkr* (anorw. auch *þiukkr*) : *þykkr* § 79, 4.

§ 89. Ebenso sind, wo *a*- und *u*-brechung wechselten, bisweilen ausgleichungen eingetreten, z. b. *kiaptr* : *kioptr* kinnlade, anorw. selt. *tiarn* ntr. : *tiorn* f. kleiner see, anorw. dat. *Ingibiargu* : *-biorgu* ein weibername, *iarðu* : *iorðu* erde oder gen. *Ingibiargar* : *biorgar* (Hægstad, G. Tr. s. 61) aus gen. *Ingibiargar* : dat. *-biorgu* (ausserdem *iǫrð* : *iarðu* u. dgl. nach dem typus *ǫr* : *aru*, s. § 77, 3), anorw. dat. pl. *skialdum* : *skioldom* (*-ia-* nach gen. *skialda* und zu dem statt *skioldr* neugebildeten nom. *skiǫldr*, nach dem typus *bǫlkr* : *balkum*).

Anm. Ueber fälle wie anorw. dat. *fiatri* (zu *fiaturr*) : *fiǫtri* (zu *fiǫturr* statt *fiotorr*, s. § 74, 9) s. § 86 anm. 2. Der mannsname *Iatmundr* ist ags. lehnwort, anorw. *Iarundr* wiederum wol eine kompromissform (vgl. aisl. *Iorundr* und adän. *Iarander*), s. An. gr. II, § 77, 3. — Ueber *iaþarr* : *ioþorr* s. § 167, 5.

§ 90. In schwachtoniger silbe tritt keine brechung ein, z. b. *meþal* zwischen, *eþa* (got. *aíþþau*) oder, *ef* wenn (vgl. aschw. *iæf* zweifel). Verschiedene betonung giebt anlass zu doppelformen wie anorw. (s. Wadstein, F. Hom., s. 67 note; Groth, Det AM. Haandskrift 310 qvarto, s. XXIII; Falk und Torp, Dansk-norskens syntax, s. XII note) *iak* (urn. *eka*) : *ek* ich.

§ 91. Die brechung wurde am frühesten durch ein ganz unbetontes, erst später durch ein etwas stärker betontes *a*, resp. *u* bewirkt. In folge dessen haben wir auch in betreff der brechung mehrere perioden — in hauptsächlicher über-

§ 91. Brechung.

einstimmung mit denjenigen der nahe verwandten umlaute (s. § 63, § 77) — zu unterscheiden (s. Söderberg in Öfversigt af filol. sällskapets i Lund förhandlingar 1881—8, s. 95 f.; Kock, Arkiv XVII, 161 ff.):

1. Die zeit vor dem anfang der allgemeinen *a*-, resp. *u*-synkope (d. h. vor c. 700, resp. 900), wo brechung nur durch urn. ganz unbetontes (daher relativ früh synkopirtes, s. § 145^b, 1) *a*, resp. *u* bewirkt wird. So besonders in langer starktoniger silbe. Formen wie *hialdr* (urn. *Helðaʀ* Tjurkö um 600—650) kampf, *biarg* (**berʒa*) gebirge gehören demnach schon der letzten urn. zeit, weil das betreffende *a* um 700 nicht mehr da war; *iorþ* erde u. dgl. wiederum der zeit gegen 900 (vgl. § 77, 1). — In fällen wie die mannsnamen (s. Lind, Arkiv XI, 269) *Skeldulfr* (neben anal. *Skialdulfr, Skioldulfr*, vgl. § 77 anm.) zu *skioldr* schild, anorw. *Þestolfr* (neben *Þiostolfr* nach 3 unten) oder (s. Falk, Arkiv III, 306 f.) *spellvirke* beschädigung zu *spiall* schaden, *bergbúe* felseneinwohner zu *biarg* berg, ferner der ortsname *Bergvin* (anal. *Biargvin, Biorgvin*) zu *biorg* grat (s. Rygh, Norske gaardnavne, Forord s. 43), *erþgróenn* (bei Egell mit *verþa* assonirend, s. F. Jónsson, Kritiske studier, s. 117 f.) aus der erde gewachsen zu *iorþ* erde u. a. m. ist wol *a*, resp. *u* schon vor dem eintritt der *a*-, resp. *u*-brechung synkopirt worden.

2. Die zeit der allgemeinen *a*-, resp. *u*-synkope (etwa 700—750, resp. 800—950), wo auch ein urn. etwas stärker betontes (daher relativ spät synkopirtes) *a*, resp. *u* brechung bewirkt. So besonders in kurzer starktoniger silbe, z. b. *giafmildr* freigebig aus **ʒebamilð(i)ʀ*, *fiolkunnegr* vielwissend, *mioþdrekka* zeche (ein fall wie *miaþveiter* 'metgeber' ist wie *sparhaukr* § 77 anm. zu beurteilen, verhält sich also zu *mioþr* — statt *mioþr* s. § 86 — wie z. b. *skialdsueinn* statt **skeldsueinn*, s. 1 oben, schildträger zu *skioldr*, d. h. ist neubildung nach dem typus *kattbelgr : kǫttr*), *hial* rede, *kiolr* kiel u. s. w. (*mioþ*, *hior*, *miol*, *siot* als einsilbige reime schon in der Hǫfoþlausn, vgl. § 77, 2).

Anm. 1. Fälle mit ungebrochenem vokal wie *metorþ* würdigung, *berfiall* bärenhaut, anorw. *Gefvaldr* (neben *Giafvaldr*) ein mannsname sind wol von *meta* würdigen, *bera* bärin, *gefa* geben u. a. beeinflusst.

3. Die zeit nach der *a*-, resp. *u*-synkope, wo brechung durch ein urn. noch etwas stärker betontes (daher später

§ 91. Brechung. 77

erhaltenes) *a*, resp. *u* hervorgerufen wird, z. b. *hiarta* herz, acc. pl. *kiolo* kiele. Dieser fall ist bei *a*-brechung vielleicht schon um 900 durch assonanzen wie (bei þióðolfr) *blað : faðrar* u. dgl. (s. Kahle, Die sprache der skalden, s. 51), bei *u*-brechung um 1000 durch (bei Sighuatr) *flokke : þiokkua* (s. Kahle, Arkiv XII, 375) belegt. Diese *u*-brechung wird von jedem schwachtonigen *u* bewirkt; dagegen haben wir bei der betreffenden *a*-brechung wahrscheinlich zwei verschiedene phasen zu unterscheiden (s. Kock a. o.):

a) Gemeinnordisch und wol etwas älteren datums ist die brechung in folgenden fällen:

α) In langer silbe, wobei es gleichgültig ist, ob das *a* nasalirt oder unnasalirt ist oder einst war (anders Kock, a. o. s. 194 f.). Also steht brechung sowol vor urn. unnasalirtem *a*, z. b. *hiarta* (got. *hairtō*) herz, *stiarna* (got. *stairnō*) stern, gen. *iarþar* (got. *airþōs*) erde; wie vor urn. nasalirtem *a*, z. b. *hialpa* helfen, *biarga* bergen, obl. *bialka* balken (vgl. *stela* stehlen, *bera* tragen, obl. *þela* frost in der erde nach β unten); sowie auch vor noch in literarischer zeit nasalirtem *a*, z. b. *sialdan* selten, *iafnan* immer, *biarkan* ein runenname (vgl. *efan* zweifel, *meþan* inzwischen, *neþan* unten, *heþan* von hier, anorw. *þeðan* von dort nach β unten).

Anm. 2. Anorw. *gerna* neben gew. *giarna* gern ist vielleicht von dem mnhd. *gern* beeinflusst.

β) In kurzer silbe nur vor urn. unnasalirtem *a*, z. b. gen. *giafar* (got. *gibōs*) gabe, *iaþarr, giafare, iara, iata* (gew. *eta* nach *eta* essen), s. § 85, gegenüber *stela, bera, þela, efan, meþan* u. a., s. α oben.

Anm. 3. Unklar sind die überhaupt etymologisch dunklen *hegat* hierher, *þegat* dorthin, *þegar* sogleich.

b) Anorw. — wenigstens in gewissen gegenden — steht brechung in kurzer silbe auch (wie im ostn.) vor (einst) nasalirtem *a*, z. b. *giafa* (No. Hom., ed. Unger, s. 111, 25, *fyrgiafa* ib. 77, 9, *giæfa* Hægstad, G. Tr. s. 61) neben *gefa* geben, obl. *stiaka* stecken und die spottnamen *Hiaka, Hiæsa* (< *Hiasa* s. § 68 anm. 1).

Anm. 4. Unsichere aisl. spuren dieser brechung sind *iake*, obl. -*a* eisblock (s. Kock a. o., s. 385; vgl. aber s. 168), *ráþgiafe*, -*a* ratgeber u. a. auf -*giafe* (a. o., s. 180). *Hiala* reden und *skiala* schwatzen haben •sich

78 § 92. Brechung. § 93. Entwickelung der alten diphthonge.

wol den subst. *hial* und *skial* angeschlossen (a. o., s. 168). — Ueber *tiara* und *fiara* aus *tiǫrua, *fiǫrua s. § 81 anm.

§ 92. Eine verwandte, wenn auch weit spätere, erscheinung ist die seit dem anfang des 13. jahrhs. in gewissen anorw. hdschr. auftretende *i*-brechung bei *e*, *œ*, *ǽ*, welche zu *ei*, resp. *œi* und *ǽi* werden, wenn die folgende silbe ein (son. oder kons.) *i* enthält, z. b. *dreipinn* getötet, *veirit* gewesen, *hœifir* hat, *sœitia* setzen, *lǽigi* lage, *landamǽiri* grenze u. s. w. statt *drepenn* u. s. w.; s. Dahlerup, Ágrip, s. XIV; Wadstein, F. Hom., s. 62; Hægstad, G. Tr., s. 70.

IV. Die diphthonge.

a) Entwickelung der alten diphthonge.

§ 93. *œi* (urn. *ai*, s. § 54) wird auf dreifache weise behandelt:

1. In den meisten stellungen ist es im anorw. (in den meisten gegenden) als solches erhalten, dagegen im aisl. natürlich bei dem übergang des *œ* in *e* (s. § 112) zu *ei* geworden, z. b. anorw. *bœit*, aisl. *beit* (got. *bait*) biss, *œinn*, *einn* (got. *ains*) ein, *hœill*, *heill* (got. *hails*) heil, *hœita*, *heita* (got. *haitan*) heissen.

2. Zu *é* kontrahirt vor einem aus schon in urn. zeit auslautendem *ʒ* entstandenen, später geschwundenen, *h* (s. § 224, 2), z. b. 1. 3. sg. prät. *hné* zu *hníga* sich neigen, *sté* (anal. 2. sg. *stét* neben *steigt*) zu *stíga* steigen, *sé* zu *síga* sinken, *mé* zu *míga* harnen neben den anal. neubildungen *hneig*, *steig* u. s. w.

Anm. 1. Dialektisch kommt dieselbe kontraktion auch in anderen stellungen vor: aisl. belege schon vor 1250, z. b. in Codd. AM. (645, 4°, ält. teil?), 655, 4°, fragm. II, IV, V und 677, 4°, ält. teil (s. L. Larsson, Arkiv V, 142 ff.); shetl. aus dem j. 1355 (Hægstad, Hild., s. 44); onorw. vor 1400 (Hægstad, Upphavet s. 7; Falk und Torp, Dansk-norskens syntax, s. XII note); orkn. aus 1426 (Hægstad, Hild., s. 44).

3. Zu *ǽ* kontrahirt vor erhaltenem (später zu *ō* übergegangenem, s. § 242) *w*, s. v. Friesen, N. spr. s. 17 ff., 29 f. Beisp. sind *ǽfen-* (got. *aiweins*) ewig-, *ǽfe* (vgl. lat. *œvum*) lebenszeit, *langǽr* (lat. *longœvus*) lange dauernd, *ǽ* (nach dat. *ǽwe) neben *ey* (got. *aiw*, s. § 74, 16) immer, *hrǽ* (got. *hraiw*) leichnam nach dat. *hrǽfe*, *lǽfirke* (ags. *láwerce*) lerche, *Hlǽfǫþr*, *-freyr* (zu urn. *hlaiwa* grab) Odinsnamen, *sǽr* (got. *saiws*) see

§ 94. 95. Entwickelung der alten diphthonge. 79

nach gen. *sǽfar* u. a., *snǽr* (got. *snaiws*) schnee, *slǽr* (ags. *slǽw*) stumpf, *frǽ* (got. *fraiw*) same, *frǽr* fruchtbar, *frǽfask* gedeihen, *vǽ* (finn. *vaiva*, ahd. *wē*, gen. *wēwes*) weh, *lǽ* (ags. *lá*, ahd. *lēwes*) verderb.

Anm. 2. Ueber die kürzung von *œi*, *ei* zu *œ*, *e* s. § 123, zu *i*, *e* s. § 122 anm. 1 und § 145ª, 1.

§ 94. *ǫu* (urn. *au*, s. § 55) wird auf zweifache weise behandelt:

1. In den meisten stellungen zwar in einigen dialekten als solches erhalten, im allgemeinen aber anorw. zu *ou* (oder *au*), aisl. zu *au* geworden, z. b. anorw. *gout*, aisl. *gaut* (got. *gaut*) goss, *ouka*, *auka* (got. *aukan*) vermehren, *douðr*, *dauþr* (got. *dauþus*) tod, *ouga*, *auga* (got. *augō*) auge. Antesonantisch werden *ǫu*, *ou*, *au* zu *ǫw, *ow, *aw, woraus nach § 242 *ǫ̆*, *ŏ̆*, *ă̆*, z. b. anorw. *hǫfuð*, *hofoð*, *hafuð*, aisl. *hǫfoþ* aus *hǫwuð < *hauƀuð* (noch bei "Brage"; aschw. *hȫvoþ*, ags. *héafod*) haupt nach § 227, 2; ebenso *tǫfr* (bes. nisl.) neben *taufr* (bes. aisl.) durch ausgleichung einer flexion *tǫfor aus **tau(ƀ)ur* (ags. *téafor*) : dat. *taufre* zauberei.

2. Zu *ó* kontrahirt vor einem urspr. oder aus schon in urn. zeit auslautenden *ʒ* (s. § 224, 2) entstandenen, später geschwundenen, *h*, z. b. *þó* (got. *þauh*) jedoch, prät. (selt.) *fló* (got. *þlauh*) oder (öfter) *flǿþa* (*flauhiðō) floh, subst. *fló* (ahd. *flōh*) floh, *hór* (agutn. *haur*, got. *hauhs*; vgl. § 55) hoch, No. Hom. *héð* (*hauhiðu) höhe, *ló* (agutn. *Lau*, ahd. *lōh*, litau. *laukas*, lat. *lūcus*) hain, bes. in ortsnamen wie *Óslό* u. dgl.; 1., 3. sg. prät. ind. *ló* (got. *laug*) zu *liúga* lügen, *só* zu *súga* saugen, *smó* zu *smiúga* schmiegen neben den anal. neubildungen *laug* u. s. w. S. Leffler, Arkiv I, 269 ff.; Pipping, Gotländska studier, s. 130 ff.

Anm. Dialektisch kommt dieselbe kontraktion auch in anderen stellungen vor: aisl. schon vor 1250, z. b. in Cod. AM. 677, 4°, ält. teil; onorw. *Rómariki* (1383) statt *Roumariki*, *Bókstaðer* < *Baugstaðer* ortsnamen (s. L. Larsson, Arkiv V, 146 ff.; Hægstad, Upphavet s. 7). Selten steht *ó*, z. b. bisweilen in Cod. AM. 645, 4° und im orknöischen (s. L. Larsson, Isländska handskriften Nr. 645, 4°, s. XLVIII und LIV; Hægstad, Hild. s. 43); in shetländischen urkunden *ú* (s. Wadstein, F. Hom., s. 67 note; Hægstad a. o.). Z. b. *bóþ*, *béð*, *búð* statt *bauþ* bot.

§ 95. Das durch *i*-, *j*- oder *R*-umlaut aus *ǫu*, *ou* entstandene *ey* ist demnach überwiegend anorw., das aus *au* entstandene *ey* (anorw. *œy*) vorzugsweise aisl. Im 13. jahrh. schwindet *øy* (auch wo es durch *u*- oder *w*-umlaut aus *ei* entstanden ist) im aisl. ganz, wozu der im § 114 erwähnte übergang *ø* > *e* beigetragen haben mag.

Anm. 1. Dialektisch kommt kontraktion zu *ǿ* vor, z. b. in Codd. AM. 645, 4⁰, ält. teil und 677, 4⁰, ält. teil, im orknöischen, im shetländischen und in gewissen anorw. gegenden (s. L. Larsson und Hægstad a. o.). Selten steht *ý*, z. b. in Codd. AM. 320 fol. und 625, 4⁰ (s. Gislason, Om navnet Ýmir, s. 7 ff., Um frumparta, s. 196), z. b. *hýra* statt *heyra* (*hœyra*), *høyra* (*hǿra*) hören.

§ 96. Der schwebende diphthong *io* (urn. *eo*, s. § 56) wird zum steigenden *ió*, z. b. *hlióp* (as. *hleop*, ahd. *leof*) lief, *iók* vermehrte, *iós* schöpfte.

Anm. Pl. *iukom*, *iusom* sind wol urspr. *ukom, *usom (wie pl. *hlupom* gebildet) mit später aus dem sg. entlehntem *i*-; vgl. anorw. *liupum* (statt *lupum*) nach sg. *lióp*.

§ 97. Der schwebende diphthong *iu* (urn. *eu*, *iu*, s. § 56) wird zu den zwei steigenden:

1. *iú* vor *f, g, k, p*, z. b. *liúfr* (got. *liubs*) lieb, *fliúga* fliegen, *siúkr* (got. *siuks*) krank, *kriúpa* kriechen.

Anm. 1. Auffallend steht *ió* in *þiófr* (in mannsnamen auch seltener -*þiúfr*, s. Bugge, Arkiv VI, 225) dieb.

2. *ió* in übrigen stellungen, z. b. *sión* (got. *siuns*) das sehen, *þióþ* (got. *þiuda*) volk, *kiósa* (got. *kiusan*) wählen, *hliómr* ton, *gióta* (got. *giutan*) giessen, *þiórr* stier, *kióll* schiff, *þió* lende.

Anm. 2. Dialektisch kann — wie im aschw. — *iú* statt *ió* vorkommen, z. b. *iúl* (bes. anorw., s. Fritzner) neben gew. *iól* weihnachten, anorw. *liús* (1 mal, s. Hertzberg s. 238) licht, orkn. *biúrr* (s. Hægstad, Hild. s. 42) bier. Wol von der nebenform *iúgr* beeinflusst ist *iúr* euter.

Anm. 3. Vielleicht war in irgend einem anorw. dialekt der übergang in steigende diphthonge noch im anfang des 13. jahrhs. nicht durchgeführt, s. Wadstein, F. Hom. s. 123.

Anm. 4. Die fallenden brechungsdiphthonge *ea, eu* werden ebenfalls zu steigenden und zwar zu *ia, io* (*iu*), nicht *iá, ió* (*iú*); s. § 85 und § 86 mit anm. 1.

b) Entstehung neuer diphthonge.[1])

§ 98. *e* (altes oder nach § 112 aus *œ* entstandenes) vor *ng* wird seit 1300 im aisl. — jedoch nicht im westlichen teil

---

[1]) Ueber die brechungsdiphthonge s. §§ 84—92.

§ 99—102. Entstehung neuer diphthonge. 81

der insel (mitteilung R. Arpi's) — zu *ei*, z. b. *geingu* (sie) gingen, *leingi* lange.

Anm. Ueber *e* > *ie* nach *k, g, h* s. § 99; *e* > *ei* vor *i* s. § 92.

§ 99. *é* wird im aisl. zu *ié*, dialektisch schon um 1200, allgemein erst um 1300, z. b. *hiér* hier, *iél* schneeschauer, *miér* mir, *liét* liess statt *hér* u. s. w., wiewol die schrift gewöhnlich das zeichen *é* behält; s. J. Þorkelsson, Breytingar, s. 34, Dahlerup, Aarbøger 1889, s. 248. Nach (den palatalen) *k, g, h* hat gleichzeitig kurzes (nach *h* aber nur geschlossenes) *e* die analoge entwickelung zu *ie* durchgemacht, z. b. *kietill* kessel, *giekk* ging, *hiekk* hing (danach wol anal. *fiekk* bekam), *hielt* hielt (danach anal. *fiell* fiel), *hiepan* von hier, *hierap* (auffallend anorw. *hœrað*, nicht *herað*, s. Sievers, Beitr. XVI, 242) bezirk, *hieri* (vgl. § 68 anm. 1) hase, *Hiepinn* ein mannsname statt *ketell* u. s. w. Vgl. Sievers, a. o.; Hoffory, K. Z. XXVII, 602.

Anm. Ueber *ēw* > *ió* s. § 102 anm. 1.

§ 100. *y* wird sporadisch im aostnorw. des 14. und 15. jahrhs. zu *iu* (selten *io*) vor *r* oder kakuminalem *l* mit folgendem konsonanten, z. b. *Giurð(e)r* ein mannsname, *hiurðir* (< *hyrðir* aus *hirðir* nach § 82) hirt, *kiorkia* kirche, *kiurr* still, *skiorta* hemd statt *Gyrðr* u. s. w.; *kiulna* darrofen, *miulna* mühle statt *kylna*, *mylna*, der mannsname *Giulfe* st. *Gylfe*. Der übergang tritt auch in nebentonigen ableitungssilben ein, z. b. *lykiull* (< *lykyll* § 138 anm. 5 < *lykill*) schlüssel, *mykiull* gross, *kœtiull* kessel, *Ægiull, Æitiull, Vigiull* mannsnamen. S. Noreen, Arkiv VI, 335.

Anm. Aus dem Drontheimischen ist nur ein vereinzeltes *tiusdagr* statt *tyrsdagr* (s. § 262, 3) < *týrsdagr* (s. § 122, 5) dienstag zu belegen, s. Hægstad, G. Tr. s. 70; vgl. aber § 102 anm. 2.

§ 101. *ǫ* geht im aisl. in *au* über vor *ng* und *nk*, z. b. *staung* stange, nom. acc. ntr. pl. *laung* lang, *haunk* handhabe statt *stǫng* u. s. w. Spuren hievon zeigen sich um 1300.

§ 102. *ǣw*, welche verbindung lautgesetzlich nur antesonantisch steht, kann früh durch ausgleichung in den auslaut oder in antekonsonantische stellung geraten. Schon im 10. jahrh. kommen neubildungen wie *frǣw* (neben *frǣ*) same nach dat. *frǣwi* vor. Wenigstens um 1150 ist das so entstandene *ǣw* (über *eo*) zu *ió* geworden, das dann das ganze paradigma

§ 103. 104. Sonstige verschiebungen: *á*, *e*.

durchdringen kann, so dass *frió*, dat. *friófe* neben *frǽ*, dat. *frǽfe* steht. Sonstige beispiele sind: *frióR*, *frǽR* fruchtbar, *mióR*, *mǽR* schmal, *slióR*, *slǽR* stumpf, *sióR*, *sǽR* see, *snióR*, *snǽR* schnee, *skióR* (zu *skǽfa* hin und her gehen) elster, *spió*, (**spǽw* < **spǽiw* § 93, 3, neubildung statt **spøy*, got. *spaiw* § 74, 16, zu **spīwa* nach dem muster *bæit* : *bīta*) spie. S. v. Friesen, N. spr. s. 58 f., 47 ff., 35 ff.

Anm. 1. Wahrscheinlich hat ein auf dieselbe weise entstandenes *ēw* in derselben stellung die gleiche entwickelung durchgemacht, z. b. anorw. nom. acc. pl. *trió* neben *tré* hölzer und *knió* neben *kné* kniee nach gen. **trewa*, **knewa* (got. *triwē*, *kniwē*); vgl. v. Friesen, N. spr. s. 48 f. *Iór* pferd braucht man nicht hierher zu ziehen, denn **ehwaR* (got. *aíƕa*-) giebt **iahuR § 85, § 220 > **iāuR § 118 > *iór* § 74, 2.

Anm. 2. Ein entsprechendes *ĭw* ist durch gen. *ẏ́ws* statt *ẏ́s* zu *ẏ́r*, dat. **īwi*, bogen bei Sighvatr belegt; s. v. Friesen, N. spr. s. 57 ff. Ein daraus entwickeltes *iú* könnte in dem § 100 anm. erwähnten anorw. *tiúsdagr* statt *týsdags* vorliegen.

V. Sonstige verschiebungen.

§ 103. *á* fällt allmählich im laute mit *ǫ* zusammen. Schon um 1250 ist diese entwickelung abgeschlossen, und seither wird von den beiden nunmehr gleichwertigen zeichen *á* und *ǫ* nur jenes — also mit der lautlichen geltung des ehemaligen *ǫ* — gebraucht, z. b. pl. *áto* assen, *sár* wunden statt älteren *ǫto*, *sǫr* u. s. w. Bisweilen steht umgekehrt *ǫ* oder *ó* statt *á*, z. b. No. Hom. *vǫrr* unser, *mǫl* sprache, *kuǫma* ankunft st. *várr*, *mál*, *kuáma*, s. Wadstein, F. Hom., s. 76; shetl. *ó* 'auf', *Órnason* ein mannsname st. *á*, *Árnason*, s. Hægstad, Hild. s. 34.

§ 104. *e* geht im anorw. schon um 1200 in *æ* über zwischen *v* oder *w* (kons. *u*) und *r*, z. b. *værk* werk, *værða* werden, *huærfa* weg gehen, *suærð* schwert; in gewissen dialekten in geschlossener silbe nach *v* oder *w*, weniger konsequent nach *b*, *r*, *l*, z. b. *væl* wol, *væstr* westen, *vægr* weg (aber pl. *vegar*, wonach analogisch sg. *vegr*), *suæfn* schlaf, *kuæðr* (zu *kueða*) sagt, *bærg* berg, *bærr* (zu *bera*) trägt, *rægn* regen, *brægða* schwingen, *blæsa* segnen, *klærkr* clericus. Endlich in anderen dialekten tritt *æ* überall ausser nach *g* und *k* ein, z. b. *næma* nehmen, pl. *vægar* wege, *bæra* tragen (aber *gefa* geben, *geta* bekommen, *kerte* kerze). Vgl. Sievers, Tübinger

§ 105. 106. Sonstige verschiebungen: é, i.

bruchstücke, s. 9; Wadstein, F. Hom., s. 55 ff.; Brenner, Literaturblatt für germ. und rom. philol. 1885, sp. 52; Hægstad, G. Tr. s. 32 und 57. Nach M. Kristensen, Arkiv XVII, 87 sollen die meisten fälle auf einer art von *a*-umlaut beruhen, was sehr unsicher bleibt.

Anm. 1. Weil dieser übergang in schwachtonigen silben unterbleibt, steht also in wörtern, die oft proklitisch oder enklitisch vorkommen, *e* neben *æ*, z. b. *vera*, seltener *væra*, sein.

Anm. 2. Unsicher ist, ob das sporadische *a* in anorw. *varðr* wird, orkn., shetl. *varða* werden, shetl. *vara* sein (s. Hægstad, G. Tr. s. 67, Hild. s. 46) aus *æ* weiter entwickelt ist oder auf ablaut beruht; s. An. gr. II, § 117 anm.

§ 105. *é* wird im aisl. sporadisch zu *ǽ* vor *tt*, z. b. *sǽtte* (Rimb. und mehrmals St. Hom.) sechste, *lǽttare* (St. Hom.) leichter, bei skalden schon um 1000 *lǽtta*, *rǽttar*, später *stǽttar* (s. Gislason, Njála II, 602) statt *sétte* u. s. w.; bes. oft nach *v*, z. b. in *vǽtt* (zu *vega* heben) deckel, *vǽttvangr* (zu *vega* töten) kampfplatz. In *vǽttr* (got. *waihts*) wicht ist *ǽ* häufiger als *é*, in *vǽtt* (zu *vega* wiegen) gewicht sogar alleinherrschend. Zum teil anders, aber zweifelnd, Sievers, Beitr. XVI, 244 f., noch anders Kock, Arkiv XIV, 242 ff.

Anm. Kaum darf man (mit Kock, Arkiv XI, 140 ff., und, wiewol zweifelnd, schon Sievers, a. o.) denselben übergang in dem nach 1300 neben *vér* auftretenden *vǽr* (s. Gislason, Njála II, 602, Jones, The phon. of the Elis saga, s. 10 und Kock a. o.) 'wir' annehmen, denn das nisl. kennt nur *vjer* (nach § 99) und parallelen fehlen überhaupt; über den wol nicht vergleichbaren wechsel *vél : vǽl*, *huél : huǽl* s. § 74, 12. — Warum *lǽrept*, *-reft* (z. b. Norges gamle love II, 346, III, 177, V, 35) neben *lérept* (§ 107, 1) leinwand?

§ 106. *i* wird vorliterarisch zu *e* (bei dehnung *é*) in folgenden fällen:

1. Wenn unmittelbar nach dem vokal ein nasal (nach § 257 oder § 289) geschwunden ist — jedoch nicht wenn in der folgenden silbe ein *i* noch zur zeit des nasalschwundes stand (vgl. Lidén, Uppsalastudier, s. 80 f.) — z. b. *drekka* trinken, *brekka* brink, *ekke* (ags. *inca*) schmerz, *rekkr* (ags. *rinc*) mann, *søkkua* (aus *sekkua*, s. § 79, 3) sinken, *støkkua* (got. *stiggan*) springen, *hrøkkua* (aschw. *rynkia* aus *hrinkwa*) zurückweichen, *kløkkua* (dän. *klynke*) stöhnen, *økkuenn* dick, *døkkr* (afris. *diunk*, s. § 74, 3) dunkel, *detta* (vgl. aschw. *dynter* schlag) niederfallen, *skuetta* (gr. *σπένδειν*) verschüttet werden, *spretta* (mhd. *sprinzen*)

springen, *vet(t)r* neben selt. *vit(t)r* (s. Vigfusson) nach dat. *vit(t)ri*, anal. *vet(t)ri* winter, *klettr* (aschw. *klinter*) felsen, *kleppr* (aschw. *klimper*) klumpen, *krepp-hendr* (vgl. mhd. *krimpfen*) mit krummen händen, *skreppa* (mndd. *schrimpen*) gleiten; vgl. mit lautges. *i skikkia* mantel (zu nschw. *skynke* stück zeug). Dehnung des *e* (nach § 118) zeigen *mél* neben nisl. (und aschw.) *mil* durch ausgleichung einer flexion **minnil*, dat. *méle* (aus **minnlē* < **minþlē*, ags. *miðl*, ahd. *mindil*) mittelstück des gebisses und anorw. acc. m. (s. Hertzberg) *þré* (got. *þrins*), mit anal. *-a þréa* (> *þriá* § 127[b], b, 2) drei; vgl. mit lautges. *i fífl* (ags. *fífel*) aus **fimfill* (vgl. *fimbol-* § 307, 1) mit synkope nach dat. **féfle* riese und *píkis dagar* (aschw. *pinkis-*) pfingsten.

Anm. 1. Durch ausgleichung kann *i* wieder hergestellt werden, z. b. imperat. *sprikk* zu *springa* zerspringen, *bitt* zu *binda* binden. Statt gen. **okkuar* (got. *igqara*) steht *ykkar* euer beiden nach dat. *ykkr* (got. *igqis*).

Anm. 2. Weil der übergang in schwachtoniger silbe unterbleibt (z. b. anorw. *himirīki* himmelreich aus *himin-*), steht in wörtern, die gewöhnlich proklitisch sind, natürlich *i* (*í*), z. b. ntr. *mitt*, *þitt*, *sitt* zu *minn* mein, *þinn* dein, *sinn* sein; präp. *í* in, präfix *sí-* (got. *sin-*) immer-.

2. Vor *ʀ*, z. b. *ero* (urg. **izunþ*, agutn. *iru*) sind. Dehnung des *e* (nach § 121, 1) zeigen *mér* (got. *mis*, ahd. *mir*) mir, *þér* dir, *sér* (got. *sis*) sich, *vér* (ahd. *wir*) wir, *ér* (ahd. *ir*) ihr, *ér* (Larsson, s. 358, 361, Wadstein, F. Hom. s. 125; gew. *er*, weil unbetont) ist. Vgl. An. gr. II, § 83 anm. 3.

Anm. 3. Dieser vorgang ist, wie Opedal *meʀ* mir zeigt, schon urnordisch. Dass er dann nicht (wie Kock, Arkiv XV, 355 will) in nichthaupttoniger silbe stattfand, beweisen *i*-umgelautete formen wie *brẏtr* brichst u. dgl., welche nur aus urn. **briutiʀ* (nicht *-eʀ*) u. dgl. erklärt werden können.

3. Vor (später geschwundenem) *h*, ausser wenn in der folgenden silbe ein *ī* oder *ŭ* zur zeit des überganges stand (vgl. Lindgren, Sv. Landsm. XII, 1, s. 155 ff.), z. b. mit dehnung nach § 118 *héla* (**hihlōn-*, vgl. aind. *çiçirá-*, s. Bugge, Arkiv II, 354 f.) reif, *él* (**jihla*) schneeschauer; mit dehnung nach § 119, 1 *vét(t)r*, selt. *vit(t)r* nach pl. *víttir* (anal. *véttir*), wicht, *stétt* (zu *stíga* steigen) fuss eines bechers, *sétt* anzahl von sechs, *frétt* frage, *véttvangr* (zu *víg* kampf) kampfplatz, *iáttyrþe* (mit brechung aus **eht-*, ahd. *jiht*) einwilligung, *rétta* (anal. präs. *réttir*) aufrichten, *slétta* schlichten. Vgl. *nít(t)a* nein sagen nach präs. *nít(t)ir*.

§ 107. Sonstige verschiebungen: ι.　85

Anm. 4. Der vorgang dürfte schon urn. sein nach ausweis von Jordanes *Suehans* (wo das *e* doch auch wol schon durch *a*-umlaut entstanden sein kann, wie übrigens auch in einigen von den oben angeführten beispielen), aschw. *Swēar*, aisl. *Svíar* nach dat. *Svíum* und *Sulþióþ* (Jordanes *Suetidi?*) Schweden. Dann wäre Tacitus *Suiones* ungenaue schreibung statt *Suihones* (mit demselben kollektivsuffix wie got. *brōþrahans* gebildet) wie auch der dazu gehörige sg. ahd. *gi-swīo* 'verwandter durch anheiratung' statt -*swiho* (so Laistner, Germ. völkernamen, s. 39). Wenn Kock (Arkiv XIV, 243) mit recht annimmt, dass -*weh*-, wenn kein *i̯* folgt, zu -*wœh*- werde, so hiesse der gen. lautges. *Suǣna* (wie got. *aúhsnē* u. dgl. gebildet), was das auffällige *œ* im adj. *suǣnskr* (das doch wol auch die entlehnte aschw. form sein könnte) erklären würde. — Dasselbe *swih-* 'selbst, eigen' (vgl. got. *swi-kunþs* selbstverständlich, ags. *swi-tal* selbstredend) finden wir wol im anorw. *své-*, *suí-dde* (auch *suidda*, *sviddauðr* mit aus *hd* assimilirtem *dd*) von selbst gestorben, aisl. *své-víss* selbstklug, eigensinnig wieder.

Anm. 5. Sporadische fälle von *i* > *e* in noch anderen stellungen finden sich im orkn. und shetl. des 14. und 15. jahrhs., z. b. *grepin* gegriffen, *velia* wollen, *tel* zu; s. Hægstad, Hild. s. 36.

§ 107. *ī* wird vorliterarisch zu *e* in folgenden fällen:

1. Vor einem (nach § 289) geschwundenen nasale, ausser wenn die folgende silbe zur zeit des nasalschwundes ein *i̯* enthielt, z. b. *lérept* leinwand zu *lín* lein. Vgl. *pí(n)sl* pein nach pl. *píslir* und *pína* peinigen.

Anm. Dass der vorgang nicht (wie Kock, Arkiv XV, 343 f. will) in nicht-haupttoniger silbe stattfand, beweisen *i*-umgelautete formen wie *frǿþe* (got. *frōdei*, -*eins*, -*ein*) gelehrtheit u. dgl., welche nur aus älterem *frōði(n)*, nicht -*e(n)*, erklärt werden können.

2. Vor (später geschwundenem) *h*, ausser wenn in der folgenden silbe ein *i̯* oder *u̯* zur zeit des überganges stand (vgl. Lindgren, Sv. Landsm. XII, 1, s. 155 ff.), z. b. *Hlǫþvér* (afränk. *Chlodowīch*) Ludwig, *té* (got. *teiha*) zeige, *lé* (got. *leiƕa*) leihe, *véla* (litau. *weikalóti*, s. Bugge, Arkiv II, 354) sich beschäftigen, *tuénn* (s. Þorkelsson, Supplement II, 617, sp. 2; vgl. got. pl. *tweihnai*, aschw. *twǣni*) doppelt, *þrénn* (Þorkelsson a. o.; Wadstein, F. Hom. s. 131) dreifach, *léttr* (ahd. *līhti*) leicht, *þéttr* (mhd. *dīhte*) dicht, *vé* (got. *weih* n. a. ntr.) heiligtum, *þél* (urg. *þi[n]hlō*, s. Hellquist, Arkiv VII, 160 note) feile, *fél* (B. M. Ólsen, Aarbøger 1888, s. 85 f.; ahd. *fīhala*) feile, nisl. *þél* (zu *þéttr*, s. Lidén, Studien zur aind. und vgl. sprachgeschichte, s. 39 ff.) zusammengelaufene milch. Vgl. mit lautges. *i þísl* (durch ausgleichung von nom. *þísil*, gen. *þéslar*; ahd. *dīhsila*,

aschw. *þistil*) deichsel, *Ifarr* (ags. *Inwær*, air. *Imhair*, lehnw. wo *n*, resp. *m* die nasalität des vokals bezeichnet; urn. *$\bar{I}\underset{\mathrm{\,}}{h}u$-hariʀ* > *$\bar{I}$warʀ* = *Ynguarr* < *Ingu-hariʀ* nach § 128, a) ein mannsname; anal. *sía* (ahd. *sīha*) nach obl. *síu* seihe, *sía* seihen, anorw. *lítta* (s. Hertzberg) neben gew. *létta* erleichtern nach präs. *líttir*, anal. *léttir*.

§ 108. *u* wird vorliterarisch zu *o* (bei dehnung *ó*) in folgenden fällen:

1. Wenn unmittelbar nach dem vokal ein nasal (nach § 257 oder § 289) geschwunden ist — jedoch nicht wenn in der folgenden silbe ein *i̯* oder *u̯* zur zeit des nasalschwundes stand (vgl. Kock, Arkiv XI, 315 ff.) — z. b. *strokkr* (d. *strunk*, Lidén, Uppsalastudier s. 84) butterfass, *okkarr* (got. *ugkar*) uns beiden zugehörig, *þokke* (agutn. *þunki*) wolwollen; *okkr* uns beide ist kontaminirt von *okk und *ykkr (got. *ugk*, resp. *ugkis*); part. prät. wie *sokkenn, stokkenn, hrokkenn, dottenn, sprottenn, skroppenn* (zu *sekkua* u. s. w., s. § 106, 1) und das adj. *kroppenn* (aschw. *krumpin*) verkrüppelt haben *o* aus den synkopirten formen wie pl. *sokkner* (*sunkaneʀ*, s. § 167 anm. 3; vgl. *openn* nach *opner* gegen lautges. aschw. *ypin* u. dgl.). Vgl. mit lautges. *u* prät. pl. *sukkum, stukkum* u. s. w. sowie (mit *i*-umlaut) *þykkia* dünken, *drykkr* trunk (*drukkenn* getrunken gegen lautges. aschw. *drykkin-skaper* trunk hat *u* aus *drukkum* u. a.), *kryppell* krüppel, *stytta* kürzen (*stuttr* kurz statt *stottr nach dat. *stuttum, -u* u. a.). — Dehnung des *o* (nach § 118) zeigen z. b. *ósk* wunsch (aber *ýskia*, anal. *óskia* wünschen), *oss* (*ósiʀ § 122, 7, got. *unsis*) oder *ós* (got. *uns*; vgl. *ós* und *oss*, beides von *ós* und *oss* kontaminirt) uns, *Qlfoss* (§ 76, § 144) ein mannsname neben *fúss* (mit *ú* nach *fúsum, -u* u. a.; ahd. *funs*) eifrig, *Ratatoskr* (*tóskr § 122, 3 < *tunsk-, ags. *túsc* zahn) ein mythisches eichhörnchen, pl. *órer* zu *várr* (*úarr § 128, b, s. Noreen, Sv. Landsm. I, 346, v. Friesen, N. spr. s. 63 ff.) aus urspr. *unnarʀ (*unȥaraȥ § 218, 2): pl. *unnreʀ unser, *Þórr* (aber *Þurīþr* s. § 51, 1, a ein frauenname) neben aostn. *Þur* durch ausgleichung einer flexion *Þunorr* (so noch einigemal in alten gedichten, s. Gíslason, Njála II, 322; Sijmons, Die lieder der Edda, s. XIV; ags. *Þunor*) : dat. *Þunri* > *Þóre* der donnergott, *tópt* (nisl. *tótt*; gew. aisl. *topt* nach § 122, 3; *tumft s. An. gr. II, § 260, 2) neben anorw. *tuft* (< *túft)

§ 109. Sonstige verschiebungen: *u*.

nach dat. *tuftu, -um* u. a. bauplatz, präfix *ó-* neben unbetontem (s. § 51,1, a) *ú-* (so besonders im anorw., aber selten im Drontheimischen, s. Hægstad, G. Tr. s. 68 und 96) un-.

Anm. 1. Die scheinbaren ausnahmen *húsl* (got. *hunsl*) das heilige abendmahl, *dust* (ahd. *dunst*) staub sind aus ags. *húsl*, resp. mndd. *dust* entlehnt. *Kan(n)úkr* (neben *kanóke*) und *múkr* sind von den gelehrten nebenformen *kanunkr* canonicus und *munkr* (aus ags. *munuc*) mönch beeinflusst. Im anorw. *kuppán* < *kumpánn* kumpan bleibt *u* wegen schwachtonigkeit. Dass nicht (wie Kock, Arkiv XV, 333 ff. will) nicht-haupttoniges *u*(*n*) zu *ó* wird, lehren auch *u*-umgelautete formen wie acc. pl. *mǫgo* (got. *maguns*) söhne u. dgl., welche nur aus altem *magu̇*, nicht *-ō* (das übrigens, weil nasalirt, später zu *-a* geworden wäre wie in *þeima* aus *þaimū̇h* u. dgl.) erklärt werden können.

Anm. 2. Auch vor erhaltenem *n* wird *u* (und *ú*) zu *o* (*ó*) im anorw. dial. von Telemark; dies schon im 12. jahrh., s. Bugge, Arkiv X, 258.

2. Vor (später geschwundenem) *h*, ausser wenn in der folgenden silbe ein *i* oder *u* zur zeit des überganges stand, z. b. *dróttsete* truchsess, *gnótt* (ahd. *ginuht*) genüge, *flótte* flucht, *knés-bót* (d. *bucht*) kniehöhle, *sótt, sót* (d. *sucht*) krankheit neben anorw. (s. Wadstein, F. Hom. s. 127; Hægstad, G. Tr. s. 43; Thorkelsson, Supplement IV, 141) *sútt* (und aisl. *sút* gram) nach dat. pl. u. a. (z. b. präs. *sýter* < *suhtīʀ* besorgt), *í-smótt* das worin man schmiegt (vgl. anm. 3), *bóla* (*buhlōn-* zu ahd. *buhil* hügel) beule neben aschw. *būla* nach den kas. obl., ebenso (s. Kock, Beitr. XXIII, 538 note) *fóa* (got. *faúhō*) füchsin neben orkn. *fúa*.

Anm. 3 *-smátt* neben *-smótt* (s. oben) beruht nach v. Friesen, N. spr. s. 69, auf gen. *-smáttar*, entstanden durch entgleisung nach dem typus *nótt : náttar* u. dgl.

Anm. 4. Urn. *ðohtriʀ* Tune (aisl. *dótr*) töchter hat das *o* aus dem sg. *ðohtār* entlehnt. Da dies *o* vielleicht durch *a*-umlaut entstanden ist, so ist der übergang *uh* > *oh* nicht für das urn. sicher erwiesen, um so weniger als die schreibungen *Muha* Kragehul und *Hariuha* Seel. brakteat direkt dagegen zu sprechen scheinen. Dass *uh* > *oh* später als *hs* > *ks* (s. § 216, 2) stattfindet, zeigt *uxe* (got. *aúhsa*) ochs.

§ 109. *ū* wird vorliterarisch zu *ó* vor (später geschwundenem) *h*, z. b. *ótta* (got. *ūhtwō*) früheste morgenzeit, *þótta* (got. *þūhta*) dünkte, *þró* (ags. *þrūh*) trog; mit *i*-umlaut *ǿre* (got. *jūhiza*) jünger, statt dessen man in analogie mit § 108, 2 *ýre* erwarten sollte (adän. *ȳræ* kann vom sup. *yngstær* beeinflusst sein, wie noch gründlicher die neubildung aisl. *yngre*), *óska* jugend.

§ 110. 111. Sonstige verschiebungen: ǫ, ø̨.

Anm. 1. Ueber das unklare anorw. *almóge* neben *-múgi* (aschw. *möghe*, aisl. *múge*, ags. *múʒa*, *múha*? schar) das ganze volk s. die unsichere vermutung in Urg. lautl. s. 179.

Anm. 2. Ueber *ú > ó* im Telemarkischen s. § 108 anm. 2.

§ 110. ǫ wird verändert:

1. Zu *o* vor nasalen, wenn in der folgenden silbe ein *u* (*o*) oder *w* steht, vorliterarisch in gewissen sowol aisl. wie anorw. dialekten. Für das aisl. wird der übergang bezeugt durch die alten bruchstücke der Olafssage (§ 12, 14), welche z. b. *monnom* männern, *atgongo* (und *gǫngo*) angriffs, *Rognvaldr* (d. h. *Roɴ-*, s. § 231, 2) ein mannsname haben, während in anderen stellungen konsequent ǫ steht, z. b. *hǫnd*, *rǫnd* (auffällig auch immer *Ǫnundr*), *nǫfnom*, *mǫrgom* (1 mal *morgom*, wol schreibfehler), *fǫþor* u. s. w.; für das anorw. (s. Kock, Arkiv XVI, 254 ff.) durch den ersten anorw. schreiber des Hauksbók (s. § 15, 22) und wol auch Oratio contra clerum (§ 15, 24; vgl. Hægstad, G. Tr. s. 84).

2. Zu (offenem) ø (nisl. ö geschrieben) im aisl. überall ausser vor *ng*, *nk* (s. § 101) und in dem oben 1 erwähnten falle. Dies ø tritt in einzelnen gegenden schon im 13. (z. b. Cod. Am. 645, 4⁰, ält. teil, wo schon gew. ø ausser nach kons. *u* steht, also z. b. *vøtn* gegen *suǫr* u. a.), sonst allgemein im 14. jahrh. auf, z. b. dat. sg. ntr. *øþro* anderem, dat. sg. *gøto* gasse. Vgl. Lyngby, Tidskr. f. Phil. og Pæd. II, 300 f.; L. Larsson, Isländska handskriften Nr. 645, 4⁰, s. LIII; Kock, Beitr. XX, 122.

Anm. Im anorw. (wie im ostn.) kommt dieser übergang nur vor *r* und kakuminalem *l* und nur in gewissen dialekten (aber schon bisweilen in den ältesten hdschr.) vor, z. b. *ørn* (No. Hom. 2 mal) adler, *øl* bier.

§ 111. ø̨ wird zu *ó*, wo es nasalirt ist (s. § 50), z. b. *spónn* (*spānuʀ, gen. *spánar*, wonach nom. *spánn*) span, *ón* (und *ván* nach gen. *vánar*) hoffnung, *Iorþón* (*-án*) der fluss Jordan, *ón* (ahd. *āno*) neben schwachton. *án* ohne, *hón* und (schwachton.) *hán* sie, *hónom* und *hánom* ihm, 1. pl. *sóm* zu *sá* sah, *mónoþr* (gen. *mánaþar*) monat, 3. pl. *nómo* zu *nam* (wozu neu gebildet *nǫmo*, *námo* nach analogie von *bar* : *bǫro*, *báro* u. a.) nahm, *móto* zu *mat* mass, *nótt* (gen. *náttar*) nacht, *fiós* (*fé-hós § 127ª, a zu got. *hansa*, s. Noreen, Arkiv III, 10 ff.) viehhof, *óst* (gen. *ástar*; got. *ansts*) liebe, *óss* name der germ. rune *ansuz* (identisch mit ø̨ss, *áss* gott, älter *óss*, gen. *ásar*, wozu der ortsname

Ósló neben selt. anorw. *Asló*, lat. *Asloia*), *Óle* (ahd. *Anulo*) neben *Ále* (ahd. *Analo*), *Óláfr*, *-lafr* neben *Áleifr* (mit haupttoniger ultima; vgl. § 54, 3, b und § 51, 1, a) aus **Anulaiƀaʀ* (air. lehnw. *Amlaib*, ags. *Anláf*), *ól* (anal. *ǫl*, *ál* nach gen. *álar*) riemen (gr. *ἀγκύλη*), *óll* (und *áll*; sskr. *ankurá-*) keim, dat. sg. ntr. *sótto* zu *sáttr* (lat. *sanctus* nach Lidén, vgl. aber Björkman, Scandinavian loan-words, s. 100) versöhnt, *ró* (anal. *rá*) zu pl. *rár* (anal. *róar*) winkel (vgl. *rǫng* spant), *eld(s)-tó* herd neben anal. *tá* hofplatz und schwachtonigem *-ta* in nnorw. *elta* herd und nschw. *spilta* verschlag (vgl. finn. lehnw. *tanhua* hürde und ags. *tóh* zäh), *Óttarr* (vgl. ahd. *āhta*, ags. *óht* verfolgung) ein mannsname; vielleicht auch hierher *íþrótt* (aschw., adän. *íþrǣt*) talent. Nach ausweis der assonanzen (wie *nótt* : *ótta*) ist *ó* schon um 1050 statt *ǫ* eingetreten. Vgl. Wadstein, F. Hom., s. 64 ff.; Gíslason, Njála II, 607 ff., 612 ff.; Kock, Arkiv V, 46 ff.; Falk, ib. VI, 114 ff.

Anm. Ueber *mór*, *nó-* s. § 74, 2; anorw. *nokkorr* s. § 79, 2.

§ 112. *œ* fällt im aisl. früh — im allg. schon im anfang des 13. jahrhs. — orthographisch und wol auch lautlich mit *e* zusammen, z. b. *selia* (anorw. *sœlia*) übergeben, *erfa* (anorw. *œrfa*) erben u. s. w. Vgl. L. Larsson, Isl. hdskr. Nr. 645, 4º, s. LII. — Dagegen im anorw. tritt der übergang *œ > e* im allgemeinen nur vor *nn* so wie vor *n* mit folgendem heterosyllabischen konsonanten ein; dies schon im anfang des 13. jahrhs., z. b. *kenna* (got. *kannjan*) kennen, *menn* männer, dat. *hende* (aber pl. *hœndr*) hand, *lenge* lange (aber *lœngr* länger); s. Wadstein, F. Hom., s. 50 f.; Sievers, Tübinger bruchstücke, s. 8. Im Drontheimischen kommt *e* ohne ersichtliche regel auch in anderen stellungen vor; s. Hægstad, G. Tr. s. 68.

§ 113. *ǽ* geht im anorw. dialektisch in *é* über, teils (z. b. in Cod. AM. 310, 4º = § 15, 8; s. Groth's ausgabe, s. XVI) nach *g* (nach *k* fehlen zufällig beispiele), z. b. *ágétr* berühmt, *géfa* glück; teils (s. Bugge und Kock, Arkiv XIII, 168 f.) vor *n* mit folgendem kons., z. b. (in Oratio contra clerum, s. § 15, 24) *vénta* erwarten, *fréndr* verwandten.

§ 114. Geschlossenes *ę* (nach § 60, 3, § 68, 3, § 74, 3 und § 79, 3 entstanden) wechselt, bes. in aisl. hdschr. (anorw. beisp. bei Hægstad, G. Tr. s. 69) mit *e*, ohne dass man überall im stande ist zu entscheiden, ob ein lautlicher übergang ǫ > e vorliegt. In einzelnen fällen kann nämlich e der ältere, nicht durch *u-* oder *w-*umlaut veränderte, laut sein, z. b. *ket* (*kǫt*) fleisch, *smer* (*smǫr*) butter, wie wol sicher der fall ist in *eple* < *œple* (ahd. *edili*) neben *ǫple* (s. § 63 anm. 2) begabung, wo übrigens das ǫ offen ist. Sonstige beispiele — welche keine regel durchblicken lassen (nach Kock, Arkiv IX, 150 note soll das e zum teil auf schwachtonige verwendung des betreffenden wortes oder der betr. silbe beruhen) — sind u. a. präs. *kemr* kommt, *sefr* schläft, *trepr* tritt, prät. konj. *þerþe* wagte, part. prät. *frerenn* gefroren, pl. *stepr* stützen, *sener* söhne, komp. *efre* oberer, *nerþre* nördlicher neben *kǫmr, sǫfr* u. s. w.

§ 115. ǿ geht im aisl., schon etwas vor 1250, in ǽ über, z. b. *dǽma* richten, *stǽrre* grösser u. s. w.; s. J. Þorkelsson, Breytingar á myndum etc., s. 30 f.

Anm. Orkn. ist *é* statt *ǿ* aus dem j. 1369 belegt, z. b. *béta* büssen; s. Hægstad, Hild. s. 41.

§ 116. Spuren der dem neuostnorw. charakteristischen vokalharmonie, welche einen kurzen vokal in offener silbe demjenigen der folgenden silbe ganz gleich werden lässt, finden sich schon, wiewol selten, seit dem 13. jahrh. in onorw. denkmälern, z. b. *á maðal* statt *á meðal* zwischen u. dgl., s. Hægstad, G. Tr. s. 62 f.

B. Quantitative veränderungen.
I. Dehnung.

§ 117. Gedehnt wird jeder kurze vokal, der entweder ursprünglich oder durch schwund folgender laute (vgl. § 118) auslautend steht, z. b. *sá* (got. *sa*) der, *þú* (got. *þu*) du; *á* an, *þá* dann, *í* in, *sá* (got. *sah*) sah, prät. *vá* zu *vega* aufheben, *brá* zu *bregþa* schwingen, präs. *má* zu *mega* können, *kné* (*knewa) knie, *tré* baum.

Anm. 1. Wo im auslaute kein konsonant geschwunden ist, kann die länge des vokals möglicherweise schon urgermanisch sein.

Anm. 2. Auch in urspr. 'halbstarker' silbe (s. § 51 anm. 1) ist diese dehnung einst eingetreten. In anorw. dialekten ist die länge noch in die literarische zeit hinein (ja noch in nnorw. diall.) erhalten, z. b. in No. Hom. *verá* sein, *eró* (vgl. das häufige *ró* § 150 anm. 2) sind, acc. *einsetó* einsamkeit, *etá* (4 mal) essen, acc. *etó* krippe, *getá* bekommen (formen wie *ifán, varán, eróm, tǫkúm, ávitásk, latér* können von **ifá, *vard, eró, *taká, *vitá, laté* u. dgl. beeinflusst sein); anders Wadstein, F. Hom., s. 122 ff. In anorw. hdschr. des 14. jahrhs. kommen oft schreibungen wie *beraa* tragen, *hafaa* haben u. dgl. vor, s. J. Storm, Englische philologie², s. 251. Sonst ist kürze eingetreten, weil die halbstärke zur schwachtonigkeit geworden ist.

§ 118. Sogenannte ersatzdehnung kommt im inlaut (vgl. § 117) vor, wo unmittelbar nach dem vokal entweder ein vokal synkopirt wird oder ein konsonant schwindet ohne sich einem folgenden zu assimiliren (d. h. ohne konsonantische ersatzdehnung), z. b. *nár* (**nauʀ < *nawiʀ*) leichnam, *fár* (vgl. got. *fawai*) gering an zahl; *ó, ǫ́* (**āu*, s. § 74, 2; got. *aƕa*) fluss, *fé, fé* (*féu* § 74, 4; got. *faíhu*) vieh, geld, *tár* zähre, *Ále, Óle* (ahd. *Analo,* resp. *Anulo*), *Þórr* der donnergott, *gǫ́s* gans, *ǫ́st* (got. *ansts*) liebe, *áss* (got. *ans*) balken, *Áke* (ahd. *Enihho*), nom. pl. *huárer* zu *huaþarr* (gew. *huárr* nach dem pl.; got. *ƕaþar*) welcher von beiden, *Góreþr* statt *Goþreþr* Gottfried, *Frírekr* Friedrich, *nǫ́l* nadel, *mál* (got. *maþl*) sprache u. a. m. (s. §§ 282 bis 293).

§ 119. Dehnung vor konsonantenverbindungen tritt in folgenden fällen ein:

1. Vor *ht* (später zu *tt* assimilirt, s. § 258), z. b. *dótter* tochter, *átta* acht, *rétta* richten; vgl. Kock, Beitr. XV, 252 note. Die dehnung muss schon um 900 vorhanden gewesen sein, weil die assimilation *ht > tt* schon aus dem 10. jahrh. belegt ist. Andererseits zeigt ein fall wie *iáttyrþe* (§ 106, 3), dass die dehnung später als die betreffende brechung (gegen 700, s. § 91, 1) ist. Sie fällt demnach zwischen 700 und 900.

2. Vor *rh* und *lh* (später *r*, resp. *l*, s. § 224) findet selten und sporadisch dehnung statt, z. b. *fýre, fyre* und *fúra, fura* (ahd. *foraha*) föhre, pl. *Váler*, gew. *Valer* (vgl. ahd. *Walaho*) Kelten (s. Bugge, Studier s. 208 note), *fóle* (aschw. *fuli*, vgl. got. *fulhans*) diebsgut, anorw. (oft im Cod. Rantzovianus, § 15, 10) *ǫ́r* neben *ǫr* (ags. *earh*, vgl. got. *arƕazna*) pfeil, vielleicht *Býleiptr* oder *Býleistr* ein mythischer mannsname aus **byl-heiftr* (mhd. *heifte* adj. heftig, subst. sturmwetter), resp. *-heistr* (ahd. *heisti*, ags. *hǽste* heftig), also 'windstossheftig'; aber nur pl. *firar* (as. gen. pl. *firiho* männer, *marr* (ags. *mearh*) pferd, *fior* (ags. *feorh*) leben, *þuerr* (ags. *þweorh*) quer, *for* (jedoch nschw.

dial. *fǫr*) furche, *fela* (got. *filhan*) verbergen, *falr* hülse, *Fialarr*, *Fiolner* '(met)verstecker', *selr* (ags. *seolh*) seehund, *biartr* (ags. *beorht*) hell, licht u. a.

3. Vor kakuminalem *l* (s. § 40, 2) + konsonant (also hauptsächlich vor *lf, lg, lk, lm, lp*) sind *a, o, ǫ, u* im aisl. schon vor der mitte des 13. jahrhs. (beisp. schon in St. Hom.) gedehnt worden, z. b. *hálfr*, f. *hǫlf* (*hálf*) halb, *úlfr* wolf, *gólf* fussboden im zimmer; *gálge* galgen, *sólgenn* verschlungen; *skálkr* diener, *fólk* volk; *hálmr* stroh, *hiálmr*, dat. pl. *hiǫlmum* (*hiálmum*) helm, *hólmr* kleine insel; *hiálpa* helfen, *hiǫlp* (*hiálp*), *hiólp* (§ 86) hilfe, *hólpenn* geholfen. Beisp. der dehnung vor *ln, ls*, welche gruppen nur wo sie durch synkope entstanden sind kakuminales *l* enthalten, sind *ǫln* (vgl. got. *aleina*) elle, *kólna* (zu aschw. *kolin* gekältet) kalt werden, *bólstr* (anorw. *bolstr* und *bulstr*) polster, *háls* hals, s. Noreen, I. F. IV, 320 ff.

Anm. 1. Die seltenen ausnahmen beruhen auf analogie, z. b. prät. *halp, hulpom* zu *hiálpa* (älter *hialpa*) helfen, *sualg, sulgom* zu *suelga* verschlingen, *skalf* (anorw. selt. *skálf*, s. anm. 3), *skulfom*, part. prät. *skolfenn* zu *skidlfa* (*skialfa*) zittern nach *barg, burgom, borgenn* zu *biarga* bergen u. dgl. Ebenso pl. *stolner* nach sg. *stolenn* gestohlen u. dgl., s. Noreen a. o., s. 321; über prät. *valþa* zu *velia* wählen u. a. s. ib. note.

Anm. 2. In *sáld* sieb und wol auch *skáld* skalde ist die länge ursprünglich, s. Lidén, Beitr. XV, 507 f. (aber dagegen Kahle, Sprache der skalden, s. 64 f. note), Uppsalastudier, s. 82.

Anm. 3. Sehr selten sind beispiele dieser dehnung in anorw. dialekten, z. b. *kálfr* (*kalfr*) kalb, *skálf* (*skalf*) zitterte, *háls* (*hals*) hals; s. Wadstein, F. Hom., s. 121.

4. Vor *ng, nk* wird *a* im aisl. — jedoch nicht im westlichen teil der insel (mitteilung R. Arpi's) — wenigstens um 1350 gedehnt, z. b. *lángr* lang, *kránkr* krank. Vereinzelt steht *kóngr* (*kongr*) neben *konungr, -ongr* könig.

Anm. 4. Dialektisch wird im anorw. (vielleicht auch im aisl., s. Kock, Beitr. XX, 118 ff.) ein vokal vor *rð, rt* und (seltener) *rn* gedehnt, z. b. *iórð* erde, *bárn* kind.

§ 120. Zu welcher zeit die in der jüngeren sprache ausnahmslos durchgeführte dehnung jedes kurzen vokals in offener silbe eingetreten ist, ist unsicher. Wahrscheinlich fand sie statt zu verschiedenen zeiten je nach verschiedenen orten, auf Island wol erst nach 1400, stellenweise doch vielleicht schon im 13. jahrh.

Anm. Vgl. Bugge, Beretning om forhandlingerne på det første nordiske filologmøde, s. 141, Wisén, Riddara Rímur, s. V, Wimmer, Læsebog⁴, s. XVI ff., Dahlerup, Ágrip, s. VII, Kock, Studier i fornsvensk ljudlära, s. 234 ff., Hægstad, G. Tr. s. 74 f.

§ 121. Sonstige fälle:

1. Vor tautosyllabischem, aus urn. *ʀ* (urgerm. *z*) entstandenem *r*, z. b. präpos. *ór*, *úr*, *ér*, *ýr* (got. *us*) 'aus' neben dem privativ-präfix *or-*, *ur-*, *ør-*, nom. pl. f. *þǽr* (urn. *þaʀ* Einang < *þōz* § 130,2) die, prät. *vár* (No. Hom. 8 mal, s. Wadstein, F. Hom. s. 121; gew. *var*, weil unbetont) war, dat. *árne* (anal. *arne*) zu *arenn* herd (s. § 69 anm.)?, *iárn* (*iarn*) eisen (vgl. Noreen, Arkiv IV, 110 note), *mér*, *þér*, *sér*, *vér*, *ér* pron. und *ér* (gew. *er*) verb s. § 106,2.

Anm. 1. Fälle wie *gler* (§ 68,1) glas, *frør* (§ 68,3) frost u. dgl. haben sich nach den zweisilbigen formen *glere* u. s. w. gerichtet; *tyr-* (§ 68,5) ist erst nach der dehnungszeit starktonig geworden (vgl. § 69). Also ist die dehnung älter als der *ʀ*-umlaut.

Anm. 2. Die selt. prät.-formen *séra*, *snéra* statt *sera* (got. *saisō*) säete, *snera* wandte haben wol die länge aus dem inf. *sá*, *snúa*, resp. dem präs. und part. entlehnt.

2. Ueber *io*, *iu* > *iō*, resp. *iū* s. § 96 und § 97.

3. Ueber eventuelle dehnung bei hiatus (z. b. *féar* > *fiár* viehes) s. § 127ᵇ, b, 2.

II. Kürzung.

§ 122. Vor tautosyllabischer oder durch synkope entstandener konsonantengruppe — jedoch nicht den in § 119,3 und 4 genannten verbindungen — oder geminata tritt kürzung eines langen vokals ein, aber zu sehr verschiedenen zeiten je nach verschiedenen stellungen. Jedoch ist dies verhältnis sehr oft nicht mehr aufrecht erhalten, so dass faktisch die lautgesetzliche kürze nur in verhältnismässig wenigen fällen auftritt. Dies beruht teils auf ausgleichungen nach verwandten formen, wo die länge nicht in der betreffenden stellung stand, teils wol auch darauf, dass in gewissen dialekten die kürzung vor gewissen verbindungen nie eingetreten ist. Jedenfalls ist das lautgesetz durch die isolirten formen als solches gesichert. Von beispielen (vgl. anm. 3) mögen hier angeführt werden:

1. *á* > *a* in *hann* (gen. *hans*) er neben dat. *hǫnom*, *hónom* ihm, *gasse* gänserich zu *gós* gans, *vaþmál* (*váþ-*) kleidstoff zu

vǫþ zeug, *skald* (*skáld* nach dem dat.) dichter, *haske* (*háske*) gefahr, *arna* (*árna*) bote sein, *natt* (gew. *nátt, nǫtt, nótt*) nacht, *att* (gew. *átt, ǫtt*) geschlecht, ntr. *vart* (*várt*) unser zu f. *vár* (*vǫr, ór*), ntr. *sart* (*sárt*) verwundet zu f. *sár* (*sǫr*), *nakkuarr* (s. § 54, 3, a) irgend ein.

Anm. 1. Das nach § 93 aus *œi, ei* dialektisch entstandene *é* wird zu *i* verkürzt, z. b. *huimleiþr* (aschw. *hvēmlēþēr*) jedem verhasst zu *hueim* jedem, *Indriþe* neben *Eindriþe* ein mannsname, anorw. *inginn* (schon Hoprekstad 2. hand acc. *ingan*; spätere beisp. s. Hægstad, Upphavet, s. 8) neben *œinginn* kein; dazu ntr. *ikki* (s. Hægstad, G. Tr. s. 91) neben *œkki* nicht(s).

2. *í > i* in *minn, þinn, sinn* (ntr. *mitt, þitt, sitt*) zu f. *mín, þín, sín* mein, dein, sein, *vitke* (ags. *wítʒa*, ahd. *wíʒago* prophet) zauberer, pl. *litler* (selt. *lítler*) zu *lítell* klein, *Skirner* ein mythischer name zu *skíra* (prät. *skirþa, skírþa*) hell machen, *skirr* (*skírr*) zu acc. *skíran* hell, *Vigfúss* ein mannsname zu *víg* kampf, *sild* (*síld*, vgl. den fischnamen *síl*) häring, *huilþ, -d* (*huílþ, -d*) ruhe zu *huíla* ruhen, *litt* (*lítt*) neben *lítet* wenig, *iss* (*íss*) zu pl. *ísar* eis, ntr. *fritt* (*frítt*) zu f. *fríþ* schön, *fifl* (*fífl*) idiot, *iþvandr* (*íþ-*) thatkräftig zu *íþ* that, *illr* (*íllr*, aschw. *īlder*, nisl. *íllr* neben *illr*) böse.

3. *ó > o* in *Þorsteinn, -finnr* u. a. dgl. namen neben *Þóroddr, -(h)ildr* u. a., *Hroþbiartr* (*Hróþ-*), *Hrolleifr, Hrollaugr, Hrokkell* u. a. dgl. namen zu *hróþogr* ruhmvoll, ntr. *gott* (*gótt*; 3 mal *gutt*, wie im aschw., in Cod. AM. 921, 4°, IV, 1, s. Morgenstern, Arnamagn. Fragmente, s. 44 f.) zu f. *góþ* gut, *toft* (selt. *tóft* s. § 108, 1) bauplatz, *drot(t)ning* (*drót-*) königin zu *dróttenn* (*drottenn*) könig, *ogn* (*ógn*) schreck, *forn* (*fórn*) opfer, *briost* (*bríóst*) brust, *Þorþr* (*Þórþr*) ein mannsname, *lioss* (*lióss*) zu acc. *liósan* licht, hell, *Norvegr* neben *Nóregr* (s. § 227, 1, f) Norwegen, *okr* (got. *wōkrs*) wucher.

4. *ú > u* in *brullaup* aus *brúþlaup* hochzeit zu *brúþr* (gen. *brúþar*) braut.

5. *ý > y* in *Knytlengr* zu *Knútr* (dat. *Knúte*), pl. *ymser* zu *ýmiss* (anal. *ymiss*) wechselnd, *ytre* (*ýtre*) äusserer, *ystr* (*ýstr*) äusserster zu *út* hinaus, *dyrka* (*dýrka*) verehren, *dyrþ* (*dýrþ*) herrlichkeit, *dyrr* (*dýrr*) zu acc. *dýran* teuer, *hyske* wirtschaft zu *hús* haus, prät. *synda* (*sýnda*) zu *sýna* zeigen, *brynn* (*brýnn*) 'augenscheinlich' zu acc. *brýnan*, anorw. *bryllaup* (= *brullaup*, s. 4 oben).

§ 123. Kürzung.

6. *ǽ* > *œ* (aisl. *e*) in *henne* ihr neben *hánum* ihm, *ellefo* (s. § 54, 3, a) elf, *hestr* < **hǽ(i)str* (urn. **hāhistaʀ* < urgerm. **ha(n)histos*, vgl. ahd. *hengist*) pferd, *nestr* neben *nǽstr* (s. § 129) nächst, *þrell* neben gew. *þrǽll* (nach pl. *þrǽlar*; vgl. § 59 anm. 1) sklave.

Anm. 2. *Vettr* wicht kann ebensowol aus *véttr* wie *vǽttr* gekürzt sein; s. § 105 und § 106, 3.

7. *ó* > *ɵ* in *ɵss* (und *oss* s. § 108, 1) neben *ós* (und *ɵs*) uns. Ob *edda* (aus **ɵdda* nach § 114) als name eines buches hierher gehört, bleibt unsicher, s. Sijmons, Over afleiding en beteekenis van het woord Edda, Amsterdam 1898, s. 16 ff. und die dort zitirte literatur.

Anm. 3. Vgl. Gislason, Aarbøger 1866, s. 242 ff., Annaler 1858, s. 89, Om helrim, s. 49 f., Njála II, 953; Mogk, Anz. f. d. A. X, 62 f.; Wimmer, Læsebog⁴, s. XIII ff.; Hægstad, G. Tr. s. 73.

§ 123. In ganz denselben stellungen wird der diphthong *œi* (aisl. *ei*) zu *œ* (aisl. *e*) verkürzt, z. b. *ekke* (*etke*) 'nichts' aus **œitt-gi*, *nekkuerr*, *-arr* irgend ein aus **ne-wœit-ek-hwœrr*, *-hwarr*, *helge* (vgl. § 84 anm. 2) der heilige zu *heilagr* (anal. anorw. *hǽlagr*) heilig, superl. *mestr* zu *meire* grösser, *flestr* zu *fleire* mehrere, *lesta* (lat. *lædere*) verletzen, *flesk* (schweine-)fleisch, *eldr* (aschw. *eleþer*, *elder*, ags. *ǽled*) feuer, *edda* grossmutter zu *eiþa* (vgl. got. *aiþei*) mutter, *fre(i)sta* (vgl. An. gr. II, § 80 anm. 7) versuchen, *ve(i)tka* ich weiss nicht, gen. pl. *þe(i)rra* ihr, *kle(i)ss* lispelnd, *E(i)ndriþe* ein mannsname, *ve(i)sla* bewirtung, *e(i)nn* ein, *e(i)nge* kein, aisl. *endeme* (*eindǿme*) etwas ausserordentliches, pl. *e(i)gner* zu *eigenn* (anal. anorw. *œginn*) eigen, *sue(i)nn* bursche, *frest* (aschw. *frǿst* und *frėst*) aufschub, *ekkia* (zu *einka* einzeln; vgl. An. gr. II, § 80, II, 2) wittwe, *Sue(i)gþer* (zu *sueigia*, s. Noreen, Uppsalastudier s. 200, 203) ein mythischer name, anorw. *sérlǿstis* (zu *lœistr* fuss, s. An. gr. II, § 80 anm. 6) besonders, shetl. *Gœrmundr* st. *Gœir-* ein mannsname u. a. m.

Anm. 1. S. u. a. Wadstein, F. Hom. s. 58; F. Jónsson in Mindre afhandlinger udg. af det phil.-hist. samfund, Kph. 1887, s. 224; Boer, Ǫrvar-Odds saga, Leiden 1888, s. III; Larsson, pass.; Brate, Ant. tidskr. f. Sv. X, 17 note; Hægstad, G. Tr. s. 73, Hild. s. 44.

Anm. 2. Sehr selten und unsicher sind spuren einer dergleichen kürzung von *ǫu* (*ou*, *au*) zu *ǫ* (*o*) und von *ɵy* (*œy*, *ey*) zu *ɵ* (*œ*), s. Wadstein, F. Hom., s. 76 und Hægstad, G. Tr. s. 73 f.

§ 124. Ein langer vokal wird unmittelbar vor einem andern verkürzt, wenigstens fakultativ bis um 1400 (später steht wieder ausschliesslich länge), z. b. *bua* (*búa*) wohnen, *gloa* (*glóa*) glühen, *buenn* (*búenn*) fertig, aber pl. *búner*. In St. Hom. sind wenigstens *í* und *ú*, nicht aber *ó* (und *á*?) verkürzt worden (s. Kock, Arkiv XIII, 175 ff.).

Anm. 1. Vgl. Bugge, Beretning om ... det første nordiske filologmøde, s. 142 f., Beitr. XV, 391 ff.; Sievers, Beitr. V, 462, 468, XV, 401 ff.; Þorkelsson, Beyging, s. 59; Gislason, Njála II, 945 (vgl. dagegen Hoffory, Gött. gel. anz. 1888, s. 155 f.; Wadstein, Arkiv VIII, 87; Beckman, ib. XV, 87 ff.).

Anm. 2. Eine derartige kürzung darf man als zwischenstufe in den übergängen *é*, *í*, *ý*, *œ* > kons. *i* (§ 127ᵇ, a und b, 2) und *ó*, *ú* > kons. *u* (§ 128, b) voraussetzen.

III. Hiatuserscheinungen.[1])

§ 125. Wo zwei gleiche sonanten — *e*, *é* sind hierbei mit *i*, *í* sowie *o*, *ó* mit *u*, *ú* gleichwertig — zusammentreffen, werden sie zu einem langen von der qualität des stärker betonten kontrahirt. Hier wie in allen folgenden kontraktionsfällen bieten die ältesten skaldengedichte (bis gegen 1200) sowie mehrere Eddalieder noch häufig unkontrahirte formen (s. Sievers, Beitr. V, 515, Gislason, Njála II, 260 ff., Udvalg af oldnordiske skjaldekvad, s. X, XIV f., Thorkelsson, Supplement IV, 27 f., 29 f. und bes. Bugge, Beitr. XV, 394 f.). Z. b. *fá* (got. *fähan*) bekommen, acc. sg. m. *blán* (älter *bláan*) zu *blár* blau, der Odinsname *Há(a)rr* (s. § 54, 1); *lé(e)* sichel, 3. sg. präs. konj. *sé(e)* sehe, dat. sg. *kné(e)* knie, *frelsa* (auch *frialsa* nach *frials*, s. § 127ᵇ, a) < *fré(h)elsa < *frīhalsian (s. § 107, 2) frei machen; dat. pl. *skó(o)m* schuhen, *bónde* (*bóunde* — s. An. gr. II, § 440 — neben *búande*) bauer, *Hró(o)lfr* (s. § 222) Rudolf, *Ió(o)lfr* u. a. dgl. mannsnamen; dat. pl. *húsfrú(o)m* hausfrauen, gen. sg. *trú(o)* glaubens. Später treten durch analogie hiatusformen wie *bláan* (zu *blár* nach *trúan* zu *trúr*) u. dgl. wieder auf.

Anm. Wo der eine komponent ein diphthong ist, bleibt dieser als kontraktionsprodukt, z. b. *veill* < *ve(h)œill* krank. Anorw. *Sœ[h]œimr* ein ortsname ist jedoch auf mehrfache weise behandelt worden: wnorw. *Seimr*,

---

[1]) Ueber kürzung des ersten vokals s. § 124, hiatusfüllendes kons. *i* s. § 302.

§ 126—127ᵇ. Hiatuserscheinungen.

onorw. *Séæimr, Siæimr, Siæimr* (einsilbig), gew. *Sæmr, Sémr*; s. Rygh, Oplysn. II, 228 f., Hægstad, G. Tr. s. 71.

§ 126. *á + e, i* bleibt unverändert, z. b. *dáenn* todt, *páe* pfau, nom. pl. m. *fáer* wenige.

§ 127ᵃ. *á (ǫ́) + o, u* giebt *ǫ́*, z. b. dat. sg. ntr. *blǫ́ (bláo)* zu *blár* blau, dat. pl. *ǫ́m (áom), óm* (s. § 111) zu nom. pl. *ár (áar)* flüsse, 3. pl. prät. *sǫ́ (sáo)* sahen, mannsnamen wie *Bǫ́rþr, Ǫ́lfr, Ǫ́n(n)* u. a. (s. § 222), *ól (ál* s. § 111) riemen, *óll (áll* s. ib.) keim. Später wurde das zeichen *ǫ́*, wie gewöhnlich (§ 103), von *á* verdrängt, also *ám* u. dgl. Noch jünger sind analogiebildungen wie *áum* nach anderen dat. pl. auf *-um* u. s. w.

Anm. Die verbindung *awu* (aus *abu* s. § 217, 3 oder *arbu, arwu* s. § 226) giebt den diphthong *au*, z. b. *haukr* habicht, *haustr* herbst u. a. (s. a. o.).

§ 127ᵇ. *e, é, i, í, ý, æ + a, á, o, ó, u, ú* werden in mehrfacher weise behandelt:

a) Wo der zweite vokal starktonig ist, geht — und zwar verhältnismässig früh — der erste in konsonantisches *i* über, z. b. *siunde* (**sebunde* § 227, 2, as. *sivondo*) siebente, *frials (friáls* § 119, 3, anorw. selt. *frœls* nach *frœlsa* § 125, s. Thorkelsson, Supplement IV, 46) frei aus *fréals* (so noch selt. im anorw., s. Hertzberg) < **frīhalsaʀ* § 107, 2 (vgl. got. *freihals* freiheit), *fiós* (**fé-hós*, s. § 111) viehhof; *miþialdre* von mittleren jahren, anorw. *Miðió* ('mittelfluss') ein ortsname, mannsnamen wie *Ingialdr* § 141, *Heriolfr* aus urn. *Hariwulf(a)ʀ, Nefiulfr, Bryniolfr* u. a. dgl. (s. Sievers, Beitr. XII, 486 ff., ZfdPh. XXI, 104 note), *fiande (fiánde*, s. § 51, 2, b) feind; *skióttr* (**skýóttr*) fleckig, *Biolfr (Biólfr* § 119, 3) < **Býolfr*, anorw. *Biulfr* < **Býulfr*; *Sniolfr (Snǽulfr), Siolfr* (**Sǽolfr*) mannsnamen.

Anm. Die verbindung *ewu* (aus *ebu* s. § 217, 3) giebt den diphthong *iu*, welcher nach § 97 teils als *ió*, teils als *iú* auftritt, z. b. *biórr* biber, *Giúke* ein mannsname u. a. (s. § 97); vgl. aber *siunde* (s. oben) mit *iu*, wol weil zwei konsonanten folgen.

b) Wo der zweite vokal schwachtonig ist, wird die verbindung verschieden behandelt:

1. Nach *v, w* (kons. *u*) bleibt überall der hiatus, z. b. g. pl. *véa*, dat. pl. *véom* zu *vé* heilige stätte, pl. *Suíar* die schweden.

2. Sonst zeigt sich ein schwanken, so dass in gewissen wörtern nur hiatusformen auftreten, z. b. *nío* neun, *tío* zehn, *sía* seihe, seihen, *sía* geschmolzenes eisen, *knía* diskutiren; in

anderen geht (ausser in gewissen anorw. hdschr., s. z. b. Wadstein, F. Hom., s. 53, Hægstad, G. Tr. s. 71) — vielleicht nur wenn der zweite vokal schwach nebentonig ist (s. Kock, Arkiv XIV, 220 f.) — der erste vokal in kons. *i* über, wobei der zweite vokal gedehnt wird (eventuell seine ursprüngliche länge behält), z. b. *siá* (anorw. auch *séa*) und 1. pl. präs. *sióm* (*séom*; anal. *siám* nach dem inf. und der 3. pl.) sehen, *liá* (*léa*) leihen, *briá* (*bréa*; mhd. *brehen*) funkeln, gen. sg. *fiár* (*féar*), pl. *fiá*, dat. pl. *fióm* (*féom*; anal. *fiám*) zu *fé* vieh, *knióm* (*kniám*) zu *kné* knie, *trióm* (*triám*) zu *tré* baum, *friádagr* (*fréa-*) freitag, gen. *liá* zu *lé* sichel; pl. *hiú* (aschw. *Hiō* als ortsname, anal. nach dem gen.; ahd. *hīwun*), gen. *hióna* (anal. *hiúna* nach dem nom.; ahd. *hīwōno*) eheleute, familie; gen. sg. *biár*, pl. *biá*, dat. *bióm* (*biám*) zu *býr* dorf, ntr. *þriú* (**þrýu* § 74, 6; selt. *þrió*, s. Dahlerup, Ágrip s. XV, aus **þrýo*) drei; anorw. *gliá* (*glǽa*) glimmern, aisl. (Grottasǫngr str. 2 und 10) gen., dat. sg. ntr. best. f. *griá* aus **grǽa* zu *grár* grau (urspr. **ʒrāwuʀ* : obl. **ʒrāwia-* > **grór* : **grǽwa-*, anal. teils **grǽa-*, teils **grá(w)a-* nach **blór* : **blā(w)a-* u. dgl.; s. weiter § 78).

§ 128. *o, ó, u, ú* + *a, á, e, é, i, í* werden in zweifacher weise behandelt:

a) Wo der zweite vokal starktonig ist, geht — und zwar verhältnismässig früh — der erste in konsonantisches *u* über, z. b. die personennamen *Bǫþuarr*, *Bǫþuildr* aus resp. **Baðu-(h)arʀ* -(h)*ildʀ*, *fioluerrenn* vielbeschäftigt zu *fiol* (got. *filu*) und *errenn* (vgl. Sievers, Beitr. XII, 487 f.), der mannsname *Ynguarr* (anal. *Inguarr*) oder *Ífarr* aus **Ingu-*, resp. **Īhu-(h)arʀ*.

b) Wo der zweite vokal schwachtonig ist, bleibt gewöhnlich der hiatus, z. b. *róa* rudern, *flóe* untiefe wassersammlung, *snúa* wenden, *búe* bewohner. Selten geht — wenn der zweite vokal schwach nebentonig ist? (vgl. § 127ᵇ, b, 2) — der erste vokal in kons. *u* über, wobei der zweite vokal gedehnt wird (eventuell seine urspr. länge behält), z. b. pl. *skuár* (*skúar*), anal. *skóar* Hb. s. XXIX, später *skór*) zu *skór* schuh (s. Wadstein, F. Hom., s. 79); *várr* unser aus **úarr*, s. § 108,1; *kuígr* stier und *kuíga, -ende* färse zu *kú* (dat., acc. sg.) kuh (s. Hellquist, Arkiv VII, 3). Im mnorw., bes. dem südlichen, schwindet das kons. *u* nach *l, m, r*, z. b. pl. *már* (*móar*) zu *mór* haide-

§ 129. Hiatuserscheinungen. § 130. Urn. vorgänge in schwachton. silben. 99

land, *Flár* (*Flóar*) ein ortsname, gen. *brár* (*brúar*) zu *brú* brücke, *Ráld*(*e*)*r* (aisl. *Hróaldr*) ein mannsname (s. Bugge, Beitr. XV, 396 f.).

§ 129. Bei *ý*, *ǽ*, *ǿ* + *e*, *i* schwanken schon die ältesten hdschr., so dass bald hiatus, bald kontraktion in resp. *ý*, *ǽ*, *ǿ* stattfindet, z. b. *mý*(*e*)*ll* ball, *nýe* der neue, dat. sg. *blý*(*e*) blei, *Brýn* (*Brúvin*, s. Rygh, Oplysn. II, 242 f.) ein ortsname; dat. sg. *hrǽ*(*e*) kadaver, *frǽ*(*e*) samen, konj. *sǽ*(*e*) sähe, pl. *frǽ*(*e*)*ndr* (s. Sievers, Beitr. XVIII, 410; vgl. Gislason, Udvalg af oldnordiske skjaldekvad, s. XV) verwandte, *sǽ*(*e*)*ng* bett, *nǽstr* (urn. *nāhistaʀ) nächst, *hǽll*, *þrǽll* u. a. (s. § 59 anm. 1), *Hǽn* (*Hávin*) ein ortsname; konj. *dǿ*(*e*) stärbe, *Hǿ*(*e*)*ngr*, *Klǿ*(*e*)*ngr* (s. Gislason, Njála II, 258 f.) mannsnamen, *Mǿn* (*Móvin*) ein ortsname.

Kap. 2. Lautgesetze der schwachtonigen silben.
I. Urnordische vorgänge.

§ 130. *o* und *ō* (später nach § 144 gekürzt) haben, wenn auch zu sehr verschiedenen zeiten (s. anm. 2), ganz dieselbe entwickelung durchgemacht und treten, wo sie nicht später geschwunden sind, in historischer zeit in zweifacher gestalt auf:

1. Als *u* (woraus später unter umständen *o*, s. § 139) unmittelbar vor *m* und *w*, in unnasalirtem auslaut und wenn in der nächsten silbe ein (urspr. oder aus *ō* entwickeltes) *u* steht oder doch in urn. zeit gestanden hat, z. b. dat. pl. *rúnom* (got. *rūnōm*) runen, 1. pl. präs. ind. *kǫllom* (urn. *kallōm) rufen, *bindom* (got. *bindam*, urgerm. *bindomiz) binden, dat. sg. m. *blindom* (got. *blindamma*) blindem; *ǫþrovís* anders neben acc. sg. f. *aþra* (aus *anþarō[*n*] nach 2 unten) andere, urn. *La*[*n*]*ðuwārijaʀ* Tørviken ein mannsname zu *landa land (vgl. adän. run. *Kuþumu*[*n*]*t* Gudmund Helnæs zu *ʒoða gott); dat. sg. *strǫndo* ufer, dat. sg. ntr. *blindo* blindem, nom. sg. f. *sú* (nach § 117 in haupttoniger stellung aus urspr. *su gedehnt; got. *sō*) die; 3. pl. prät. ind. *kǫllоþo* (aus *kallōðun) riefen, nom. f. sg. und nom. acc. ntr. pl. *ǫnnor* (got. *anþara*, urgerm. *anþorō) andere.

Anm. 1. Möglicherweise ist dieselbe entwickelung auch vor (*nz* >) *nn* eingetreten, s. Kock, Beitr. XXIII, 523 note, Walde, Die germ. auslauts-

7*

§ 130. Urn. vorgänge in schwachtonigen silben.

gesetze, s. 104; anders Bugge, No. I. s. 180. Beisp. wären gen. sg. wie *tungo* (got. *tuggōns*, vgl. urn. *Iȝivōn* Stenstad?) zunge u. dgl. Aber wahrscheinlicher ist, dass hier urgerm. *-ūnz* (ahd. *-ūn*, as. *-un*) vorliegt, dessen *ū* vielleicht aus dem acc. entlehnt ist, s. Paul, Beitr. VI, 223; Möller, ib. VII, 543 f.; Streitberg, ib. XIV, 220; v. Helten, ib. XV, 463; Jellinek, Beitr. zur erklärung der germ. flexion, s. 86 f.

2. Als *a* in allen übrigen stellungen, z. b. nom. acc. pl. f. *þǽr* (< **þár* § 68, 2; got. *þōs*, aber urn. schon Einang *þaʀ*) und acc. sg. f. *þá* (got. *þō*) 'die' in haupttoniger stellung aus *þaʀ* nach § 121, 1, resp. **þa* nach § 117 gedehnt, nom. acc. pl. *rúnar* (got. *rūnōs*, urn. *rūnōʀ* Järsberg, Tjurkö, später *rūnaʀ* Istaby), gen. pl. *rúna* (urn. *rūnō* Björketorp) runen, *tunga* (got. *tuggō*) zunge, *hiarta* (got. *haírtō*) herz, 1. sg. präs. ind. *kalla* nenne (aber *kǫllo-mk* nenne mich, nach 1 oben), 2. sg. *kallar* nennst, 1. sg. prät. ind. *orta* (urn. *worahtō* Tune) machte, *fáþa* (urn. *faihiðō* Einang) ritzte, *kallaþa* (*kallōðō < *-*ōm*) rief, *mánaþr* (got. *mēnōþs*) monat, komp. *fróþare*, sup. *-astr* (got. *frōdōza*, *-ōsts*) klüger, -st, acc. sg. f. *blinda* blinde, inf. *kalla* (*kallōn) rufen; acc. pl. *daga* (urgerm. **ðaȝonz*) tage, inf. und 3. pl. präs. ind. *binda* binden, acc. sg. m. *blindan* blinden, acc. sg. *hana* hahn. Dieselbe entwickelung zeigt ein nach § 94, 2 und § 109 entstandenes *ō*, z. b. *en(n)da* (*enn-ðō) 'und (doch)' neben *en þó* (got. *þauh*) 'und jedoch', *ǫk(k)la* (ahd. *anklāo*; vgl. *kló* < *kláu § 74, 2) fussknöchel, anorw. *Stagla* statt *Stagló* (zu *ló* hain) ein ortsname (s. Hægstad, G. Tr. s. 76); *hérna* (got. *hēr nūh*) eben hier, dat. pl. *þeima* (got. **þaimūh*) diesen.

Anm. 2. Der übergang *ō* > *a* tritt am frühesten in unbetonter silbe ein, z. b. *þaʀ* Einang; dann in nicht nasalirter nebentoniger silbe, z. b. *rūnaʀ* Istaby (*rūnōʀ* Järsberg, Tjurkö); am spätesten in nasalirter nebentoniger silbe (s. Walde, Die germ. auslautsgesetze, s. 101), z. b. aisl. gen. pl. *rúna* (noch urn. *rūnō* Björketorp, vgl. *rūnōnō* Stentofta und acc. pl. *rūnō* < *-*ōnz* Einang und noch Noleby, s. Walde a. o. s. 51 ff., sowie *raȝinaku[n]ōō* Noleby; auffallend früh tritt gen. *auna* vorväter? auf dem brakteat nr. 57 aus Seeland auf). — Dagegen tritt urgerm. *o* schon in den allerältesten urn. inschriften als *a* auf, z. b. in den zahlreichen nom. und acc. sg. auf *-aʀ*, *-a* (gr. *-ος*, *-ον*, lat. *-us*, *-um*), wie *-þewaʀ* Torsbjærg, *horna* Gallehus, *Ðaȝar* Einang, *erilaʀ* Kragehul.

Anm. 3. Oft wechseln innerhalb eines paradigmas *a* und *u* (*o*), je nachdem die folgende silbe urspr. *u* enthielt oder nicht, z. b. *þrifnoþr* (got. *-ōdus*) das blühen, gen. *þrifnaþar*, gen. pl. *-aþa*, dat. pl. *-oþom*; *skipon* anordnung, gen. *-anar*; *kallaþa* ich rief, pl. *kǫlloþom* u. s. w. Bisweilen ist aber ausgleichung dieses wechsels eingetreten, so dass entweder doppel-

§ 131. 132. Urn. vorgänge in schwachtonigen silben.

formen entstanden sind, wie bei den fem. auf *-un (-on)*, *-an*, z. b. *skipon*, *-an*, gen. sg. *skiponar, -anar*, und den mask. auf *-upr (-opr), -apr*, z. b. *prifnopr, -apr*; oder es ist *a* als der häufigst vorkommende laut überall durchgedrungen, was im anorw. fast regelmässig der fall ist, z. b. *kallaðom* statt aisl. *kǫlloþom* nach *kallaða* (vgl. adän. run. *truknaþu* ertranken, schon Helnæs um 800), dat. pl. *spakastom* statt aisl. *spǫkostom* nach *spakaste* der weiseste.

Anm. 4. Aus obigem geht hervor, dass man in fällen wie *glika* (got. *galeikō*) gleich, 1. sg. prät. ind. *sera* (got. *saisō*) säete nasalirten auslaut, resp. analogiebildung nach wörtern mit nasalirtem auslaut (wie die schwachen prät.) voraussetzen muss.

Anm. 5. Nom. acc. f. *tuǽr* (aus *twāR § 68, 2) zwei entspricht nicht dem got. *twōs*, sondern ist aus *twā (got. in *twa þūsundja*) mit anal. zugetretenem *-R* entstanden; s. Grundriss² I, 627, § 215, 2 und Torp, Arkiv XIII, 340 note.

§ 131. *ǽ*, welches in den urn. inschriften durch die *a*-rune wiedergegeben wird (s. Bugge, Arkiv VIII, 17 ff.; Walde, Die germ. auslautsgesetze, s. 62 ff., 102 ff.; anders Hirt, Arkiv XVIII, 373), geht in *e* und weiter in *i* (woraus später unter umständen wieder *e*, s. § 138) über, z. b. 3. sg. prät. ind. *orte* (urn. w[u]rtā Etelhem, *wurte* Tjurkö, *orte* By — vgl. sʌte Gommor setzte — *urti* Sölvesborg) machte, *Vile* (urn. *Wiwilā* Veblungsnæs; vgl. -ðʌuðe tod Björketorp) ein mannsname, *syster* (urn. *swestār* Opedal) schwester, 2. sg. prät. ind. *valþer* (got. *walidēs*) wähltest.

Anm. Der übergang *ǽ* > *e* findet am frühesten in nicht nasalirter silbe statt (vgl. § 130 anm. 2), z. b. *wurte* Tjurkö, während ziemlich gleichzeitig noch *Wiwilā* Veblungsnæs vorkommt; erst etwa 100 jahre später in nasalirter silbe, z. b. -ðʌuðe Björketorp (vgl. adän. run. *kuþi* Helnæs, Flemløse um 800, gleich aisl. *goþe* priester).

§ 132. *ai* ist schon in den ältesten urn. inschriften durch kontraktion zu *ē* geworden, welches schon vor dem ende der urn. zeit als *i* (woraus später unter umständen *e*, s. § 138) auftritt, z. b. 3. sg. präs. konj. *fare* (got. *farai*) fahre, 2. sg. präs. ind. *hefer* (vgl. got. *habais*) hast, 2. sg. präs. imperat. *life* (got. *libai*) lebe, nom. pl. m. *blinder* (got. *blindai*, vgl. urn. *sijostēR* Tune) blinde, 1. sg. präs. ind. *heite* (urn. *haitē* Kragehul) heisse, dat. sg. f. *þeire* (vgl. got. *þizai*) der, dat. sg. *ulfe* (vgl. urn. *Hitē* Järsberg, *-kurnē* Tjurkö u. a.) wolf, die urn. patronymica *HrōrēR* By, *HʌeruwulafiR* Istaby (s. Sievers, Ber. der k. sächs. ges. der Wiss. 1894, s. 139 f.).

§ 133. *au* ist in entsprechender weise zu *ō* kontrahirt und dann weiter zu *a* (vgl. § 130, 2) entwickelt worden, z. b. *átta* (got. *ahtau*) acht, *sonar* (got. *sunaus*) sohnes, konj. präs. *gefa* (got. *gibau*) gebe, prät. *gǽfa* (got. *gēbjau*) gäbe.

§ 134. *eu, iu* sind (sehr spät) zu *i* (*e*, s. § 138) geworden, z. b. *eyrer* (aus lat. *aureus* entlehnt) eine art münze; dat. *mege* (urn. *mᴀʒiu* Stentofta, vgl. *Kunimu[n]ðiu* Tjurkö) sohne, *syne* (ahd. *suniu*) sohne, nom. pl. *syner* (got. *sunjus*) söhne; vgl. Sievers, Beitr. V, 158 mit note 1.

§ 135. Svarabhakti (d. h. entwickelung eines vokals aus dem stimmton eines stimmhaften konsonanten) tritt sporadisch schon in den ältesten urn. inschriften — später bes. in den aus dem südlichen Schweden stammenden — ein, indem konsonantengruppen, die *r, l* oder (seltener) *n* enthalten, ein parasitisches *a* zeigen, z. b. *worahtō* (aisl. *orta*) Tune machte, *waritu* Järsberg (wir zwei) schrieben, *warᴀit* (aisl. *reit*) Istaby schrieb, *ƀᴀriutiþ* (got. *briutiþ*) Stentofta, *ƀᴀrutʀ* (aisl. *brýtr*) Björketorp bricht, *ūþᴀrᴀƀᴀspᴀ* (aisl. *úþarfaspǫ́*) Björketorp unheilbringende prophezeiung; gen. sg. *A[n]suʒīsalas* (aisl. *Ásgísls*) Kragehul, dat. sg. *wita[n]ða-halaiƀan* (vgl. got. *hlaibs* brot) Tune brotherrn, *-wulafʀ, -wulafa, -wulafiʀ* Istaby, *-wolᴀfᴀ* Gommor, *-wolᴀfʀ* Stentofta (aisl. *-ulfr, -olfr*) wolf, *fᴀlᴀhᴀk* (aisl. *falk*) Björketorp ich verbarg; *Haraƀanaʀ* (aisl. *Hrafn*) Järsberg u. a. Dies *a* ist aber später überall geschwunden.

§ 136. Kurzer, unnasalirter, auslautender vokal ist schon vor 600 apokopirt worden, z. b. 1. 3. sg. prät. ind. *-nam* Reistad -nahm, *was* Tanum war, *warᴀit* Istaby schrieb (vgl. gr. ϝοῖδα, ϝοῖδε = aisl. *veit* weiss), 2. sg. imperat. *bitt* (urn. **ƀind*, s. § 214) binde (vgl. gr. φέρε = aisl. *ber* trage) u. a.

Anm. Ueber sonstige synkope in urn. zeit s. § 145[b] ff.

II. Sonstige qualitative veränderungen.

§ 137. *a* wird im onorw. — jedoch nicht im Drontheimischen — etwas vor 1300 (vielleicht am frühesten wo die vorhergehende silbe einen palatalen vokal oder palat. diphthong enthält, s. Hægstad, G. Tr. s. 93 note) zu *œ* nach langer wurzelsilbe, z. b. *sendœ* senden, *høyrœ* hören u. s. w. (gegenüber *gera*

§ 138. Schwachtoniges *i*.

machen, *vita* wissen u. a.); s. Hægstad, Arkiv XV, 102 f., G. Tr. s. 77, 93.

Anm. 1. Anderer art — wol, wenn auch zum teil analogischer, ablaut wie in *þess, þenna, þetta* u. a. neben *þat, þann* u. s w. — muss sein das schon im onorw. des 13. jahrhs. allgemein auftretende *œ* statt des in den ältesten hdschr. gew. *a* in den pronominalen wörtern *þœt* das, *þœnn* den, *þœr* dort, *þœðan* von dort, *þœngat, þœnneg* dorthin (s. Hægstad, G. Tr. s. 65 f., Hertzberg, pass., Thorkelsson, Supplement IV, 186 f.), dies um so mehr als entsprechende wnorw. formen mit *e* vorkommen wie *þeðan* (so regelmässig im Cod. Rantzovianus des Gulathingsgesetzes; vgl. agutn. run. *þiaþan), þengat, þennug.*

Anm. 2. Im mnorw. wird, zum teil durch dänischen einfluss, dies *œ* oft durch *e* ersetzt, z. b. *hēre* hören (*sēghe* suchen) u. dgl.; s. A. B. Larsen, Arkiv XIII, 247.

§ 138. *i* (altes oder nach § 131, § 132, § 134, § 144, 2, 3 und 7, § 145ª, 1 neu entstandenes) geht in silben, welche nach der haupttonigen stehen, schon vorliterarisch in *e* über:

1. A isl. in allen stellungen (bes. konsequent in den § 12, 1 und 2 genannten denkmälern), z. b. acc. pl. *geste* (got. *gastins*) gäste, acc. sg. *hirþe* (got. *hairdi*) hirt, 2. pl. präs. ind. *bióþeþ* (got. *biudiþ*) bietet, *valeþr* (got. *waliþs*) gewählt; nur dass in gewissen alten hdschr. *i* häufiger ist nach *k* und *g*, z. b. *mikill, -ell* gross, *eigi, -e* nicht (s. z. b. Wisén, Homílíu-Bók, s. VI), oder wenn die vorhergehende silbe *i* (oder *y*) enthält (s. anm. 1). Aber schon vor 1250 tritt statt *e* allgemein wieder *i* ein, z. b. *gesti, bióþiþ* u. s. w., wenn auch in einigen endungen das *e* (wenigstens in gewissen hdschr.) weit länger bleibt, z. b. prät. pass. *kallaþesk* wurde genannt, nom. sg. der verwandtschaftswörter wie *faþer, -ir* vater, *móþer, -ir* mutter, nom. pl. m. der adj. wie *blinder, -ir* blinde, präpos. wie *under, -ir* unter, *yfer, -ir* über, *epter, -ir* nach (s. Dahlerup, Ágrip s. XII; Gering, Finnboga saga, s. VIII, Isl. Æv. I, s. XIV f.); in einigen hdschr. steht (wie im aschw.) *e* fast nur nach langer wurzelsilbe oder nebentoniger ableitungssilbe (s. F. Jónsson, Egils saga, s. VIII, Hb. s. XXXVIII; vgl. auch Kock, Accentuierung, s. 89). Dialektisch (z. b. in der Flateyjarbók) tritt wiederum am ende des 14. jahrhs. *e* statt *i* auf, dann aber vorzugsweise in offenen silben.

2. A norw. nur wenn die vorhergehende silbe ein *a, á, e* (altes oder nach § 112 entstandenes), *é, o, ó, ǫ, ø* oder *ǫ́, œ*

§ 138. Schwachtoniges *i*.

enthält (bes. konsequent in onorw. und nord-wnorw. schriften wie die leg. Olafssage und Dietrichssage 3. hand), z. b. nom. pl. m. *marger* viele, *ráðenn* geraten, 3. sg. präs. konj. *gefe* gebe, *rétte* richte, dat. sg. *hende* hand, *kononge* könige, *dóme* urteil, *søne* sohne, nom. pl. m. *søter* süsse, *nǫnge* nachbar, 3. sg. prät. ind. *mǽlte* sprach (gegenüber *synir* söhne, *spurði* fragte, dat. sg. *vælli* feld, *skildi* schild, *víni* wein, *hǫfði* kopf u. s. w.); s. bes. Hægstad, G. Tr. s. 78 ff., Wadstein, F. Hom., s. 88 ff. Jedoch weichen viele hdschr. mehr oder weniger von der regel ab. Oratio contra clerum hat bisweilen *i* nach *e* und umgekehrt *e* nach *æ*; dies letztere auch die Tübinger fragm. und teile vom Cod. Tunsbergensis. Die Hauksbók hat *i* nach *ø, ǿ*, gew. auch nach *e, é, ǽ*, aber dagegen *e* nach *ǫ* (s. Hb. s. XXI f.); ein teil der hdschr. bevorzugt zwar *i* nach *i, y, ei*, ist aber übrigens ganz regellos (s. ib. s. LI). Auch in Cod. AM. 310, 4⁰ stehen *e* und *i* ohne sichtbare regel (s. Groth's ausgabe, s. XX ff.). Andererseits haben z. b. diplome aus Agðer der regel nach *i* in allen stellungen (s. Hægstad, Upphavet s. 3); ebenso Elis' saga, wo jedoch ziemlich oft *e* nach *a* (bes. nebentonigem) und *á* steht (s. Jones' Phonology s. 12 f.). Umgekehrt haben No. Hom. 3. hand, a (s. Wadstein, F. Hom., s. 93) und diplome aus Rogaland c. 1300 (s. Hægstad a. o.) der regel nach *e* in allen stellungen. Thomas' saga hat zwar gew. *-e* (auch vor kons.), aber in der regel *-is(s)*; vgl. Hægstad, Arkiv XV, 101 note. Shetl. und zum teil orkn. steht im absoluten auslaut *-e*, vor kons. aber *-i-* (s. Hægstad, Hild., s. 56 f.).

Anm. 1. Spuren einer derartigen vokalharmonie zeigen sich auch in einigen alten aisl. hdschr., in so fern dass *i* statt *e* nach *i* (so z. b. in St. Hom. und Plácitús drápa) und *y* (z. b. in Plác.-dr.) beliebt ist.

Anm. 2. Wenn in gewissen, sowol aisl. (z. b. AM. 237, 4⁰ und Eluc., s. Kock; Stud. öfver fsv. ljudlära, s. 228 f.) wie anorw. (z. b. No. Hom., s. Wadstein, F. Hom., s. 89) hdschr. und bes. in den alten skaldengedichten (s. Sievers, Beitr. XII, 483; Jónsson bei Gislason, Udvalg af oldno. skjaldekvad, s. VI f.) das suffix *-ing-* regelmässig *i* zeigt, so beruht dies darauf, dass *-ing-* starktonig war (s. § 51, 2, b), z. b. *drotning* (schwachton. *-eng*) königin. Bei schwankender betonung eines kompositums finden sich natürlich ebenfalls doppelformen, z. b. *andlet* (St. Hom.; vgl. *andlete* § 159 No. Hom., leg. Olafssage) neben *andlit* (mit noch starktoniger ultima) antlitz, *lėrept, -ript* leinwand.

Anm. 3. Anorw. (s. z. b. Hægstad, G. Tr., s. 79; Wadstein, F. Hom., s. 53) *mek* mich, *þek* dich, *sek* sich, *vet, met* wir zwei neben (vorzugsweise aisl.) *mik, þik, sik, vit, mit* gehören wol nicht hierher, sondern dürften von *mér* mir (und *ek* ich), resp. *þér* dir, *sér* sich, *vér* wir beeinflusst worden (s. Wadstein a. o.).

Anm. 4. Unklar bleibt der umstand, dass im anorw. das suffix *-lig-* in vielen hdschr. regelmässig die form *-leg-* oder *-læg-* (vgl. § 104) hat ohne rücksicht auf den vorhergehenden vokal, z. b. *nýlegr* neulich, *mildlegr* mild, u. a. In Oratio steht immer *-leg-* vor vokal (jedoch ausnahmslos *elligar* 'sonst') aber *-læg-* oder *-leg-* vor kons. (s. Kock, Arkiv XII, 245 ff.).

Anm. 5. Statt *i, e* zeigt sich dann und wann *y*, (vorzugsweise) wenn ein *y* vorhergeht, z. b. aisl. *systkyn* (z. b. St. Hom. mehrmals) geschwister, anorw. *þykkyr* (z. b. oft in der Barlaamssage) es dünkt, *mykyll* gross, *lykyll* schlüssel.

Anm. 6. Im mnorw. des 15. jahrhs. wird auslautendes *-in, -en* über *-an* zu *-a*, z. b. *iorðan* c. 1400, *iorða* 1473 statt *iorðen* die erde; s. Hægstad, Arkiv XV, 105, A. B. Larsen, ib. XIII, 248.

§ 139. *u* (altes oder nach § 130, 1, § 133, § 144, 4 und 5, § 141 entstandenes) geht schon vorliterarisch in *o* über:

1. Aisl. in allen silben, welche nach der haupttonigen stehen, z. b. acc. pl. *sono* (got. *sununs*) söhne, nom. acc. pl. *gǫtor* gassen, 1. pl. präs. ind. *bindom* binden; ebenso in enklitischen wörtern, z. b. *heyrþo* höre (du), *sóno* so (nun), *tottogo* (s. § 74, 10) zwanzig. Aber *u* kommt daneben schon in den ältesten hdschr. vor, so dass z. b. St. Hom. es gern nach einem *u, ú, ǫ, ǫ́, ø, ǿ* der vorhergehenden silbe, AM. 645, 4⁰ oft nach *ǫ* (> *ø*, s. § 110, 2) hat (s. Larsson, Stud. över den St. hom., s. 67, Isl. hdskr. nr. 645, 4⁰, s. XLVI). Schon um 1225 steht bei einigen schriftstellern (z. b. dem 3. schreiber des Reykj. Máld., s. Mogk, Anz. f. d. A. X, 67) *u* regelmässig in geschlossener silbe, z. b. *bindum* u. dgl.; nur dass in gewissen hdschr. (z. b. der norvagisirenden Ágrip) *o* vor *r* fortwährend beliebt ist, z. b. *gǫtor, -ur*. Seit 1300 ist *u* auch in offener silbe gewöhnlicher als *o*, z. b. *sonu* söhne, *bundu* banden u. s. w.

2. Anorw. nur wenn die vorhergehende silbe ein *e* (altes oder nach § 112 entstandenes), *é, o, ó, ø, ǿ* oder *á, ǫ́, œ* sowie der regel nach ein nebentoniges *a* (bisweilen auch *i*) enthält (bes. konsequent in onorw. und nord-wnorw. schriften; vgl. § 138, 2), z. b. dat. pl. *vegom* wegen, *vélom* kunstgriffen, acc. sg. *kono* weib, 3. pl. prät. ind. *tóko* nahmen, acc. sg. *øðlo* eidechse, *móðgor* mutter und tochter, acc. sg. *gáto* rätsel, 3. pl. prät. ind. *vǫ́ro* waren, dat. pl. *þrǽlom* knechten, 3. pl. prät. ind. *þiónaðo* dienten (gegenüber acc. sg. *dúfu* taube, *mylnu* mühle, *viku*

woche, 3. pl. prät. ind. *hafðu* hatten, *buðu* boten u. s. w.); jedoch scheint *u* vor *m* hie und da gegen die regel beliebt zu sein; s. bes. Hægstad, G. Tr., s. 78 ff., Wadstein, F. Hom., s. 94 ff. (vgl. Kock, Arkiv VII, 370 note). Aber viele hdschr. weichen mehr oder weniger von der regel ab: Oratio contra clerum hat *u* nach *e, é*, gew. nach *á, ǽ* und nicht selt. nach *o, ó*; teile vom Cod. Tunsbergensis haben *u* nach *ǽ* und gew. nach *e, é*; umgekehrt die Tübinger bruchstücke *o* nach *æ*. Die Hauksbók hat *u* nach *ǽ, ø, ǿ* und gew. -*um* nach jedwedem vokal; aber andererseits *o* auch nach *a* (s. Hb., s. XXIII f.); ein teil der hdschr. ist ganz regellos (s. ib. s. LI). Auch in Cod. AM. 310, 4⁰ stehen *o* und *u* ohne sichtbare regel, nur dass nach kons. *i* immer *o* vorkommt (s. Groth's ausgabe, s. XVIII). Andererseits haben z. b. diplome aus Agðer der regel nach *u* in allen stellungen (s. Hægstad, Upphavet, s. 3); vergleichbar ist Elis' saga, wo jedoch *o* nach *á, o, ó, ø, ǿ* überwiegend, nach *e, ǫ* ziemlich häufig ist (s. Jones' Phonology, s. 14). Umgekehrt haben No. Hom. 3. hand, a (s. Wadstein, F. Hom., s. 99) und diplome aus Rogaland c. 1300 (s. Hægstad a. o.) der regel nach *o* in allen stellungen. Shetl. und zum teil orkn. steht im absoluten auslaut gew. -*o*, vor kons. aber gew. -*u*-, bes. in -*um* (s. Hægstad, Hild., s. 57).

Anm. 1. Spuren solcher vokalharmonie zeigen sich gewissermassen auch in einigen aisl. hdschr. s. 1 oben.

Anm. 2. Wenn in gewissen, sowol aisl. wie anorw. hdschr. und bes. in den alten skaldengedichten (s. Jónsson bei Gislason, Udvalg af oldno. skjaldekvad, s. VIII f.) das suffix -*ung*- regelmässig *u* zeigt, so beruht dies darauf, dass -*ung*- starktonig war (s. § 51, 2, b), z. b. *buþlungr* (schwachton. -*ongr*) fürst.

Anm. 3. In Cod. AM. 645, 4⁰ kommt ein progressiver umlaut *io > ie* (vgl. § 67, 2) vor *nn* vor; s. Kock, Beitr. XX, 121 f.

Anm. 4. Spuren eines überganges *u >* (geschlossenes) *ø* zeigen sich im aisl. hie und da schon vor der mitte des 13. jahrhs.; s. Gislason, Um frumparta, s. 129; L. Larsson, Isl. hdskr. nr. 645, 4⁰, s. XLVII.

Anm. 5. Im mnorw. werden sowol *u* wie *o* des suffigirten artikels zu einem dunklen, durch *e* oder *œ* bezeichneten, e-laute, z. b. *rikene* dem reiche, *brévenœ* dem briefe; s. A. B. Larsen, Arkiv XIII, 252.

3. Sowol aisl. wie anorw. in schwachtonigen präfixen und proklitischen wörtern, z. b. präf. *tor-* (got. *tuz-*), *or-*, präpos. *ór* aus (dann starktonig *ør-*, resp. *ǿr* nach § 68, 3), *mon* (später *mun*) wird, pl. *mono* (*munu*) werden, *skolo* (später *skulu*) sollen,

§ 140. 141. Schwachtoniges *y*, *ǫ*.

selt. mnorw. *om* statt *um*(*b*) um, shetl. *op* 1355 statt *upp* hinauf und *onder* 1465 statt *undir* unter (s. Hægstad, Hild., s. 38 und 49).

Anm. 6. *Of* (neben seltnerem *uf* — s. Egilsson und Thorkelsson, Supplement IV, 154 — got. *uf*) 'über' kann dem ahd. *oba* entsprechen und also nach § 154, 2 zu erklären sein.

§ 140. *y* wird vorliterarisch zu *i* (*e* § 138), wenn die folgende silbe *i* enthält — dies also eine art von *i*-umlaut — z. b. *ifir* über, *firi*(*r*) für, *þikia* dünken, konj. *skili* solle, prät. *skilde* sollte, *mindi* würde u. a. neben starktonigem *yfir*, *fyri*(*r*), *þykkia* u. s. w.; *apinia* äffin, *innifli* eingeweide neben *apynia*, *innyfli* mit starktonigem *y* (vgl. § 51, 1, a). Ausnahmsweise scheint derselbe übergang in starktoniger silbe (wie durchgehends im nisl. wenigstens um 1550, s. Jiriczek, Bósa Rímur, s. XXV) stattzufinden, z. b. *brinia* brünne, *higgia* verstand, (*lif* nach) pl. *lifiar* arzneimittel, anorw. *ifrinn* überschüssig, reichlich, selt. (Hægstad, G. Tr., s. 69 note) *kindir* zündet neben *brynia* u. s. w., wo jedoch die *i*-formen vielleicht zum teil aus zusammensetzungen losgelöst worden sind. Wo ausnahmsweise *ý* zu grunde liegt, dürfte zunächst kürzung (nach § 122, 5 und § 144) zu *y* anzunehmen sein, z. b. prät. *sindi* zeigte, anorw. *imiss* wechselnd, *híbili* wohnsitz, selt. (s. Hægstad a. o.) *bisna* (nach präs. *-ir*) zu weit gehen neben *sýndi*, *ýmiss* (pl. *ymsir* § 122, 5), *híbýle* u. s. w., aber so können wol nicht z. b. anorw. selt. *hiðing* stäupung, *lirit*(*t*)*r* allgemeines recht, *Hisingr* ein mannsname statt gew. *hýðing*, *lýréttr*, *-rit*(*t*)*r*, *Hýsingr* erklärt werden, sondern dürfte hier ein dialektischer übergang *ý > i* (wie allgemein im nisl.) anzunehmen sein. S. Noreen, Arkiv I, 168 f. note und die daselbst zitirte literatur; Kock, ib. IV, 166 ff.

Anm. Unklar bleibt das seltene anorw. *brilaup* neben *bryllaup* (vgl. § 51, 1, a) hochzeit (ein erklärungsversuch bei Kock, Arkiv XII, 257). Ueber *híbýli*, *-bili* neben lautgesetzlichem *hýbýli*, *-bili* s. § 74, 6.

§ 141. *ǫ* und nach § 144, 5 gekürztes *ǿ* werden vorliterarisch zu *u* (*o* § 139), z. b. *forþom* aus *forþǫm (got. *faur þamma*) ehedem, die mannsnamen *Ǫndoþr* (ahd. *Anthad*), *Stǫrkoþr*, *Niþoþr* (ags. *Niðhad*) mit gen. *-aþar* (wonach anal. *Starkaþr*, selt. *Niþaþr*) zu *hǫþr* krieg, der frauenname *Gunnor* (schon c. 1050) neben *-vǫr*, nom. sg. f., nom. acc. pl. ntr. *nǫkkor* (selt. *nukkurr*, s. Thorkelsson, Supplement IV, 112) irgend welche zu *huǫr* welche, *at sógoro* (s. § 74, 11) so gethan, *orrosta* (*-rasta, -rǫsta*; urspr. *orrasta*, obl. *rǫstu, -rosto*, vgl. ahd. *rasta* ruhe) streit, *þreskoldr* (*þreskǫldr*, s. § 74, 3; ags. *þerscwald*) türschwelle, *Ǫzorr* < **-vǫrr* (s. Kock, Sv. Landsm. XII, 7, s. 16 f.) ein mannsname, pl. *hundroþ* < **-rǫð* (s. Noreen, Grundriss I², 630, § 232) hundert, *Sigorþr* (*Sigvarþr*; urspr. nom. *Sigurþr*, gen. *Sigvarþar*) Sigwart zu *vǫrþr* wache, anorw. obl. *Bótolfsoko, -uku* zu *Bótolfsvaka* vigiliæ S. Botulphi, anorw. *hufuð* (urspr. die form eines schwachtonigen kompositionsgliedes) neben *hafuð* (*hǫfoð*, s. § 94) kopf, anorw. *Gunnuldr* neben *-valdr* (s. Lundgren, Uppsalastudier, s. 20; vgl. *Haraldr, Ingialdr* durch ausgleichung von nom. *Herioldr* § 66 : gen. **Harvaldar, *Ingioldr : *Yngvaldar*) ein mannsname, aisl. *dǫgorþr* (**-warðuʀ*) frühstück, *ǫndorþr* (nach formen wie sg. n. f. *ǫndorþ* < **-warðu*, dat. m. *-orþom*, ntr. *-orþo* u. s. w.) neben selt. anorw. *-varðr* (s. § 161; as. *andward*, ags. *ondweard*, ahd. *andwart*) vorwärts gerichtet. Beisp. von $ǫ > ǫ > u$ s. § 144, 5. S. Noreen, Arkiv VI, 306 ff.

§ 142. *œ* und nach § 144, 6 gekürztes *ǿ* werden vorliterarisch zu *e*, z. b. anorw. pl. *gefendr* zu *gefande* geber, *skynseme* vernunft zu *skynsamr* vernünftig, 2. 3. sg. präs. ind. *hefer* hast, hat, *huerr* welcher, *epter* 'nach' neben starktonigem anorw. *hœfir*, resp. *huærr, œptir*; gew. *gera* machen, *mega* können, 1. pl. *knegom* vermögen, weil gew. schwachtonig. Ueber *ǿ* > *œ* > *e* s. § 144, 6. S. Wadstein, F. Hom., s. 52, 54 f.; Sievers, Tübinger bruchstücke, s. 8; Hægstad, G. Tr., s. 79.

§ 143. Ueber *é* > *i* (*e*) s. § 144, 2; *ǿ* > *i* (*e*) s. § 144, 7.

Anm. 1. In den wenigen fällen, wo ein altes, kurzes *e* in schwachtoniger stellung zu stehen kommt, geht es ebenso wie *é* in *i* über, welches nach § 138 wieder mit *e* wechselt, z. b. *hinnig, -eg* aus **hinnweg* (§ 227, 1, f) dort, *þannig* dorthin, *sinnig* jeder für sich, der bestimmte artikel *enn* (in gewissen anorw. hdschr. so immer ohne rücksicht auf benachbarte vokale, s. Wadstein, F. Hom., s. 88 und 61; Hb., s. XXIII; Hægstad, G. Tr., s. 79), *inn* der, die, das, *en, in* noch (vor komparativen, z. b. *en, in meira* noch mehr) neben starktonigem *enn* noch, ausserdem.

Anm. 2. Mnorw. wird in vortoniger stellung *o* sporadisch zu *a*, bes. wenn die folgende silbe *a* enthält, z. b. die mannsnamen *Þaraldr* (neben *Þóraldr, Þorvaldr* § 122, 3 mit starktoniger pænultima), *-lakr, -biorn, -kel, -moð, -sten, Halaugr* statt *Holaugr*; selt. auch in nachtoniger stellung,

z. b. *Guttarmr* seit 1400 statt *Guttormr*, *Vikand* c. 1500 statt *Viðkunnr*. S. u. a. Lind, Arkiv XI, 271; Rygh, Sprogl. hist. stud. til. Unger, s. 69, Oplysn. II, 238 note. — Das präfix *af-* neben *of-* über-, allzu- (z. b. *of-*, *afstope* übermut, s. u. a. Wadstein, F. Hom., s. 48 f.) gehört nicht hierher, sondern entspricht dem got. *af-* (z. b. in *afdrugkja* trinker, *afetja* fresser), resp. *uf-* (vgl. got. *afar* neben *ufar*).

III. Kürzung.

§ 144. Kürzung langer vokale tritt schon vorliterarisch und wol zum teil sehr frühe (über urn. kürzung s. §§ 130—134) ein. Die fälle sind:

1. *á > a*, z. b. die mannsnamen *Ólafr* neben *Óláfr* (mit stark nebentoniger ultima), *Ingemarr* (bei Tacitus *Inguiomērus*; vgl. nnorw. dial. *Ingemár* aus -*mārr*) zu *mærr* (urn. *māriʀ* Torsbjærg, vgl. § 61) berühmt, *vesall* (selt. anorw. *vesáll*, nnorw. dial. *vesál*, s. Wadstein, F. Hom., s. 121) unglücklich zu *sæll* (*sāliʀ*) glücklich, *for(r)aþ* § 54, 3, b gefährliche passage, *gamall* alt zu (?) *mál* zeit (s. Kluge, K. Z. XXVI, 70; dagegen Wadstein, I. F. V, 12 f.), *afraþ* neben *-ráþ* (und anorw. *-rǽðe* § 61) abgabe, anorw. *ærfað(e)* neben *-ǽðe* (s. § 61) arbeit, acc. pl. m. *báþa* (**bá-þá*, got. *bans þans*, vgl. § 117) beide, acc. sg. *hana* neben (selt., s. Gering, ZfdPh. XXIX, 543) haupttonigem *hána* sie; nach § 54, 3, b sowol *nafarr* bohrer, die mannsnamen *Þórarr*, *Hróarr* u. a. aus -*árr* wie die negirenden verbalsuffixe *-a* und *-at* neben haupttonigem *ǽ* (aschw. auch *ā*; got. *aiw*, vgl. § 54, 3, a und § 93, 3) immer, resp. *eitt* (got. *ainata*) etwas; ferner *missare* neben *missere* (aus *-ǽre* nach 6 unten) halbjahr zu *ár* jahr, *dómare* neben (selt.) *dómere* richter u. a. auf *-are* (und *-ere*, s. § 61 und vgl. ahd. *-āri*).

2. *é > i* (*e*, s. § 138), z. b. *Hamþer* aus älterem *Hamþér* (s. § 51, 2, a) ein mannsname, *Hloþver* aus *-vér* (afränk. *Chlodowich*, vgl. § 107, 2) Ludwig, *huatvetna* was auch immer und *eyvet*, *-ar*, *-o* nichts zu *véttr* (s. § 106, 3) wicht, ding, *lýritr* allgemeines recht zu *réttr* recht. Vgl. § 132.

3. *í > i* (*e*, s. § 138), z. b. *hirþer* (got. *haírdeis*) hirt, *fróþe* (got. *fródei*) wissenschaft, nom. pl. *gester* (got. *gasteis*) gäste, 1. pl. prät. konj. *byþem* (got. *budeima*) böten, *Alrekr* (§ 51, 2, a) Alarich, *Hrórekr* Rodrich u. a.

§ 145ᵃ. Kürzung in schwachtonigen silben.

Anm. ó > u ist wenigstens durch gen. dat. *Oslu*- neben *-ló* (s. Jónsson, Skjaldesprog s. 62) belegt.

4. ú > u (o, s. § 139), z. b. obl. sg. *tungo*, nom. acc. pl. *tungor* (ahd. *zungūn*, vgl. aber § 130 anm. 1) zunge, -en, nom. acc. pl. *augo* (ahd. *ougūn > ougun*) augen, *utan* von aussen her und *utar* weiter hinaus neben älterem *útan*, resp. *útar* zu *út* hinaus (und *úte* draussen), *nu, no* (bisweilen suffigirt) neben *nú* nun, *vildo* du willst, *esto* du bist zu *þú* (s. L. Larsson, Stud. över d. Stockh. homilieboken, s. 54).

5. ǫ́ > u (o, s. § 139), z. b. dat. pl. *dómorom* richtern, nom. sg. f. und nom. acc. pl. ntr. *gǫmol* (? s. 1 oben) alt, *vesol* unglücklich, nom. acc. pl. *foroþ* gefährliche passage, pl. (dann auch sg.) *afroþ* abgabe, anorw. *ærfuð* aus *-ǫ́ð (*-áðu, *-aiðu) arbeit; urspr. schwachtonig *hon*, später auch *hun*, neben starkton. (alt) *hón* < *hǫ́n § 111 sie. Vgl. überhaupt 1 oben und § 141. — Bei verhältnismässig später kürzung steht auch ǫ, z. b. *Álǫf (Álof)* ein frauenname zu dem mannsnamen *Áleifr, Ólafr, -lafr*; frauennamen wie anorw. *Rǫnnog, Sǫlog* s. § 54, 3, b); aisl. *hǫnom* (1 mal [h]unom St. Hom.) neben *hǫ́nom (hónom § 111) ihm.

6. ǽ > e, z. b. ǽ > e 'immer', *ve-* in *vesǽll, -sall* (s. 1 oben), *veill* (s. § 125 anm.) zu *vǽ* weh (s. v. Friesen, N. spr. s. 29 note), pl. *Heiþsefar* (anorw. *Æiðsifar, -sifiar* durch volksetymologischen anschluss an die ortsnamen *Æið, Æiðsvǫllr* und pl. *sifiar*) die einwohner der gegend um den see *Heiþsǽfe*; *missere* halbjahr, *dómere* richter u. a. s. 1 oben.

7. ǿ > i (e § 138), z. b. *endeme (-dimi)* neben *eindǿme* (mit stark nebentoniger pænultima) etwas ausserordentliches, anorw. *nórenn* neben *nórǿnn* (s. § 281, 3) norwegisch.

§ 145ᵃ. Die diphthonge werden ebenso verkürzt:

1. œi (ei) > i (e § 138), z. b. *báþer* aus *bá-þœir (got. *bai þai*, also wol mit aus dem acc. *báþa* — s. 1 oben — entlehntem *á*) beide, *Þórer* (air. lehnw. *Thomrair*) neben *Þorgeirr* (vgl. § 223), *erfeþe* (< *ærfœiði mit einst haupttoniger pænultima) neben anorw. *ærfǿðe, -aðe* (s. § 54, 3, b) arbeit, anorw. *Kolbinn* (Arkiv X, 175) neben *-bœinn* ein mannsname; mnorw. *Úfíkspueit* (Rygh, Gamle personnavne, s. 188) ein ortsname zu dem mannsnamen *Úfeigr*; St. Hom. *egi (œgi* in AM. 921, 4⁰, IV, 1, s. Morgen-

stern, Arnam. Fragmente, s. 46), *eg* (vgl. aschw. *igh*) neben starktonigem *eige* nicht.

Anm. 1. Wol nicht hierhergehörig sind die von Kock, Accentuierung, s. 210, angeführten *reformr* (man erwartet *rif-* neben *ref-* oder am ehesten *raf-* nach § 54, 3, a) flechte und *ellefo* elf; über jenes s. § 154, 1, über dieses s. § 54, 3, a. Selt. *elifr* (St. Hom. 2 mal) ewig ist nicht aus dem gew. *eilifr* entstanden, sondern verhält sich zu diesem wie *æ* > *e* § 144, 6 zu (*ey*,) *ei* § 74, 16. Ueberhaupt scheint kein übergang *ei* > *e*, *i* in vortonigen silben vorzukommen.

2. *ǫu* (*ou, au*) > *o* (selt. *u*), z. b. *Hálogaland* land der anorw. *Háleygir, valrof* (ags. *wælréaf*) beute, *ok* 'und' neben starktonigem (bes. anorw.) *auk* auch (und 'und', z. b. Hb. s. LIII u. a.), *brot*(*t*), *brutt, bort, burt* (s. § 305), *brǫt* (! s. G. Storm, Otte brudst., s. 5, Thorkelsson, Supplement IV, 17) neben starkton. *braut* (hin)weg (s. An. gr. II, § 81, 2, a); anorw. *ortog, ærtug* (vgl. agutn. *ertaug*; vielleicht zu § 160) eine art münze, mnorw. *Hiælmlop* < *Hialmalaup* (Hægstad, G. Tr., s. 76), *Allsogh* < *Alvishaugr* (s. Rygh, Oplysn. II, 157) ortsnamen, *Eyloᚠ* < *Eylaugr* (s. Rygh, Gamle personnavne, s. 288) ein mannsname.

Anm. 2. Ein paar sehr unsichere beisp. von *au* > *o* in vortonigen silben führt Kock, Arkiv IX, 139 an.

IV. Schwund.

§ 145 ᵇ. Gegen das ende der urn. zeit und im anfang der vikingerzeit, also etwa zwischen 650—900, wird jeder **unbetonte kurze unnasalirte vokal synkopirt**. Wenn also der vokal geblieben ist, so muss er zur zeit der synkope haupt- oder nebentonig oder auch lang gewesen sein. — Ueber die chronologie der einzelnen synkopirungsfälle sind folgende allgemeine bemerkungen zu machen (vgl. Noreen, Grundriss ², I, 562 ff., § 51 und die oben § 63 und § 77 zitirte literatur):

1. Synkope tritt früher nach langer als nach kurzer wurzelsilbe ein, weil nach jener nicht wie nach dieser ursprünglich ein nebenton folgte, der erst schwinden musste. So z. b. hat die Sölvesborger-inschrift (c. 775—800) im acc. sg. der *u*-stämme (*Ā*)*smu*[*n*]*t* (aisl. *Ásmund*), aber *sunu* (aisl. *sun*) sohn, die adän. inschr. von Helnæs (c. 800) ebenso *Kuþumu*[*n*]*t* (aisl. *Guþmund*), aber -*sunu*. In der kompositionsfuge ist synkope vorhanden bei Sölvesborg (*Ā*)*smu*[*n*]*t* aus *Āsumundu*

§ 145ᵇ. Schwund der vokale.

(vgl. urn. *A[n]suǥīsalas* Kragehul), nicht aber bei Helnæs *Kuþumu[n]t*. Abecedarium nordmannicum (s. § 77, 1) hat die runennamen *sól* (*sōlu) 'sonne' und *ós* (*āsuʀ) 'Gott', aber *féu* (aisl. *fé*) 'vieh' und *lagu* (aisl. *lǫgr*) 'flüssigkeit'. Die 3. sg. präs. ind. weist in der Björketorper-inschr. (c. 750) die form *ъᴀrūtʀ* (aisl. *brýtr*) 'bricht' auf, aber noch die aschw. inschr. von Rök (c. 900) hat *sitiʀ* (aisl. *sitr*) 'sitzt' als archaische form in der poesie neben z. b. *niþʀ* (got. *niþjis*) 'verwandter' in der prosaischen darstellung (vgl. den runennamen *þuris* = aisl. *þurs*, im Abeced. nordm.).

2. Synkope tritt früher in binnensilben als in der ultima ein, z. b. Rök *fatlaþʀ* (**fatil-* zu aisl. *fetell*) gerüstet, aber *sitiʀ* sitzt; dat. (?) *hosli* (*hasuli) hasel, aber acc. *sunu* sohn.

3. Synkope tritt früher nach schwachtoniger als nach starktoniger und früher nach nebentoniger als nach haupttoniger silbe ein, z. b. Stentofta *ъorumʀ* (< *-*miʀ*) söhnen und bei Einhard (c. 800) *Aovin* (< *Auðwiniʀ) Edwin, aber noch Rök *sitiʀ* sitzt. Dies dürfte der eigentliche grund sein, weshalb der umlaut fehlt in den früher — d. h. vor der umlautszeit — synkopirten *Ingemarr*, *ǫk(k)la* u. dgl. gegenüber den synkopirten *mǽrr*, *kló*; vgl. § 65 und § 75.

4. Synkope tritt früher vor starktoniger als vor schwachtoniger und früher vor haupttoniger als vor nebentoniger silbe ein. Daher *kuánlauss* gegen die umgelauteten *démþa* und *kuǽn* (s. § 63, 1) und *kattbelgr* gegen *mǫtkan* und *kǫttr* (s. § 77, 1).

5. Synkope scheint früher vor konsonanten als im absoluten auslaut eingetreten zu sein, z. b. im Cod. Leidensis (s. § 77, 1) als runennamen *aus* (d. h. aisl. *ǫss*), aber *reidu* (aisl. *reiþ*), und *laucr* (aisl. *lǫgr*), aber *fíu* (aisl. *fé*).

6. Synkope tritt früher bei unnasalirtem als bei nasalirtem vokal ein. Die Istabyer-inschr. (um 650—700) hat schon nom. sg. -*wulafʀ* (aus -*wulfaʀ, s. § 135), aber noch acc. sg. -*wulafa* (aus *-*wulfa* mit nasalirtem *a*, weil aus -*om*, lat. -*um*, gr. -*ov*); ebenso die etwa gleichzeitige inschr. von Gommor acc. sg. -*wolᴀfᴀ*, erst die Helnæser-inschr. -*ulf* wolf.

7. Synkope tritt am frühesten bei *a* ein, wol etwas später bei *i*, am spätesten bei *u*; aber die zeitlichen differenzen sind ziemlich unbedeutend. Schon vor 700 fehlt unnasalirtes *a*

§ 146. Synkope.

nach langer nebenton. wurzelsilbe, z. b. Istaby -*wulafʀ*; um 900 auch nasalirtes *a* nach kurzer nebenton. silbe, z. b. in der adän. inschr. von Tryggevælde acc. sg. *uar* (aisl. *ver*) mann. Schon bald nach 700 ist *i* geschwunden nach langer hauptton. silbe in Björketorp *ðᴀrūtʀ*, nach kurzer aber erst um 900 in Rök *niþʀ*. Bei *u* zeigt sich synkope nach langer nebenton. silbe wol schon in -*spᴀ* (aus *-*spāhu*) der Björketorper-, *Rhōᴀltʀ* (aus *Hrōþuwaldᴜʀ*) der Vatner- (etwas nach 700) und (*Ā*)*smu*[*n*]*t* der Sölvesborger-inschr. (gegen 800); nach langer hauptton. silbe (von der kompositionsfuge in *Rhōᴀltʀ* und *Āsmu*[*n*]*t* abgesehen) erst in Abeced. nordm. (10. jahrh.) *ōs, sōl* (Cod. Leidensis hat widersprechend *aus*, aber *reidu*, s. 5 oben, und *soulu*); nach kurzer nebenton. silbe gegen 900 im nom. *-sunʀ*, acc. *-sun* sohn der aschw. inschr. von Sparlösa, resp. Gursten, aber nach kurzer hauptton. silbe stehen noch um 900 Rök *sunu, karuʀ* (aisl. *gǫrr*) und, ebenfalls aschw., Kälfvesten *sunu, Stikuʀ* (aisl. *Styggr*) gegen gleichzeitiges adän. Tryggevælde, Rönninge *sun*. Das durch sonantisirung von *w* (s. § 220) entstandene *u* scheint etwas später als das alte synkopirt worden zu sein, denn die aschw. Vedelspanger-inschr. hat noch *Siktriku* (aisl. *Sigtrygg*) neben *sun*.

Anm. Vielleicht ist *i* in pænultima nach langer silbe schon früher als *a* in ultima (vgl. 2 oben) synkopirt worden, was den auffallenden gegensatz part. prät. *dǿmþr : taleþr* erklären würde. Die entwickelung wäre dann *ðōmiðaʀ : *taliðaʀ* > **ðø̄mðaʀ : *taliðaʀ* > **dø̄mðʀ : *taliðʀ*; s. Walde, Die germ. auslautsgesetze, s. 192.

Wir gehen jetzt dazu über die verschiedenen synkopirungsfälle zu besprechen.

§ 146. In unbetonten vortonigen silben wird antekonsonantischer vokal synkopirt, z. b. *teygia* (got. *ataugjan*, s. Wadstein, Arkiv XVIII, 180 f.) zeigen; *granne* (got. *garazna*) nachbar, *greiþa* (got. *garaidjan*) in ordnung bringen, *graþr* nicht verschnitten zu pl. *hreþiar* scrotum, *glíkr* (got. *galeiks*) gleich, *glam* neben *hlam* lärm, *glymr* starker klang neben *hlymr* klang, *glófe* handschuh zu *lófe* handfläche, *gneiste* (vgl. ahd. *ganeisti*) funke, *gneggia* neben nisl. *hneggia* (ags. *hnǽgan*, mhd. *neien*) wiehern, *gnit* (zu ags. *hnitu*) niss, *gnógr* (vgl. got. *ganōhs*) hinreichend, *gnúa* (ahd. *ginūan*) reiben, *grein* (got. *garaideins*) zweig, abschnitt, *gredder* einer der zu speisen giebt (vgl. ags. ʒ*ereordian* speisen), *gǽra* schaffell zu *hǽra* haartuch (vgl. mht.

gehār behaart) u. a. wörter mit dem suffix *ga-* (s. Bugge, Arkiv
II, 212 f., 238 f.; Noreen, ib. III, 16 ff.; Erdmann, Ant. tidskr. f.
Sv. XI, 4, s. 29 ff., Wadstein, I. F. V, 12 ff., wo vieles unsichere,
vgl. z. b. Lidén, Bezz. Beitr. XXI, 114 ff.); prät. sg. *sueip* (**seswœip*) zu *sueipa* einhüllen, selt. (s. Larsson, Ordförrådet s. 141;
Petersens, Jómsvikinga saga, Kph. 1882, s. X) *heit* (got. *haihait*)
neben gew. *hét* zu *heita* heissen; *slíkr* (got. *swaleiks*) solcher. —
Vgl. mit betonter vorsilbe *gamall* alt zu *mál* zeit (? s. § 144, 1),
pl. *gǫtuar* (ags. ʒetáwe, ʒeatwe) rüstung (s. Kluge, K. Z. XXVI, 70),
prät. *sera* (got. *saísō*) aus älterem **seʀō'* zu *sá* säen.

Anm. In lehnw. wie *postole* (ags. *postol*) apostel, *pistell* (ags. *pistol*)
epistel, *spitale* (ahd. *spitāl*) hospital, *paþreimr* hippodrom, *Púl* Apulien ist
wol der vokal meistens schon vor der entlehnung geschwunden.

§ 147. Unbetonter kurzer unnasalirter vokal in der
ultima wird synkopirt, z. b. *dagr* (urn. *Ðaʒaʀ* Einang) tag,
heitenn (urn. *haitinaʀ* Tanum) geheissen, *gestr* (urn. *-ʒastiʀ*
Gallehus) gast, *sunr* (got. *sunus*) sohn, *fé* (got. *faíhu*) vieh,
acc. sg. *stein* (urn. *staina* Tune) stein, *horn* (urn. *horna* Gallehus)
horn, *mǫg* (urn. *maʒu* Kjølevig) sohn, nom. sg. f. und nom. acc.
pl. ntr. *ǫnnor* (got. *anþara*) andere, gen. sg. *gísls* (urn. *-ʒīsalas*
Kragehul) geisels, dat. sg. *feþr* (lat. *patri*) vater, acc. sg. m. *einn*
(got. *ainnō-hun*) einen, *blindan* (got. *blindana*) blinden, dat. sg.
m. *blindom* (got. *blindamma*) blindem, nom. pl. *dǿtr* (urn. *dohtriʀ*
Tune) töchter, 1. pl. konj. präs. *berem* (got. *baíraima*), prät. *bǽrem*
(got. *bēreima*), 1. sg. präs. ind. *ber* (got. *baíra*) trage, 2. sg.
imperat. *sǿk* (got. *sōkei*) suche, *fiol-* (got. *filu*) viel-, *heldr* (got.
haldis) mehr, *hatr* (got. *hatis*) hass, 2. sg. präs. ind. *brýtr* (got.
briutis) brichst u. a. — Vgl. dagegen mit (wenigstens in urn.
zeit) nasalirtem, wiewol kurzem vokal z. b. acc. pl. *daga* (got.
dagans) tage, *geste* (got. *gastins*) gäste, *suno* (got. *sununs*) söhne,
3. pl. prät. ind. *buþo* (got. *budun*) boten, inf. und 3. pl. präs. ind.
gefa (got. *gibau*, resp. *giband*) geben, acc. sg. *hana* (got. *hanan*)
haben, *nio* (got. *niun*) neun u. a.; ferner mit langem (eventuell
auch nasalirtem) vokal, z. b. *valþer* (got. *walidēs*) wähltest,
syster (urn. *swestār*, § 131; vgl. gr. πατήρ u. dgl.) schwester,
3. sg. prät. ind. *orte* (urn. *w[u]rtā*, § 131) machte, nom. pl. *gester*
(got. *gasteis*) gäste, *fiskar* (got. *fiskōs*) fische, gen. pl. *rúna* (got.
rūnō mit urspr. nasalirtem *ō*, weil aus **-ōm*) runen, acc. sg.
tungo (ahd. *ʒungūn*) zunge u. a. m. s. § 130—134.

§ 148. Synkope.

Anm. Die 3. sg. prät. konj., z. b. *byþe* (got. *budi*) böte, welche lautgesetzlich synkope erleiden sollte, hat wol schon urn. langes i von der 2. sg. und dem pl. (got. *budeis*, resp. *budeima*, *-eiþ*, *-eina*) entlehnt. Die verba præteritopræsentia, welche im präs. konj. (das ja urspr. ein prät. konj. ist) fast nie *i*-umlaut zeigen, haben wol (wie im aschw. alle verba, s. Noreen, Grundriss², I, 640, § 253) schon vor der umlautszeit die endungen des funktionell ja gleichwertigen präs. konj., welche sämtlich lautges. nicht synkopirt werden (z. b. 3. sg. got. *-ai* u. s. w.), entlehnt. — Unerklärt bleibt die erhaltung des vokals in der 2. pl., z. b. *bindeþ* (got. *bindiþ*) bindet, *bundoþ* (got. *bunduþ*) bandet; ein nicht befriedigender erklärungsversuch bei Walde, Die germ. auslautsgesetze, s. 187.

§ 148. Unbetonter kurzer vokal in pænultima wird synkopirt, z. b. 1. sg. prät. ind. *fáþa* (urn. *faihiðo* Einang) schrieb, gen. pl. *augna* (ags. *éaȝena*) augen, gen. dat. sg. f. und gen. pl. resp. *blindrar*, *-re*, *-ra* (ahd. *blintera*) blinder, gen. pl. *gumna* (got. *gumanē*) männer, nom. acc. pl. *himnar*, *-a* (got. *himinōs*, *-ans*) himmel, *numner*, *-a* (got. *numanai*, *-ans*) genommene, dat. pl. *hǫfþom* (got. *haubidam*) köpfen, *ellre* (got. *alþiza*) älter, *minste* (got. *minnista*) der kleinste, *fagna* (got. *faginōn*) sich freuen u. a. — Vgl. mit urspr. langem (ev. auch nasalirtem) oder nebentonigem vokal die in § 147 und § 149 angeführten beisp., wo in 3- oder mehrsilbigen wörtern die ultima (ev. auch die antepænultima), nicht aber die pænultima, synkopirt worden ist; sowie solche, wo auch die ultima (nach § 147) nicht synkopirbar war, z. b. *armare* (got. *armōza* mit urspr. nasalirtem *-a*, weil aus *-ēn*) ärmer, *skapere* (vgl. ahd. *-ári*, got. *-areis*, s. § 144, 1) schöpfer, 1. sg. prät. ind. *losnaþa* (got. *lusnōda*, mit urspr. nasalirtem *-a*, weil aus *-ōm*) wurde los.

Anm. 1. Auffallend ist die synkope eines i in fällen wie pl. nom. *alnar* (got. *aleinōs*) ellen, *gullner* (got. *gulþeinai*) goldene, gen. *lausna* (got. *lauseinō*) lösungen u. dgl.

Anm. 2. Fälle, wo (wenigstens scheinbar) sowol die ultima als die pænultima synkopirt worden ist, erklären sich teils nach § 151, teils vielleicht nach § 145ᵇ anm.; teils ist gar keine zweite silbe vorhanden gewesen, z. b. acc. sg. m. *einn* 'einen', *minn* 'meinen' nicht gleich got. *ainana* (vgl. selt. aschw. *ēnan*), *meinana*, ebensowenig gleich urn. **aininō* (ags. *ǽnne*), *mīninō* Kjølevig, welche aisl. *e(i)nna* (wol in dem adv. mit der bedeutung 'unice' noch erhalten; vgl. adv. wie *harþan*, *bráþan* u. dgl. nach dem vorigen typus), **minna* ergäben, sondern gleich got. *ainnō(hun)*, *meinna* (Matth. 11, 10); nom. acc. sg. ntr. *blint* blindes ist nicht gleich got. *blindata*, sondern setzt ein got. **blindat* voraus, wie *þat* 'das' nicht got. *þata*, sondern *þat* (in *þat-uh*, vgl. gr. τόδε; got. *þata* aus **þatō* gäbe in verbindung mit *-uh* ein **þatōh*, s. Noreen, Arkiv VI, 374 note) entspricht (got. *þata* wäre aisl. **þǫt*).

8*

§ 149. Unbetonter kurzer vokal in antepænultima und unbetonter kurzer unnasalirter vokal in ultima werden beide synkopirt, z. b. dat. sg. m. *bundnom* (got. *bundanamma*) gebundenem, acc. sg. m. *valþan* (got. *walidana*) gewählten. — Vgl. dagegen mit nebentoniger antepænultima und langer ultima — deshalb mit synkopirter pænultima nach § 148 — z. b. gen. dat. sg. f. und gen. pl. *mikellar* (< *mikileʀōʀ*), *-elle* (< *-ileʀē*), *-ella* (< *-ileʀō*) zu *mikell* gross.

Anm. 1. Ueber fälle wie acc. sg. m. *bundenn* gebunden, nom. acc. sg. ntr. *heilagt* heiliges, die scheinbar dem got. *bundanana* (vgl. aschw. *bundnan*), resp. *hailagata* entsprechen, s. § 148 anm. 2.

Anm. 2. Fälle, wo drei silben nach einander synkopirt zu sein scheinen, sind immer zum teil analogisch entstanden. So z. b. entspricht nom. acc. sg. ntr. *valt* gewähltes nicht got. *walidata*, sondern einem *walidat (vgl. § 148 anm. 2), das lautgesetzlich *vǣlit ergäbe, aber nach analogie von dem verhältnis *blindr : blindan : blint* wie *valþr : valþan : x* in *valt* umgeformt worden ist.

§ 150. Enklitische einsilbige wörter werden — wo nicht assoziation hindert — wie sonst unbetonte ultima (s. § 147) synkopirt, z. b. *emk* (neben *em ek*) ich bin, *mǽltak* (*mǽlta ek*) ich sprach, *kǫllomk* (*kallō[m]-mik*) ich nenne mich zu *kalla* (ich) nenne (über den gegensatz *-a : -omk* s. § 130, 1 und 2), *létom* (*létu-mʀ* aus *létu-meʀ* gleich *léto mér*) sie liessen mir, *kallask* (*kalla-sik*) sich nennen, *snúas* (*snúa-sʀ* aus *snúa-seʀ*) sich wenden, *sás* (*sá es*), *þeims* (*þeim es*) derjenige, resp. demjenigen welcher, *nús* (*nú es*) nun ist, *þaz* (*þat es*) das ist, *unz* (*und-es*) bis, *þót(t)* neben selt. *þó at* wiewol, *suát* (*suá at*) so dass, selt. anorw. (s. Fritzner) *hít* (*hí-at*, s. Noreen, Arkiv V, 373) hierher, anorw. *þit* (*þí-at*) dorthin, weil, *máttet* (*mátti-at*) konnte nicht, *þát eins* St. Hom. (*þá at eins*) nur dann, anorw. *aldregen* (*aldrege-enn*, s. Kock, Arkiv IX, 161) noch nie, *huœrgin* (*huœrgi-enn*, ib. XI, 126) noch nirgends u. a. Reichliche beisp. aus den skaldengedichten bieten u. a. Sievers, Beitr. V, 491 ff. und Jónsson bei Gislason, Udvalg af oldn. skjaldekvad, s. XIX ff. — Wenn das zu synkopirende wort vor dem (schwindenden) vokal *w* hat, wird dies nach § 220 sonantisirt, z. b. *hinnog* neben *hinn(v)eg* (s. § 227, 1 f) dort, *þannog* (*þann veg*) dahin, *huernog* (*huern veg*) wohin.

Anm. 1. In derselben weise sind wol (nach einer vermutung Lidén's) entstanden die formen auf *-t* und *-r* der 2. pl., z. b. *bindet* (aus *bindið-t*

s. § 259, 2, § 275, 5), anorw. *bindir* (*bindið-r* s. § 282) gleich *bindið it, ér* (auch *bindi þit, þér*) ihr bindet.

Anm. 2. In den zweisilbigen verbalformen *erom, eroþ, ero* wird *e* nur (? s. Sievers, Beitr. V, 495) nach unmittelbar vorhergehendem *r* synkopirt. Das dadurch entstandene *rr* wird bisweilen vereinfacht (§ 275 anm. 1), die einstige länge des ultimavokals in *eró* (s. § 117 anm. 2) gewöhnlich (bes. in St. Hom.) erhalten, eventuell auch auf *erom* übertragen. Z. b. *vér(r)óm* (*vér erom*) wir sind, *þeir(r)ó* (*þeir ero*) sie sind, *sælerró* (*sæler ero*) selig sind.

§ 151. Wo innerhalb eines paradigmas synkopirte und unsynkopirte formen (resp. formen mit synkope bald in der ultima, bald in der pænultima) mit einander wechselten, ist oft ausgleichung — gewöhnlich zu gunsten der synkopirten formen — eingetreten oder doppelformen entstanden. Z. b. *valþr* neben *valeþr* nach pl. *valþer* gewählt, *danskr* statt *deneskr nach pl. *dansker* dänisch, *eldr* (aschw. noch selt. *eleþer*) nach dat. *elde* feuer, *Hǫrþr* (aschw. run. noch gen. *Harups* Rök) ein mannsname nach pl. *Hǫrþar* einwohner von Hordaland, *dýpþ* (got. *diupiþa*) nach gen. *dýpþar* tiefe, *beztr* und *bastr* aus urspr. *betistr (got. *batists*), acc. *bastan* bester, *magn* und *megn* neben *megen* nach dat. *magne* stärke, *nøktr* neben *nøkkueþr, nekkueþr,* (bes.) anorw. auch *nǫkkueþr* (s. z. b. Leffler, Om *v*-omljudet s. 13 note) nackt aus urspr. *nøkkueþr*, acc. *nekþan, nǫkþan* (s. v. Friesen, N. spr. s. 7), ntr. *bút* (als adv. 'vielleicht') statt *búet* nach *búnom, -no, -ner* u. s. w. 'fertig', ebenso anorw. *dát(t)* statt *dáet* totes und *nánn* statt *náenn* nahe u. a., s. die flexionslehre.

§ 152. Weit später, erst zur zeit der ältesten hdschr. durchgeführt, ist die synkope des anlautenden vokals im pron. *enn, inn* bei dessen übergang in den suffigirten artikel. Das nähere hierüber s. § 462, 1.

Anm. 1. Sonstige beispiele späterer synkope sind im aisl. selten und unklar, z. b. gen. pl. *erna* neben *erenda* zu *erende* in der bedeutung 'notdurft'. Vielleicht auf dissimilation beruhen *kongr* (erst gegen 1300, s. Gíslason, Njála II, 216) neben *konongr* könig, *pengr* neben *pen(n)engr* münze. Dagegen ist das adv. *lit(t)* 'ein wenig' kaum aus dem ntr. *litet* kleines entstanden, sondern entspricht wol dem genau gleichwertigen got. adv. *leita*, worüber s. Grienberger, Untersuchungen zur got. wortkunde, s. 146. *Fiogrtán* vierzehn ist nicht aus *fiogortán* entstanden, sondern wie dies aus *fioðrtán durch partiellen, resp. vollständigen anschluss an *fiogor* vier; s,

Noreen, Svenska etymologier, s. 41. — Wiederum im anorw. ist eine sekundäre synkope keineswegs selten (bes. nicht seit c. 1300) und zwar am häufigsten auftretend in lehnwörtern (wo die synkope vielleicht zum teil vor der entlehnung stattgefunden hat) sowie orts- und personennamen, z. b. (s. bes. Hægstad, G. Tr., s. 93 ff.) *Marg(a)réta, Kat(a)rína, Marí(u)mœssa, Gregóri(u)smœssa, Nið(a)róss, Biark(a)røy, Efrúsum (Øfrahúsum), Stiór(a)dall, Brig(i)ðaruð* ortsnamen; in proklitischer stellung *há* (schon 1299) aus *hafa* haben, *lúk(a) upp* 1346 aufschliessen. Nicht hierher gehören dial. formen wie *Siúrðr*, orkn. *tuttū* (statt *Siugurðr* Sigwart, *tuttugu* zwanzig), welche nach § 283, 4 und § 125 zu erklären sind.

Anm. 2. Das schon vorliterarisch entstandene *dís* ehrwürdiges weib, schwester statt *iðís (ags. *ides*, as. *idis*, ahd. *itis, itins*) dürfte aus lautgesetzlich synkopirten zusammensetzungen wie *ióð(d)ís* (aus *ióð[i]ðís* s. § 230, 1, a) milchschwester, *Valdís* u. a. namen abstrahirt sein. Wenn die zweite silbe haupttonig gewesen ist, kann das wort doch auch zu § 146 gehören.

V. Svarabhakti.

§ 153. Svarabhakti tritt in etwas jüngerer sprache zwischen auslautendem *r* und einem vorhergehenden konsonanten ein:

a) Im aisl. ist der svarabhaktivokal *u*, von dem spuren schon vor 1300 sich zeigen, z. b. *ríkur* (statt *ríkr*) mächtig, pl. *bǿndur* (*bǿndr*) bauern u. s. w. Um 1400 ist wol die aussprache *-ur* allgemein üblich gewesen, obwol die schreibung *-ur* erst nach 1550 völlig durchdringt; s. Þorkelsson, Um *r* og *ur* í niðrlagi orða, Reykjavík 1863.

b) Im anorw. ist der svarabhaktivokal verschieden in verschiedenen gegenden. Wnorw. tritt südlich von Bergen *u* oder *o*, nördlich davon *i* oder *e* (orkn. *i*, shetl. *e*, später auch *u*) ein; onorw. dagegen im allg. *a*, in gewissen gegenden auch *e* (so regelmässig im Drontheimischen) oder *œ*, z. b. wnorw. *aftur, -or, -ir, -er*, onorw. *aftar, -er, -œr* statt *aftr* zurück, u. s. w. In einigen denkmälern richtet sich der svarabhaktivokal nach demjenigen der vorhergehenden silbe, wie z. b. in der Barlaams saga *heilagar* heilig, *slíkir* solcher, *máttogor* mächtig, *atburður* ereignis u. s. w. statt *heilagr* u. s. w. Die entwickelung tritt (wenigstens in Barlaams saga und im Drontheimischen) schon um 1250 auf, wird seit 1325 häufiger und ist wol im allgemeinen während des 14. jahrhs. vollzogen worden. Vgl. J. Storm, Norvegia I, 35; Hægstad, G. Tr., s. 91 f., Hild., s. 58.

§ 154. Spuren speziell urgerm. lautgesetze. 119

Anm. In anorw. runeninschriften kommen auch nicht selten im inlaut spuren von svarabhakti nach der art der urn. inschriften (s. § 135) vor, z. b. *beleitir* (d. h. *bleytir*, Aardal, 13. jahrh.) netzt, acc. *burupur* (d. h. *bróðor* Tanberg) bruder; s. Bugge, Foreningens til norske fortidsmindesmærkers bevaring aarsberetning for 1868, s. 33.

Kap. 3. Vokalwechsel aus urgermanischer zeit stammend.

I. Spuren speziell urgerm.[1]) lautgesetze.

a) Umlauterscheinungen.

§ 154. *a*-umlaut (vgl. An. gr. II, 151 ff., § 163) kommt in folgenden fällen vor:

1. Starktoniges *i* wurde, wenigstens in kurzer silbe (vgl. anm. 2) ausser nach *g* und *k* (s. Kock, Beitr. XXIII, 544 ff.) zu *e*, wenn in der nächsten silbe ein *a* oder ein sich nach § 130, 2 zu *a* entwickelndes, also offenes, *ō* ohne dazwischenliegendes *j* oder nasal + kons. stand, z. b. part. prät. *beþenn* nach den synkopirten formen *beþnom* (got. *bidanamma*), *-no, -ner* u. s. w. zu *biþa* warten, *heþan* von hier neben *hiþra* (alt, s. Gislason, Njála II, 604; später anal. *heþra*) hier, *gleþa* (ags. *ʒlida* zu *ʒlídan* gleiten) weih, *verr* (lat. *vir*; vgl. pl. *virþar* < *wiriðōR*, gebildet wie *fyrþar* < *firhwiðōR* § 74, 5, a, die männer der *verþong* ehrengeleit des königs sowie aschw. pl. *virþar* die einwohner der landschaft *Værand*) mann, *refr* fuchs zu *rifa* reissen, *sef* neben ndän. *siv* binse (zu lat. *dissipo*, ahd. *sib*), *duena* neben *duina* (und ags. *dwinan*) erschlaffen, *suena* neben *suina* (und ahd. *suīnan*) schwinden, *neþan* von unten neben *niþre* (auch *nepre, neþarre*) niedere, *hegre* (ags. *hiʒora*), *hére* (ahd. *hehara*) § 307, 3 reiher, anorw. *skref*, dat. *skrifi* (s. Fritzner) schritt. Durch ausgleichung ist der wechsel beseitigt worden, resp. sind doppelformen entstanden wie *stege* (selt.), *stige* aus urspr. nom. *stigi*, obl. *stega* leiter; ebenso *sele, sile* siele, *sege, sige* (s. Hellquist, Arkiv VII, 54, 58; Bugge, ib. X, 87) schnitzel, *ref-ormr* flechte neben *rif* reibung, pl. *neþar*

---

[1]) Vielleicht richtiger gemeingerm., denn die vorgänge dürften im allgem. erst der (früh)urn. zeit gehören, wiewol sie auch in anderen altgerm. sprachen auftreten.

(selt., s. Larsson) neben *niþar* abnehmender mond, *klefe*, selt. *klife* kleine stube, *vega*, anorw. auch *viga* kämpfen, töten zu *vig* kampf, mannsnamen auf *-(f)reþr, -(f)røþr* § 74, 3 (wie *Hallfreþr, Geirrøþr*) neben *friþr* friede (s. Bugge, Arkiv II, 251).

Anm. 1. Urn. *WiwaR* Tune ein mannsname hat sich nach dem dat. *Wiwē und dem deminutiv *Wiwilā* (aisl. *Víle*) Veblungsnæs gerichtet. Oder ist der übergang $i > e$ damals noch nicht durchgeführt?

Anm. 2. In langer silbe ist der übergang wenigstens durch *nest* (lat. *nīdus* < *nizdos) nest sicher belegt.

2. Starktoniges *u* ging in *o* über, wenn in der nächsten silbe ein *a* oder ein sich nach § 130, 2 zu *a* entwickelndes, also offenes, *ō* ohne dazwischenliegendes *j* oder *gg* oder nasal + kons. stand; vor *m* doch wol erst spät-urn. und zwar nach der *a*-synkope, so dass ein fall wie z. b. *humarr* hummer statt *homarr durch den einfluss der synkopirten kasus (*humre, humrom*) zu erklären wäre (vgl. Kock, Beitr. XXIII, 511 ff.). Schon urn. beisp. sind u. a. 1. sg. prät. *worahtō* Tune gegen 3. sg. *wurte* Tjurkö (anal. *orte* By) machte, *horna* Gallehus horn gegen dat. *-kurnē* Tjurkö -korn. Dieser wechsel ist aber fast überall ausgeglichen worden, so dass man nur ganz ausnahmsweise eine hdschr. finden kann, die das lautgesetzliche verhältnis aufrecht hält, z. b. nom. *sunr*, gen. *sonar*, dat. *syni*, acc. *sun*, pl. nom. *synir*, gen. *sona* u. s. w. (s. Gering, Isl. æv. I, XVI). Ziemlich oft sind aber doppelformen entstanden wie *sonr* : (bes. in alter zeit) *sunr* sohn, *hugr* : *hogr* sinn, *fugl* : (alt) *fogl* vogel, *gull* : (alt fast immer) *goll* gold, *goþ* (in zusammensetzungen vorzugsweise von den heidnischen göttern gebraucht) : *guþ* (in zus. vorzugsw. von dem christlichen Gott gebraucht) gott, *bukkr* : *bokkr* bock, *munr* : *monr* sinn, unterschied, *uxe* : *oxe* ochs, *kona* : (selt., s. Vigfusson) *kuna* weib, *togr* : *tugr* anzahl von zehn, *stofa* : *stufa* (s. Egilsson und Fritzner) stube, *stofn* : anorw. auch *stufn* (*stumn*) unterlage, *trog* : anorw. auch *trug* (s. Hertzberg) trog, *opt* : anorw. selt. *uft* oft, pl. *gotar* : *gutar* (s. Hertzberg) einwohner von Gottland, *-smogoll* (s. Hertzberg) : *smugall* eindringend, *hlotenn* : selt. *hlutenn* bekommen, selt. anorw. *brogðenn* : *brugþenn* ans licht gezogen, *boþenn* : selt. anorw. *buðinn* geboten, *koma* : anorw. auch *kuma* kommen, *hertoge* : *-tuge* herzog, *numenn* : anorw. auch *nomenn* genommen, *lokenn* : St. Hom. (1 mal) *lukenn* geschlossen, *stoþ* : *stuþ* stütze,

rune ferkel neben *rone* pferd, *goþe* : (selt.) *guþe* priester, *burr* : *borr* (schon urn. dat. pl. anal. *ƀorumʀ* Stentofta) sohn, *bolr* : *bulr* rumpf, *bolstr* : *bulstr* polster, *flug* : *flog* geschwindigkeit, *gul*, *-a* : *gol*, *-a* windstoss, *huerskonar* : *-kunar* von jeder art, *ruþ* : selt. *roþ* neuland, *ulfr* wolf neben mannsnamen auf *-olfr* (wie *Þórolfr*, *Heriolfr* u. a.; aber auch *-ulfr*, wie schon urn. *-wulafʀ*, *-wulafa* Istaby neben *-wolₐfₐ* Gommor, *-wolₐfʀ* Stentofta), u. a. m., s. bes. Gislason, Um frumparta s. 197 f.; Hægstad, G. Tr., s. 45.

Anm. 3. *u* statt sonstigen *o* ist besonders in dem färöischen dialekt beliebt, z. b. *brut* bruch, *mula* zermalmen, *turf* torf u. a., s. Bugge, Aarbøger 1875, s. 40.

Anm. 4. Ein fall wie *hunang* honig erklärt sich vielleicht aus einer aussprache mit haupttoniger ultima; vgl. 51, 1, b und Kock, Beitr. XXIII, 517.

Anm. 5. Der diphthong *eu* scheint nicht in entsprechender weise zu *eo* entwickelt worden zu sein, s. § 56.

§ 155. Durch *i*-umlaut wurde *e* zu *i* wenn in der nächsten silbe ein *i* (altes oder in unbetonter silbe aus *e* entstandenes), *ī* oder *j* stand (s. Noreen, Urg. lautl., s. 14 f.).[1] Daher wechseln *e* und *i* in fällen wie part. prät. *beþenn* (nach den synk. kasus wie pl. *beþner*, got. *bidanai*) zu *biþia* bitten, *meþal-* mittel- neben *á miþel* (anal. auch *miþal*) zwischen und *miþr* (got. *midjis*, lat. *medius*) mittler, *verþr* wert neben *virþa* (*wirðian*) würdigen, *sefe* verwandter : (*Sif* Thor's gattin, pl.) *sifiar* verwandtschaft, *nest* proviant : *nista* proviantiren, *Þelamǫrk* eine landschaft : *þiler* deren einwohner und bes. die vielen fälle von dem typus *verk* : *virke* werk, *veþr* : *viþre* wetter u. a. Ebenso erklären sich fälle, wo *e* zu *ia* oder *io* gebrochen worden ist, z. b. *miok* (*meku*) viel neben *mikell* gross, *fiorþr* (*fiǫrþr*, gen. *fiarþar*; aus urn. *ferðuʀ*, resp. *ferðōʀ*) mit pl. *firþer* meerbusen, *sniallr* (*snellaʀ*) begabt neben *snille* begabung, anorw. *Siugurðr* (*Seʒu-warðuʀ* > *Siugwǫrðr*) Sigwart neben (*Sigurðr* < *Siʒi-* und) *sigr* (*siʒiʀ*) sieg, *iolstr* : *ilstre* salix pentandra, *Skiolf* hochsitz : *skilfingr* eine fürstenbenennung (s. Noreen, Uppsalastudier, s. 24; Läffler, Arkiv X, 167 ff.), *fior* leben : *firar* männer (s. § 119, 2), *kialta*, *kioltung* : *kilting* schoss,

---

[1] Zum teil anders Kock, Beitr. XXVII, 166 ff., ein aufsatz der mir zu spät gekommen ist um hier benutzt werden zu können.

hialpa helfen : *hilper* helfer, *giald* : *gilde* bezahlung u. a. m. Oft ist der wechsel ausgeglichen worden, so dass entweder der eine vokal überall durchgeführt worden ist oder auch doppelformen entstanden sind, z. b. dat. *verþe* und (selt., s. z. b. Vigfusson) *virþe* zu *verþr* malzeit, gen. pl. *venþa* (selt., s. Bugge, Arkiv II, 229) und *vinþa* zu *vinþr* (ahd. *winid*, vgl. *venedi* bei Plinius) die wenden, *tegr* und *tigr* (nach pl. *tiger*) anzahl von zehn, *niól* (ahd. *ncbul*; s. § 227, 2) finsternis neben *nifl* (*nibil) nebel, *ef* und *if*, *efe* und (alt) *ife* zweifel, *þiokkr* (*þekwuʀ) und *þykkr* (**þikwia-*) dick, *fiarre* und *firre* fern.

Anm. Der diphthong *eu* ist in derselben stellung zu *iu* geworden, z. b. urn. Iuþinɢaʀ Reistad, Niuwilā Næsbjærg, Niujil[ā] Darum I mannsnamen, bᴀriutiþ Björketorp bricht gegen -*leubaʀ*, -*leuɢaʀ* u. a., s. § 56.

b) Sonstiges.

§ 156. *e* wurde zu *i* unmittelbar vor nasal mit folgendem konsonanten. Daher gen. pl. *kuinna* (*kwen-nō, gebildet wie got. *aúhsnē*, *abnē* u. a.) neben *kuenna* (aus *kwenanō synkopirt, vgl. got. *qinōnō*) und zusammensetzungen wie *kuen-kendr* weiblich (vgl. got. *qina-kunds*, s. Bugge bei Fritzner III, 1110) zu *kona* weib, *snema* und *snimma* (durch kontamination auch *snemma* und *snima*) früh. Ebenso ist aus *brinna* (alt und selt.), *rinna* (ziemlich selt.) neben *brenna* brennen, *renna* fliessen zu erschliessen, dass in der urspr. flexion dieser verben *nn* mit *n* gewechselt haben muss (vgl. *brune* brunst, *rune* rinnen); s. Noreen, Urg. lautl., s. 13.

Anm. Prät. pl. *gengo* gingen, *fengo* bekamen (neben den bis etwas nach 1200 weit häufigeren *gingo*, *fingo*; s. Larsson, Ordförrådet, und Jónsson bei Gislason, Udvalg af oldno. skjaldekvad, s. XI f., und Skjaldesprog, s. 98, sowie Þorkelsson, Beyging), *hengo* hingen, *blendo* mischten haben *e* von sg. *gekk*, *fekk*, *hekk*, *blett* entlehnt (vgl. umgekehrt aschw. sg. *gik*, *fik* nach dem pl.), während wiederum part. prät. *gingenn*, *fingenn* statt der in der ältesten zeit fast ausschliesslich (s. Jónsson a. o.) gebräuchlichen *gengenn* (anorw. *gænginn*, also aus *ganginn durch *i*-umlaut), *fengenn* sich nach *gingo*, *fingo* gerichtet haben. Das selt. anorw. *hengat* (Heilagra manna sögur II, 208 und bei Hertzberg; *hængat* No. Hom.) statt *hingat* hierher ist wol nach *þengat* dorthin (das sich zu *þangat* wie *þenn*, *þœnn* zu *þann* § 137 anm. 1 verhält) umgebildet worden, während andererseits die form *þingat* auf einfluss des *hingat* beruht.

§ 157. *au, eu, iu* und *aw, ew, iw* wechselten in der weise, dass jenes vor konsonanz (und auslautend), dieses vor sonanten stand (vgl. got. *taujan* : prät. *tawida, kniu* : gen. *kniwis* u. dgl.). Daraus erklären sich folgende gegensätze:

1. *au* (oder *j*-umgelautet *ey*) : *aw*, woraus nach der synkope *á*, z. b. pl. *meyiar* (got. *maujōs*) : sg. *mǽr* (*mawiʀ § 77, 2 und § 68, 2; got. *mawi*) mädchen; *dauþr* tod, tot und *deyia* sterben : part. prät. *dáenn* (statt *defenn < *dawinʀ nach pl. *dáner* u. a. synkopirten kasus); *heyia* ausführen : prät. *háþa* (*hawiðō); *þreyia* sich sehnen : prät. *þráþa*, adj. *þrár* (*þrawaʀ) inständig und der mannsname *Þráenn* (anal. statt *Þrefenn, nschw. *trägen* inständig); selt. (s. Gislason, Um frumparta, s. 186) *kleyia* (ndän. *klə*) jucken : *kláþe* (das) jucken (vgl. *klá* reiben, anal. *klǽia* jucken, und *kló* § 74, 2 klaue). Gewissermassen hierher gehören fälle wie *ey* aue, insel : *ó* § 74, 2, *ǫ́* (got. *aƕa*) fluss; *hey* gras : *hó* § 74, 2, *hǫ́* nachgras.

2. *eu, iu*, woraus *ió* (*iú*) § 97 (oder *j*-umgelautet *ý*) : *ew, iw*, woraus nach der synkope *é, í*, in z. b. *hlý* (*hliuja) obdach und *hlýia* schirmen (prät. anal. *hléþa* nach *hlé*) : *hlé* (*hlewa, ags. *hléo*) lee; *trióna* stange und *trýio-sǫþoll* (= *trog-sǫþoll*) eine art sattel : *tré* holz, baum; *knýia* drängen : prät. *kníþa* (anal. inf. *knía* diskutiren); *gnýia* lärmen : prät. *gníþa*; *þiónn* diener und pl. *þýiar* (got. *þiujōs*) : sg. *þír* (*þiwiʀ, got. *þiwi*) magd; *skiól* schirmdach, *skióþa* tasche und dat. pl. *skýiom* : *skí* (s. § 77, 2) wolke; gen. *Signýiar* : nom. *Signí* (s. § 77, 2) ein frauenname.

Anm. Eine verwandte erscheinung ist der wechsel *ū* (auslautend und vor konsonanz) : *w* (aus *u*, vor sonanten) in z. b. *súl* säule : *suill* § 74, 13 grundschwelle; *sýr* § 68, 6 (acc. *sú*) sau : *suin* schwein. Vielleicht gehören auch hierher die § 128, b anders beurteilten *kuigr, kuiga, -ende*.

II. Ablaut.

§ 158. Unter ablaut verstehen wir jeden vokalwechsel innerhalb einer gruppe etymologisch verwandter wörter, den das urgerm. aus ieur. zeit übernommen hat. Je nach der natur der wurzeln ist der ablaut verschiedener art. In den germ. sprachen zeigen sich folgende sieben ablautsreihen, die bes. deutlich in der tempusbildung der sog. starken verben hervortreten. Vgl. Noreen, Urg. lautl., s. 37 ff.; Streitberg, Urgerm. grammatik, s. 79 ff.

§ 159. Die erste ablautsreihe lautet:

urgerm. *ī — ai — i* (*e* § 154, 1); anorw.-aisl. *i — œi (ei)* — *i, e,* z. b. *bíta* beissen : prät. *beit* : pl. *bitom* : part. prät. *bitenn* (vgl. *beþenn* § 154, 1 zu *bíþa* warten) u. a. verben; ferner *iþ* that : *iþia* geschäft; *stígr* : *stigr* pfad; *víþer* weidebusch : *viþ* gerte; *víg* kampf : *vega, viga* (§ 154, 1) kämpfen; *gisle* : *geisle* stock; *suí* : *suei* pfui; *skírr* : *skǽrr* (*skairiʀ § 54, 2) hell; *heitr* heiss : *hite* hitze; *feitr* fettig : *fita* fett; *kleif* reihe von klippen : *klif* klippe; *keikr* zurückgebogen : *kikna* hinsinken; *þueite* ntr. : *þuita* f. abgespaltenes stück; *geil* : *gil* kluft; *deigr* teig : *digoll* tiegel; *streitask* : *stritask* sich sträuben; anorw. *andlǽte* § 54, 3, b (vgl. *leita*, got. *wlaitōn* spähen) : aisl. *andlit(e), -let*, anorw. auch *-lete* § 138, anm. 2 (got. *wlits*) antlitz; u. a. m.

Anm. Bisweilen kommt in dieser reihe auch ein ablautsvokal urgerm. *ē*, aisl.-anorw. *é* vor, z. b. *hér* : *hiþra, heþra* (s. § 154, 1) hier, *higat, hegat* hierher, *heþan* hievon : anorw. (s. § 150) *hít* hierher; prät. *hét* : *heita* heissen; prät. *lék* : *leika* spielen.

§ 160. Die zweite ablautsreihe lautet:

urgerm. *eu (iu* § 155 anm.) — *au — u (o* § 154, 2) oder *ū*; anorw.-aisl. *iú, ió* § 97 — *ǫu (ou, au* § 94) — *u, o* oder *ū*, z. b. verben wie *kriúpa* kriechen (*gióta* giessen, *súpa* saufen) : prät. *kraup* : pl. *krupom* : part. prät. *kropenn*; ferner *rióþr* : *rauþr* rot : *roþe* röte; *stýra* (got. *stiurjan*) steuern : *staurr* stange : *styria* stör (s. Lidén, Uppsalastudier, s. 91 note); *hriúfr* schorfig, *hrýfe* schorf : *hrufa* rinde einer wunde; *liúga* lügen : *lyge* lüge, *lugvitne* falscher zeuge; *striúpe* : *strúpe* kehle; *striúgr* : *strúgr* neid; *nióir* geniessend : *nautr* genosse : *note* gleich(en); *biúgr* krumm : *baugr* ring : *boge* bogen; *skióþa* tasche : pl. *skauþer* scheide; *lióna* (s. F. Jónsson, Fernir forníslenskir rímnaflokkar, Kph. 1896, s. VIII) : *leyna* verhehlen; *lióþ* lied : *lúþr* horn zum blasen; *hlióþ* aufmerksamkeit : *Hloþvér* Ludwig; *liótr* ungestalt : *lútr* gekrümmt; *taug* : *tog, tug* seil; *Gautar* : *Gotar* völkernamen; *baula* kuh : *bole* stier, *bylia* brüllen; *hlaut* f. anteil (der götter) : *hlutr* los, teil; *haugr* hügel : *Hug-leikr* ein mannsname (s. Noreen, Urg. lautl., s. 94); *dauþr* tod, tot : urn. *-ðuðs* Stentofta -todes (aschw. *doþer* tod, s. An. gr. II, § 81, 2, a), anorw. run. (s. Söderberg, Ölands runinskrifter, s. 33) *tuþr* (aschw. *doþer* 3 mal in Vg II, wozu der ortsname *Dudhrahult*), *doðe* ein spottname, aisl. (s. Möbius, Analecta norrœna[1], s. 196) *doþna* wie tot

§ 161. Ablaut.

werden (vgl. nisl. *doði* erschlaffung, *doðna* erschlaffen); *haufoþ, hǫfoþ* (s. § 94) haupt : *húfa* haube; *brauþ* brot : *broþ* (s. Vigfusson) brühe; *gnauþ* : *gnyþr* lärm; *frauþ* : *froþa* schaum; aisl. *frauke*, anorw. *frauþr* : *froskr* frosch; *daufr* taub : *dofe* duselei; *leygr* flamme : *loge* lohe; *blautr* weich : *blotna* weich werden; *braut* anstrengung : *þrote* schwulst : *þrútenn* geschwollen; *aurr* nass : *úr* regen, niederschlag; *aurr* gries, *eyrr* sandbank : anorw. pl. *Yriar, -a* ortsnamen; *lauss* los : *losna* los werden; *raun* probe : *rún* geheimnis; *tryggr* (**triuw-*, s. § 221, 2) treu : *traust* trost : *trúa* trauen; *greyfa* : *grýfa* vorüber beugen; *suín* (**su-*, s. § 157 anm.) schwein : *sýr* (**sū-*) sau; *kuíga* § 157 anm. färse : *kýr* kuh; *kiúklingr* gänseküchlein : *kokkr* hahn; *hrúga* haufen : *hroke* (nschw. *råge*) aufmass. Vgl. nisl. *rjómi* rahm : anorw. *Raumelfr* ein flussname (vgl. mhd. *roum* rahm).

Anm. 1. Auffallend ist *au* (vielleicht aus der zweiten silbe entlehnt) im 2maligen *braullaup* (Hb. XXXVIII; gleich aschw. *brøllep*?, vgl. aber An. gr. II, § 116) neben gew. *brullaup, brúþlaup* hochzeit. Vgl. § 186 anm.

Anm. 2. Selten kommt in dieser reihe ein *ó* (aus *ōu*) vor, z. b. *nór* schiff : *naust* schuppen für böte; *bónde* (s. § 125) bauer, *landbóle* (orkn. *-búli*) pächter, *ból, bóle* wohnort, *bór* dorf : *búa* (anorw. selt. *bóa*) wohnen, *búande* (*bóande*) bauer, *bú* wohnsitz, *búþ* bude, *búe* einwohner, *búr* stube, *hýbýle* wohnung, *býr* dorf, *byggua* wohnen; *stórr* gross : *gnýstýrer* grossen lärm machend; prät. *dó, gó* zu *deyia* sterben, *geyia* bellen. Kaum hierher gehört *lón* : anorw. (sehr selt.) *lún* kleiner landsee. Aus verschiedenen sprachen entlehnt ist *skóle* (ags. *scól*, lat. *schola*) : anorw. (seltener) *skúli* schule (mhd. *schuole*), wie wol auch *dókr* (mndd. *dōk*) : (häufiger) *dúkr* tuch.

Anm. 3. Ebenfalls selten zeigt diese reihe ein *œ(w)*, an. *ā(w)*, z. b. (*aug*)*brǫ́* wimper : *brún* braue, saum, *brú* brücke; *grár* § 78, *gríð* § 127b, b, 2 grau : *grýia* (s. Vigfusson) grauen, dämmern : ? *grey-hundr* (graue?) hündin; anorw. *snǽlda* (**snā-ðl-iōn-*) spindel : *snúa* drehen, zwirnen.

§ 161. Die dritte ablautsreihe lautet:

urgerm. *e* (*i* § 155) — *a* — *u* (*o* § 154, 2); anorw.-aisl. *e, i* — *a* — *u, o*, z. b. verben wie *verpa* werfen : prät. *varp* : pl. *urpom* : part. prät. *orpenn*; *binda* binden : prät. *batt* : pl. *bundom* : part. prät. *bundenn*; ferner *giallr* (**ʒella-* § 85) : *gallr* hell tönend; *bialke* balken : *bǫlkr* scheidewand; *giorþ* (**ʒerðu*) gurt : *garþr* zaun, garten : *gyrþa* gürten; *austanverþr* : anorw. (selt., s. Hertzberg, s. 855) *austanvarðr* (vgl. as. *-wardes*, ags. *-weardes* -wärts) gegen osten gerichtet; *dagverþr* (§ 76) : *dǫgorþr* (**-warðuʀ* § 141) frühstück; *vella* : anorw. (selt., s. Wadstein, F. Hom., s. 48) *valla* wallen, sieden; *Nyrue, Niǫruasund* § 79, 4 : *Nørua-*,

Nǫruasund, *Nǫrr* § 79, 6; *þing* volksversammlung, *Þingill* (anorw., s. Rygh, Oplysn. II, 230) : *Þengell* ein mannsname (aisl. auch als fürstenbenennung); *strind* rand (anorw.; auch als ortsname) : *strǫnd* ufer; *vindr* schief : *vandr* schwierig, misslich; *minne* mündung, *minnask* sich küssen, *mél* (s. § 106, 1) mundstück des gebisses : *munnr* mund (s. Lidén, Uppsalastudier, s. 79 f.); *kind* nachkommenschaft : -*kundr*, -*kunnr* herstammend; *hindre* später : *handan* jenseits (vgl. agutn. *handar mair* weiter hin); *tindr* zahn am rade : *tǫnn* (*tanþu) zahn, *Gullentanne*, *Hildetannr* beinamen : *Tunne* (vgl. got. *tunþus*) ein mannsname; *miolk* milch : *molka* melken; *biarg* berg : *borg* burg, *Borgund* ein ortsname; *kiarne* kern : *korn* korn; *verk* werk : *yrkia* würken; *duergr* zwerg : *dyrgia* zwergin; *lend* (*landi-) lende : pl. *lunder* schinken; *sterkr* : *styrkr* stark, *storkna* starr werden; *gǫltr* (*ȝaltuʀ) ferkel : *gyltr* sau; *faldr* : anorw. (selt., s. Fritzner) *foldr* falte; *trǫll* (s. Noreen, Svenska etymologier s. 8 f. und die daselbst zitirte literatur sowie Gislason, Efterladte skrifter II, 160) : *troll* (vgl. mhd. *trolle*) dämon; *suartr* schwarz : *sorta* schwärzen, *sortna* schwarz werden, *Surtr* ein feuerriese; *valda* walten : prät. *olla*; *hallr* sich senkend (ahd. *hald* geneigt) : *hollr* hold; *bǫllr* ball : *bolle* bowle; *grann*- : *grunnleitr* hohlbäckig (s. Karsten, Stud. öfver de nord. spr. prim. nominalbildning II, 144); *seþr* (*sennr) für sich, je : *sundr*, anorw. (s. Hertzberg, s. 860, sp. 2) auch *syndr* abgesondert, entzwei (s. Noreen, Arkiv VI, 370 ff.).

Anm. Ueber den ablaut $i - a - u$ in ableitungssilben s. § 167.

§ 162. Die vierte ablautsreihe lautet:

urgerm. e (i § 155) — a — $\bar{æ}$ — u (o § 154, 2); anorw.-aisl. e, i — a — $á$ (§ 53) — u, o, z. b. verben wie *stela* stehlen : prät. *stal* : pl. *stǫlom* : part. prät. *stolenn*; *nema* nehmen : *nam* : *nǫmom* : *numenn* (anorw. auch *nomenn*); ferner g. pl. *kuenna*, *kuinna* (§ 156) : *kuæn* (*kwāni-) : *kona*, *kuna* (s. § 154, 2) weib; *suima* schwimmen : prät. *suam* : pl. *suǫmom* : *symia* schwimmen, *sund* (*swumđ-) das schwimmen; *suefn* schlaf : *suaf* schlief : pl. *sófom* (s. § 74, 11) : *sofa* schlafen, *syfia* schläfrig machen; *vin*(*r*) freund : *vanr* gewohnt : *vænn* schön : *una* zufrieden sein; *grim*(*m*)*r* : *gramr* feindselig; *meþal*- mittel-, *miþr* mittler : *undorn* (*umđ-) nachmittag; pl. *vinþr* § 155 die wenden : pl. *vaner* seegötter : *Vǽner* ein seename : *unnr* woge; *vel* : anorw. auch *val* (regelmässig im landgericht könig Magnus', oft in Hb. u. a., s. Fritzner) wol; *skynsemþ* : anorw. auch *-sømð* (s. Bugge bei Fritzner III, 1102) verstand; *saman* : anorw. auch *soman* (s. Hertzberg, s. 535, 862; aschw. *soman, suman*, s. An. gr. II, § 172) zusammen; *samr* : dat. sg. ntr. *sumo* (Cod. AM. 645, 4º) derselbe; *gemlingr* einjähriger widder : *gymbr* junges weibliches schaf; prät. *traþ* tritt : pl. *trǫþom* : *troþa* treten; *vatn* wasser : *vátr* nass : *otr* otter; *frǽndseme* : *-syme* verwandtschaft; *duelia* verzögern : *dylia* verschweigen; *hraþr* : *horskr* geschwind; *maþkr* made : *motte* (§ 308 anm. 2) motte, *man* : anorw. auch *mán* (s. Hertzberg) koll. sklaven.

Anm. Bisweilen kommt in dieser reihe *ó* vor, z. b. *kǿmr* (*kōmi-*) neben *kuǽmr* (*kwāmi-*) passabel, zu pass : *koma* kommen : prät. *kuam*; *skǿra* kampf, anorw. *skǿra* (s. Hertzberg) aufschneiden : *skera* schneiden : *skarþr* beschnitten : pl. *skǿre* schere : *skor* einschnitt. Vgl. § 164 anm. 1, § 165 anm. 2.

§ 163. Die fünfte ablautsreihe lautet:

urgerm. *e* (*i* § 155) — *a* — *ē*; anorw.-aisl. *e, i* — *a* — *á* (§ 53), z. b. verben wie *gefa* geben (*biþia* bitten) : prät. *gaf* (*baþ*) : pl. *gǫfom* : part. prät. *gefenn*; ferner *þess* des : *þat* das (anorw. *þeðan* : *þaðan* u. a., s. § 137 anm. 1); *stiake* kleiner stecken : *stake* stecken; *bikkia* : *grey-baka* hündin; *griþongr* : *graþongr* stier; *nítian* (*-*tehan*) neunzehn : *fiórtán* (**-táhan*, vgl. got. *tēhund*) vierzehn; *af* : anorw. auch *áf* (s. Wadstein, F. Hom., s. 121) ab, von; *at* : anorw. *át* (Wadstein a. o.; Fritzner; Hægstad, G. Tr., s. 65; Hertzberg, s. 855) zu; *ǫ* (got. *aƕa*) fluss : *Æger* der meergott; *mǫgr* sohn : *mágr* verwandter durch heirat.

Anm. Bisweilen kommt in dieser reihe *ó* vor, z. b. *lǿkr* (*lōki-*) bach : *leka* leck sein : prät. *lak* : pl. *lǫkom*; *mót* form, art : *meta* messen : prät. *mat* : *máte* art und weise; *fótr* fuss : *fet* fusstapfe, *fit* schwimmfuss : prät. *fat* fand einen weg : pl. *fǫtom*; *rǿkr* legitim, *rǿkia* beachten : *réttr* recht : *rǫk* (s. § 74, 7), *rǫk* darlegung, *rekia* darlegen; *snigell* schnecke, *snekkia* (s. An. gr. II, § 231 anm.) kleines kriegsschiff : *snákr* : *snókr* ringelnatter; *sǿgr* (: aschw. *saghi*, mndd. *sage*) schnitzel : *sigþr* sense : *sǫg* säge. Vgl. § 164 anm. 1, § 165 anm. 2.

§ 164. Die sechste ablautsreihe lautet:

urgerm. *a* — *ō*; anorw.-aisl. *a* — *ó*, z. b. verben wie *skafa* schaben : prät. *skóf* : pl. *skófom* : part. prät. *skafenn*; ferner *hagr* geschickt : *hǿgr, hóglegr* leicht zu bewältigen; *dagr* tag : *dǿgr* tag oder nacht; *staþr* platz : *-stǿþingr* -einwohner; *ǫln* (*ǿln*

§ 119,3) : *óln* (gr. ὠλένη) elle; *dalr* : *dǿl* tal; *net* netz : *nót* zugnetz; *hane* hahn : *hǿna* henne, *hǿns* hühner; *fnasa* : *fnǿsa* schnauben; *skaþe* : *skóþ* schade; *skage* vorgebirge : *skógr* wald; *aþal* eigenart : *óþal* eigentum; *batna* besser werden, *betre* besser : *bót* besserung, busse; *sama* : *sóma* passen; *hake* haken : *hǿkia* krücke; *age* : *ógn* schreck, *ǿgiask* erschrecken, *ótte* furcht; *slakr* schlaff : *slókr* herumschlenderer.

Anm. 1. Bisweilen kommt in dieser reihe *æ*, an. *á* vor, z. b. *kvǽfa* : anorw. *k(u)œfia*, aisl. *kefia* ersticken, *k(u)afna* erstickt werden : *kéfι* ersticken; *grǽfr* : *grǿfr* einer der begraben werden darf : *grafa* graben; anorw. *dkr* (Wadstein, F. Hom., s. 121; Hertzberg, s. 854) : *akr* acker, *aka* fahren : prät. *ók*; *háfr* fischhamen : *hefia* heben : prät. *hóf*; *athǽfe* verhalten, *auþ(h)œfe* (s. z. b. Wadstein, F. Hom., s. 59) reichtum, anorw. *háfa* (d. lehnwort?) hab und gut : *hafa* haben, behalten, enthalten, *hafask* sich verhalten : *hóf* das richtige verhältnis, *héfa* das ziel erreichen, *auþ(h)ǿfe* reichtum, anorw. *athǿfe* (Hb., Cod. AM. 310, 4º) verhalten. Vgl. § 165 anm. 2.

Anm. 2. Ausnahmsweise kommt in dieser reihe auch *u*, *o* vor, z. b. *kulþe* kälte : *kaldr* kalt, *kala* frieren : prät. *kól*; prät. pl. *uxom* : *vaxa* wachsen : prät. *óx*; *gnótt* (ahd. *ginuht*, s. § 108,2) genüge : *gnógr* (vgl. got. *ganōhs*) genügend; part. prät. *sorenn* : *suarenn* zu *sueria* schwören : prät. *sór*.

§ 165. Die siebente ablautsreihe lautet:

urgerm. *ǣ* — *ō*; anorw.-aisl. *á* — *ó*, z. b. *gráta* weinen : *grǿta* zum weinen bringen; *landamǽre* : anorw. *-mǿre* grenze (anorw. *Norðmǿre* Hægstad, G. Tr., s. 69 : *-mǿre* ein ortsname); *rámr* heiser : *rómr* stimme; *nǽra* nähren : *nǿra* stärken; *láfe* : *lófe* dreschtenne; *suá* : anorw. auch *só* (ahd. as. *sō*; vgl. aber § 74, 11) so; *huǽsa* zischen : *hóste* husten; *huáta* (s. Bugge, Tidskr. f. Fil. N. R. III, 264; Þorkelsson, Supplement II, 217) : *hóta* (s. Hertzberg) treiben, stossen, stechen, *hót* drohung, : *hǿta* drohen; *glǽ(f)a* glänzen u. a. (s. v. Friesen, N. spr., s. 37, 57) : *glóa* (ags. *glówan*) glühen; *fǽgelegr* : *fǿgelegr* angenehm; *dǿþ* geschicklichkeit, *dánde* tüchtig, *dǽll* fügsam : *dómr* urteil; *grápa* zu sich raffen : *grópasamlega* brutaler weise.

Anm. 1. Unklar bleibt (trotz Kock, ZfdA. XL, 196; vgl. dagegen Hellquist, Arkiv VII, 46) *blǽia* (zu mhd. *blahe*) neben selt. (z. b. Goþrúnarkuiþa I, 13) *blǿia* (wie im aschw.) bettuch.

Anm. 2. Bisweilen kommt in dieser reihe *a* vor, z. b. *latr* faul : *láta* lassen (: aschw. *lōt* liess); *krake* : *krákr* : *krókr* haken; *huatr* keck, *huass* scharf wol zu *huáta*, *hǿta* (s. oben). Vgl. § 162 anm., § 163 anm., § 164 anm. 1.

§ 166. Berührungen dieser reihen unter einander (vokalische 'wurzelvariation') sind nicht selten, wiewol grossenteils erst

§ 166. Ablaut. 129

sekundär entstanden entweder durch "entgleisung" eines wortes aus einer reihe in eine andere, partiell übereinstimmende, oder durch assoziation etymologisch nicht verwandter, aber lautlich wie begrifflich ziemlich übereinstimmender wörter. Ausser dem, was schon in den anm. zu §§ 162—5 angeführt worden ist, mögen hier noch folgende fälle in aller kürze erwähnt werden:

1. Vermischung der 1. und 2. reihe, z. b. in *skírr, skǽrr* (§ 159) : *skýrr* hell, rein; *rífa* : *riúfa* zerreissen; *grípa* greifen, *greip* klaue : *greypa* in einander hineingreifen lassen; *gnípa* : *gnúpr* steiler abhang, *gneypr* vorüberliegend; *skípe*, pl. *skeiþer* : pl. *skauþer* (vgl. § 159) scheide; *hrista* rütteln : *hriósa* schaudern; *ellefo* : anorw. selt. *œllugu*, mnorw. (s. Hægstad, G. Tr. s. 54) *œlluva* (vgl. § 74, 7 sowie ahd. *einluph*, ags. *endlufan*, afris. *andlova*) elf; *bríme* feuer : *breyma* brünstig; *síma* strick : *saumr* saumnaht; *strýkua* § 79, 5 : *striúka* streichen.

Anm. 1. Sehr selten ist vermischung der 1. und 5. reihe, z. b. *bíþa* erwarten, *beiþa* verlangen : *biþia* bitten, *baþ* bat, *bǿþom* baten.

2. Vermischung der 1. und 7. reihe, z. b. in *gnípa* (s. oben 1) : *gnapa* vorüberliegen; *suipa, sueipa* : *sópa* fegen; *grípa, greip* (vgl. oben 1) : *grápa, grópasamlega* (s. § 165); prät. *lét* und selten (Noreen, Arkiv III, 26 note; Þorkelsson, Beyging s. 291; Larsson; vgl. ahd. *fir-leiz*) *leit*, pl. selt. (z. b. Cod. AM. 677, 4⁰) *lito : láta, latr* (§ 165 anm. 2); prät. *grét* und (selt., s. Þorkelsson, Beyging s. 178; aschw. *grēt*) *greit* : *gráta, gréta* (§ 165); prät. *réþ* und selt. (z. b. Hægstad, G. Tr. s. 70 und regelmässig in Cod. AM. 291, 4⁰, s. Petersens, Jómsvíkinga Saga, Kph. 1882, s. X f.) *reiþ* : *rápa* raten; *reik* : *rǫk* furche (Noreen, Svenska etymologier, s. 62 f.); *bleikr* bleich : *blakkr* fahl; *huísla* flüstern : *huǽsa, hóste* (§ 165); *blístra* pfeifen, prät. *blés* : *blása* blasen; *grína* greinen : *grenia* heulen.

3. Vermischung der 2., 6. und 7. reihe, z. b. in *fnýsa* : *fnasa, fnésa* (§ 164) schnauben; *gnúpr, gneypr* : *gnapa* (s. oben 1 und 2); *tugr, togr* (vgl. ahd. *zwein-zug, -zog*) : *tigr, tegr, tøgr* (§ 74, 3) anzahl von zehn (vgl. *-tián* : *-tán* § 163); *gnauþ, gnyþr* (§ 160) lärm : *gnadd* brummen; *dys* steinhaufen : *des* heuhaufen; *kliúfa* spalten, *klauf* gespaltene klaue, *klyf, klofe* : *klafe* etwas zweispaltiges, saumsattel; *greypa* § 166, 1 : *grópasamlega* § 165, *gróp* aushöhlung, *grápa* § 165; *sýkn* (aschw. *sykn, siukn, sukn*, s. An. gr. II, § 455 anm. 2) *dagr* : anorw. auch *sǿkn* (aschw. *sø̄kn*,

sókn, s. a. o.) *dagr* tag auf dem man gerichtlich belangen darf, *sǿkia* gerichtlich belangen, *sǫk* sache; *baula, bole, bylia* (§ 160) : *belia* brüllen; *lasmeyrr* : *-mǽrr* gebrechlich; *stofn* stamm, *stubbr* stumpf : *stafn* steven, *stafr* stab; *styþia* stützen : *steþia* fixiren; *knútr* knoten, *ú-knytter* böse streiche : *knǫttr* ball; *fliúga* fliegen, *flokkr* flocke : *flóke* haarflocke, *flǫkra* flattern; *raukn* (s. Gislason, Nogle bemærkninger om skjaldedigtenes beskaffenhed, Kph. 1872, s. 27 f.; Wimmer, Læsebog [5], s. XXI note; Bugge, Bidrag, s. 30) zugvieh : *rekenn, rekningr* (wol zu *reka* treiben) eine benennung des ochsen; anorw. *hauldr* (s. Hertzberg, s. 269; Bugge, Norrœn fornkvæði, s. 144 note; zur erklärung s. K. F. Johansson, Beiträge zur griechischen sprachkunde, s. 135 note) : aisl. *hǫlþr* freier grundbesitzer, *halr* freier mann, 'held'.

Anm. 2. Ganz unklar sind anorw. *eyðla* : aisl. *eþla* eidechse; *auþlingr* (Bugge bei Fritzner III, 1103; wol von *auþr* reichtum beeinflusst) : *øþlengr* (vgl. § 60, 7, § 63 anm. 2) edeling; *haukstaldr* (*haug-, s. § 231, 1, b) vornehmer mann : urn. (Valsfjord und wol Kjølevig) HaᵹustalðaR 'Hagestolz'; anorw. mannsnamen wie *Aul(u)ir, Øyl(u)ir, Saul(u)ir* statt *Ǫlvér* (*Øluer* s. § 62), *Sǫlvér* (*Søluer*), s. Rygh, Oplysn. II, 158 note, Gamle personnavne, s. 244 und 285 f. Anorw. *eptir* (s. z. b. Wadstein, Antiqvitetsakademiens månadsblad 1891, s. 78), färöisch run. *uftiʀ* Kirkebø 'nach', 'über' statt *œptir* ist wol von *of, uf* (§ 139, 3) 'über' beeinflusst; vgl. An. gr. II, § 107 anm. 2 und Pipping, Runinskrifterna på Ardrestenarna, Ups. 1901, s. 20 (vgl. aber auch § 82 anm. 2).

4. Vermischung der 3., 4. und 6. reihe, z. b. in *miǫl* mehl, *mole* brocken, *mold* (staub)erde : *mala* mahlen, prät. *mól*; *fiorþr* enger meerbusen, 'fahrwasser', *fár* gefahr : *fara* fahren, prät. *fór*; anorw. oft (s. Sievers, Tübinger bruchstücke, s. 8 note; Hægstad, G. Tr. s. 49 und 81; Fritzner) *drega* (kaum nach § 142 zu erklären) ziehen, *dorg* angelschnur : *draga* ziehen, *drόg* streifen; *kunna* können, *kann* (und *kná*) kann : *kønn* erfahren.

Anm. 3. Noch verwickelter sind die verhältnisse z. b. in *tiara* teer, *tyrue* kienholz : *tré* holz, *tryggr* fest : *traust* sicherheit : *trúr* treu : *trog* trog; *hiortr* hirsch : *hrútr* widder; *biorn* bär : *brúnn* braun; *duergr, dyrgia* (§ 161) : *draugr* gespenst; s. Noreen, Urg. lautl. s. 90, 85, 224. Ueber *fer-* (aus *feðr-* in proklitischer stellung) vier- gegen *fiórer* (*fioðrir*) vier s. Noreen, Svenska etymologier, s. 41. Unklar ist *þerna* (wol aus einem dem mndd. *derne* zu grund liegenden as. *therna* < *thiorna*) dirne : *þiónn* diener.

§ 167. Ein, in vielen fällen wol analogisch entstandener, ablaut *i — a — u* kommt in ableitungssilben häufig vor, wie in:

1. Suffix *-il-, -al-, -ul-*, z. b. subst. wie *vaþell* (anorw. auch

§ 167. Ablaut. 131

veðill, s. Hertzberg s. 831) : pl. vǫþlar (*waðulaʀ; anal. vaþlar) furt; drasell : dat. drǫsle, pl. drǫslar (Bugge, Studier s. 394 f. note; Jónsson, Skjaldesprog, s. 19; Noreen, I. F. XIV) eine benennung des pferdes; bitell : -oll gebiss; virgell : -oll strick; gymbell schaf : anorw. gumbull als beiname; ferell reisender : adj. fǫroll fahrend; á miþel in der mitte : meþal- (vgl. § 155) mittel-; ávitall : -oll anzeichen; aþal : øþle (*aþulia § 60, 7) begabung, eigenart; oder adj. wie aþal- edel- : dat. sg. m. best. f. ǫþla (s. § 60, 7) begabt; selt. þagall : þǫgoll (vgl. subst. ofþøgle < *-þaʒulia § 60, 7) schweigsam; selt. giafall : giofoll freigebig; anorw. selt. hǿimall : gew. -ill : -ull verfügbar; hugall achtsam : flá-hugoll hinterlistig (vgl. athygle < *-huʒulia § 60, 7 nachdenken); Suipall ein beiname Odin's : suipoll veränderlich; veitall freigebig : ó-veitoll karg; smugall : -smogoll (s. § 154, 2) durchschlüpfend.

Anm. 1. Gegensätze wie vaþell : pl. vǫþlar, drasell : dat. drǫsle, pl. drǫslar, urn. erilaʀ (air. als lehnw. erell; mit aus dem dat. und pl. entlehntem e statt lautges. i, s. § 155) Kragehul, Lindholm, Järsberg (eirilaʀ By, Veblungsnæs durch kontamination, wol nur in der schrift, von *irilaʀ und erul-) jarl : pl. als völkername latinisirt Erulos (acc. = urgerm. nom. *Erulōz) Herulen zeigen, dass in urn. zeit, wenigstens bei vielen mask. subst., die suffixformen -il- und -ul- innerhalb eines paradigmas derart verteilt waren, dass jene nebentonig und daher später nicht synkopirend, diese unbetont und daher später synkopirend waren. Eine entsprechende verteilung von -al- und -ul- dürfte bei den adj. durch fälle wie þagall : -þøgle, hugall : -hygle u. dgl. erwiesen sein, so dass die mit der zeit immer häufiger auftretenden formen auf -ull (z. b. nisl. nur þǫgull, hugull) als vor der synkope entstandene neubildungen (statt formen auf -all) nach den später synkopirenden kasus anzusehen sind. Auch eine form wie hugall statt des lautgesetzlich a-umgelauteten *hogall setzt ja (wie das oben erwähnte urn. erilaʀ und der dazu gehörige mannsname Erlingr) schon einen einfluss der mit dem suffix -ul- gebildeten (synkopirenden) kasus voraus. S. Noreen, I. F. XIV und vgl. anm. 3.

2. Suffix -ind-, -and- (i-umgelautet -ænd- > -end-, bes. wnorw., s. Hægstad, G. Tr. s. 41), -und- (i-umgelautet -ynd-, bes. onorw.), z. b. réttinde : -ende : -ynde recht; sanninde : -ende und (nach § 61) -ande : -ynde und (nach § 61) selt. anorw. -unde wahrheit; harþinde : -ende : -ynde härte; fegrinde : -ende : -ynde schönheit; hǿginde : hógende und ó-hógande (s. Larsson) : hógynde bequemlichkeit, kissen; hlunninde : -ende : -ynde landwirtschaftliche nützlichkeit; tíþinde : -ende neuigkeit; erinde : ørende geschäft, auftrag; bindinde : -ende und -ande enthaltsamkeit;

§ 167. Ablaut.

heilinde : *-ende* : *-ynde* gesundheit; *ranginde* : *-ynde* ungebührlichkeit; *vitind* : *-and* : *-und* wissen; *búande* : *bónde* (*bōunde* § 125) bauer; *Þrándr* : *Þróndr* ein mannsname; *ní-tiánde* (*-tehand-*) neunzehnte : *tíunde* zehnte.

Anm. 2. Die form *-inde*, welche in den ältesten aisl. hdschr. überhaupt nicht vorkommt, ist wol durchgehends nach § 140 aus *-yndi* entstanden, also nur scheinbar ablautend. Die formen *-ande* (*-ende*) : *-unde* (*-ynde*) beruhen sicherlich grossenteils auf zusammensetzung mit einem ablautenden adj. **wandia* : **wundia* (s. Falk, Beitr. XIV, 50), so dass z. b. *heilende*, *-ynde* dem ags. *hálwende*, *-wynde* entspricht, *harþende* dem ags. *heardwende*, *leiþende* abscheu dem ags. *láðwende*, ahd. *leidwenti*.

3. Suffix *-ing-*, *-ang-* (selt.), *-ung-*, z. b. *ǽttenge* : *ǫ́ttongr* verwandter; *Skerengr* ein mannsname : *skǫrongr* hervorragender mensch; *hemengr* : *hǫmongr* haut eines hinterfusses; *hǽðeng* (anorw. und selt.) : *hǫ́pong* spott. Vgl. agutn. *laiþingr* : anorw.-aisl. *leiþangr* : aschw. *leþonger* kriegsexpedition.

4. Suffix *-ig-*, *-ag-* (sehr selt.), *-ug-*, z. b. *gǫfegr* : *-ogr* edel; *nauþegr* : *-ogr* genötigt; *ǫfegr* : *-ogr* umgekehrt; *auþegr* : *-ogr* reich; *kunnegr* : anorw. selt. (s. Hægstad, G. Tr. s. 42) *kunnugr* bekannt. Vgl. *heilagr* heilig.

5. Sonstiges, z. b. *myrgenn* (alt und selt., s. Fritzner; got. *maúrgins*) : *morgonn* (durch kontamination *morgenn*, anorw. auch *mergenn*) morgen (vgl. *aptann* : anorw. auch *œftann* abend, das ein **œftinn* — vgl. die umgekehrte kontamination in aschw. *aptin*, An. gr. II, § 180, 3 — vorausssetzt); *feþgen* vater und mutter : selt. anorw. (s. Fritzner III, 1096) *fæðgan* vater und tochter; *undarn* : *-orn* nachmittag; *iaþarr* : *ioþorr* rand; *ex* (*œx*; **akwis*) : *ǫx* (*ax*; **akus*) axt, s. § 74, 7; *sig*, *sigr* (got. *sigis*) sieg : anorw. *Siugurðr* (vgl. ags. *siȝor*) Sigwart, vgl. § 88 anm.; *Hré-rekr* (**Hrōþi[ʀ]-*; ags. *Hréðríc*) ein mannsname : *hróþr* (ags. *hróðor*) ruhm; *Ingi-aldr* (§ 141 und § 127ᵇ, a) : *Yngu-arr* (§ 128, a) oder (nach § 307, 3 **Īhu-hariʀ* >) *Ífarr* (§ 107, 2) mannsnamen aus urgerm. *ingiz* : *inguz* (*īhuz*; gr. ἔγχεσ-: ἔγχος lanze); *set*, *setr* (gr. ἕδος) : *siot* (**setu[ʀ]*) sitz; *elptr* (ahd. *albiz*) : *ǫlpt* (**albut-*) schwan; anorw. *œrtog* (**ariti-* § 63 anm. 2) : *ertog* (**aruti-* § 60, 7) 1/24 mark; *halr* (ags. *hǽle*, *hǽleð*) 'held', freier mann : *hǫldr* (**haluþ-*) freier grundbesitzer; *ver* (ahd. *werið*) : *vǫr* (ags. *waroð*) platz an der see (s. Hellquist, Arkiv VII, 31).

Anm. 3. Aus gegensätzen wie *Heþenn* (aschw. *Hiþin* nach § 155) ein mannsname : *Hiaþnengar* (**Heðan-*) Hedin und seine leute, aschw. *ypin*

: aisl. *openn* (das eine neubildung nach synkopirten kasus wie pl. **op[a]ner* sein muss, weil sonst der wurzelvokal nicht *a*-, sondern *i*-umgelautet sein müsste) offen, urn. *haitinaʀ* Tanum geheissen, *slaʒinaʀ* Möjebro geschlagen : aisl. *beþenn* erwartet, *brotenn* gebrochen (welche, wie der *a*-, nicht *i*-umgelautete vokal zeigt, ganz wie *openn* zu beurteilen sind) dürfte hervorgehen, dass in urn. zeit, wenigstens bei sehr vielen wörtern, die suffixformen *-in-* und *-an-* innerhalb eines paradigmas derart verteilt waren, dass jene nebentonig und daher später nicht synkopirend, diese unbetont und daher später synkopirend waren. Demnach sind *morgenn*, *Openn*, *aptann* (*œftann*) u. dgl. neubildungen statt *myrgenn*, **Ø̜penn* (aschw. noch 1 mal gen. *Ø̜pins*-, s. An. gr. II, § 180, 3; vgl. mengl. *wednes-day*), *eptenn nach dat. *mor(g)ne* (*morʒanē, vgl. ahd. as. *morgan*), *Ōpne* (*Ōðanē, vgl. ahd. *Wōtan*), *ap(t)ne* (*aftanē) u. a. synkopirten, resp. zu synkopirenden kasus. S. Noreen, I. F. XIV und vgl. anm. 1.

Kap. 4. Etymologische übersicht über die sonanten.

I. Die sonanten der starktonigen silben.

1. Monophthonge.

§ 168. Aisl.-anorw. *a* hat folgenden ursprung (vgl. § 189, 1 und 3):

1. Gewöhnlich geht *a* auf urgerm. *a* zurück, z. b. *faþer* vater, *halda* halten, *hafa* haben, *dagr* tag, *band* band, *allr* all.

2. Bisweilen ist *a* aus älterem *á* verkürzt, s. § 122, 1; § 124.

§ 169. *á* ist:
1. Gewöhnlich urgerm. *ǣ*, s. § 53.
2. Bisweilen aus *a* gedehnt, s. §§ 117—121.
3. In einigen fällen urgerm. *ai*, s. § 54.
4. Selten urgerm. *ā*, z. b. *fá* (got. *fāhan*) bekommen, *þátta* (got. *þāhta*) wurde gewahr, *gátt* (got. *-gāhts*) thüröffnung, weg (s. v. Friesen, Arkiv XVIII, 74), *þáttr* (ahd. *dāht*) abteilung, *há* (vgl. lit. *kankà* qual) plagen, *hár* hai, dulle (s. Lidén, Uppsalastudier, s. 89 ff.), *rá* (*ró* § 111) winkel, *sáttr* (? s. § 111) versöhnt, *kátr* (vielleicht zu *kǫngoll*, s. Karsten, Stud. ö. d. n. spr. primära nominalbildningar II, 161) munter, *tá* (*tó* § 111) hofplatz, *áll* (*óll* § 111) keim, *ál* (*ól* § 111) riemen, *gá* (vgl. *g-æta* auf die weide führen, as. *āhtian* verfolgen) mit aufmerksamkeit verfolgen, *þá* (got. *þāhō*, ags. *ðóhe*) lehmboden, *há-mót*, *-sin*

(vgl. ags. *hóh*, aisl. *hǽll* ferse) fersenglied, -flechse, *vá* (vgl. ags. *wóh*, got. *un-wāhs*) unglück, wozu *vándr* bös und *váþe* gefahr (s. v. Friesen, N. Spr. s. 9 ff.), *þrár* (ags. *ðróh*) zudringlich, trotzig. Dies *á* ist immer nasalirt (s. § 52).

5. Selten mnorw. aus *óa*, *úa* entstanden, s. § 128, b.

Anm. Ueber *á* als orthographischer stellvertreter des älteren *ǫ́* s. § 103.

§ 170. *e* (vgl. § 182) hat folgenden ursprung:

1. Gewöhnlich urgerm. *e*, z. b. *nema* nehmen, *gefa* geben, *veþr* wetter, *vegr* weg, *verþa* werden.

2. Seltener urgerm. *i*, s. § 106.

3. Im aisl. allgemein (vgl. § 182), im anorw. selten aus älterem *æ* entstanden, s. § 112.

4. Sporadisch kommt *e* neben älterem *ę* vor, s. § 114.

§ 171. *é* hat sehr verschiedenen ursprung:

1. Urgerm. *ē* regelmässig, z. b. *hér* (got. *hēr*) hier, prät. wie *lét* (ags. *lét*) liess, *réþ* riet, *hét* hiess u. a., s. § 159 anm.; § 166, 2.

2. Urgerm. *ī*, s. § 107.

3. Urgerm. *i*, s. § 106.

4. Gedehnt aus älterem *e*, s. §§ 117—121.

5. Kontrahirt aus *œi* (urn. *ai*), s. § 93, 2.

6. Im anorw. dialektisch aus *ǽ* entstanden, s. § 113.

7. Steht orknöisch statt *ǿ*, s. § 115 anm.

Anm. Hie und da beruht *é* auf entlehnung aus dem deutschen, z. b. *klénn* klein, *þéna* (ags. *ðenian* aus *ðeᵹnian*; die echt nordische form *þióna* ist ein etymologisch verschiedenes wort) dienen, *bréf* brief, *lén* (echt nordisch *lán* § 54, 1) lehn.

§ 172. *i* vertritt:

1. Gewöhnlich urgerm. *i*, z. b. *binda* binden, *sitia* sitzen, *bitom* (wir) bissen, *fiskr* fisch, *miþr* mittler.

2. Hie und da urgerm. *ī*, nach § 122, 2 und § 124 verkürzt.

3. Selten aus *é* verkürzt, s. § 122 anm. 1.

Anm. Ueber *i* aus *y* (*ý*) in urspr. schwachtonigen, dann aber auch starktonig gebrauchten, silben s. § 140.

§ 173. *í* entspricht:

1. Gewöhnlich urgerm. *ī*, z. b. *bíta* (got. *beitan*) beissen, *rífa* reiben, *íss* eis, *síþa* seite, *ríkr* reich (adj.).

2. Bisweilen urgerm. *i*, nach §§ 117—121 gedehnt.

§ 174. *o* entspricht (vgl. § 193, 1 und 3, § 205):

1. Gewöhnlich urgerm. *o*, z. b. *oddr* ort, spitze, *borþ* bord, tisch, *hollr* hold, *bora* bohren, pl. *bogar* bogen.
2. Selten älterem *ó*, nach § 122, 3 und § 124 verkürzt.
3. Selten urgerm. *u*, s. § 108.
4. Selten *u*- oder *w*-umlaut von postkonsonantischem *ua*, s. § 74, 10 und § 79, 8.
5. Dialektisch nasalirtem *ǫ*, s. § 110, 1.

§ 175. *ó* hat sehr verschiedenen ursprung (vgl. § 194, 1, 3, 4 und 6):

1. Gewöhnlich urgerm. *ō*, z. b. *bróþer* (got. *brōþar*) bruder, *bók* (got. *bōka*) buch, *fróþr* (got. *frōþs*) gelehrt, prät. *fór* fuhr.
2. Dehnung eines *o*, s. §§ 117—121.
3. Urgerm. *ū*, s. § 109.
4. Urgerm. *u*, s. § 108.
5. Aus *ǫu* (urn. *au*) kontrahirt, s. § 94, 2.
6. Nasalirtes *ǫ́*, s. § 111.
7. *u*-umlaut von *á*, s. § 74, 2.
8. *u*-umlaut von *uá*, s. § 74, 11.
9. Misl. aus *á* nach *v* entstanden, s. § 83.

Anm. Ueber *ó* als orthographischer stellvertreter des *ǫ́* (*á*) s. § 103.

§ 176. *u* entspricht (vgl. § 195, 3 und 4):

1. Fast überall urgerm. *u*, z. b. *hundr* hund, *ungr* jung, *þurr* dürr, *bundenn* gebunden, *gutom* (wir) gossen.
2. Selten älterem *ú*, nach § 122, 4 und § 124 gekürzt.
3. Selten älterem *w*, s. § 150.
4. Selt. *ó* durch kürzung, s. *gutt* § 122, 3.

§ 177. *ú* entspricht:

1. Gewöhnlich urgerm. *ū*, z. b. *dúfa* (got. *dūbō*) taube, *hús* (got. *hūs*) haus, *brúþr* braut, *lúka* (ags. *lúcan*) schliessen.
2. Bisweilen urgerm. *u*, nach §§ 117—121 gedehnt.
3. Shetländisch älterem *ǫu*, s. § 94, 2.

§ 178. *y* hat folgenden ursprung:

1. Gewöhnlich *i*-, *j*- oder *ʀ*-umlaut von *u*, s. § 60, 5, § 65, 4 und § 68, 5.
2. Seltener *u*-, *w*- oder labial-umlaut von *i*, s. § 74, 5, § 79, 4 und § 82.

§ 179—184. Uebersicht über die starktonigen sonanten.

3. Selten *i*-umlaut von *iu*, s. § 60, 11.
4. Selten *u*- oder *w*-umlaut von *ui*, s. § 74, 13 und § 79, 10.
5. Selten kürzung von *ý*, s. § 122, 5 und § 124.

§ 179. *ý* hat sehr mannigfachen ursprung:
1. Gewöhnlich *i*-, *j*- oder *ʀ*-umlaut eines *ú*, s. § 60, 6, § 65, 5 und § 68, 6.
2. Oft *i*-, *j*- oder *ʀ*-umlaut eines *iú*, s. § 60, 12, § 65, 6 und § 68, 7.
3. Selten *u*- oder *w*-umlaut eines *í*, s. § 74, 6 und § 79, 5.
4. Selten *u*- oder *w*-umlaut von *uí*, s. § 74, 14 und § 79, 11.
5. Selten palatal-umlaut von *ǿ*, s. § 72.
6. Dehnung eines *y*, s. §§ 117—121.
7. Dialektische kontraktion von *ey* (*ey*), s. § 95.

§ 180. *ǫ* ist überall durch *u*- oder *w*-umlaut eines *a* entstanden, s. § 74, 1 und § 79, 1.

§ 181. *ǫ́* ist zweierlei ursprungs:
1. Gewöhnlich *u*- (selt. *w*-)umlaut von *á*, s. § 74, 2 (resp. § 79, 2); über *ǫ́* aus *á* (*ǫ́*) + *u* s. § 127ᵃ; über *ǫ́* gleich sonstigem *á* in späterer zeit s. § 103.
2. Selten dehnung eines *ǫ*, s. §§ 117—121.

§ 182. Anorw. *œ* (aisl. überall durch *e* ersetzt, s. § 112; vgl. § 170, 3) ist (vgl. § 200):
1. Gewöhnlich *i*-, *j*-, *ʀ*- oder palatal-umlaut eines *a*, s. § 60,1, § 65, 1, § 68, 1, § 70 und § 71.
2. Selten *i*-umlaut von *ia*, s. § 60, 8.
3. Aus älterem *e* entstanden, s. § 104.
4. Aus *œi* verkürzt, s. § 123.
5. Aus *ǽ* verkürzt, s. § 122, 6.

§ 183. *ǽ* hat folgenden ursprung:
1. Gewöhnlich *i*-, *j*- oder *ʀ*-umlaut eines *á*, s. § 60, 2, § 65, 2 und § 68, 2.
2. Aus *œi* kontrahirt, s. § 93, 3.
3. Selten aisl. aus *é* entstanden, s. § 105.
4. Im späteren aisl. durchgehends statt älteren *ǿ*, s. § 115.
5. Sehr selten dehnung eines *œ*, s. §§ 117—121.

§ 184. *ø* hat sehr mannigfachen ursprung (vgl. § 201):
1. *i*- oder *ʀ*-umlaut eines *o*, s. § 60, 3 und § 68, 3.

2. *i*-umlaut eines ǫ, s. § 60, 7; im aisl. später jedes ǫ vertretend, s. § 110, 2.
3. *i*-umlaut eines *io*, s. § 60, 9.
4. *u*-, *w*-, dialektisch auch labial-umlaut eines *e*, s. § 74, 3, § 79, 3 und § 82 anm. 2.
5. Vielleicht sehr selten *u*-umlaut eines *ue*, s. § 74 anm. 4.
6. *u*-, *w*- (dialektisch wol auch labial-)umlaut eines *œ*, s. § 74, 7, § 79, 6 (und § 82 anm. 2).
7. *w*-umlaut von *uœ*, s. § 79, 13.
8. Kürzung eines *ǿ*, s. § 122, 7 und § 124.

§ 185. *ǿ* hat ebenso sehr verschiedenen ursprung (vgl. § 202):
1. *i*-, *j*- oder ʀ-umlaut eines *ó*, s. § 60, 4 (auch wenn *ó* aus ǫ́ entstanden ist, s. ib. anm. 4), § 65, 3 und § 68, 4.
2. *i*-umlaut von *ió*, s. § 60, 10.
3. *u*-umlaut eines *é*, s. § 74, 4.
4. *u*-umlaut von *ǽ*, s. § 74, 8.
5. *u*-umlaut von *uǽ*, s. § 74, 15.
6. Dialektisch kontraktion von ǫu (*au*, *ou*), s. § 94, 2.
7. Dialektisch kontraktion von *ey*, s. § 95.
8. Dehnung eines *ø*, s. §§ 117—121.

2. Diphthonge.

§ 186. *au* (*ou*, s. § 94) hat folgenden ursprung:
1. Gewöhnlich urgerm. *au*, urn. ǫu, s. § 55 und § 94, 1.
2. Urgerm. -*aƀu*-, -*arƀu*-, s. § 127ᵃ anm.
3. Im späteren aisl. aus ǫ diphthongirt, s. § 101.

Anm. Ganz unklar ist das in Bósa saga nach Cod. AM. 586, 4° (gegen 1450) konstante *au* statt *u* in *brudgaumi* = *brúþgume* bräutigam (s. Jiriczek's ausgabe, s. XXVII).

§ 187. *ei* (*œi* § 93, 1) entspricht:
1. Urgerm. *ai*, urn. *œi*, s. § 54 und § 93, 1.
2. Aelterem *e*, s. § 92 (anorw.) und § 98 (aisl.).

§ 188. *ey* (*øy* § 95) ist:
1. Gewöhnlich *i*-, *j*- oder ʀ-umlaut von *au* (*ou*), s. § 60, 13, § 65, 7 und § 68, 8.
2. Selten *u*- oder *w*-umlaut von *ei* (*œi*), s. § 74, 16 und § 79, 13.

§ 189—196. Uebersicht über die starktonigen sonanten.

§ 189. *ia* hat folgenden ursprung:
1. Gewöhnlich *a*-brechung eines *e*, s. § 85.
2. Aus *é, i, í + a* kontrahirt, s. § 127^b, a.
3. Selten anorw. aus *io* entstanden, s. § 86 anm. 2.

Anm. Ueber *ia* im anorw. *giagnum* s. § 254 anm. 1.

§ 190. *iá* ist:
1. Dehnung eines *ia*, s. §§ 117—121.
2. Aus *é, ý, ǽ + a* kontrahirt, s. § 127^b, b, 2.
3. Urgerm. *jah* in *iá* jawol, s. § 225 anm. 1.

Anm. Ueber *iá* in *giár, giáta* s. § 254 anm. 1.

§ 191. *ie* ist nur aisl. und entspricht:
1. Aelterem *iæ*, vgl. § 170, 3 und § 200.
2. Aelterem *e* nach *g, h, k*, s. § 99.

§ 192. *ié* ist nur aisl. und immer aus älterem *é* entstanden, s. § 99.

§ 193. *io* hat folgenden ursprung:
1. Gewöhnlich *u*-brechung eines *e*, s. § 86.
2. Selten aus *i, ý, ǽ + o, u* kontrahirt, s. § 127^b, a.
3. Selten anorw. aus *iu* (< *y*, s. § 195, 4) entstanden, s. § 100.

§ 194. *ió* hat sehr mannigfachen ursprung:
1. Urn. *iu*, s. § 97, 2.
2. Selt. urgerm., urn. *eo*, s. § 56 und § 96.
3. Aelteres *ǽw*, s. § 102.
4. Selt. älteres *éw* (und *íw*), s. § 102 anm. 1 (und 2).
5. Aus *e, é, i, í, ý, ǽ + o, ó, u* entstanden, s. § 127^b, a und b, 2.
6. Urgerm. *-eƀu-*, s. § 127^b anm.

§ 195. *iu* ist überhaupt selten und zwar als:
1. *i, ý + u*, s. § 127^b, a.
2. Urgerm. *-eƀu-*, s. § 127^b, a mit anm.
3. Anorw. brechung von *e*, s. § 86 anm.
4. Anorw. aus älterem *y* entstanden, s. § 100.

§ 196. *iú* ist:
1. Urgerm. *eu, iu*, urn. *iu*, s. § 56 und § 97, 1.
2. Aus *í, ý + u* entstanden, s. § 127^b, b, 2.
3. Selt. urgerm. *-eƀu-*, s. § 127^b anm.

§ 197—208. Uebersicht über die starktonigen sonanten. 139

§ 197. *iy* ist sehr selten und immer *i*-umlaut von *iu*, s. § 60, 1.

§ 198. *iǫ* ist immer durch *u*- oder *w*-umlaut von *ia* entstanden, s. § 74, 9 und § 79, 7.

Anm. Ueber *iǫ* in *giǫrr, giǫgnum* s. § 254 anm. 1.

§ 199. *iǫ́* ist selten und immer durch dehnung von *iǫ* entstanden, s. § 119, 3.

§ 200. *iæ* (aisl. *ie*, s. § 191, 1) ist *i*-umlaut von *ia*, s. § 60, 8; im anorw. auch durch progressiven *j*-umlaut aus *ia* entstanden, s. § 67, 1.

§ 201. *iø* ist in ältester zeit sehr selten und immer *i*-umlaut von *io*; später auch durch progressiven *j*-umlaut aus *io* entstanden, s. § 67, 2.

§ 202. *iǿ* ist selten und urspr. nur durch *i*-umlaut aus *ió* entstanden, s. § 60, 10; dann mnorw. auch durch progressiven *j*-umlaut aus *ió*, s. § 67, 3.

§ 203. *ua, ue, ui* (anlautend *va, ve, vi*) sind entstanden aus:
1. *w* + *a, e, i*, über deren ursprung s. § 168, § 170 und § 172.
2. *u* + *a, e, i*, s. § 128, a.

§ 204. *uá, ué, uí* (anlautend *vá, vé, ví*) sind entstanden aus:
1. *w* + *á, é, í*, über deren ursprung s. § 169, § 171 und § 173.
2. *ó, ú* + *a, e, i*, s. § 128, b.

§ 205. *uo* vertritt im misl. selten älteres *ue*, s. § 83 anm. 1.

§ 206. *uǫ, uǫ́, uæ, uǽ, uø, uǿ* (anlautend *vǫ, vǿ* u. s. w.) sind immer aus *w* + *ǫ, ǫ́, æ, ǽ, ø, ǿ*, über deren ursprung s. §§ 180—185, entstanden. Vgl. aber bes. für *uǫ* § 74, 10 und § 79, 8; *uǫ́* § 74, 11; *uæ* § 60, 14 und § 65, 8; *uǽ* § 60, 15; *uø* § 79, 9 und 12; *uǿ* § 74, 12.

§ 207. Das seltene anorw. *ǽi* (über *œi* s. § 187) entspricht älterem *ǽ*, s. § 92.

§ 208. Die triphthonge *uau* (*uou*), *uei* (*uœi*), *uey* (*uøy*) sind immer aus *w* + *au, ei, ey*, über deren ursprung s. §§ 186—188, entstanden.

Anm. Etwas unklar ist die entstehung des alleinstehenden triphthongs *iau* in *siau* sieben.

II. Die sonanten der schwachtonigen silben.

§ 209. *a* entspricht:
1. Urgerm. und urn. *ō*, s. § 130, 2.
2. Urgerm. *o*, urn. *a*, s. § 130, 2.
3. Urgerm. *au*, urn. *ō*, s. § 133.
4. Seltener älterem *á*, nach § 144, 1 verkürzt.
5. Selten mnorw. *o*, s. § 143 anm. 2.
6. Später ist *a* im aonorw. svarabhaktivokal, s. § 153, b.

Anm. Ueber *a* als urn. svarabhaktivokal s. § 135.

§ 210. *e* und *i*, nach § 138 wechselnd, entsprechen:
1. Urgerm. *ī*, s. § 144, 3.
2. Urgerm. *i*, z. b. *ynglingr, -engr* jüngling, *valeþr, -iþr* gewählt, acc. pl. *geste, -i* (got. *gastins*) gäste, 2. pl. präs. ind. und imperat. *bíteþ, -iþ* beisset, part. prät. *bitenn, -inn* gebissen u. a.
3. Urgerm. *ǣ*, s. § 131.
4. Urgerm. *ai*, urn. *ē*, s. § 132.
5. Urgerm. *eu, iu*, urn. *iu*, s. § 134.
6. Aelterem *é* durch kürzung, s. § 144, 2.
7. Selten urgerm. *e*, s. § 143 anm. 1.
8. Selten älterem *y*, s. § 140.
9. Selten älterem *ei*, s. § 145ᵃ, 1.
10. Sehr selten älterem *ǿ*, s. § 144, 7.
11. Später sind sie im nordwestnorwegischen svarabhaktivokale, s. § 153, b. Vgl. 14 unten.

Ohne mit *i* zu wechseln kommt *e* ausserdem vor:
12. Aelterem *œ* entsprechend, s. § 142.
13. Aelterem *ǿ* entsprechend, s. § 144, 6.
14. Im späteren aonorw. als svarabhaktivokal, s. § 153, b.

§ 211. *o* und *u*, nach § 139, 1 und 2 wechselnd, entsprechen:
1. Urgerm. *ō*, s. § 130, 1.
2. Urgerm. *o*, s. § 130, 1.
3. Urgerm. *ū*, s. § 144, 4.
4. Selten urgerm. *u*, z. b. acc. pl. *suno, -u* (got. *sununs*) söhne, 1. pl. prät. ind. *bitom, -um* (got. *bitum*) bissen. Vgl. 10 unten.
5. Selten älterem *ǿ*, s. § 144, 5.
6. Aelterem *ǫ*, s. § 141.

7. Selten älterem *w*, s. § 150, § 220.
8. Im späteren südwestnorwegisch sind sie svarabhaktivokale, s. § 153, b. Vgl. 11 unten.
Nur ganz ausnahmsweise mit *u* wechselnd kommt *o* ausserdem vor:
9. Aelterem *ǫu (au, ou)* entsprechend, s. § 145*, 2.
10. Urn. *u* entsprechend, s. § 139, 3.

Ohne mit *o* zu wechseln kommt *u* ausserdem vor:
11. Im späteren aisl. als svarabhaktivokal, s. § 153, a.

§ 212. Von den übrigen vokalen kommen in schwachtoniger stellung nur *y*, *œ* und *ǿ*, alle verhältnismässig selten, vor und zwar:
1. *y* selt. statt *i*, s. § 138 anm. 5.
2. *œ* im späteren aonorw. teils älteres *a* vertretend, s. § 137; teils als svarabhaktivokal, s. § 153, b.
3. *ǿ* sporadisch im etwas späteren aisl. statt eines älteren *u*, s. § 139 anm. 4.

Anm. Ueber die diphthonge in schwachtoniger silbe s. § 344 und § 345.

III. Abschnitt. Die konsonanten.

§ 213. Das urnordische übernahm aus urgerm. zeit folgende konsonanten:

	labiale	interdent.	dentale	palatale u. velare
Explosivæ: stimmlose:	*p, pp*	—	*t, tt*	*k, kk*
stimmhafte:	*b, bb*	—	*d, dd*	*g, gg*
Spiranten: stimmlose:	*f, ff*	*þ, þþ*	*s, ss*	*h, hh*
stimmhafte:	*ƀ* —	*ð* —	*z* —	*ʒ* —
Nasale:	*m, mm*	—	*n, nn*	*ƞ* —
Liquidæ:	—	—	*l, r; ll, rr*	—
Halbvokale:	*w, ww*	—	—	*j, jj*.

Anm. 1. *b, d, g* kamen wahrscheinlich nur nach den entsprechenden nasalen vor. Vgl. Paul, Beitr. I, 147 ff.
Anm. 2. Urgerm. *ff, þþ, hh* waren sehr selten, sodass *ff* und *hh* überhaupt nicht im an. durch sichere belege vertreten sind; s. Kluge, Beitr. IX, 157 ff.; Kauffmann, ib. XII, 504 ff.; Lidén, Arkiv IV, 98 f.; v. Friesen, Om de germ. mediageminatorna, s. 10 und 115 f.

§ 214. 215. Urnordische veränderungen von *d, g, þ*.

Die entwickelung dieser laute innerhalb des (urnordischen und) altwestnordischen wurde durch folgende lautgesetze bestimmt.

Kap. 1. Urnordische vorgänge.

A. Qualitative und quantitative veränderungen.

§ 214. Die stimmhaften explosivæ *d, g*, welche nur in den verbindungen *nd, ng* (s. § 213 anm. 1) und der nach § 217, 1 entstandenen verbindung *ld* vorkommen, werden im urspr. urn. auslaut (d. h. vor der synkope) einer starktonigen silbe zu *t*, resp. *k* (aus *nt, nk* wird später *tt, kk* nach § 257, 2 und 3), z. b. imperat. *bitt, sprikk, gialt*, prät. *batt, sprakk, galt* zu *binda* binden, *springa* zerspringen, *gialda* bezahlen. Scheinbare ausnahmen wie imperat. *bind, vald, giald, hald, gang*, prät. *sprang* neben gew. *bitt, valt, gialt, halt, gakk, sprakk* zu *binda, valda* walten, *gialda, halda* halten, *ganga* gehen, *springa* sind dem infinitiv, präs., prät. pl. u. a. nachgebildet. — Nach schwachtonigem vokal scheint *nd* zu *nn* geworden und dann wie jedes solche nach § 289, 5 geschwunden zu sein, z. b. 3. pl. präs. ind. *binda* (got. *bindand*) binden.

Anm. 1. Der übergang ist früher als die synkope eines auslautenden nasalirten *a* nach langer wurzelsilbe (§ 145 b, 6) durchgeführt worden, wie aus dem erhaltenen *d, g* in formen wie acc. sg. *band* (urn. *bandą*) band, *giald* bezahlung, *gang* gang erhellt.

Anm. 2. Ein entsprechender übergang *-mb* > *-mp* (*-pp* nach § 257, 1) ist wol anzunehmen, wenn auch sichere beispiele fehlen.

§ 215. Die stimmlose spirans *þ* wird zu:

1. *ð* (aisl. *þ* geschrieben) intervokalisch und nach *r* sowie anlautend in schwachtoniger silbe, z. b. anorw. *bróðer* (got. *brōþar*) bruder, *kueða* (got. *qiþan*) sagen, *værða* (got. *wairþan*) werden, *Sigðir* (*Siʒiþewaʀ*), *Hamðer, Æggðir* u. a. mit urn. *þewaʀ* zusammengesetzten mannsnamen; ferner anorw. *ðu* du, *ðinn* dein, *ðat* das, *ðesse* dieser, *ðar* dort u. a. (s. z. b. Hb, s. LV; aisl. beisp. bei Storm, Otte brudstykker, s. 6) neben betonten *þú, þinn* u. s. w.

Anm. 1. Durchsichtige zusammensetzungen behalten oft *þ* nach massgabe des simplex, z. b. *arfþege* erbe, *hiorþing* schlacht, *Suþþióð* Schweden, *alþýða* das ganze volk, *iþrótt* kunst u. a. neben selteneren lautgesetzlichen formen wie *arfðege, hiorðing, Suðþióð, alðýða, iðrótt* u. s. w.

§ 216. 217. Urnordische veränderungen von *h, b, đ, ʒ*.

zu resp. *þiggia* empfangen, *þing* gericht, *þióð* volk, *þróttr* stärke u. a. (s. Falk, Arkiv V, 120).

Anm. 2. Die urn. inschriften bis gegen 700 scheiden noch etymologisch zwischen *þ* und *ð* (s. Bugge, Aarbøger 1884, s. 86). Aber schon etwas nach 700 zeigen sich verwechslungen, die wol den übergang *þ* > *ð* beweisen, z. b. Björketorp *-ðauðe* (vgl. got. *dauþus*) tod; umgekehrt Sölvesborg *WAþ(i)* ein mannsname (ags. *Wada*).

2. *f* im silbenanlaut vor *l*, z. b. *flýia* (got. *þliuhan*) fliehen, *flár* falsch (vgl. got. *gaþlaihan* liebkosen), *innyfle* (ahd. *innōdli*, s. Sievers, Beitr. V, 531 ff.) eingeweide, wenn wirklich das got. *þl* primär ist (s. aber die bedenken bei Noreen, Urg. lautl., s. 197 f., und Zupitza, Die germ. gutturale, s. 131).

§ 216. Die stimmlose spirans *h* (deutsch *ch*) wird zu:

1. Blossem hauchlaute (*h*) anlautend ausser vor konsonantischem *i* und *u*, z. b. *horn* horn, *hane* hahn, *hefia* heben, *hlaupa* springen, *hníga* hinsinken, *hringr* ring.

Anm. 1. Der übergang ist aus dem anfang der vikingerzeit bezeugt durch das air. lehnw. *elta* knopf oder schutzvorrichtung am schwert, urn. *helta (aisl. *hialt*). Vgl. ferner Noreen im Grundriss I², 524, § 6, 8.

Anm. 2. Dialektisch werden dann *hl, hn, hr* weiter zu gehauchten *l, n, r* (geschrieben *nh, rh*; *lh* ist noch unbelegt) entwickelt. Der übergang ist schon etwas nach 700 bezeugt durch die schreibung der Vatner-inschrift: *RhōAltR* statt urn. *HrōpuwalduR (aisl. *Hróaldr*); dann etwas vor 1100 durch den spitznamen *Nhaki* statt *Hnakke* in einer inschrift aus Man (s. Bugge, Aarbøger 1899, s. 236). Vgl. weiter Noreen, a. a. o.

2. *k* zwischen kurzem vokal oder einem konsonanten und *s* (*ks* wird dann *x* geschrieben), z. b. *ax* (got. *ahs*) ähre, *sex* sechs, *vaxa* wachsen, *fylxne* (got. *fulhsni*) versteck.

Anm. 3. Der übergang ist wenigstens älter als die in § 108, 2 und § 106, 3 erwähnten übergänge *u* > *o* (> *ǫ*) und *i* > *e* (> *ę*) vor *h*. Sonst wären ja formen wie *uxe* ochs, *vixl* wechsel unmöglich; vgl. § 108 anm. 4.

Anm. 4. Zwischen langem vokal und *s* bleibt *h* einstweilen, schwindet aber dann nach § 224, 1 (s. Tamm, Arkiv II, 342), z. b. *þísl* (vgl. § 107, 2) deichsel, *nýsa* (got. *niuhsjan*; vgl. aber as. *niusian*, ags. *nēosian* ohne *h*) spähen, *niósn* das spähen, *liós* (vgl. got. *liuhaþ*) licht, *lióss* hell.

§ 217. Die stimmhaften spiranten *ƀ, đ, ʒ* werden zu:

1. *b, d, g* anlautend und, was *đ* betrifft, auch nach *l* (s. Wimmer, Runenschrift, s. 220 ff.), z. b. *brýtr* (urn. *ƀArūtR* Björketorp) bricht, *dagr* (urn. *ÐaʒaR* Einang) tag (vgl. *iđag* neben *í dag* heute, s. Gíslason, Udvalg of oldno. skjaldekvad, s. 72), *gestr* (urn. *-ʒastiR* Gallehus, Berga) gast, *Hialdr* (urn.

§ 218. Urnordische veränderungen von z.

Helðar Tjurkö), *haukstaldr* (urn. *Haȝustaldar* Valsfjord) vornehmer mann.

Anm. Der übergang ist (wenigstens für *lð* > *ld*) bald nach 700 bezeugt durch die Vatner-inschrift, welche *Rhoaltr* (wie aisl. *Hróaldr* auszusprechen), nicht *Rhoalðr*, hat.

2. *f, þ, h* (welches später nach § 224, 2 schwindet) auslautend, wenigstens etwas vor 700 (s. Bugge, Arkiv VIII, 14 note; vgl. Groth, Det AM. haandskrift 310 qvarto, s. XXXIV f.), z. b. Stentofta *gaf* gab und *ƀariutiþ* bricht. Beisp. von *ȝ* > *h* s. § 224, 2.

3. Inlautend vor *u* wird *ƀ* zu *w*, welches später nach § 227, 2 schwindet. Beisp. s. ebendaselbst.

§ 218. Die stimmhafte spirans *z* (weiches *s*) ist in den ältesten finnisch-lappischen lehnwörtern noch als spirans erhalten, z. b. finn. *armas* (got. *arms*, aisl. *armr*) elend, *tiuris* (aisl. *dýrr*) teuer u. a., später aber — ob früh oder verhältnismässig spät, bleibt unsicher (s. anm. 1) — allgemein (vgl. aber 2 unten)

1. zu *r* (palatalem *r*) geworden, z. b. Torsbjærg -*þewar* (got. *þius*) diener, *mārir* (got. *mērs*) berühmt, Gallehus -*ȝastir* (got. *gasts*) gast, Einang *Daȝar* (got. *dags*) tag (als mannsname).

Anm. 1. Dass urn. *r* wirklich einen *r*- und nicht einen *s*-laut bezeichnet, kann zur zeit nicht direkt bewiesen werden. Die fälle, wo man bisher verwechslung von *r* und *r* angenommen hat, sind nämlich alle hinfällig.

2. *zð, zn* (eventuell *rð, rn*) werden zu (*ðð*, woraus nach § 230, 1, a) *dd*, resp. *nn*, z. b. *gaddr* (got. *gazds*) stachel, *hodd* (got. *huzd*) hort, *rǫdd* (got. *razda*) stimme, *oddr* ort, spitze, *broddr* (ahd. *brort*) spitze, *gredder* § 146 einer der zu speisen giebt; *rann* (got. *razn*) haus, *granne* § 146 nachbar, *ǫnn* (ahd. *aran*; vgl. got. *asans*) jahreszeit für feldarbeit, *hrǫnn* (ags. *hærn*) woge, *fǫnn* (lit. *pusnìs*) schneefeld, *hiarne, þorna* s. § 273. Ueber die scheinbaren ausnahmen *iarn* eisen und prät. *eirþe* (aschw. *edde*) zu *eira* (aschw. *ēdha*) gefallen s. Noreen, Arkiv IV, 110 note und V, 394 note.

Anm. 2. Diese assimilation muss sehr früh, vor dem eintritt des *r*-umlautes (ob auch vor dem übergang *z* > *r*?), durchgeführt worden sein; sonst würde man ja *r*-umlaut des vorhergehenden vokals (§ 68) finden.

Anm. 3. Ueber eine, vielleicht schon urgerm., assimilation *zl* > *ll* in *knylla* schlagen zu *knosa* zerstossen, *hrolla* zittern zu *hriósa* schaudern s. Kluge, Beitr. VIII, 524. Ob hierher auch *illr* (*illr* § 122, 2) bös zu air. *isel* niedrig?

§ 219. 220. Urnordische veränderungen von *m*, *j*, *w*.

Anm. 4. Ist *zm* (*ʀm*) zu *mm*, woraus dann nach § 275 anm. 1 *m*, geworden in dem häufigen *þykke mér* statt *þykker mér* es scheint mir? Vgl. *þykke þér* aus *-eþ þér* nach § 233 (vgl. § 275 anm. 1).

§ 219. *mn* wird zu *ƀn*, z. b. *nafn* name, *safn* sammlung (zu *saman* zusammen), dat. sg. *hifne* (anal. wieder *himne*), *gafne* (*gamne*) zu *himenn* himmel, resp. *gaman* freude; hierher wol auch der schlangenname *Fáfner* (*Faðmnir § 282) neben anorw. *Faðmer* 'umarmer' wie anorw. (s. Hertzberg) *fafn* neben gew. *faðmr* busen (vgl. adän. *fafnæ* neben aisl. *faþma* umarmen). S. Bugge, Arkiv II, 214 ff., Studier, s. 343 note.

Anm. 1. Die erscheinung stammt vielleicht zum teil schon aus urgerm. zeit, s. Noreen, Urg. lautl. s. 140 f.; Brugmann, Grundriss d. vgl. gram.² I, 383; dagegen J. Schmidt, Kritik der sonantentheorie, s. 133 ff.

Anm. 2. Dies *ƀn* kann später wieder zu *mn* werden, s. § 229, 2.

§ 220. Die halbvokale *j*, *w* werden, wo sie durch synkope des folgenden sonanten antekonsonantisch oder auslautend zu stehen kommen, sonantisch, d. h. zu silbenbildendem *i*, resp. *u*. Insofern diese neuerschaffenen sonanten schon vor der allgemeinen *i*-, resp. *u*-synkope (s. § 145 b) entstanden sind, werden sie gleichzeitig mit altem *i*, *u* synkopirt (s. v. Friesen, N. Spr. s. 3 ff.), z. b. urn. *Harja-* > später *Hari-* > aisl. *Har-* in mannsnamen (s. § 66); urn. *ʒarwaʀ (ahd. *garwēr*) bereit, *Stiggwaʀ, acc. *Siʒitriggwa (vgl. got. *triggws*) mannsnamen > in der vikingerzeit *karuʀ*, *Stikuʀ*, *Siktriku* (s. § 145 b, 7 und § 74, 7) > aisl. *gǫrr*, *Styggr*, *Sigtrygg*; vgl. aschw. *nakudher* nackt durch kontamination von *nakwidher* : acc. **nak(u)ðan* (aisl. *nǫkkueþr* : *nǫkþan*, s. § 151). Sonst bleiben *i*, *u*, z. b. bei enklitischer verwendung von **-weg* in *hinnog* dort, *þannog* dahin, *huernog* wohin (s. § 150), oder wo die pænultima späterer zusammensetzungsglieder mit der zeit zu völliger unbetontheit niedersinkt und daher der synkope anheimfällt, z. b. *ǫndugi* hochsitz statt des älteren *ǫndvege* (*andvege*, s. § 76), vielleicht auch fälle wie *Aun(n)* Edwin durch kontamination von *Auwinn (bei Einhard als *Aovin* belegt; aus *Auðwinʀ, s. § 222) : gen. *Auþunar* (wonach nom. *Auþon*, *-onn*, wie umgekehrt nach dem nom. der gen. *Auwunar > *Aunar* entsteht) oder *Biorgyn* Bergen statt urspr. *Biorgvin* (zu *vin*, gen. *viniar* weideland) : gen. *Biorgyniar* (< **-uniar* durch *j*-umlaut; anders, aber unannehmbar, Kock, Accentuierung, s. 212), später auch durch kontamination *Biorgin*; u. a. dgl.

Anm. Möglicherweise sind die § 141 und § 161 anders beurteilten gegensätze *dagverþr* : gen. *dǫgorþar* frühstück, *ǫndverþr* : dat. *ǫndorþom* vorwärts gerichtet u. a. dgl. ebenfalls hierhergehörig.

§ 221. *jj* (got. *ddj*) und *ww* (got. *ggw*) werden wenigstens im anfang der vikingerzeit zu *ggj*, resp. *ggw*. Nach dem urn. *Niuwila* (Næsbjærg) zu urteilen wäre der übergang nicht (früh-)urnordisch (sonst stände *Niʒwilā*); vgl. aber Bugge, Arkiv VIII, 22.

1. *jj* > *ggj*, z. b. gen. *tueggia* (got. *twaddjē*, ahd. *zweiio*) zu *tueir* zwei, *veggr* (got. *waddjus*) wand, *egg* (dat. pl. *eggiom*) ei, *Frigg* (gen. *Friggiar*; ahd. *Frīa*) Odins gattin, *gneggia* (s. § 146) wiehern, gen. *beggia* zu *báþer* beide, *þriggia* (ahd. *drīo*, aber got. *þrijē*, vgl. Osthoff, Etymologische parerga, s. 139) zu *þrír* drei, *skeggia* beil zu *skeina* streifwunde, *veggr* wand (urspr. geflochtene) zu *víþer* weidebusch.

2. *ww* > *ggw*, z. b. *tryggr*, acc. *-gguan* (got. *triggws*, ahd. *triuwi*) treu, *gleggr* (vgl. § 79, 6), acc. *-gguan* (got. *glaggwus*) deutlich, *skugg-sia* spiegel, *skugge* (got. *skuggwa* spiegel) schatten, *skyggua* überschatten, *hǫggua* (ahd. *houwan*) hauen, *dǫgg*, gen. *-gguar* tau, *hryggua* (vgl. ahd. *hriuwan*) betrübt machen, *bruggenn* (vgl. ags. *bréowan*) gebraut, *bygg*, dat. *-ggue* (ags. *béow*) gerste, *hnøggr*, acc. *-gguan* (ags. *hnéaw*) karg, *hnǫggua* (s. § 74, 7) stossen, *snøggr*, acc. *-gguan* (vgl. got. *sniwan*) hurtig, *tyggua* kauen, *gyggua* schreck einflössen, *snugga* schielend spähen (vgl. *snúa* drehen), *rǫgg* grobe haare zu *rýia* rupfen, *byggua* neben *búa* wohnen, *styggr*, acc. *-gguan* (vgl. ags. *stów* stätte) unwillig, *gluggr* lichtöffnung zu *glóa* (ags. *ʒlówan*) leuchten.

B. Schwund.

§ 222. *ð*, altes oder nach § 215, 1 aus *þ* entstandenes, schwindet sporadisch vor *w* (s. Noreen, Arkiv VI, 315 ff.), z. b. die personennamen *Hrólfr* (ags. *Hróðwulf*) Rudolf, *Hǫlfr* (urn. Hᴀþuwulafʀ Istaby, -wolᴀfʀ Stentofta), *Ólfr* (belege dieser schreibung giebt Bugge bei Fritzner III, 1105; aschw. run. *Āulfr*, s. An. gr. II, § 244, 5, ags. *Æðwulf*) Adolf, *Ǫnn*, *Ǫn* (so geschrieben z. b. Biskupa sögur I, 450, mnorw. oft nach

§ 111 *Ón*, s. Rygh, Gamle personnavne s. 10, neben *Án*; ahd. *Adwin*), *Aunn, Aun* (*Aovin* bei Einhard c. 800, ags. *Eádwine*) neben *Auþon*(*n*) Edwin (vgl. § 220), *Auisl* (*Auðu[ʒ]*ísl*, vgl. § 128, a, § 223 und § 122, 2) neben *Auþgísl, Hróaldr* (ahd. *Hrōdowald*, vgl. § 227, 1, d), *Móǫld* f. (vgl. ahd. *Mōdowald* m.), *Bǫrþr* (*Bǫdworðʀ, vgl. § 141; ahd. *Badward*), *Hróarr* (*Hrōþu[ʒ]*áʀʀ*, ags. *Hróðgár*) Rüdiger, *Móeiþr* f. (*Móðwœiðr < *Mōðuhœiðʀ); ferner *þý*(*þ*)*verskr* deutsch, pl. *Unavágar* mythischer ortsname zu *unaþ* genuss. Vgl. aber mit erhaltenem *ðw* z. b. *Bǫþuarr, Bǫþuildr* (s. § 128, a), *stǫþua* hemmen u. a.

Anm. Das alter (spätestens bald nach 700) der erscheinung wird durch *RhoAltʀ* = *Hróaldr* in der Vatner-inschrift erwiesen. Uebrigens zeigt die entwicklung *Hrōþuwolfaʀ > *Hrōðwolfʀ > **Hrō(w)olfr* > *Hrólfr* u. dgl., dass der vorgang nach der betreffenden *u*-synkope (spätestens im 8. jahrh.), aber vor dem schwunde des *w* vor *o* (spätestens im 9. jahrh.) stattfindet.

§ 223. ʒ fehlt ohne ersichtliche regel im anlaut einiger späteren zusammensetzungsglieder: *-gísl* (*-gisl* § 122, 2, *-gils* § 303, 4), *-geirr, -genge*, z. b. die mannsnamen *Aþisl* (*Aþils*, alt *Aþgils*, s. Sievers, Beitr. XII, 487), selt. *Auisl* (s. § 222; mnorw. *Auðels*) neben *Auþgísl* (ags. *Eádʒils*); *Hróarr* (s. § 222, § 144, 1; ags. *Hróðgár*), *Þórarr* (*Þorgeirr*, s. § 54, 3, b), ferner *nafarr* (ahd. *nabagēr*) bohrer; *værenge* (ags. *wǽrʒenʒa*) fremdling, söldner, *forenge* (ags. *foreʒenʒa*, got. *faúragaggja*) vorsteher, *lanʒofrenge* vagabond, anorw. *unningi, undingi* (ags. *úðʒenʒe*) entwischter sklave (s. Bugge, Arkiv II, 224 f.). — Nach Wadstein, I. F. V, 9 ff. wäre hier ein ʒ überhaupt nie dagewesen, was sehr fraglich bleibt.

Anm. Wenigstens in den namen auf *-isl* fehlt das ʒ schon in der vikingerzeit nach ausweis des mannsnamens aschw. pl. *Hą̄islaʀ* (Rök).

§ 224. *h* schwindet:

1. Inlautend in allen stellungen, ausser zwischen kurzem vokal und *s* (s. § 216, 2; vgl. dagegen § 216 anm. 4) sowie zwischen vokal und *t* (s. § 258). Die ältesten beisp. wären etwa, wenn die inschr. richtig gedeutet sind, Kragehul *wīju* (ahd. *wīhiu*) weihe und Etelhem *w*[*u*]*rtā* (vgl. Tune *worahtō*) machte. Seit 600 sind die beisp. häufigerer und sicherer, z. b. Svarteborg *Ssiʒaðuʀ* aus *-*haðuʀ* (vgl. Kjølevig *Haðulaikaʀ*) ein mannsname, Tjurkö *wurte*, By *orte*, Sölvesborg *urti* machte, Björketorp *-spā́* aus *-*spāhu* prophezeiung, Vatn 1. sg. präs. *fāi*?

(< *fāhi* Åsum und noch Noleby < **faihiu*; vgl. prät. 1. sg. Einang *faihiđō*, aber 3. sg. adän. run. um 800 *fāþi* Helnæs, *faaþi* Flemløse) schreibe, aber andererseits noch Tjurkö *wllha-* (statt **walha-*) wälsch, Björketorp *fᴧʟᴧh-ᴧk* ich verbarg. Aisl. beisp. sind u. a. *ǫ́*, pl. *ár* (got. *ahva*, pl. *ahvōs*) fluss, *siá* (got. *saíhvan*) sehen, *fela* (got. *filhan*) verbergen, *for* furche, *fá* (got. *fāhan*) bekommen, *fé* (got. *faíhu*, Abeced. nordm. *fēu*, Cod. Leid. *fīu*) vieh, *slá* (got. *slahan*; als lehnw. im Orrmulumm *slān*) schlagen, *malr* (ahd. *malaha*) sack.

2. Auslautend erst später, z. b. *þó* (got. *þauh*; noch als ags. lehnw. *þoh*, s. Björkman, Scandinavian loanwords, s. 73 f., 181) doch, *á* (got. *aih*, urn. *ᴧih* Maglemose, *aih* Fonnås?) besitze, *fló* (got. *þlauh*; adän. run. *flū* Hællestad um 980, der älteste beleg des *h*-schwundes im auslaut) floh, *iá* (urn. *jah* Kragehul, *iah* Järsberg) ja. — Ebenso wenn *h* nach § 217, 2 aus *ɜ* entstanden ist, z. b. präs. *má* zu *mega* können, prät. *þá* zu *þiggia* (**þiɜia*, s. § 269, 1) empfangen, *dró* zu *draga* ziehen, *sté* § 93 neben anal. *steig* zu *stíga* steigen, *ló* § 94 neben anal. *laug* zu *liúga* lügen.

§ 225. *j* schwindet anlautend, z. b. *ár* jahr, *ok* joch, *ungr* jung, *enn* (got. *jains*) der, *ostr* (finn. *juusto*) käse, *ýsa* (lapp. *jukso*) gadus æglefinus, *einer* (lat. *jūni-perus*, s. Tamm, Arkiv II, 347 f.) wachholder, *eykr* zugvieh (vgl. got. *juk* joch), *iól* (ags. *ɜeohhol*) weihnachten, *ýler* (got. *jiuleis*) weihnachtsmonat, *iokoll* (vgl. ags. *ɜicel*) eiszapfen.

Anm. 1. Eine scheinbare ausnahme, die bejahende partikel *iá* (got. *ja*), erklärt Lidén, Arkiv III, 235 ff. *Iaga* jagen, *iungfrú* jungfrau u. dgl. sind (spät) aus dem deutschen entlehnt.

Anm. 2. Die ältesten inschriften bewahren das *j* noch, z. b. Kragehul *jah* (Järsberg *iah*, got. *jah*) 'und'. Dass aber schon um 650 *j* geschwunden war, beweisen die inschriften von Fonnås und Istaby (ja nach Bugge, No. I, s. 71, schon die von Skåäng vor 600), wo die alte *jāra*-rune die bedeutung *ᴧ*, d. h. *a* (nicht mehr *j*) hat. Ihr name war also schon damals *ār* (nicht mehr *jāra*), wie im Abecedarium nordmannicum. Vgl. noch das air. lehnw. *amor* jammer (zu aisl. *amra* jammern).

§ 226. *r* schwindet vor *wo*, *wu* (vor dem schwunde des *w* nach § 227, 1, a) um 800 (s. Noreen, Arkiv VI, 303 ff.; anders Kock, Arkiv IX, 154 ff.), z. b. *Þóolfr* > *Þólfr* neben *Þórolfr* (**-wolfʀ*), *Kǫ́lfr* (geschrieben *Kolfr*, s. Rygh, Gamle personnavne, s. 164) aus **Kárwolfʀ* (s. Lundgren, Uppsalastudier s. 19), *Stólfr* neben *Stórolfr*, *Þóorþr* (**Þórwǫrðʀ* § 141) > *Þórþr* neben

§ 227. Urn. konsonantenschwund: *w*.

Þorvarþr (nach gen. -varþar) mannsnamen, *naumr* (*narwumʀ*, vgl. as. *naru*, ags. *nearu*) eng. Ebenso wo *w* nach § 217, 3 aus *v̄* entstanden ist, z. b. *aumr* (*arv̄umʀ*) neben *armr* (*arv̄m-*) elend, *haustr* (*harv̄ustʀ*, vgl. ahd. *herbist*, ags. *hœrfest*) herbst. — In fällen wie dat. *spǫrfum* zu nom. *spǫrfar* sperlinge u. dgl. war die verbindung *rwu* zur zeit des *r*-schwundes nicht vorhanden (s. § 227 anm. 1).

§ 227. *w*, sowol altes wie nach § 217, 3 aus *v̄* entstandenes, schwindet:

1. Ursprüngliches *w* in folgenden stellungen:

a) Vor *o, ó, u, ú* und (zum teil wol schon vor der umlautszeit) deren umlauten *y, ý, ø, ǿ* allmählich während der zeit 650—850, z. b. By *orte*, Sölvesborg *urti* (aber noch Tjurkö *wurte*, got. *waúrhta*; vgl. Tune *worahtō*) machte, aisl. *ormr* (adän. *Urm* bei Einhard c. 800, got. *waúrms*) schlange, wurm, *orþ* wort, *sorg* (ahd. *sworga*) kummer, 1. pl. *syngom* zu *syngua* singen, dat. pl. *vǫlom* zu *vǫlua* wahrsagerin; *Óþenn* (vgl. ahd. *Wōtan*) ein göttername, pl. *órar* verwirrung, *ǿrr* verwirrt (vgl. ahd. *wōrag* berauscht, ags. *wériʒ* ermüdet), *óp* geschrei, *ǿpa* (got. *wōpjan*) schreien, *hót* (got. *hvōta*) drohung, *hóste* (ags. *hwósta*) husten; *ulfr* (noch Istaby -*wulafʀ*, Räfsal gen. -*wulfs*, aber adän. run. c. 900 *Ulfs* Hammel) wolf, in mannsnamen -*olfr* (noch Stentofta -*wolafʀ*), *ull* (air. als lehnw. noch *wull* im 9. jahrh., s. Zimmer, K. Z. XXXII, 170 f. note) wolle, *urt* (as. *wurt*) kraut, *und* wunde, *yrkia* würken, *heilynde* (vgl. ags. adj. *hálwynde*) gesundheit, *sylta* (got. *swultjau*) stürbe. — Ueber alte fälle wie *Wóþenn*, *worþ*, *wulfr* in gedichten s. Thorkelsson, Supplement IV, 179, 181 f. (zweifelhaft).

Anm. 1. Durch einfluss verwandter formen kann das *w* anal. erhalten, resp. wieder eingeführt werden, z. b. prät. *s(u)ór* zu *sueria* schwören; umgekehrt auch anal. entfernt werden, z. b. *k(u)efia* niederdrücken (nach prät. *kóf*), *k(u)afna* ersticken, *gata*, *suala*, *tiara*, *fiara* statt *gǫtua* u. s. w., s. § 81 anm. — Nachdem *w* zu *v* (*f*) geworden ist (s. § 242), kann die analogische einführung dieses lautes natürlich noch leichter vor sich gehen, z. b. prät. pl. *vunnum* statt *unnom* zu sg. *vann*, part. prät. *vunninn* statt *unnenn* zu *vinna* ausführen, *vorþinn* statt *orþenn* zu *verþa* werden, prät. (*v*)*óx* zu *vaxa* wachsen, dat. pl. *spǫrfum* statt *spǫrom* nach nom. *spǫrfar* < *spǫruar* zu *spǫrr* sperling, *máfum* nach *máfar* zu *mór* (anal. *már*, später auch *máfr*) möve, dat. sg. f. *gǫrfri* nach acc. *gǫrfa* < *gǫrua* zu *gǫrr* fertig. Beisp. zeigen sich schon um 1250, am frühesten in anorw. hdschr. (z. b.

§ 227. Urn. konsonantenschwund: *w*.

AM. 310, 4º), dann in aisl., wo aber diese erscheinung immer ziemlich selten bleibt.

b) Vor *r* mit folgendem *o, ó, u, ú, y, ý, ø, ǿ* (s. Bugge, Ant. tidskr. f. Sv. X, 265), z. b. *roskenn* (zu got. *ga-wrisqan*) gereift; *róta* (ags. *wrótan*) aufwühlen, *róg* streit; *régia* (as. *wrōgian*) vorwürfe machen. In anderen stellungen bleibt *w* vor *r* einstweilen erhalten, s. § 278.

c) Vor *l*, z. b. *litr* (got. *wlits*) farbe, *líta* (ags. *wlítan*) sehen, *lundr* (s. Lidén, Beitr. XV, 521 f.) hain.

d) Nach *ó*, z. b. *Hróaldr* (schon Vatn *Rhōₐltʀ*), *Hróarr, Móǫld, Móeiþr* (aus *$Hr\bar{o}[ð]w$*-, resp. *$M\bar{o}[ð]w$*-, s. § 222) personennamen, *róa* (ags. *rówan*) rudern, *flóa* (ags. *flówan*) überfliessen, *spóe* (nschw. *spȫf* zu ags. *spówan*, s. Noreen, Tidskr. f. Fil. N. R. IV, 37 f.) wettervogel, *Nóatún* (zu lat. *nāvis*) ein mythischer ortsname, *Móensheimar = Mǿn* (s. § 62, § 129 und Bugge, Helge-Digtene, s. 135 f.), pl. *þrǿndr* (ags. *þrówend-*, s. Bugge, No. I. s. 358) ein völkername, *glóa* (ags. *glówan*) leuchten.

Anm. 2. Das auffallende *lófe* (aschw. lautges. *lōe*, finn. *luuva*, vgl. gr. ἀλωϜή) dreschtenne hat wol sein *f* von der nebenform *láfe* (s. § 80, § 165) bekommen.

e) Nach *g, k*, wenn die vorhergehende silbe *u* oder *o* enthält (vgl. Kock, Arkiv XII, 241 ff.), z. b. *skugge* (got. *skuggwa*) schatten, part. prät. *tuggenn* zu *tyggua* kauen, *sungenn* zu *syngua* singen, *sokkenn* (got. *sugqans*) gesunken u. a. m.

f) Nach langer, auf anderen konsonanten als *g, k* (vgl. e oben) endender silbe (s. Heinzel, Anz. f. d. A. XII, 49), z. b. *ótta* (got. *ūhtwō*) frühe morgenzeit, *benda* (got. *bandwjan*) anzeigen, *Arnaldr* aus *-valdr*, *Þóraldr* neben *Þorvaldr* (s. § 122, 3), anorw. *Þórifill* zu *Vifill* und *Ióris* zu *víss* weise (s. Lundgren, Arkiv X, 178 f.) personennamen, *Nóregr* (s. Sievers, Beitr. VI, 290, VIII, 59; Kahle, Sprache der skalden, s. 254; Gislason, Efterladte skrifter I, 206; Noreen, Svenska etymologier, s. 22 f.) neben selt. (z. b. Hertzberg, s. 817; Storm, Otte bruchstykker, s. 7) *Norvegr* (s. § 122, 3; durch kontamination dann auch *Nóregr*) Norwegen, *harþende* (vgl. ags. adj. *heardwende*) härte, *leiþende* (vgl. ags. adj. *láðwende*) abscheu. In zusammensetzungen ist das *w* natürlich oft anal. erhalten, z. b. *Þrúþvangr* mythischer ortsname, *Ásvaldr, Rǫgnvaldr* neben *Ragnaldr*, anorw. *Aul(u)ir, Øyl(u)ir* und *Saul(u)ir* (s. § 166 anm. 2) manns-

§ 227. Urn. konsonantenschwund: w. 151

namen, *brún(v)ǫlue* der finster blickende, *hinn(v)eg* dort, anorw. *þannveg* (Hægstad, G. Tr., s. 66) neben *þanneg* dahin u. a. dgl.

Anm. 3. Vor kons. *i* scheint *w* ebenfalls zu schwinden, z. b. *hiól* (ags. *hwéol*) rad, *siót* (Vǫlospǫ́ 40, 3, Hyndlolióp 43, 8, Fiolsuinzmǫ́l 1, 3, Biskupa sögur I, 647; ags. *swéot*) schar.

Anm. 4. Wo *w* sonst geschwunden ist, beruht dies auf dem einfluss verwandter formen, z. b. *ykkarr* (got. *igqar*) euer (von zweien) nach *ykkor, ykkrom, -rer* u. s. w., *yþuarr* euer (von mehreren) nach *yþor, yþrom* u. a., *tyr(u)e* kien nach den synonymen *tyro-tré, tyr-viþr* u. dgl., *kuik(u)ende* animal nach *kuikr* lebendig, *keyk(u)a* neben *kueikia* beleben (s. § 79, 13), *Bleykin* ein ortsname statt *-vin nach *bleikr* bleich, *dáenn* und *Þrdenn* (s. § 157, 1), *mý(f)ell* nach pl. *mýlar* (s. § 74, 6), *de* urgrossvater neben *afe* grossvater (s. Kock, I. F. V, 163 ff.), *Leik(v)angr* ein ortsname nach *kaupangr* stadt, *Biorg(v)in* § 220, *Sygin* mythischer frauenname durch kontamination von *Syguin : gen. *Sigyniar* (anal. auch nom. *Sigyn, Sigun,* gen. *Sigunar*), *þid*, prät. *þidþa* durch ausgleichung einer flexion *þifa (got. *ga-þiwan*), prät. *þíþa* knechten, *Haraldr, Ingialdr* § 141. Im anorw. *s(u)ívirðing* missachtung könnte wol der *w*-schwund dissimilatorisch sein.

Anm. 5. *Sá* (4 mal in St. Hom., nicht selt. im anorw., s. Hertzberg) neben gew. *suá* 'so' ist entweder eine kontamination von *suá* und *só* (s. § 165 und § 74, 11) oder vielleicht mit Kock, Accentuierung s. 216, aus *suá* in unbetonter stellung entstanden. *Pá* neben dem wol anal. neugeschaffenen *páe* (z. b. Sn. E. II, 489, Njála I, 325, 351, Fornm. sögur II, 19, Kormaks saga 1832, s. 118; mitteilung R. Arpi's) pfau ist wol mittelenglisches lehnw. (s. Kock, I. F. V, 166).

2. Aus *ƀ* entstandenes *w* vor *u*, vielleicht schon um 550, wenn nämlich der mannsname *HaukoþuR* Vånga zu aisl. *haukr* (finn. *havukka*, ahd. *habuh*, ags. *heafoc*) habicht gehört. Andere aisl. beisp. sind z. b. *taur* (s. Noreen, Uppsalastudier s. 214 f.) neben *taufr, tǫfr* (s. § 94, 1) zauber; *au-* (*aƀu-, gr. ἀπύ = ἀπό) ab- in *auvirþ* (ags. *æfwyrd*) verächtlicher mensch, *aukuise* entarteter mensch, *auvisle* schade; *aur-* (ahd. *abur-*) zurück in *aurkunnask* entarten, *aurvase* einer der wieder zum kind geworden ist (vgl. nschw. *vase* bube), *aurgate* (zu *geta*) empfang; anorw. (s. Hertzberg, s. 756) *oukt* statt *ǫfukt, ǫfugt* verkehrt; *biórr* (ags. *beofor*; vgl. adän. *biævær* aus *beƀar-*) biber; *biórr* (vgl. lat. *fibra*) streifen; *nióll* (ahd. *nebul*, ags. *nifol*) neben *nifl*, s. § 155; *siau* sieben, *siunde* siebente; *Giúke* (*Geƀuke,* vgl. ahd. *Gibihho*) ein mannsname; *sióle* (vgl. mhd. *un-sivel* unfreundlich) ein fürstenepitet; *Iórvík* (aus ags. *Eoforwíc*) York, *Iór-* (ahd. *ebur*) in personennamen wie *Iór-ulfr, -unn, -eiþr, -ís* (s. Lundgren, Arkiv X, 179; Bugge, No. I. s. 248) neben *ioforr* nach dat.

§ 228. Urn. konsonantenschwund: *þ*. § 229. Stimmhafte spiranten: *ð*.

iofre u. a. 'eber' als fürstenepitet; anorw. selt. (s. Fritzner und Hægstad, G. Tr. s. 54) *œlliufti* nach *œlliu (= *œllifu* elf) neben *œllifti* elfte; *ýrenn* (zu ahd. *ūbur*) neben *yfrenn* (anorw. *ifrinn* § 140) und *øfrenn* (zu ahd. *obar*), durch kontamination auch *ørenn* überschüssig, zahlreich. Ueber *haustr, aumr* s. § 226. S. weiter Noreen, Arkiv I, 163 f., VI, 310 ff.

§ 228. *þ* schwindet vor *l*, z. b. *mál* (got. *maþl*) sprache, *nǫl* (got. *nēþla*) nadel, *stál* (ahd. *stadal*) der einer halbstrophe eingefügte parenthetische satz, heuschober, *válaþ* (zu ahd. *wadal*) elend.

Anm. Das auffallende anorw. (und aschw.) *mall* statt gew. *mál* ist wol mit wgerm. *mallo-* in Lex salica u. a. zu vergleichen.

Ohne zweifel sind mehrere der im folgenden behandelten lautgesetze auch der urnordischen zeit zuzuschreiben, was jedoch zur zeit nicht erweisbar ist.

Kap. 2. Altwestnordische lautgesetze.
I. Wechsel der artikulationsarten.
A. Die stimmhaften spiranten.

§ 229. *ð* unterliegt folgenden veränderungen:

1. Zu (stimmlosem) *f* vor *k, s, t*, z. b. *rífka* vermehren zu *rífr* (ndd. *rībe*) freigebig, gen. *liúfs* und nom. acc. sg. ntr. *liúft* zu *liúfr* lieb. Nach *k, s, t* ist *f* selten, weil gewöhnlich assoziationsbildungen eintreten; vgl. jedoch z. b. *knésfót* neben *knésbót* (zu *bót* < *ðót bucht, s. § 217, 1) kniehöhle, *véttfangr* neben *véttvangr* (zu *vangr* < *ðangr § 247 < *wangR § 242 feld) ort an dem ein kampf stattgefunden hat.

Anm. 1. Ueber die weitere entwickelung von *fs, ft* zu *ps, pt* s. § 232 anm. 4.

2. Zu nasalirtem *ð* (geschrieben *mf*, selten *fm*), woraus um 1200 *m*, vor *n* und zwar vorzugsweise anorw., z. b. *iafn, iamfn, iamn (iœmn)* eben. In gewissen (bes. aostnorw.) dialekten tritt *ðn* > *mn* überall ein; in andern nur wenn *ðn* tautosyllabisch ist, z. b. *suemn*, dat. *suefne*, schlaf (dann ausgleichungen); in anderen (wie z. b. färöisch) nur vor konsonanten, z. b. *nafn*, gen. *nam(n)s*, name; in andern nur vor labialen konsonanten,

§ 230. Die stimmhaften spiranten: ð. 153

z. b. *iam(n)friðr* ebenso schön, aber *iafndiarfr* ebenso kühn; in andern nur in schwachtoniger silbe, z. b. (mit haupttoniger ultima) anorw. *iam(n)væl* (statt *emnvel, aschw. *æmvæl*, s. § 90) 'ebenso wol' zu *iafn* eben; in andern (aisl.) endlich nie; vgl. Wadstein, F. Hom. s. 108 f.; Kock, Arkiv VI, 37 f. Bisweilen zeigt sich *m* statt *ð* auch vor einem nasalirten vokal (vgl. Bugge, Sv. Landsm. IV, 2, s. 8 f. note; Kock, Arkiv XIII, 242 note), z. b. *ofan*, anorw. *oman* von oben; selt. *helfingr* neben *helmingr* hälfte; *þialfe*, *þialme* (vgl. aber keltisch *tailm*, *telm*) bezwinger, schlinge; *skilfingr*, selt. *skilmingr* könig in Uppsala; *Þambarskelfe*, selt. *-skelme* ein zuname; hierher auch? selt. *nefa*, gew. *nema* (anorw. selt. *neima*! s. Hertzberg) 'wenn nicht' (zu *ef* wenn?, anorw. 1 mal, wie im adän., *em*, s. Hertzberg).

Anm. 2. Unklar sind aisl. *þermlask* (sehr selt. *þerflask*) entbehren zu *þorf* bedürfnis; *huilmt* : *huilft* (vgl. got. *hvilftri* sarg) höhle, ntr. *féskylmt* : *-skylft* < *-skyflt* (s. § 303, 1; zu *skyfla* vergeuden) geldvergeudend; *ialmr* : *ialfr* (selt.) geräusch; anorw. *hœim(f)t* : aisl. *heipt* (got. *haifsts*, vgl. § 281 anm. 4) hass; anorw. *Ælmtrartiorn* ein ortsname zu *œlftr* (vgl. adän. *elmte*) schwan (vgl. nschw. *Emterud* = anorw. *Ælftruð*). Aus lat. *scamellum*, *scabellum* entlehnt ist *skemell*, resp. *skefell* schemel.

Anm. 3. Ob seltene schreibungen (s. z. b. Bugge, Helge-Digtene, s. 343) wie *sopna* (*sofna*) einschlafen, dat. *hipni* (*hifni*) himmel die nisl. aussprache von *fn* wie *bpn* andeutet, bleibt unsicher.

3. Zu *b* nach *l* und *r* im westisländischen des 13. und 14. jahrhs., z. b. *tolb* (*tolf*) zwölf, *þorb* (*þorf*) bedürfnis; s. Hoffory, Arkiv II, 14; Vigfusson, Eyrbyggja saga, s. XLV.

§ 230. *ð* ist ebenso in mehrfacher weise verändert worden:
1. Zu *d* in folgenden fällen:

a) Wo zwei *ð* durch synkope zusammentreffen, entsteht schon in der vikingerzeit *dd*, z. b. prät. *eydda* (*auðiðō < *auþiðō § 215, 1; vgl. got. *auþeis* öde) zu *eyþa* veröden, *fódda* zu *fóþa* nähren, *gladda* zu *gleþia* freuen, *hadda* (*haðiðō, vgl. lat. *catena*) kette, *edda* grossmutter (§ 123), *rudda* keule zu *ryþia* aufräumen, *samfeddr*, *-móddr* (vgl. § 281, 9) von demselben vater, resp. mutter geboren zu *faþer* vater, *móþer* mutter.

Anm. 1. Schreibungen mit *ðd*, *þd* (s. § 44, 2 mit anm. 2) beruhen auf analogischem anschluss an formen mit einfachem *ð*, *þ* (z. b. *fóða*, *fóþda* nach *fóða*, *fóþa*), s. Hoffory, Arkiv II, 31 f. note.

Anm. 2. Nach konsonanten tritt *ðð* teils (z. b. immer im Cod. AM. 310, 4°) als *d* (aus *dd* nach § 273), teils (nach § 237, 2) als aisl. *þ*, anorw. *ð* auf, z. b. prät. *hirda* (*hirðda*, *hirþda*, s. anm. 1) und *hirþa*, *hirða* zu *hirþa*,

§ 230. Die stimmhaften spiranten: ð.

hirða bewachen. Spätere formen wie prät. *hirta* (aus *hirð-ta*) haben zur verdeutlichung des tempus nach der analogie anderer verba mit lautgesetzlichem *t* (wie *rœna* rauben, prät. *rœnta*) *t* angenommen.

Anm. 3. Ueber *zð* (*Rð*) > *dd* s. § 218, 2.

b) Nach *ll, nn* (wo sie nicht aus *lþ, nþ* entstanden sind, s. unten 2, b) schon vorliterarisch, z. b. prät. *felda* (*falliðō) fällte, *kenda* kannte, *skal(l)do* du sollst, *mon(n)do* (*mundu*) du wirst zu *ðu* (*þú*, § 215, 1), *Halldórr* ein mannsname zu *Þórr* (§ 215, 1). Spätestens um 1200 (im anorw. sicher vor 1200; mitteilung H. Celander's) auch nach den übrigen auf *l, n* auslautenden langen silben (ausser in dem unten 2, b erwähnten falle), z. b. (*huilþ*) *huild* ruhe, prät. (*girnþa*) *girnda* machte begierig, die mannsnamen *Arndórr, Steindórr* zu *Þórr*; im anorw. Cod. AM. 310, 4⁰ auch nach langer silbe auf *-r*, z. b. *fir(r)dr* entfernt, *fegrd* schönheit (s. Groth's ausgabe, s. XXIV). Etwas später (aisl. um 1250, anorw. schon um 1200 nach H. Celander) nach einer auf *l, n* auslautenden kurzen silbe, z. b. prät. (*talþa*) *talda* zu *telia* zählen, (*vanþa*) *vanda* zu *venia* gewöhnen, *Valdiúfr* zu *þiúfr* (*þiófr*) dieb (§ 215, 1). Noch später, im anorw. jedoch schon vor 1250, im aisl. erst um 1300 oder etwas später, auch nach *b, lf* (d. h. *lv*), *lg, ng* und (am frühesten, wenigstens im anorw.) *m*, z. b. prät. *kembda* (älter *kembþa*) zu *kemba* kämmen, *skelfda* zu *skelfa* schütteln, *fylgda* zu *fylgia* folgen, *hengda* zu *hengia* hängen, *tamda* zu *temia* zähmen, *Hamdir* (s. § 215, 1) ein mannsname; vgl. Wimmer, Læsebog⁴ X f.; Wisén, Homiliu-bók, s. XII; Bugge, Ant. tidskr. f. Sv. X, 247; Wadstein, F. Hom. s. 106.

Anm. 4. Wo also in älterer zeit *d* nach einer kurzen auf *l, n* auslautenden silbe auftritt, wie in prät. *selda* zu *selia* verkaufen, *vilda* zu *vilia* wollen, *skylda* zu *skolo, skulu* sollen, *munda* zu *mono, munu* werden, hat keine synkope stattgefunden, sondern *d* ist nach § 217, 1 und § 213 anm. 1 zu beurteilen.

2. Zu (stimmlosem) *þ*, woraus dann *t*, allgemein nach und vor stimmlosen konsonanten, also:

a) Nach *s*, z. b. prät. *reista* (got. *raisida*) zu *reisa* aufrichten, *huesta* zu *huessa* schärfen, *busta* zu *bysja* strömen, *estu* (*es-ðu) du bist, anorw. *lœgstu* 'du legst dich' zu *ðu* (*þú*) du, u. a. (s. Wadstein, F. Hom. s. 115).

Anm. 5. Die mittelstufe *þ* zeigt sich in runeninschriften, z. b. *raisþi* er richtete auf.

§ 230. Die stimmhaften spiranten: ð.

b) Nach *ll, nn*, wo sie aus *lþ, nþ* entstanden sind (s. § 265), sowie nach *l, n*, vor welchen ein stimmloser konsonant steht oder in urn. zeit gestanden hat, wodurch *l, n* auch einmal stimmlos geworden sind (eine aussprache dieser laute, die vielleicht noch in literarischer zeit einstweilen stattfand; vgl. Hoffory, ZfdA. XXII, 375 ff.), z. b. prät. *vilta* zu *villa* (vgl. got. *wilþeis*) irre führen, *nenta* zu *nenna* (got. *nanþjan*) wagen; *éx(l)ta* zu *éxla* vermehren, *víx(l)ta* zu *víxla* wechseln, *mǽlta* zu *mǽla* (got. *maþljan*) sprechen, *stǽlta* zu *stǽla* (vgl. ahd. *stahal*) stählen, *vélta* zu *véla* (litau. *veikalóti*) sich beschäftigen, *vǽpnta* zu *vǽpna* bewaffnen, *rǽnta* zu *rǽna* (ahd. *bi-rahanen*) berauben.

c) Nach (stimmlosem) *f, k, p*, wo die älteste literatur noch die mittelstufe *þ* bewahrt. Nach langer silbe tritt aber *t* neben *þ* nach 1200 auf und wird ziemlich bald herrschend, z. b. (*tylfþ*) *tylft* zwölfter, *merkta* zu *merkia* bezeichnen, *dreypta* zu *dreypa* tropfen lassen; nach kurzer silbe dagegen dringt *t* erst später durch, z. b. prät. *vakþa, vakta* zu *vekia* wecken, *glapþa, glapta* zu *glepia* narren; vgl. Wimmer, Læsebog⁴ X f., Hoffory, Tidskr. f. Fil. N. R. III, 293, Wadstein, F. Hom. s. 107.

Anm. 6. Wo also in den ältesten hdschr. *t* nach *f, p* ausschliesslich herrscht, wie in prät. *þurfta, keypta* zu *þurfa* bedürfen, *kaupa* kaufen, ist *t* schon urgermanisch. *þurfta* ist got. *þaúrfta;* *keypta* ist **køyptða* (§ 259, 2, § 273) zu einem einst vorhandenen verb **køypta* (got. *kaupatjan*).

Anm. 7. *Helfþ, -t* hälfte neben lautgesetzlichem (anorw.) *hælfð, -d* (**halbið-*) ist nach *tylfþ, -t* (s. oben c) umgebildet worden (vielleicht zum teil unter fremdem einfluss; vgl. afris. *helft*); ebenso anorw. *þýft*, aisl. *þýfþ* (**þiubið-*) diebstahl nach *þyrft* bedürfnis u. a.

d) Vor *s*, wo nicht assoziation hindert. So steht häufig schon in den ältesten hdschr. *z* statt *ðs* in ableitungen auf *-ska, -sla, -sli*, superl. auf *-st* und 2. pl. reflex. der verben, z. b. *gǿzka* güte zu *góþr* gut, *fézla* nahrung zu *féþa* nähren, *brigzle* vorwurf zu *bregþa* schwingen, *sizt* 'am wenigsten' zu *síþr* weniger, 2. pl. *hrǽþezk* zu *hrǽþask* fürchten; selten vor *s* in einsilbigen reflexivformen, z. b. prät. *kuazk* zu *kueþa* sagen, und im gen. sg., z. b. *góz* zu *góþr* gut, adv. *viz* weit, eigentlich gen. sg. zu *víþr* weit; in den ältesten anorw. hdschr. sind aber formen wie die letzten nicht gerade selten (in einigen späteren alleinherrschend); in aisl. hdschr. werden sie während des laufes des 13. jahrhs. regel, wo dem *ð* ein *r* vorhergeht, z. b. gen. sg. *orz* zu *orþ* wort. Am seltensten ist *z* (*ts*), wo *ð*

§ 230. Die stimmhaften spiranten: ð.

und *s* verschiedenen zusammensetzungsgliedern gehören, z. b. *baztofa* (*baþstofa*) badstube, *Heizǣfesþing* gerichtsversammlung der Upplǫnd, anorw. *Autsetr* (zu *auðr* öde) ein ortsname. Vgl. Hoffory, Arkiv II, 32 ff., 86 ff., Mogk, Anz. f. d. A. X, 64, Gering, Isl. Æv. I, XVIII f.

Anm. 8. Die textausgaben haben hier gewöhnlich etymologische schreibung mit *ðs*.

e) Vor *k*, z. b. *blíþka* sänftigen zu *blíþr* sanft, *víþka* erweitern zu *víþr* weit. Hier bleibt gewöhnlich *ð*, *þ* durch assoziation; vgl. ohne solche den namen *Hrokkell* aus **Hrotkell* (s. § 263, 1) und dies aus **Hroþkell* (§ 122, 3) < **Hróð-kell*.

Anm. 9. Auch hier haben die meisten textausgaben etymologische schreibung mit *ð*.

f) Ausserdem wird im etwas späteren aisl. dialektisch *ð* (oder *þ*, s. § 217, 2) zu *þ* (so konsequent im Stockholmer-fragm. der Laxdǿla, s. Kålund's ausgabe, s. XXII f.), dann *t*, auslautend nach schwachtonigem vokal, z. b. *met* (selten) neben *meþ* mit, acc. sg. *skilnat* zu *skilnaþr* verschiedenheit, *hreinsut* nom. sg. f. zu *hreinsaþr* gereinigt; s. Gering, Isl. Æv. I, XVIII, L. Larsson, Isländska hdskr. No. 645, 4⁰, s. LXV, Kålund, Laxdœla saga, s. VII, Hb. s. XLVIII und L. Ausnahmsweise tritt die erscheinung auch in anorw. hdschr. auf, z. b. *vit* bei, *met* mit, *hundrat* hundert u. a. (s. Jones, The phonology of the Elis saga, s. 22).

Anm. 10. Formen wie acc. *bet* statt *beþ* bett, prät. *kuat* statt *kuaþ* sprach u. dgl. sind aus gen. *bez*, pass. *kuazk* (s. oben d) abstrahirt. Natürlich können so auch formen wie *forat* (*-aþ*) gefährliche passage, *hǫfut* (*hǫfoþ*) kopf erklärt werden. — Misl. imperat. *vert* (z. b. Bósa saga, Jiriczek's ausgabe s. 18⁷) statt *verþ* ist aus *verttu* (**verþ-þú* nach § 233) abstrahirt.

Anm. 11. Was bedeutet *tð* statt *ð*, z. b. *matðr* (*maðr*) mann, *ytðr* (*yðr*) euch, *bitðia* (*biðia*) bitten u. a. im anorw. (Þiðreks saga)?

3. Dialektisch, bes. im anorw., scheint *ð* auslautend und (besonders) vor *l*, *n*, *s* in einen (interdentalen?) *r*-laut (*ðr* geschrieben) übergegangen zu sein, z. b. *orðr* (schon in St. Hom.) statt *orð* wort, gen. *guðrs* zu *guð* Gott, pl. *hæiðrnir* zu *hæiðinn* heidnisch, *œðrli* (aisl. *eþle*) natur, u. a., s. Hægstad, G. Tr. s. 37 f.

Anm. 12. Auf dissimilation beruht wol *ð* > *r* in *Suiþior* (Ágrip) statt *Suiþioð* (*Suiþióð* § 215 anm. 1) Schweden. Ebenso anorw. *hǫfuðbarmr* (*-baðmr*) männliche seite (stammbaum, hauptzweig), aisl. *hróþrbarmr* 'ruhmbaum' (doch auch *ǣttbarmr*, *-baþmr* stammbaum). Aber anorw. *lanzeyra* neben *landeyða* verwüstung eines landes?

§ 231. Die stimmhaften spiranten: ʒ.

Anm. 13. Ein dialektischer übergang ðm > nm (vgl. An. gr. II, § 257 anm. 7) ist durch anorw. *vanmál* (z. b. Hægstad, G. Tr. s. 73) neben *vaðmál* kleiderstoff belegt.

Anm. 14. Ueber rð > kakum. *l* s. § 244 anm.

Anm. 15. Anorw. *l* statt ð in mannsnamen wie *Gulbrandr, -marr* ist wol aus solchen (nach § 259, 4 entstandenen) wie *Gulleifr, -leikr, -laugr* entlehnt (s. Lind, Arkiv XI, 271).

§ 231. ʒ wird in folgender weise verändert:

1. Zunächst stimmlos, dann zu *k*:

a) Regelmässig nach *s, t*, z. b. gen. sg. m. *enskes* zu *enge* keiner, *huárskes* zu *huár(r)ge* keiner von beiden, *lýske* lauskrankheit zu *lúsogr* lausig, mnorw. *Aski*, kurzname zu *Ásgautr*; acc. sg. m. *mǫt(t)kan* zu *mǫttogr* mächtig, *huatke* (dat. *huíge*) was auch immer, *huár(t)ke* keines von beiden, *vitke* zauberer (s. § 122, 2), *sys(t)ken* (vgl. *feþgen* eltern) geschwister.

b) Häufig auch vor *s, t*, z. b. gen. *Nórex* zu *Nóregr* Norwegen, *dax* zu *dagr* tag, *bøxl* neben *bógr* bug, *haukstaldr* vornehmer mann neben urn. *Haʒustaldaʀ* (s. § 166, 3), anorw. ortsnamen wie *Baukstaðer, Úfæikstaðer* zu den mannsnamen *Baugr*, resp. *Úfæigr; brixle* aus **brik(t)sli > brigzle* (s. § 230, 2, d) vorwurf, ntr. *heilakt, driúkt* zu *heilagr* heilig, *driúgr* tüchtig, anorw. *Syktryggr* (Keyser & Unger, Olafs saga, Chra. 1849, s. 59 note) statt *Sygtryggr* ein mannsname. Dass man häufiger *g* als *k* geschrieben findet, beruht auf assoziation.

Anm. 1. Der übergang in *k* vor *t* ist früher in unbetonten silben eingetreten als in betonten, welche in den allerältesten aisl. hdschr. noch immer *g* aufweisen; vgl. Hoffory, Arkiv II, 19 ff., Wadstein, F. Hom. s. 110.

Anm. 2. Dialektisch und selt. tritt derselbe übergang im schwachtonigen auslaut ein, z. b. aisl. *þannok* (Unger, Alexanders Saga, s. 51) neben *þannog* dorthin, anorw. *allrek* (s. Hertzberg) statt *aldrege* nie; vgl. (§ 230, 2, f und) An. gr. II, § 258, 3.

2. Dialektisch geht ʒ im 13. jahrh. vor *n* in velaren nasal (oft *ng*, seltener *ɴ* geschrieben) über, z. b. *skyngn* statt *skygn* klarsehend, gen. *reɴs* (aus *reɴns* § 281, 8 statt *regns*) regens, u. a., s. Hægstad, G. Tr. s. 36.

Anm. 3. Daher erklärt es sich, dass statt etymologisch berechtigten *ng* nicht selten *gn* geschrieben wird, z. b. gen. *fagns (fangs)* zu *fang* griff, empfang, ntr. *lagnt* statt *langt* langes u. dgl.

3. Ueber ʒ > *gg* bei dehnung s. § 269, 1.

B. Die stimmlosen spiranten.

§ 232. Ueber *f* ist folgendes zu bemerken:

1. Nach vokalen und *l, r* wird es, wenn kein *s, t* oder *þ* folgt, gegen das ende der vikingerzeit (dialektisch aber weit später, da es im Cod. AM. 310, 4⁰ noch erhalten zu sein scheint, s. Groth's ausgabe s. XXXIV f.) stimmhaft (d. h. *ð*), z. b. *hefia* (got. *hafjan*) heben, *ulfr* wolf, *þarf* bedarf.

Anm. 1. Dass derselbe übergang lautgesetzlich auch da eintrat, wo *f* als anlaut des späteren gliedes eines zusammengesetzten wortes stand, geht aus schreibungen wie (anorw.) *Þorvastr* < *Þorfastr* (dazu der kurzname *Vaste* statt *Faste*) ein mannsname, *tuévalldr* < *tuéfaldr* doppelt u. dgl. hervor.

Anm. 2. Dass dieser vorgang nicht der urn. zeit angehört, beweisen runeninschriften der vikingerzeit, die noch in der bezeichnung streng zwischen dem stimmlosen *f* (got. *f*) und dem stimmhaften *b* (got. *b*) scheiden; s. Noreen im Grundriss I², 525 f., § 6, 21 und 570, § 64, a sowie An. gr. II, § 259, 1.

2. Vor *s, t* geht es ohne klare regel seit etwas vor 1000 (s. Kahle, Die sprache der skalden, s. 68) in *p* über. Schon in den ältesten hdschr., sowol aisl. als anorw., findet sich eine menge hierher gehöriger beispiele (neben formen mit *fs, ft*), z. b. *repsa* (ahd. *refsan*) züchtigen, gen. *Þórolps* zu *Þórolfr* ein mannsname, *hepta* (got. *haftjan*) hindern. Besonders beliebt ist *pt* nach schwachtonigem vokal, z. b. *epter* neben *efter* (vgl. got. *afta*) nach, *ellepte* elfte; oder wo *pt* tautosyllabisch ist, z. b. *opt* oft; oder wo verwandte formen mit *p* vorhanden sind, z. b. *skipta* (jedoch vielleicht aus *skipatjan*, also mit urspr. *p*) verteilen neben *skipa* ordnen; vgl. Kock, Arkiv VI, 42, Wadstein, F. Hom. s. 109. Später ist in aisl. hdschr. *pt*, in anorw. (bes. onorw.) hdschr. *ft* (zum teil vielleicht wieder aus *pt* entwickelt, s. § 239) regel.

Anm. 3. Die 2. sg. prät. starker verben richtet sich gewöhnlich nach der 1. sg.; also *drap, drapt* tötete, -test, aber *gaf, gaft* gab, gabst. Auch sonst liegen vielfach analogiebildungen vor.

Anm. 4. Auch das aus *b* (nach § 229, 1) entstandene *f* kann in *p* übergehen, z. b. *ups* (got. *ubizwa*) traufdach, anorw. gen. *skaps* zu *skaf* rinde zum essen, *erpskinn* zu *erf* vielfrass, *Stúpsruð* ein ortsname zum mannsnamen *Stúfr*, wenn auch dies weit öfter durch analogiebildung verhindert wird, z. b. *leypt, leyft* gelobt zu *leyfa* loben, *epstr, ofstr* oberster. Vgl. Hoffory, Arkiv II, 4 ff.

Anm. 5. Die nicht seltenen schreibungen *pft*, (seltener) *fpt* drücken wol verschiedene übergangsstadien aus; vgl. Noreen, Grundriss I², 570, § 64, b.

Anm. 6. Nach *s* ist *f* zu *p* geworden in *húspreyia* (so regelmässig in der Laxdéla nach Möðruvallabók; anorw. auch *húsprey*) neben *húsfreyia* (nach *freyia* frau aufgefrischt) hausfrau.

§ 233. *þþ* wird nach starktonigem vokal zu *tt*, z. b. *motte* (ags. *moððe*) motte, *spotta* spotten, *rytta* (ags. *ryðða*) lumpenhund, *brotfall* (als lehnw. mengl. *broþþfall* im Orrmulumm) fallsucht, *Suttungr* (*suþ-þungr* 'vom absud beschwert' zu *soþ*, aschw. *suþ* 'absud', s. Noreen, Uppsalastudier, s. 208; durch volksetymologie selt. *Súptungr*) der riese des dichtermets, imperat. *bióttu* biete (du), *kuettu* sage (du; s. Þorkelsson, Beyging, s. 36 und 284) aus *bióþ* (s. § 217, 2), resp. *kueþ þú*. Nach schwachtonigem vokal tritt *ð* (aus *þ* § 215, 1 und dies aus *þþ* § 275, 1) ein, z. b. *meþan* (got. *miþþan-ei*) während, *siþan* (ags. *siððan*) 'seitdem' neben *síþan* (nach *siþare* 'später' umgebildet) 'nachher', *eþa* (got. *aiþþau*) 'oder' neben sehr seltenem *etþa* (Physiologus I 1 mal; kompromiss von *etta und *eða), selt. (z. b. Wadstein, F. Hom., s. 126, Cederschiöld, Geisli, s. XVI) anorw. *Guðormr*, aisl. *Goþormr* (mit haupttoniger ultima) neben gew. (s. § 51, 1, a) *Guttormr* (*Gutthormr*, *Guðþormr* u. a. schreibungen) ein mannsname zu *þyrma* ehren.

Anm. 1. Mnorw. wird *þ* allmählich in allen stellungen zu *t*, in Jämtland schon um 1350, sonst erst später (s. Hægstad, Upphavet s. 9), am frühesten nach *s*, z. b. ortsnamen wie *Gaukstorp*, *Gautstorp* zu *þorp* dorf.

Anm. 2. Unklar ist das *t* statt *þ* in den mannsnamen *Angantýr* (ags. *Ongenþeow*; vielleicht nach *týr* gott umgebildet) und *Hialmtér* aus urn. *þewaʀ*.

§ 234. *sl* wird in wnorw. mundarten schon im 14. jahrh. zu *tl*, z. b. *sýtla* (*sýsla*) beschäftigung, *Pintlar* (*Pinslar*) ein ortsname.

Anm. Ueber *ls*, *rs* > kakum. *s* s. § 244.

§ 235. *hw* wird zu *kv* wnorw. schon im 14. jahrh., onorw. um 1400, im norden und westen Islands wol noch später, z. b. *kvat* (*huat*) was, *kvítur, -ar* (*huítr*) weiss.

C. Die stimmhaften explosivae.

§ 236. *b* wird, wo assoziation nicht hindert, zu *p* nach *s*, z. b. gen. *Aspiannar* (im Hoprekstader notizbuch, 2. hand) statt *Ásbiarnar* zum mannsnamen *Ásbiorn*.

§ 237. *d* wird schon zur zeit der ältesten hdschr.:

1. Zu *t* vor und nach *k, s,* wo nicht assoziation hindert, z. b. *stentk* (*stend ek*) ich stehe, *Otkell* (*Oddkell*) ein mannsname, *Mørtalr* (**Myrk-dalr*) ein ortsname; *unz* (**und es*) bis, gen. sg. *lanz* zu *land* land, *elz* zu *eldr* feuer, *Gaustalr* ein ortsname, *týrst(d)agr* (*týsdagr*) dienstag, *þorst(d)agr* (*þórsdagr*) donnerstag. Vgl. Hoffory, Arkiv II, 92 ff.

Anm. In den ältesten skaldengedichten (und einigen späteren) ist jedoch *ds*, nach ausweis der reime, noch erhalten; s. Mogk, Anz. f. d. A. X, 65.

2. Zu *ð* nach vokalen und *r*, wo nicht assoziation hindert, z. b. *samfeþr, -møþr* von demselben vater, resp. mutter geboren aus *-feddr, -møddr* (s. § 230, 1, a, § 274, § 281, 9), prät. *hirþa* < *hirda* < **hirdda* (s. § 273; vgl. § 230 anm. 2) zu *hirþa* bewachen; vgl. aber *abbadís* äbtissin, *Þórdís* ein frauenname nach *dís* ehrwürdiges weib u. dgl.

§ 238. *g* wird zur selben zeit:

1. Zu *k* vor (stimmlosem) *f, s, t,* wo nicht assoziation hindert, z. b. *iunkfrú* (*iungfrú*) jungfrau; *ynxte* der jüngste, gen. *konunx* königs; ntr. *gløkt* zu *gløggr* deutlich, *rankt* zu *rangr* verkehrt.

Anm. Die von Bugge (Helge-Digtene, s. 129 note und s. 344) angenommene entwicklung *ggl* > *kl* ist durch kein sicheres beisp. gestützt.

2. Zu *ȝ* nachvokalisch vor konsonanz, z. b. prät. *bygþa* zu *byggua* wohnen, *skygþa* zu *skyggua* überschatten u. dgl. (s. Lidén bei Ottelin, Studier öfver codex Bureanus I, 80 f. note), *skygn* klarsehend, *gugna* erschrecken zu *gyggua* schreck einflössen, *ugla* (ahd. *ūwila*) eule. Vgl. § 274.

D. Die stimmlosen explosivae.

§ 239. *pt* tritt im anorw. sehr selten als *ft* auf, z. b. prät. *køyfti* (*køypti* § 230 anm. 6), *leyfti* (*leypti*), *støyftizt* (*støyptizt*) zu *kaupa* kaufen, *leypa* laufen lassen, *støypa* stürzen, s. Wadstein, F. Hom. s. 109 note, Hægstad, G. Tr. s. 35; *køyfte* kommt auch im aisl. ein paar mal vor.

§ 240. In unbetontem auslaut werden *t, k* nach vokal häufig zu *ð* (woraus dialektisch *þ* nach § 230, 2, f; s. Kålund, Laxdœla saga, s. XXII f.), resp. *ȝ*. Beispiele kommen (wenigstens bei *t* > *ð*), wenn auch selten, schon in den allerältesten hdschr.

§ 241. Die stimmlosen explosivae. 161

bei einigen pro- und enklitischen wörtern vor, z. b. *aþ* (*at*)
'zu', 'dass'. Später werden die fälle häufiger. In hdschr. des
13. jahrhs. treffen wir z. b. *miog* (*miok*) viel, *mig* (*mik*) mich,
þig (*þik*) dich, *sig* (*sik*) sich, *viþ* (*vit*) wir zwei, *iþ* (*it*) ihr
zwei, *skylduþ* (*skyldu-at*) sie sollten nicht, nom. acc. sg. ntr.
wie *mikiþ* (*-it*) gross, *kallaþ* (*-at*) geheissen, *þakiþ* (*-it*) das
dach u. dgl. Um 1300 und später werden die beispiele noch
häufiger, z. b. *eg* (*ek*) ich, *og* (*ok*) und, *huað* (*huat*) was, *hið*
(*hit*) jenes.

Anm. 1. Einige aisl. hdschr. (z. b. das Kringla-fragment, Hauksbók, Finnboga saga nach Möðruvallabók und Jomsvikinga saga nach cod. AM. 291, 4º; zum teil auch Elis saga), die nicht zu den ältesten gehören, haben eine art dissimilation durchgeführt, so dass immer *ð* steht, wenn die silbe mit *t* anlautet, z. b. *litið* wenig; sonst ist *t* häufiger, z. b. *tekit* genommen; vgl. Gering, Finnboga S., s. XI, Jones, The phonology of the Elis S., s. 19. Umgekehrt ist bisweilen *t* besonders gut bewahrt, wenn die silbe mit *ð* oder *d* anlautet, z. b. *boðit* geboten, *bundit* gebunden; vgl. P. Pálsson, Krókarefs saga, s. XV.

Anm. 2. Im südwestlichen mnorw. sowie gleichzeitig im orkn. (im 15. jahrh. auch bisweilen anderswo, aber dann durch dänischen einfluss) treten *b, d, g* statt *p, t, k* auch nach haupttonigem vokal ein, z. b. *rœignœdœ* (schon 1344 statt *rœiknaðe*) zählte, orkn. *lúga* (1369 st. *lúka*) schliessen, *bordo* (1426 st. *burtu*) weg u. a. dgl.; s. Hægstad, Upphavet s. 7, Arkiv XV, 106, Hild. s. 65 und 67.

Anm. 3. In 'Rímur' des 15. jahrhs. steht regelmässig (sporadisch weit früher) *ð* statt *t* auslautend nach langem haupttonigen vokal, z. b. *séð* (*sét*) gesehen, *spáð* (*spát*) prophezeit. Das häufig schon früher vorkommende *búð* (*bút*) als adv. 'vielleicht' neben *búiþ* (*búet*) als adj. 'fertig' erklärt sich nach (§ 192 und) § 151.

Anm. 4. Vereinzelte schreibungen wie *Goþland, Gauþland, Goðþioð* land der Goten, Gauten u. dgl. (s. Heinzel, Ueber die Hervararsaga, s. 75 f.) beruhen auf volksetymologischer umbildung nach *goþ* götter. Das schon in der ältesten zeit auftretende *-ligr, -legr* in adj. wie *dagligr* täglich u. dgl. beruht teils auf analogischer umbildung von *-líkr* 'gleich' durch anschluss an adj. wie *auþigr, -egr*, ntr. *auþikt, -ekt* reich (ebenso in adv. wie *ellegar* = got. *aljaleikōs* 'sonst'); teils, und wol wesentlich, hat es ursprüngliches *g* und ist nach § 307, 3 aus urgerm. *-liha-* entstanden.

§ 241. Anlautendes *kn* wird im misl. (jedoch nicht in den nördlichen mundarten), selten im mnorw., des 15. jahrhs. zu *hn*, z. b. *hnútur* (*knútr*) knoten, *hnífur* (*knífr*) messer.

Anm. Hieraus erklärt sich, dass hie und da umgekehrte schreibungen mit *kn* statt etymologisch berechtigten *hn* anzutreffen sind.

E. Die halbvokale, nasale und liquidae.

§ 242. *w* (d. h. kons. *u*) geht anlautend und nach vokal im allgemeinen (vgl. unten) um 1200, nach heterosyllabischen konsonanten wol erst etwas später in bilabiales *b̃*, woraus dann (s. § 247) labiodentales *v* (geschrieben *v, f,* s. § 42, § 36, 2), über, z. b. *var* (vgl. urn. *was* Tanum) war, *vinna* (got. *winnan*) ertragen, pl. *háfer* zu *hór* (*hár*) hoch, *ǽfe* (vgl. got. *aiws* zeit) leben, *sniófa* (ahd. *snīwan*) schneien, part. *snifenn* beschneit; nach 1200 auch z. b. *gerfe* kleidung (zu *gerr* gemacht), *stǫpfa* (älter *stǫpua*) hemmen; vgl. auch neuschöpfungen wie *máfr* möwe statt *mór* (*már*) nach pl. *máfar* (§ 80) dat. sg. f. *gǫrfri* statt *gǫrre* nach acc. *gǫrfa* zu *gǫrr* gemacht (vgl. § 227 anm. 1). Noch bei skalden des 10. jahrhs. alliteriren (son.) *u* und *w* (kons. *u*), z. b. *und : wǫllr* bei Egell. Eine frühzeitige spur des assonirens eines nachvokalischen *b̃* aus *w* mit altem *b̃* ist vielleicht das gleichzeitige *Suífor : life* bei Þorbiorn Dísarskald, aber sonst kommen solche assonanzen erst nach 1300 häufig vor. Andererseits scheint anlautendes *w* noch im Cod. AM. 310, 4⁰ (gegen 1250) erhalten zu sein. Vgl. Gering, Beitr. XIII, 202; Kock, Arkiv V, 88: Kahle, Die sprache der skalden s. 69; Groth, Det AM. haandskrift 310 qvarto, s. XXXIV; v. Friesen, N. Spr. s. 59 ff. — Weit später (und wol zu sehr verschiedener zeit in verschiedenen dialekten) tritt derselbe übergang nach tautosyllabischen konsonanten ein, z. b. *svartr* st. *suartr* u. s. w. Nach *h* ist *w* in gewissen gegenden noch erhalten, z. b. nisl. *huat* neben (nördlich u. westlich) *kvat* (beides *hvat* geschrieben); vgl. § 235.

§ 243. Kons. *i* wird wenigstens dialektisch seit 1250 zur spirans *j*, wie aus assonanzen wie *geiga : sýiur, eigi : skýium* u. dgl. (s. Kahle, Die sprache der skalden, s. 69) hervorgeht.

§ 244. *r* und kakuminales *l* schmelzen im onorw. — zu sehr verschiedener zeit in verschiedenen mundarten — mit folgendem *d* (*ð*), *n, s, t* zu kakum. *d,* resp. *n, s, t* (geschrieben *rd, ld, d; rn, ln, n* u. s. w.) zusammen, wenn die betreffende konsonantengruppe durch synkope entstanden ist, bei *rð* und *rt* auch sonst, z. b. run. (schon Flatdal) gen. sg. m. *kamas* (d. h. *gamals*) zu *gamall* alt; nach 1300 *kólsbróðer* (st. *kórs-*) kanonikus, gen. sg. *Bœrdóls* st. *Bœr(g)ðórs* (*Bergþórs*), *Giuls*

§ 245. 246. Die halbvokale, nasale und liquidae. § 247. Die labiale.

st. *Giur(ð)s*, *Vardiúfr* st. *Valdiúfr* (*Valþiófr*), *Pa(l)ne*, *miu(l)na* mühle, *kiu(l)na* darrofen; mnorw. ortsnamen (s. Rygh, Oplysn. II, 155, 241, 194) wie *Mo(l)skones*, *Vigu(l)staðer*, *Hiænsval* < *Hiælms-*.

Anm. Kakuminales *d* wird dann, wenigstens um 1550, zu kakum. *l*, z. b. *Kammefiol* < *-fiord* < *-fiorð* ein ortsname.

§ 245. *r* (altes oder nach § 256 aus *ʀ* entstandenes) wird bisweilen zu *ð* durch dissimilation in folge eines in der vorhergehenden silbe vorkommenden *r*, z. b. aisl. *hrøþask* neben *hrørna* in verfall geraten, *hróþe* oder *hróþa* unruhe zu *hróra* bewegen, anorw. *Friðikr* (*Frírikr* aus *Friðrikr* § 282) Friedrich, *Prýðikr* (*Prýrikr*), *Pórið* (Wadstein, F. Hom. s. 137) < *Pórir* mannsnamen, *Ragndíðr* (nach § 230, 1, b aus *-ðiðr* < *-riðr*) ein frauenname. Vgl. Bugge, Arkiv II, 241 f., 247 ff.

Anm. 1. Das erste *r* ist dissimilirt worden im anorw, ortsnamen *Læiðangr* (um 1200 *Læirangr*, s. Rygh, Oplysn. II, 244 f.). Dagegen ist *baþmr* 'beide ausgebreitete arme, busen, baum' (eigentlich 'verzweigung') wol nicht, wie allgemein geschieht, mit got. *barms* busen, resp. *bagms* baum zu identifizieren, sondern als eine nebenform von *faþmr* 'beide ausgebreitete arme' (gr. ποταμός?) anzusehen (vgl. Noreen, Urg. lautl. s. 126).

Anm. 2. Unklar bleiben einige fälle von (selt.) *ð* statt *r*, wo dissimilation nicht vorliegen kann, z. b. *bǫféþa* neben *-féra* (s. § 282) brünne (vgl. *bǫþfara* brünne), *mannleþa* neben *-lera* (und *mannleyse*) verächtlicher mensch, dat. sg. *bǫþue* und *bǫrue* zu *bǫrr* baum.

§ 246. *l* wird bisweilen durch dissimilation zu *r* oder *n*, z. b. *hialmur-*, *hialmun-* (*hialmu-*, s. § 287) neben *hialmul-vǫlr* (eine tautologische zusammensetzung, denn *hialmul-* < *hialmvǫl-* nach § 141), *hialmvǫlr* helmstock, *al(e)mandr* neben *alemandel* mandel, anorw. (selt.) *nykill* st. *lykill* schlüssel.

Anm. Unklar ist *ulfalde* kamel gegen got. *ulbandus*, ags. *olfend*. Nicht verwandt sind *bulke* (engl. *bulk*) und anorw. *bunki* (afris. *bunk*) schiffsladung. — Unklar ist auch der wechsel *l : r* in *kǫngol-* (selt.) : *kǫngorváfa* spinne.

II. Wechsel der artikulationsstellen.

A. Die labiale.

§ 247. Die bilabialen spiranten, urgerm. und noch urn. *f* und *ƀ*, gehen, wol während des 13. jahrhs. (im aisl. jedenfalls zum teil nach der § 229, 3 erwähnten übergang *lƀ*, *rƀ* > *lb*, *rb*), in die entsprechenden labiodentalen spiranten (beide mit *f* bezeichnet) über.

Anm. Die verbindungen *lft, rft* werden im nisl. zum teil noch bilabial ausgesprochen, s. B. M. Ólsen, Germania XXVII, 271 f.

§ 248. *b* wird in anorw. mundarten sporadisch zu *g*, z. b. acc. sg. *stugu* (*stofo*) stube, *Algarœim* (aisl. *Alfarheimr*) ein ortsname, *Liðskialg* (aisl. *Hliþskialf*) ein mythischer ortsname, *hœlgdar-* (*hœlfðar-*) *land* stück land von gewisser grösse, *Stagló* (*Stafló*), *Ragund* (*Rafund*) ortsnamen, *Lǫgðarhorn* (*Lofðar-*) ein gebirgsname (jetzt 'Lyderhorn'), *nagle* (gew. *nafle*) nabel, *sugl* (*sufl*) zuspeise, *Kólgr* (*Kólfr*, s. § 226), *Valdiúgœr* (*Valdiúfr*, aisl. *Valþiófr*), *Vigiul-* in ortsnamen st. *Vífill* (s. § 100, § 138 anm. 5) mannsnamen, *œllugu* (vgl. § 166, 1; *œllifu*) elf, *stiúg-* (*stiúf-*) stief-. — Ebenso wo urspr. *w* zu grunde liegt, z. b. *siógarbúð* (*siófar-*) baude am see, *Ióghar* (s. A. B. Larsen, Lydlæren i den solørske dialekt, s. 123) aus *Íówarr* (aschw. *Iōwar* s. An. gr. II, § 336; mit hiatusfüllendem *w*) aus *Ióarr* ein mannsname.

§ 249. *p* wird ebenfalls im anorw. sporadisch zu *k*, bes. vor *n*, z. b. (ziemlich selt.) *vákn* (auch nisl. selt. *vókn*, s. Maurer, Arkiv IV, 284 ff., Thorkelsson, Supplement IV, 180; färöisch *vákn*, finn. *vaakuna*) statt gew. *vápn* waffe, *Gaukna* st. *Gaupna* (s. Rygh, Sproglig-historiske studier tilegnede Unger, s. 41 note) ein ortsname, *gauka* 1 mal st. *gaupa* luchs, *stiúk-, stýk-* (*stiúp-, stýp-*) stief-, *ux* (s. Rygh, No. gaardnavne, Indledning s. 83) st. gew. *ups* (vgl. § 232 anm. 4) traufdach, *ǿllykti* (vgl. § 74, 7; *œllipti*) elfte.

Anm. Vielleicht durch umgekehrte schreibung kommt seit dem 15. jahrh. *finngálpn* statt *-gálk(a)n* kentaur vor; s. Bugge, Aarbøger 1895, s. 127.

§ 250. *m* wird, wo nicht assoziation hindert:

1. Zu velarem nasal vor *g*, *k*, z. b. dat. pl. *mǫlonge* zu *mǫlom* malzeiten, dat. sg. pl. *huǫronge* (*-omge*) zu *huárge* keiner von beiden, *huerionge* zu *huerge* keiner von allen, *einonge* zu *enge* kein, 1. sg. präs. ind. pass. *minnonk* (gew. *-omk*) ich erinnere mich, anorw. *Grinkell* (selt. *Grim-*, s. Rygh, Gamle personnavne, s. 94) ein mannsname.

2. Zu *n* vor *d, s, t*, z. b. *Handir* (selt.) statt *Hamdir* (§ 230, 1, b) ein mannsname; anorw. *Hiœnsval* (s. § 244) ein

ortsname, misl. passivendung (seit c. 1500) -*unzt* statt -*umzt*; *énta* (s. Fritzner) st. *émta* berücksichtigen, anorw. (Cod. Tunsb.) *þrentánde* (**þrem-tánde*, vgl. ahd. *zweinzug*, ags. *twéntiʒ* = got. *twaim tigum*; aschw. *þrœntände*, s. An. gr. II, § 493 anm. 1) dreizehnte.

Anm. 1. Auf dissimilation beruht *m* > *n* in *megen* neben *megim* (2 mal in Hauksbók, s. Hb. s. XXX), *megom* (s. § 375 anm.) 'zu — seiten', *ánu-maþkr* statt *ámu-maþkr* eine art made, anorw. *Munán* neben *Munámr*, *Mondmr* (s. § 54, 3, b; wol unrichtig Rygh, Gamle personnavne s. 183) ein mannsname; wol auch *móna* mutter (ahd. *muoma*, mndd. *möme*, *möne*, mengl. *mōne* muhme); vgl. § 268 anm. 2. — *Bukran*, -*ram* eine art zeug ist mlat. *bucaranum*, resp. mhd. *buckeram*; *siklatun* ist afranz. *siglaton*, während *siklatum* wol dat. pl. von *siklat* (lat. *cyclas*) eine art zeug ist.

Anm. 2. Unklar ist der wechsel *fíós* : später *þiós* wallfischfleisch.

B. Die interdentale und dentale.

§ 251. *ð* (urspr. oder nach § 215, 1 entstandenes) wird schon vorliterarisch zu *ʒ* zwischen einem konsonantischen und einem (erhaltenen) sonantischen *u* (s. Noreen, Svenska etymologier, s. 40 ff.), z. b. ntr. *fiogor* (**fioður* § 86 aus **feðuru*, vgl. got. *fidur*-, aschw. *fioþer*-) vier; *iúgr* neben *iúr* (**iuðr* § 282) euter durch ausgleichung von nom. **iúgur* (urn. **euðura*, afris. *iader*, mndd. *jeder*) : dat. *iúre* (< **iúðre*); anorw. *laugur-dagr* sonnabend neben aisl. *lauþr* (nach den synkopirten kasus; ags. *léaðor* < **lauþur*) aschenlauge; anorw. *Augun* (s. Rygh, Gamle personnavne, s. 25) neben *Auðun* (nach sonstigen namen auf *Auð*-) ein mannsname. Vgl. noch An. gr. II, § 228. — In fällen wie dat. *trauþum*, -*u* (*blauþum*, *rauþum* u. s. w.) ist *ð* erhalten durch einfluss von formen wie *trauþr*, -*an*, -*ra* u. s. w. unwillig; vgl. umgekehrt aschw. *trȫgher* (nnorw. *blaug*, *raug* u. a.) nach *trȫghum* (< **traughum* < **trauðum*), -*u* u. a.

Anm. Ausserdem scheint *ð* zu *ʒ* geworden zu sein in *gagarr* (aus air. *gadhar*) hund. Ueber selt. *fagma* neben *faþma* (vgl. ags. *fæðm*) umarmen s. An. gr. II, § 274 anm. 3.

§ 252. *nn* (altes oder nach § 265 und § 267, 2, c entstandenes) wird vor *r* (wegen *ʀ* s. § 267, 4, b) zu *ð*, z. b. *iþre* aus **inneri* innerer (vgl. *minne* aus **minniʀi*, got. *minniza* minder), *suþr* südwärts zu *sunnan* von süden, pl. *aþrer* zu *annarr* anderer. Da die gruppe *nnr* überall durch synkope entstanden ist, fällt demnach dieser übergang frühestens in die vikingerzeit (beisp.

bei Einarr Skálaglamm gegen 1000). Aber auch wo etwas später ein (ʀ oder ein daraus entwickeltes) *r* (s. § 256) zu *nn* tritt, findet dieselbe entwickelung statt, z. b. pl. *meþr* (mit neu zugetretenem plural-*r*) aus *menn* (*manniʀ, got. *mans*) männer, 2. sg. präs. *breþr* (*brenn+*r*) neben *brenn* (got. *brinnis*) zu *brenna* lodern. Durch ausgleichung entstehen dann häufig nebenformen mit *nnr*, z. b. *innre* (*iþre*) nach *innan* innerhalb, (alt, s. Jónsson, Skjaldesprog, s. 63) *mannr* (*maþr*) nach dat. *manne* mann und pl. (s. ib.) *mennr* (*meþr*) nach gen. *manna*, *brunnr* (*bruþr*) brunnen und *munnr* (*muþr*) mund nach pl. *brunnar* und *munnar*, *suinnr* (*suiþr*) weise, *sannr* (*saþr*) wahr, *kunnr* (*kuþr*) kund nach acc. *suinnan*, *sannan*, *kunnan*, *tuennr* (*tueþr*) neben *tuenne* doppelt, 2. sg. präs. *finnr* (*fiþr*), *vinnr* (*viþr*) zu *finna* finden, *vinna* ausführen u. s. w.

Anm. Ob das auffallende *yþr* (got. *izwis*) euch hierher gehört, indem es ein nach *unsis* umgebildetes *inzwiz > *innwiʀ > *ynnr voraussetzt? Ebenso entspräche *yþrum* einem nach *unsaramma* umgebildeten i[n]*zwaramma*, und *yþuarr* wäre dazu neugebildet statt *ynnwarr.

§ 253. *n* wird, wo assoziation nicht hindert, zu:

1. *m* vor *b* und *p*, z. b. *almboge* (selt.) neben *ǫl*(*n*)*boge*, *alboge* ellenboge, acc. sg. *Gestumblinda* aus *Gæst unblinda 'den nicht blinden gast' (Kock, Arkiv VII, 180), *Vimboldr* (mndd. *Winbold*) mannsnamen, anorw. *Umblauʐstaðir* ein ortsname zu dem mannsnamen *Úblauðr* (vgl. § 289 anm. 6), *amboð* st. *an*(*d*)*boð* instrument, *ambon* st. *andbun* (s. Hertzberg) lohn; *kampr* neben *kanpr* (afris. *kanep*) schnurrbart, *hampr*, *hanpr* (ags. *hœnep*) hanf, *Dampr, Danpr* (got. *Danaper*) Dniepr.

Anm. Daher erklärt es sich, dass (selt.) *np* statt alten *mp* geschrieben wird, z. b. *kenpa*, *kempa* kämpe.

2. Velarem nasal (*ꬼ*, gew. *n* geschrieben) vor *g* und — wo der nasal nicht schwindet (s. § 289, 1) — *k*, z. b. *muꬼát* (*mungát*) heimisches bier, *viꬼiof* (*vingiof*) schlüsselgeld; *kanunkr* (*kanúkr*) canonicus, u. a.

C. Die palatale und velare.

§ 254. Velares *g, ʒ, k* wird vor palatalen vokalen palatisirt. Die in dieser weise modifizirte aussprache erhält der regel nach keine besondere bezeichnung (vgl. jedoch § 37 anm. 1,

§ 255. Die palatale und velare. 167

§ 39 anm. 1). Wo aber, bes. durch synkope eines dazwischenstehenden palatalen vokals, ein palatales *g, ʒ, k* vor einem nicht palatalen vokal zu stehen kommt, tritt die schreibung *gi, ki* auf, welche ohne zweifel in sehr vielen mundarten als *g, ʒ, k* + kons. *i* aufzufassen ist, z. b. *merkia* (2-silbig) aus *markian (3-silbig) merken, dat. pl. *ríkiom, engiom, lǽgiom* zu *ríke* reich, *enge* wiese, *lǽge* lage. Ein durch vorhergehenden palatalen vokal hervorgerufenes *ki, gi* tritt (fast) nur in lehnwörtern auf, z. b. *kirkia* (ags. *cirice*) kirche, *Grikkiar* (und *Grikker*) Griechen, *fíkia* (sehr selt. *fíka*; lat. *ficus*) feige, *Mík(i)áll* Michael, *blíkia* (ags. *blícan*) blinken, *suíkia* (ags. *swícan*) betrügen, *víkia* (ags. *wícan*) weichen; *gígia* (mhd. *gīge*) geige. In *mergr*, gen. *mergiar* mark scheint *gi* durch das einst vorhergehende palatale *R* (vgl. asl. *mozgŭ*) hervorgerufen zu sein.

Anm. 1. Durch kontamination entstanden ist *gi* in *giǫrr* (auch *gǫrr*) statt *gǫrr* 'gemacht' nach *gerua* (woneben dann *giǫrua* nach *giǫrr*) machen, *i giár* (bes. anorw., s. Fritzner) st. *i gár (s. § 68, 2) nach *í gǽr* gestern, anorw. *giǫgnum* (s. Fritzner und Thorkelsson, Supplement IV, 54) oder *giagnum* (s. Bugge bei Fritzner III, 1101; *giægnum* § 67, 1) statt *gǫgnum* (s. Bugge, a. o.), resp. *gagnum (vgl. § 77, 3) nach *gægnum* und *gegnum* (s. § 74, 7) 'durch', anorw. *giáta* (No. Hom. 2 mal) statt *gáta (s. Noreen, Arkiv III, 17 note) nach *gǽta* hüten.

Anm. 2. Sehr selt. stehen *k, g* statt zu erwartenden *ki, gi*, z. b. *drykk(i)a* trunk, was vielleicht nur ungenaue schreibung ist, vielleicht aber auch eine verschiedene aussprache anzugeben hat (vgl. § 379 anm. 4).

Anm. 3. *ʒ* wird im anorw. dialektisch nach *á, o, ú, ǫ* (vgl. An. gr. II, § 279, 1) zu *b* (*f*), z. b. *Kágastaðum* > *Kǫfstǫðum* (vgl. Rygh, Gamle personnavne, s. 152) ein ortsname, *Eylof* (s. § 145ᵃ, 2), *Biúgr* > *Biúfr* mannsnamen, *kúga* > *kúfa* bezwingen, *kǫgurr* > selt. (s. Fritzner) *kǫfurr* teppich.

Anm. 4. *kn* wird im anorw. dialektisch zu *tn*, z. b. ortsnamen wie *Gaukna* (s. § 249) > *Gautna, Bærknæs* > *Bærtnæs,* **Au(ð)kn* (aschw. *ø̄þkn, ø̄kn*, s. An. gr. II, § 308 anm. 3) > *Autn;* s. Rygh, Oplysn. I, 32 f., No. gaardnavne I, 5, Indledning s. 42. — *Skarlat* (-*að*, s. § 240) neben *skarlak(an)* scharlach ist mhd. *scharlāt* (mengl. *scarlat*), resp. *scharlach* (mndd. *scharlaken*). Unklar ist das verhältnis von *trane* zu mhd. *krane* (andd. *krano*, ags. *cran*) kranich.

§ 255. Velarer nasal (*ŋ*) ist zu *n* geworden in *enskr* aus *eng(l)skr* englisch, *harþenskr* einer aus Harðangr, anorw. *Ban(g)se* ein mannsname, anorw. *syn saka* statt *syng s.* oder *sygn s.* (s. Hertzberg) freigesprochen; zu *m* in *iumfrú, iomfrú* (anorw. auch *ionfrú*) neben *iungfrú* (aus dem deutschen) jungfrau; beides durch partielle assimilation an den folgenden konsonanten.

§ 256. Das aus urgerm. *z* entstandene urn. *ʀ* (s. § 218,1) ist schon vorliterarisch, am frühesten nach dentalen und interdentalen konsonanten (s. Grundriss I², 569, § 62), mit altem *r* zusammengefallen, z. b. *betre* (got. *batiza*) besser, *meire* (got. *maiza*) mehr, *er* (got. *iz-ei*) welcher u. a. (s. § 68 und § 69).

III. Quantitative veränderungen.

A. Dehnung.

1. Assimilation.

a) Regressive assimilation.

§ 257. Die nasale werden schon in der vikingerzeit in folgenden fällen assimilirt:

1. *mp* > *pp*, z. b. *kapp* kampf, *kappe* kämpe, *kleppr* § 106,1 klumpen, *kroppenn* § 108,1 verkrüppelt, *skreppa* § 106,1 gleiten, *suǫppr* (schon als air. lehnw. *sopp*; mndd. *swamp*) pilz, *apr* (*appr § 274; mschw. *amper*) bitter.

Anm. 1. *mp* kommt wol nur in lehnwörtern, oder wo es (nach § 253,1) älteres *np* vertritt, vor. Später ist wegen der schwachtonigkeit der silbe *mp* assimilirt worden im lehnw. *kumpdnn* > anorw. *kuppdnn* (s. Kock, Arkiv XI, 317 note).

2. *nt* (altes oder nach § 214 aus *nd*) > *tt*, z. b. *stuttr* (aschw. *stunter*) kurz, *vetr* (*vettr § 274; misl. *vintur*, s. Jónsson, Fernir fornisl. rímnaflokkar s. VII, und Thorkelsson, Supplement IV, 178, ist vielleicht ein danismus) winter, *klettr* fels, *spretta* § 106,1 springen, *skuetta* § 106,1 verschüttet werden, *detta* § 106,1 niederfallen, *þrettán* (*þrinn-tán < *þrinz § 267, 2, c + *t.*, vgl. got. *þrins*) dreizehn, *tottogo* (*twann-tuȝunn, vgl. got. *twans tiguns*, s. § 74, 10) zwanzig, *vǫttr* (aschw. *vanter*) handschuh, *fattr* (lat. *pandus*) biegsam, *brattr* (aschw. *branter*) steil; (mit *nt* aus *nd*) prät. *batt* (sehr selt. *bant* mit wieder anal. nach dem pl. eingeführtem *n*), imperat. *bitt* zu *binda* binden, prät. *blett* zu *blanda* mischen, *vatt* zu *vinda* winden, *hratt* zu *hrinda* stossen u. dgl. Auch alte lehnwörter nehmen an dieser assimilation teil, z. b. *mǫttoll* (anorw. auch *mantull*) mantel, *kleme(n)zmessa* missa Clementis. Wenn aber *nt* erst durch synkope entstanden ist:

a) bleibt es in starktoniger silbe, z. b. prät. *nentá* zu *nenna* wagen, ntr. *vant* zu *vanr* gewöhnt, *blint* zu *blindr* blind,

§ 257. Regressive assimilation. 169

leiþint zu *-indr* (mit stark nebentoniger ultima) langweilig. Scheinbare ausnahmen sind ntr. *satt* zu *sannr, saþr* (§ 252) wahr, wol dem m. *saþr* nachgebildet (nach der analogie *góþr* : *gott* gut u. dgl.) und superl. *syztr* (neben *synnztr*) nach komp. *syþre* südlich; ferner ntr. *mitt, þitt (ðitt), sitt, eitt* zu *minn* mein, *þinn (ðinn)* dein, *sinn* sein, *einn* ein, wo der grund der assimilation in dem überaus häufigen gebrauch der wörter als schwachtonige (s. unten b) zu suchen ist;

b) wird es in schwachtoniger silbe zu *tt*, welches aber — wo die form nicht später als starktonige gebraucht wird (wie *mitt* u. s. w., s. oben a) — nach § 275, 5 zu *t* verkürzt worden ist, z. b. ntr. *bundet* zu *bundenn* gebunden, *heiþet* zu *heiþenn* heidnisch, *et* (got. *jainata*) 'das' (als artikel).

Anm. 2. Nicht durch synkope entstandenes *nt* kommt wol nur in einigen lehnwörtern vor sowie in der 2. sg. prät. ind., z. b. *kannt* kannst, *mant* erinnerst dich, *munt* wirst u. dgl. formen, die nach 1. 3. sg. *kann, man* u. s. w. neugebildet sind.

3. *nk* (altes oder nach § 214 aus *ng*) > *kk*, z. b. *drekka* trinken, *brekka* brink, *ekke* § 106, 1 schmerz, *rekkr* § 106, 1 mann, *søkkua* sinken, *þokke* § 108, 1 wolwollen, *okkarr* § 108, 1 uns beiden zugehörig, *strokkr* § 108, 1 butterfass, *þykkia* dünken, *støkkua* (aschw. *stiunka*) springen, *hrøkkua* § 106, 1 zurückweichen, *kløkkua* § 106, 1 stöhnen, *døkkr* § 106, 1 dunkel, *ykkarr* (got. *igqar*) euch beiden zugehörig, *ekkia* (aschw. *ænkia*, vgl. An. gr. II, § 235 anm. 3) wittwe, *bekkr* bank, *hlekkr* (aschw. *lænker*) fessel, *þakka* danken, *blakkr* (ahd. *blanch*) blass, *þekkia* (got. *þagkjan*) gewahr werden, *ǫk(k)la* (vgl. § 130, 2 und aschw *ankul*) fussknöchel, *hlakka* (lat. *clango*) kreischen, *makke* (nschw. *manke*) wampe u. a.; (mit *nk* aus *ng*) prät. *stakk* zu *stinga* stechen, *sprakk* zu *springa* zerspringen, *gekk* zu *ganga* gehen, *hekk* zu *hanga* hängen, *fekk* neben pl. *fingom* zu *fá* bekommen u. dgl. Auch bei alten lehnwörtern tritt assimilation ein, z. b. *akkere* anker, *Frakkar* (*Frankar*) Franzosen. Ueber die behandlung eines durch synkope entstandenen *nk* s. § 289, 1.

Anm. 3. *nk* kommt nur in lehnwörtern wie *hǫnk* henkel und *hanke* haspen (aus mndd. *hank* handhabe), *krankr* krank, *senktr* besetzt u. a. vor.

4. *nl* > *ll* wahrscheinlich nur unmittelbar vor urspr. haupttonigem vokal, z. b. *ellefo* (got. *ainlif*; vgl. § 51, 1, a) elf,

mullaug (mit urspr. haupttoniger ultima) neben *mun(d)laug* waschbecken zu *mund* hand. Ueber die behandlung des *nl* nach haupttonigem vokal s. § 289, 2.

Anm. 4. Beispiele einer assimilation *mb* > *bb* sind wol nicht (s. v. Friesen, Om de germ. mediageminatorna, s. 8 note) *klubba, klumba* keule, *kubbr, kumbr* klotz; vgl. *kamb* kamm, *lamb* lamm, *vǫmb* bauch u. a.

Anm. 5. Die von Noreen, Arkiv VIII, 147, als wahrscheinlich und von Kock, ib. XIII, 186 f. als sicher angenommene assimilation *mn* > *nn* existirt nicht (vgl. über *mn* > *mm* § 268 anm. 2). *Hinna* (zu *skinn* haut und air. *ceinn* schuppe, s. Lidén, Bezz. Beitr. XXI, 107 ff.) und einmaliges *himna* (zu agutn. *hīnin*, nnorw. *hīm, hīma* haut) häutchen sind nicht verwandt; *málfinne* (s. Egilsson), *-fime* beredsamkeit und *vélfinne, -fime* kunstfertigkeit gehören zu *finna* (er)finden, resp. *fimr* rasch. — Eher ist eine assimilation *nm* > *mm* anzunehmen, s. § 289 anm. 4.

§ 258. *ht* wird in der vikingerzeit zu *tt*, das dann antekonsonantisch (s. § 274) und nach schwachtonigem vokal (s. § 275) zu *t* wird, z. b. *dótter* (vgl. urn. pl. *ðohtriʀ* Tune, aisl. *dǿtr*, wonach auch sg. *dóter*) tochter, *rétta* richten, *nótt, nátt* nacht, *átta* acht, *mátta* mochte, *sǫtt, sǽtt* (ags. *seht*) vertrag u. a. m. (s. z. b. §§ 106, 3; 107, 2; 108, 2; 109; 169, 4; 311). Vgl. mit *t* z. b. pl. *nǽtr* nächte, *ǽtla* (mengl. *ehtlen*, zu as. *ahtōn*) die absicht haben, *átian* (zu *átta* acht) achtzehn, *rétr* (und *réttr* nach den 2-silbigen kasus) recht, richtig, *drótenn* (*dróttenn*) nach dat. *drótne* fürst, *almátegr* (*-máttegr*) nach acc. *-mátkan* allmächtig u. a.; *eyvet, -tar, -to* § 144, 2 nichts, *þóta* neben haupttonigem *þótta* schien, *þót* (seltener *þótt*, vgl. § 224, 2, s. Jónsson bei Gislason, Udvalg of oldno. skjaldekvad, s. XX), gen. *lýrit(t)ar* § 144, 2 des allgemeinen rechts.

Anm. 1. *t* statt *tt* in *gǽta* (zu ags. *eahtian*, s. Noreen, Arkiv III, 16) hüten, *gǽta* (s. § 169, 4) auf die weide führen, *kǽta* aufmuntern (wonach *kǽte* lustigkeit; vgl. *kátr* < *káttr* § 169, 4); *frǽta* (gew. *frétta*) ausfragen, *þrǽt(t)a* zanken (wonach *þrǽta* zank), *nít(t)a* verneinen, *sýta* besorgen (wonach *sút* gram, s. § 108, 2) ist eine neubildung zu *tt* in prät. *gǽtta* u. s. w. nach der analogie von verben wie *vǽta, hlíta, spýta* : prät. *vǽtta, hlítta, spýtta* (s. v. Friesen, De germ. mediageminatorna, s. 16 note). *Idta* (ahd. *gi-jāzen*) bejahen ist urspr. von *idtta* (ahd. *jihtan*) gestehen verschieden, s. Lidén, Arkiv III, 238 f. Unklar bleibt *t* in *knésbót* und *sót(t)*, s. § 108, 2.

Anm. 2. Ob seltene schreibungen wie *recta* st. *rétta, magtigr* st. *máttegr, gect* st. *gǽt, aktag* st. *áttak, þokt* st. *þótt, freckt* st. *frétt, lyrictar* st. *lýrit(t)ar* eine dialektische aussprache des alten spiranten (noch in literarischer zeit) bezeichnen oder nur schreibfehler sind, bleibt unsicher; vgl. Bugge, Arkiv IV, 116 f., Runeindskrifter paa ringen i Forsa, s. 57, Wadstein, F. Hom. s. 110, Kock, Undersökningar i sv. språkhistoria, s. 81 ff.,

§ 259—262. Regressive assimilation.

Lidén, Arkiv III, 238 note. Noch unklarer sind schreibungen wie *lyriftar*, *liriptar* (vgl. *typta* st. *tykta* züchtigen; d. lehnw.), *lyrirtar*.

Anm. 3. Eine assimilation *hd* > *dd* ist wol durch anorw. *suiddá*, *suiddauðr* (s. § 106 anm. 4) belegt.

§ 259. *d* und *ð* werden in folgenden fällen assimilirt:
1. *dt, ddt* > *tt* ausnahmslos, z. b. ntr. *blint* (aus *blintt* nach § 273) zu *blindr* blind, *fétt* zu *féddr* geboren.
2. *ðt* > *tt* ausnahmslos, z. b. ntr. *glatt* zu *glaþr* froh, *gott* zu *góþr* gut.

Anm. 1. *Glaðt, goðt* u. dgl. in späteren hdschr. sind wol nur etymologische schreibungen. Anders Hoffory, Arkiv II, 31 note.

3. *ðd* > *dd*, wo nicht assoziation hindert, z. b. *guddómr* gottheit zu *guþ* gott, *hǫfoddúkr* kopftuch zu *hǫfoþ* kopf.

4. *ðl* > *ll*, z. b. *frilla* konkubine zu *friþell* liebhaber, *á mille, millom* neben *á meþal, i miþel* zwischen, *brullaup* hochzeit zu *brúþr* braut, *sílla* < *síþla* spät, *brálla* < *bráþla* plötzlich, *traulla* (*trauþlega*) kaum, *hrapallegr* eilend zu *hrapaþr* eile, *kuilla* wehklage zu *kuiþa* ängstlich sein, mannsnamen wie *Gullaugr, -leifr, -leikr* (und deren kurzname *Gulle*) neben *Guþlaugr* u. s. w., *Hrolleifr, Hrollaugr* gegen *Hróþgeirr, -marr*, *frolleikr* (St. Hom.) < *fróþleikr* wissen. Unter, noch nicht bestimmbaren, umständen bleibt *ðl*, z. b. anorw. *eyðla*, aisl. *eþla* eidechse, *eþle* natur u. a. m. Vgl. endlich § 282.

Anm. 2. *ddl* ist ebenso (über *dl* § 274 > *ðl* § 237, 2) zu *ll* geworden in den personennamen *Olleifr, -laug* neben *Odd-leifr, -laug*.

Anm. 3. Vereinzelt steht *ðm* > *mm* im anorw. *vammál* < *vaðmál* kleiderstoff.

§ 260. Das stimmhafte *f* (*ƀ*) kann sich einem folgenden *b* oder stimmlosen *f* assimiliren, z. b. *abbragþ* statt *afbragþ* das was sich vor andern auszeichnet, *abbinde* stuhlzwang, *abburþr* < *afburþr* überlegenheit, *obbelde* < *ofbelde* übermut; *affǫr* abreise. Vgl. Hoffory, Arkiv II, 9.

§ 261. *pt* wird im mnorw. dialektisch zu *tt*, z. b. *tutt* (anorw. *tupt* < *tuft*; vgl. nisl. *tótt* < aisl. *tópt*; s. § 108, 1) bauplatz, orkn. *ater* (< *atr* < *attr* < anorw. *aptr*) zurück; s. Hægstad, Hild. s. 66.

Anm. Vereinzelt steht *pk* > *kk* im selt. (s. Fritzner) *skakker* < *skapker* (und volksetymologisch *skaptker*) bowle; s. Falk, Arkiv XIII, 203.

§ 262. *r* wird im aisl. und vielen anorw. mundarten in literarischer zeit in folgenden fällen assimilirt:

1. *rl* > *ll*, z. b. *kall* < *karl* alter mann, *kelling* < *kerling* altes weib, *iall* < *iarl* jarl, *valla* (schon in St. Hom.) < *varla* kaum, *framalla* (schon St. Hom.) < *framarla* weiter vorwärts, die mannsnamen *Þolleifr* < *Þorleifr*, *Þollákr* < *Þorlákr*, *Stullaugr* (als kurzname *Stulle*) < *Sturlaugr* u. a. m., s. bes. Gislason, Njála II, 435 ff., Efterladte skrifter II, 165 f.

Anm. 1. In gewissen gegenden ist nur tautosyllabisches *rl* assimilirt worden, z. b. aisl. *kall*, aber dat. pl. *korlum* u. a. (Hb., s. XLIX).

2. *rn* > *nn*, z. b. anorw. *Bionn* (schon im Hoprekstaderbuche, 2. hand, vor 1300) ein mannsname (vgl. § 236), *honn* horn st. *Biorn, horn*, pl. *prestanner* (-*arner*) die priester, *páfanner* die päbste; vgl. J. Storm in Norvegia I, 101, 124 note. Im aisl. ist wol die assimilation etwas später eingetreten (vgl. Arkiv IX, 382).

Anm. 2. Anderer art, wenn auch zur zeit unerklärt, ist wol *spenna* (prät. *spenta* und *spann*) neben *sperna* (*spernta, sparn*) einen fussstoss versetzen; vgl. nschw. dial. *spänna* (*spann*).

3. *rs* > *ss* (jedoch, der assoziation wegen, nur ausnahmsweise wo *s* der flexionsendung gehört, z. b. Cod. AM. 921, 4⁰ *annas stapar* statt *annars st.* anderswo), z. b. *foss* < *fors* wasserfall, *huessu* < *huerso* wie, mnorw. *Besse* < *Berse* ein mannsname. In einigen hdschr. nur wenn *rs* antekonsonantisch steht, weshalb *ss* (nach § 274) zu *s* verkürzt wird, z. b. *fy(r)str* erster, *ve(r)sna* sich verschlimmern, *þo(r)skr* dorsch, *bu(r)st* borste u. a. m. (s. Gislason, Efterladte skrifter II, 166 ff.) Die assimilation ist nach ausweis der skaldenassonanzen wenigstens schon um 1300 (vereinzelt schon um 1200, z. b. Rimb. *fyst*, anorw. Cod. AM. 655, 4⁰, IX *huassu* wie) da; s. Mogk, Anz. f. d. A. X, 186; Morgenstern, I. F. Anz. VI, 96.

Anm. 3. Hieraus erklärt es sich wol, dass man (durch umgekehrte schreibung) bisweilen *rs* statt etymologisch berechtigten *ss* geschrieben findet; so besonders in anorw. hdschr. (aisl. beisp. s. z. b. Hb., s. XLV).

Anm. 4. Ueber eine andere behandlung der gruppen *rn, rs* im onorw. s. § 244.

§ 263. *t* wird in folgenden fällen assimilirt:

1. *tk, ttk* > *kk*, z. b. *nekkuerr* (s. § 123) irgend ein, selt. *huakke* < *huatke* was auch immer, selt. *þakke* (*þatke*) 'nicht einmal das' (Thorkelsson, Supplement IV, 186), *ekke* < selt. *etke* nichts, *vekke, vet(t)ke, vættke* nichts, acc. sg. m. (schon in der Flatdaler-inschr. um 1150) *almakkan* < -*máttkan* (vgl. § 231, 1, a)

§ 264. Regressive assimilation. § 265. Progressive assimilation. 173

zu *almáttegr* allmächtig, *Hrokkell* (s. § 230, 2, e) ein mannsname, *hlykk* (aus *hlýt-ek*) ich bekomme, *lekkaþ* (aus *lǽt-ek-at*) ich lasse nicht, anorw. *vǽkka* (**vǽtka*) feuchtigkeit u. a. (s. Bugge, Tidskr. f. Phil. og Pæd. IX, 125; Studier, s. 137 note); mit kürzung des *kk* nach § 275, z. b. *mákak* < **mákatk* < **má-ek-at-ek* ich kann nicht u. dgl. (s. Kock, ZfdA. XL, 195).

2. *ts* (*z*) > *ss* in intervokalischer stellung (über antekons. *ts* s. § 293, 2) dialektisch schon um 1150, allgemein (wo nicht assoziation hindert) seit um 1250, z. b. *blesson* (*blezon*) segen, *Gissurr* (*Gizorr*) ein mannsname, *Þiassi* (*Þiaze*) ein riesenname u. a.; s. Mogk, Anz. f. d. A. X, 66; Gislason, Njála II, 626 ff.

Anm. Vereinzelt steht *tl* > *ll* in *Þorkell* u. a. mannsnamen auf *-kell* < **-ketl* statt *-ketell* nach dem dat. *-katle*; vgl. § 349, 2.

§ 264. *ggk* wird *kk*, z. b. *hykk* (*hygg ek*) ich denke, *þikkat* (**þigg-ek-at*) ich empfange nicht.

Anm. *ʒm* scheint anorw. (wol über *vm*, vgl. § 231, 2 und An. gr. II, § 258 anm. 1) zu *mm* geworden zu sein im mannsnamen *Qmmundr* (z. b. im Hoprekstader-buche, 2. hand, ferner Hb. s. XLV und Rygh, Gamle personnavne, s. 284) neben *Qgmundr*. Vgl. *A(g)mundr* § 283, 3.

b) Progressive assimilation.

§ 265. *lþ*, *nþ* werden (wenigstens um 950, wie aus ags. lehnwörtern wie *Gunner* Günther u. a., s. Kluge, Grundriss I², 937, hervorgeht; vgl. auch Noreen, ib. s. 525) zu *ll*, resp. *nn*, z. b. *goll*, *gull* (got. *gulþ*) gold, *hollr* (got. *hulþs*) hold, *ellre* (got. *alþiza*) älter, *hallr* (vgl. got. *halþei*) geneigt, prät. *fell* (selt., s. Egilsson; gew. *felt*, dem pl. nachgebildet, nach § 214; vgl. got. *faífalþ*) zu *faldan* falten, prät. *hell* (selt., s. Egilsson; gew. *helt*, s. § 307, 2, a) zu *halda* halten, prät. *olla* zu *valda* walten, *Ullr* (got. *wulþus*; vgl. urn. *Owlþu-þewaʀ* Torsbjærg) ein göttername; *annarr* (got. *anþar*) ein anderer, *finna* (got. *finþan*) finden, *munnr* (*muþr* § 252; got. *munþ-s*) mund, *skinn* (vgl. urn. *Ski[n]þa-leubaʀ* Skärkind und ahd. *scindan*) haut, *linnr* (ahd. *lint*) lindwurm, *unnr* (ahd. *undea*) welle, *hlenne* (vgl. ahd. *landeri*, ags. *hlóðere*) räuber, *tinna* (vgl. mhd. *zinden*) flinte, *sinn* (vgl. got. *sinþ-s*) gang, *kynne* (got. *kunþi*) kunde, prät. *kunna* (got. *kunþa*) konnte, prät. *unna* liebte, *minne* (got. *gaminþi*) gedächtnis, *nenna* (got. *nanþjan*) wagen, *tǫnn* (vgl. got. *tunþus*) zahn, *suinnr* (*suiþr*; got. *swinþ-s*) weise, *sunnan* (ags. *súðan*) von süden her, *sannr* (*saþr*; ags. *sóð*, lat. *sōns*, gen. *sŏntis*) wahr, ϱ*lonn* (vgl. ahd. *alunt*) eine fischart, *Arnórr* (< *Arnnórr < *Arn-þórr) ein mannsname, *stinnr* (*stiþr*; ags. *stíð*) steif, u. a. m. (vgl. § 307, 2).

Anm. In onorw. mundarten des 14. jahrhs. werden *ld, nd* zu *ll*, resp. *nn*, z. b. *Vestfoll* (so auch Hb., s. XLV, wol norvagismus) < -*fold* ein landschaftsname, *Rangnill* < *Ragnhildr* ein frauenname; *bann* < *band* band.

§ 266. *tð* wird zu *tt* ausnahmslos, z. b. *átte* (got. *ahtuda*) der achte, *atte* (*atiðē) schwert zu *etia* hetzen, prät. *bétta* (got. *bōtida*) büsste, prät. *matta* (got. *matida*) speiste, *gaftattu* (aus *gaft-at-ðu) du gabst nicht, *brióttu* (*brióṭ ðu*) brich (du), *þóttu* (aus *þó[*h*]-*at-ðu*) obgleich du, *líttat* (*litt ðat*) ein wenig, u. a. (s. Wadstein, F. Hom., s. 115). — Ebenso würde *dð* zu *dd* werden; nach § 273 ist aber kürzung des *dd* eingetreten, z. b. prät. *venda* (got. *wandida*) zu *venda* wenden.

Anm. Eine assimilation *td* (oder vielleicht auch hier *tð*, s. § 217, 1) > *tt*, woraus nach § 273 *t*, zeigen anorw. ortsnamen wie *Aftalr* (< *Aft--dalr), *Gœstalr* u. a., s. Fritzner I, 236.

§ 267. Die gruppen *l*ʀ, *n*ʀ, *r*ʀ, *s*ʀ (über *m*ʀ s. anm. 4 unten) wurden in der vikingerzeit fast überall zu resp. *ll, nn, rr, ss* (woraus später oft *l, n, r, s*, s. § 273, § 275, 5, § 276). Folgende fälle sind zu unterscheiden:

1. Wo ein langer vokal (oder diphthong) oder ein kurzer, schwachtoniger vokal vorhergeht, tritt assimilation ein, z. b. *stóll* (got. *stōls*) stuhl, *heill* heil, *ketell* kessel; 3. sg. präs. *skinn* zu *skína* glänzen, *steinn* (urn. *staina*ʀ Krogsta??) stein, *heitenn* (urn. *haitina*ʀ Tanum) geheissen; *mærr* (urn. -*māri*ʀ Torsbjærg) berühmt, *aurr* sand, *hamarr* hammer; *íss* eis, 3. sg. präs. *eyss* zu *ausa* schöpfen, *lauss* (urn. -*lausa*ʀ Björketorp) los, *ýmiss* wechselnd.

Anm. 1. Statt *ss* tritt um 1300 bei adj. auf -*s* in obliquen kasus analogisches *sr* auf, z. b. g. pl. *vissa*, später *vísra* (nach *góbra* u. a. formen gebildet) zu *víss* weise, g. sg. f. *ýmissar, -srar*, dat. sg. f. *ýmisse, -sri*, g. pl. *ýmissa, -sra*.

2. Wo ein kurzer, starktoniger vokal vorhergeht:

a) Treten *rr, ss* überall ein, z. b. *barr* (vgl. got. *bariz-eins*) nahrung, *farre* (vgl. nhd. *färse*) stier, *byrr* günstiger fahrwind, *þurr* (vgl. got. *þaúrsus*) dürr, *verre* (vgl. got. *wairsiza*) ärger, 3. sg. präs. *ferr* zu *fara* reisen, *less* zu *lesa* lesen, *yss* lärm, *þyss* getümmel, *gyss* spott. Vgl. § 276 anm.

b) Dagegen ist *ll* verhältnismässig selten, z. b. *fiall* felsen, 3. sg. präs. *gell* (und *gelr*) zu *gala* singen, *stell* (seltener *stelr*)

§ 267. Progressive assimilation.

zu *stela* stehlen, *skill* (und *skilr*) zu *skilia* scheiden, *vill* (sehr selt. *vilr*) zu *vilia* wollen. Gewöhnlich aber steht *lr*, z. b. *ǫlr, elrer* erle, 3. sg. präs. *hylr* zu *hylia* hüllen, *selr* seehund, *melr* sandhaufe. Der grund der doppelheit ist unklar (vgl. Tamm, Beitr. VII, 453; Kock, Språkhist. unders. om svensk akcent II, 452 f., Arkiv VI, 52 f., VIII, 386, XIII, 193 f.).

c) *nʀ* bleibt, wo die gruppe durch synkope entstanden ist, unassimilirt, z. b. *suanr* schwan, *linr* mild, 3. sg. präs. *venr* zu *venia* gewöhnen, u. a. m. Nur scheinbare ausnahmen sind solche fälle, wo der vorhergehende vokal entweder ursprünglich lang gewesen ist, z. b. *hann* er (§ 122, 1), dat. *henne* (gen. *hennar*) ihr (§ 122, 6), *minn* mein, *þinn* dein, *sinn* sein (§ 122, 2), oder gewöhnlich schwachtonig ist, z. b. *enn* (got. *jains*) 'der' (als artikel), *hinn* jener (auch als artikel). Solche formen sind also nach 1 oben regelmässig. — Dagegen wo die gruppe schon urn. ist, wird *nʀ* (*nz*? s. § 218 anm. 1) immer zu *nn* assimilirt, wiewol dies *nn* später immer nach § 274 gekürzt worden und dann nach § 289 oder § 257, 2 geschwunden ist, z. b. *órer* (*unzaraiz § 108, 1) unsre, acc. *daga* (got. *dagans*) tage, *tuá* (got. *twans*) zwei, anorw. *þré* (got. *þrins* § 106, 1) drei, *þrettán* (*þrinntán § 257, 2) dreizehn, *tottogo* (vgl. got. *twans tiguns*) zwanzig; vgl. noch § 252 anm.

3. Wo ein konsonant vorhergeht, müssen die durch assimilation entstandenen *ll, nn, rr, ss* zu *l, n, r, s* werden (§ 273), z. b. *iarl* (vgl. urn. *erilaʀ* Kragehul, Lindholm, Järsberg) jarl, *hrafn* (urn. *Harabanaʀ* Järsberg) rabe, *vakr* (urn. *Wakraʀ* Reistad) wachsam, *dót(t)r* (urn. *ðohtriʀ* Tune) töchter, *þurs* riese, *lax* lachs.

Anm. 2. In adj. auf -*n* ist in den obliquen kasus das *r* analogisch wieder hergestellt worden, z. b. gen. sg. f. *iafnrar* (nach *góþrar* u. dgl.), dat. sg. f. *iafnre*, g. pl. *iafnra* zu *iafn* eben. Später können auch derartige formen bei adj. auf -*s* vorkommen, z. b. *friðls(r)ar*, -(*r*)*i*, -(*r*)*a* zu *friðls* freigeboren, *huass(r)ar*, -(*r*)*i*, -(*r*)*a* zu *huass* scharf.

Anm. 3. Ueber die wörter auf -*ll*, -*nn* s. unten 4.

4. Eine sonderstellung nehmen die wörter auf -*ll* und -*nn* ein:

a) Nach *ll* steht fast ausnahmslos *r*, was sehr wol lautgesetzlich sein kann in den fällen, wo *ll* aus *lþ* (§ 265) entstanden ist, z. b. *hollr* hold, *ellre* älter; denn in dieser stellung ging *ʀ* (nach § 256) sehr früh in *r* über, welches nicht assimilirt wird. Aber sonst muss wol *llr* auf analogiebildung

§ 268. Progressive assimilation.

(statt des sehr seltenen *ll*) beruhen, z. b. 3. sg. präs. *fellr* zu *falla* fallen, *allr*, gen. pl. *allra* (No. Hom. 1 mal *alla*), gen. sg. f. *allrar* (St. Hom., Plácitúsdrápa und No. Hom. je 1 mal *allar*), dat. sg. f. *allre*, ganz, *illr*, gen. pl. *illra* (St. Hom. 1 mal *illa*), bös.

b) Nach altem *nn* ist ʀ assimilirt in *minne* (got. *minniza*) minder, pl. *menn* (**manniʀ*, got. *mans*) neben *meþr* (selt. *mennr*, s. § 252) männer, 3. sg. präs. *brenn* (alt; später *brennr*, *breþr*) brennt, *renn* (*rennr*) rennt, fliesst; sonst steht allgemein anal. *nnr* oder (nach § 252) *þr*, z. b. *brunnr*, *bruþr* brunnen, *maþr* (alt *mannr*, selt. *mann*, erst spät öfter *mann* nach dem acc.) mann u. a. m., s. § 252. Wo aber *nn* aus *nþ* entstanden ist (§ 265), steht lautgesetzlich (vgl. aber Kahle, I. F. Anz. V, 96) *þr* oder anal. *nnr*, weil in dieser stellung ʀ sehr früh (nach § 256) zu nicht assimilirbarem *r* wurde, z. b. *suþr* (ags. *súð*) südwärts, *guþr*, *gunnr* (ags. *ʒúð*) streit; jedoch hat man neben pl. *teþr* (selt. *tennr*) auch *tenn* zähne (vgl. sg. *tǫnn* neben *Hildetannr*), neben *uþr*, *unnr* (ags. *úð*) woge die vielen frauennamen auf -*unn* (neben -*uþr*, -*unnr*), z. b. *Iþunn*, *Þórunn*.

Anm. 4. Auch *mʀ* ist wol nach schwachtonigem vokal zu *mm* (woraus dann nach § 275, 5 *m*) assimilirt worden. Wenigstens kommt im No. Hom. 10 mal dat. pl. *ǫllumm* neben sonstigem *ǫllom* 'allen' vor (s. Wadstein, F. Hom., s. 135). In derselben weise entstanden sind fälle wie *létom* < *-*omʀ* (*léto mér*, s. § 150) sie liessen mir, *erom* (*ero mér*) sie sind mir u. dgl. Vgl. dat. pl. selt. *tueimr* (gew. *tueim* nach *þeim*, s. Jónsson, Hb., s. XXX; anders Kock, Arkiv XIII, 193 note) zweien, gew. *þrimr* (später *þrim* — so 1 mal schon in St. Hom. — nach anderen dat. pl.) dreien mit -*mr* nach starktonigem vokal und urn. *ʒestumʀ* (Stentofta) gästen mit noch unassimilirtem -*mʀ*. *Framm* (got. *framis*, s. Sievers, Beitr. XV, 405 note) 'hervor' ist wol ursprünglich nur schwachtonig gewesen (daher später — aber in der skaldenpoesie noch äusserst selten, s. Jónsson bei Gislason, Udvalg of oldno. skjaldekvad, s. XVII f. — *fram* nach § 275, 1 und 3), dann aber auch starktonig gebraucht worden.

§ 268. Eine eigentümliche assimilation von anlautendem *w* mit einem vorhergehenden, auslautenden *m* kommt vor in fällen von enklise wie *ǫþrom megen* (statt *megim*, s. § 250 anm. 1, aus *weʒimʀ dat. pl.) oder *megom* (statt *vegom*) auf der andern seite, *bǫþom m.* auf beiden seiten, *ǫllom m.* auf allen seiten u. a.; dann steht *megen*, *megom* auch in ausdrücken, wo das nächstvorhergehende wort nicht auf *m* endet. In derselben weise sind die fast ausschliesslich anorw. formen *mit*, *met* neben *vit*, *vet* 'wir zwei', *mér* neben *vér* 'wir' entstanden,

§ 269. Konsonantendehnung vor konsonanz.

denn diese pronomina standen oft unmittelbar nach ihrem verbum, das auf -m auslautet, z. b. anorw. *kallum mér* wir rufen.

Anm. 1. *mb* wird nach schwachtonigem vokal zu *mm*, woraus *m* nach § 275, 1. Beispiel ist nur die präpos. *umb* (alt und dichterisch, s. Jónsson, Skjaldesprog, s. 122), später *umm* (anorw. bald nach 1200, s. Wadstein, F. Hom., s. 135, Hertzberg, s. 660), gew. *um* um.

Anm. 2. Schwachtoniges *mn* ist wol zu *mm* (woraus nach § 275, 5 *m*) assimilirt worden in dem mit suffigirtem artikel versehenen dat. pl., z. b. selt. *mǫnnomnom* > *mǫnnom(m)om* (aschw. *mannomom*, s. An. gr. II, 227, § 294, 1) > gew. *mǫnnonom* (mit dissimilation des mittleren *m* um die spezifische dativendung *-om* zu wahren; vgl. § 250 anm. 1) den männern; s. Lidén, Bezz. Beitr. XXI, 110 note 3; Noreen, Grundriss I², 646, § 267, c.

2. Sonstige fälle von konsonantendehnung.

§ 269. Vor einem anderen konsonanten tritt dehnung in folgenden fällen ein:

1. Vor kons. *i* werden (vor 900) *ʒ* und *k* nach kurzem vokal zu *ʒʒ*, woraus (vgl. *ðð* > *dd* § 230, 1, a) *gg*, resp. zu *kk*, z. b. *leggia* (got. *lagjan*) legen, *hyggia* (got. *hugjan*) denken, *byggia* (got. *bugjan*) vermieten, *hryggr* (gen. *-iar*) rückgrat, *egg* (gen. *-iar*) schneide; *lykkia* schlinge zu *lok* schluss, *bikkia* neben *greybaka* hündin, anorw. *horrækkia* (s. Bugge bei Hertzberg) neben aisl. *hornreka* (winkel)beischläferin, anorw. (s. Hertzberg) *knækkia* (zu aschw. *knaka*) zerknicken, *bekkr* (gen. *-iar*) bach. Weil in den meisten fällen nach *ʒ*, *k* bald kons. *i* stand, bald nicht, ist sehr oft ausgleichung eingetreten — bei *ʒ* gewöhnlich zu gunsten der geminata (*gg*), bei *k* gew. (bes. im aisl.) zu gunsten des kurzen lautes — oder auch sind doppelformen entstanden, z. b. präs. *liggr* statt *ligr* (anorw. nicht selt.; aschw. *ligher*, got. *ligis*) nach *liggia* liegen, *þig(g)r* zu *þiggia* empfangen, *seggia* (z. b. Cod. Tunsb. oft, sonst sporadisch, s. Gislason, Njála II, 451 ff., Jónsson, Skjaldesprog, s. 109) neben gew. *segia* sagen nach präs. *seger*, *þegia* (Cod. AM. 645, 4° noch 2 mal *þeggia*) schweigen nach präs. *þeger*; pl. *Grikker* (und *Grikkiar*, selt. *Griker*) nach gen. *Grikkia* Griechen, *vekkia* neben *vekia* wecken nach präs. *vekr*, anorw. acc. sg. *sœ(k)kian* neben aisl. *sekian* zu *sœkr*, resp. *sekr* schuldig, anorw. *sœ(k)kia* schuldig machen, anorw. *þœ(k)kia* neben aisl. *þekia* decken zu *þak* dach, anorw. *rœ(k)kia* neben aisl. *rekia* recken, aisl. (oft) *rekia* neben *rekkia* bett, *ly(k)kia* zuschliessen u. a. m. (vgl.

Bugge, Beitr. XIII, 171 f., Gislason, Njála II, 351 ff., Annaler 1860, s. 329).

Anm. 1. In literarischer zeit tritt im anorw. (ziemlich sporadisch, z. b. Þiðreks saga, Cod. Tunsb.) dehnung auch bei *n* und *t* (hier auch im aisl., obwol sehr selten) vor kons. *i* auf, z. b. *synnia* weigern, *brynnia* brünne, *vittia* besuchen, *sættia* setzen, *sittia* sitzen u. a. gleich aisl. *synia* u. s. w.

2. Vor kons. *u* (*w*) wird (wol zur selben zeit) *k* zu *kk*, z. b. *sløkkua* auslöschen zu *slokenn* erloschen, *nǫkkue* nachen. Oft kommen durch ausgleichung doppelformen vor, z. b. *røk(k)ua* finster werden, *røk(k)r* (got. *riqis*) finsternis, acc. sg. m. *kuikuan* neben seltnerem *kuikkuan* (*kykkuan*) zu *kuikr* lebendig, *nøk(k)ueþr* (vgl. § 220 und got. *naqaþs*) nackt, anorw. präs. *vækkir* zu *vøk(k)ua* zum fliessen bringen.

3. Vor einem nach § 230, 1, b entstandenen *d* (aber nicht vor *ð*) und vor altem oder nach § 230, 2, b entstandenem *t* werden bald nach 1200 kakuminales *l* und alveolares *n* in starktoniger silbe zu dentalem *ll, nn,* z. b. *huilþ > huilld* ruhe, *greinþa > greinnda* erörterte, erst später (anorw. schon früh, s. Wadstein, F. Hom., s. 134) *skilþa > skillda* entschied u. dgl.; *fúlt > fúllt* hässliches, *mǽl(l)ta* sprach, *van(n)t* gewohntes, *rǽn(n)tr* beraubt; vgl. (zum teil abweichend) Åström, Sv. Landsm. VI, 6, s. 109 ff., XIII, 2, s. 62 ff., Kristensen, Arkiv XII, 313 f. Die schreibung mit *ll, nn* hat also die aufgabe bekommen nicht nur die quantitative, sondern auch die qualitative veränderung der *l-, n-*laute anzugeben (vgl. § 40, 1 und 2, § 41, 1 und 3). Daher werden jetzt auch die altererbten verbindungen *ld, lt, nd, nt,* wo *l, n* von alters her dental gewesen sind, oft mit *ll,* resp. *nn* geschrieben, ohne dass dadurch eine veränderte aussprache angegeben werden dürfte, z. b. *hallda* halten, *sallt* salz, *lannd* land, ntr. *vannt* zu *van(n)dr* schwierig.

Anm. 2. Cod. AM. 921, 4° hat (nach der mitteilung Kristensens) immer *mǽlta*, aber *mǽllt* neben *mǽlt*, sodass hier *l > ll* vielleicht nur vor tautosyllabischem *t* stattgefunden hat; vgl. ? St. Hom. *rǽntesk* gegen *rǽnnt(r)*.

4. Vor *l* werden *ʒ, k* sporadisch zu (*ʒʒ*, woraus) *gg*, resp. *kk*, z. b. *mǫg(g)lan* das brummen, pl. *mik(k)ler* zu *mikell* gross, dat. *iok(k)le* zu *iokoll* eiszapfen u. a.; vgl. Gislason, Njála II, 443, Wadstein, F. Hom., s. 134, Jones, Phonology of the Elis saga, s. 24, Gering, Isl. Æv. I, XX.

§ 270. Konsonantendehnung nach langem vokal.

Anm. 3. Vor *r* werden im anorw. (selten im aisl.) *k* uud *t* sporadisch gedehnt, z. b. *blak(k)ra* flattern, *vak(k)r* wachsam, gen. pl. *spak(k)ra* zu *spakr* weise; *bæt(t)ri* besser, *vit(t)ra* klugheit, präs. *ettar* (§ 153, b) statt *etr* zu *eta* (bisweilen anal. *etta*) essen. Vgl. u. a. Wadstein, F. Hom., s. 134, Hb., s. LVII. — Mnorw. kann *ð* vor *r* (zu *dd*) gedehnt werden, z. b. *þydder* < (*þ*)*yðr* euch, *medder* < *meðr* mit; s. Larsen, Arkiv XVIII, 86.

Anm. 4. Vor *n* kommt dehnung sehr selt. (am häufigsten bei *t*, s. Hb., s. LVII) vor, z. b. *vit(t)ne* zeuge, *Þót(t)n* ein ortsname, nom. pl. m. *lyg(g)ner* zu *lygenn* lügnerisch.

§ 270. Nach langem, haupttonigem vokal tritt bisweilen dehnung ein (vgl. über diese schwierige frage Noreen, Arkiv VI, 319 ff., und Kock, ib. VII, 334 ff.). Die fälle sind:

1. In urspr. (d. h. urn.) auslaut wenigstens bei *t*, z. b. prät. *hétt* (selt., s. Larsson, s. 141, sp. 2 und Hertzberg, s. 859) hiess und *létt* (im Hoprekstader-buche; aschw. selt. *lætt*, s. An. gr. II, § 297 anm. 4) liess neben gew. *hét* und *lét*; anorw. (oft, s. Hertzberg) *útt* (wonach anal. *úttan, úttar, úttastr*) neben *út* (*útan* u. s. w.) hinaus.

Anm. 1. Imper. wie *blótt* opfere, *grátt* weine neben *blót, grát* können aus *blóttu* (< *blót-ðu* § 266), *gráttu* abstrahirt sein; prät. wie *biótt* wohntest, *hiótt* hiebst neben selt. *biót, hiót* können zu der 1. sg. *bió, hió* neugebildet sein nach der analogie *slótt* (< *slóht* § 258) schlugst, *hlótt* lachtest zu *sló, hló*.

2. Wo der konsonant durch synkope mit dem vokal zusammentrifft, wird wenigstens *r* vor unbetontem vokal gedehnt (jedoch noch nicht in den ältesten hdschr.), z. b. gen. sg. f. *grár(r)ar*, dat. sg. f. *grár(r)e*, gen. pl. *grár(r)a* (wonach nom. sg. m. selt. *grárr* neben gew. *grár*) grau, komp. *fǽr(r)e* weniger, *smǽr(r)e* geringer, *nýr(r)e* neuer u. dgl.; vielleicht auch *k* in fällen wie *sék(k)a* aus *sé-(e)k-a* ich sehe nicht, *ák(k)a* ich habe nicht u. a., wiewol andererseits möglich ist, dass *sékka* u. dgl. eine analogiebildung nach *ákka* u. dgl. ist und dies seinerseits aus *ah-k-a* mit assimilation des *hk* zu *kk* (vgl. *ht* > *tt* § 258) entstanden.

Anm. 2. Unsicher bleibt, ob das schon in einigen der ältesten hdschr. alternativ vorkommende *-rr-* der nicht durch synkope entstandenen formen *þeir(r)ar, -r(r)e, -r(r)a* 'der(er), deren' von *grár(r)ar* u. s. w. übertragen worden ist. Nach der analogie von *þeirrar* u. s. w. entstehen dann zum pron. *sid* 'dieser' *þessar(r)ar, -ar(r)e, -ar(r)a* statt *þessar, -se, -sa*.

Anm. 3. Ueber das nicht hierhergehörige anorw. *suiddauðr, -dá* neben *suidauðr, -dd* s. § 258 anm. 3.

§ 271. 272. Konsonantendehnung.

Anm. 4. Wo kein vokal folgt, ist vielleicht keine lautgesetzliche dehnung anzunehmen. Z. b. ist wol das schon in den ältesten hdschr. auftretende komp.-adv. *nǽrr* näher so zu erklären, dass, nachdem der urspr. komp. *nǽr* (got. *nēhvis*) früh die bedeutung 'nahe' angenommen hatte, die komp.-endung -*r* zum zweiten male hinzugetreten ist (wie in *miþr* < *minnr* weniger neben aschw. *min*, got. *mins*, oder *fremr* weiter zum urspr. komp. *framm*, got. *framis*, s. § 267 anm. 4); ebenso in dem eines eigentlichen positivs entbehrenden komp. *meirr* (so schon in den ältesten hdschr. häufiger als *meir*, got. *mais*) mehr. Von *nǽrr*, *meirr* u. a. ist wol *rr* anal. übertragen worden in fällen wie *optar(r)* öfter, *neþar(r)* weiter unten. — Ebenso zweifelhaft ist dehnung bei anderen auslautenden kons. als *r*. So z. b. ist vielleicht *ss* urspr. (vgl. *þess*, *huess*, *hirþess* u. dgl.) in solchen gen. wie adj. *grǻs(s)* u. a., subst. ntr. *bús(s)*, *trés(s)* — so schon im St. Hom. — m. *Týs(s)*, *mǻs(s)*, wozu möglicherweise *rr* in nom. *Týr(r)*, *mǻr(r)* eine neubildung ist. Selteneres *siákk* statt *siák* 'ich sei' kann ja nach *siákka* (s. 2 oben) u. dgl. sein *kk* angenommen haben. Und es könnte wol auch sein, dass das schon in den ältesten hdschr. weit überwiegende *tt* in sg. n. a. ntr. wie *fátt* weniges, *miótt* schmales u. dgl. auf assoziation beruhte, indem *fátt* statt des selt. *fát* zu *fár*, *miótt* zu *mióʀ* neugebildet wäre nach der analogie *smátt* (*smāht, vgl. ahd. *smāhi*) : *smáʀ*, *hótt* (*hōht, got. *hauhata*) : *hóʀ* u. dgl.; umgekehrt selt. *smát*, *hát* nach *fát* u. a. *Upp* (ags. *upp*; vgl. aisl. *uppe*, *yppa* u. a.) neben seltnerem (s. Larsson, bes. s. 340) *úp* (ags., as. *ūp*, ahd. *ūf*; vgl. aisl. selt. *úpi*, s. Larsson, ib.), selt. durch kontamination *úpp* hinauf ist wol nach § 308, 2 zu erklären (s. Johansson, Beitr. XV, 240 ff.).

§ 271. Nach kurzem, haupttonigem vokal tritt, scheinbar ganz regellos, dehnung in einigen fällen auf, wie in *rass* neben *ars* arsch, *brot(t)*, *brutt* (vgl. § 145ᵃ, 2) neben *braut* weg, hin, selt. *huatta* beschleunigen, *hatta* hassen u. a. statt *huata*, *hata* (s. Bugge, Norrøne skrifter, s. 356), *skattyrþe* neben *skǿting* hohn u. a. (s. Falk, Arkiv V, 121 f.), anorw. *forrað* (s. z. b. Wadstein, F. Hom., s. 133) gefährliche passage und *huarra*, -*e* wo in aller welt neben *forað*, *huara*; vielleicht auch das rätselhafte *snimma*, *snemma* (s. § 156) neben seltnerem (bei den älteren skalden nie vorkommendem, s. Jónsson, Skjaldesprog, s. 113) *snema*, *snima* (aschw. *snima*; vgl. got. *sniumundō*) früh, bald.

Anm. Das im mnorw. häufige *till* statt *til* 'zu' ist wol wie im aschw. zu erklären (s. An. gr. II, § 299).

§ 272. Nach gewissen konsonanten, bes. *l*, *n*, *r* tritt (wie im aschw., s. An. gr. II, § 301) dialektisch dehnung ein und zwar nach *l*, *n*, *r* in der anorw. Barlaams saga, z. b. *birtta* offenbaren, *endda* enden, *halldda* halten; nach *f*, *g*, *r* in der

Flateyjarbók; bei *l* nach *r* und bei *n* nach *f, g, r* im anorw. Cod. AM. 655, 4⁰, fragm. IX, b und Cod. Holm. der Ólafs saga helga (vgl. Brenner, Beitr. X, 436 ff.); bei *l, n* nach *r* in einem teile der Hauksbók (s. Hb., s. XLIV) und (hier auch bei *n* nach *f*) in Jöfraskinna (s. De bevarede brudstykker, s. XVIII), z. b. *nafnn* name, *karll* alter mann, *kornn* korn, same.

B. Kürzung.

§ 273. Nach einem anderen konsonanten wird geminata verkürzt, z. b. ntr. *blint* (aus **blintt* § 259, 1; got. *blindata*) blind, prät. *venda* (aus **vændda, -ðða* § 266) zu *venda* wenden, ntr. *huárt(t)ueggia* jedes von beiden, *karl* (**karll* < **karl$_R$* § 267, 3) alter mann, *botn* (**botnn* < **botn$_R$*) boden, *lax* (**lakss* < **laks$_R$*) lachs, *hiarne* (**hernne, *hers̨næ* § 218, 2; vgl. *hiarse* scheitel und § 307, 4) hirn, *þorna* (**þorzna*, vgl. got. *þaúrsus*) dorren.

§ 274. Vor einem anderen konsonanten sind schon vor 1200 alle geminaten (wenigstens in der schrift) vereinfacht worden, ausser *ll, mm, nn, rr* vor *l, m, n, r* und *gg, kk* vor kons. *i, u*. Jedoch ist schon in den ältesten hdschr. diese regel durch ausgleichung vielfach durchbrochen worden (sowie durch die in § 269, 3 ff. erwähnten späteren dehnungen). Beispiele des alten verhältnisses sind u. a. *hlátr* (ahd. *hlahtar*) gelächter, *vát(t)r* zeuge, *slátr* schlachtfleisch, *látr* ruhestätte der seehunde, *nætr, detr* (selt. *dǿtr*) u. a., s. § 258, *vetr* s. § 257, 2, *ketlingr* junge katze (zu *kǫttr* katze), *Otkell* § 237, 1, *etki* nichts (zu *eitt* ein), *vetke* gar nichts (**wétt-gi* nach § 231, 1, a; vgl. ahd. *wiht*), *brotfall* § 233, *miskunn* barmherzigkeit (zu präfix *miss-*), *ǫk(k)la* § 257, 8, *bygþa, gugna, ugla* § 238, 2, *skygna* (**skuggwinōn*) spähen, *galdr* (**gaðl-* § 303, 2, § 237, 2, zu *gaddr* fussstapfe im schnee, ntr. *þurt* zu *þurr* dürr, prät. *kipta* zu *kippa* rücken, *samfeþr* § 237, 2, *apr* § 257, 1. Vgl. Hoffory, Arkiv II, 38 ff., Mogk, Anz. f. d. A. X, 61 ff., Wadstein, F. Hom., s. 127 ff.

§ 275. Nach schwachtonigem vokal tritt regelmässig kürzung ein, jedoch zu sehr verschiedenen zeiten in verschiedenen fällen, je nachdem ein ursprünglich starktoniger vokal früher oder später schwachtonig geworden ist. Beispiele sind:

§ 275. Konsonantenkürzung.

1. Enklitische und proklitische wörter (von denen die meisten natürlich auch oft haupttonig vorkommen, dann fast immer mit erhaltener geminata), z. b. *eþa* oder, *meþan* während, *siþan* seitdem (vgl. über diese drei § 233), *þikia* (hauptt. *þykkia*, vgl. § 140) scheinen, *ek(k)e* nicht, *os(s)* uns, *kan(n)* kann, *han(n)* er, *hin(n)* der (als artikel), *en(n)* noch, *þan(n)* den, *huer(r)* jeder, *þes(s)* des, *um* (*umm, umb* § 268 anm. 1) um, *hineg* dorthin, hierher neben *hinneg* (§ 227, 1, f) dort, *þan(n)eg* dahin, *vil(l)* will, anorw. *nok(k)or(r)* irgend ein, aisl. *þes(s)a* dieses, -er (gen. sg. und pl.), *sin(n)*, *sit(t)* sein u. a. (s. z. b. Wadstein, F. Hom, s. 130 ff.).

2. Schwachtonige vorsilben einfacher wörter, z. b. gew. *teningr* (mit haupttoniger pænultima *tenníngr*, s. § 51, 1, b) würfel, *pen(n)ingr* pfennig, *þre(n)ning* dreieinigkeit, *ke(n)ning* poetische umschreibung, *mi(n)ning* erinnerung; s. Kock, Accentuierung, s. 225 f. und die daselbst zitirte literatur; Wadstein, F. Hom., s. 125; Hb., s. XXIX (wo unrichtige erklärung) und s. XLIII.

3. (Urspr.) schwachtonige erste zusammensetzungsglieder (s. § 51, 1, a), z. b. *forynia* (s. Falk, Arkiv IV, 357 f.) vorbote, *Þuriþr* (aus *Þurfriþr* § 281, 4, b) ein frauenname, *iód(d)is* (§ 152 anm. 2) milchschwester, *orǫsta* (und *orrosta* § 141) kampf, *fosyster* aus **fós(t)systir* und dies aus *fóst(r)systir* (vgl. § 281, 9 und 10) pflegeschwester, *Goþormr* (*Guttormr*, vgl. § 233), *iþrótt* geschicklichkeit (s. Kock, Accentuierung, s. 214), *spanyr* (St. Hom.) neben *spánnýr* nagelneu, anorw. *malauss* (s. Kock, ZfdA. XL, 199) neben gew. *mállauss* stumm. *iam(m)ikit* gleich viel, *stór(r)áðr* grosse pläne hegend (s. Kock, Accentuierung, s. 218), *brilaup* neben *bryllaup* (s. § 140 anm.) hochzeit.

4. Schwachtonige zweite zusammensetzungsglieder, z. b. *vinát(t)a* freundschaft, *eyvet*, *lýrit(t)ar* s. § 258, *miskunn(n)* barmherzigkeit, anorw. *æmbǽt(t)e* amt, u. a. m., s. Wadstein, F. Hom., s. 126.

5. Schwachtonige ableitungs- und endungssilben, z. b. dat. sg. m. *blindom* (got. *blindamma*) blindem, dat. pl. *ǫllom* (*ǫllumm* § 267 anm. 4) allen, nom. acc. sg. ntr. *bundet* (**bundint* § 257, 2, b) gebunden, *kallat* (**kallaðt* § 259, 2) gerufen; entsprechend *hǫfo(ð)dúkr* aus *hǫfuðdúkr* (§ 259, 3) kopftuch. Nach langem vokal (auch wo dieser schon in der ältesten literatur verkürzt

§ 276. Konsonantenkürzung. 183

worden ist) und wo die geminata verhältnismässig spät entstanden ist, bleibt sie einstweilen, z. b. gen. sg. *hirþess* (vgl. *þess, huess*) zu *hirþer* (got. *haírdeis*) hirt, *kollóttr* kahl, *ketell* kessel, gen. sg. *kýrennar* der kuh u. dgl. Später kann die geminata auch in diesen fällen verkürzt werden; im aisl. kommt dies in älterer zeit nur ziemlich sporadisch vor, z. b. *annar(r)* anderer, *drótten(n)* herr u. dgl. in St. Hom. (andere beisp. bei Gislason, Njála II, 628 ff.), später aber regelmässig in gewissen hdschr. (s. Jiriczek, Bósa saga, s. XXXII); dagegen im anorw. (bes. onorw.) ist diese kürzung nach 1200 ganz regelmässig, z. b. *nokkor(r)* irgend ein, *kristin(n)* kristen, *drepen(n)* getötet (Tüb. bruchst.), *gamal(l)* alt, *annar(r)* anderer, gen. pl. *fiugur(r)a* vier (Cod. Tunsb.), *mykil(l)* gross, *himin(n)* himmel, *ambót(t)* dienstmagd (No. Hom.; weitere beisp. bei Wadstein, F. Hom., s. 130 ff.), gen. pl. *ýmis(s)a* zu *ýmis(s)* wechselnd, der suffigirte artikel *-en(n), -in(n)*, gen. f. sg. *-en(n)ar, -in(n)ar* u. s. w.

Anm. 1. Die oben erwähnten kürzungen können auch dann eintreten, wenn die geminata aus dem auslaut eines wortes und dem anlaut eines folgenden besteht, z. b. *þá kua(þ) þat Blindr* 'dann sprach so B.', *drepe(þ) þá* tötet sie, *þykke þér* aus *þykkið (got. þugkeiþ) ðér (þér)* 'es scheint dir', *a(þ) þat (at þat, s. § 240)* 'dass es', *tóko(m) mér (mit)* 'wir (zwei) nahmen', *þei(m) mon* 'in dem masse', *vé(r) róm* aus *vér erom (§ 150 anm. 2)* 'wir sind'.

Anm. 2. Anders zu beurteilen sind fälle wie die urspr. zusammengesetzten mannsnamen *Hákun* neben selt. *-kunn* (s. Egilsson; später gew. *-kon*, s. Gislason, Efterladte skrifter I, 3), *Aun(n) § 222* neben (sehr selt. anorw. *Auðunr*, s. Lind, Arkiv XIII, 193, und) gew. *Auþon(n)* und *Ýn(n)* < **Aun(n)* § 222, wo auch in aisl. hdschr. *-n* häufiger als *-nn* ist. In jenen formen fehlt nämlich die nominativendung wie bisweilen im simplex *kon* (s. Egilsson), *vin* neben *konr* sprössling, *vinr* freund. Zur erklärung s. Noreen, Arkiv III, 14 note, VI, 308 f., Uppsalastudier, s. 195 f. und 201.

§ 276. Nach langem, starktonigem vokal (oder diphthong) wird auslautende geminata in älteren aisl. hdschr. nur ganz ausnahmsweise (sporadisch) verkürzt, z. b. *þión(n)* knecht, 3. sg. präs. *skín(n)* leuchtet, *ís(s)* eis, *laus(s)* los, *vís(s)* weise, 3. sg. präs. *frýs(s)* friert, *stól(l)* stuhl, *sǽl(l)* glücklich, *heil(l)* gesund, *þiór(r)* stier, *skír(r)* klar u. a. schon um 1200 (s. Gíslason, Njála II, 628 ff.), fälle die wol sämtlich auf übertragung aus formen mit lautgesetzlich einfachem konsonanten (wie acc. sg., 1. sg. präs. u. dgl.) beruhen können; in den misl. rímur aber ganz regelmässig (s. Jónsson, Fernir fornisl. rímnaflokkar, s. VI f.). Dagegen in anorw. (bes. onorw.) hdschr. ist schon früh diese kürzung durchaus regelmässig (s. Wadstein, F. Hom., s. 130 ff.), z. b. ntr. *brát* zu *bráðr* hastig (aber *satt* zu *saðr* wahr), *vís* weise (aber *koss* kuss), *krós* (vgl. ahd. *chrūzi*) neben *kross* kreuz.

Anm. Fälle wo eine geminata nach kurzem, starktonigem vokal verkürzt worden zu sein scheint, beruhen — mit ausnahme der misl. kürzung eines auslautenden *rr*, worüber s. Gislason, Efterladte skrifter II, 169 f. (und vgl. An. gr. II, § 305) — wol auf anal. übertragung, z. b. 3. sg. präs. selt. *stel, skil, fer*, oft *les* statt *stell* (*stelr*, s. § 267, 2, b) stiehlt, *skill* (*skilr*) scheidet, *ferr* fährt, *less* liest, wol durch entlehnung aus der 1. sg. präs. Unklar bleiben *kysa* (so immer in St. Hom.) neben *kyssa* küssen, *þaka* (so immer im Cod. AM. 645, 4°) neben *þakka* danken, *þori* (so immer im aisl. teile der Hauksbók, s. Hb., s. XLIV, wie zum teil im nisl.) neben *þorre* der 4. wintermonat.

IV. Uebrige lautgesetze der konsonanten.

A. Schwund.

1. Im anlaute.

§ 277. Wo durch synkope einer unbetonten vorsilbe (§ 146) eine der sprache fremde konsonantengruppe oder auch eine geminata entstehen sollte, schwindet der anlautende konsonant, z. b. *burþr* (got. *gabaúrþs*) geburt, *minne* (got. *gaminþi*) gedächtnis; prät. *sueip, heit* (got. *haíhait*) § 146 u. a. m.

Anm. Aus demselben grund fehlt gew. *p* in den lehnwörtern *(p)salmr* psalm und *(p)saltare* psalter.

§ 278. *w* schwindet schon vorliterarisch vor *r*, z. b. *reiþr* (aschw. *vrēþer*) zornig, *reka* (aschw. *vrǣka*, got. *wrikan*) treiben, *rangr* (aschw. *vranger*, engl. *wrong*) schief, *rata* (got. *wratōn*) wandern, *rist* (nschwed. *vrist*) rist, *rise* (vgl. as. *wrisilīk*) riese, *rīþa* (aschw. *vrīþa*, ags. *wriðan*) drehen, *rita* (ags. *writan*, mndd. *wrīten*, vgl. urn. prät. *warAit* Istaby, *waritu* Järsberg) schreiben, *ráþe* (vgl. ags. *wrǽð*, got. *wriþus* statt *wrēþus*, s. Bugge, Bezz. Beitr. III, 114) ferkel, *rǫ́* (aschw. *vrā*) winkel, *reine* hengst (vgl. aschw. *vrēna*, mndd. *wrenschen* wiehern), *reitr* (aschw. *wrēter*, vgl. urn. *wraita* Reistad) abgesteckte fläche.

Anm. 1. Noch im 10. jahrh. ist *w* in dieser stellung nicht fortgefallen, wie bewiesen wird durch gedichte, die zu dieser zeit verfasst worden sind, wo wörter, die später mit *r* statt *wr* anfangen, durch die alliteration mit solchen wörtern verbunden sind, wo *w* als *v* auch später geblieben ist, z. b. bei

Eilífr Guþrúnarson: [W]reiþr stóþ [W]rosko bróþer, vd gagn faþer Magna, u. a. (s. Bugge, Bidrag s. 8). Noch später als auf Island schwand w in Norwegen und hier später im süden (wo noch heute wr als vr in vielen dialekten herrscht; vgl. anorw. *vreiðe* zorn aus dem j. 1381, s. Fritzner III, 58) als im westen und norden.

Anm. 2. In anorw. hdschr. seit dem 13. jahrh. kommt es einigemal vor, dass statt wegfall von w metathesis von w und r eingetreten ist, z. b. *ruœiði* (gew. *rœiði*) zorn, *ruangr* (*rangr*) schief; s. Vigfusson, Eyrbyggja saga, s. XLIX note; Fritzner III, 58.

§ 279. Im anorw. schwindet *h* schon vorliterarisch vor *l, n, r*, z. b. *lutr* (aisl. *hlutr*) teil, *níga* (aisl. *hníga*) sich neigen, *rœinn* (aisl. *hreinn*) rein.

Anm. 1. Die orthographie einiger alten runeninschriften (wie *Hrikariki* = *Hringariki* Alstad im 10. jahrh., *Hrabisun* = *Hrœppiss sun* Skollevold c. 1000, s. Bugge, [Norsk] Historisk tidsskrift IV R., 2. B., s. 124 note) und die alliteration der ältesten anorw. gedichte zeigen, dass im 10. und 11. jahrh. *h* noch da war; andererseits fehlt es schon in der Fåberger-inschr. c. 1050 (*Ruar* = *Hróarr*, s. Bugge, ib.) und in der literatur schon bei Theodoricus monachus um 1175 (*Ranason* = *Hranason*, *Ringr* = *Hringr*). Orkn. blieb es wenigstens bis ins 13. jahrh. (s. Vigfusson, Eyrbyggja s., s. XXXV); shetl. ist noch aus dem j. 1360 *Hrolfs* bezeugt (s. Hægstad, Hild. s. 64).

Anm. 2. Auch in aisl. hdschr. des 13. und 14. jahrhs. finden sich einige beispiele von dem wegfall des *h* vor *l, n, r* (s. z. b. Bugge, Norrœn Fornkvæði, s. XII und 446; Gering, Isl. Æv. I, XX).

Dagegen fehlt sporadisch, sowol in aisl. als in anorw. hdschr., anlautendes *h* vor vokalen; so z. b. oft in St. Hom., in Ágrip u. a.

Anm. 3. Dieser unsicherheit des anlautenden *h* verdankt wol das bisweilen zugesetzte unetymologische *h* (§ 296) sein dasein.

§ 280. Seit 1300 schwindet im aisl. *g* vor *n*, z. b. (*g*)*naga* nagen, (*g*)*neisti* funke.

Anm. Die schon früher (und auch anorw.) auftretenden *nógr* hinreichend, *líkr* gleich neben älteren *gnógr*, *glíkr* sind wol selbständige bildungen ohne das präfix *ɡa-*.

2. Im in- und auslaute.

§ 281. Wo durch synkope, zusammensetzung oder sonst eine aus drei konsonanten zusammengesetzte gruppe entsteht, welche sonst nicht der sprache geläufig ist, fällt der mittlere konsonant fort, wo er nicht durch assoziation erhalten wird:

§ 281. Konsonantenschwund in dreikonsonantischer gruppe.

1. *b* fällt zwischen *m* und *s*, z. b. *Dum(b)s haf* das eismeer, gen. *dram(b)s* zu *dramb* (das) prahlen.

   Anm. 1. In *kum(b)l* grabhügel, anzeichen ist wol die doppelheit alt; vgl. as. *kumb(a)l* und lat. *cumulus*, das wol also schon in urgerm. zeit aus dem lat. entlehnt worden ist (vgl. Noreen, Urg. lautl., s. 168).

2. *d*, z. b. *frǽn(d)kona* muhme, pl. *syn(d)ger* zu *syndogr* sündig, *van(d)lega* sorgfältig, *mun(d)laug* handfass, *tial(d)búþ* zelt, *hol(d)gan* incarnatio, *hal(d)kuǽmr* nützlich, pl. *hal(d)ner* zu *haldenn* gehalten, *slønguan(d)bauge* ringvergeuder, *Vellan(d)-katla*, *Hengiankiapta* u. a. dgl. poetische benennungen (Falk, Beitr. XIV, 42); bes. häufig in dem präfix *and-*, z. b. *an(d)marke* fehler, *an(d)lit* antlitz, *an(d)lát* tod, *an(d)nes* vorgebirge u. a.; ferner häufig wo *d* zwischen zwei *l* oder zwei *n* kommt, z. b. *mil(d)lega* sanft, *veral(d)legr* weltlich, *el(d)legr* feurig, pl. *bun(d)ner* zu *bundenn* gebunden, *blan(d)ner* zu *blandenn* gemischt. — In fällen wie *an(d)suar* (*anzuar*) antwort, *-skote* gegner, *-spiall* gespräch, *-styggr* hässlich oder gen. *tial(d)s* zeltes, *sun(d)s* sundes u. a. (s. Gíslason, Njála II, 634 f.) ist wol eher *t* (s. § 237, 1) geschwunden.

3. *ð*, z. b. *Vin(þ)land*, *norrǿnn* (ahd. *nordrōni*; auch *nórǿnn*, s. Gíslason, Efterladte skrifter I, 208, anorw. *nórenn* § 144, 7, nach *Nóregr*) norwegisch, pl. *Nor(þ)menn* Norweger, dat. ntr. *brug(þ)no* zu *brugþenn* geschleudert, *har(þ)la* sehr, *iar(þ)legr* irdisch, *skur(þ)goð* götzenbild, *stir(þ)na* steif werden, pl. *or(þ)ner* zu *orþenn* geworden, dat. *ǫr(þ)gom* zu *ǫr(þ)ogr* heftig, aufrecht, aufsätzig, *ǫr(þ)ga* aufrichten, heben, *ver(þ)gangr* bettelei u. a. — In fällen wie anorw. *mar(ð)skinn* marderfell ist wol am ehesten *t* (s. § 230, 2, d) geschwunden.

4. *f*: a) Stimmhaftes (*b*), z. b. *þar(f)nask* bedürfen, personennamen wie *Ul(f)gestr*, *Al(f)dís*, anorw. *hǽl(f)ningr* hälfte, *hǽlda-* neben *hǽlfðar-land* stück land von gewisser grösse, prät. *œl(f)ði*, *yl(f)ði* s. § 303, 1. b) Stimmloses (*f*, eventuell *p*, s. § 232, 2), z. b. *fimt* anzahl von 5, *fimte* fünfte, anorw. *tomt* (vgl. § 288, 2 und An. gr. II, § 248, 1) bauplatz, *landskial(f)te* erdbeben, *al(f)t* schwan, *Sigrøþr* (*Sigr-frøðr), *Goþ-*, *Guþrøþr* Gottfried u. a. mannsnamen auf *-røþr* (vgl. *Hallfrøþr* u. a.), *Sigríþr*, *Guþríþr*, *Þuríþr* (*Þurfríþr*), *Ragn(f)ríþr* u. a. frauennamen auf *-(f)ríþr* (vgl. *Arnfríþr* u. a.), anorw. *Biol(f)staðer* ein ortsname.

§ 281. Konsonantenschwund in dreikonsonantischer gruppe. 187

5. ʒ fehlt sehr häufig in den synkopirten formen von *morgonn* (*morgenn*) morgen, z. b. dat. sg. *mor(g)ne*, nom. pl. *mor(g)nar*; ferner z. b. *fyl(g)þ* begleitung, *ábyr(g)þ* verantwortlichkeit, *mǫrþ* (*fiár*) neben *mergþ* menge (s. Noreen, Svenska etymologier, s. 53 f.) und der mannsname *Ber(g)dórr*. — Im ntr. *mart* (so überall in den ältesten aisl. hdschr., sehr häufig auch in älteren anorw. hdschr.; erst später tritt *margt, markt* auf) zu *margr* 'mancher' ist es wol zunächst der stimmlose spirant (s. § 231, 1, b), welcher fortgefallen ist.

Anm. 2. Explosives *g* (oder wol eher *k*, s. § 238, 1) fehlt in *enskr* (sehr selt. *engskr*, vgl. 7 unten), *harþenskr*, anorw. *ionfru*, s. § 255.

6. *k*, z. b. ntr. *beis(k)t* zu *beiskr* bitter, gen. *ver(k)s* zu *verk* werk, *heims(k)legr* von törichter art, *fyl(k)sne* versteck, *iartegn* wahrzeichen aus (nach Lidén) *iarktegn* (das wol in der schreibung *iargtegn*, s. § 283, 3, vorliegt) < *iark(n)tegn* (s. unten 8) zu *iarknasteinn* edelstein (got. *-airkns*, ahd. *erchan* echt), anorw. *Mœrtalr* (*Myrk-dalr*, s. § 237, 1), *kir(k)messa* kirchenfeier. Vgl. anm. 2.

7. *l*, z. b. *kar(l)maþr* mann, gen. *kar(l)s* (wonach sehr selt. nom. *kar*) zu *karl* alter mann, gen. *iar(l)s* zu *iarl* jarl, *engskr* (gew. *enskr*, s. anm. 2) aus *æng(l)skr* neben unsynkopirtem *engliskr* englisch; bes. oft in prät. *óx(l)ta* zu *óxla* vermehren, *sýs(l)ta* zu *sýsla* verrichten, part. prät. *víx(l)tr* zu *víxla* wechseln.

Anm. 3. Vereinzelt ist schwund des *m*, z. b. mnorw. *Or(m)snæs* ein ortsname.

8. *n*, z. b. *ber(n)ska* kindheit, 3. sg. prät. *gir(n)tesk* zu *girnask* verlangen, *ǫl(n)boge* ellenbogen, ntr. *iamnt* zu *iamn* (anal. sehr selt. *iam*) eben, *iam(n)búenn* 'ebenso bereit', gen. *vas* (so immer in den ältesten hdschr.) zu *vatn* wasser, *bos* (*botns*) zu *botn* boden, *naf(n)s* zu *nafn* name, *gangs* (*gaws*) statt *gagns* (*gawns* § 231, 2) nutzen, *iartegn* (s. oben 6) wahrzeichen; anorw. beisp. sind u. a. *horrækkia* (s. § 269, 1) beischläferin, *næf(n)dr*, *næf(n)t* genannt, gen. *stof(n)s*, *stom(n)s* stumpfes, mnorw. *Ar(n)viðr*, *Rag(n)valdr* mannsnamen, *Ram(pn)staðer* ein ortsname.

9. *r*, z. b. die verwandtschaftswörter pl. *feþgar* (aschw. run. *faþrkaʀ*, d. h. *fæðrʒar*) vater und sohn, *mǿþgor* (aschw. run. *muþrku*, d. h. *mǿðrʒu*) mutter und tochter, *systken* (*systrʒin*) geschwister, *samméðdr* (*-méðriðr*) von derselben mutter, u. a.;

§ 282. Konsonantenschwund im in- und auslaute: ð.

ferner z. b. im gen. *myrk(r)s* zu *myrkr* finsternis, *fóst(r)syster* pflegeschwester, nom. sg. *ulfge* (**ulfr-gi*) 'ein wolf nicht', nom. acc. pl. *kuerk(r)nar* die kehle.

Anm. 4. Unsicher bleibt, ob *s* in der gruppe *fst* (*pst*) schwinden kann (vgl. § 299). *Heipt, heift* und selt. (3 mal bei Larsson) *heifst* hass können mit verschiedenen suffixen (-*ti*-, resp. -*sti*-) gebildet sein (vgl. mhd. *heifte* sturmwetter : got. *haifsts* streit), oder auch ist *heifst* nach § 299 aus *heift* entstanden. Ebenso können das nicht seltene (s. z. b. Larsson) *eftr, eptr* (vgl. got. *iftuma*?) und das gew. *efstr* letzt sich zu einander verhalten.

10. *t*, z. b. *heip(t)giarn* rachgierig, *kris(t)ne* christentum, *huár(t)ke* keines von beiden, *sys(t)ken* geschwister, dat. *þis(t)le* zu *þistell* distel, gen. *hes(t)s* pferdes, *Kris(t)s* Christus, *fosyster* (§ 275, 3) aus *fóstsyster* (s. oben 9) pflegeschwester, *brixle* aus *brigzle* (aus *brigðsli* § 230, 2, d) vorwurf; bes. oft in den synkopirten kasus von *aptann* abend, z. b. dat. sg. *ap(t)ne*, nom. pl. *ap(t)nar*. — S. auch oben 2 (schluss) und 3 (schluss).

§ 282. *ð* (altes oder nach § 215 aus *þ* entstandenes) schwindet sporadisch vor *r, n*, seltener *m, l, f, b*, z. b. die personennamen *Góreþr* (*Goþreþr*) Gottfried, *Gýriþr* (*Guþriþr*), *Þrý(þ)rekr, Mórekr* (ahd. *Möderīh*), *Bǫrekr* (**Bǫðríkr*, ahd. *Paturīh*), *Frírekr* (*Friþrekr*) Friedrich, *Þió(þ)rekr* Dietrich, *Hrǿ(þ)rekr* Roderich, ferner z. b. *á(þ)r* vorher, *iúr* euter, *fiórer* (**feðurēR* > **fioðrir*) vier und *fer-* (aus **feðr-'*, s. § 166 anm. 3 und § 90) vier-, *ýr* (*yþr*) euch, *lýritr* (**lýðréttr*) allgemeines recht, pl. *huárer* zu *huaþarr* (gew. anal. *huárr*) wer von zweien; *Skáney* (ags. *Scedenig*, aber *Scónég* schon bei Wulfstán vor 900; lat. *Scadinavia*, aber *Sconia* bei Adam von Bremen c. 1050) Schonen, pl. *Heiner* (bei Ptolomæus Χαιδεινοι) einwohner der *Heiþmǫrk* (ebenso Hb. s. LVI *heinir* statt gew. *heiþnir* heidnische), *grein* zweig zu *greiþa* aussondern (vgl. § 146), *liónar* männer zu *lýþr* leute, *reyner* sperberbaum zu *rauþr* rot, pl. *tróner* (*troþner*) zu *troþenn* getreten, vielleicht *Rǫn* die meerfrau zu *ráþa* walten (s. Kock, ZfdA. XL, 205) und *Són* mythisches metgefäss zu *soþenn* gekocht (s. Kock, I. F. X, 110); die mannsnamen *Hró(þ)mundr, Gu(þ)mundr, Hrei(þ)marr* (s. Lind, Arkiv XI, 269), anorw. *Rá(ð)mundr* (s. Rygh [und Bugge], Gamle personnavne, s. 197 f. mit note); *Fri(þ)leifr* (s. Hb., s. XLV), *gó(þ)legr* schön (über das zweifelhafte *ólegr* s. v. Friesen, N. Spr., s. 11); *Fáfner* (s. § 219) mythischer schlangenname, *bǫføra* neben bǫþfara brünne (s. Noreen, Arkiv VI, 318); *Hró(þ)biartr* ein mannsname. Beispiele kommen schon bei þióðolfr (um 900) vor. Vgl. Bugge, Ant. tidskr. f. Sv. V, 41, Ringen i Forsa kirke, s. 56, Arkiv II, 212 f., 218 f., 246 ff.; Gislason, Udvalg af oldno. skjaldekvad, s. 64 und 72.

Anm. Ueber zweifelhafte fälle, wo ð vielleicht nach schwachtonigem vokal auch vor anderen konsonanten als den oben erwähnten geschwunden ist, s. Falk, Arkiv IV, 354 (bes. die note) und andererseits Noreen, Urg. lautl., s. 171.

§ 283. ʒ schwindet:

1. In nicht haupttoniger silbe zwischen *u* oder *y* und *ð*, z. b. die vielen zusammensetzungen auf -(h)úþ, -ýþ neben -(h)ugþ, -ygþ wie *ást(h)úþ* liebe, *illúþ* bosheit (vgl. Bugge, Beitr. XIII, 508), ferner *afbrýþe* (-brygþe) eifersucht, *ábrúþegr* eifersüchtig.

2. Vor kons. *i* allgemein gegen das ende des 13. jahrhs. (ausnahmsweise schon früher, z. b. im anorw. Cod. AM. 310, 4º), wie aus schreibungen wie *gý(g)iar* zu *gýgr* riesin und umgekehrte schreibungen wie *þý(g)iar* zu *þýr* magd, *blǽ(g)ia* decke, *Orknǿ(g)iar* die Orknöer erhellt; vgl. Bugge, Norrœn fornkvæði, s. XII.

3. Sporadisch vor *n*, selt. auch *w* und (?) *m*, *r*, z. b. *Ránríke* (vgl. bei Jordanes *Ragnaricii* die einwohner von R.) ein ortsname, *ǫmbon* (anorw. auch *andbun*, s. § 253, 1; aus *andabuʒni*-?, s. Falk, Arkiv III, 342) lohn, *iartei(g)n* (-tegn, später -teikn, selt. *iarðteikn, hiar-, iarg-, artegn, iartign*, s. Wadstein, F. Hom., s. 60) wahrzeichen; anorw. *A(g)valdr, Ra(g)valdr*; anorw. *A(g)mundr* (vgl. aber § 264 anm.) mannsnamen; *fárlíkt* < *fagrlíkt*? schönes (so Mogk, Literaturblatt f. germ. u. rom. phil. 1893, sp. 278).

4. Dialektisch zwischen zwei *u* (*o*), z. b. *fo(g)uti* (auch *fogutti, folguti, fuviti* u. a. unklare formen) vogt, anorw. *Siurðr* (schon 1338; shetl. *Seorðr* 1452) aus *Siugurðr* (§ 86 anm. 1) Sigwart, orkn. *tuttū* aus *tuttugu* zwanzig (s. Hægstad, G. Tr., s. 94, Hild. s. 63); vgl. § 254 anm. 3.

Anm. Ueber die nicht hierhergehörigen adv. auf *-la* neben *lega* s. § 307, 3.

§ 284. *h* schwindet, wo es durch zusammensetzung in den inlaut zu stehen kommt, wiewol es natürlich oft durch assoziation erhalten wird, z. b. *óneiss* bedeutend zu *hneiss* unbedeutend, *óf* aus *óhóf* (s. Jónsson, Skjaldsprog, s. 24) grosse menge, *at(h)œfe* gebärde, *er(h)œfe* küste ohne hafen, *er(h)óf* unmenge, *austr-, vestr-, norþr(h)alfa* (danach anorw. anal. auch als simplex *alfa* neben *halfa*) östlicher u. s. w. weltteil, *elsk(h)uge* liebe, *afr(h)endr* vollendet, *lík(h)amr, -me* körper, *frials* (vgl. got. *freihals*) frei, *Gimlé* wohnort der seeligen (zu *hlé* obdach), *gullaþ* (*gullhlaþ*) goldenes band, *brullaup* (selt., z. b. St. Hom., *brúþhlaup*) hochzeit, *ein(h)arþr* zuverlässig, *varþ(h)ald* wache, *Seimr* oder *Sœmr* (§ 125 anm.) aus *Sœheimr* ein ortsname; ferner eine menge von personennamen, z. b. *Illuge* (zu *huge*), *Níþoþr* (zu *hoþr*; ags. *Niðhad*), *Móeiþr, Ragneiþr, Randeiþr, Arn(h)eiþr* (zu *heiþr*), *Boþuildr, Yng-, Inguildr, Gunn(h)ildr, Grím(h)ildr* (zu *hildr*), *Siguatr* (zu *huatr*), *Arnallr, Þór(h)allr, Þór(h)addr* und bes. die vielen auf *-arr* (zu *herr*), z. b. *Gunnarr* (ahd. *Guntheri*), *Óttarr* (ags. *Óhthere*), *Hárr* (alt *Háarr*, s. § 54, 1).

Anm. Ueber das wahrscheinlich hierhergehörige *reifr* froh (nisl. *hreifr*) s. Pipping, Runinskrifterna på Ardre-stenarna, s. 21 f.

§ 285. Kons. *i* (welches urspr. überhaupt nur antesonantisch nach kurzer silbe vorkam, s. § 220) schwindet vor palatalen vokalen, z. b. 2. pl. präs. *veleþ* (got. *waljiþ*) zu *velia* wählen, *vile* (gen. *vilia*) wille. In alten gedichten zeigt sich noch bisweilen *i* vor *œ, ø*, z. b. nom. pl. part. präs. *dyliœndr* verneinend, *hyggiœndr* denkend, *viniøy* weideland am wasser u. a. (s. Sievers, Beitr. XII, 486, ZfdPh. XXI, 104 note). Später kann lautgesetzlich erhaltenes *i* durch analogie schwinden, z. b. *miþ(i)aldre* 'von mittleren jahren' (nach *miþr* mittlerer), *skegg(i)old* kriegerische zeit (nach *skeggøx* 'securis barbata' u. dgl.).

Anm. 1. Durch dissimilation ist *i* geschwunden in *siautdn*, selt. *sautián* (*seytidn*) neben *siautián* (*sieytián*) siebzehn (Gislason, Aarbøger 1879, s. 161; Noreen, Arkiv VI, 331 f.).

Anm. 2. Ueber das scheinbar erhaltene *i* nach langer auf χ, *g, k* endenden silbe s. § 254.

Anm. 3. *Frelsa* frei machen (zu *frials* § 127 b, a frei) hat kein *i* verloren, sondern ist aus *fré(h)elsa* < *frihalsian* entstanden. — Mnorw. frauennamen wie *Gunnborg, Hallborg* (statt der älteren *-biorg*) sind wol den wgerm. auf *-burgis* (neben *-berga*) gleichzustellen, sei es dass sie urn. verwandt oder wol eher entlehnt sind; vgl. aschw. *-borgh*, s. An. gr. II, § 171.

§ 286. *k* kann vor *sk* durch dissimilation schwinden, z. b. prät. pass. *lau(k)sk* schloss sich, *tó(k)sk* nahm sich, *fe(kk)sk* (vgl. § 274) empfing u. dgl. (s. Wadstein, F. Hom., s. 139), *gri(k)skr* griechisch, *háley(g)skr* aus *Hálogaland* stammend.

§ 287—289. Konsonantenschwund im in- und auslaute: *l, m, n*. 191

§ 287. Kakuminales *l* schwindet dialektisch im anorw. vor labialen konsonanten (bes. in fällen wo dissimilation mit im spiele ist), z. b. 3. präs. konj. (runisch) *hiabi* (Aardal, Bygland), d. h. *hiápe* (*hialpe*) helfe wie Hb. s. XXVIII *hiáp*; im Hoprekstader-buche *úvaldr, hóf* statt *ulfalde* kamel, *hǫlf* halb, in Hb. *siá(l)fo*; *Þó(l)fr, Stó(l)fr, Nótó(l)fr* mannsnamen, *háfsáld, -sǽlda* halbes mass, *hialmu(l)vǫlr* (s. § 246) helmstock; *E(l)ftaleyti*; *Ám-(Alm-)daler* ortsnamen, *Hóm-(Holm-)stœinn, Viliá(l)mr* mannsnamen; vgl. umgekehrte schreibungen wie *þiolfr* st. *þiófr* dieb, *Húndiulfr, Valdiulfr* st. *-diufr* (s. § 230, 1, b).

Anm. 1. Selten ist dieser schwund vor anderen kons., z. b. *he(l)kn* steinboden, *fo(l)ks* volkes, *Va(l)garðr, U(l)fgestr* mannsnamen u. a. m. (s. z. b. Hægstad, G. Tr., s. 37). Shetländisch ist *Hiatland* (schon 1226) st. *Hialtland* (s. Wadstein, F. Hom., s. 67 f. note); vgl. nshetl. *getling* aus *gæltlingr*.

Anm. 2. Ausnahmsweise kann *l*, sowol aisl. als anorw., im unbetonten auslaut nach vokal schwinden, z. b. *helzti, mikilsti* allzu, *nǫkkursti* 'ein bisschen zu' neben *til* 'zu', *ska(l)* soll.

Anm. 3. Vereinzelt steht der schwund des *l* im ortsnamen anorw. *Giúf* aus *gliúfr* kluft (s. Rygh, No. gaardnavne, Forord s. 51).

§ 288. *m* schwindet:
1. Im urspr. auslaut, z. b. *frá* (got. *fram*) 'von' (vielleicht noch mit lautges. inlaut. *m* in St. Hom. *frambǽrr* neben *frábǽrr* 'ausgezeichnet').

Anm. Mnorw. schwindet *m* ziemlich allgemein in der dativendung *-um, -om*, z. b. *garðeno, -ne* st. *garðenom* dem hofe; s. A. B. Larsen, Arkiv XIII, 250 f.

2. Vor (urspr. stimmlosem) *f*, z. b. *fífl* (s. § 106, 1) riese, tor, *fimbul-* riesen-, *tóft* (*toft*, anorw. *tuft*, s. § 108, 1) bauplatz neben anorw. *tomt* (nach § 281), beides aus **tumft-*; *fim, fimm* (got. *fimf*) fünf hat sich nach *fimte* (got. *fimfta*), *fimtán* u. a. gerichtet (s. Noreen, Arkiv III, 39 f. note).

3. Vor *s*, z. b. *láss* (**lamsaʀ* zu aisl. *lǫm* eine art haspen, lat. *lamina*, s. Noreen, ib., s. 13) riegel.

§ 289. *n* ist in folgenden stellungen fortgefallen:
1. Vor *k*, wo die laute durch synkope zusammentreffen und nicht assoziation oder gelehrter einfluss das *n* (dann als velaren nasal) erhält, z. b. *Ake* (ahd. *Anihho*), *Háke* (ahd. *Hannihho*), *dýkr* (*dynkr* zu *dynr*) lärm, *múkr* (*munkr*, ags. *munuc*, s. § 108 anm. 1) mönch, *kan(n)úkr* (*kanóke, kanunkr*) canonicus, pl. *píkisdagar* (vgl. lat. *pentecoste*) pfingsten (vgl. Bugge, Ant. tidskr.

§ 289. Konsonantenschwund im in- und auslaute: *n*.

f. Sv. X, 42 note); aber *seinka* verzögern zu *seinn* spät, *Sueinke* zu *Sueinn* mannsnamen u. s. w.

2. Vor *l* nach starktonigem vokal (vgl. § 257, 4), z. b. die personennamen *Ale* (ahd. *Analo*), *Óle* (s. § 111), *Aleifr* (air. *Amlaib*, ags. *Anláf*), *Óláfr*, *Álǫf*, *Suálaug* neben seltnerem *Suanlaug*, *Vále* (ahd. *Wanilo*), *Beyla* (vgl. ahd. m. *Bōnila*, s. Sievers, Beitr. XVIII, 582 ff.), der ortsname *Grø̨(n)land*, *Gréland* (*Grenland*), *mél* (s. § 106, 1) mittelstück des gebisses.

3. Vor *r*, z. b. *lérept* (zu *lín*) leinwand, pl. *órer* (§ 108, 1) unsre, dat. *Þór(e)* zu *Þunorr* (s. § 108, 1) der donnergott, *Eirekr* (*Æinríkr) Erich, anorw. *himi(n)ríki* himmelreich.

Anm. 1. Der vorgang gehört der vikingerzeit, z. b. adän. run. *Þur* (d. h. *Þórr*) Nørre Nærå (c. 850), Glavendrup (c. 900).

4. Vor *s* (wenn die verbindung verhältnismässig alt ist), z. b. *báss* (nhd. *banse*) kuhstall, *fúss* (ahd. *funs*) willig, *gǫs* gans, *ǫst* (got. *ansts*) liebe, *áss* (got. *ans*) balken, *ǽs* (vgl. lat. *ansa* griff) schuhloch, *rǫs* (vgl. got. *runs*) lauf, *vás* (ags. *wós*) strapaze, *ess*, *és*, *oss*, *ós* (s. § 108, 1) uns, *ósk* wunsch, *ǫss* (vgl. got. *Ansi-wulf* u. dgl.) gott, *Ratatoskr* (§ 108, 1) mythisches eichhörnchen, *hreyse* steinhaufen zu *hraun* steinboden, *pí(n)sl* peinigung zu *pína* peinigen, *fiós* (zu got. *hansa*, s. § 111) viehhof, anorw. *rœi(n)son* reinigung zu *rœinn* rein, aisl. *vístre* (selt., z. b. St. Hom.) neben *vinstre* (aus urspr. **vinistr-*, **véstr-* ausgeglichen; vgl. schwed. *vänster*, dial. *wīster*) der linke, pl. *hø(n)sn* (aus nom. *hǿnisn, gen. *hǿsna*; vgl. *hǿns* § 304) hühner, *Mo(n)str* ein ortsname.

Anm. 2. Urn. *Asugīsalas* (Kragehul) beruht wol auf verkürzter schreibweise (st. *Ansu-*). Dagegen für (*Ā*)*smu[n]t* (Sölvesborg gegen 800) dürfte schwund des *n* schon anzunehmen sein.

Anm. 3. Ob das erst misl 2mal belegte *hunsl* (s. Unger, Heilagra manna søgur I, 41, 394) neben gew. *húsl* (s. § 108 anm. 1) auf ausgleichung von **hunisla-* : **hunsla-* beruht (s. v. Grienberger, Untersuchungen zur got. wortkunde, s. 122; anders, aber unannehmbar, Kock, Arkiv XV, 327 note), bleibt sehr unsicher.

Anm. 4. Ob *n* lautgesetzlich auch vor *m* schwindet (oder vielleicht eher *nm* zu *mm* assimilirt und dann *mm* nach schwachtonigem vokal verkürzt wird)? Wenigstens hat St. Hom. 2mal *þolemø̨þe* geduld, St. Hom. und Cod. AM. 645, 4° je 1mal *þolemóþlega* geduldig neben gew. *þolen-*.

5. Im urn. auslaut (auch wenn in urgerm. zeit noch ein konsonant folgte), z. b. *á* (urn. *an* Tjurkö, aber schon c. 800

§ 290. Konsonantenschwund im in- und auslaute: *r*.

adän. *q̄* Snoldelev) an, *þá* (got. *þan*) dann (vgl. *meþan* = got. *miþþanei* während), *i* in, inf. *binda* binden, 3. pl. präs. ind. *binda* (s. § 214) binden, acc. pl. *daga* (got. *dagans* s. § 267, 2, c) tage, *þá* (got. *þans*) sie, die, *tuá* (got. *twans*) zwei, gen. dat. acc. sg. *hana* (vgl. urn. dat. *Þrawiŋan* Tanum, *-halaiƀan* Tune, got. acc. *hanan*) hahn, gen. dat. acc. sg. *tungo* (ahd. *zungūn*) zunge.

Anm. 5. Wo *n* im urn. durch einen auslautenden vokal geschützt war, bleibt es, z. b. acc. sg. *blindan* (got. *blindana*) blinden, *einn* (got. *ainnō-hun*) ein. Zur erklärung der scheinbar widersprechenden 3. pl. konj., z. b. präs. *beri* (gegen aschw. *bærin*, got. *bairaina*), prät. *bǣre* (gegen aschw. *bārin*, got. *bēreina*) und nom. acc. pl. der schwachen neutra, z. b. *augo* neben seltnerem anorw. *augun* (aschw. *ōghon*, got. *augōna*) augen, s. teils Noreen, Grundriss I², 639 f., § 252, 3 und 613, § 195, 7, teils Falk, Anz. f. d. A. XVIII, 191 (anders Kock, Beitr. XV, 244 ff.; noch anders Holthausen, ib. XI, 555).

Anm. 6. Die präfixe *ó-*, *ú-* (got. *un-*) 'un-' und *sí-* (got. *sin-*) 'immer-' sind vor *k*, *l*, *r*, *s* (*f?*, *h?*, *m?*) eines späteren zusammensetzungsgliedes lautgesetzlich (s. 1—4 oben und anm. 4) entstanden und von da aus verallgemeinert worden. Vgl. die lautgesetzlichen *Gest-umblinda*, *Umblauzstaðir* (§ 253, 1).

Anm. 7. Dialektisch schwindet im anorw. *n* auch im unurspr. auslaut, z. b. *siða(n)* später, *norða(n)* von norden her u. a., s. Kock, Arkiv XIII, 173 note; beisp. aus dem mnorw. s. A. B. Larsen, ib. XIII, 253, und vgl. oben § 138 anm. 6.

§ 290. *r* (urn. *r*, vgl. § 291) schwindet:

1. Vor *n*, *t* in unbetontem auslaut (vgl. aber anm. 1), z. b. schon in den ältesten hdschr. acc. sg. m. *annan*, ntr. *annat* (aschw. run. noch *anart* Rök um 900) zu *annarr* ein anderer; etwas später auch *okka(r)n*, *-a(r)t* zu *okkarr* uns beiden zugehörig, *ykka(r)n*, *-a(r)t* zu *ykkarr* euch beiden zugehörig, *yþua(r)n*, *-a(r)t* zu *yþuarr* euer, *nǫkko(r)n* zu *nǫkkorr* irgend ein. Die *r*-formen beruhen auf anal. neuerung oder auf schwachem, in *kofa(r)n* schooßhund auf starkem nebenton.

Anm. 1. Vielleicht ist eher eine entwickelung *rn* > *nn* > *n* anzunehmen. *Nǫkkon* kann sehr wol nach ntr. *nǫkkot*, das nie -*rt* gehabt hat (vgl. *huat*), umgebildet sein. Noch wahrscheinlicher ist, dass *annat* u. dgl. anal. zu *annarr*, *annan* neugebildet ist nach massgabe von *nǫkkorr* (*nakkuarr*) : *nokkot* (*nakkuat*), *þan(n)* : *þat* u. a. m.

2. Durch dissimilation (schwankend) in z. b. *F(r)írekr*, *Friþ(r)ekr* Friedrich, *Þrýþ(r)ekr* mannsnamen, *my(r)kr* finsternis, *dia(r)fr* kühn u. a. (vgl. Wadstein, F. Hom., s. 140). Vgl. noch § 291, 2.

§ 291—293. Konsonantenschwund im in- und auslaute: *r, s, t*.

Anm. 2. *Fyre, fire* — neben häufigerem *fyrer, firer'*(s. § 140) oder *fyr, fir* — kann hierher gehören, hat aber vielleicht nie ein auslautendes *r* gehabt; s. An. gr. II, § 321 anm. 2.

§ 291. *r* (urn. ʀ, vgl. § 290) schwindet:

1. Vor *s* (wol indem ʀs zu *ss* assimilirt und dann verkürzt wird), z. b. 3. sg. präs. ind. pass. *kallask* aus **kallaʀ-s(i)k* nennt sich, mannsnamen wie gen. *Þorgei(r)s* (Hb., s. XLIX), anorw. *Géstœin* (Arkiv X, 180; aisl. *Geirsteinn*); sporadisch auch vor *l*, z. b. anorw. *Gœi(r)laugr* zu *gœirr* (**ȝaiʀaʀ*) speer.

2. Durch dissimilation (jedoch wol erst nachdem ʀ zu *r* geworden ist, so dass die betreffenden fälle eigentlich zu § 290, 2 gehören) bisweilen in *Krist(r)* Christus, selt. in andern nominativen auf -*r*, z. b. anorw. *styrk(r)* stärke, *frið(r)* friede, *burð(r)* geburt, *fyrst(r)* erst, *værst(r)* bösest (Wadstein, F. Hom., s. 140). Ausserdem wol im anorw. ortsnamen *Biark(r)ey* (vgl. § 152 anm. 1), s. Hægstad, G. Tr., s. 94.

3. Im onorw. sporadisch nach dem svarabhakti-vokal *a* (*æ*), z. b. *Guðlæifæ* (schon 1349) < *Guðlæifr* ein mannsname; mnorw. auch bisweilen sonst, z. b. im pl. *konunga(r)* könige, *alle(r)* alle u. dgl., s. Hægstad, G. Tr., s. 93; Falk und Torp, Dansknorskens syntax, s. XIV note 1 und 2.

§ 292. *s* fehlt nicht selten durch dissimilation auslautend nach *st*, z. b. gen. sg. (vorzugsweise anorw.) *Krist(s)* Christus, *hest(s)* pferdes, *prest(s)* priesters, *mest(s)* meist (Wadstein, F.Hom., s. 141). Ob schreibungen wie *Kriz* (oft in St. Hom.), *prez* die ausstossung des ersten *s* angeben? (vgl. jedoch § 306 anm.).

Anm. Vereinzelt steht der dissimilatorische schwund des inlautenden *s* im anorw. *silki(s)parlak* seidener vorhang.

§ 293. *t* fehlt:

1. Bisweilen durch dissimilation auslautend nach *z* (d. h. *ts*), z. b. *helz(t)* am liebsten, *siz(t)* am wenigsten, 2. sg. prät. ind. *léz(t)* liesst, *veiz(t)* weisst (vgl. Gering, Isl. Æv. I, s. XIX, XXIII).

2. Vor antekonsonantischem *s* schon um 1200, z. b. *bǫsto* beste (acc. sg. f.), *óstr* vornehmst, *þrióska* widerspenstigkeit, *góska* güte, *kuask* sagte sich statt *bǫzto*, *óztr* u. s. w., s. Morgenstern, Arkiv X, 207 f., I. F. Anz. VI, 95 f.; Wadstein, F. Hom., s. 119; Gislason, Udvalg af oldno. skjaldekvad, s. 133.

B. Zusatz.

§ 294. *b* wird anorw. selt. zwischen *m* und *r* (wie im aschw.) eingeschoben, z. b. dat. *ham(b)re, sum(b)ri* zu *hamarr* hammer, *sumar* sommer.

§ 295. Von *ddl, ddn* statt *ll, nn* (sowol alten wie aus *rl, rn* nach § 262, 1 und 2 entstandenen) zeigen sich spuren im misl. des 15. jahrhs. und in gewissen mnorw. dialekten, z. b. *faddla, hoddn* st. *falla* fallen, *horn* horn. Vgl. das nisl.

Anm. 1. Vereinzelt steht der einschub von *d* zwischen *n* und *l* in *Vin(d)land, Sun(d)lendinga fiorþungr* (s. Hb., s. XLI) ortsnamen.

Anm. 2. In lehnwörtern tritt nicht selt. ein unurspr. *d* nach auslautendem *n* auf, z. b. *prísund* (afranz. *prisun*) kerker, *vend* (ags. *wén*) name des buchstaben *v*, u. a., s. Bugge, Studier I, 130 f.

§ 296. *h* wird nicht selt. im anlaut vor vokalen (selt. vor *l, n, r*) zugesetzt, z. b. *(h)elska* lieben, *(h)af* 'von', *(h)er* 'ist' (alle in St. Hom.) u. a.; s. Gislason, Um frumparta, s. 64 ff., Om navnet Ýmir, s. 5 f., Wadstein, F. Hom., s. 111, Bugge, Norrœn Fornkvæði, s. 417. Vgl. § 279 anm. 3.

§ 297. *k* wird in anorw. mundarten sporadisch vor *st* eingeschoben, z. b. ortsnamen wie *Kui(k)staðer, Lœiri(k)stúnir, Óri(k)staðer, Gau(k)storp* (aus *Gautsþorp*), *Gau(k)staðer* u. a. (s. Rygh, Oplysn., Gaardnavne, Personnavne u. a. passim).

§ 298. *p* tritt ziemlich selt. zwischen *m* und *t* ein, z. b. *Iam(p)taland*, ntr. *skam(p)t* (in St. Hom.) zu *skammr* kurz, *ósém(p)t* (in St. Hom.) zu *ósémr* unpassend, *sum(p)t* (in Ágrip) zu *sumr* irgend ein. Noch seltener sind fälle von eingeschobenem *p* zwischen *m* und *n*, z. b. *sam(p)na* (in Ágrip) sammeln, anorw. *Ram(p)n-* (aisl. *Hrafn-*) in ortsnamen. Vgl. das aschw.

§ 299. *s* wird eingeschoben:

1. In mehreren alten aisl. hdschr. zwischen *f* und *t*, wenn die gruppe *ft* alt ist, d. h. nicht durch synkope entstanden, z. b. *ofst* (*oft, opt*) oft, *krafstr* (*kraftr, kraptr*) kraft, *afstr* (*aftr, aptr*) zurück u. a. Vgl. Hoffory, Arkiv II, 10 ff., Wisén, Homiliu Bók, s. X.

2. Dialektisch im onorw. um 1300 zwischen *t* (welches später schwindet, vgl. § 293, 2) und *l*, z. b. *litli > litsli > lisli* der kleine, *Atle > Atsle > Asle* ein mannsname, pl. *kœtslar* (s. Hertzberg, s. 860) kessel.

§ 300. *t* wird in vielen stellungen eingeschoben:

1. Vorliterarisch zwischen *ll, nn* und einem folgenden *s*; statt *ts* wird *z* geschrieben (vgl. Hoffory, Arkiv II, 88 ff.), z. b. gen. *al(l)z* zu *allr* ganz, *gol(l)z* zu *goll* gold, superl. *el(l)ztr* zu komp. *ellre* älter; gen. *mun(n)z* zu *munnr, muþr* mund, *san(n)z* zu *sannr, saþr* wahr, superl. *min(n)zt* mindest, refl.-pass. *fin(n)zk* es findet sich.

Anm. 1. In den ältesten hdschr. kommt noch *s* statt *z* dann und wann vor.

2. Zwischen *s* und altem *r* (urn. *r*, nicht *ʀ*; vgl. § 267), z. b. die personennamen *Ástráþr* (*Ás-ráðr), *Astríþr* (noch runisch *Asríþr*, z. b. auf Man, s. Bugge, Aarbøger 1899, s. 242), *hústrú* (ziemlich spät) statt *húsfrú* (das zunächst nach § 281, 4 zu *húsrú werden sollte). Vgl. Noreen, Arkiv I, 295 ff., Hoffory, ib. I, 38 ff.

3. In einigen anorw. hdschr. (z. b. Barlaams s. immer im anlaut, Ól. H. leg. s. auch sonst) zwischen *s* und *n*, z. b. *s(t)núa* wenden, *s(t)niór* schnee, *s(t)nøggr* hurtig, *laus(t)n* erlösung, *niós(t)n* ausforschung, u. a.; selt. im aisl., z. b. *raus(t)n* (s. Jónsson, Arkiv IX, 377) ansehen.

4. Bisweilen zwischen *s* und *l*, z. b. in den mannsnamen *Ás(t)lákr, Ás(t)leifr* (oder ist hier assoziation mit *ást* liebe anzunehmen?).

Anm. 2. Vereinzelt steht anorw. *rœik(t)na* rechnen (s. Hægstad, G. Tr., s. 37); vgl. § 254 anm. 4. — Anorw. *aldrigi(t)* 'nie' hat wol das negativ-suffix -*at* angehängt (vgl. § 150).

Anm. 3. Unklar ist das, bes. in anorw. hdschr., seit c. 1250 häufige *z* statt *s* zwischen *a* und *t*, z. b. der frauenname *Áztríðr* und bes. die vielen superl. auf -*aztr*, ntr. *az* (statt -*azt* nach § 293, 1?), wie *diúpaztr* neben -*astr* tiefster (aber z. b. nur *flœster* zahlreichster, *síðarstr* spätester u. s. w.); s. Brenner, Beitr. X, 432, Gering, Isl. Æv. I, s. XIX, Wadstein, F. Hom., s. 118, F. Specht, Acta Germanica III, 18 f., 34 f., Hb., s. XXXIV und LVI, De bevarede brudstykker af ... Jöfraskinna, s. XVIII. Vgl. § 306 anm.

§ 301. Volksetymologischer art ist wol der einschub von *g, r, n* in fällen wie aisl. *Rik(g)arþr* (Lind, Arkiv XI, 266) Richard, anorw. *Kristia(r)n* (nach den namen auf -*iarn* und -*biarn*, s. Lind, ib. 257 f., Kock, ib. XII, 269) Christian, *línspund* neben selt. *lí(f)spund* (aus mndd. *líspunt, lívespunt*) livischer pfund.

Anm. Ueber anorw. *aldrege(n), huœrgi(n)* s. § 150.

§ 302. **Hiatusfüllend** tritt kons. *i* bisweilen im anorw. zwischen palatalem und nicht-palatalem vokal ein, z. b. *fré(i)adagr* freitag (Bugge, Arkiv IV, 123), *fé(i)ar* viehes (Hertzberg, s. 857), *tí(j)u* zehn, *ti(ghi)und* zehnt u. dgl. schreibungen (s. z. b. Hægstad, G. Tr., s. 71), *ský(i)are* bedienter (s. Fritzner), pl. *Sýiar* statt *Suýar* (s. § 74, 14) schweden.

Anm. Ein hiatusfüllendes kons. *u* (*w*) wird wol von dem anorw. *Ióghar* statt *Ióarr* (s. § 248) vorausgesetzt.

C. Metathese.

§ 303. *l* kann in folgenden gruppen umgestellt werden:
1. *bl, fl > lb*, z. b. *innylfe* neben *-yfle* (ahd. *innōfili*) eingeweide, *féskylfr* (*-skyflr*) vergeudend zu *skyfla* vergeuden, *filfski* (Hb., s. XLV) der thörichte neben *fíflska* thorheit, prät. (anorw.) *ylfði* (*ilfði*, s. § 140) und part. *ylft* zu *yfla* (ags. *yflian*; s. Bugge bei Hertzberg, s. 730 f.) unrechtfertig anklagen, part. *telför* (s. Hertzberg) zu *tefla* spielen, *alfe* und *afle* stärke, *elfa* und *efla* (vgl. ahd. *avalōn*) zu wege bringen; ebenso wol *kylfa*, *kyfla* tappen, stottern (s. Bugge, Norrœn Fornkvæði, s. 419).
2. *ðl > ld* (statt *lð*, s. § 217, 1) wol schon urn. regelmässig in dem suffixe *-ðla-*, z. b. *sáld* sieb, *skáld* dichter (Lidén, Beitr. XV, 507), *heimold* (vgl. got. *haimōþli* heimat) recht, *bílda* beil u. a.; ausserdem in *galdr* fusstapfe im schnee aus *gaðl- < *gaðð-l- zu *gaddr* (*gaðð- < *ʒaʒð-*, got. *gazds*) stachel, s. Bugge, Sv. Landsm. IV, 82 f. note.
3. *ʒl > lʒ* antekonsonantisch selten, z. b. gen. *galgs* (*gagls*) und in zusammensetzungen *galg-* (*gagl-*) zu *gagl* vogel, part. *nelgdr* (Hb., s. XXIX) statt *negldr* vernagelt. Vgl. umgekehrte schreibungen wie *tegldr* statt *telgdr* (s. Fritzner) geschnitzt.
4. *sl > ls* oft im auslaut, z. b. mannsnamen auf *-(g)ísl*, die gew. auf *-(g)ils* enden, wie *Þorgils* (*-gísl*), *Hergils*, *Aþils*, welche bisweilen konsequent nom. *-ils*, aber dat. *-isle* zeigen (s. Jónsson, Egils Saga 1894, s. 43 note und s. 154 note), der kurzname *Gils* neben *Gísl*, selt. *beils* (s. Vigfusson), *huls* (s. Fritzner), *smyrls, skrimls* (Hb., s. XLV), oft *pils* (s. Gislason, Um frumparta, s. 119, Thorkelsson, Supplement IV, 121) neben *beisl* (auch *beizl*, anal. nach *beita*) gebiss, *húsl* sakrament, *smyrsl* salbe, *skrimsl* gespenst, *písl* peinigung. Inlautend vielleicht im suffix *-else*, z. b. in *reykelse* weihrauch, aus *-isli* (vgl. Sievers, Beitr. V, 529).

§ 304. 305. Metathese.

Anm. Vereinzelt stehen *aþal* st. *alaþ* nahrung (Gislason, Aarbøger 1881, s. 224 f.), *eþle* st. *elþe* leibesfrucht, gen. *Skapls* (Hb., s. XLV, 2 mal) zu *Skalpr* ein mannsname.

§ 304. *n* wird ausnahmsweise umgestellt in den auslautenden gruppen *sn, tn (kn, pn* s. anm. 1), z. b. gew. *héns* (wo jedoch assoziation mit *héna* henne wol wesentlich beigetragen hat) statt selt. *hésn* (s. § 289, 4) hühner, selt. *launs* (Hb., s. LVI) statt *lausn* erlösung, anorw. pl. *ynx* (! Fritzner II, 922, 2 mal) statt *yxn* ochsen, anorw. *vant* (s. Hertzberg, s. 686) st. *vatn* wasser.

Anm. 1. Im anorw. dürfte auch ausnahmsweise (wie im aschw., s. An. gr. II, § 337, 3 und 5) auslautendes (und antekonsonantisches) *kn, pn* zu *nk, mp* werden können. Dann wären selt. *sonkn* (Hoprekstad) kirchspiel, *vampn* (s. Hertzberg) waffe als kontaminationen von nom. *sonk* (aschw. *sonk*) < *sókn*, **vamp* < *vápn* und gen. *sóknar*, resp. dat. *vápne* aufzufassen. Unter dieser voraussetzung könnte anorw. *sygn* neben *sykn* (got. *swikns*, s. § 74, 13) schuldlos und *sýgn* neben *sýkn, sékn* zu gerichtlicher belangung frei aus dem ntr. *sýknt* (resp. *syknt*) > *synkt* > *syvt* (geschrieben *synkt, syngt, sygnt, syngnt,* s. Hertzberg) stammen, indem zu *syvt* ein m. *sygn* geschaffen worden ist nach der analogie *lovt* (< *lovnt* < *lognt*, s. § 231, 2 mit anm. 3 und § 281, 8): *logn* ruhig u. dgl. Dunkel bleibt die selt. anorw. form *vamn*, denn zwar könnte sie im Hoprekstader-buche eine vereinfachung (nach § 281) von dem eben genannten *vampn* sein, aber schwerlich so bei Eyvindr skáldaspiller (s. Heinzel, Ueber die ostgotische heldensage, s. 55; dagegen aber Jónsson, Heimskringla IV, 53) im 10. jahrh., wo man wol eher eine entsprechung zu dem ebenfalls unklaren ags. *wǽmn* (neben *vǽpn*) und dem *wämbn-um* des Hildebrandsliedes zu sehen hat; vgl. die sehr unsichere vermutung Bugge's, Arkiv XIX, 6.

Anm. 2. Vereinzelt steht anorw. *Mághins* (früh nschw. *Mågens*) aus *Mágnus*; anders Hægstad, G. Tr., s. 94.

§ 305. *r* wird bisweilen nach dem folgenden vokale versetzt, z. b. schwachtonig *bort, burt* neben starktonigem *brot(t), brutt* (s. § 145ᵃ, 2) weg, hin, *akarn* (got. *akran*) ecker, *Girker* und *Grikker* Griechen, *girskr* und *gri(k)skr* (s. § 286) griechisch.

Anm. 1. Gewaltsamer ist die umstellung gewesen in *fifrilde* aus **fifildri* (vgl. ahd. *fifaltra*) schmetterling (vgl. nisl. *fiðrildi* aus **fiðildri* zu aschw. *fiædhal* u. a.). In *kokodrillus* statt *crocodilus* ist die umstellung nicht auf nordischem boden vorgenommen.

Anm. 2. Ueber anlautendes *rw* statt *wr* s. § 278 anm. 2.

Anm. 3. Die verschiedene stellung des *r* im adj. (urspr. part.) *skorpenn* eingeschrumpft und *skreppa* (wozu neu gebildet part. *skroppenn*) gleiten stammt aus urgerm. zeit. So wol auch in *ragr* : *argr* (ahd. *arg*) feige, *rass* : *ars* arsch, *reþr* (Fritzner III, 47) : *erþr* (ib. II, 50) männliches glied (wenn *reþr*, *erþr* statt **hreþr*, **herþr* nach § 279 mit anm. 2 ständen, wären ags. *hreðer* : got. *hairþra* eingeweide direkt zu vergleichen; vgl. *freta* furzen : ahd. *ferzen*), vielleicht noch *hross* : selt. *hors* ross. — *Gramr* neben *Garmr* (zu nnorw. *garma*, *gorma* lärmen) name eines mythischen hundes ist wol das von *Garmr* etymologisch verschiedene adj. *gramr* zornig.

§ 306. *s* erleidet (von den § 303, 4 und § 304 erwähnten fällen abgesehen) selten metathese wie in *geispa* (**gœipsa*, vgl. nschw. *mun-gipa*) gähnen, *rispa* (**ripsa* < **rifsa* § 232, 2 zu *rífa* reissen) f. riss, v. reissen, *brixtle* (*brixle* § 231, 1, b; auch *britxle*) statt *brigzle* § 230, 2, d vorwurf, *syzken* statt *systken* geschwister, *fylskne* statt *fylxne* § 216, 2 versteck, anorw. *Axnes* oder *Asknes* (s. Rygh, Oplysn. II, 155) ein ortsname.

Anm. Unsicher bleibt, ob fälle wie gen., seltener acc., *Kriz* statt *Krist* (s. § 292) und superl. ntr. *diúpaz* statt -*ast* (gegen ausschliessliches *flœst* u. dgl., s. § 300 anm. 3) hierher gehören. Denn die annahme einer metathese von auslautendem -*st* (so dass m. *diúpaztr* zu dem ntr. *diúpaz* neu gebildet wäre statt des lautgesetzlichen *diúpastr*) erklärt weder den gegensatz *diúpaz* : *flœst* noch warum *Kriz* u. dgl. häufiger im gen. als im acc. auftritt. Und *Aztriðr* (s. § 300 anm. 3) scheint jedenfalls nicht durch metathese erklärt werden können.

Kap. 3. Konsonantenwechsel aus urgermanischer zeit stammend.

I. Spuren urgermanischer lautgesetze.

§ 307. Unter allen urgerm. lautgesetzen ist das weitaus wichtigste das s. g. Vernersche gesetz, wonach inlautendes *f*, *þ*, *h* und *s* (ausser in den verbindungen *fs*, *ft*, *hs*, *ht*, *sk*, *sp*, *ss*, *st*) in resp. *ƀ*, *ð*, *ʒ* (nach nasalen resp. *b*, *d*, *g*) und *z* (d. h. stimmhaftes *s*) übergehen, wenn der nächst vorhergehende sonant nach der altererbten betonung nicht den hauptton trug. Bei verschiedener betonung entstehen demnach doppelbildungen mit *f* : *ƀ* (*b*), *þ* : *ð* (*d*), *h* : *ʒ* (*g*) und *s* : *z*.

1. Der wechsel *f* : *ƀ* ist im nordischen durch die übergänge *f* > *ƀ* (§ 232, 1) und *ƀ* > *f* (§ 217, 2 und § 229, 1) fast immer aufgehoben worden, z. b. *þarf* bedarf : pl. *þurfom* gegen got. *þarf* : *þaúrbum*. Nur ist von dem wechsel *mf* (an. > *f* § 288, 2) : *mb* eine spur bewahrt in *fifl* riese, tor (ags. *fífel* untier) : *fimbol*- riesen- (in zusammensetzungen wie *fimbolvetr* furchtbarer winter).

§ 307. Urgerm. lautgesetze: Verner's gesetz.

2. Von dem wechsel *þ* : *ð* ist wol noch eine spur bewahrt in dem urn. gegensatze von *HAþuwulafR* (Istaby; vgl. auch Stentofta und Gommor) und *HaðulaikaR* (Kjølevig); vgl. ags. *Heaðoláf* aber *Niðhad*. Später ist aber durch den übergang *þ* > *ð* (§ 215, 1) und *ð* > *þ* (§ 217, 2 und § 230, 2) der wechsel aufgehoben worden, z. b. *bróþer* (got. *brōþar*) bruder wie *faþer* (got. *fadar*) vater; dies jedoch nicht nach *l* und *n*, weil *lþ*, *nþ* ja zu *ll*, *nn* (§ 265) und *lð*, *nð* zu *ld* (§ 217, 1), *nd* (dies schon urgerm., s. oben) geworden sind. Also gehören hierher folgende zwei fälle:

a) *ll* : *ld*, z. b. *ballr* (got. *balþ-s*) kräftig : *Baldr* (ags. *bealdor* fürst), *baldriþe* kühner reiter, *baldenn* übermütig; *ellre* (got. *alþiza*) älter : *aldenn* alt (*aldr* alter u. a.); prät. *fell* (das nähere s. § 265) bedeckte : pl. *feldom*; prät. (s. § 265) *hell* (vgl. ahd. *halthan* neben *haltan*) hielt : pl. *heldom*; prät. *olla* : *olda* zu *valda* verursachen; *kollr* gipfel : *Hǫs-kuldr* ein mannsname ('graukopf'); selt. (s. Egilsson) *haukstalle* : gew. *-stalde* vornehmer mann.

Anm. 1. Unklar ist *ll* : *ld* in *guþspiall* evangelium, *skillingr* münze anorw. auch *-spiald*, *skildingr* (dies, wiewol selt., auch im aisl.), wo nach got. *spill*, *skilliggs* das *ll* schon urgerm. ist. Ob nur umgekehrte schreibungen nach § 265 anm. vorliegen?

b) *nn* : *nd*, z. b. *finna* (got. *finþan*) finden, prät. *fann* : pl. *fundom*, part. *fundenn*; *sinn* (vgl. got. *sinþ-s*) reise : *senda* (got. *sandjan*) senden; *-kunnr* (*kuþr*) : *-kundr* (got. *-kunds*; s. Gislason, Aarbøger 1881, s. 208) entsprossen, *kundr* sohn; *enne* stirn, selt. ende (s. Egilsson) : *ender* ende; *grunnr* (*gruþr*) grund : *grund* boden; *linnr* (*liþr*) lindwurm : *linde* band; anorw. *unningi* : selt. *undingi* entwischter sklave, *undan* weg von (vgl. got. *unþa-þliuhan* : afris. *und-flia* entfliehen, s. Bugge, Arkiv II, 224).

3. Der wechsel *h* : *g* zeigt sich im nordischen seit dem schwunde des *h* (§ 224) als ein wechsel zwischen:

a) Formen ohne und mit *g*, z. b. *slá* (got. *slahan*), prät. *sló* : pl. *slógom*, part. *slegenn* schlagen; *flá*, *fló* : *flógom*, *flegenn* schinden; *þuá* (got. *þwahan*), *þó* : *þógom*, *þuegenn* waschen; *hlǽia* (got. *hlahjan*), *hló* : *hlógom*, *hlegenn* lachen; *flýia* fliehen, prät. (selt.) *fló* : pl. (selt.) *flugom*; *fela* (got. *filhan*) verbergen : part. *folgenn*; *tióa* (got. *tiuhan*) oder *týia* ausreichen : *togenn*

§ 307. Urgerm. lautgesetze: Verner's gesetz.

gezogen; *tiá* (got. *teihan*) : selt. *tega* zeigen, *tígenn* ausgezeichnet, *iarteign, -tegn, -tign* wahrzeichen; *á* (got. *aih*) : pl. *eigom* besitzen, *eigenn* eigen; *liá* leihen : *leigia* mieten; *tío* zehn : *tegr, tigr* anzahl von zehn; *hór* (*hár*) : anorw. auch *haugr* (sehr selt., s. Fritzner) hoch, *haugr* hügel; *hére* : *hegre* reiher; *lǽr* schenkel : *leggr* (**laʒja-* § 269, 1) bein; *lǫ́* strandwasser : *lǫgr* wasser; prät. *vá* (got. *waih*) kämpfte : part. *vegenn* getötet, *víg* kampf; *sía* seihen : *síga* sinken; prät. St. Hom. *gnéþe-sk* (got. *ganōhida*) : *gnégia* befriedigen; adv. auf *-la* aus **-leha* (vgl. ahd. *welihĕr, solihĕr* und gr. *-λιχος*) neben *-lega*, z. b. *varla* : *varlega* kaum u. a. (beisp. bei Sievers, Beitr. V, 475 ff.) sowie deren komp., z. b. *ellar* : *ellegar* 'sonst'; *briá* (mhd. *brehen*) oder *brá* funkeln : *braga* flammen; *fior* (ags. *feorh* leben, got. *faírƕus* welt) leben : in zusammensetzungen auch *fiarg-* (s. Gíslason, Efterladte Skrifter I, 175), Lokasenna 19 pl. *fiorg* (ags. *feorʒ*) lebende wesen; *vé* (got. *weih-s*) heimstätte : *-veig* 'heimisch, hausgenosse' in frauennamen wie *Rann-*, *Þorveig* (s. Noreen, Urg. lautl., s. 130); *Vé(e)* (got. *weiha*) ein mythischer mannsname, pl. *véar* die heiligen : *vígia* weihen; *ǫ́* (got. *aƕa*) fluss : *Ǽger* gott des meeres.

b) Formen ohne und mit *ng*, wo *n* schon urgerm. vor *h* geschwunden ist (s. Noreen, Urg. lautl., s. 25 f.), z. b. *fá* (got. *fāhan*) : prät. *fekk* (aus *fing § 214, dem pl. nachgebildet), pl. *fingom*, part. *fingenn* bekommen; *ǿre* (got. *jūhiza*) jünger, *ǿska* jugend : *ungr* jung; *ró* (*rá* § 111) winkel : *rǫng* spant; *tǫ́* (s. § 111) fest zugestampfter boden : *tengia* zusammenbinden; *Ífarr* : *Ynguarr* (anal. *Inguarr*) s. § 107, 2, § 167, 5; *vǫ́* unfall (s. § 169, 4), *vá* verargen : *vangr* (Sn. E. II, 601) falsch (s. Noreen, Urg. lautl., s. 222), *vange* backen (eig. krümmung, rundung); *-vér* (afränk. *-wīch*, zu got. *weihan*, lat. *vincere*) 'kämpfer' in mannsnamen wie *Hloþvér* Chlodwich : *Ving-þórr*, *Vingner* benennungen des donnergottes.

Anm. 2. Weil *hw* unter umständen zu urgerm. *f* wurde, ist der wechsel *hw* : *ʒw* (woraus teils *ʒ*, teils nach § 309, 1 *w*) bisweilen durch einen wechsel *f* : *ʒ* wie in *ofn* (vgl. got. *aúhns*) : anorw. (selt. s. Fritzner) *ogn* ofen, *ulfr* wolf : *ylgr* wölfin ersetzt worden. Sonst ist der wechsel *hw* : (*ʒ*)*w* im nordischen gew. nicht bemerkbar, weil nicht nur *h*, sondern auch *w* (s. § 227) in den meisten stellungen schwinden musste. Nur in den wenigen fällen, wo *w* (aus *ʒw*) schon urgerm. vokalisirt worden ist (vgl. § 157), entstehen (vokalische) doppelformen, z. b. *sid* sehen : *sión* (**seʒwni-*) gesicht; *hǫ́* nachgras : *hey* gras (s. § 157, 1); *ǫ́* (got. *aƕa*) fluss

§ 308. Urgerm. lautgesetze: Gemination.

: *ey* (*aȝwia-) insel, aue; *huél* (*hwehwla-, ags. *hweohl*) : *hiól* (*hweȝwla-
§ 227 anm. 3, ags. *hwéowol*, *hwéol*) neben (nicht reduplizirtem, s. Noreen,
I. F. IV, 320 ff.; anders Kock, Arkiv XIV, 246) *huel* (*hwela-, vgl. asl. *kolo*;
die kürze des *e* ist durch den schwedischen dialekt von Dalarna sicher
bezeugt, s. Noreen, Sv. Landsm. IV, 106, so dass der zweifel Bugge's bei
Fritzner III, 1108 hinfällig ist) rad.

4. Der wechsel *s* : *z* tritt als *s* : *r* (urn. ʀ § 218, 1, § 256)
auf, z. b. *kiósa*, prät. *kaus* : pl. *kørom* (*kurom* § 69, anal. auch
kusom), part. *kørenn* (*korenn*, *kosenn*) wählen, (bes. anorw.) *kos*-
in zusammensetzungen : gew. *kør* wahl; *friósa*, *fraus* : *frørom*
(*frusom*), *frørenn* (*frosenn*) frieren; *vesa* (anal. *vera*), *vas* (*var*)
: *vǫrom*, *veret* (anal. *veset*) sein; *sá* säen : prät. *sera* (*sezō-, vgl.
got. *slēpan* : *saizlēp*); *mestr* (got. *maists*) grösster : *meire* (got.
maiza) grösser, *yngstr* jüngster : *øre* (got. *jūhiza*) jünger u. s. w.
in der komparation; *ysia* feuer : *eim-yria* heisse asche; *þysia*
: *þyria* hervorstürzen; *hlust* das äussere ohr : *hløra* lauschen,
hlýr wange; *geisl* geissel : *geirr* ger; *hiarse* scheitel : *hiarne*
(*herzn- § 273) hirn; *versna* schlimmer werden : *verre* (*verʀʀe
< *verziz-, vgl. got. *wairsiza*) schlimmer; *mose* moor : *mýrr*
sumpf; *heilsa* grüssen : *heill* (*hœilʀ § 267, 1) heil, glück; *iolstr*,
ilstre weide : *ǫlr* erle; *ós*, *ós*, *øss*, *oss* uns : pl. *órer* (*unzarai-,
s. § 108, 1; anal. *osser*) unsre; *glys* glimmer : *glyrna* auge; *Glaser*
mythischer hain mit goldenem laubwerk, *glǽsa* glänzend machen
: *gler* glas; *isarn* : *iarn* eisen (Noreen, Arkiv IV, 110 note); *hugsa*
sinnen : *hugr* sinn; *hroste* gemeischtes malz : *hrǿra* rühren, *hrǫnn*
(s. § 218, 2) woge u. a. (Bugge, No. I., s. 98); *fauskr* mürbes holz
: anorw. (Hertzberg, s. 857) *føyra* poröses zellgewebe.

§ 308. Wechsel von einfachem konsonanten mit
geminata (welche nach konsonanten und nach langem vokal
verkürzt wird) findet in folgenden fällen, meistens in folge
urgerm. assimilation eines *n* statt (s. Noreen, Urgerm. lautl.,
s. 154 ff., 160 ff., 163 ff.; v. Friesen, De germ. mediageminatorna,
pass.; Sievers, I. F. IV, 335 ff.):

1. *ƀ* (*f*) : *bb*, z. b. *stúfr*, *stúfe*, *stofn*, *stufn* : *stubbr*, *stubbe*
stumpf; *lauf* laub, *lúfa* dickes haar : *lubba* grosser dorsch;
kúfóttr kugelförmig : *kobbe* robbe, *saltkubbe* salzklumpen; prät.
gafði (v. Friesen, s. 39) gaffte : *gabba* spotten.

2. *b* (*f*) : *pp*, z. b. *kúfóttr* kugelförmig : *koppr* erhöhung
(des helmes); *krof* kropf : *kroppr* rumpf; *húfr* bug (des schiffes),

§ 308. Urgerm. lautgesetze: Gemination.

húfa haube, *hofoþ* (s. § 94, 1) kopf : *hoppa* hüpfen; *knefell* knebel : *knappr* knopf; *ofan* von oben : *uppe* oben, *upp* und mit kürzung des *pp* selt. (s. § 270 anm. 4) *úp* hinauf; anorw. *stiúf-, stýf-* : *stiúp-, stýp-* stief-; *Gleifner* (vgl. Kock, I. F. X, 109) : *Gleipner* mythische fessel.

Anm. 1. Durch ausgleichung kann (auch nach kurzem vokal) ein wechsel *b* : *p* entstehen, z. b. *skrafa* schwatzen : *skrapa* kratzen; *hrafn* rabe : *(fiall)hrape* niedriges gebüsch u. dgl. ('felsenkratzer'); prät. *gafði* : *gapa* gaffen.

3. *ð* : *tt*, z. b. *buþkr* büchse : *bytta* bütte, *bauta* stossen (*t* durch übertragung auch in *buta* kappen, *butr* stück holz); *knoþa* kneten : pl. *ú-knytter* böse streiche, *knútr* knoten; *blauþr* schwach : *blautr* weich; *geldr* gelt : *goltr* kastrirtes ferkel, *gyltr* sau. — Durch ausgleichung auch *dd* : *tt*, z. b. *todde* bisschen : *tuttr* kleine person.

Anm. 2. Ein urspr. *þ* : *þþ* liegt in *maþkr* made : *motte* (s. § 233) motte vor.

4. *ʒ* : *gg*, z. b. *vagn* wagen : *vagga* wiege.

5. *ʒ* : *kk*, z. b. *smiúga* schmiegen : *smokkr* brustlatz; *fliúga* fliegen, *fluga* fliege : *flokkr* flocke; *boge* bogen : *bokkr* bock, 'krummhorn'; *biarga* bergen : *borkr* rinde; *bolgenn* aufgeschwollen : *bulke* schiffsladung; *hrúga* : *hraukr* haufen; *snigell* schnecke : *snákr, snókr* ringelnatter; *tega* zeigen, *iarteign, -tegn, -tign* (s. § 283, 3) : *teikn* zeichen; *þiggia* (s. § 269, 1) annehmen : *þekkr* angenehm (s. Erdmann, Beitr. XXII, 432).

Anm. 3. Durch ausgleichung entstehen sowol *ʒ* : *k* (vgl. anm. 1), z. b. *hrúga* haufen : *hroke* aufmass, *múge* (*múgr*) haufen : *moka* ausmisten, wie auch *gg* : *kk*, z. b. *bagge* packen : *bakke* anhöhe, *kinnbakke* backen; *koggoll* fingerspitze, *kaggr, kagge* : *kakke* fässchen, *kokkr* klumpen; *vagga* wiege : ? *vakka* schlendern.

6. *h* : *kk*, z. b. *tiá* (got. *teihan*) zeigen : *teikn* zeichen; *hol* (ags. *holh*) höhlung : *holkr* zwinge.

7. *j* : *jj* (an. *ggj*, s. § 221, 1), z. b. *þrír* : gen. *þriggia* drei; *tueir* : gen. *tueggia* zwei; *báþer* (got. *bai þai*) : gen. *beggia* beide.

Anm. 4. *Frid-dagr* freitag (zu *Frigg* Odens gattin) ist lehnw. (ahd. *friatag*, ags. *frīʒedæʒ*).

8. *k* : *kk*, z. b. *kiúklingr* gänseküchlein : *kokkr* hahn; *brók* hose, 'gebrochenes kleidstück' : *Brokkr* mythischer schmied, 'der sich mit brocken beschäftigt'; *stake* stecken : *stakkr* schober,

'das stehende' (lat. *stagnum*); *bakr* rücken (runde erhöhung) : *bakke* (u. a., s. anm. 3).

9. *l* : *ll*, z. b. *bolr* bauch : *bolle* bowle; *miol* mehl : *mioll* neugefallener schnee; *tal* anzahl : *tollr* zoll, 'das gezählte'; präfix *al-* ganz : *all-* all; *stóll* stuhl : *stallr* stall.

10. *m* : *mm*, wol in z. b. *suim(m)a*, *symia* schwimmen; *stam(m)r* (got. *stamms* : ags. *stamor*) stotternd; *grim(m)r* (vgl. *gramr*) wild; *skam(m)r* kurz; *ram(m)r* stark; *skǫm* (Hb., s. XLIII) : gew. *skǫmm* schande; *gamle* adler : *gammr* geier; *glam(m)* lärm; *hlum(m)r* handhabe des ruders; *hrum(m)r* schwach; *hamingia* : anorw. selt. (s. Hertzberg) *hemmingia* glück; *Hem(m)ingr* ein mannsname; möglicherweise auch *snema* (vgl. got. *sniumundō*) : *snimma* (u. a., s. § 156, vgl. § 271) früh; vgl. noch *hrammr* bärenpfote : nschw. *ram* (ahd. *rama*).

11. *n* : *nn*, z. b. *spune* gepinnst : *spinna* spinnen; *brune* brunst : *brenna* brennen; *rune* fluss : *renna* fliessen; *kona* weib : gen. pl. *kuenna* (vgl. § 156).

Anm. 5. Ueber *man-* in zusammensetzungen (*manvit* und pl. *manheimar*, s. Bugge bei Fritzner III, 1110; vgl. got. *manasēþs*) neben *mannr* (*maþr*; got. *manna*) mit unurspr. *nn* s. Noreen, Urg. lautl., s. 159 f.

12. *p* : *bb*, z. b. *snopa* schnauze : *snubba* anschnauzen; *gapa* gaffen : *gabba* spotten (vgl. 1 und anm. 1 oben).

13. *p* : *pp*, z. b. *sleipr* schlüpfrig : *sleppa* entschlüpfen; *snopa* : *snoppa* (vgl. 12) schnauze.

14. *w* : *ww* (an. *ggw*, s. § 221, 2), z. b. *búa* : *byggua* wohnen, *trúr* : *tryggr* treu, *snúa* drehen : *snugga* schielend spähen, prät. *hió* hieb : pl. *hiuggom* hieben, *glóa* (ags. *glówan*) leuchten : *gluggr* lichtöffnung, *rýia* rupfen : *rǫgg* grobe haare, *biórr* bier : *bygg* gerste.

§ 309. Sonstige, spärlicher vertretene, erscheinungen sind:

1. Nachvokalisches *ʒ* schwindet vor *w*, z. b. (vgl. § 307 anm. 2) *mǫgr* sohn : *mǽr* (got. *mawi*) mädchen; *Ǽger* gott des meeres : *ey* (*awia im latinisirten *Scadinavia*) insel, aue; *taug* seil : *taumr* (**tauʒw-*) zaum; *fliúga* fliegen : *flaumr* schwarm; *draugr* gespenst : *draumr* traum; *Naglfar* 'leichenschiff'?, *naglfare* benennung des schwertes, 'das zwischen leichen fährt' : *nár* (got. *naus*, pl. *naweis*) leiche.

2. *ð* und *þ* schwinden im auslaut, bleiben aber im inlaut. Daraus erklären sich doppelbildungen wie z. b. *máne* mond,

monat : *mánaþr* monat; *nefe* neffe : *nift, nipt* nichte; *miot* mass : *miotoþr* (got. *mitaþs* mass) schicksal; *ǫl* (ags. *ealu*, obl. *ealoð*) : anorw. gen. pl. *ǫlda* (s. Bugge bei Hertzberg, s. 162 und 535) bier (vgl. *ǫlþr* bier, schmaus); *halr* (ags. *hæle*) freier mann : *hǫlþr* (ags. *hæleð*) freier grundbesitzer; *sker* klippe : *skarþ* kluft; *skǫp* schicksal : *skǫpoþr* schöpfer; *ef* zweifel, 'wenn' : *efa(þ)samr* zweifelhaft; *leika* (*-anþ) : *leikande* spielzeug.

3. *m* wird vor *d* zu *n*, z. b. *symia* schwimmen : *sund* (das) schwimmen; *koma* kommen : *samkund* zusammenkunft; *skam(m)r* kurz : *skunda, skynda* beschleunigen; *brim* brandung : *brundr* brunft.

4. *hw* und *kw* werden vor *u, ū* und altem *o* (urn. *a*, vgl. § 130, 2 und anm. 2), *ō* zu *h*, resp. *k*; ausgleichungen sind fast immer eingetreten. Beispiele sind u. a. *huarmr* : *harmr* augenlid; *huerfa* sich drehen : *herfe* egge; *huarge* : sehr selt. (s. Larsson) *harge* nirgends; anorw. *h(u)ærr* wer, *hú* wie, *h(u)á* neben *huat* was; gen. pl. *kuenna* : *kona, kuna* weib; *skuál, skualdr* geschwätz : *skál* lärm, *skǫll* spott, gelächter; *strýkua* (§ 79, 5) : *striúka* streichen.

II. Spuren indoeuropäischer lautgesetze.

§ 310. *t, d, ð, þ + s* oder *t* treten als *ss*, nach oder vor kons. sowie nach langem vok. als *s* auf (s. Brugmann, Grundriss d. vgl. gr. I², 701 f.), z. b. *vita* wissen : prät. *vissa* wusste, *viss* gewiss, *víss* (pl. *víser*) weise, *vísa* weisen, *vísa* gebundene rede; *huatr* keck, *huetia* anspornen : *huass* scharf; *sitia* sitzen : *sess* sitz; *gióta* giessen : *giósa* sich gewaltsam ergiessen, *geysa* in heftige bewegung versetzen, nisl. *Geysir* name einer quelle; *hníta* anstossen : *hniss* widriger geschmack; *vatn* wasser : *vaska* waschen; *latr* faul : *lǫskr* schlaff; *bitr* : *beiskr* bitter; *þrote* schwulst : *þroskr* gereift; *meita* abhauen : *meiss* art holzgerät; *fundr* fund : *fúss* (*funss-*) begierig; *hlaþa* laden : *hlass* fuhre, *hlast* ladung; *hnióþa* hämmern : *hnoss* geschmeide; *sníþa* schneiden : *sneis* spiess; *hróþr* ruhm : *hrósa* rühmen; *skaþe* schaden : *skass* hexe; *hraþr* schnell : *horskr* klug; *føþa* füttern : *fóstr* (*fōsra-* mit eingeschobenem *t*) nahrung.

§ 311. *k, g, ʒ, h + t* treten als *ht* (an. *tt*, s. § 258) auf; vor *ht* schwindet ein *n* (vgl. § 307, 3, b). Beispiele sind u. a.

§ 312. Indoeuropäische lautgesetze der kons.

sėkia suchen : prät. sótta; þykkia scheinen : prät. þótta; þekkia merken : prät. þátta; yrkia bewirken : prät. orta (urn. *worahtō* Tune); þykkr dick : þéttr dicht; siúkr krank : sótt sucht; miolk milch : mialtr (**melhtaʀ*) melk; mega können : prät. mátta; stíga steigen : stétt fuss eines bechers; haga einrichten : hǫttr beschaffenheit; draga ziehen : drǫttr (mengl. draught) zug; ganga gehen : gǫtt (got. -gāhts) gang, durchgang; hanga hangen : hǽtta (vgl. mengl. hāht, haughte gefahr) von etwas abhängig sein lassen, riskiren; ? kǫngoll : kátr, s. § 169, 4.

§ 312. Anlautendes *s* kann unter umständen fehlen (s. Noreen, Urg. lautl., s. 202 ff.). Statt *sk, sp, st* stehen dann *h, f, þ*. Beispiele sind u. a.:

1. *sk* : *h*, z. b. skógr wald, skage bewaldetes vorgebirge : hage koppel; skera schneiden : hiorr schwert; skǫr : hár haar; skióþa ledersack, pl. skauþer scheide : húþ haut; skíþe, pl. skeiþer scheide : híþ scheide, versteck; skúme : húm dunkel; skare gefrorene kruste des schnees : hiarn reif; pl. skurfor : hrufa, hrýfe schorf, hriúfr schorfig; skrǽkr geschrei : hrókr seerabe; skríkia schreier, eichelkrähe : hríka knirschen; skrapa : (fiall)-hrape und skrafa : hrafn s. § 308 anm. 1; skrukka runzel, pl. skrykker wellenbewegungen : hrokkenn runzelig; skraume : hraume schlingel; skark : hark tumult; skial : hial geschwätz; skiallr : huellr (vgl. § 309, 4 und Urg. lautl., s. 205) hell, laut; ský wölkchen : hý flaum; skemmask sich schämen ('sich hüllen') : hamr hülle, gestalt; snykr (*sknyk-) : hnykr stank; slakke (*sklank-) bergabhang : hlykkr krümmung.

2. *sp* : *f*, z. b. sprekla fleckchen : pl. freknor sommersprossen; sprǽkr rührig : frekr gierig, frech, frakkr, frǿkn mutig (s. Torp, Sprogl.-histor. studier til Unger, s. 183 ff.).

3. *st* : *þ*, z. b. stirfenn starrköpfig, stiarfe erstarrung : þiarfr derb; stynia stöhnen : Þórr, alt (s. § 108, 1) Þunorr der donnergott.

4. Sonstige fälle, z. b. smár (ahd. smāhi) klein : magr mager; snǫs felsenvorsprung : nǫs nasenloch, nes erdzunge; snefia aufspüren, snafþr mit feiner nase : nef nase, nǿfr klug (s. Lidén, Bezz. Beitr. XXI, 101 note).

Anm. Im anlautenden *skr* scheint *r* bisweilen schwankend zu sein, z. b. sk(r)okkr ranzen, sk(r)ukka runzel, pl. sk(r)ykker wellenbewegungen;

skreppa ranzen : *skeppa* scheffel; *skrípa* gleiten (z. b. vom schiff), *skreiþ* (das) gleiten, lavine (ags. *scrád* schiff) : *skeip* f. schiff, ntr. lauf. Oder liegen hier nur reimwörter vor?

Kap. 4. Etymologische übersicht über die konsonanten.

I. Die stimmlosen explosivae.

§ 313. *p* entspricht:

1. Gew. urgerm. *p* im in- und auslaut sowie nach anlautendem *s*, z. b. *grípa* (got. *greipan*) greifen, *skepia* (got. *skapjan*) schaffen, *hialpa* (got. *hilpan*) helfen, *skip* (got. *skip*) schiff, *spǫrr* sperling, *springa* entzweispringen.

Anm. Anlautendes *p* kommt, so weit die etymologischen verhältnisse klar sind, fast nur in lehnwörtern vor, z. b. *penningr* pfennig, *pund* pfund, *prestr* priester und vielen anderen. Ueber mehr oder weniger sichere fälle von urspr. an. *p*- s. K. F. Johansson, K. Z. XXXVI, 342 ff.

2. Aelterem *f*, s. § 232, 2.
3. Aelterem *ƀ*, s. § 232 anm. 4 (und § 229 anm. 3?).
4. Selt. älterem *b*, s. § 236.
5. Es ist selten eingeschoben, s. § 298.
6. Es ist selten aus *pp* verkürzt, s. § 274.

§ 314. *pp* entspricht:

1. Gew. älterem *mp*, s. § 257, 1.
2. Seltener urgerm. *pp*, z. b. *klappa* klopfen, *hoppa* hüpfen, *snoppa* schnauze, *knappr* knopf.

§ 315. *t* hat mehrfachen ursprung:

1. Regelmässig urgerm. *t*, z. b. *tueir* (got. *twai*) zwei, *tré* (got. *triu*) baum, *hiarta* (got. *hairtō*) herz, *eta* (got. *itan*) essen, *vatn* (got. *watō*) wasser.
2. Aelteres *đ*, s. § 230, 2; vgl. § 214 (und § 217, 1).
3. Aelteres *d*, s. § 214, § 237, 1.
4. Ist eingeschoben, s. § 300.
5. Aus *tt* verkürzt, s. §§ 273—276.
6. Dialektisch (anorw.) aus *s* entstanden, s. § 234.
7. Selt. (anorw.) älteres *k*, s. § 254 anm. 4.
8. Aelteres *þ* (mnorw.), s. § 233 anm. 1.

Anm. Ueber kakuminales *s* s. § 244.

§ 316. *tt* hat sehr verschiedenen ursprung:
1. Aelteres *nt* (*nd*), s. § 257, 2 (§ 214).
2. Urgerm. *ht*, s. § 258.
3. Aelteres *ðt*, s. § 259, 2.
4. Aelteres *d(d)t*, s. § 259, 1.
5. Aelteres *tð*, s. § 266.
6. Aus *t* gedehnt, s. § 269 anm. 1, 3 und 4, § 270, 1, § 272.
7. Urgerm. *tt*, z. b. *skattr* (got. *skatts*) schatz, *hǫttr* (ags. *hætt*) hut, *knǫttr* ball (vgl. ags. *cnotta* knoten), *kǫttr* katze.
8. Urgerm. *t + t*, durch synkope zusammengestossen, z. b. ntr. *liótt* (got. *liutata*) zu *liótr* hässlich u. dgl.
9. Urgerm. *þþ*, s. § 233.
10. Selt. (mnorw.) *pt*, s. § 261.

§ 317. *k* (velares und palatales) hat folgenden ursprung:
1. Gew. urgerm. *k*, z. b. *kné* knie, *kenna* kennen, *akr* acker, *ek* (got. *ik*) ich, *ríke* (got. *reiki*) reich.
2. Urgerm. *h*, s. § 216, 2, § 235.
3. Aelteres *ʒ*, s. § 231, 1.
4. Aelteres *g*, s. § 214, § 238, 1.
5. Aus *kk* verkürzt, s. § 274, § 275.
6. Selt. (anorw.) *p*, s. § 249.
7. Selt. (anorw.) eingeschoben, s. § 297.

§ 318. *kk* hat mehrfachen ursprung:
1. Gew. aus älterem *nk* (*ng*), s. § 257, 3 (§ 214).
2. Urgerm. *kk*, z. b. *sekkr* sack, *bokkr* bock, *flekkr* fleck, *hnakke* nacken, *smokkr* (ags. *smocc*) unterkleid, *stokkr* stock, *lokkr* locke, *lokka* verlocken, *flokkr* flocke.
3. Aus *k* gedehnt, s. § 269, 1, 2, 4 und anm. 3, § 270, 2.
4. Aus *t(t)k* assimilirt, s. § 263, 1.
5. Aus *ggk* assimilirt, s. § 264.

II. Die stimmhaften explosivae.

§ 319. *b* kommt nur anlautend und nach *m* vor. Es entspricht:
1. Urgerm. *ƀ*, s. § 217, 1, § 229, 3.
2. Urgerm. *b* (§ 213 anm. 1), z. b. *kambr* (ags. *comb*) kamm,

lamb (got. *lamb*) lamm, *umb* (ags. *ymb*) um, *vǫmb* (got. *wamba*) bauch.

3. Ist selt. (anorw.) eingeschoben, s. § 294.

§ 320. *bb* ist im ganzen selten. Es ist:
1. Urgerm. *bb*, z. b. *krabbe* krabbe, *gabba* (ags. *ʒabbian*) spotten, *stubbr* stumpf. Vgl. § 308, 1 und 12.
2. Aus *ƀ + b* assimilirt, s. § 260.

§ 321. *d* kommt nach vokalen nur in zusammensetzungen (z. b. *friádagr* freitag) vor. Es hat folgenden ursprung:
1. Gew. urgerm. *đ*, s. § 217, 1, § 230, 1, b.
2. Urgerm. *d* (§ 213 anm. 1), z. b. *binda* binden, *hǫnd* hand, *land* land u. a.
3. Selt. älteres *þ*, s. § 230, 1, b verglichen mit § 215, 1.
4. Aus *dd* (*đd*) verkürzt, s. § 273.
5. Ist zugesetzt?, s. § 295 anm.

Anm. Ueber kakuminales *d* s. § 244.

§ 322. *dd* hat folgenden ursprung:
1. *đ + đ*, s. § 230, 1, a.
2. Urgerm. *zđ* (urn. *ʀđ*?), s. § 218, 2.
3. Urgerm. *dd*, z. b. *kodde* (vgl. ags. *codd*) tasche, *todde* (ahd. *zotto*) wollflocke.
4. Aus *đd* assimilirt, s. § 259, 3.
5. Aus *đ* gedehnt (anorw.), s. § 269 anm. 3, § 270 anm. 3, § 272.
6. Ist eingeschoben (misl. und mnorw.), s. § 295.

§ 323. *g* (velares und palatales) kommt nur anlautend und nach *n* vor. Es ist:
1. Anlautend urgerm. *ʒ*, s. § 217, 1.
2. Urgerm. *g* (§ 213 anm. 1), z. b. *langr* lang, *sǫngr* gesang, *ungr* jung.

§ 324. *gg* hat dreifachen ursprung:
1. Aus gedehntem *ʒ*, s. § 269, 1 und 4 mit anm. 4.
2. Urgerm. *j*, s. § 221, 1.
3. Urgerm. *w*, s. § 221, 2.
4. Urgerm. *gg*, z. b. *vagga* (vgl. mengl. *waggin*) wiege, *bagge* packen.

III. Die stimmlosen spiranten.

§ 325. *f* kommt nur anlautend und im inlaute vor *k, s, t, þ* vor; auslautend ist es früh nach § 232, 1 zu *ƀ* geworden. Es entspricht:

1. Gew. urgerm. *f*, z. b. *fótr* fuss, *flióta* fliessen, *friósa* frieren, *gift* (got. *gifts*) gabe, *tylfþ* (*tylft*) anzahl von zwölf.
2. Urgerm. *ƀ* in- und auslautend, s. § 229, 1 (und § 217, 2).
3. Urgerm. *þ*? (anlautend vor *l*), s. § 215, 2.
4. Selt. urgerm. *p*, s. § 239.

§ 326. *ff* kommt fast nur in lehnwörtern vor, z. b. *offra* opfern, die buchstabennamen *eff* = *f* und *vaff* = *v*. In echt nordischen wörtern ist es aus *ƀ* + *f* entstanden, s. § 260.

§ 327. *þ* kommt nur anlautend und im inlaute vor *k* sowie nach *k, p* vor; auslautend ist es früh nach § 215, 1 zu *ð* geworden. Es entspricht:

1. Anlautend urgerm. *þ*, z. b. *þola* (got. *þulan*) dulden, *þrír* (got. *þreis*) drei, *þiófr* (got. *þiufs*) dieb, *þuá* (got. *þwahan*) waschen.
2. In- (und aus)lautend älterem *ð*, s. § 230, 2, c—f (und § 217, 2).

§ 328. *s* ist:

1. Gew. urgerm. *s*, z. b. *sonr* sohn, *standa* stehen, *kiósa* (got. *kiusan*) wählen, *oxe* ochs, *hals* hals, *gras* gras.
2. Aus *ss* verkürzt, s. §§ 273—276.
3. Eingeschoben, s. § 299.

Anm. Ueber kakuminales *s* s. § 244.

§ 329. *ss* hat mehrfachen ursprung:

1. Urgerm. *ss*, z. b. *huass* (got. *hvass*) scharf, *vissa* (got. *wissa*) ich wusste, *hlass* fuhre, *sess* sitz, *hnoss* geschmeide.
2. *s* + *s*, durch synkope zusammengestossen, z. b. gen. sg. *húss* hauses, *víss* eines weisen.
3. Aelteres *sʀ* (urgerm. *s* + *ʀ*), s. § 267.
4. Aus *s* gedehnt, s. § 271.
5. Aus *rs* assimilirt, s. § 262, 3.
6. Aus *ts* assimilirt, s. § 263, 2.

§ 330. Der (velare und palatale) spirant *h* kommt nur anlautend vor kons. *u* und *i* vor und entspricht immer urgerm. *h* (s. § 216, 1), z. b. *huat* (vgl. got. *hva*) was, *hiarta* herz.

Anm. Derselbe laut — jedoch *g* geschrieben — kommt als übergangsstufe in der entwickelung ʒ > spir. *h* > *k* vor, s. § 231, 1.

§ 331. Der hauchlaut *h* kommt (ausser in zusammensetzungen) nur anlautend vor sonanten vor und entspricht:
1. Gew. urgerm. spirantischem *h*, s. § 216, 1.
2. Aelterem *k* vor *n* (misl.), s. § 241.
3. Ist zugesetzt, s. § 296.

IV. Die stimmhaften spiranten.

§ 332. *ƀ*, später (s. § 242 und vgl. § 247) *v* (anlautend durch *v*, sonst durch *f* bezeichnet) entspricht:
1. Urgerm. *ƀ*, z. b. *grafa* graben, *liúfr* lieb, *erfinge* erbe, *kalfr* kalb.
2. Urgerm. *f*, s. § 232, 1.
3. Urgerm. *w*, s. § 242; (im diphthonge *au* s.) § 55, § 94, 1.
4. Selt. urgerm. *m*, s. § 219.
5. Selt. älterem ʒ (anorw.), s. § 254 anm. 3.

§ 333. *ð* kommt sehr selten anlautend (s. § 215, 1) vor. Es hat folgenden ursprung:
1. Gew. urgerm. *ð*, z. b. *faþer* (got. *fadar*) vater, *bióþa* (got. *biudan*) bieten, *garþr* (got. *gards*) gehöft, *þióþ* (got. *þiuda*) volk.
2. Urgerm. *þ*, s. § 215, 1.
3. Aelteres *t*, s. § 240.
4. Aelteres *nn*, s. § 252.
5. Aelteres *þþ*, s. § 233.
6. Aelteres *ðð*, s. § 275 anm. 1.
7. Aelteres *r*, s. § 245.
8. Aelteres *d(d)*, s. § 237, 2.

§ 334. ʒ (velares und palatales) kommt nur nach vokalen und *l, r* vor. Es entspricht:
1. Fast überall einem urgerm. ʒ, z. b. *eiga* (got. *aigan*) haben, *dagr* (got. *dags*) tag, *slegenn* geschlagen, *vígia* weihen.

2. Selt. älterem *k*, s. § 240.
3. Dialektisch älterem *ð*, s. § 248.
4. Selt. älterem *ð̄*, s. § 251.
5. Aelterem *g(g)*, s. § 238, 2.

Anm. Ueber spirantisches *j* aus *i* s. § 243.

V. Nasale.

§ 335. *m* entspricht:

1. Gew. einem urgerm. *m*, z. b. *máne* mond, *nema, nam* nehmen, nahm, *armr* arm.
2. Seltener älterem *ð*, s. § 229, 2.
3. Selt. älterem *n*, s. § 253, 1.
4. Selt. älterem *ƞ (ng)*, s. § 255.
5. Aelterem *mm* durch kürzung, s. § 274, § 275.

Anm. Ueber anlautendes *m* statt *w* s. § 268. Ueber auslautendes stimmloses *m* s. § 34 anm.

§ 336. *mm* ist sehr mannigfachen ursprungs:

1. Fast überall urgerm. *mm*, z. b. *vamm* (got. *wamm*) schande, *dimmr* (ags. *dimm*) dunkel.
2. Selt. älteres *mb*, s. § 268 anm. 1.
3. Selt. älteres *mn*, s. § 268 anm. 2.
4. Selt. älteres *mʀ*, s. § 267 anm. 4.
5. Selt. älteres *m + w*, s. § 268.
6. Selt. älteres *ðm* (anorw.), s. § 259 anm. 3.
7. ? selt. älteres *ʒm* (anorw.), s. § 264 anm.

Anm. Ueber eventuelles *mm* aus urgerm. *z + m* s. § 218 anm. 4. Etwas unklar ist das *mm* in *fim(m)* fünf (vgl. § 288, 2); vgl. auch mehrere der im § 308, 10 angeführten wörter.

§ 337. Das dentale *n* ist:

1. Gew. urgerm. dentales *n*, z. b. *nótt, nǫtt* nacht, *hane* hahn, *kyn* (got. *kuni*) geschlecht, *laun* lohn.
2. Selt. älteres *m*, s. § 250, 2.
3. Selt. älteres velares *n (ƞ)*, s. § 255.
4. Selt. älteres *l*, s. § 246.
5. Selt. älteres *ð* (anorw.), s. § 230 anm. 13.
6. Aus *nn* verkürzt, s. §§ 273—276.

Anm. Ueber kakuminales *n* s. § 244; über stimmloses *n* s. § 41 anm. 3.

§ 338. *nn* ist ebenfalls sehr mannigfachen ursprungs:
1. Urgerm. *nn*, z. b. *spinna* spinnen, *kunna, kann* können, kann, acc. sg. *brunn* brunnen.
2. Urgerm. *nþ*, s. § 265.
3. Urgerm. *en* (urn. *ɴn*?), s. § 218, 2.
4. Aelteres *nʀ*, s. § 267.
5. Aelteres *rn*, s. § 262, 2.
6. Selt. älteres *nd* (anorw.), s. § 265 anm.
7. Aus *n* gedehnt, s. § 269, 3 sowie anm. 1, § 272.
8. Urgerm. *n + n*, z. b. gen. pl. *kuenna* zu *kona* weib.

§ 339. Das velare *n* (*ɴ*) kommt nur vor *g* (sehr selt. *k* — dies nur in lehnwörtern — und *n*) vor und entspricht:
1. Gew. urgerm. velarem *n*, z. b. *langr* lang, *tunga* zunge, *hǫnk* henkel.
2. Selt. älterem *m*, s. § 250, 1.
3. Selt. älterem dentalen *n*, s. § 253, 2.
4. (Geschrieben *g, ng*) älterem ʒ vor *n*, s. § 231, 2.

VI. Liquidae.

§ 340. *l* ist:
1. Gew. urgerm. *l*, z. b. *langr* lang, *vilia* (got. *wiljan*) wollen, *blóme* blume, *stela, stal* stehlen, stahl.
2. Aus *ll* verkürzt, s. §§ 273—276.

Anm. Ueber stimmloses *l* s. § 40 anm. 2.

§ 341. *ll* hat sehr mannigfachen ursprung:
1. Urgerm. *ll*, z. b. *ull* wolle, *fullr* voll, *falla* fallen.
2. Urgerm. *lþ*, s. § 265.
3. Aelteres *lʀ*, s. § 267.
4. Aelteres *ðl*, s. § 259, 4.
5. Aelteres *rl*, s. § 262, 1.
6. Selt. älteres *nl*, s. § 257, 4.
7. Selt. urgerm. *el*, s. § 218 anm. 3.
8. Selt. älteres *d(d)l*, s. § 259 anm. 2.
9. Selt. älteres *ld* (anorw.), s. § 265 anm.
10. Aus *l* gedehnt, s. § 269, 3, § 271 anm., § 272
11. Aelteres *tl* (?), s. § 263 anm.

§ 342. *r* ist folgenden ursprungs:

1. Urgerm. *r*, z. b. *réttr* recht, *bera* (got. *baíran*) tragen, *verr* (got. *waír*) mann, *armr* arm.
2. Urgerm. *s* (urn. ʀ), s. § 218, 1, § 256.
3. Selt. älteres *đ*, s. § 230, 3.
4. Selt. älteres *l*, s. § 246.
5. Aus *rr* verkürzt, s. §§ 273—276.

Anm. Ueber auslautendes stimmloses *r* s. § 34 anm. 2.

§ 343. *rr* ist folgenden ursprungs:

1. Aelteres *r*ʀ, s. § 267.
2. Aus *r* gedehnt, s. § 271 (§ 270, 2, vgl. 6 unten).
3. Urgerm. *rr*, z. b. *kuirr, kyrr* (got. *qaírrus*) ruhig, *fiarr* (got. *faírra*) fern.
4. *r + r*, z. b. *norrénn* (ahd. *nordrôni*) norwegisch.
5. ʀ + ʀ (urgerm. *z + z*), z. b. *reyrr* (vgl. got. *raus*) rohr, *geirr* (gr. als lehnwort γαῖσος) spiess.
6. ʀ + *r*, z. b. *Geirrøþr* (*Gæiʀfreðʀ) ein mannsname.
7. Aus ʀ gedehnt, s. § 270, 2.

VII. Halbvokale.

§ 344. *i* findet sich in starktoniger silbe nur in den § 187, §§ 189—202, § 207 und § 208 schon erwähnten diphthongen und triphthongen. In schwachtoniger silbe ist es:

1. Urgerm. kons. *i* inlautend nach kurzer silbe, z. b. *velia* (got. *waljan*) wählen, *leggia* (got. *lagjan*) legen, *brynia* (got. *brunjō*) panzer.
2. Nach palatalem ʒ, *g, k* entwickelt, s. § 254.
3. Selt. hiatusfüllend (anorw.), s. § 302.

§ 345. *u* (*w*) findet sich in starktoniger silbe nur in den § 186, §§ 203—206 und § 208 erwähnten diphthongen und triphthongen. In schwachtoniger silbe entspricht es immer einem urgerm. *w*, z. b. *syngua* (got. *siggwan*) singen, *vǫlua* wahrsagerin.

Flexionslehre.

I. Abschnitt. Deklination.

Kap. 1. Deklination der substantiva.

A. Vokalische stämme (starke deklination).

I. a-stämme.

§ 346. Die *a*-stämme sind maskulina und neutra, welche letzteren nur im nom. sg. und nom. acc. pl. von den maskulinen abweichen. Die endungen sind:

	mask.	neutr.		mask.	neutr.
Sg. N.	-*r*	—	Pl. N.	-*ar*	— (*u*-uml. d. wurzelv.)
G.	-*s*		G.	-*a*	
D.	-*i*, -*e* (§ 138)		D.	-*um*, -*om* (§ 139)	
A.	—		A.	-*a*	— (*u*-uml. d. wurzelv.)

Anm. 1. Nom. sg. m. endete urn. auf -*aʀ* (vgl. jedoch § 360 anm.). Die hierhergehörigen beispiele sind (chronologisch geordnet): -*þewaʀ* (Torsbjærg, *þewaʀ* Valsfjord), *holtiʀaʀ* (Gallehus), *Ðaᴣaʀ* (Einang), *erilaʀ* (Kragehul, Lindholm, Järsberg), *eirilaʀ* Veblungsnæs, By), *Wiwaʀ* (Tune), *halaʀ* (Stenstad), *Haᴣustaldaʀ* (Valsfjord), -*sta[l]ðaʀ* Kjølevig), *Akaʀ* (Åsum), -*wārijaʀ* (Tørviken), -*ainaʀ* (Krogsta), -*leuƀaʀ* (Skärkind), *Haðulaikaʀ* (Kjølevig), *Laukaʀ* (Skrydstrup, brakteat aus Schonen), *Gaukaʀ* (brakt. aus Schonen), *Hōraʀ* (Fünen), *āleuᴣaʀ* (Skåång), *Frawarāðaʀ* (Möjebro), *Ūƀaʀ*, *Haraƀanaʀ* (Järsberg), *Wakraʀ*, *Iuþiwaʀ* (Reistad), *Hīwiᴣaʀ* (Årstad), *Helðaʀ* (Tjurkö), *Hrōraʀ* (By), wozu die adj. *wīlaᴣaʀ* (Lindholm), *haitinaʀ* (Tanum), *slaᴣinaʀ* (Möjebro), -*lᴀ[u]sᴀʀ* (Stentofta) zu stellen sind. Spät-urn. steht nur -*ʀ*, z. b. -*wulafʀ* (Istaby), -*wolᴀfʀ* (Stentofta), *Hrōᴀltʀ* (Vatn) und das adj. -*lᴀusʀ* (Björketorp).

Anm. 2. Nom. acc. sg. ntr. hatte urn. die endung -*a*. Beispiele: nom. *hlaiwa* (Bø), *horna* (Gallehus), *arƀija* (Tune); dazu die adj. *haᴣala* (Kragehul), *niuha?*, *niuhᴀ?* (Stentofta).

§ 347. 348. Reine a-stämme.

Anm. 3. Gen. sg. endete urn. auf -as. Beispiele sind: A[n]suʒɩsalas (Kragehul), ʒōðaʒas (Valsfjord), Hnabðas (Bø), A[n]suʒas (Myklebostad). Spät-urn. steht nur -s, z. b. *Hariwulfs* (Räfsal).

Anm. 4. Dat. sg. hatte urn. die endung -ē, z. b. Wōðurɩðē (Tune), Ehē? (Åsum), Hitē (Järsberg), Wāʒē (Opedal), -kurnē (Tjurkö).

Anm. 5. Acc. sg. m. endet urn. auf -a, z. b. *mākia?* (zwinge von Vi), *staina* (Tune), *woraita* (Reistad), aʀina? (By), Hᴀriwulafa (Istaby), HᴀpuwolᴀfᴀF (Gommor).

Anm. 6. Nom. acc. pl. m. sind aus alter urn. zeit nicht belegt, müssen aber die endungen -ōʀ, resp. -ann (vgl. got. -ōs, resp. -ans) gehabt haben. Spät-urn. steht im nom. -aʀ, z. b. *stainaʀ?* (Räfsal). Nom. acc. pl. ntr. sind vielleicht aus urn. zeit durch ʒaʒaʒinu (Kragehul) belegt, müssen aber jedenfalls auf -u geendet haben; vgl. das finn. lehnw. *joulu* (aisl. *iól* pl. t.) weihnachten (noch älter wol -ō, in finn. *jukko* joch entlehnt). Diese endung ist später fortgefallen, zeigt aber ihre frühere existenz durch *u*-umlaut oder -brechung in der wurzelsilbe des wortes.

Anm. 7. Gen. pl. ist urn. nicht sicher belegt, aber endete wol auf nasalirtes -ō.

Anm. 8. Dat. pl. endet urn. auf -umʀ nach ausweis zweier anal. gebildeten *i*-stamms-dative: ʒestumʀ, borumʀ (Stentofta).

Als unterabteilungen der *a*-stämme werden gew. abgesondert die *ia-*, *ja-* und *wa*-stämme; die übrigen fasst man als 'reine' *a*-stämme zusammen. Wir behandeln hier zunächst die letzteren.

a) Reine *a*-stämme.

§ 347. Paradigmen: mask. *armr* arm, *hamarr* hammer, *mór* heideland; neutr. *barn* kind, *sumar* sommer, *bú* wohnsitz.

	maskulina:			neutra:		
Sg. N.	armr	hamarr	mór(r)	barn	sumar	bú
G.	arms	hamars	mós(s)	barns	sumars	bús(s)
D.	arme	hamre	mó	barne	sumre, -*i*	bùe, -*i*
A.	arm	hamar	mó	barn	sumar	bú
Pl. N.	armar	hamrar	móar	bǫrn	sumor, -*ur*	bú
G.	arma	hamra	móa	barna	sumra	búa
D.	ǫrmom, *armum*	hǫmrom, *hamrum*	móm	bǫrnom, *barnum*	sumrom, *sumrum*	búm
A.	arma	hamra	móa	bǫrn	sumor, -*ur*	bú

Anm. Die *kursiv* gedruckten formen sind hier und in allen folgenden paradigmen die altnorwegischen (bes. ostnorwegischen).

§ 348. Wie *armr* flektiren die meisten einsilbigen mask. mit langer wurzelsilbe, z. b. *dómr* urteil, *fiskr* fisch, *gluggr* lichtöffnung, *hundr* hund, *kambr* kamm, *móþr* mut, *skattr* tribut,

§ 348. Reine a-stämme. 217

toppr oberste spitze, *vargr* wolf, *þiófr* dieb etc.; ferner die vielen zweisilbigen auf *-engr, -ingr* (oft daneben *-inge* nach § 393), *-ongr (-ungr), -angr* (vgl. anm. 2), *-leikr* (oft daneben *-leike* nach § 391) sowie die zahlreichen urspr. zusammengesetzten mannsnamen auf *-arr* (*-harja-*), *-geirr (-arr* § 54, 3, b, § 144, 1), *-gísl (-gisl, -gils, -isl, -ils,* s. § 223), *-laugr, -leifr (-láfr* § 54, 3, b), *-leikr (-lákr* § 54, 3, b), *-marr* (s. § 144, 1), *-ráþr, -rekr* (s. § 144, 3), *-tannr (-taþr), -(v)aldr, -varþr* u. a., z. b. *búnengr* rüstung, *konongr* könig, *kaupangr* stadt (vgl. anm. 2), *kǽrleikr* liebe, *Ragnarr, Þorgeirr (Þórarr), Aþ(g)isl (Aþils), Hrollaugr, Aleifr (Óláfr), Þorleikr (-lákr), Biartmarr, Aþalráþr, Eirekr, Hildetannr (-taþr), Þór(v)aldr, Hallvarþr*; dagegen von einsilbigen wörtern mit kurzer wurzelsilbe nur sehr wenige wie — von den urspr. langsilbigen *malr* § 224, 1, *melr* (s. Bugge, Sv. Landsm. IV, 150 note) sandabschuss, *marr* § 119, 2, *selr* § 119, 2 abgesehen — *dagr* tag, *huerr* kessel, *refr* fuchs, *verr* mann und die schwankenden (s. 4 unten) *dalr, smiþr, stafr, stigr, vegr (hualr, valr* u. a., s. § 377, 2); ausserdem noch einzelne wörter wie die namen *Heriann, Regenn* und fast alle lehnwörter auf kons., z. b. *bikarr* becher, *Pétarr (Pettarr)* Peter, *Kristr* Christus u. s. w.; vgl. Wimmer, Forn. forml. § 32, § 35, § 36, § 47 Larsson, s. 422 f., Jónsson, Skjaldesprog s. 7 ff. — Ueber die einzelnen kasusendungen ist zu bemerken:

1. Im nom. sg. ist zu beachten die verschiedene behandlung des *-r (-R)* bei den wörtern auf *l, n, r, s* (§ 267), z. b. *stóll* stuhl, *steinn* stein, *iss* eis; *selr* seehund; *fugl* (alt *fogl*) vogel, *hrafn* rabe, *akr* (gen. *akrs*, dat. *akre* u. s. w., s. anm. 2) acker, *þurs* riese; *hallr* stein, *muþr* (§ 252; jünger *munnr*) mund, *bruþr (brunnr)* brunnen.

Anm. 1. Die endung fehlt ganz in einigen fremdwörtern: *biskop, -up* (alt auch *byskop, -up* § 74, 5, b) bischof, *siniór* herr und eigennamen wie *Benedikt, Israel, Nikolás, Magnús* (seltener *Mǫgnús), Salomón, Satán, Simón* u. a.; gew. (s. Jónsson in Festskrift til V. Thomsen, s. 226) in *Ápám(r), Dáviþr* (auch anal. *Dáfiþr, -finnr*, gen. *-finz* nach *Fiþr : Finz*) *Idkob(r), Iósef (Ioseppr)*, bisweilen in *Krist(r)* § 291, 2. Ueber *Ǫn(n), Aun(n)* s. § 275 anm. 2; *stól(l), þiór(r), is(s)* u. dgl. § 276; *ulfge* (**ulfr-gi*) u. dgl. § 281, 9; unklar bleibt *Halfdan* (neben *-danr*) statt des zu erwartenden **Halfdann*. In den misl. 'Rímur' fehlt die endung durchgehends in wörtern auf *-ing, -ung* sowie in vielen mannsnamen (s. Gislason, Efterladte skrifter II, 168, 174). Mnorw. kann die endung *-r* überhaupt fehlen (s. Falk und Torp, Dansk-norskens syntax, s. XIV note), wol durch entlehnung der acc.-form.

§ 348. Reine a-stämme.

Anm. 2. Nicht endung, sondern dem stamme gehörig und daher in der flexion durchgehend ist -*r* in *akr* (vgl. 1 oben) acker, *aldr* alter, *andr* schneeschuh, *angr* reue, meerbusen, *arþr* pflug, *austr* schöpfen, *bakstr* backen, *Baldr* Balder, *blómstr* blume, *bolstr* kissen, *galdr* zauberlied, *gambr* strauss (tier), *hafr* bock, *hrúþr* schorf, *hungr* hunger, *klungr* hagebuttenstrauch, *kurr* lärm, *lióstr* fischgabel, *lúþr* horn (zum blasen), *motr* kopftuch, *naþr* schlange, *nykr* nix, *otr* otter, *pústr* ohrfeige, *sigr* (selt. ntr. *sig*, s. Egilsson und zur erklärung Noreen, Arkiv III, 14 f. note) sieg und alle auf -*angr*, z. b. *leiþangr* kriegszug (jedoch schwankt im anorw. *kaupangr* stadt, z. b. dat. -*ge* neben -*gre*); ferner die 2 unten erwähnten *hlátr, hrópr, lemstr, meldr, rópr, veþr* und (alle schwankend) *apaldr, heiþr, gróþr, rekstr*. Im gen. sg. ist dies *r* bisweilen nach § 281, 9 schwankend, z. b. *apald(r)s, arþ(r)s, kaupang(r)s*.

2. Im gen. sg. haben viele wörter die endung -*ar* (wie bei den *i*- und *u*-stämmen, aus deren flexion die meisten von diesen wörtern hierher getreten sind) statt -*s*. Solche sind *grautr* grütze, *gróþr* (gen. *gróþrar*, alt auch *gróþar*) wachstum, *hlátr* (gen. -*rar*) gelächter, *hǫfundr* hauptmann, *lemstr* (gen. -*rar*) verstümmelung, *mundr* brautkaufsgabe, *rekstr* (gen. -*rar* und -*ar*) das treiben, *reyrr* rohr, *snúþr* vorteil, *sueigr* kopftuch, *trúþr* gaukler, *úrr* auerochs, *visundr* bisonochs, *þróttr* kraft. Andere schwanken zwischen -*s* und -*ar*, wie *apaldr* (gen. -*drs*, -*ds*, s. anm. 2, und -*dar*) apfelbaum, *auþr* reichtum, *bastarþr* bastard, *eiþr* eid, *garþr* (selt. -*ar*, s. Jónsson, Skjaldesprog, s. 8) umzäunung, *heiþr* (gen. *heiþar*, später *heiþrs*) ehre, *hrópr* (gen. -*rs*, -*rar*) ruhm, *kraptr* kraft, *lávarþr* herr, *lundr* hain, *meiþr* baum, *meldr* (gen. -*rar*, -*rs*) mahlen, *óss* (gen. *óss*, aber *Niþarósar* neben -*óss* ein ortsname) mündung, *óþr* (gen. -*ar*, -*s*, aber als eigenname immer *Óþs*) gedicht, *rópr* (gen. -*rs*, -*rar*) rudern, *seiþr* zauberei, *sigr* (gen. -*rs*, aber bes. bei zusammensetzung auch *sigrar*-) sieg, *skógr* wald, *veþr* (gen. -*rar*, später -*rs*) widder, *smiþr* (s. Þorkelsson, Supplement II) schmied, *teigr* erdstreif, *tírr* ehre, *vegr* weg, *vindr* wind und einige eigennamen wie *Eyvindr* (erst misl. und mnorw. -*s*, s. Gislason, Efterladte skrifter II, 175, Rygh, Gamle personnavne, s. 289), *Halfdan(r), Heimdal(l)r* (selt. -*dǫllr*, s. Bugge, No. I., s. 181; misl. auch -*dǽll*, s. Gislason a. o. II, 196, vgl. *dǽll < dǽll* thalbewohner), *Magnús* (gen. alt -*ss*, erst später -*sar*, s. Jónsson, Festskrift til V. Thomsen, s. 226 f.), *Simón, Surtr* (auch schwach gen. *Surta*), *Ullr*. Vgl. Wimmer, Forn. forml. § 47 mit anm.

Anm. 3. In wörtern auf *s* mit einem vorhergehenden konsonanten ist natürlich der gen. dem nom. gleich (§ 273), z. b. *þurs* riese, *lax* lachs. Ueber fälle wie *hest(s)*, *Krist(s)* s. § 292 (*hess*, *Kriss* § 281, 10); *liós(s)* u. dgl. s. § 276. Sonst fehlt -*s* nur in einigen fremden eigennamen wie *Dáviþ(s)*, *Israel*.

Anm. 4. Wörter auf *ll*, *nn* haben *z* statt *s* (§ 300, 1), z. b. *hal(l)z* zu *hallr* stein, *mun(n)z* zu *munnr*, *muþr* mund. Ueber formen wie *elz* zu *eldr* feuer s. § 237, 1; über *garz* zu *garþr* umzäunung u. dgl. s. § 230, 2, d; *kar(l)s*, *iar(l)s*, *bot(n)s*, *stof(n)s* s. § 281, 7 und 8.

3. Dat. sg. ist nicht selten endungslos (wie bei den *i*-stämmen), z. b. *dóm(e)*, *eld(e)*, *Grím(e)*, *Regen* (so immer), *skóg(e)*, *smiþ(e)*, *varg(e)*, *veg(e)*, *ver(e)*, *Þór(e)* u. a. m. (s. Jónsson, Skjaldesprog, s. 7 ff., Walde, Die germ. auslautgesetze, s. 4 f.). Sehr selten kommt dies in alter zeit (misl. öfter, s. Gislason, Efterladte skrifter II, 174) bei den wörtern auf -*ingr*, -*ongr* vor.

Anm. 5. Von *dagr* tag heisst der dat. *dege* (s. § 70) neben selt. *dag*, welche form bei dem eigennamen *Dagr* die einzig gebräuchliche ist. Bei dem urspr. *u*-stamm *mundr* (s. oben 2) kommt im anorw. (die *u*-stammsform) *myndi* neben *mundi* vor.

4. In nom. acc. pl. können *Ryzar* (aber nicht die nebenform *Ruzar*) Russen, *sigr* sieg (s. Thorkelsson, Supplement IV, 129 f.), *smiþr* künstler, *stafr* stab, *vegr* weg und (selt.) *Vermar* die bewohner von Värmland, später auch *dalr* thal und *marr* (pl. *marar*, -*ir*) pferd wie *i*-stämme flektiren; *smiþr* und *vegr* selt. auch als *u*-stämme (vgl. 2 oben). *Prettr* list, *stigr* oder *stigr* steig können nur im acc. pl. wie *u*-stämme flektirt werden.

Anm. 6. Gen. pl. von *vegr* zeigt die form *vegna* (statt gew. *vega*) in adverbiellen ausdrücken wie *minna vegna* meinetwegen u. dgl.; vgl. An. gr. II, § 407, 4, und Bugge bei Hertzberg, s. 699.

§ 349. Wie *hamarr* flektiren die meisten mehrsilbigen mask. mit kurzer ableitungssilbe, z. b. *þumall* daumen, *þistell* distel, *diofoll* teufel, *aptann* abend, *himenn* himmel, *Heþenn* ein mannsname, *iotonn* riese, *iaþarr*, *ioþorr* rand, *fiotorr* fessel; vgl. Wimmer, Forn. forml. § 37, Larsson, s. 423, Jónsson, Skjaldesprog, s. 18 ff. Die synkopirung des ableitungsvokals tritt (nur) vor vokalisch anlautender endung ein. Jedoch erleidet diese regel scheinbar einige ausnahmen:

1. Synkope kommt überhaupt nicht vor in einer anzahl von wörtern, die meist urspr. zusammensetzungen oder auch fremdwörter sind wie z. b. *bikarr*, *Gunnarr*, *Pétarr* oder *Pettarr*, *Þióþmarr*, *Þórarr*, *Niall*, *Heriann*, *Regenn*, *Alrekr* u. a., s. § 348; vgl. *Auþon(n)*, *Hákun(n)*, *Gizorr*, *Ozorr* § 388.

2. Durch ausgleichung bekommen bisweilen sämtliche kasus den anschein synkopirt worden zu sein, z. b. *mýll* neben *mý(f)ell* ball, s. § 74, 6; *ǫndr, andr* (s. Jónsson, a. o. s. 20) neben *ǫndorr* schneeschuh aus urspr. **andurr* (> *ǫndorr*, s. § 77, 3) : pl. *ǫndrar*; *Ión* (erst nach 1200, s. Jónsson, a. o. s. 23) neben älterem *Ióan* Johann nach dat. *Ió(a)ne*; *Þorkell* u. a. namen auf *-kell* (schon aus dem 11. jahrh. belegt, s. Gislason, Njála II, 269 ff.; Jónsson, a. o. s. 19, Arkiv IX, 381; Bugge, Bidrag, s. 98 f.) aus **-ketl* (s. § 263 anm.) neben altem *-ketell* nach dat. *-katle* (vgl. anm. 1; erst spät auch *-keli* nach dem neuen nom. auf *-kell*); *Þórr* neben altem (s. § 108, 1) *Þunorr* nach dat. *Þóre*. *Eldr* feuer statt **eileþr* (aschw. noch einigemal *ēledh*, s. An. gr. II, § 384 anm. 2; ags. *ǽled*), dat. *elde* (§ 123) muss schon urn. synkopirte kasus gehabt haben; sonst stände — was doch nie der fall ist — in den ältesten handschr. **elþr* (vgl. § 230, 1, b). Ebenso standen wol schon urn. nebeneinander die stämme **erla-* (ags. *eorl*), **karla-* (ags. *carl*; vgl. ags. *ceorl* < **kerla-*) und **erila-* (**erula-* s. § 167 anm. 1), **karila* (**karula-*, lat. *Carolus*), jene durch aisl. *iarl* jarl, *karl* alter mann, diese durch urn. *erila*ʀ, finn. (lehnw.) *karilas* repräsentirt.

Anm. 1. Wörter mit kurzer wurzelsilbe und dem ableitungsvokal *i* sollten eigentlich in den nicht synkopirten kasus umgelauteten, in den synkopirten kasus aber nicht umgelauteten vokal aufweisen (§ 63, 2 und 3). Diese regel ist aber nur in wenigen wörtern aufrecht erhalten worden: *fetell* tragband, *ketell* kessel, *lykell* schlüssel, *trygell* kleine schüssel, *tygell* schnur und der eigenname *Egell* mit dat. *katle, lukle* u. s. w., pl. *katlar* u. s. w. Jedoch kommen auch bei diesen wörtern (bes. bei *fetell*) in den synkopirten kasus nebenformen mit umgelautetem vokal vor, bei *ketell* jedoch nicht im pl. (erst spät onorw. pl. *kætslar*, s. § 299, 2) und nur selt. (s. z. b. Gislason, Efterladte skrifter II, 243) im sg. Bei allen anderen wörtern ist ausgleichung durchgeführt worden und zwar sowol zu gunsten des umgelauteten vokals wie in *ferell* reise, reisender (pl. *ferlar*, statt **farlar*) als des unumgelauteten wie in *stuþell* stütze statt **styþell* (pl. *stuþlar*). — Wenn der ableitungsvokal *u* ist, haben im aisl. und awnorw. alle kasus *u*-umlaut oder -brechung in der wurzelsilbe, im aonorw. dagegen nur die synkopirten, z. b. *sǫþoll* (*saðull*) sattel, *ioforr* (*iafurr*) fürst, pl. *sǫþlar, iofrar* (§ 77, 2 und 3, § 86 anm. 2). — Ueber den gegensatz *vaþell* (*veðill*) : pl. *vǫþlar* (anal. *vaþlar*), *drasell* : dat. *drǫsle*, pl. *drǫslar* s. § 167, 1 mit anm. 1.

Anm. 2. Ueber nom. sg. mit einfachem auslautenden kons., wie *hamar(r), drótten(n), kyrtel(l)* u. dgl., s. § 275, 5. Umgekehrt kann, wenn auch sehr selt., doppelkonsonant (durch anal. übertragung aus dem nom.) vor dem gen. *-s* erscheinen, z. b. (bisweilen) *drótten(n)s* zu *drótenn* herrscher; ebenso *stein(n)s* steines u. dgl.

§ 350. 351. Reine *a*-stämme.

Anm. 3. Dat. sg. von *ioforr* fürst ist 2mal als *iofor*, also ohne endung (vgl. § 348, 3), neben gew. *iofre* belegt (s. Jónsson, Skjaldesprog, s. 20).

Anm. 4. Ueber die synk. kas. von *morgonn* morgen, *aptann* abend, *himenn* himmel vgl. noch § 281, 5 und 10, resp. § 219.

§ 350. Wie *mór(r)* flektiren nur wenige wörter, alle auf langen vokal endigend, z. b. *brandnór* schiff mit galeone, *Gór(r)* mythischer mannsname, *Hlér(r)* name des meergottes, *iór* pferd (dicht.), *Mór* mythischer pferdename, *skór* schuh, die eigennamen auf *-vér* und *-þér*, wie *Hloþvér, Randvér, Eggþér, Hialmþér* u. a. (Ueber *kliár, liár* s. § 394 anm. 1). Bei der flexion dieser wörter sind die § 125 ff. behandelten hiatuserscheinungen zu beachten, z. b. dat. sg. *Hlé* ($<$ *Hlée*), dat. pl. *móm* ($<$ *móom*; später wieder anal. *móum*).

Anm. 1. Dat. sg. ist fast immer ohne endung (vgl. § 348, 3); je 1 mal sind *brandnóe* und *Móe* belegt.

Anm. 2. Nom. acc. pl. von *iór* kann auch wie von einem *i*-stamme gebildet werden, also *ióer, -e.* Vgl. anm. 4.

Anm. 3. *Skór* flektirt im pl.: nom. *skúar* (*skóar*, später *skór*) neben (alt und selt.) *skudr*, gen. *skúa, skud*, dat. *skóm*, acc. *skúa* (*skóa*, später *skó*), *skuá*; s. § 128, b.

Anm. 4. Die eigennamen auf *-vér* und *-þér* können auch, nach kürzung des *é* (§ 144, 2), wie *ia*-stämme (auf *-ver, -þer*) flektiren. In der späteren sprache kommt auch eine flexion *Hloðvér, Hialmþér*, gen. *-vérs -þérs* u. s. w. mit durchgängigem *r* vor; ebenso spät von *iór* gen. *iórs*, pl. *iórar* u. s. w.

§ 351. Wie *barn* gehen fast alle neutra auf konsonanz, z. b. einsilbige wie *bak* rücken, *fiall* berg, *goþ* (seltener *guþ*, vgl. § 154, 2, § 377) heidnischer (selten christlicher) gott, *hialt* (auch f. *hiolt* nach § 365) schwertknopf, *hǫlkn* (anorw. auch *hælkn*) steinboden, *héns, hénsn, hésn* (§ 304, § 289, 4) pl. t. hühner, *laun* pl. t. (anorw. auch f. sg.) lohn, *lǫg* pl. t. (anorw. auch f. sg. nach § 365) gesetz, *lǫgn* pl. t. (anorw. auch f. sg.) zugnetz, *skald, skáld* (§ 122, 1) skalde, *þing* versammlung; zweisilbige wie *heraþ* bezirk, *møþgen* pl. t. mutter und sohn. Vgl. Wimmer, Forn. forml. § 34; Larsson, s. 423 f.; Jónsson, Skjaldesprog, s. 24 f.

Was oben § 348 anm. 3 und 4 für das mask. bemerkt ist, gilt auch in betreff der neutra. Ausserdem ist hier zu beachten, dass durch die in nom. acc. pl. einmal vorhandene endung *-u* (§ 346 anm. 6) ein vokalwechsel in der nächstvorhergehenden silbe hervorgerufen wird, z. b. *fiall*, pl. *fioll* (*fiǫll*) durch u-brechung (resp. -umlaut, s. § 74 anm. 3), *heraþ*, pl. *heroþ*, *mannlíkan* bildnis, pl. *-on* (vgl. *sumar* § 347) nach § 130, 1.

Anm. 1. Ueber den gen. sg. *vaz* (später anal. *vatns*) zu *ratn* (alt und selt. *vatr*, s. Gislason, Udvalg af oldno. skjaldekvad, s. 206) wasser, *dram(b)s*, *tial(d)s*, *sun(d)s*, *ver(k)s*, *naf(n)s*, *gangs* (*gagns*), *myrk(r)s* u. a. derartige fälle s. § 281, 1, 2, 6, 8 und 9. Von *lán* leihe kommen in zusammensetzungen sowol *lánar(dróttenn)* wie *láns(fé)* vor.

Anm. 2. Im dat. sg. fehlt die endung gewöhnlich bei *góz* gut (urspr. gen. sg. ntr. zu *góþr* gut), sonst (im gegensatz zu dem mask.) nie.

Anm. 3. In nom. acc. pl. haben *berg* berg, *eiþ* landzunge, *holt* holz, wald, *hris* gebüsch, *hús* haus, *land* land, *torg* markt, *tún* hof, *þorp* dorf u. a. als ortsnamen gebraucht auch formen auf *-ar* oder *-ir*, also *Bergar*, *Eiþar*, *Holter* (ahd. *holzir*), *-ar*, *Hrisar* (vgl. ahd. *hrīsir*), *Húsar*, *-er* (ahd. *hūsir*), *Lander*, *Torgar*, (*Sig*)*túner* und *Túnar*, *Þorpar*. Diese formen sind im allg. femininen geschlechts; s. Rygh, No. gaardnavne, Forord s. 11 f., Oplysn. II, 216.

§ 352. Wie *sumar* (1 mal als mask. belegt, s. Jónsson, Skjaldesprog, s. 18) flektiren nur sehr wenige neutra: *óþal* eigentum, *gaman* (vgl. § 219) freude, *megen* stärke, *regen* pl. t. götter, *hǫfoþ* haupt. Die übrigen zweisilbigen neutra mit kurzen ableitungssilben synkopiren nicht, z. b. *heraþ*, dat. sg. *heraþe* (s. § 351).

Anm. 1. *Óþal* kann auch ohne synkope flektiren. Nom. acc. pl. heisst sowol *óþǫl* (§ 75) als *óþol* (§ 130, 1).

Anm. 2. *Regen* hat in den synkopirten kasus keinen *i*-umlaut des wurzelvokals, *megen* dagegen hat doppelformen (vgl. § 349 anm. 1); bei beiden wörtern kann die synkope durch ausgleichung auch in den nom. acc. eindringen, also *magn* (1 mal auch gen. *magns*), *mǫgn* sg., *rǫgn* pl.; endlich kann zu diesem *rǫgn* und dat. *rǫgnom* ein gen. *rǫgna* statt *ragna* gebildet werden. Bei *gagn* (selt. *gegn*) vorteil sind keine unsynkopirten formen mehr anzutreffen.

§ 353. Wie *bú* gehen *blý* blei, *dá* entzückung, *fé* vieh (vgl. anm. 1), *hlé* lee, *kné* knie, *strá* stroh, *tré* baum, *vé* geweihte stätte. Hier sind die § 125 ff. erwähnten regeln zu vergleichen; z. b. gen. pl. *strá* (aus *stráa*), dat. pl. *strǫm* (*stráum*), später *strám* (§ 103), noch später *stráum* (§ 125); dat. sg. *kné* (*knée*), gen. pl. *kniá* (*knéa*), dat. pl. *knióm* (*knéom*), aber gen. pl. *véa*, dat. pl. *véom*; dat. pl. *búm* (*búom*), später *búum*.

Anm. 1. Im gen. sg. endet der urspr. *u*-stamm *fé*, selt. *fé* § 74, 4 (got. *faíhu*) auf *-ar*, also *fiár* (*féar*), mnorw. anal. zu *fiárs*, *féars* erweitert (s. A. B. Larsen, Arkiv XIII, 245; Falk und Torp, Dansk-norskens syntax, s. XV note).

§ 354. 355. *wa*-stämme.

Anm. 2. Nach gen. pl. *kniá, triá* wird später dat. pl. *kniám, triám* statt *knióm, trióm* gebildet. Nach dem dat. pl. sind vielleicht die anorw. nebenformen nom. acc. pl. *knió, trió* statt *kné, tré* sowie gen. pl. *trió* statt *triá* geschaffen worden; vgl. jedoch § 102 anm. 1.

b) *wa*-stämme.

§ 354. Paradigmen: mask. *hǫrr* flachs, neutr. *hǫgg* hieb.

	mask.	neutr.		mask.	neutr.
Sg. N.	hǫrr	hǫgg	Pl. N.	hǫruar	hǫgg
G.	hǫrs	hǫg(g)s	G.	hǫrua	hǫggua
D.	hǫrue, -i	hǫggue, -i	D.	hǫrom, *harum*	hǫggom, *haggum*
A.	hǫr	hǫgg	A.	hǫrua	hǫgg

§ 355. Wie *hǫrr* flektiren *bǫrr* baum (dicht.), *fiǫruar, fyruar* (s. § 79, 4) leute, *hiorr* (vgl. anm. 1) schwert, *mǫrr* ungeschmolzener talg, *rǫggr* haarbüschel (vgl. *rǫgg* § 370), *spǫrr* (vgl. anm. 1) sperling, *sǫngr* gesang, *sǫruar* § 79, 6 (*syruar* § 79, 4, s. Egilsson) pl. t. männer (dicht.) und eigennamen wie *Niphǫggr, Nǫrr, Sigtryggr* u. a. Das charakteristische *w* darf nur vor einem *a* oder *e* (*i*) der endung stehen (§ 220, § 227, 1). In der etwas späteren sprache wird aber durch ausgleichung oft *w* auch in dieser stellung beseitigt, oder es dringt auch vor dem *u* der endung ein (vgl. § 227 anm. 1). — Sehr bunt infolge der vielfachen ausgleichungen und auch sonst wesentlich abweichend ist die flexion der wörter *mór(r)* § 74, 2 möwe, *sióр* § 102 see, *snióр* § 102 schnee und *Týr(r)* § 74, 6 ein göttername (dazu pl. *tífar* götter, selt. sg. *týr* gott):

Mór(r), später *már(r), máfr* § 227 anm. 1; gen. *mós(s), más(s)*, später *márs*; dat. *máfe, mófe* § 80; acc. *mó, má*; pl. n. *máfar, mófar*; g. *máfa, mófa*; d. *móm, máfom*; a. *máfa, mófa*.

Siór, sær, siár; gen. *sǽfar, siófar, siáfar*, selt. *sǽs(s), siós(s), siás(s)*, später *særs*, mnorw. auch *siófars* (vgl. § 353 anm. 1); dat. *sǽ(fe), sió(fe), siá(fe)*, selt. *sé* § 74, 8; acc. *sió, sǽ, siá*, selt. *sé* § 74, 8; pl. n. *sǽfar, siófar, siáfar*; g. *sǽfa, siófa, siáfa*; d. *sǽ(f)om, siófom, siáfom*; a. *sǽfa, siófa, siáfa*.

Sniór geht wie *sióр*, ausser dass im gen. sg. *-s* älter als *-ar* ist, und dass eine form **sné* nicht belegt ist.

Týr(r); gen. *Týs(s)*, später *Týrs*; dat. *tífe, Tý(fe), Týre*; acc. *Tý*; pl. *tífar*; g. *tífa*, selt. *týfa*; d. *tífom*; a. *tífa*.

Anm. 1. Im gen. sg. hat der urspr. *u*-stamm *hiorr* (got. *haírus*) neben *hiors* auch *hiarar* (nach § 386), *spǫrr* neben *spǫrs* auch *sparrar*.

Anm. 2. Dat. sg. ist oft ohne endung, z. b. *bǫr(ue)*, *hior(ue)*, *hǫr(ue)*, *sǫng(ue)* (vgl. § 348, 3, § 350 anm. 1).

§ 356. Wie *hǫgg* gehen *bygg* gerste, *bǫl* unglück, *fior* leben, *frió*, *frǽ* samen, *fǫl* dünner schnee, *glygg* wind, *hrǽ* aas, *kiǫt*, *kiot* fleisch, *lyng* heidekraut, *lǽ* betrug, *miǫl*, *miol* mehl, *skrøk*, *skrǫk* § 79, 6 (anorw. auch *skrœk*) unwahrheit, *smiǫr*, *smior* (*smør*, dat. sg. auch *smyrue*; s. § 74, 9, § 88 anm.) butter, *sǫl* eine art meertang, *ǫl* bier; über *hey* s. § 359 anm. Das *w* kann später fehlen, z. b. dat. *glyggi* (gegen 1300), *frió(e)* neben *friófe* (s. Thorkelsson, Supplement IV, 47), *kiǫt(u)i* u. dgl.

Anm. Ueber anorw. gen. pl. *ǫlda* (später *ǫldra* nach dem synonym *ǫldr*) zu *ǫl* s. § 309, 2.

c) *ja*-stämme.

§ 357. Paradigmen: mask. *niþr* abkömmling, neutr. *kyn* geschlecht.

	mask.	neutr.		mask.	neutr.
Sg. N.	niþr	kyn	Pl. N.	niþiar	kyn
G.	niþs, niþiar	kyns	G.	niþia	kynia
D.	niþ	kyne, -i	D.	niþiom, -um	kyniom, -um
A.	niþ	kyn	A.	niþia	kyn

§ 358. *Niþr* (auch *niþe* nach § 393) steht fast ganz allein mit seiner flexion (die dagegen im aschw. sehr zahlreich vertreten ist, s. An. gr. II, § 391, § 392). Der ortsname pl. *Nesiar* (zu *nes* § 359; vgl. § 351 anm. 3) darf hierher gerechnet werden. Von *vǽngr* flügel, anorw. *vǽringr* (gew. wie im aisl. -*gi* nach § 393) varäg, pl. *Grikker*, *Girker* Griechen, pl. *Ryger* einwohner von Rogaland und vielleicht noch einigen wörtern, welche gewöhnlich als *i*-stämme flektiren, kommen in sehr alten hdschr. hierher gehörige formen (nom. acc. pl. -*iar*, -*ia*) vor, deren kons. *i*, sofern es nach langer silbe steht, nach § 254 zu erklären ist. Ausserdem ist von *beþr* bett einmal acc. pl. *beþia* (s. Gislason, Aarbøger 1879, s. 194) neben gew. *beþe* belegt. Sonst sind die alten *ja*-stämme in die *i*-deklination übergegangen.

Anm. Anorw. ist einmal acc. pl. *niði* belegt (s. Fritzner).

§ 359. Wie *kyn* flektirt eine anzahl von wörtern mit kurzer wurzelsilbe: *ber* beere, *egg* ei, *fen* sumpf, *flet* fussboden, *fley* schiff, *fyl* fohlen, *geþ* gemüt, *gil* kluft, *gren* höhle, *grey* hündin, *hey* (vgl. anm.) heu, *hregg* sturm, *kiþ* zicklein, pl. *lyf* (sg. gew. als *jō*-stamm, s. § 372) arznei, *men* halsschmuck, *nef*

§ 360. 361. *ia*-stämme.

nase, *nes* (vgl. § 358) vorgebirge, *net* netz, *niþ* (auch f. pl. *niþar*, selt. *neþar*, s. § 154, 1) abnehmender mond, *ný* neumond, *rif* rippe, *sel* sennhütte, *skegg* bart, *sker* schären, *ský* (*ski* § 77, 2) wolke, *stef* kehrreim, *ver* fangort, *veþ* pfand, *þil* diele; spät und selten auch ein wort mit langer wurzelsilbe: *él* schauer, guss. Ueber *ben*, *skyn* s. § 372. — Das charakteristische *i* kann hie und da fehlen, gew. bei *él*, *niþ*, bisweilen bei *kiþ*, sehr selt. bei *kyn*.

Anm. *Hey* hat im dat. sg. auch die form *heyfe* (zur erklärung s. Lidén, Uppsalastudier, s. 94 note) wie von einem *wa*-stamm (s. § 356) neben *heye* oder, auffallender weise, *hey* (s. bes. Thorkelsson, Supplement IV, 63).

d) *ia*-stämme.

§ 360. Paradigmen: mask. *hirþer* hirt, neutr. *kuæþe* gedicht.

	mask.	neutr.		mask.	neutr.
Sg. N.	hirþer, -*ir*	kuǽþe	Pl. N.	hirþar	kuǽþe
G.	hirþes(s), -*is*	kuǽþes(s)	G.	hirþa	kuǽþa
D.	hirþe, -*i*	kuǽþe	D.	hirþom, -*um*	kuǽþom
A.	hirþe, -*i*	kuǽþe	A.	hirþa	kuǽþe

Anm. Ein paar hierher gehörige nom. sg. m. auf -*iʀ* < -*eʀ* < *-*aiʀ* (s. § 132) < *-*aiaʀ* (s. Sievers, Berichte d. K. sächs. Ges. d. Wiss. 1894, s. 139 f.) sind wol aus der späteren urn. zeit belegt: HʀōʀEʀ (By), HAEruwulafiʀ (Istaby).

§ 361. Wie *hirþer* geht eine sehr grosse anzahl von wörtern (von denen jedoch die meisten der dichterischen sprache eigen sind) mit langer wurzelsilbe, z. b. *heller* felsenhöhle, *herser* herse, *lǽkner* arzt, *mǽker* schwert, *þyrner* dornbusch und bes. eine grosse menge von eigennamen wie *Gretter*, *Gylfer* (auch schwach *Gylfe*), *Skírner*, *Skǿrer*, *Suerrer*, *Víler* (auch schwach *Víle*), *Æger* der meergott u. a.; s. Falk, Beitr. XIV, 20 ff.; Hellquist, Arkiv VII, 21 ff.; Sievers, a. o., s. 133 f., 142, 150. Ausnahmsweise ist die wurzelsilbe kurz, z. b. in den eigennamen *Brimer*, *Gimer*, *Gymer*, *Hymer*, *Nefer*, *Rerer*, *Siner*, *Ymer*, (Sievers, a. o., s. 129 ff.). Der *i*-umlaut der wurzelsilbe fehlt in einigen namen, wo nicht urn. -*iaʀ*, sondern -*ai(a)ʀ* zu grunde liegt (s. § 360 anm. und Sievers, a. o., s. 136 ff.) wie z. b. *Glaser*, *Góer*, *Guser*, *Kuaser*, *Móer*, *Þraser*; aus demselben grunde wol in den meisten der vielen wörter auf -*ner* und in einigen auf -*þer*, z. b. *Fáfner*, *Miollner* (*Mellunir), *Vafþrúþner* (aber *Mýlner*, *Rýmner*), *loģþer* schwert u. a.; s. Sievers, a. o., s. 148 ff., 151. Ebenso fehlt lautgesetzlich der umlaut bei urspr.

zusammensetzungen auf -þér, -vér, -[ʒ]œiʀʀ, die hierher übergetreten sind, z. b. *Hamþer, Hloþver, Sǫlver* (auch schwach *Sǫlfe*) — vgl. § 350 anm. 4 und § 144, 2 — *Þórer* (**Þór-[ʒ]œiʀʀ*, § 145ᵃ, 1). Bei *eyrer* 'öre' (ein gewicht) fehlt auffälliger weise der umlaut im pl. (*aurar, aura* u. s. w.).

Anm. 1. Ueber spuren dieser flexion bei den wörtern auf *-are* (got. *-areis*) s. § 392 anm.

Anm. 2. Gen. dat. acc. sg. werden bei dem eigennamen *Mímer* oft wie von einem *an*-stamme (§ 391) gebildet. Ausserdem kommt nicht ganz selt. ein gen. (nach § 348) *Míms* vor. *Ender* ende geht im nom. sg. bisweilen, im gen. sg. fast immer, im dat. acc. sg. immer wie ein *an*-stamm. Vgl. § 392 anm. und *Gylfer, Víler, Sǫlver* oben.

Anm. 3. Im pl. muss das charakteristische *i* nach § 148 synkopirt werden. Also *hirþar* aus **hirðiaʀ* u. s. w.

Anm. 4. In der etwas späteren sprache werden diese wörter mit durchgängigem *r* (gen. sg. *læknirs* u. s. w.) flektirt und dann entweder nach § 348 (nom. pl. *læknirar* u. s. w.) oder nach § 349 (nom. pl. *hellrar* u. s. w. zu *hellir*).

§ 362. Wie *kvæþe* flektiren sehr viele wörter, die entweder lange wurzelsilbe oder auch zwei silben vor der endung haben, z. b. *dǿme* behauptung, *enge* (vgl. *eng* § 372) wiese, *enne* stirn, *merke* merkzeichen, *ríke* reich; *erfeþe* arbeit, *forellre* (auch m. pl. *-ellrar* oder *-ellar*, später *-eldrar*) eltern, *erinde* geschäft u. a. (s. Larsson, s. 424 f.; Hellquist, Arkiv VII, 31 ff.). Kurze wurzelsilbe vor der endung kommt vor nur bei *grene* fichtenholz, *teþe* mist, *þile* (nom. sg., die übrigen kasus von *þil*, s. § 359) bretterwand, sowie in späteren zusammensetzungsgliedern vieler wörter mit kollektiver bedeutung, z. b. *ungviþe* junge bäume, *illgrese* unkraut u. a. (s. Hellquist, a. a. o., s. 34); endlich in *hádege* mittagsstunde.

Anm. 1. Gen. dat. pl. von wörtern auf *-ki, -gi, -ʒi* müssen nach § 254 ein parasitisches *i* vor der endung aufweisen, also *rikia, ríkiom* zu *ríke* u. dgl.

Anm. 2. Von *birke* birkenwald, *eike* eichenwald, *bóle* wohnsitz u. a. kommen als ortsnamen pl. *Birkiar, Eikiar,* resp. *Bóler* vor, s. Rygh, Oplysn. II, 216, No. gaardnavne, Forord, s. 12, und vgl. § 351 anm. 3.

Anm. 3. *Læte* betragen, laut hat gen. pl. *láta,* dat. pl. *lǫtom* (wie von *lát* nach § 351 und mit derselben bedeutung), aber auch *lætom* (s. Jónsson, Arkiv IX, 378).

Anm. 4. Von *fylke* schar, *kerte* wachslicht, *kippe* büschel, *klæþe* kleid, *æte* speise, *þveite* eine gewisse münzeinheit kommen gen. pl. *fylkna* (*fylkia*), *kert(n)a, kippna, klæþ(n)a, ætna,* anorw. *þvœit(n)a* vor; zur erklärung (aus alten *-ini*-stämmen) s. A. Erdmann, Arkiv VII, 75 ff.

II. ō-stämme.

§ 363. Die ō-stämme sind nur feminina. Die regelmässigen endungen sind:

Sg. N. — (*u*-uml. des wurzelvokals)
G. -*ar*
D. — (*u*-uml. des wzv.) oder -*u*, -*o* (§ 139)
A. — (*u*-uml. des wzv.) oder -*u*, -*o* (§ 139)

Pl. N. -*ar*
G. -*a*
D. -*um*, -*om* (§ 139)
A. -*ar*

Anm. 1. Nom. sg. endet urn. auf -*u*, z. b. *aaðaga[n]su*? (Vier-spange), *alu* (Nydam, Lindholm, Darum I, Schonen, Elgesem, Årstad?), *gibu* (Seeland), *labu* (Darum II, Fünen, Schonen), *Birg[i]vgu*? (Opedal); hiezu kommen die adj.-formen *mīnu*, *liubu* (Opedal); vgl. noch lappische lehnwörter wie *farru* (aisl. *fǫr*) wanderschar, *lauku* (aisl. *laug*) waschen (s. weiter Wiklund, Laut- und formenlehre der Lule-lapp. dial., s. 88) und finnische wie *arkku* (aisl. *ǫrk*) kasten, *panku* spange oder (wol noch älteres -*ō* voraussetzend) *runo* rune, *sakko* sache. Die endung ist später (schon urn. -*spā* (Björketorp, s. § 145ᵇ, 7) fortgefallen, wird aber durch den *u*-umlaut oder -brechung des wurzelvokals noch bezeugt.

Anm. 2. Gen. sg. ist urn. nicht belegt, muss aber auf -*ōʀ* (vgl. got. -*ōs*) geendet haben.

Anm. 3. Dat. und acc. sg. sind aus urn. zeit nicht zu belegen, müssen aber die endungen -*u* (das später synkopirt wird) und -*ū*, woraus das spätere -*u*, -*o* (vgl. ahd. dat. *erdu*, *erdo*) gehabt haben.

Anm. 4. Nom. acc. pl. endeten urn. auf -*ōʀ*, z. b. acc. *rūnōʀ* (Järsberg, Tjurkö), woraus später -*rūnᴀʀ* (Björketorp); hierzu auch das zahlwort *þrījōʀ* (Tune). Eine nebenform auf (wol nasalirtes) -*ō*, vielleicht die urspr. acc.-form, während -*ōʀ* urspr. nur dem nom. gehört, ist durch acc. *runō* (Einang, Noleby) und das adj. *raginaku[n]ōō* (Noleby) belegt (vgl. Walde, Die germ. Auslautgesetze, s. 51 ff.; anders Bugge, Arkiv XV, 144 f.).

Anm. 5. Gen. pl. urn. auf (nasalirtes) -*ō* ist wol durch das späte -*runō* (Björketorp) belegt. Eine später ausgestorbene nebenform auf -*ōnō* zeigt wol das ebenfalls späte -*rūnōnō* (Stentofta); vgl. ahd. *erdōno*, as. *gebono*, north. *sorgona* u. dgl.

Anm. 6. Dat. pl. ist urn. nicht belegt.

Als unterabteilungen der ō-stämme haben wir in analogie mit den *a*-stämmen aufzustellen: *wō*-stämme, *jō*-stämme, *iō*-stämme und 'reine' ō-stämme.

a) Reine ō-stämme.

§ 364. Paradigmen: *sǫg* säge, *kerling* altes weib, *Ingebiorg* ein frauenname, *Skǫgol* (anorw. *Skagul*) name einer valküre, *ǫ* fluss.

§ 365. Reine ō-stämme.

Sg. N.	sǫg	kerling	Ingebiorg	Skǫgol, *Skagul*	ǫ́
G.	sagar	kerlingar	Ingebiargar	Skǫglar	ár
D.	sǫg	kerlingo, kœrlingu	Ingebiorgo, Ingibiargu	Skǫgol, *Skagul*	ǫ́
A.	sǫg	kerling	Ingebiorgo, Ingibiargu	Skǫgol, *Skagul*	ǫ́
Pl. N.	sagar	kerlingar			ár
G.	saga	kerlinga			á
D.	sǫgom, sagum	kerlingom, kœrlingum			ǫ́m
A.	sagar	kerlingar			ár

§ 365. Wie *sǫg* geht eine ziemlich grosse anzahl von einsilbigen wörtern, z. b. *brú* brücke, *dreif* zerstreuen, *dǫf* speer, *dǿl* thal, *elzto* (selt. *eldto*, s. § 111) feuerstätte, *fioþr* feder, *for* furche, *geil* kluft, pl. *gerþar* anzug, *giorþ* gurt, *gymbr* mutterschaf, *hlíf* schutz, pl. *iþrar* eingeweide, *kleif* steiler abhang, *kuí* hürde, *kuǫl* qual, *kǫr* krankenbett, *kǫs* haufe, *leif* überrest, *lifr* leber, pl. *limar* zweige, *lǫm* eine art haspen, *lǫn* reihe, pl. *meiþmar* kostbarkeiten, *mǫn* mähne, *nǫ́l* nadel, *nǽfr* birkenrinde, pl. *órar* verwirrung, *rauf* loch, *reim* riemen, *rim* schindel, *ró* ruhe (vgl. *ró* ecke § 369), *rún* rune, *sin* sehne, *skor* schnitt, *skǫr* kopfhaar, *sneis* splitter, *steik* braten, pl. *sualar* gedeckter gang, *trú* glaube, *tǫ́l* betrug, pl. *várar* gelübde, *veig* trank, *vigr* speer, *vǫg* schlitten, *ǽs* schuhloch, anorw. *ertog* (*ærtog* § 167, 5) ¹/₂₄ mark, frauennamen wie *Hlíf*, *Hlǫkk*, *Rǫ́n*, *Vǫ́r*, ortsnamen wie *Bókn*, pl. *Hillar*, pl. *Hírar*, *Rín*, *Suolþ(r)*. Sehr viele können auch wie *i*-stämme (nach § 380) flektiren, z. b. pl. *barar* (selt. -*er*; auch schwach *bǫror*) bahre, *dorg* eine art fischzeug, *duǫl* aufenthalt, *fiol* brett, *flaug* flucht, *giof* gabe, pl. *gíslar* geiseln, *grǫf* grab, *grǫn* schnurrbart, *gǫrn* darm, *kuern* mühle, *kuísl* zweig, *lend* (selt. pl. -*er*) lende, *nǫf* nabe, *nǫs* nasenloch (pl. *nase*), *rǫ́þ* reihe, *skǫ́l* schale, *slíþr* (gew. pl.) scheide, *spior* lappen, *sǫk* rechtssache, *taug* (*tog*, *tug* § 160) seil, *vél* list, *vǫr(r)* lippe, *þǫrf* bedürfnis, *ǫgn* spreu, *ǿln* (vgl. § 368) elle; diese flexionsweise ist in der späteren sprache bei diesen wörtern die gewöhnliche (bei einigen auch die ursprüngliche). Ueber sonstige wörter, welche alternativ hierher gehören s. § 380, 4, § 385 (*limr*), § 406, 3, § 407 anm. 2 und § 408 anm. 2.

Anm. 1. Ueber *fiǫl*, *fiǫþr*, *giǫf*, *giǫrþ*, *spiǫr* neben *fiol* (gen. *fialar*) u. s. w. s. § 74 anm. 3 und § 86; über anorw. *lan* neben *lǫn* s. § 78, c.

§ 366—369. Reine ō-stämme.

Anm. 2. Im pl. hat brú neben brúar sehr selt. brúr, anorw. auch brýr (nach § 406) oder brár (s. § 128, b), dies jedoch wol erst mnorw., aber dann selt. auch im gen. sg.

§ 366. Wie *kerling* gehen zunächst die sehr zahlreichen zweisilbigen wörter auf -*ing* und -*ong* (-*ung*), z. b. *drótning* herrin, *lausong* unverlässlichkeit u. a. (Larsson, s. 425); ferner *Hleiþr* (gen. *Hleiþar* neben gew. *Hleiþrar*, s. Jónsson, Skjaldesprog, s. 42) ein ortsname, *hlíþ* seite, *laug* bad, *mioll* sg. t. neugefallener schnee, *paradís* (auch -*dise* nach § 400) paradies, *rein* rain, *ull* sg. t. wolle, *ǫl*, *ól* (§ 111) riemen, *ǫr* ruder sowie die, bes. in etwas späterer sprache, auch wie *i*-stämme (nach § 381) flektirenden *fǫr* reise, *hlít* genüge, *leiþ* reise, *reiþ* reiten, *vǫk* loch im eise; über *iorþ*, *sól*, *ǫld* s. § 381 anm. 2. Alle diese wörter können, bes. in der etwas späteren sprache, auch nach § 365 flektiren, die wörter auf -*ing*, -*ong* jedoch ziemlich selten (s. Jónsson, Skjaldesprog, s. 40 f.).

Anm. 1. Gen. sg. anorw. *laugurdagr* ist von dem aisl. *laugardagr* sonnabend urspr. etymologisch verschieden, s. § 251.

Anm. 2. Selten, wenigstens in der älteren sprache, endet bei wörtern auf -*ing* auch der acc. sg. auf -*o* (-*u*) nach § 367.

§ 367. Wie *Ingebiorg* gehen nur eigennamen: die zusammengesetzten auf -*biorg*, -*huit*, -*laug*, -*leif*, -*lǫþ*, -*rún*, -*veig*, -*vǫr* u. a., z. b. *Droplaug*, *Suanhuit*, *Ásleif*, *Gunnlǫþ*, *Guþrún*, *Rannveig*, *Skialdvǫr*; ferner *Ósk* und fremdwörter wie z. b. *Elín*, *Katrín*, *Kristín*, *Margrét*.

Anm. Hie und da kommt neben der regelmässigen form ein acc. sg. ohne -*o* (-*u*) nach § 366 vor, wie *Almveig*, *Gullveig*, *Ósk* (so auch im dat. sg.).

§ 368. Wie *Skǫgol* gehen nur *Gǫndol* name einer valküre, *Vimor* ein flussname und das auch im pl. vorkommende *alen* (statt lautges. *elen, vgl. § 64 und agutn. *eln*), woneben mit durchgeführter synkope (vgl. § 349, 2 und § 352 anm. 2) und dann regelmässig nach § 365 oder als *i*-stamm nach § 381 flektirend *ǫln*, *ǫ́ln* (§ 119, 3), *óln* (§ 164), anorw. (dicht.) auch *alun* (wozu dat. sg. *alnu* nach § 366) elle.

§ 369. Wie *ǫ́* (*ó*, s. § 74, 2) flektiren fast alle fem. auf -*ǫ́*, z. b. *brǫ́* wimper, *giǫ́* kluft, *Gnǫ́* ein eigenname, *hǫ́* nachgras, *lǫ́* flüssigkeit, *rǫ́* (*ró* § 111; pl. *rár*, später *róar*) ecke, *rǫ́* rahe, *rǫ́* reh, *skrǫ́*, *slǫ́* schlagbaum, *sprǫ́* wahrsagung, *þinghǫ́* gerichtsbezirk, *þrǿ* sehnsucht. Ueber formen wie *áar, áa, áom* s. §§ 125 und 126.

<small>Anm. Seltene nebenformen nach der *i*-stamms-flexion sind pl. *der, spder* (Hb., s. XXIX). Ein schwacher pl. *dor* ist anorw. 1 mal belegt (s. Thorkelsson, Supplement IV, 193).</small>

b) *wō*-stämme.

§ 370. Paradigma: *dǫgg* tau.

Sg.	N. dǫgg	Pl.	N. dǫgguar
	G. dǫgguar		G. dǫggua
	D. dǫgg(o), *daggu, dǫgg*		D. dǫggom, *daggum*
	A. dǫgg		A. dǫgguar

So gehen nur noch *bǫþ* (dicht.) kampf, pl. *gǫtuar* anzug, *lǫgg* kimme, *rǫgg* (vgl. *rǫggr* § 355) ziegenhaar, *stǫþ* landungsplatz, pl. (anorw.) *trygguar* (run. auch dat. sg. *triku*, d. h. *tryggu*, s. Aarbøger 1899, s. 241) vertrauen, *þrǫng* druck, *ǫr* pfeil. Ueber die behandlung des *w* gilt das § 355 bemerkte.

<small>Anm. 1. Im dat. sg. ist die endung -o, -u verhältnismässig selten.
Anm. 2. Spät kommen nom. acc. pl. *daggir* (dann auch gen. sg. *daggar*, pl. *dagga*), *arir* statt *dǫgguar, ǫruar* vor.</small>

c) *jō*-stämme.

§ 371. Paradigmen: *ben* wunde, *egg* schneide.

Sg.	N. ben	egg	Pl.	N. beniar	eggiar
	G. beniar	eggiar		G. benia	eggia
	D. ben	eggio, *æggiu*		D. beniom, *bænium*	eggiom, *æggium*
	A. ben	egg		A. beniar	eggiar

§ 372. Wie *ben* (selt. ntr. nach § 359) gehen einige wörter mit kurzer wurzelsilbe: *des* heuhaufen, *dregg* hefen, *dys* grabhügel, *fit* schwimmhaut, aue, *fles* fels, pl. *hreþiar* scrotum, *il* fusssohle, *klyf* saum, *lyf* (vgl. § 359) arznei, pl. *miniar* gaben zum andenken, *nyt* nutzen, *skel* schuppe, *skyn* (selt. ntr. nach § 359) einsicht, *syn* läugnen (*nauþsyn* bedürfnis hat im anorw. auch pl. *-ir*), *viþ* band; mit langer wurzelsilbe nur *eng* wiese (vgl. *enge* § 362).

§ 373. Wie *egg* flektiren nur wenige appellativa (sämtlich mit kurzer wurzelsilbe) wie *ey* insel, *hel* tod, *mǽr* (s. anm. 1) junge frau, *þý* (s. anm. 1) magd; dagegen viele frauennamen, z. b. *Frigg, Sif* (pl. *sifiar* verwandtschaft), *Sigg* und bes. die zusammengesetzten auf *-ey, -ný* (vgl. aber anm. 3), *-yn* oder *-(v)in* (s. § 227 anm. 4), z. b. *Laufey, Borgný, Fiorgyn, Sigyn* (*Sygin, Sigun,* s. a. o.); endlich einige ortsnamen wie *Vigg, Biorg(v)in* (s. § 220) oder *Biorgyn* Bergen u. a. auf *-yn, -(v)in,* bei welchen im anorw. das kons. *i* schwankend ist, z. b. gen. sg. *Biorgvin(i)ar* (vgl. aisl. gen. *Sigunar* neben *Sigyniar*).

Anm. 1. Nom. sg. zu dem stamme *maujō-* heisst *mær* (s. § 157, 1; erst spät und selt., den übrigen kasus nachgebildet, *mey*, noch seltener *meyia* nach § 398 flektirend) wie von einem *iō-*stamme (§ 374), aber gen. *meyiar* (got. *maujōs*) u. s. w.; zu *þý* (ebenfalls den übrigen kasus nachgebildet) kommt eine selt. (dicht.) nebenform *þír* (s. § 157, 3) vor; neben *Signý* selt. anorw. *Signí* (s. § 157, 3 und § 77, 2).

Anm. 2. Dat. sg. kann, jedoch nicht bei *hel*, auch endungslos sein, also nach § 372.

Anm. 3. Acc. sg. endet auf *-io* (*-iu*) bei eigennamen auf *-ný* (vgl. § 367).

d) *iō-*stämme.

§ 374. Paradigma: *heiþr* haide.

Sg. N. heiþr	Pl. N. heiþar
G. heiþar	G. heiþa
D. heiþe, *hæiði*	D. heiþom, *hæiðum*
A. heiþe, *hæiði*	A. heiþar

So flektiren noch eine anzahl von appellativen mit langer wurzelsilbe, z. b. *abbadís* (vgl. anm. 2) äbtissin, *byrþr* bürde, *elfr* fluss, *ermr* ärmel, *eyrr* sandufer, *festr* band, *fleyþr* (gen. *fleyþrar*) dachsparren (s. Hertzberg, s. 857), *flóþr* flut, *forkuþr* (*-kunnr,* s. § 252) neugier, *fyllr* fülle, *guþr* (*gunnr*) kampf (dicht.), *gýgr* (vgl. anm. 4) riesenweib, *gyltr* sau, *helgr* feier, *herþr* (gew. pl.) schulter, *hildr* (dicht.) kampf, pl. *hreysar* steinhaufen, *merr* (anorw. selt. gen. sg. und nom. acc. pl. *marar*; die wurzelsilbe ist nur scheinbar kurz, denn der stamm ist **marhiō-,* ahd. *meriha,* vgl. § 119, 2) stute, *mýrr* sumpf, *reyþr* forelle, *rýgr* (vgl. anm. 4) weib (dicht.), *veiþr* jagd, *ylgr* (vgl. anm. 4) wölfin, *ǽþr* eider, *ǽþr* (oder *ǽþ* nach § 380) ader, *ex* (vgl. anm. 2), *ox, ax,* anorw. auch *œx* (s. § 74, 7 und § 167, 5) axt; ferner frauennamen wie *Auþr, Fríþr, Gerþr* (pl. *gerþar*) kleidertracht sowie anorw. *almosogærðar* almosen, aber *gerþ* handlung nach § 380), *Hildr, Ilmr, Rindr, Þrúþr* und bes. die zahlreichen auf *-dís* (vgl. anm. 2; aber *dís* ehrwürdiges weib nach § 380), -eiþ(r), -(f)ríþ(r), -gerþr, -guþr (-gunnr), -hildr, -unn (-uþr, -unnr, s. anm. 2), -þrúþr und die selt. auf -elfr, z. b. Þordís, Ragneiþr, Iófríþr, Sigríþr, Þorgerþr, Þorguþr, Ragnhildr, Iþunn, Sigþrúþr, Þórelfr; endlich der ortsname Dyflinn Dublin. Ueber schwankende wörter s. § 380, 3, § 406, 1.

Anm. 1. Der zu erwartende i-umlaut fehlt in einigen hierher übergetretenen i- oder ō-stämmen, wie Auþr, forkuþr, guþr, Þrúþr und den namen auf -guþr, -unn, -þrúþr (der umlaut im namen Þrýbrekr, Þrýrekr ist wol nach § 62 zu erklären); vgl. noch anorw. pl. marar (s. oben). Zu anorw. ælfr fluss kommt ein alter gen. sg. ohne umlaut im ortsnamen Alfarhœimr vor (s. Bugge, Arkiv II, 209 ff.).

Anm. 2. Im nom. sg. fehlt die endung bei den namen auf -dís (und abbadís) statt *-díss (§ 267, 1) und -unn (aber daneben -uþr, -unnr mit -r); in alten anorw. hdschr. auch sehr oft bei den namen auf -œið(r) und -(f)rið(r), später und seltener in aisl. hdschr. bei namen auf -(f)ríþr und (sehr selt.) -hildr (s. Hb., s. XLIX; Gislason, Efterladte skrifter II, 176; Kålund, Gull-Þóris saga, s. V). Dagegen fehlt -r nur scheinbar in ex (*eksʀ § 267, 3).

Anm. 3. In der späteren sprache endet der nom. sg. oft auf -i wie dat. acc. Umgekehrt fehlt bisweilen in den Rímur das -i des acc. sg. (s. Gislason, Efterladte skrifter II, 177).

Anm. 4. Wörter wie gýgr, rýgr, ylgr schieben nach § 254 vor einem a oder o (u) der endung ein kons. i ein. Ausnahme macht helgr, pl. helgar.

III. *i*-stämme.

§ 375. Die *i*-stämme sind mask. und fem., bei welchen letzteren man eigentlich, ausser im acc. pl., dieselben endungen wie bei den mask. erwarten sollte. Diese sind:

Sg. N. -r	Pl. N. -ir, -er
G. m. -s oder -ar; f. -ar	G. -a
D. —	D. -um, -om
A. —	A. m. -i, -e; f. -ir, -er

Die feminina folgen aber (bis auf wenige spuren, s. § 380, 1 und 3 sowie anm. 1) im sg. der flexion der ō-stämme (§ 365 und § 366).

Anm. Nom. sg. endet urn. auf -iʀ, z. b. Hlewagastiʀ (Gallehus), Þaliʀ (Bratsberg), Saligastiʀ (Berga), gleaugiʀ? (Danneberg) und das adj. -māriʀ (Torsbjærg). Alle übrigen kasus sind urn. nicht belegt, ausser dat. pl. aus der spätesten zeit und in unursprünglicher form (s. § 346 anm. 8). Spuren der urspr. endung -imʀ (vgl. got. -im) sind in der literatur nur das zahlwort þrimr drei und (mit -m aus -mm < -mʀ, s. § 267 anm. 4) das selt. megim > gew. megen (s. § 250 anm. 1) aus *-m weʒim (s. § 268).

§ 376. Paradigmen sind: mask. *gestr* gast, *staþr* stätte, *elgr* elentier; fem. *ǫxl* achsel, *rǫst* meile.

	maskulina			feminina	
Sg. N.	gestr	staþr	elgr	ǫxl	rǫst
G.	gests	staþar	elgs, elgiar	axlar	rastar
D.	gest	staþ	elg	ǫxl	rǫsto, *rastu*
A.	gest	staþ	elg	ǫxl	rǫst
Pl. N.	gester, *gæstir*	staþer	elger, *ælgir*	axler	raster
G.	gesta	staþa	elgia	axla	rasta
D.	gestom, *gæstum*	staþom, *staðum*	elgiom, *ælgium*	ǫxlom, *axlum*	rǫstom, *rastum*
A.	geste, *gæsti*	staþe	elge, *ælgi*	axler	raster

§ 377. Wie *gestr* gehen recht viele wörter, z. b. *alr* ahle, *brestr* (s. anm. 3) mangel, *bugr* biegung, *bulr, bolr* rumpf, *dugr* tüchtigkeit, *dyttr* schlag, *dǿll* thalbewohner, *falr* schafthülse des spiesses, *Gladr* ein pferdename, *glǿþr* verbrechen, *gramr* (s. anm. 2) kriegsheld (dicht.), *griss* (s. 2 unten) ferkel, *guþ* (seltener *goþ*, vgl. § 154, 2, § 351; s. noch 2 unten sowie anm. 1 und 2) gott, *hagr* lebensbedingung, *halr* mann (dicht.), *hamr* (s. anm. 2) hülle, *hár* (pl. *háer*, selt. *háfer*, s. Egilsson) ruderdulle, *hlumr* (oder *hlummr* nach § 348) handhabe des ruders, *hualr* (s. 2 unten) walfisch, *lík(h)amr* (selt. *likamn*, Hb., s. LVI; auch *líkame* nach § 391) körper, *lýþr* (s. 2 unten) mensch, *nár* (s. anm. 2) leichnam, *pyttr* pfütze, *sár* (s. 2 unten) zuber, *skellr* klatschen, *slagr* saitenspiel, *sullr* geschwür, *suanr* schwan, *suiþr* rasche bewegung, *valr* (pl. fehlt) die gefallenen, *valr* (s. 2 unten und anm. 2) falke, *vanr* (s. anm. 2) eine art götterwesen, *vaþr* angelschnur, *vegr* (pl. fehlt) ruhm, *þrekr* kraft und viele völkernamen wie *Daner, Egþer* (s. 2 unten), *Fríser, Kúrer, Rauþsender, Skeyner, Strender, Valer, Vestfylder* u. a. Ueber die einzelnen kasus ist zu bemerken:

1. Im nom. sg. kommen, wie bei den *a*-stämmen, die § 267 gegebenen regeln zur anwendung, z. b. *dǿll, halr, skellr, suanr, griss*.

Anm. 1. In *guþ, goþ* fehlt die nom.-endung, weil das wort ursprünglich neutr. ist. In St. Hom. fehlt die endung einigemal auch im gen. sg.

Anm. 2. Dat. sg. hat bei *guþ* immer, bei *gestr, gramr, hamr, nár, valr* falke, *vanr* bisweilen die endung *-e* (*-i*).

2. In nom. acc. pl. haben viele wörter *-ar*, resp. *-a*, wie die *a*-stämme, neben *-er, -e* (*-ir, -i*). Solche sind *gramr, guþ*,

hualr, *lýþr* leute, *sár* (pl. aisl. *sáer*, anorw. *sár* aus *sáar*), selt. *Egþer*, *gríss*, *valr* falke. Ueber *dalr*, *marr* pferd, *Ryzar*, *smiþr*, *stafr*, *vegr* weg, *Vermar* s. § 348, 4.

Anm. 3. Von *brestr* ist der acc. pl. selten nach den *u*-stämmen (§ 385) gebildet.

§ 378. Wie *staþr* flektirt eine ziemlich grosse anzahl von einsilbigen wörtern, wie *bragr* dichtkunst, *burr*, *borr* (s. 1 unten) sohn (dicht.), *burþr* geburt (vgl. 2 unten), *feldr* (s. 2 und 3 unten) mantel, *flugr* flucht, *fundr* (s. 2 unten) zusammenkunft, *gripr* kostbarkeit, *grunr* argwohn, *hlutr* (s. 4 unten) los, teil, *hugr* sinn, *konr* (vgl. anm.) geschlechtsangehöriger (dicht.), geschlecht (nur in adv. wie z. b. *alzkonar* von jeder art), *kostr* (s. 2 und 4 unten) bedingung, *kuistr* zweig, *marr* (s. 1 und 2 unten) meer (dicht.), *matr* (s. 3 unten) speise, *munr*, *monr* (s. 2 unten und anm.) sinn, unterschied, *rugr* roggen, *salr* (s. 1 unten und anm.) saal, *sauþr* schaf, *skriþr* (s. 1 unten) lauf, *skurþr* scheeren, *skutr* hintersteven, *stuldr* diebstahl, *sultr* (s. 1 und 2 unten) hunger, *vinr* (s. 2 unten und anm.) freund, *þróttr* (s. 1 unten) stärke, *þulr* redner, *þurþr* verminderung und die zahlreichen wörter auf *-skapr* (dat. pl. aisl. *-skǫpom* § 75, anorw. *-skapum*), z. b. *fiandskapr* feindschaft. Jedoch kommen bei vielen von diesen wörtern schwankungen nach der seite der *a*- oder *u*-stämme vor:

1. Gen. sg. auf *-s* neben *-ar* bei *burr*, *marr*, *munr*, *salr*, *skriþr*, *sultr*, *þróttr*, anorw. auch *staþr* in der bedeutung 'stadt' (mnorw. auch *stadhars*, vgl. § 353 anm. 1 und die daselbst zitirte literatur) und *vinr* (s. F. Jónsson, Arkiv XI, 378).

2. Dat. sg. auf *-e* (*-i*) bei *atburþr* ereignis, *feldr*, *fundr*, *kostr*, *munr*, *staþr*, *sultr*.

3. Nom. acc. pl. auf *-ar*, resp. *-a* neben *-er*, *-e* (*-ir*, *-i*) bei *feldr* und selt. *matr*.

4. Acc. pl. auf *-o* (*-u*) kommt, obwol selt., bei *hlutr* und *kostr* vor.

Anm. Im nom. sg. kann -*r* fehlen bei *mun*(*r*), *mon*(*r*) und *vin*(*r*), sehr selten bei *kon*(*r*) und (s. Noreen, Uppsalastudier, s. 201 f.) *sal*(*r*); vgl. *Auþon* (ags. *Éadwine*), *Aun*, *Ǫn* und *Hákon*. Zur erklärung s. § 275 anm. 2 und die daselbst zitirte literatur.

§ 379. Wie *elgr* gehen mask., welche *i*-umgelautete, entweder kurze oder auf *ʒ*, *g*, *k* endende lange wurzelsilbe haben

§ 379. *i*-stämme.

(s. Wimmer, Forn. forml., § 41, b; Jónsson, Skjaldesprog, s. 32 ff.), z. b. *Báleygr* ein mythischer mannsname, *bekkr* bank, *bekkr* bach, *belgr* balg, *berserkr* berserker, *beþr* (vgl. § 358 und anm. 2 unten) bett, *bylr* windstoss, *býr* oder (vgl. § 160 anm. 2) *bǿr* (s. anm. 3 und 4 unten) dorf, *byrr* günstiger fahrwind, *drengr* (vgl. anm. 2) junger mann, *drykkr* (vgl. anm. 2) trank, *dykr* lärm, *dynr* getöse, *eykr* zugvieh, *fengr* fangst, *fnykr* stank, *Freyr* ein göttername, *glymr* geklirr, *gnýr* getöse, *gnyþr* brummen, pl. *Grikker, Girker* (vgl. § 358) Griechen, *gyss* (*gys_R*) spott, pl. *Háleyger* einwohner von Halogaland, *heggr* traubenkirsche, *herr* (vgl. anm. 2; nom. acc. pl. nicht belegt) heer, *hlekkr* kette, *hlymr* getöse, *hlynr* ahorn, *hrekkr* ränke, *hryggr* rücken, *hrytr* schnarchen, *hylr* schlund, *hyrr* feuer (dicht.), *kengr* bügel, *kylr* kälte, *leggr* schenkel, *lýr* eine art dorsch, *lǿkr* bach, *mergr* (vgl. anm. 2) mark, *reykr* (vgl. anm. 2) rauch, *rifr* weberbaum, pl. *Ryger* (vgl. § 358) einwohner von Rogaland, *rykkr* ruck, *rymr* lärm, *seggr* kamerad (dicht.), *sekkr* (vgl. anm. 4) sack, pl. *Serker* Sarazenen, *serkr* (vgl. anm. 2) hemd, *skrǽkr* geschrei, *skykkr* erschütterung, *slǿgr* vorteil, *sprengr* sprengen, *stekkr* schafhürde, *strengr* strang, *strykr* sturmwind, *stynr* stöhnen, *styrkr* stärke, *styrr* streit (dicht.), *suelgr* schlund, *sylgr* trank, *sǿgr* ungewitter, *vefr* gewebe, *veggr* wand, *verkr* schmerz, *viggr* pferd (dicht.), *vǽngr* (vgl. anm. 4) flügel, *Yggr* ein name Odins, *ylr* wärme, *ymr* lärm, *yss* (*ys_R*) lärm, *þefr* geruch, *þeyr* tauwetter, *þrymr* donner, *þuengr* schuhriemen, *þykkr* verdruss, *þyss* (*$þys_R$*) tumult, *þytr* lärm.

Anm. 1. Im gen. sg. sind *Báleygr, drengr, dynr, Freyr, glymr, gnýr, kengr, lýr, seggr, sprengr, suelgr, sǿgr* nur mit -*s* belegt; *byrr, fengr, hryggr, hylr, lǿkr, viggr, ylr, þykkr* nur (und *drykkr* fast immer) mit -*iar*.

Anm. 2. Im dat. sg. kommt die endung -*e* (-*i*) sehr selt. vor, z. b. bei *beþr, drengr, drykkr, herr, mergr, reykr* und *serkr*; häufiger erst im mnorw.

Anm. 3. *Bǿr, býr* hat gen. sg. *bǿ(i)ar, bý(i)ar* (selt. *bǿs, býs, býss*) und *bidr* (§ 127 b, b, 2), gen. pl. *bǿ(i)a, bý(i)a* und *biá*, dat. pl. *bǿ(i)om, bǿm, býiom* und *bióm, bidm* (vgl. § 353 anm. 2).

Anm. 4. Einige von diesen wörtern können auch wie reine *a*-stämme flektiren, z. b. *sekkr*, pl. *sekkar, -a* u. s. w. statt -*iar, -ia* (vgl. § 254 anm. 2), mnorw. acc. pl. *bǿa, býa*. Dat. pl. *vǽngom* (z. b. 2mal in St. Hom.) neben *vǽngiom* erklärt sich wol daraus, dass *vǽngr* nach § 129 aus *vǽingr* entstanden ist und also ursprünglich zu § 348 gehört.

§ 380. Wie *ǫxl*, also im sg. nach § 365, gehen die meisten aisl.-anorw. feminina, z. b. *sorg* sorge, *þǫkk* dank, bes. viele auf -*d*, -*þ*, -*t*, -*n*, wie *vídd* weite, *tíþ* (scheint im ausdrucke *í þann tíþ* 'zu jener zeit' mask. zu sein) zeit, *dǿþ* tüchtigkeit, *sót* krankheit, *norn* norne und alle auf -*on* (gen. sg. -*anar*, nom. pl. -*aner* u. s. w., bald auch nom. dat. acc. sg. -*an*; umgekehrt bisweilen, bes. in den ältesten hdschr., gen. sg. -*onar*; vgl. § 130 anm. 3) und -*kunn*, z. b. *skipon*, -*an* anordnung, *varkunn* nachsicht u. a. (vgl. Wimmer, Forn. forml. § 48). Ueber die einzelnen kasus ist zu bemerken:

1. Im nom. sg. ist die alte und ursprüngliche endung -*r* (vgl. got. -*s*) noch erhalten bei *brúþr* braut, frau, *nauþ(r)* notwendigkeit, *Urþr* name einer norne — *urþr*, *yrþr* geschick, verhängnis (dicht.) ist mask., s. Gíslason, Aarbøger 1881, s. 242 f. — *uþr*, *unnr* welle (dicht.), *vǽttr* (seltener *véttr*, *vittr*, s. § 105, § 106, 2; in zusammensetzungen -*ví(t)tr* und dann ausnahmsweise mit nom. acc. pl. nach § 403, z. b. *hialmvítr* valküre) wicht, wesen. — Ueber durch ausgleichung entstandene, umlautslose nom. acc. wie *hafn* hafen, *skamm* (s. Gíslason, Efterladte skrifter II, 175) schande statt *hǫfn*, *skǫmm* s. § 78, c.

2. Gen. sg. endet als erstes zusammensetzungsglied selt. auf -*s*, z. b. (zu *hiolp*) *hialpsmaþr* hilfe, *Hísingsbúar* einwohner von *Hísing*.

Anm. 1. Spuren einer uralten endung -*ēʀ* (vgl. got. -*ais*) bieten vielleicht aisl. *vetterges* 'nichts' zu *vǽttr*, *véttr* nicht und anorw. *Alfer*- in ortsnamen zu dem in die flexion der *iō*-stämme übergetretenen *ælfr* (s. § 374 anm. 1).

3. Dat. acc. sg. auf -*e* (-*i*) nach § 374 zeigen *brúþr* frau, *dís* ehrwürdiges weib, *Hrist* mythischer frauenname (s. Jónsson, Skjaldesprog, s. 54), *vǽttr*, *véttr* wicht. Ebenso dat. von *eir*, *hlíþ*, *lind*, aber nur wenn sie in frauenkenningen gebraucht werden (s. Gíslason, Udvalg af oldnordiske skjaldekvad, s. 59); ausserdem einmal acc. von *nipt* schwester.

Anm. 2. Ein nach § 381 gebildeter dat. von *vǽttr*, *véttr* scheint in *vettoge* 'nichts' vorzuliegen. Von *ǫxl* ist 1 mal anorw. dat. *ǫxlu* belegt (s. Thorkelsson, Supplement IV, 194).

4. Alt und selten kommen nom. acc. pl. auf -*ar* nach § 365 vor, z. b. von *ambǿtt*, *ambótt* dienerin, *hǫfn* hafen, anorw. (später) *næfnd* nennung. — Von *vǫþ* zeug kommt bisweilen

§ 381. 382. *i*-stämme.

(dicht.) pl. *vǽþr* nach § 406 vor (s. Jónsson, Skjaldesprog, s. 54); ebenso anorw. einigemal von *véttr* wicht pl. *véttr*, aisl. nur in zusammensetzungen *-ví(t)tr* (s. 1 oben).

5. Gen. pl. von *vǽttr*, *véttr* heisst ausser *vǽtta* (z. b. in *ekke vǽtta* oder mit suffig. artikel *vǽttanna* 'durchaus nichts') auch *vetna*, *vitna* in zusammensetzungen wie *hotvetna*, *-vitna* 'was auch immer', *horvetna*, *-vitna* 'wo auch immer'. Vgl. § 348 anm. 6 und § 363 anm. 5.

§ 381. Wie *rǫst*, also im sg. nach § 366, gehen *borg* burg, *braut* weg, *fold* boden, erde, *gipt* gabe, *grund* erde, *hiorþ* herde, *hurþ* tür, *hǫll* (*hall* s. § 78) halle, *iorþ* erde, *laut* pfad, *mold* staub, erde, *mǫrk* wald (vgl. *mǫrk* mark § 403), *rǫdd* stimme, *rǫnd* rand, *skuld* (s. Hertzberg) schuld, *snót* weib (dicht.), *sól* sonne, *spǫng* platte, *strǫnd* strand, *stund* zeit, *stǫng* stange, *sǫl* seele, *tǫng* zange, *vist* aufenthalt, *vǫn*, *ón* (§ 78 anm.) hoffnung, *þióþ* volk, *ǫld* zeitalter, *ǫnd* atem und vielleicht noch einige. Von diesen wörtern gehen jedoch *mǫrk*, *rǫnd*, *spǫng*, *strǫnd*, *stǫng*, *tǫng* im pl. (*tǫng* und seltener *mǫrk* auch im gen. sg.) auch nach § 406 oder § 407. Uebrigens können die meisten auch, wiewol seltener, nach § 380 gehen (beisp. bei Jónsson, Skjaldesprog, s. 51 ff.).

Anm. 1. Gen. sg. von *sól* zeigt im anorw. auffallend *sólo-*(*dagr*, *-glaðan*) neben *sólar*(-).

Anm. 2. Alt und selten kommen in der dicht. sprache nom. acc. pl. auf *-ar* (nach § 366) vor, wie z. b. von *iorþ*, *sól*, *ǫld*.

§ 382. Die *i*-stämme sollten lautgesetzlich in nom. acc. pl., die mit langer wurzelsilbe auch in nom. acc. sg. (§ 63, 1), *i*-umlaut des wurzelvokals aufweisen. Aber bei sämtlichen wörtern ist — von vereinzelten fällen wie *Ryger* : (gen. *Rygia*, aber noch) *Roga-land*, *Þiler* : *Þela-mǫrk*, *Háleyger* : *Háloga-land* (s. § 145ᵃ, 2) abgesehen; s. Much, ZfdA. XXXIX, 40 — ausgleichung eingetreten (vgl. § 64) entweder

1. zu gunsten des nicht umgelauteten vokals, wie in m. (s. § 378) *sauþr* (agutn. *soyþr*), *skurþr* (aschw. *skyrþ* f.), *staþr* (agutn. *steþr*), *stuldr* (aschw. *styld* f.), *sultr* (aschw. *sylt* f. und *sulter* m.) und (s. § 377) *slagr* (agutn. *slegr*) saitenspiel; — f. *dǿþ* (aber noch Karlevi pl. *taiþir*, d. h. *dǽðir*) that, *sǫgn* (aschw. *sægn*) sage, *urt* (aschw. *yrt*) pflanze, *vǫrn* (aschw. *værn*) verteidigung;

2. oder zu gunsten des umgelauteten vokals, wie in m. (s. § 377) *gestr, glǿpr, lýþr* (aschw. *liūþer* und *lȳþer*), ferner *belgr, bekkr* u. a. auf *-ȝ, -g, -k* (s. § 379), vielen nur im pl. vorkommenden völkernamen, wie *Prǿnder, Vestfylder* u. a.; seltener in f. wie (den auch als ō-stämme flektirenden, s. § 365) *dǿl, gymbr, nǽfr, ǽs*;

3. oder es sind doppelformen entstanden, wie m. *Húner* : *Hýner* (s. Fritzner; auch *Húnar* nach § 348) Hunnen, *hlumr* : selt. (s. Egilsson) *hlymr* griff des ruders, *dunn* : selt. (s. Fritzner) *dynn* schar, *fundr* : selt. (s. Leffler, Sv. Landsm. I, 278 note, Thorkelsson, Supplement IV, 49) *fyndr* zusammenkunft, *burþr* : selt. f. *byrþ* (s. Leffler, a. o., und Jónsson, Skjaldesprog, s. 48) geburt, *urþr* : *yrþr* verhängnis (vgl. § 380, 1), *fúrr* : selt. (s. Bugge, Runeindskriften i Forsa kirke, s. 21) *fýrr* feuer (dicht.), *úrr* (pl. *úrar* nach § 348) : selt. *ýrr* (Gislason, Aarbøger 1881, s. 208) auerochs, *gluggr* (pl. *-ar* nach § 348) : anorw. *glyggr* (s. Fritzner; ausserdem in Konungsskuggsiá) lichtöffnung, *þytr* : selt. *þutr* (s. Falk, Arkiv III, 296) lärm, *hlynr* : selt. *hlunr* (s. Egilsson) ahorn, *dúnn* : selt. *dýnn* (s. Vigfuson) daune, *lýþr* : selt. *lióþr* (s. Fritzner sowie Bugge, Arkiv II, 218) mensch, *hlutr* : anorw. selt. *lytr* (s. Hertzberg, s. 860) los, teil; — f. *ǿtt* : *ǽtt* himmelsgegend, familie, *sǿtt* : *sǽtt* vertrag, *kuǿn* : *kuǽn* hausfrau, *bón* : *bǿn* bitte, *sión* : *sýn* sehen, *þurft* : *þyrft* bedarf, *tylft* : selt. *tolft* zwölfter, *nauþ(r)* : selt. *neyþ* notwendigkeit, *skuld* : *skyld* schuld, *lund* : anorw. selt. *lynd* (s. Hertzberg, s. 860) ort, *ferþ* : selt. pl. *farþer* (s. Jónsson, Skjaldesprog, s. 54) fahrt, *íþrótt* : selt. pl. *íþrǿtter* (s. Larsson) talent, *flóþ* : *flǿþ* (vgl. *flǿþr* § 374) flut, *gnótt* : selt. *gnǿtt* (s. Fritzner) genüge, zusammensetzungen auf -(h)úþ : -ýþ, -(h)ugþ : -ygþ s. § 283, 1; vgl. noch *brúþr* braut, aber *bryllaup* (neben *brullaup, brúþlaup*) hochzeit, *vǫþ* zeug, aber anorw. *vǽðmál* (neben *váðmál, vaðmál* § 122, 1, durch volksetymologie *vefmál*, durch mndd. einfluss *vatmál*; vgl. pl. *vǽþr* § 380, 4) kleiderstoff, anorw. *Alfarhǿimr* zu *ǿlfr* (§ 374 anm. 1).

IV. *u*-stämme.

§ 383. Die *u*-stämme sind nur maskulina (über das fem. *hǫnd* s. § 406 anm. 1, das neutr. *fé* s. § 353 anm. 1). Die endungen sind:

§ 384. 385. *u*-stämme.

Sg. N.	-r (*u*-umlaut d. wurzelvok.)	Pl. N.	-ir, -er (*i*-uml. d. wurzelvok.)
G.	-ar	G.	-a
D.	1) -i, -e (*i*-uml. d. wurzelvok.)	D.	-um, -om
	2) — (*u*-uml. d. wurzelvok.)	A.	1) -u, -o
A.	— (*u*-uml. d. wurzelvok.)		2) -i, -e (*i*-uml. d. wurzelvok.)

Anm. 1. Nom. sg. endet urn. auf *-uʀ*. Beispiel ist *HaukoþuʀR* (Vånga), *waruʀ* (Tomstad), *SsigaðuʀR* (Svarteborg).

Anm. 2. Gen. sg. und der ganze pl. ist urn. nicht belegt.

Anm. 3. Dat. sg. endet urn. auf *-iu*. Beispiel: *Kunimu[n]ðiu* (Tjurkö), *maʒiu* (Stentofta).

Anm. 4. Acc. sg. endet urn. auf *-u*. Beispiel ist *maʒu* (Kjølevig), *sunu* (Sölvesborg; ebenso in aschw. und adän. runeninschriften).

§ 384. Paradigmen sind: *vǫndr* rute, *fiorþr* meerbusen, *fǫgnoþr* freude, *Ǫʒorr* ein mannsname.

Sg. N.	vǫndr	fiorþr	fǫgnoþr, *fagnuðr*	Ǫzorr, *Azurr*
G.	vandar	fiarþar	fagnaþar	Ǫzorar, *Azurar*
D.	vende, vǫnd	firþe, -i	fagnaþe	Ǫzore, *Azuri*
A.	vǫnd	fiorþ	fǫgnoþ, *fagnuð*	Ǫzor, *Azur*
Pl. N.	vender	firþer, -ir	fagnaþer	
G.	vanda	fiarþa	fagnaþa	
D.	vǫndom, vandum	fiorþom, fiarðum	fǫgnoþom, fagnaðom	
A.	vǫndo, *vandu*, vende	fiorþo, *fiarðu*	fagnaþe	

§ 385. Wie *vǫndr* geht eine ziemlich grosse anzahl von wörtern, z. b. *blǫstr* (gen. *blástar*, später *blástrar*, dat. *blǽste*, sp. *blǽstri* u. s. w.) blasen, *bógr* (dat. *bóge*) bug, *bǫlkr* (anorw. selt. acc. pl. *bǫlka*, s. Thorkelsson, Supplement IV, 18; vgl. anm. 2 unten), balken, *bǫllr* ball, *bǫrkr* rinde, *dróttr* zug, *flǫtr* fläche, *friþr* friede, *grǫptr* (gen. *graptar*, später *graptrar* u. s. w.) grab, *gróþr* gier, *gǫltr* eber, *Hǫrþr* ein mannsname, *hǫttr* (vgl. anm. 2) hut, *hǫttr* art und weise, *Hǫþr* mythischer name, *knǫrr* (gen. *knarrar*) handelsschiff, *knǫttr* ball, *kuistr* zweig, *kuittr* (auch als *a*-stamm nach § 348) wortkram, *kuiþr* zeugnis, bauch, *kǫkkr* klumpen, *Kǫrtr* ein pferdename, *kǫstr* haufen, *kǫttr* (vgl. anm. 2) katze, *limr* (pl. auch *limar* f., selt. m., z. b. in No. Hom.) glied, zweig, *litr* farbe, *liþr* (vgl. 2 unten) gelenk, *lǫgr* flüssigkeit, *lǫstr* laster, *mǫgr* sohn (dicht.), *mǫkkr* staubwolke, *mǫlr* motte, *mǫrþr* marder, *móttr* macht, *reitr* (später auch als *a*-stamm) ritze, *réttr* recht, *slóttr* mähen, *sonr*, *sunr* (vgl. 1 unten) sohn, *spǫlr* schindel, *spǿnn*, *spónn* (pl. *spǿner*, *spǿner* § 60 anm. 4) span, suǫppr pilz, suǫrþr schwarte, tøgr (tegr, tigr, tugr, togr vgl. anm. 3) zehner, vǫ́ttr (nur anorw., s. Hertzberg und Möbius, An. Glossar; aisl. und anorw. váttr geht als a-stamm nach § 348) zeuge, verþr (vgl. anm. 1) mahlzeit, viþr holz, wald, vǫlr stab, vǫllr feld, vǫrr (gen. varrar) ruderzug, vǫrþr (vgl. 2 unten) wacht, vǫttr handschuh, vǫxtr wachstum, ǫrn adler, ǫ́rr (pl. árar neben ǽrer) bote, ǫ́ss heidnischer gott (auch áss nach § 348 und so immer in der bedeutung 'balken'), þreskǫldr (þreskoldr § 74, 3, § 76, § 141, durch volksetymologie þreskioldr, þraskioldr, þrepskioldr, þrepskuldr; vgl. noch anm. 2) türschwelle, þrǫmr rand, þrǫstr drossel, þrǫ́r (selt. anorw. nach § 403, s. Jónsson, Arkiv IX, 378; vgl. auch 2 unten) zwirn, þuǫ́ttr waschen, þǫ́ttr abteilung. Ueber prettr, smiþr, stigr (stigr), vegr s. § 348, 4; spǫrr s. § 355 anm. 2; anorw. mundr s. § 348 anm. 5; brestr s. § 377 anm. 3; hlutr, kostr s. § 378, 4; fótr, fingr, vetr s. § 404. Ueber die einzelnen kasus sei bemerkt:

1. Im nom. sg. fehlt sehr oft das -r bei son(r), sun(r), aisl. (aber nicht anorw.) regelmässig, wenn das wort als späteres zusammensetzungsglied steht (s. Vigfusson). Ueber spǫnn, ǫrn, ǫ́ss s. § 267, 3 und 1.

2. Gen. sg. endet auf -s oft bei vǫrþr (vǫrþs neben varþar), bisweilen bei liþr und þrǫ́þr. — Mnorw. steht oft sonars statt sonar (s. A. B. Larsen, Arkiv XIII, 245).

3. Dat. sg. ohne endung (vǫnd) ist etwas später als die form auf -i (vende) und nur bei gewissen wörtern wie friþr, gróþr, knǫrr, limr, litr, liþr, lǫgr, mǫgr, mǫttr, réttr, siþr, sonr, stigr, viþr, vǫndr, vǫrþr, þrǫmr, þǫ́ttr, ǫ́rr, ǫ́ss neben der längeren belegt.

Anm. 1. Von dem nur im sg. gebräuchlichen verþr kommt neben verþe selt. ein alter, lautgesetzlicher (s. § 155) dativ virþe vor. Vgl. aber Gíslason, Udvalg af oldno. skjaldekvad, s. 160 f.

4. Acc. pl. auf -i (wie vende) kommt in der ältesten literatur nur bei wenigen wörtern (alternativ) vor: limr, sonr, sunr (acc. pl. søne, syne), ǫ́rr (ǽre), ǫ́ss (ǽse). Sonst zeigen sich solche formen erst später, werden aber immer gewöhnlicher.

Anm. 2. Der wechsel von umgelauteten und nicht umgelauteten formen hat bisweilen ausgleichung und doppelformen veranlasst, z. b. mit anal. i-umlaut sønr (acc. søn, gen. pl. søna, dat. pl. sønom, s. Larsson) statt

§ 386. 387. *u*-stämme. 241

sonr, ǽrr (No. Hom.) st. ǫ́rr, þreskeldr st. -ǫldr, anorw. gen. sg. grǿftar
(s. Hertzberg) st. graftar, dat. pl. ǿsum (s. Gislason, Efterladte skrifter
II, 178; vgl. auch namen wie Ǽstriþr, z. b. in Ágrip, statt gew. Ástriþr
zu ǫss) statt ǫ́som. Umgekehrt ist der *i*-umlaut anal. entfernt, z. b. anorw. dat.
sg. blǿste st. blǽste, erne (aus *ǫrne, s. § 110 anm.) st. erne, beides in
No. Hom.; ebenso der *u*-umlaut in balkr (pl. balkar), hattr, kattr, þreskaldr
neben bǫlkr u. s. w.

Anm. 3. Das urspr. zu § 386 gehörende (vgl. § 88 anm.) tegr (§ 74, 3)
zehner flektirt in den ältesten hdschr. : sg. nom. tegr (tegr), gen. tegar,
dat. tige, acc. teg, pl. nom. tiger, gen. tega, dat. tegom (tigom), acc. tego
(togo, s. § 166, 3); später tigr, tegr, tøgr, togr, tugr, gen. tigar, tegar u. s. w.
ohne jeden vokalwechsel.

§ 386. Wie *fiorþr*, also mit urgerm. *i*-umlaut (§ 155) im
dat. sg. und nom. pl., mit brechung in allen übrigen kasus,
gehen *biorn* (*biornʀ*) bär, *hiortr* hirsch, *iostr* gäscht, *kiolr* kiel,
mioþr met, *Niorþr* ein göttername, *skioldr* schild, *stiolr* steiss.
Ueber *hiorr* schwert s. § 355 anm. 1.

Anm. 1. Ueber fiǫrþr, biǫrn u. s. w. statt fiorþr, biorn s. § 74 anm. 3
und § 86. Durch ausgleichung steht mehrmals dat. sg. skialde statt skilde
(s. Gislason, Efterladte skrifter I, 32, Jónsson, Skjaldesprog s. 56), 1 mal
vielleicht nom. pl. skialdar st. skilder (Jónsson a. o.), spät und selt. dat. sg.
hiort, mioð (Gislason, a. o. II, 177).

Anm. 2. Als mannsname ist gen. sg. Biorns anorw. seit 1330 belegt
(s. Rygh, Gamle personnavne, s. 41). Vgl. § 385, 2.

§ 387. Wie *fǫgnoþr*, also ohne jedweden *i*-umlaut (dies
wegen der schwachtonigkeit der betreffenden silbe, s. § 61),
gehen alle mask. auf -oþr, später anal. -aþr (also *fagnaþr*,
s. § 130 anm. 3), z. b. *búnoþr* zubehör, *glǫtoþr* verderber,
iolfoþr (gen. *ialfaþar*, vgl. anm. 1) ochs, *skilnoþr* scheidung u. a.
(s. von Bahder, Die verbalabstracta in den germ. spr., s. 104 f.;
Falk, Beitr. XIV, 33 ff.) sowie mannsnamen, z. b. *Níþoþr*, *Stǫr-
koþr* (dat. 1 mal *Starkeþe* — s. Jónsson, Skjaldesprog, s. 49 —
also noch mit starkem nebenton wegen der urspr. zusammen-
setzung, s. § 141, § 61), *Ǫndoþr*. Ueber *mónoþr* (*mánaþr*)
s. § 404.

Anm. 1. Gen. sg. endet bei den wörtern auf -noþr (-naþr) bisweilen
anorw. auf -naðr (vgl. mánaþr § 404) statt -naðar, s. Gislason, Um frumparta,
s. 78 f., Wadstein, F. Hom., s. 104. — Iolfoþr hat als Odinsname gen.
Iolfoþs; ebenso zeigt grǫndoþr schädiger 1 mal -grǫnduðs (s. Jónsson,
Skjaldesprog, s. 49 f.).

Anm. 2. Geirroþr : gen. Geirraþar (Sn. E. II, 300 f. 6 mal, I, 290 note,
Grímnessmǫl 49, Landnámabók, Kph. 1900, s. 154) ist wol nach diesem

paradigma anal. umgebildet statt *Geirrauþr* (mehrmals in Landnáma u. a.; öfter *-roþr*, *-ruþr* nach dem gen. und dat.) : *Geirroþar* (dat. *-roþe*), welche formen sich zu einander verhalten wie *Háleyger* : *Háloga(land)*, s. § 145ᵃ, 2.

§ 388. Wie *Ǫzorr*, also ohne jedweden wechsel zwischen umgelauteten formen, gehen die mannsnamen auf *-frøþr* (§ 74, 3, *-frøþr* § 114, *-røþr*, *-reþr* § 281, 4, b; ausserdem oft *-froþr*, *-roþr*, s. Bugge, Arkiv II, 250 f., vielleicht durch vermischung mit den namen auf *-roþr*, *-rauþr*, s. § 387 anm. 2), *-móþr*, *-mundr* (vgl. § 348 anm. 5), z. b. *Hallfrøþr* (*-freþr*, *-froþr*), *Goþrøþr* (*-roþr*, *Guþreþr*), *Þormóþr*, *Sigmundr*; ferner einzelne wie *Auþon(n)*, *Bǫ́rþr*, *Gizorr*, *Hákun(n)*, *-kon* (§ 275 anm. 2), *Sigorþr*, *Vǫlundr* (*Vélundr* § 74, 12), *Þórþr*, *Þróndr* (aisl. auch *Þrándr*, s. § 167, 2), *Þundr*, *Ǫnundr*. Von appellativen gehören hierher nur *dǫgorþr* frühstück und *nóttorþr* abendmahl.

Anm. 1. Ueber die schwankende endung im nom. sg. bei *Auþon(n)*, *Hákun(n)* s. § 275 anm. 2. Misl. kann in wörtern auf *-mundr* das *-r* fehlen, s. Gislason, Efterladte skrifter II, 168.

Anm. 2. Gen. sg. kann im anorw., wenigstens bald nach 1300, auch auf *-s* enden, z. b. *Ásmunds*, *Auðuns*, *Bárðs*, *Geirmunds*, *Guðmunds*, *Sigurðs*, *Þórðs*, *Þrónds* statt *Ásmundar* u. s. w., s. Rygh, Gamle personnavne, passim. — Gen. *Sigraþar* (Bugge, Arkiv II, 251) statt *-reþar*, *-roþar* ist wol zu *Sigroþr* anal. neugebildet (vgl. § 387 anm. 2).

B. *n*-stämme (schwache deklination).

I. *an*-stämme.

§ 389. Die *an*-stämme sind fast nur maskulina (über fem. vgl. § 391) und neutra, die eigentlich, ausser im nom. sg. und nom. acc. pl., dieselben endungen haben sollten, nämlich:

	mask.	neutr.		mask.	neutr.
Sg. N.	*-i*, *-e*	*-a*	Pl. N.	(*-a* oder *-nn*)	*-u*, *-o*
G.	*-a*		G.	*-na*	
D.	*-a*		D.	*-(n)um*, *-(n)om*	
A.	*-a*		A.	(*-a* oder *-nu*, *-no*)	*-u*, *-o*

Die maskulina haben aber (bis auf wenige spuren, s. § 391, 2 und 3) im pl. die flexion der *a*-stämme (§ 347) angenommen.

Anm. 1. Nom. sg. m. endet urn. auf *-ā*. Beispiele: *Har[i]vā* (kamm von Vi, *Harivā* Skåäng), *Muhā* (Kragehul), *M[ā]r[i]lā* (Etelhem), *Hariuhā*? (Seeland), *Niuwilā* (Næsbjærg), *Frohilā* (Darum II), *Wiwilā* (Veblungsnæs), wozu die adj. *anahahā*? (Möjebro), *fauauisā* (Seeland). Spät-urn. steht *-e*: *-ᛞᛅᚢᛞᛁ* (Björketorp). — Nom. sg. ntr. ist nicht belegt.

§ 390. 391. *an*-stämme.

Anm. 2. Gen. sg. endet wahrscheinlich urn. auf -*an*. Beispiele sind vielleicht *Keþan* (Belland), -*an* (Tomstad).

Anm. 3. Dat. sg. endet urn. auf -*an* (vgl. jedoch Noreen im Grundriss³ I, 613). Beispiele: *wita[n]ðahalaiðan* (Tune), *Þrawiyan* (Tanum).

Anm. 4. Acc. sg. und nom., dat., acc. pl. sind urn. nicht belegt.

Anm. 5. Gen. pl. endet urn. auf -*anō*: *arbijanō* (Tune); später auf -*na* (s. § 130 anm. 2): *auna* (Seeland) aus *awanō* nach § 220?

§ 390. Paradigmen sind: mask. *hane* hahn, *harpare* harfner, *bryte* haushälter, *páe* pfau; neutr. *hiarta* herz.

	maskulina				neutr.
Sg. N.	hane	harpare	bryte, bryti	páe	hiarta
G. D. A.	hana	harpara	brytia	pá	hiarta
Pl. N.	hanar	harparar	brytiar	pár	hiorto, *hiartu*
G.	hana	harpara	brytia	pá	hiartna
D.	hǫnom, *hanum*	hǫrporom, *harparum*	brytiom, *brytium*	pǫ́m	hiortom, *hiartum*
A.	hana	harpara	brytia	pá	hiorto, *hiartu*

§ 391. Wie *hane* geht eine sehr grosse anzahl von mask., z. b. *arfe* (1 mal *erfe*, s. Larsson, gleich got. *arbja*, aschw. *ærve* und urn. gen. pl. *arbijanō* Tune) erbe, *bardage* kampf, *félage* genosse, *granne* nachbar, *máne* mond, *mǫskue* (dat. pl. *mǫskom* § 227, 1, a) masche, *skaþe* schade, *tíme* zeit, *trane* (später auch *trana* nach § 397) kranich, *vise* (später auch *viser* nach § 361) anführer u. a. (s. Larsson, s. 427; Jónsson, Skjaldesprog, s. 58 f.); ausserdem die weiblichen eigennamen *Skaþe* und *Yre* (die drei dichterischen benennungen des weibes: *sprakke*, *suanne* und *suarre* sind mask.), s. Sievers, Berichte d. K. sächs. Ges. d. Wiss. 1894, s. 141. Ueber die einzelnen kasus ist zu bemerken:

1. Auch der nom. sg. endet auf -*a* bei den lehnwörtern *herra* (neben *herre* und selt. *harre*) herr, *sira* (anorw. auch *siri*) herr (bes. von geistlichen), sehr selt. *postola* (gew. -*e*) apostel und *profeta* (gew. -*e*) prophet.

Anm. 1. Acc. sg. von *ande* geist kann bisweilen (z. b. in St. Hom. und No. Hom.) *ande* statt -*a* heissen; ebenso einmal *landskialfte* st. -*a* erdbeben.

2. Im pl. zeigt *uxe*, *oxe* ochs eine sehr altertümliche (s. § 389) flexion: nom. acc. *yxn* (**yxnn < *yxnʀ*, urn. **uhsniʀ*; vgl. ags. *œxen*) oder *exn* (beides später auch als neutr. gebraucht; die selt. m. form *exner*, *yxnir*, s. Vigfusson und Egilsson, ist wie *menner* § 405 zu erklären), gen. *yxna*, *exna* (anal. statt

des selt. (s. Sn. E. I, 484) *uxna*, *oxna, aschw. *uxna*, got. *aúhsnē*) dat. *yxnom, exnom*. Flexion nach § 347 (nom. pl. *uxar, oxar* u. s. w.) kommt erst später vor.

Anm. 2. Eine andere urspr. endung des nom. pl., nämlich -*a* (vgl. got. -*ans*) ist in 'indeklinablen' wörtern wie z. b. *samfeþra, -mæþra* 'diejenigen welche gemeinsamen (-e) vater (mutter) haben' bewahrt. Ueber spuren der urspr. endung -*nu* des acc. pl. s. Noreen im Grundriss² I, 614.

3. Im gen. pl. kommen spuren der alten endung -*na* (gew. neben -*a* nach § 347) vor (ausser bei *uxe*, s. 2 oben, und einmaligem *bogna* zu *boge* bogen, s. Gislason, Efterladte skrifter I, 107) nur in einigen wörtern, die sämtlich männliche wesen bezeichnen, der dichterischen sprache eigen sind und oft das *n* aus dem gen. in die übrigen kasus des pl. eindringen lassen: *bragnar* pl. 'principes' (sg. *Brage* als name), *flotnar* pl. seeleute, *got(n)ar* pl. 'Goten' (sg. *Gote* als pferdename), *gume*, pl. *gum(n)ar* (aber nur *brúþgumar*, gen. -*guma* zu -*gume* bräutigam), mann, *skate*, pl. *skat(n)ar*, 'eminenz'.

§ 392. Wie *harpare* gehen alle mask. auf -*are*, z. b. *dómare* richter, *leikare* gaukler, *skapare* schöpfer. Weil diese wörter ursprüngliche *ia*-stämme sind (vgl. got. -*areis*, ahd. -*āri*), zeigen sie in alter zeit noch oft -*ere* neben -*are* (vgl. § 144, 1 und § 61), s. Larsson, s. 428.

Anm. Spuren der urspr. flexion (nach § 361) kommen in alter zeit sehr selt. vor, z. b. nom. sg. *gangvere(r)* kleider, *valdere(r)* gebieter, gen. sg. *mútares* falke, *vartares* ein fischname; s. Gislason, Njála II, 42 f.

§ 393. Wie *bryte* (aus *brytie § 285) gehen alle mask. auf -*bygge, -inge, -nyte, -skegge, -vere, -virke*, z. b. *aptrbygge* krieger im hinterteil des schiffes, *erfinge* (der) erbe, *arfnyte* erbnehmer, *eyiarskegge* inselbewohner, *skipvere* matrose, *illvirke* missetäter; ferner *aþile* sachführer, *einhere* kämpfer (in Valhall), *guþsife* pate, *klegge* heuschober, bremse, *niþe* (s. § 358) abkömmling, *skyle* könig (dicht.), *skyte* schütze, *steþe* amboss, *tygge* (s. Gislason, Om helrim, s. 42 ff.) oder *tigge* (nach § 81; vgl. *Tiggue* als zwergname) fürst, *tyrke* Türke, *vile* wille und die mannsnamen *Bele, Iþe, Vige*. Auch nach § 391 gehen z. b. *aþile, skyte*, selt. *bryte, niþe, vile* und die auf -*vere*; auch nach § 355 im pl. die auf -*bygge*; anorw. auch nach § 379 im pl. die auf -*vere*.

§ 394. Wie *páe* (vgl. anm. 1), also unter beachtung der in § 125 ff. enthaltenen regeln, flektiren einige wenige wörter wie z. b. *áe* urgrossvater, *búe* (dat. pl. *búm*) dorfbewohner, *flóe* (dat. pl. *flóm*) sumpfige stelle (pl. als ortsname anorw. *Flóar* und mnorw. *Flár*, vgl. § 128, b), *klé* stein zum straffziehn des gewebes, *knúe* knöchel, *lé* (alt *lée*; gen. sg. *liá* aus *léa* u. s. w.) sense, *Vé* (alt *Vée*; gen. sg. *Véa* u. s. w.) ein göttername.

Anm. 1. Im nom. sg. kommen später die formen *liár, klidr* neben *lé, klé* vor. Neben *páe* kommt auch *pá* (mengl. *pā*) vor; vgl. § 227 anm. 5.

Anm. 2. Im gen. pl. ist wol eine spur der urspr. endung -*na* (vgl. § 391, 3) in *ána-sótt* (vielleicht urn. *auna*, s. § 389 anm. 5) altersschwäche (zu *áe*) bewahrt, s. Leffler, Arkiv III, 188 f., 287 f.

§ 395. Wie *hiarta* gehen die wenigen neutr. auf -*a*: *auga* auge, *biúga* wurst, *eista* hode, *eyra* ohr, *flagbrióska* brustknorpel, *heima* heimat, *hióna, hiúna* (nur im sg. vorkommend in der bedeutung 'dienstboten'; in der bed. 'ehegatten' kommt zwar ein nom. acc. pl. vor, ist aber dem sg. ganz gleich, dies weil das wort urspr. ein nach § 389 auf -*na* gebildeter gen. pl. des unten erwähnten pl. *hiú* ist, s. Kock, Arkiv XI, 138 f. note) hausleute, *hnoþa* knäuel, *huéla* rad, *leika* spielzeug, *lunga* (nur im pl. belegt) lunge, *miþmunda* (gewöhnl. -*e* nach § 391) mittelpunkt, *nýra* niere, *síma* (auch m. *síme* nach § 391) seil, *viþbeina* schlüsselbein, *ǫk(k)la* (auch m. *ǫkle* nach § 391) fussknöchel.

Von diesen haben im anorw. wenigstens *hiarta, ouga* und *eyra* nicht selt. (s. Wadstein, F. Hom., s. 14) im nom. acc. pl. -*un* (wie im aschw., vgl. got. -*ōna*) statt -*u*. Im aisl. ist diese endung anscheinend im pl. *hión, hiún* neben *hiú* (s. § 127ᵇ, b, 2) ehegatten, hausleute belegt, aber hier ist das -*n* wol aus dem gen. *hióna* entlehnt wie in *flotnar* nach *flotna* u. dgl. (s. § 391, 3); der urspr. dazu gehörige sg. *hiá* (statt *hífa* nach dem pl. *hiú* umgebildet, vgl. § 227 anm. 4) ist nur als präpos. 'bei, neben' (*í hiá* 'in der nähe') im gebrauch und wird als subst. ersetzt teils (und gew.) durch die nach dem pl. neugebildeten formen *hión, hiún* oder *hióna, hiúna* (s. oben), teils durch das (zu *hý*- § 74, 6 neugebildete) m. *hýe* 'diener' (vgl. m. *síme* neben ntr. *síma* u. dgl.)

II. ōn-stämme.

§ 396. Die *ōn*-stämme sind fast nur feminina (über mask. vgl. § 398 und § 399). Die endungen sind:

§ 397. 398. ōn-stämme.

Sg. N. -a	Pl. N. -ur, -or
G. -u, -o	G. -na
D. -u, -o	D. -um, -om
A. -u, -o	A. -ur, -or

Anm. 1. Nom. sg. endete urn. auf nasalirtes -ō. Beispiele sind vielleicht *Talingō* (hobel von Vi), *Harisō* (Himlingøje), *Leþrō* (Strårup), *Finō* (Berga), *Alukō* (Förde); vgl. übrigens finn. lehnw. *kaltio* (aisl. *kelda*) quelle, *saatto* (aisl. *sáta*) heuhaufen u. a.

Anm. 2. Ein urn. gen. sg. auf -ōn ist vielleicht (vgl. anm. 3.) *Iʒivōn* (Stenstad); vgl. § 130 anm. 1.

Anm. 3. Dat. sg. (*Iʒivōn* Stenstad?), gen. und dat. pl. sind urn. nicht belegt.

Anm. 4. Acc. sg. ist vielleicht spät-urn. durch *ronu* (Björketorp) belegt.

Anm. 5. Nom. acc. pl. sind urn. nicht belegt, enden aber in der vikingerzeit auf -u (vgl. ahd. -ūn?, s. § 130 anm. 1), wie aus dem acc. *la[n]kmuþrku* (wäre aisl. *langmøþrgo*) der sehr alten aschw. inschr. von Kärnbo hervorgeht. Wahrscheinlich ist diese endung auch im aisl.-anorw. hie und da erhalten, nämlich regelmässig beim schwachen adj. (z. b. *góþo* die guten), sehr selt. beim subst. (z. b. nom. pl. *skófo* 'späne' in Haustlǫng, vgl. Arkiv V, 287, und *brióstkirkio* 'kirchen im herzen' in St. Hom.), endlich im zahlwort *ellefo* elf. Die gew. endung -ur, -or hat wol ihr -r anal. von den übrigen deklinationen übernommen. Vgl. Bugge, Ant. tidskr. f. Sv. V, 101 f.; Leffler, Tidskr. f. Fil. N. R. IV, 285 f.; Noreen im Grundriss² I, 615.

§ 397. Paradigmen sind: *gata* strasse, *smiþia* schmiede.

Sg. N.	gata	smiþia
G. D. A.	gǫto, gatu	smiþio, -u
Pl. N.	gǫtor, gatur	smiþior, -ur
G.	gatna	smiþia
D.	gǫtom, gatum	smiþiom, -um
A.	gǫtor, gatur	smiþior, -ur

§ 398. Wie *gata* flektirt noch eine sehr grosse anzahl von femininen wie z. b. *bylgia* (gen. pl. *bylgna*, s. § 220) woge, *Freyia* (sehr selt. *Freyfa*, s. Larsson) name einer göttin, *gáta* (gen. sg. aisl. *gǫ́to*) rätsel, *Gróa* (gen. *Gró* § 125) ein eigenname, *kirkia* (gen. pl. *kirkna* § 220) kirche, *stiarna* (gen. pl. *stiarna* § 273) stern, *sýia* (gen. pl. *sýna*, s. § 220) naht der schiffsbekleidung, *trúa* (gen. *trú* § 125; auch nom. *trú* nach § 369 flektirt) glaube, *tunga* zunge, *vika* (anorw. selt. *uka*; aus ags. *wicu*, resp. *wucu* entlehnt) woche, *vǫlua* wahrsagerin (gen. sg. *vǫlo* § 227, 1, a; so auch *slǫngua* schleuder und der eigenname *Rǫskua*) u. a.; ausserdem einige wenige mask., z. b. *kempa* (auch *kappe* nach § 391) kämpfer, *rytta* schuft (diese beiden auch f.) und die mannsnamen *Ella, Sifka, Skúta, Sturla* (auch *Sturle* nach § 391), *Úrékia* (vgl. Kock, Skandinavisches Arkiv I, 1 ff.). Ueber die einzelnen kasus ist zu bemerken:

1. Nom. sg. ist ohne endung bei *frú* (bisweilen *frau, frou,* sehr alt *frúva, frauva, froua, frouva*) frau, *húsfrú* (später auch *hústrú* § 300, 2) hausfrau, *iungfrú* jungfrau. Später kann *frú* im sg. auch nach § 369 flektiren.

Anm. 1. In No. Hom. kann nom. sg. sehr selt. auf -u, -o wie der acc. enden, wie umgekehrt (etwas häufiger) acc. sg. auf -a wie der nom. (Wadstein, F. Hom., s. 103 und 106).

Anm. 2. Gen. sg. kann im anorw. selt. auf -ur, -or (wie im agutn.) enden, z. b. (im Cod. Tunsb.) *kirkiur, stefnor* zu *kirkia* kirche, *stefna* zusammenkunft. Im aisl. sind solche formen nur aus zusammensetzungen belegt, z. b. *eisor-fála* riesin zu *eisa* feuer, *geigo(r)-skot* feindlicher schuss. Vgl. Noreen im Grundriss² I, 614 f.

2. Gen. pl. von *kona, kuna* (später auch *kuinna*, am frühesten auf Man belegt, s. Bugge, Aarbøger 1899, s. 235) frau heisst *kuenna* oder (s. Jónsson, Skjaldesprog, s. 61; Gislason, Efterladte skrifter II, 156 f.) *kuinna*, worüber s. § 156 und § 162.

Anm. 3. Bei den wörtern auf -ua (und den weitaus meisten von den übrigen) ist der gen. pl. nicht zu belegen.

§ 399. Wie *smiþia* gehen diejenigen wörter auf -*ia*, welche unmittelbar vor dem *i* einen anderen konsonanten als ʒ, *g* oder *k* haben, z. b. *brynia* brünne, *gyþia* priesterin, *lilia* lilie, *skytia* erker, *styria* stör, *viþia* draht u. a. sowie die mask. *hetia* (auch f.) mutiger mensch und *skytia* (vgl. *skyte* § 393) schütze; ferner wörter auf -*siá* (aus -*séa*), z. b. *ásiá* (gen. sg. *ásió*, pl. *ásiá* § 127ᵇ, b, 2) aussehen, fürsorge, *skuggsiá* spiegel. Von diesen letzteren können einige, bes. in etwas späterer zeit, auch nach § 369 flektiren (sg. nom. *ásió*, gen. -*siár* u. s. w.).

III. *īn*-stämme.

§ 400. Din *īn*-stämme sind nur feminina. Die endungen sind: sg. in allen kasus -*i*, -*e*; pl. fehlt bei fast allen hierher gehörigen wörtern, sollte aber, nach ausweis von § 425 eigentlich nom. gen. acc. -*i*, -*e*, dat. -*um*, -*om* haben. Paradigma: *elle* alter.

Sg. N. G. D. A. elle, *ælli*
Pl. fehlt.

Anm. Aus urn. zeit ist kein kasus belegt.

§ 401. Wie *elle* geht noch eine sehr grosse anzahl von wörtern, meist abstrakter bedeutung, z. b. *frøþe* (auch neutr. nach § 362) kunde, *gleþe* freude, *góe* der fünfte wintermonat, *heiþne* heidentum, *helge* heiligkeit, *hlýþne* gehorsam, *kǽte* munterkeit, *lete* faulheit, *réttvíse* rechtschaffenheit, *snille* trefflichkeit, *hyggiande* verstand und viele andere auf *-ande, -ende, -inde, -ynde* sowie noch andere (Wimmer, Forn. forml. § 74; Larsson, s. 429). Zu den einzelnen kasus ist zu bemerken:

1. Nom. sg. von *myke* dung hat die nebenform *mykr*.

2. Gen. sg. endet auf *-ar* bei *fiske* (gen. *fiskiar* § 374 anm. 4, selt. *fiske*) fischfang (zur erklärung s. Noreen, Grundriss² I, 609, § 192, 1), *gørseme* kostbarkeit, *gørue* tracht, *rekende* fessel; bisweilen auch bei *milde* milde, *ǽfe* zeitalter. Die endung *-is, -es* zeigt sich nicht selten, z. b. bei *forvitne* neugier, *frǽndseme* verwandtschaft, *kristne* christentum, *reiþe* zorn und vielen andern sowie auch oft in zusammensetzungen, z. b. *ógleþeskláeþe* trauerkleider (Þorkelsson, Athugasemdir, s. 7 ff.).

3. Pl. kommt bei einigen wenigen wörtern vor: *gørseme* kostbarkeit, *gørue* tracht, *lyge* (pl. nom. *lygar*, nicht *-iar* u. s. w.) lüge gehen nach § 364; *rekende* fessel nach § 412; *freist(n)e* versuchung sehr selt. nach § 376.

C. Uebrige (konsonantische) stämme.

I. Einsilbige stämme.

§ 402. Diese sind maskulina und feminina. Die endungen beider geschlechter wären eigentlich:

Sg. N. *-r*	Pl. N. *-r* (*i*-uml. d. wurzelvok.)
G. *-r* (*i*-uml. d. wurzelvok.)	G. *-a*
D. — (*i*-uml. d. wurzelvok.)	D. *-um, -om*
A. —	A. *-r* (*i*-uml. d. wurzelvok.)

Diese endungen sind aber fast nur im pl. geblieben. Im sg. nämlich flektiren die meisten mask. ganz wie *u*- oder *a*-stämme, die fem. ganz oder teilweise wie *ō*-stämme.

Anm. Aus urn. zeit ist kein kasus belegt.

§ 403. Paradigmen sind: mask. *fótr* fuss, *nagl* nagel; fem. *rǫng* spant, *mǫrk* mark (geld oder gewicht), *kýr* kuh.

§ 404. 405. Einsilbige stämme.

	maskulina		feminina		
Sg. N.	fótr	nagl	rǫng	mǫrk	kýr
G.	fótar	nagls	rangar	merkr, mærkr	kýr
D.	fǿte	nagle	rǫng	mǫrk	kú
A.	fót	nagl	rǫng	mǫrk	kú
Pl. N.	fǿtr	negl, nægl	rengr, rœngr	merkr, mærkr	kýr
G.	fóta	nagla	ranga	marka	kúa
D.	fótom	nǫglom, naglum	rǫngom, rangum	mǫrkom, markum	kúm
A.	fǿtr	negl, nægl	rengr, rœngr	merkr, mærkr	kýr

§ 404. Wie *fótr* (vgl. anm.), also im sg. nach § 385 (jedoch mit dat. sg. nur auf *-i, -e*), gehen: *fingr* (*fingrʀ* § 267, 3; also gen. sg. *fingrar*, später *fingrs* nach § 405, nom. pl. *fingr*) finger (selt. als ntr. nach § 351 flektirt), *vetr* (*vettrʀ*; gen. sg. *vetrar*, später selt. *vetrs* Hb., s. XXX) winter, die völkernamen pl. *Eistr* (auch *Eister* nach § 377) Ehsten, *Vinþr* (Bugge, Arkiv II, 228 f., Thorkelsson, Supplement IV, 178; später *Vindr* § 230, 1, b und *Vinder* nach § 377; gen. pl. selt. *Venþa* neben *Vinþa*, s. § 155) Wenden, *Þrǿndr* (Jónsson, Skjaldesprog s. 64; gew. *þrǿnder* nach § 377) einwohner der gegend von Drontheim und *Iamtr* (ohne *i*-umlaut, also spät aus **Iamatr* nach gen. *Iamta* umgebildet, vgl. Noreen, Urg. lautl. s. 52 und 85; auch *Iamtar* nach § 348) bewohner von Jämtland; endlich das zweisilbige *mónoþr, mánaþr* (im pl. auch als *i*-stamm, also nach § 387, aber später bisweilen im acc. pl. mit der endung *-u*; im anorw. kann der pl. auch als *a*-stamm flektiren) monat, welches wort übrigens allein (vgl. jedoch § 387 anm. 1) unter den mask. auch den alten gen. sg. auf *-r* (*mánaþr*, anal. auch *mónoþr*, gleich nom. acc. pl.) aufweisen kann.

Anm. Gen. sg. von *fótr* ersetzt als späteres zusammensetzungsglied von spitznamen in der etwas späteren sprache die form *-fótar* (s. Jónsson, Skjaldesprog s. 63) durch *-fóts*, z. b. *uxafóts*, aber alt *þyrnefótar*.

§ 405. Wie *nagl* (**naglʀ*, pl. *negl* < **næglʀ*, s. § 267, 3), also im sg. nach § 348, geht nur noch *maþr* (alt auch *mannr*, s. § 252; spät — bes. mnorw. s. Falk und Torp, Dansk-norskens syntax, s. XV note — auch *mann*) mann, gen. *man(n)s*, dat. *manne*, acc. *mann*, pl. nom. acc. *menn* (§ 267, 4, b), *meþr*, alt auch *mennr* (s. § 252), gen. *manna*, dat. *mǫnnom*. Die mit artikel versehene form (*menn-ener* oder selt.) *menner* (aus **menn-ner*, vgl. § 462, 1) wird als unbestimmte form (vgl. pl.

§ 406. Einsilbige stämme.

gester u. dgl.) aufgefasst und daher nochmals mit artikel versehen : *menner-ner* (selt.); vgl. *exner(ner), yxnir(nir)* § 391, 2.

§ 406. Wie *rǫng*, also im sg. ganz nach § 365 oder § 369, geht eine ziemlich grosse anzahl von wörtern, z. b. *brík* tafel, *brók* (pl. *brǿkr*) hose, *dreif* band (aber *dreif* zerstreuen auch im pl. nach § 365), pl. *dyrr* (vgl. anm. 4) tür, pl. *ertr* (vgl. anm. 3) erbsen, *fló* (pl. *flǿr*) floh, *fló* schicht, *gǫ́s* (vgl. anm. 3) gans, *hind* hindin, *hnot* (vgl. anm. 3) nuss, *hǫnd* (vgl. anm. 1 und 2) hand, *kinn* (vgl. anm. 3) wange, *kló* klaue, *ló* regenvogel, *lús* (vgl. anm. 3) laus, *mús* (vgl. anm. 3) maus, *nót* fischnetz, *oblǫ́t, oflǫ́t* (auch schwach *obláta, ofláta*) hostie, *reik* haarfurche, *rist* rist, *ró* eisenplatte, *rót* wurzel, *spík* fliesse, *syll* (selt. schwach *sylla*) grundstock, *tint* (s. Thorkelsson, Supplement IV, 149) flasche, *tǫ́* (pl. *tǿr*, gen. *tá*, dat. *tǿm*) zehe, *tǫnn* (vgl. anm. 3) zahn, *veit* wassergraben sowie folgende, welche schwankungen nach andern paradigmen aufzuweisen haben:

1. Auch nach § 407, also mit (*i*-umgelautetem) gen. sg. auf -*r*, flektiren: *eik* eiche, *geit* geiss, *nǫtt, nótt* (§ 111; gen. sg. *nǽtr, náttar*, sehr selt. *nétr*, s. § 60 anm. 4) nacht, *sǽ(i)ng* bett, *tík* hündin, *tǫng* zange, *ǫrk* kiste; selt. *bók* buche, buch, *mǫrk* wald und *ǫlpt* (im sg. auch, bes. anorw., *ælptr*, nach § 374 flektirt; im pl. gew. *alpter* nach § 376; ausserdem kommen noch sehr unregelmässig acc. sg. *elptr* oder *elpt*, gen. pl. *elptra*, dat. pl. *elptrom* vor) schwan (vgl. § 167, 5 und betreffs *alvitr* in der Vǫlundarkuiþa teils Wadstein, Uppsalastudier, s. 175 note, teils Bugge, Helge-digtene, s. 18).

2. Auch nach § 366, also mit dat. sg. auf -*u*, -*o*, können im sg. flektiren: *grind* gitter, *mǫrk* wald, *nǫtt, nótt* nacht, *rǫnd* (vgl. anm. 1) rand, *strǫnd* strand, *stǫng* stange, *sǽ(i)ng* bett.

3. Auch im pl., also durchgehends, nach § 365 können flektiren: *flík* zipfel, *galeiþ* galeide, *greip* hand, *síld* häring, *skeiþ* schiff, *tǫ́g* wurzelfaser, *þró* ausgehöhlter baum oder stein, selt. *hǫnk* handhabe. Ueber *brú* brücke s. § 365 anm. 2.

4. Wie *i*-stämme können im pl. flektiren: *rít* (Jónsson, Skjaldesprog, s. 65) schild (dicht.), *skeiþ* schiff, *spǫng* platte, *tǫng* zange, *vǫ́g* hebel und anorw. *vett* (s. Thorkelsson, Supplement IV) gewicht, gew. *vǫ́þ* zeug und *ǫlpt* (vgl. 1 oben)

§ 407. 408. Einsilbige stämme.

schwan, selt. (dicht.) *bót* busse, *glóþ* glühende kohle, *kind* wesen, familie, *skript* (s. Egilsson) schrift, *ǫnd* ente und im anorw. *brún* (s. Thorkelsson, Supplement IV) augenbraue, spät *stoþ* (vgl. anm. 3) stütze, welche wörter also ganz nach § 380 gehen können; ferner *grind* (selten), *mǫrk* wald, *rǫnd*, *strǫnd*, *stǫng*, die also ganz nach § 381 flektiren können (vgl. oben 2).

Anm. 1. Nom. (dat., vgl. anm. 2) acc. sg. von *hǫnd* und *rǫnd* können bisweilen auch *hand*, *rand* ohne *u*-umlaut heissen (s. Thorkelsson, Supplement IV, 60; Gislason, Efterladte skrifter II, 178), was auf ausgleichung nach dem gen. sg. beruht. Vgl. § 78, c und § 365 anm. 1, § 380, 1.

Anm. 2. Dat. sg. von *hǫnd* heisst *hende*, weil das wort alter *u*-stamm ist (got. *handus*); später auch *hǫnd* (*hand*, s. anm. 1).

Anm. 3. Nom. acc. pl. *kinnr*, *kiþr* zu *kinn* und *teþr*, *tenn*, *tennr* zu *tǫnn* (aber *Hildetannr* und *Taþr*, *Tannr*, *Tanne* als mannsnamen) erklären sich nach § 267, 4, b und § 252; *brýnn*, *gǽss*, *lýss*, *mýss* zu *brún*, *gǿs*, *lús*, *mús* nach § 267, 1; pl. *ertr* (gen. *ertra* u. s. w.) nach § 267, 3. Ueber *hnetr*, *hnetr* (anorw. *nǽtr*, bisweilen gen. *nata*, dat. *natum* neben *nota*, resp. *notom*; jene formen wol nach dem verhältnis *nǽtr* : *nátta*, *hǽndr* : *handa* u. dgl. neugebildet) und *steþr*, *steþr* zu *hnot*, *stoþ* s. § 64 anm. und § 114.

Anm. 4. *Dyrr* (später auch *dyr*) pl. t. tür kommt in älteren hdschr. auch als ntr., jedoch nur im nom. acc., vor. In etwas späterer zeit dringt der *i*-umlaut in gen. dat. pl. ein: *dyra*, *dyrum* statt älteren *dura*, *durom*.

§ 407. Wie *mǫrk* flektiren: *kuerk* (vgl. anm. 3) kehle, *miolk* (vgl. anm. 1 und 2) milch, *ríp* fels (dicht.), *vík* bucht und, wenn auch schwankend, die oben (§ 406, 1) erwähnten *bók*, *eik*, *geit*, *mǫrk* wald, *nǫtt*, *sǽ(i)ng*, *tík*, *tǫng*, *ǫlpt*, *ǫrk*.

Anm. 1. Gen. sg. von *miolk* ist ohne *i*-umlaut (*miolkr*), weil spät aus **miolokr* (**melukiʀ*, vgl. got. *miluks*) nach dem nom. acc. umgebildet (vgl. *Iamtr* § 404); pl. ist nicht belegt.

Anm. 2. Dat. sg. von *miolk* kann anorw. auch *miolko* heissen (s. Hb., s. XXX).

Anm. 3. Nom. acc. pl. auf *-ar* (§ 365) kann bei *kuerk* vorkommen.

§ 408. Wie *kýr*, also mit erhaltung der ursprünglichen, ʀ-umlaut bewirkenden endung des nom. sg., flektiren nur *sýr* sau und *ǽr* (dat. acc. *ǿ*) mutterschaf.

Anm. 1. Als beinamen haben *kýr* und *sýr* im dat. acc. sg. *kýr*, *sýr* neben *kú*, *sú*; *sýr* ausserdem im gen. sg. *sýrs*, *sýrar* oder *súrar* neben *sýr*.

Anm. 2. Nom. acc. pl. auf *-ar* (nach § 369) zeigt der pl. *slagár* mutterschafe, die geschlachtet werden sollen. Ein nach § 369 flektirendes simplex *ǿ* (statt *ǽr*) ist sehr selten.

II. *r*-stämme.

§ 409. Die *r*-stämme sind maskulina und feminina. Paradigmen sind: mask. *faþer* vater, fem. *móþer* mutter.

	mask.	fem.		mask.	fem.
Sg. N.	faþer	móþer	Pl. N.	feþr, *fœðr*	méþr
G.	fǫþor, *faður*	móþor	G.	feþra, *fœðra*	méþra
D.	feþr, *fœðr*, fǫþor, *faður*	móþor	D.	feþrom, *fœðrum*	méþrom
A.	fǫþor, *faður*	móþor	A.	feþr, *fœðr*	méþr

Anm. 1. Aus urn. zeit sind nur nom. sg. *swestar* (Opedal) und nom. pl. *δohtriʀ* (Tune) belegt.

Anm. 2. Ueber nom. acc. pl. *feþr, méþr* (*fœðrʀ, *méðrʀ) s. § 267, 3.

§ 410. Wie *faþer* geht nur noch *bróþer*, pl. *bréþr*, bruder.

Anm. 1. Später und ziemlich selt. kommen die formen *feþr, bréþr* auch in nom. (beisp. schon aus dem j. 1229), gen., acc. sg. vor, s. Gíslason, Efterladte skrifter II, 178 f.; Thorkelsson, Supplement IV, 29; Kålund, Gullþóris saga, s. VI; Fritzner.

Anm. 2. Von *faþer* kann (dicht.) in zusammensetzungen eine flexion: sg. nom. *-fǫþr*, gen. *-fǫþrs*, dat. acc. *-fǫþr* vorkommen, z. b. *valfǫþr* ein name Odins. Später und selt. kommt *fǫþr* (anorw. *faðr*) auch als simplex vor. — Ein gen. sg. aisl. (z. b. St. Hom.) *fǫþors*, anorw. (z. b. Cod. Tunsb.) *faðurs* ist einigemal belegt. Mnorw. sind die formen *faðurs, bróðors* häufig (s. Falk und Torp, Dansk-norskens syntax, s. XIV note, XV note). Zu solchen gen. ist wol der in rímur (c. 1400) ausnahmsweise auftretende nom. *bróður* (s. F. Jónsson, Fernir fornísl. rímnaflokkar, s. VII) anal. neugebildet.

Anm. 3. Gen. und dat. pl. können im anorw. (wie im aschw., s. An. gr. II, § 438, 6) bisweilen ohne *i*-umlaut gebildet sein, z. b. *bróðra, -om*, s. Hægstad, G. Tr. s. 49.

§ 411. Wie *móþer* flektiren nur noch *dótter* (nom. acc. pl. *détr*, selt. *déttr* § 274) tochter, *syster* schwester.

Anm. Selt. kommen im dat. sg. *méþr, détr* (nach § 410) vor. Später und ziemlich selt. treten dieselben formen auch in nom. (s. Gíslason a. o.), gen., acc. sg. auf; vgl. § 410 anm. 1. Ein nom. sg. *móðr* ist anorw. (z. b. Cod. Tunsb.) einigemal belegt, *móður* misl. c. 1400 (s. Jónsson a. o.). Mnorw. kommt oft der gen. sg. *móðors* vor (s. Falk und Torp a. o.).

III. *nd*-stämme.

§ 412. Hierher gehören fast nur maskulina. Die flexion ist im sg. die der schwachen *an*-stämme (§ 391), im pl. die-

§ 412. *nd*-stämme.

jenige der einsilbigen stämme (§ 402). Paradigma ist *gefande geber*.

Sg. N. gefande   Pl. N. gefendr
G. gefanda   G. gefanda
D. gefanda   D. gefǫndom, -ondom § 141, *gefandom*
A. gefanda   A. gefendr

So flektiren alle substantivisch (sehr selt. auch adjektivisch) gebrauchten participia präs. (meist nur als mask. gebraucht), unter welchen drei zu reinen substantiven geworden sind: *fiande* (selt. *fiánde* § 51, 2, b; nom. acc. pl. ohne umlaut *fiandr*, alt und selt. *fíandr*, s. § 61) feind (zu *fiá* hassen), *frǽnde* (statt *frǽiande* — s. Sievers, Beitr. XVIII, 410 — nach dem pl. *frǽndr*, alt und selt. noch unkontrahirt *frǽ[i]endr*) verwandter (vgl. *friá* lieben), *búande* (seltener *bóande*, s. § 160 anm. 2, so regelmässig im Cod. Rantzovianus des älteren Gulathingsgesetzes) oder *bónde* (§ 125), pl. alt gew. *búendr*, später gew. *bǿndr*, selt. *bóendr*, bauer (zu *búa* wohnen). Sonstige hierher gehörigen wörter s. bei Sütterlin, Gesch. d. nom. agentis, s. 25 f.; Falk, Beitr. XIV, 42; Jónsson, Skjaldesprog s. 67 f.

Anm. 1. Nicht selten ist der *i*-umlaut aus nom. acc. pl. in den dat. (selt. gen.) pl. eingedrungen, z. b. *búendom*, *bǿndom* (gen. anorw. *búenda*, *bǿnda* sehr selt.) zu *búande*, *bónde*; anorw. (s. Wadstein, F. Hom. s. 58) *dǿmændum* richtern, *misgǿrændum* missethätern. Umgekehrt kann im anorw. der *i*-umlaut des nom. acc. pl. anal. entfernt sein, z. b. *bóandr* (Hægstad, G. Tr. s. 49), *hafnandr* missbilliger u. a. (Hb., s. LVII).

Anm. 2. Pl. *rekendr* (der selt. sg. *rekende* geht nach § 400) fessel ist gew. fem., sehr selt. neutr. oder mask. Sehr selt. sind auch die pluralformen *rekander* f., *rekende* ntr.

Anm. 3. Pl. nom. *-ar*, acc. *-a* nach § 348 kommen seit 1200 dann und wann vor, z. b. aisl. *smiþandar* verfertiger u. a. (s. Jónsson, Skjaldesprog, s. 68), anorw. *ǽigandar* eigner.

Anm. 4. Spuren der einstigen starken flexion auch im sg. kommen hie und da noch im gen. sg. (vgl. got. *nasjandis*) vor, z. b. *siánz-vitne* zeugnis eines sehenden, *segianz-saga* hörensagen, *fianz-boþ* botschaft eines feindes u. a. zusammensetzungen; vgl. Brate, Bezz. Beitr. XIII, 38 f., Bugge, Arkiv IV, 139, Falk, Beitr. XIV, 41 f. Ausserdem ist der urspr. konsonantstamm in zusammensetzungen wie *dugand-maþr* taugender mann, *frǽndkona* verwandtin u. a. bewahrt, s. Falk a. o. Vgl. noch nomina propria wie *Stigandr* neben *-ande*, *Þróndr* und appellativa wie *hǫfundr* (§ 348, 2; vgl. § 167, 2 und § 529 anm. 3) urheber, *þróndr* geschnittener eber.

Kap. 2. Deklination der adjektiva.

§ 413. Die weitaus meisten aisl.-anorw. adjektiva können im positiv und superlativ sowol **stark** als **schwach** flektirt werden. Die schwache flexion wird gebraucht, wenn das adj. vom artikel bestimmt steht (z. b. *enn góþe konongr* der gute könig), oft auch im vokativ (z. b. *góþe konongr!* guter könig!) und als beiname (z. b. *Hákon góþe* H. der gute); sonst kommt fast überall die starke flexion zur anwendung. Dagegen wird der komparativ nur **schwach** flektirt.

Anm. Ueber die im pos. und sup. nur schwach flektirenden adj. s. § 424, § 425, § 446—448. Nur stark gehen z. b. *allr* all, *annarr* ein anderer, *miþr* mittlerer, *sialfr* selbst, *sumr* irgend ein.

A. Starke deklination.

§ 414. Eigentlich müsste man bei den adj., in übereinstimmung mit den substantiven, *a-*, *ō-*, *i-* und *u-*stämme mit ihren verschiedenen flexionen erwarten. Dies ursprüngliche verhältnis ist aber durch zwei vorgänge schon in urgerm. zeit durchgreifend verändert worden:

1. Die *i-* und *u-*stämme sind mit den *a-* und *ō-*stämmen zusammengefallen. Diese veränderung ist in urgerm. zeit (vgl. das got.) noch nicht ganz durchgeführt, im aisl.-anorw. aber in allen formen.

Anm. 1. Noch in urn. zeit haben *i*-stämme wenigstens im nom. sg. m. (s. § 375 anm.) ihre alten formen bewahrt, z. b. finn. lehnw. *tiuris* (aisl. *dýrr*) teuer, urn. *-māriʀ* (aisl. *mǽrr*) berühmt.

Anm. 2. Alte *u*-stämme können bisweilen noch in aisl.-anorw. zeit als solche erkannt werden durch das neben einander vorhandensein von formen ohne und mit *i*-umlaut (vgl. den gegensatz von got. *hardus* nom. : *hardjana* acc. sg. m.), z. b. selt. (s. § 79, 6) *glǫggr* (got. *glaggwus*) : *gleggr* genau, deutlich; selt. (s. § 79, 6) *snǫggr* : *sneggr* mit kurzem haare, hurtig; *ǫngr* (got. *aggwus*) : *engr* eng; *þiokkr* (**þekkwu-*) : *þykkr* (**þikkwia-* § 79, 4, ahd. *dicki*) dick; *þrǫngr* (litau. *trankùs*) : selt. (s. § 79, 6) *þrengr* eng; *starkr* (s. Jónsson, Skjaldesprog s. 70) : *sterkr* stark; *Nǫrr* : *Nerua-sund*, s. § 79, 6; *grár* : selt. obl. *griá* (s. § 127 b, b, 2) grau; *Sóte* (zu aind. *svādús*, gr. ἡδύς, s. Lundgren, Uppsalastudier s. 19) ein mannsname : *sǿtr* süss; *hóg-* (s. Gíslason, Udvalg af oldno. skjaldekvad, s. 49; vielleicht als *kudnlauss* u. dgl. nach § 63, 1 zu erklären) : *hǿgr* bequem; *huitt-hárr* (vielleicht von *hár* haar beeinflusst) : *-hǽrr* (s. Thorkelsson, Supplement IV) mit weissen haaren; *þurr* (vgl. got. *þaúrsus*) : anorw. selt. (wie im mschw.)

§ 415. Starke adj.-deklination. 255

þyrr (s. Hægstad, G. Tr. s. 49) dürr; ? aisl. *stiúp-* : anorw. *stýp(faðer)* stief(vater); *-lundr* (s. Jónsson, Skjaldesprog s. 70) neben *lyndr* gesinnt ist wahrscheinlich von *lund* gesinnung beeinflusst; über das nicht hierhergehörige *gǫrr* : *gørr* s. § 79 anm. 3. Vgl. folgende fälle, wo die doppelheit erst durch zuziehung des ostn. ans licht tritt: aisl. *þunnr* (aind. *tanús*, gr. ταυυ-) : mschw. *thynder* dünn; aisl. *harþr* (got. *hardus*) : mschw. (selt.) *hærþer* hart; aisl. *fastr* : aschw. *fœster* (ahd. *festi*) fest; aschw. selt. *dāl* : aisl. *dæll* leicht; aschw. *galder* : aisl. *geldr* (mndd. *gelde*) unfruchtbar; ? aschw. *lugn* : aisl. *lygn* still; ? aschw. *liō* : aisl. *hlýr* lauwarm; aschw. *napper* : aisl. *hneppr* spärlich; aschw. *kuœr* (got. *qaírrus*) : aisl. *kuirr* (und *kyrr*, s. § 74, 13) ruhig; aisl. *suárr* : nnorw. *svœr* (ahd. *swāri*) schwer; nnorw. *nogg* : aisl. *hnøggr* knapp; nnorw. *maur* : aisl. *meyrr* mürbe. — Bei den *i*-stämmen kommen derartige doppelformen selt. und nur bei kurzer wurzelsilbe vor, z. b. aisl. *framr* : aschw. *frœmber* aus *frœmr (ags. *freme*) hervorragend; aschw. *saker* : aisl. *sekr* schuldig (vielleicht *ja*-stamm; dann wie anorw. *huarr* : *huœrr* u. dgl. nach § 66 zu erklären). — Vgl. Söderberg, Forngutnisk ljudlära, s. 12; Noreen, Sv. Landsm. I, 691 f., 733, Arkiv I, 167 f., An. gr. II, § 455, 1; Karsten, Stud. öfver de nord. språkens primära nominalbildning II, 183 ff.

2. Etwa die halbe anzahl der alten nominalen endungen sind von pronominalen (den endungen des pron. demonstrativum, got. *sa, sō, þata*) verdrängt worden.

§ 415. Jedes adj. flektirt sowol als *a*- wie als *ō*-stamm. Jener tritt in m. und ntr., dieser im f. auf. Die endungen — die von der substantiv-dekl. abweichenden kursiv gedruckt — sind nun:

	mask.	fem.	neutr.
Sg. N.	-r	— (u-uml. d. wurzelv.)	*-t*
G.	-s	*-rar*	-s
D.	*-um, -om*	*-ri, -re*	*-u, -o*
A.	*-an*	*-a*	*-t*
Pl. N.	*-ir, -er*	-ar	— (u-uml. d. wurzelv.)
G.	*-ra*	*-ra*	*-ra*
D.	-um, -om	-um, -om	-um, -om
A.	-a	-ar	— (u-uml. d. wurzelv.)

Anm. 1. Von den mit pronominalen endungen versehenen kasus sind aus urn. zeit nur acc. sg. m. *mīninō* (Kjølevig; vgl. § 148 anm. 2), *sin* (Sölvesborg) und nom. pl. m. *sijōsteR* (Tune) belegt. Zu vergleichen sind aber die urn. belege bei einigen adjektivischen pronominen. — Die wenigen belege (nur nom. sg. m. und f.) der mit nominalen endungen gebildeten kasus sind schon § 346 anm. 1, § 363 anm. 1 und § 375 anm. angeführt worden.

Anm. 2. Nom. acc. sg. ntr. sind selten nominal statt pronominal gebildet, also ohne *-t* (vgl. got. *blind* neben *blindata*), z. b. (in St. Hom.)

§ 416. Adj. reine *a*-, *ō*-stämme.

verþ, *all*, (in No. Hom.) *lang*, *mild*, (in Cod. Tunsb.) *half*, *slík* u. a. m. neben gew. *vert* werthes, *allt* alles, *langt* langes, *milt* mildes, *halft* halbes, *slíkt* solches. S. Noreen, Arkiv VI, 361, 366 und im Grundriss² I, 622, § 205,1; Wadstein, F. Hom., s. 141. In adverbialem und substantivischem gebrauch sind dagegen solche formen häufig, z. b. *saman* zusammen, *sialdan* selten, *fiol-* viel-, *miok* sehr, *á meþal* oder *í miþel* zwischen, *í gegn* entgegen, *diúp* tiefe, *full* becher, *hol* loch, *liós* licht, *verþ* werth, *eigen* eigentum, *bunden* garbe u. a. (vgl. verf. a. a. o.).

Anm. 3. Dat. sg. ntr. hat selt. statt der (nominalen, urspr. instrumentalen) endung -*u*, -*o* (vgl. as., ahd. *tagu*, -*o*) die pronominale -*um*, -*om* (vgl. as. *blindumu*, got. *blindamma*), z. b. (in St. Hom.) *ǫllom* allem, *góþom* gutem, *ǫþrom* anderem, *hundrafǫldom* hundertfältigem, *réttom* rechtem, vielleicht auch die präpos. *millom* und *gegnom* (s. anm. 5); vgl. adän. *thothwarem* = aisl. *þóþóro* (*þó at hrǿro*) nichts desto weniger.

Anm. 4. Acc. sg. m. zeigt im 14. jahrh. oft (z. b. in der Flateyjarbók) die endung -*ann* statt -*an* (s. J. Þorkelsson, Breytingar á myndum viðt., s. 35), wo -*nn* wol von *kristenn*, *minn* u. dgl. übernommen ist (s. Walde, Die germanischen auslautgesetze, s. 96). Vgl. aber die partikel *siþann* (in alten hdschr.) neben *siþan*, *síþan* seitdem.

Anm. 5. Dat. pl. hat wol spuren der pronominalen endung -*im*, -*em* (vgl. got. *blindaim*) aufzuweisen in den präpos. (*í*) *millem* (anorw. auch *mellem*, z. b. Hægstad, G. Tr. s. 68) 'zwischen' neben *millom* (anorw. *millum*, *mellom*) aus *miðlum* (§ 259, 4) zu (*á*, *í*) *meþal* (*miþal* in Ágrip; ahd. *metal* 'medius') oder *miþel* (s. § 155) und aisl. *gegnem* (häufig in der Hauksbók, sonst sehr selt., s. Hb. s. XLVI, Thorkelsson, Supplement IV und Egilsson) neben *gegnom* 'durch' zu *gegn* 'gerade' (vgl. § 418 anm. 1). S. Noreen, Arkiv VI, 362 f.

Anm. 6. In den 'Rímur' des 15. jahrhs. fehlt bisweilen jede endung bei einem nach seinem subst. stehenden adj.

a) Reine *a*-, *ō*-stämme.

§ 416. Paradigmen: *spakr* verständig, *gamall* alt, *grár* grau.

	mask.	fem.	neutr.
Sg. N.	spakr	spǫk	spakt
G.	spaks	spakrar	spaks
D.	spǫkom, *spakum*	spakre	spǫko, *spaku*
A.	spakan	spaka	spakt
Pl. N.	spaker	spakar	spǫk
G.	spakra	spakra	spakra
D.	spǫkom, *spakum*	spǫkom, *spakum*	spǫkom, *spakum*
A.	spaka	spakar	spǫk
Sg. N.	gamall § 267, 1	gǫmol, *gamul*	gamalt
G.	gamals	gamallar	gamals
D.	gǫmlom, *gamlum*	gamalle	gǫmlo, *gamlu*
A.	gamlan	gamla	gamalt

§ 417. Adj. reine a-, ō-stämme.

	mask.	fem.	neutr.
Pl. N.	gamler	gamlar	gǫmol, *gamul*
G.	gamalla	gamalla	gamalla
D.	gǫmlom, *gamlum*	gǫmlom, *gamlum*	gǫmlom, *gamlum*
A.	gamla	gamlar	gǫmol, *gamul*
Sg. N.	grár(r) § 270, 2	grǫ́	grátt § 270 anm. 4
G.	grás(s) § 270 anm. 4	grár(r)ar	grás(s)
D.	grǫ́m § 127ᵃ	grár(r)e	grǫ́
A.	grán § 125	grá	grátt
Pl. N.	gráer	grár	grǫ́
G.	grár(r)a	grár(r)a	grár(r)a
D.	grǫ́m	grǫ́m	grǫ́m
A.	grá	grár	grǫ́

§ 417. Wie *spakr* gehen die meisten adjektiva, z. b. *siúkr* krank, *kuþr, kunnr* (§ 252 und § 267, 4, b) bekannt, *iafn* (§ 267, 3) eben, *vænn* (§ 267, 1) schön, *heill* (§ 267, 1) gesund, *fagr* (pl. *fagrer*; § 267, 3) schön, *huass* (pl. *huasser*; § 267, 3) scharf, *víss* (pl. *víser*; § 267, 1) weise, die auf -*óttr* wie *háróttr* behaart, part. prät. auf -*aþr* wie *kallaþr* genannt, superl. auf -*astr* (mit ausnahme derjenigen auf -*legastr*, s. § 418) wie *spakastr* verständigst.

Ueber die kasus, die das paradigma mit den substantivischen a- und ō-deklinationen gemeinsam hat, s. was dort angeführt worden ist. Ueber die abweichenden kasus sei bemerkt:

1. Im nom. acc. sg. ntr. assimilirt sich dem -*t* ein vorhergehendes *d, ð* (§ 259, 1 und 2); *tt* wird dann nach einem konsonanten oder schwachtonigen vokal gekürzt (§ 273; § 275, 5). Z. b. *blint* zu *blindr* blind, *fétt* zu *féddr* geboren, *breitt* zu *breiþr* breit, *hart* zu *harþr* hart, *fast* zu *fastr* fest, *hitt* zu *hittr* gefunden, *kallat* zu *kallaþr* genannt.

Anm. 1. Ueber *mart* (später *margt, markt*) zu *margr* mancher s. § 281, 5; *iam(n)t* zu *iafn* eben § 281, 8; *satt* (statt zu erwartendem *sant* zu *saþr, sannr* wahr § 257, 2, a; *gott* (neben *gótt*) zu *góþr* gut § 122, 3.

2. In gen. dat. sg. f. und gen. pl. ist bei wörtern auf -*l*, -*n*, -*r*, -*s* zu beachten die verschiedene behandlung des anlautenden -*r*- in den endungen -*rar*, -*ri*, -*ra* nach den in § 267 dargestellten gesetzen. Z. b. gen. sg. f. *vænnar* zu *vænn* schön, *linrar* zu *linr* mild, *iafnrar* zu *iafn* eben, *saþrar, sannrar* zu *saþr, sannr* wahr; *víssar* (später *vísrar*) zu *víss* weise, *huassar*

(später *huassrar*) zu *huass* scharf; *heillar* zu *heill* heil, *hollrar* zu *hollr* hold; *bitrar* zu *bitr* (pl. *bitrer*) bitter.

Anm. 2. Im anorw. schwindet seit 1300 (am frühesten, wie es scheint, im Drontheimischen) das -*r*- analogisch auch bei anderen wörtern, z. b. gen. sg. f. *œfenleg(r)ar*, dat. sg. f. *half(r)e*, gen. pl. *góð(r)a*, s. Hægstad, Arkiv XV, 102, Kong. s. 25, Falk und Torp, Dansk-norskens syntax, s. XV note. Mnorw. kann im gen. pl. -*s* nach der analogie der substantiva hinzutreten, z. b. *allœs* statt *allra*, s. Falk und Torp a. o. Vgl. überhaupt die aschw. entwicklung, worüber s. An. gr. II, § 454, 2, 3, 5 und anm. 9.

Anm. 3. Adj. auf -*legr* können mnorw. in nom. sg. m. und f. auf -*ligen* enden, s. Hægstad, Kong. s. 25.

§ 418. Wie *gamall* gehen, von den unten 1—5 erwähnten abweichungen abgesehen, die meisten zweisilbigen wörter mit kurzer ableitungssilbe, z. b. *hugall* aufmerksam, *foroll* umherstreifend, *litell* (pl. *litler*, *litler* § 122, 2) klein, *mikell* (*mykill* § 74, 5, b); *openn* offen, alle part. prät. auf -*inn*, wie *bundenn* gebunden; *auþegr* reich, *máttegr* (pl. *mátker* § 231, 1, a) oder *mǫttogr* (pl. *mǫtker*) mächtig, *mǫlogr* gesprächig, *heilagr* (pl. *helger* § 123) heilig; *nǫk(k)ueþr* (pl. *nǫkþer*, *nǫkter* § 220, § 151, § 230, 2, c; seltener *nǫk(k)ueþr*, s. § 151) nackt, alle part. prät. auf -*iðr*, wie *valeþr* gewählt; mit langer ableitungssilbe nur *ýmiss* (*ý-missʀ), *ymiss* (§ 122, 5), anorw. auch *imiss* (§ 140) wechselnd und auffallender weise die superl. auf -*legastr* (aber nicht die sonstigen auf -*astr*), z. b. *veglegastr* (pl. *veglegster*) prächtigst (s. Cederschiöld, Arkiv IX, 95 f.).

In betreff der synkopierung ist zu bemerken:

1. Die synkope unterbleibt in folge ursprünglicher länge des ableitungsvokals in den part. prät. auf -*aðr* (got. -*ōþs*), z. b. *kallaþr* genannt; in folge des starken nebentones in *heimell*, *heimoll* verfügbar, bisweilen auch in andern wörtern auf -*l*, z. b. *vesall* (pl. *vesaler* und *vesler*) elend; nicht selt. (bes. im anorw., aber im aisl. erst in etwas späterer zeit) bei den wörtern auf -*g*, z. b. *auþegr*, *heilagr*, *dreyrogr* blutig (pl. *auþger* und *auþeger* u. s. w.); endlich nicht selt. in *ýmiss* (dann pl. *ýmisser* neben *ymser*, *ýmser*, anorw. *imsir*), aber fast nie in den superl. auf -*legastr*.

2. Die synkope ist durch ausgleichung in allen kasus durchgeführt worden bei den wörtern auf -*eþr*, die schon in den ältesten hdschr. keine nicht-synkopirten formen in gen.,

§ 418. Adj. reine *a*-, *ō*-stämme.

dat. sg. f. und gen. pl. mehr aufweisen. Später haben sie durchgehende synkope, also *nøkþr*, *nøktr* statt *nøk(k)ueþr*, *valþr* statt *valeþr*. Wenn die wurzelsilbe auf *ð* oder *t* endet, ist die synkope schon in der ältesten sprache durchgängig, z. b. *gladdr* (nie *glaþeþr*) erfreut, *huattr* (nie *huateþr*) geschärft.

Anm. 1. Auch von *ýmiss* kommt bisweilen ein anal. synkopirter gen. pl. *yms(r)a* vor. Neben *megenn* kräftig steht ein durchsynkopirtes *megn* (über das substantivirte ntr. *megen*, *megn*, *magn* s. § 352 anm. 2 und § 415 anm. 2); neben *ndenn* 'nahe' steht anorw. auch *ndnn*; über ntr. *dát(t)* und *bút* s. § 151. Nur synkopirte formen, aber teils mit, teils ohne *i*-umlaut (vgl. § 349 anm. 1 und § 352 anm. 2) sind durch ausgleichung entstanden bei *gegn* gerade, vorteilhaft, *gagn-stígr* richtweg, *í gegnom*, *gǫgnom* durch, *í gegn*, *gǫgn* entgegen, *gagn-vart* gegenüber, *gagn* (selt. *gegn*) vorteil (substantivirtes ntr., s. § 415 anm. 2).

Ueber die bildung der einzelnen kasus sei bemerkt:

3. Im nom. acc. sg. ntr. wird bei den wörtern auf -*enn* das *n* dem *t* assimilirt, *tt* dann verkürzt (§ 257, 2, b), z. b. *heiþet* zu *heiþenn* heidnisch. Ueber *heilakt* (ebenso gen. sg. m. ntr. *heilaks*) zu *heilagr* u. dgl. s. § 231, 1, b.

Anm. 2. Ueber *lítell*, *mikell* s. unten 5.

4. Ueber die behandlung des anlautenden -*r*- der endungen in gen. dat. sg. f. und gen. pl. s. § 267, 1; also gen. sg. f. *heimellar* zu *heimell*, *heiþennar* zu *heiþenn*. Von *ýmiss* kommen neben *ýmissar*, -*sse*, -*ssa* später *ýmisrar*, -*ri*, -*ra* vor (§ 267 anm. 1).

5. Im acc. sg. m. haben die wörter auf -*enn* (gleichwie alle — auch einsilbige — adjektivpronomina und zahlwörter auf -*n* oder -*r*; zur erklärung s. v. Friesen, N. Spr., s. 63 note) statt der endung -*an* nur -*n* (vgl. § 148 anm. 2), z. b. *kristenn* (nicht *kristnan*, wie häufig im aschw.) zu *kristenn* christlich. — *Lítell* klein und *mikell* gross bilden sowol acc. sg. m. als auch nom. acc. sg. ntr. von einem adj. auf -*enn*, also acc. sg. m. *lítenn*, *mikenn*, nom. acc. sg. ntr. *lítet*, *miket*, woneben als adv. *lit(t)* — worüber s. § 152 anm. 1 — (ein) wenig, *miok* (*meku*, gr. μέγα) sehr.

Anm. 3. Ueber die doppelformen im nom. sg. f. und nom. acc. pl. ntr. *vesǫl*, *heilǫg* oder *vesol*, *heilog* zu *vesall* und *heilagr* s. § 75, § 130, 1 und § 144, 5 sowie § 141.

Anm. 4. Nom. acc. pl. von *ymiss* hat bisweilen die ganz unregelmässige form *ymse*.

§ 419. Adj. reine *a*-, *ō*-stämme.   § 420. *wa*-, *wō*-stämme.

Anm. 5. Ueber die flexion *yfrenn*, *ýrenn*, *órenn* reichlich, pl. *ýrner*, *órner* s. § 227, 2 und Noreen, Arkiv VI, 312 f.

§ 419. Wie *grár(r)* flektiren die meisten (über *frár*, *frǽr*, *hár*, *mǽr*, *slǽr* s. § 420, *nýr* § 421) adj. auf langen vokal, z. b. *blár* blau, *fár* gering an zahl, *flár* falsch, *flór* warm, *hlýr* lau, *hrár* rau, *knár* tüchtig, *rór* ruhig, die auf -*skár* (z. b. *herskár* kriegerisch), *smár* gering, *spár* prophezeiend, die auf -*sǽr* (z. b. *auþsǽr* leicht sichtbar), *trúr* treu, *þrár* trotzig, die auf -*ǽr* (z. b. *skammǽr* kurzlebend).

Anm. Ueber späte formen wie acc. sg. m. *gráan*, dat. pl. *gráum* u. a. s. § 125, § 127 ª.

b) *wa*-, *wō*-stämme.

§ 420. Paradigma *fǫlr* bleich.

	mask.	fem.	neutr.
Sg. N.	fǫlr	fǫl	fǫlt
G.	fǫls	fǫlrar	fǫls
D.	fǫlom, *fǫlum*	fǫlre, *fǫlri*	fǫlo, *fǫlu*
A.	fǫluan	fǫlua	fǫlt
Pl. N.	fǫluer, *fǫluir*	fǫluar	fǫl
G.	fǫlra	fǫlra	fǫlra
D.	fǫlom, *fǫlum*	fǫlom, *fǫlum*	fǫlom, *fǫlum*
A.	fǫlua	fǫluar	fǫl

So flektiren noch: *dyggr* (vgl. anm. 4) treu, *døkkr* dunkel, *frár*, *frór* (§ 77, 2 sowie anm. 2 und 3 unten), *frǽr* (pl. *frǽfer*), *fríór* (§ 102) fruchtbar, *gleggr* (§ 414 anm. 2) deutlich, *gǫrr* (pl. *gǫruer*), *gǫrr* (*gerr* § 79 anm. 3) bereit, *hár*, *hór* (§ 55 sowie anm. 2 und 3 unten) hoch, *hnøggr* knapp, *hryggr* (vgl. anm. 4) betrübt, *hǫss* (pl. *hǫsuer*) grau, *kløkkr* sentimental, *kuikr*, *kykr* (§ 79, 10, § 269, 2) lebendig, *lǫskr* träge, *myrkr* (vgl. anm. 3 und 4) finster, *mǽr* (pl. *mǽfer*), *mióŕ* (§ 102), *miár* (nach dem pl. *miáfer*, der seinerseits zu *mióŕ* nach der analogie *hór* : *háfer* gebildet ist; vgl. noch anm. 2) schmal, *rǫskr* rasch, *slǽr*, *slióŕ*, *sliár* (vgl. *mǽr* und anm. 2 unten) stumpf, *snøggr* (§ 414 anm. 2) schnell, kurzhaarig, *styggr* mürrisch, *tryggr* treu, *þrǫngr* (vgl. § 414 anm. 2) eng, *þykkr*, *þiokkr* (s. § 414 anm. 2, § 86 anm. 1 sowie anm. 3 unten), *ǫlr* betrunken, *ǫngr*, *øngr* (§ 414 anm. 2) eng, *ǫrr* (pl. *ǫruer*) rasch, freigebig.

Anm. 1. Ueber späte formen wie *fǫlvum*, *fǫlvu* vgl. § 227 anm. 1.

§ 421. *ja-, jō-*stämme. 261

Anm. 2. Bei adj. auf langen vokal, z. b. *slǽr(r)* ist § 270, 2 mit anm. 4 zu beachten; also nom. acc. ntr. *slǽtt, sliótt, sliátt*, gen. pl. *slǽr(r)a* u. s. w.

Anm. 3. *Hár(r)*, alt *hór(r)* — s. § 94, 2 — und *frár(r), frór(r)* gehen auch (bes. in etwas späterer zeit) nach § 419. Auch sonst (z. b. bei *þykkr* und *myrkr*) kommt schon ziemlich früh eine flexion ohne das charakteristische *w* (also nach § 417) vor.

Anm. 4. *Dyggr* (s. Bugge, Beitr. XIII, 510), *hryggr, myrkr* und vielleicht noch einige andere gehen auch nach § 421.

c) *ja-, jō-*stämme.

§ 421. Paradigma *sekr* (anorw. *sœkr*, vgl. § 269, 1) schuldig.

	mask.	fem.	neutr.
Sg. N.	sekr	sek	sekt
G.	seks	sekrar	seks
D.	sekiom, *sœkkium*	sekre, *sœkri*	sekio, *sœkkiu*
A.	sekian	sekia	sekt
Pl. N.	seker, *sœkir*	sekiar	sek
G.	sekra	sekra	sekra
D.	sekiom, *sœkkium*	sekiom, *sœkkium*	sekiom, *sœkkium*
A.	sekia	sekiar	sek

So gehen ziemlich wenige adj.: von wörtern mit kurzer wurzelsilbe nur *miþr* mittler und *nýr* (ntr. *nýtt*, gen. sg. m. und ntr. *nýs(s)*, f. *nýr(r)ar* u. s. w., s. § 270, 2 mit anm. 4) neu; sonst einige auf -*ǵ*, -*g*, -*k* endende (urspr. teils *i*-, teils *u*-, teils *ia-, iō-*stämme) wie *deigr* weich, die auf -*drǿgr* (z. b. *eindrǿgr* fortwährend), *eygr* mit augen versehen, *fátǿkr* armselig (aber *tǿkr* annehmbar nach § 417), die auf -*fengr* (z. b. *harþfengr* kräftig greifend), *fleygr* fliegend, *frǽgr* berühmt, *gengr* gangbar, *hǿgr* bequem, *lǿgr* liegend, *ríkr* mächtig, *rǽkr* verwerflich, *samþykkr* einwilligend, *slǿgr* schlau, *sterkr, styrkr* (§ 161) stark, *vígr* streitbar, *vǽgr* wiegend, *ýgr, ǿgr* (§ 72) schrecklich, *þekkr* angenehm, *þǽgr* angenehm; vgl. noch § 420 anm. 4.

Anm. 1. Die meisten von diesen wörtern können — einige schon früh, andere (z. b. *miþr, nýr*) erst später — auch nach § 417 flektiren.

Anm. 2. Die übrigen *ia-, iō-*stämme sind, wie die meisten *i-* und *u-*stämme (vgl. § 414 anm. 2), mit den reinen *a-, ō-*stämmen ganz zusammengefallen und sind nur durch den *i*-umlaut als solche zu erkennen.

B. Schwache deklination.

§ 422. Die schwache adj.-deklination (im positiv und superlativ) ist im allgemeinen im sg. m. und ntr. die der *an*-stämme (§ 389), im sg. f. die der *ōn*-stämme (§ 396); der pl. hat eine eigentümliche flexion (über welche vgl. Noreen im Grundriss ² I, 613 § 195, 6 und 615 § 196, 4 sowie oben § 396 anm. 5). Aber die participia präs. (in adjektivischer funktion; vgl. § 412) und komparative flektiren im sg. f. und im ganzen pl. wie *in*-stämme (§ 400).

a) Flexion des positivs und superlativs.

§ 423. Paradigmen: *spake* der verständige (vgl. *spakr* § 416), *gráe* der graue (vgl. *grár* § 416).

	mask.	fem.	neutr.	mask.	fem.	neutr.
Sg. N.	spake	spaka	spaka	gráe	grá § 125	grá
G. D. A.	spaka	spǫko, *spaku*	spaka	grá	grǫ́ § 127 ᵃ	grá
Pl. N. G.		spǫku, *spaku*			grǫ́	
D.		spǫkom, *spakum*			grǫ́m	
A.		spǫko, *spaku*			grǫ́	

Anm. In anorw. und sehr späten aisl. hdschr. endet auch der dat. pl. auf -*u*, -*o*, z. b. *spǫku* (*spaku*); vgl. Wimmer, Læsebog⁴ s. XXIV f. note, Wisén, Riddara Rímur, s. XXXIX. Sehr selt. enden im anorw. sg. gen. dat. acc. m. (vgl. § 391 anm. 1) und sg. ntr. auf -*i*, -*e* statt -*a* (Wadstein, F. Hom., s. 102).

So flektiren die meisten adj., z. b. *kunne* der bekannte (vgl. *kuþr*, *kunnr* § 417), *fagre* der schöne (vgl. *fagr* § 417), *gamle* der alte (vgl. *gamall* § 418), *mátke* der mächtige (vgl. *máttegr* § 418), *helge* oder *heilage* der heilige (vgl. *heilagr* § 418), *fǫlue* der bleiche (vgl. *fǫlr* § 420), *seke*, f. und ntr. *sekia* (anorw. *sækkia*), der schuldige (vgl. *sekr* § 421), *spakaste* der verständigste (zu *spakastr* verständigst).

§ 424. Sehr viele, meist zusammengesetzte, adj. sind (aus verschiedenen gründen, s. z. b. § 391 anm. 2) indeklinabel geworden mit der schwachen endung -*a*, älter auch oft mit nom. sg. mask. auf -*i*, -*e* (übrigen kasus auf -*a*), z. b. *andvake*, -*a* schlaflos, *dumbe* (auch stark *dumbr*) stumm, *frumvaxta* ausgewachsen u. a. (s. Wimmer, Forn. forml. § 85).

§ 425. Schwache adj.-deklination. § 426. Komparation.

b) Flexion des komparativs und partic. präs.

§ 425. Paradigmen: *spakare* weiser, *gefande* gebend.

	mask.	fem.	neutr.	mask.	fem.	neutr.
Sg. N.	spakare	spakare	spakara	gefande	gefande	gefanda
G. D. A.	spakara	spakare	spakara	gefanda	gefande	gefanda
Pl. N. G.	spakare			gefande		
D.	spǫkorom, *spakarom*			gefǫndom, -ondom, *gefandom*		
A.	spakare			gefande		

Anm. 1. Im anorw. können alle kasus, sowol im sg. als im pl., auf -*e* (selten auf -*a*, s. Wadstein, F. Hom., s. 100) enden. Im aisl. kommt selten (später häufiger) dat. pl. auf -*e*, -*i* vor; in rímur einigemal acc. sg. m. auf -*i* (s. Gíslason, Efterladte skrifter II, 179). Vgl. noch Þorkelsson, Athugasemdir, s. 10 f.; Wimmer, Læsebog⁴ s. XXIV note; Wisén, Riddara Rímur s. XXXIX.

Anm. 2. Im anorw. kann, wenn auch selten, der komparativ nach § 423 flektirt werden (s. Þorkelsson, Athugasemdir, s. 9 f.).

C. Komparation.

§ 426. Die steigerungsformen des adjektivs können nach dreifacher art gebildet werden:

1. Komp. mit suffix -*ar*-, superl. mit suff. -*ast*- (-*aʀt*- § 300 anm. 3), z. b. *spakr* verständig, komp. *spakare*, sup. *spakastr*.

Anm. 1. Aus urn. zeit ist ein hierher gehöriger superl. belegt: nom. pl. m. *sjōsteʀ* (Tune). Vgl. got. *armōza*, *armōsts*.

2. Komp. mit suff. -*r*- (aus -*iʀ*-, got. -*is*-), superl. mit dem suff. -*st*- (aus -*ist*-, got. -*ist*-); *i*-umlaut des wurzelvokals tritt (bei langer silbe immer, bei kurzer gewöhnlich, vgl. § 63 anm. 2, § 64, c) sowol im komp. als superl. ein, z. b. *langr* lang, komp. *lengre*, superl. *lengstr*.

3. Komp. mit suffix -*r* (aus -*ar*-, -*er*- und -*r*, vgl. got. *aftarō* und *aftra*, ahd. *aftaro*, -*ero* und -*ro*), superl. entweder nach 2 oder 1 oben gebildet; *i*-umlaut tritt im komp. gewöhnlich (aber auch bei langer wurzelsilbe nicht immer) ein. Positiv fehlt bei allen hierhergehörigen wörtern. Beispiele s. § 431. Vgl. F. de Saussure in Mélanges Renier, s. 383.

Anm. 2. Das partic. präs. wird nie, das partic. prät. selt. gesteigert.

Anm. 3. Der komparativ flektirt nur schwach (§ 425), der superlativ sowol stark (§ 417) als schwach (§ 423).

§ 427. 428. Komparation.

§ 427. Wie *spakr* gehen die meisten adj., z. b.

fegenn froh	*fegnare*	*fegnastr*
gǫfogr vornehm	*gǫfgare*	*gǫfgastr*
heilagr heilig	*helgare* § 123	*helgastr*
huass scharf	*huassare*	*huassastr*
knár(r) tüchtig	*knár(r)e* § 125, § 270, 2	*knástr*
máttegr mächtig	*mátkare* § 231, 1, a	*mátkastr*
náenn nahe	*nánare*, vgl. § 418	*nánastr*
ríkr mächtig; vgl. § 429	*ríkare* § 421 anm. 1	*ríkastr*
rǫskr rasch	*rǫsk(u)are* § 420 anm. 3	*rǫsk(u)astr*
vitr klug	*vitrare*	*vitrastr*
ǫrr freigebig	*ǫruare* § 420	*ǫruastr*

Anm. 1. Anal. kontrahirt sind *miór(r)e* (*midre* Hb., s. XXXVII), *mióstr* neben *miófare* (*midfare*), *miófastr* zu *miór*, *midr* schmal; ebenso *frǿre*, *frǿstr* neben *fráfastr* (*frófastr*) zu *frár*, *frór* hurtig.

Anm. 2. Der positiv fehlt bei *sialdnare* 'seltener', *sialdnastr* und ist nur im acc. sg. ntr. als adv. *sialdan* (§ 415 anm. 2) erhalten. Ein primitiveres *sialdr* ist in zusammensetzungen wie *siald-sénn* 'selten' und adv. komp. *sialdar* belegt.

§ 428. Wie *langr* gehen ziemlich viele adj., z. b.

fagr schön	*fegre* § 267, 3	*fegrstr*
fár(r) wenig	*fǿr(r)e* (vgl. anm. 2)	*fǿstr*
grunnr, gruþr seicht	*grynnre, gryþre*	*grynstr* § 300, 1
hár(r), hór(r) hoch	*hǿr(r)e, hǿre*	*hǿstr, hǿstr*
hreinn rein	*hreinne* § 267, 1	*hreinstr*
lágr niedrig	*lǽgre*	*lǽgstr*
skam(m)r kurz	*skem(m)re*	*skemstr*
smár(r) klein	*smǽr(r)e* (vgl. anm. 2)	*smǽstr*
stórr gross	*stǿrre*	*stǿrstr*
ungr jung	*yngre* (vgl. anm. 3)	*yngstr*
þrǫngr eng	*þrengre*	*þrengstr* (vgl. § 429 anm. 2)

So gehen auch (ausser den in § 429 erwähnten wörtern; vgl. auch § 430) u. a. *grǿnn* grün, *meinn* schädlich, *skírr*, *skýrr* (aber zu *skǽrr* superl. *skǽrastr*) hell, *slégr* klug, *sýnn* offenbar, *vǽnn* (vgl. § 429 anm. 2) schön; wahrscheinlich auch die nur im komp. belegten *auþbénn* erbittlich, *auþveldr* leicht zu bewältigen, *fǿrr* im stande zu fahren, *gagnsǽr* durchsichtig und das nur im superl. belegte *þǽgr* angenehm.

§ 429. Komparation.

Anm. 1. Im positiv fehlen *heldre, helztr (halztr* Hb.), s. XXXVII) vorzüglichst, *ǿpre, ǿztr* vornehmst, *nǽr(r)e, nǽstr* nächst (vgl. posit. *ná-, nó-,* § 74, 2, § 75, 'nahe-' in zusammensetzungen) und *fyrre* früher, *fyrstr, fystr* § 262, 3 (sehr selt. ohne umlaut, § 64, c, im ausdruck *í furstonne* statt *í fyrstonne* 'anfangs') erst. Vgl. noch § 430.

Anm. 2. Von *smár* und *fár* kommen im komp. auch selt. *smǿre* (Gislason, Um frumparta s. 154, Unger, Saga Diðriks s. XVIII), *fǿre* (Unger a. o.) vor.

Anm. 3. Von *ungr* jung kommt im komp. auch *ǿre* (§ 109; got. *jûhiza*) vor; im superl. ist einmal *ǿrstr* (nach anm. 4) belegt.

Anm. 4. Sehr selt. dringt *r* aus dem komp. in den superl. hinein. So findet sich von *fár* neben *fǽstr* auch *fǽrstr*; über *ǿrstr* s. anm. 3 oben. Vgl. § 432, 3.

§ 429. Doppelte steigerungsformen (nach § 427 und § 428) haben einige adj. wie z. b. *diúpr* (*diúpare, diúpastr* und *dýpre, dýpstr*) tief, *dýrr* teuer, *framr* vorzüglich (komp. und sup. in der bedeutung 'vorder', 'vorderst'), *frǽgr* (*frǽgre, frǽgstr* und später *frǽgare, -astr*) berühmt, *gleggr* (*glegguare, glegguastr* und *gleggre, gleggstr*) deutlich, *greiþr* (komp. nicht belegt) leicht zu bewerkstelligen, *hǽttr* (superl. nicht belegt) gefährlich, *ríkr* mächtig, *skygn* (*skygne, skygnstr* und *skygnare, -astr*) klarsehend, *skyldr* verwandt, *þungr* schwer, *þunnr* dünn. Ueber die eigentlich nicht hierhergehörigen *mjór, frár* s. § 427 anm. 1.

Anm. 1. Einige, die nach § 427 gehen, haben nur im komp. doppelformen, z. b. *giofoll,* komp. *gioflare* und *giofolle,* freigebig; *mildr* milde; *nýr,* komp. *nýiare* (selt.) und *nýr(r)e,* neu; *slǽr,* komp. *slǽfare* und *slǽr(r)e,* stumpf; *sǿtr* süss; *tryggr,* komp. *trygguare* und *tryggre,* treu.

Anm. 2. Einige adj., die nach § 428 gehen, haben nur im superl. doppelformen, z. b. *fríþr* schön; *heill* gesund; *hǿgr,* sup. *hǿgstr* und *hǿgiastr,* bequem; *seinn,* sup. *seinstr* und *seinastr,* langsam; *sterkr,* sup. *sterkastr,* alt gew. *sterkstr,* stark; *sǽll,* sup. *sǽlstr* und *sǽlastr,* glücklich; *vildr* (sup. selt. *vilztr,* s. Jónsson, Skjaldesprog s. 72) beliebt; *vænn* (sup. *vænastr* erst in rímur, s. Gislason, Efterladte skrifter II, 179) schön; *þrǫngr,* sup. *þrǫngstr* und *þrǫng(u)astr* (s. Vigfusson), *þrenguastr* (s. Hertzberg), eng. Doppelbildung nur im komp. zeigt *vesall,* komp. *vesalle, veslare,* sup. *vesalstr* elend.

Anm. 3. Gemischte komparation, so dass komp. nach § 428 und superl. nach § 427 gebildet ist, kommt auch vor, z. b. *auþegr, auþegre, auþgastr* reich und die auf *-legr* wie *veglegr, -legre, -legastr* (aber acc. *-legstan* u. s. w., s. § 418) prächtig, wo jedoch in betracht der superl.-flexion vielleicht (mit Cederschiöld, Arkiv IX, 97) synkope im komp. anzunehmen ist. Komp. nach § 427 und superl. nach § 428 zeigt *fiolmennr, -mennare, -menztr* von vielen leuten begleitet.

§ 430. Einige adj., die nach § 428 gehen, aber nur in komp. und superl. vorkommen, ersetzen den fehlenden positiv durch wörter, die ihrerseits nur im pos. vorkommen:

gamall (alt auch *aldenn*) alt	*ellre* (selt. anorw. *ældri*)	*elstr* § 300, 1
góþr gut	*betre* § 63 anm. 2	*bestr*, alt gew. *bastr* § 64, c
illr, vándr böse	*verre* s. anm. 2	*verstr, vestr* § 262, 3
litell klein	*minne* § 267, 4, b	*minstr* § 300, 1
margr (anorw. selt. *mangr*) mancher	*fleire*	*flestr* § 123
mikell (*mykill*) gross	*meire*	*mestr* § 123

Anm. 1. Hierher kann auch *sialdsénn, sialdnare, sialdnastr* (s. § 427 anm. 2) gerechnet werden.

Anm. 2. *Verre* statt **virre* (s. § 155) beruht wol teils auf anschluss an das adv. *verr*, das nach Osthoff aus **rerzaz* (eine bildung wie lat. *minus*) entstanden ist, teils auf dem einfluss von *betre* (s. Pipping, Neuphilologische Mitteilungen 1902, 15./11.—15./12., s. 3).

§ 431. Der dritten komparationsart (§ 426, 3) gehören nur:

(vgl. präp. *af* ab)	*efre* später	*efstr, eftr* (§ 281 anm. 4) letzt
(vgl. adv. *aptan* von hinten)	*eptre* (sehr selt. *aptre*); *aptare*	*epstr; aptastr* hinterst
(vgl. adv. *austan* von osten her)	*eystre*	*austastr* östlichst
(vgl. das selt. adv. *fiar* fern)	*fiarre*, selt. *firre* fern; *firnare* entfernter	*firstr* entferntest
(vgl. adv. *handan* von jener seite)	*hindre* später	*hinstr* letzt
(vgl. adv. *inn* hinein)	*innre, iþre* § 252	*instr* innerst
(vgl. adv. *neþan* unten)	*neþre, niþre; neþarre* § 270 anm. 4	*nestr* unterst
(vgl. adv. *norþan* von norden her)	*nyrþre, norþre, nerþre* (selt. *norþre*); *norþar(r)e*	*nyrstr, norstr, nerstr; norþastr* nördlichst
(vgl. präp. *of* über)	*ofre, efre* § 114	*ofstr, efstr* oberst
(vgl. adv. *sīþ* spät)	*sīþre; sīþar(r)e*, vgl. § 432, 1	*sīþastr, sīþarstr* (vgl. § 428 anm. 4), *sīþarastr* spätest

(vgl. adv. *sunnan* von süden her)	*syþre* § 252, anorw. auch *sundri, sunnare*	*synstr, systr* (§ 257, 2, a) südlichst
(vgl. adv. *út* hinaus)	*ytre, ýtre* § 122, 5	*yztr, ýztr*, anorw. auch *ýtarstr* äusserst
(vgl. adv. *vestan* von westen her)	*vestre*	*vestastr* westlichst

Anm. Nur im komp. kommen vor: *vinstre* (selt. *vistre* § 289, 4) link und dessen gegensatz *hǿgre* recht.

Anhang: Komparation der adverbia.

§ 432. Die adverbia werden im allgemeinen ganz wie die adj. gesteigert, also in dreifacher weise:

1. Komp. auf *-ar* (oft *-arr* § 270 anm. 4), sup. auf *-ast*, z. b. *opt* oft, *optar(r), optast; sialdan* selten, *sialdnar* (und *sialdar* § 427 anm. 2), *sialdnast; viþa* weit, *viþar(r), viþast,* u. a.; bes. alle auf *-la* und *-lega* (vgl. dagegen § 429 anm. 3).

2. Komp. auf *-r*, sup. auf *-st*, beide mit *i*-umlaut der wurzelsilbe, z. b. *gǫrua, gerua* (s. § 74, 7) genau, *gerr, gerst; snem(m)a, snim(m)a* bald, *snem(m)r, snim(m)r* früher, *snemst, snimst* neulich; *lenge* lange, *lengr* (temporal, vgl. anm. 3), *lengst; skamt* kurz, *skem(m)r* (temporal, vgl. anm. 3), *skemst*, u. a.

Anm. 1. Im positiv fehlen (vgl. § 428 anm. 1) *siþr* weniger, *síz(t)*, vgl. 3 unten; *fyrr* früher, *fyrst, fyst*, § 262, 3, zuerst; *nǽr(r)* und *nér* (nach *nest*, s. § 122, 6), selt. nach 1 oben *nár* (alt u. dicht. noch *náar*, s. Sievers, Arkiv V, 133 f.) näher (auch 'nahe', in welcher bedeutung auch die form *nǽre* gebraucht wird), *nǽst, nest* § 122, 6.

Anm. 2. Doppelformen kommen auch hier (vgl. § 429) bisweilen vor, z. b. *fram(m)* vorwärts, hervor (vgl. § 267 anm. 4), *fremr* und *framar(r), fremst* und *framast, -arst* (vgl. § 428 anm. 4).

3. Die dritte komparationsart weicht bei den adv. insofern von der entsprechenden der adj. (s. § 426, 3, § 431) ab, als der komp. auf *-ar(r)*, der superl. auf *-a(r)st* endet, z. b. *síþ* spät, *síþar(r), síþa(r)st* (vgl. anm. 1 oben). So gehen noch die schon § 431 erwähnten adv. *aptan, austan, inn, neþan, norþan, sunnan, út, vestan*; abweichend *fiar (fiarre, ferre*, s. Jónsson, Skjaldesprog, s. 116), *firr, first* und (*handan*), *hindar(r), hinzt*.

Anm. 3. Wie im positiv (z. b. *vítt* neben *viþa* weit) und superl. (z. b. *ýzt* neben *útarst*, anorw. auch *út(t)ast*, äusserst) so kann auch im komp. die form des acc. sg. (selt. pl.) ntr. des adj. statt der eigentlichen adverbialen form verwendet werden. Bei vielen wörtern ist in der älteren zeit diese bildung sogar die einzig gebräuchliche, z. b. *tíþara* zu *títt* oft, *lengra* (lokal, vgl. 2 oben) zu *langt* lang, *skem(m)ra* (lokal, vgl. 2 oben) zu *skamt* kurz (s. Þorkelsson, Athugasemdir, s. 25 ff.); sonst z. b. *víþara* neben *víþar(r)* weiter, *fyrre* neben *fyrr* früher, seltener *optare* neben *optar(r)* öfter.

Anm. 4. Bisweilen kann der adverbialen komparativform noch *meir(r)* 'mehr' angehängt werden, z. b. *fyrrmeir(r)* früher, *firrmeir(r)* ferner, *nǽr(r)meir(r)* näher, *ofarmeir(r)* mehr nach oben, *síþarmeir(r)* mehr nach unten, später.

§ 433. Besonders ist zu merken die suppletorische komparation (vgl. § 430) folgender adverbia:

giarna gern	*heldr, giarnara*	*helz(t)* § 293
illa § 122, 2 übel	*verr*	*verst, vest*
lít(t) § 418, 5 wenig	*minnr, miþr*	*minzt*
miok sehr	*meir(r)*	*mest*
upp aufwärts (vgl. *of* über)	*ofar(r)*	*ofa(r)st*
vel (anorw. *vel, væl, val*) wol	*betr*	*bezt, bazt*

Kap. 3. Die zahlwörter.

a) Kardinalzahlen.

§ 434. *Einn, enn* § 123 'ein', 'einer' flektirt:

	mask.	fem.	neutr.
Sg. N.	einn	ein	eitt § 257, 2, a
G.	eins	einnar	eins
D.	einom, *æinum*	einne, *æinni*	eino, *æinu*
A.	einn § 418, 5	eina	eitt
Pl. N.	einer, *æinir*	einar	ein
G.	einna	einna	einna
D.	einom, *æinum*	einom, *æinum*	einom, *æinum*
A.	eina	einar	ein

Anm. 1. Der pl. kommt in den bedeutungen 'irgend ein' und 'allein' vor. In der letzteren bedeutung kommt auch schwache flexion: *eine, eina, eina* u. s. w. (nach § 423) vor.

Anm. 2. In etwas späteren schriften kann *einn* auch als unbestimmter artikel gebraucht werden.

§ 435. *Tueir* 'zwei' flektirt:

	mask.	fem.	neutr.
N.	tueir	tuǽr § 68, 2	tuau (selt. tuá)
G.	tueggia, *tuæggia*	tueggia, *tuæggia*	tueggia, *tuæggia* § 221, 1
D.	tueim	tueim	tueim
A.	tuá	tuǽr	tuau (selt. tuá)

§ 436—438. Kardinalzahlen.

Anm. 1. Dat. heisst alt (vor c. 1200; einige spätere beisp. s. bei Thorkelsson, Supplement IV, 152 und Wimmer, Aarbøger 1867, s. 59) auch *tueimr*, s. § 267 anm. 4.

Anm. 2. Acc. m. hat in alten gedichten bisweilen die anal. (nach *bláa, grá́a* u. dgl.) gebildete form *tuda*; s. Jónsson, Skjaldesprog s. 85; Thorkelsson, Supplement IV, 152.

Anm. 3. Aeusserst seltene formen sind nom. m. *tuǽr* (St. Hom.), nom. acc. f. *tuér* (Reykj. Máld., Rímb.), *tueir* (St. Hom., Strengleikar s. 46).

Anm. 4. *Tuenner, tüinner* 'zwei', 'je zwei' flektirt ganz wie ein starkes adj. Jedoch kann im nom. acc. ntr. (anorw. auch in anderen kasus) bisweilen *tuenne* neben *tuenn* (aisl. auch selt. *tuennen*; anorw. auch *tuinn, tuinni, tynni*, ja ein sg. *tuint*) vorkommen.

§ 436. *Báþer* 'alle zwei', 'beide' flektirt:

	mask.	fem.	neutr.
N.	báþer	báþar	bǽþe, *báðe*
G.	beggia, *bæggia, báðra*	beggia, *bæggia, báðra*	beggia, *bæggia, báðra*
D.	bǫ́þom, *báðom*	bǫ́þom, *báðom*	bǫ́þom, *báðom*
A.	báþa	báþar	bǽþe, *báðe*

Anm. 1. Nom. acc. ntr. kann im anorw. bisweilen und ziemlich spät *bǽðen, báðen* (wie im aschw.) heissen; im aisl. alt und selt. *beiþe* (St. Hom.), *béþe* (so immer in der Hauksbók, gew. im Cod. AM. 645, 4°), dies aber gew. als konj. 'sowol' (.... als).

Anm. 2. Gen. kann mnorw. bisweilen auf *-ias, -iæs, -is* enden, s. Falk und Torp, Dansk-norskens syntax, s. XV note.

§ 437. *Þrír* 'drei' flektirt:

	mask.	fem.	neutr.
N.	þrír	þriár, *þréar*	þriú § 127ᵇ, b, 2
G.	þriggia	þriggia	þriggia § 221, 1
D.	þrim(r), þrem(r)	þrim(r), þrem(r)	þrim(r), þrem(r) § 267 anm. 4
A.	þriá, *þréa, þré*	þriár, *þréar*	þriú

Anm. 1. Aus urn. zeit ist nom. f. als *þrijōʀ* (Tune) belegt.

Anm. 2. Sehr seltene nebenformen sind: nom. acc. ntr. *þrió* (Agrip, Dahlerups ausg. s. XV), mnorw. *þréa* (s. Hægstad, Kong. s. 37).

Anm. 3. *Þrenner, þrinner* 'drei', 'je drei' geht wie ein starkes adj., nur dass im nom. acc. ntr. anorw. *þrenne* (Hægstad, G. Tr., s. 43), aisl. *þrennen* (Jónsson, Skjaldesprog s. 87) vorkommen kann.

§ 438. *Fiórer* 'vier' flektirt:

	mask.	fem.	neutr.
N.	fiórer	fiórar	fiogor, *fiugur* § 86 anm. 1
G.	fiogorra, *fiugurra*	fiogorra, *fiugurra*	fiogorra, *fiugurra*
D.	fiórom	fiórom	fiórom
A.	fióra	fiórar	fiogor, *fiugur*

§ 439—443. Kardinalzahlen.

Anm. 1. Sehr selt. ist gen. *figurra* (Fritzner); vgl. agutn. *fygura* und aschw. nom. acc. ntr. *fighur*.

Anm. 2. Ferner 'vier', 'je vier' geht wie ein starkes adj.

§ 439. Indeklinabel sind (von dem vereinzelten dat. anorw. *siaum*, s. Fritzner, abgesehen) die zahlen von 5 bis 20. Sie lauten: *fim* (selt. *fimm*, s. Þorkelsson, Timarit 1901, s. 68) 5, *sex* 6, *siau* 7, *átta* 8, *nío* 9, *tío* 10, *ellefo* 11, *tolf* 12, *prettán* 13, *fiog-(o)rtán* (anorw. auch *fiug(u)rtán*), *fiórtán* (vgl. § 152 anm. 1, § 86 mit anm. 1) 14, *fimtán* 15, *sextán* 16, *siaut(i)án* (§ 285 anm. 1) 17, *át(t)ián* 18, *nítián* 19, *tottogo, tuttugu, tuítián* 20.

Anm. Selt. nebenformen sind für 7: *sió* (Agrip; Cod. 655, 4°; Fritzner; Thorkelsson, Supplement II), misl. *sie* (Thorkelsson, ib. I; ein erklärungsversuch bei Kock, Arkiv XV, 252f.), anorw. *siaug* (Fritzner; vgl. aschw. *siūgh*, afris. *siugon*); 11: anorw. *œllugu* (§ 166, 1; § 248); 13: *prétián* (Jónsson, Skjaldesprog s. 87; vgl. auch *prentán-de* § 446 anm.); 14: anorw. *fiúrtán* (Fritzner, vgl. das aschw.; vgl. auch *fiórtián-de* § 446 anm.); 15: *fimtián* (Jónsson, a. o.); 16: *sextián* (Jónsson, a. o.); 17: *sautián, s(i)eytián*, anorw. *siotián*, misl. *sietián* (s. Fritzner; Vigfusson; Thorkelsson, Supplement I; Gislason, Aarbøger 1879, s. 161); 20: *tiogo* (suecismus?, vgl. Bugge, Arkiv II, 252 note), anorw. *tuittugu, tyttugu, tugtugu* (Fritzner; Hægstad, G. Tr. s. 52), *tut(e)gu, tutigu* (beides im Hoprekstaderbuche), orkn. *tuttu(gu)* (Hægstad, Hild. s. 63).

§ 440. Die zahlen 30, 40 u. s. w. bis 110 werden durch 3, 4 u. s. w. mit folgendem pl. des subst. *tigr, tegr, togr, tugr* (§ 385 anm. 3) 'anzahl von zehn' gebildet; also *prír tiger, teger* u. s. w. 30, *fiórer tiger* 40, *ellefo tiger* 110. Später hat man indeklinabel: *priátigi* (shetl. *prǽtige*, s. Hægstad, Hild. s. 42), *fiorutigi, fimtigi, sextigi* (-*togo* Reykj. Máld., -*tugu* Hb., s. LVII) u. s. w., noch später *priátíu, fiorutíu, fimtíu* u. s. w.

§ 441. Die zahlen 21—29, 31—39 u. s. w. werden in folgender weise gebildet: *tottogo ok einn* oder *einn ok tottogo* 21, *fiórer tiger ok fim, fim ok f. t.* 45, *ellefo tiger ok nío* 119 u. s. w.

§ 442. *Hundraþ* 120 (*hundraþ tolfrétt*; selt. in der bedeutung von 100, *hundraþ tirétt*, das gew. durch *tío tiger* bezeichnet wird) ist ein subst. neutr., das nach § 351 flektirt; also *tuau hundroþ* 240, *þriú hundroþ* 360 u. s. w.

Anm. Selt. wird *hundraþ* als indeklinables adj. gebraucht.

§ 443. *Þúsund, þúshund* 1200 (selt. 1000) ist ein subst. fem., das nach § 380 flektirt; also *tuǽr þúsunder* 2400 u. s. w. Die nebenform *þúshundraþ* ist natürlich neutr. nach § 351.

b) Ordinalzahlen.

§ 444. *Fyrstr* (stark nach § 417) oder *fyrste* (schwach nach § 423) 'der erste' (vgl. § 428 anm. 1). Bei aufzählung und in den verbindungen '21 ste' u. s. w. kann auch die kardinalzahl *einn* oder *eine* gebraucht werden (vgl. § 434 mit anm. 1).

§ 445. *Annarr* 'der zweite' (auch 'der eine' oder 'der andere') wird in folgender weise (nur stark) flektirt:

	mask.	fem.	neutr.
Sg. N.	annarr	ǫnnor, *annur*	annat § 290, 1
G.	annars	annarrar	annars
D.	ǫþrom, *aðrum* § 252	annarre	ǫþro, *aðru*
A.	annan § 290, 1	aþra	annat
Pl. N.	aþrer	aþrar	ǫnnor, *annur*
G.	annarra	annarra	annarra
D.	ǫþrom, *aðrum*	ǫþrom, *aðrum*	ǫþrom, *aðrum*
A.	aþra	aþrar	ǫnnor, *annur*

§ 446. Die ordinalzahlen für 3—12 lauten: *þriþe; fiorþe, fiórþe; fimte; sétte* (anorw. auch *sexte*); *siaunde, siunde; átte, áttande, ǫ́ttonde; nionde; tionde; ellepte; tolfte*. Diese, wie alle folgenden, flektiren nur schwach (nach § 423), wobei *þriþe* (fem. *þriþia* u. s. w.) als *-jan-, -jōn*-stamm geht.

Zu 13—19 sind die ordinalia aus den kardinalzahlen durch zufügung von *-de* gebildet; also *þrettánde* u. s. w.

Anm. Selt. nebenformen sind zu 7: *sionde* (Hb. s. XXV; Fritzner; *sionde*), *sidundi* (Fritzner), anorw. *siauði* (Wadstein, F. Hom., s. 140); 11: anorw. *œlliufti* § 227, 2, *ellyfti* § 74, 7, § 82, *ellykti* § 249, *ellepti*, *œrlipti*; 13: anorw. *þrentánde* (s. § 250, 2); 14: anorw. *fiórtiánde* (Hb., s. XXXV); 17: *seytiánde*.

§ 447. Um zu 20, 30, 40 u. s. w. die ordinalia zu bekommen, hat man den stämmen *tot-* oder *tut-, þri-, fer-, fim-, sex-, siau-, átta-, ni-* die endung *-togonde, -tugonde, -tegonde, -tøgonde, -tugande*, später *-tugti (-tukti)*, noch später *-tugasti* anzuhängen, z. b. *tottogonde, tuttugonde* u. s. w. der zwanzigste u. s. w.

Anm. 1. Neben *tottogonde* u. s. w. kommt auch *tuítiánde*, selt. *tugtugti* (sehr selt. anorw. *tyttugti*; vgl. § 439 anm.) vor, neben *þritogonde* auch selt. aisl. *þrettogonde* (St. Hom.), anorw. *þrétugti, þriátygti*; neben *fertugti* auch *fiórtugti*.

Anm. 2. Zu 100 und noch höheren zahlen kommen in der alten sprache keine ordinalia vor.

§ 448. Zu 21—29, 31—39 u. s. w. lauten die ordinalzahlen *tottogonde ok fyrste* (oder *einn*) oder auch *fyrste* (*einn*) *ok tottogonde* u. s. w.

c) Andere numeralia.

§ 449. Multiplikativa (adj.) werden durch komposition mit *-faldr* gebildet: *ein-, tuí-* (seltener *tué-*, vgl. § 107, 2, und *tuǽ-* in *tuǽvetr* zweijährig), *þrí-* (selt. *þré-*), *fer-faldr* u. s. w. Ausserdem hat man *tueþr, tuennr* (alt auch *tuiþr, tuinnr*, selt. *tuénn* § 107, 2, *tuinn*) doppelt, *þreþr, þrennr* (selt. *þriþr, þrinnr* und *þrénn*) dreifach.

Anm. Die pl. *tuenner* u. s. w., *þrenner, ferner* werden sowol als distributiva wie als reine kardinalzahlen gebraucht. Vgl. § 435 anm. 4, § 437 anm. 2, § 438 anm. 2.

§ 450. Auf die frage 'wie viele dekaden enthaltend' (bes. 'wie alt') antworten die adj. *þuítøgr* 20 jahr alt, *þrítøgr* 30 jahr alt, *fertøgr* 40 j. a., *fimtøgr* 50 j. a., *sextøgr* 60 j. a., *siautøgr* (*siótugr*, vgl. anm. 1) oder *siauréþr* 70 j. a., *áttréþr* 80 j. a., *niréþr* o. *nitøgr* 90 j. a., *tiréþr* (selt. *téréþr*) 100 j. a., *tolfréþr* 120 j. a.

Anm. 1. Statt *-tøgr* kommt seltener *-togr*, anorw. (später auch aisl.) *-tugr* vor; vgl. Þorkelsson, Athugasemdir s. 25. Vereinzelt steht *tuitygr* (Agrip, s. XVI).

Anm. 2. *Halffertøgr* bedeutet 35 jahr alt, *halfniréþr* 85 j. a. u. s. w.

§ 451. Eine anzahl kann bisweilen auch durch subst. fem. auf *-t, -d* ausgedrückt werden: *fimt, sétt, siaund, níund, tylft* (selt. *tolft* § 382, 3), *þrítøgt* u. s. w. (vgl. § 450) anzahl von 5, 6, 7, 9, 12, 30 u. s. w.; vgl. noch *ǽtt, átt* drittel des runenalphabets (also ursprünglich 8 runen, s. Brate, Sv. fornm. tidskr. VII, 55 f.), oktant des horizonts (s. Hertzberg, s. 679, sp. 2), *tíund* zehnt. Auf *-ing* enden *eining* einheit, *tuen(n)ing* (§ 275, 2) zweiheit, *þren(n)ing* (*þrinn-*) dreiheit. Isolirt steht *tigr, tøgr* u. s. w. (§ 385 anm. 3) anzahl von zehn.

§ 452. Subst. mask. durch *-ung-* von den ordinalzahlen abgeleitet drücken den teil aus: *þriþ(i)ongr* drittel, *fiorþongr* (*fiórþongr*) viertel u. s. w. Ausnahme macht *helmingr, hel(f)ningr* (selt. *helfingr* § 229, 2) oder *helfþ, -t* (anorw. *hǽlfð, -d* § 230 anm. 7) hälfte.

§ 453. Von zahladverbien kommen nur zwei vor: *tysuar*, *tuisuar* (anorw. auch *tysuár*, *tysuor*, *tuisuor*, s. Hertzberg) zweimal, *þrysuar*, *þrisuar* (anorw. auch oft *þrysuár*, seltener *þrysuor*, *þrysor*, *þriss(u)or*, *þresuor*, s. Hertzberg) dreimal. Sonst bedient man sich der umschreibungen *eino sinne* einmal, *tueim sinnom* oder *tysuar sinnom* zweimal, *þrim* oder *þrysuar sinnom* dreimal, *fiórom sinnom* viermal u. s. w.

Anm. 'Zum ersten, zweiten etc. male' heisst (*et*) *fyrsta sinn*, (*i*) *annat sinn* (auch *oþro sinns*), (*et*) *þriþia sinn* u. s. w.

Kap. 4. Pronomina.

1. Persönliche.

a) Ungeschlechtige.

§ 454. Diese sind *ek* 'ich', *þú*, *ðu* (§ 215, 1) 'du' und das reflexivum der dritten person. Die flexion zeigt noch einen dual.

Sg. N.	ek, eg § 240	þú	—
G.	mín	þín	sín
D.	mér	þér	sér
A.	mik, mig § 240, *mek*	þik, þig § 240, *þek*	sik, sig § 240, *sek*
Du. N.	vit, við § 240, *mit* § 268, *vet, met*	it, ið § 240, þit § 455 anm. 5, þið	—
G.	okkar	ykkar	} wie im sg.
D. A.	ok(k)r	yk(k)r	
Pl. N.	vér, vǽr, *mér* § 268	ér, þér § 455 anm. 5	—
G.	vár	yþ(u)ar § 227 anm. 4	} wie im sg.
D. A.	oss, (aisl. auch) *ess, ós* § 108, 1, § 122, 7	yþr	

Anm. 1. Aus urn. zeit ist nur die erste person belegt: Sg. nom. *ek* (Gallehus, Kragehul, Lindholm, Tune, Valsfjord, Kjølevig, Järsberg und Maglemose) oder *ik* (Åsum, Reistad), vgl. § 455 anm. 2; dat. *meʀ* (Opedal); acc. *m[i]k*? (Etelhem); wol du. nom. [*wi*]*t* (Järsberg).

Anm. 2. Im nom. sg. hat das anorw. und der Shetlandsdialekt bisweilen *iak* (wie das aschw.) statt *ek*, s. § 90. Im 15. jahrh. kommt ein danisirendes *iek* vor. Im aisl. kommt selt. *ék* (woraus nisl. *jeg*) vor.

Anm. 3. Im gen. sg. kommt *þína* (vgl. agutn. refl. *sína*) statt *þín* in ein paar anorw. runeninschr. vor.

Anm. 4. Nom. pl. *vǽr* statt *vér* kommt anorw. seit c. 1250 (z. b. Elis saga 47 *vǽr* : 1 *vér*), aisl. seit c. 1300 (z. b. Morgenstern, AM. fragmente, s. 46 f., und im Cod. reg. der Snorra Edda ausschliesslich) vor und ist in den 'Rímur' des 15. jahrhs. häufig (s. Gíslason, Njála II, 602 f.). Alt und äusserst

§ 455. Persönliche pronomina.

selt. sind *vír* (bei Sighuatr, s. Gislason a. o., s. 600) st. *vér* und *es* (in der anorw. inschr. von Sele c. 1100 und Cod. AM. 677, 4° etwas nach 1200, s. Bugge, Arkiv XVI, 327, 329) st. *ér*. Mnorw. *ví* (s. z. b. Hægstad, Kong. s. 26 und 37) ist vielleicht ein suecismus. Die formen *mit*, *mér* kommen in aisl. hdschr. nur sehr selt. vor. — Seit 1350 werden nom. du. und pl. *it*, *ér* von den anfangs seltenen *þit*, *þér* (s. § 455 anm. 5) ganz verdrängt.

Anm. 5. Gen. pl. *várr* st. *vár* ist zweimal in St. Hom. belegt. Unmittelbar nach *allra* und *sialfra* werden die formen *várra* und *yþ(u)arra*, nach *beggia* die form *okkarra* gebraucht, s. Thorkelsson, Supplement IV, 172, 179, 182.

Anm. 6. Dat. acc. pl. aisl. *ós* st. *oss*, anorw. *óss* st. *ós* (Wadstein, F. Hom., s. 133) sind äusserst selt.; ebenso *ós* im aisl. — Mnorw. ist *þydder* (anorw. *þyðr st. *yðr*, s. § 455 anm. 5) belegt, s. A. B. Larsen, Arkiv XVIII, 86 note. Mnorw. *iðir* ist wol ein suecismus.

§ 455. Enklitischer anschluss von pronominalformen an das vorhergehende verbum kommt in vielen fällen vor (vgl. § 150):

1. *Ek* wurde (vor 1200 in der regel, im 13. jahrh. vorwiegend) in der dichterischen sprache, nicht selt. auch in der prosa (z. b. St. Hom., Cod. AM. 645, 4° u. a., s. B. M. Ólsen, Aarbøger 1893, s. 225) als -*k*, seltener -*g* (vgl. anm. 2) suffigirt, was man 'bragarmál' nennt. Z. b. *mǽltak* ich sprach, *siákk* (§ 270 anm. 4) ich sei, *emk* ich bin, *hykk* (§ 264) ich denke, *fréttag* ich fragte. Treten die enklitischen negationen -*a*, -*at* hinzu, so steht nach starktoniger silbe -*k*, nach schwachtoniger -*g*, z. b. *sékka* (§ 270, 2) ich sehe nicht, *þikkat* (§ 264) ich empfange nicht, aber *þorega* ich wage nicht, *gørþega* ich that nicht. Das -*k* kann nach der negation nochmals angehängt werden, z. b. *mákak* ich kann nicht, *máttegak* ich konnte nicht; nichtsdestoweniger kann ausserdem proklitisches *ek* vorkommen, z. b. *ek mákak* ich kann nicht.

Anm. 1. Zahlreiche beispiele s. bei Gislason, Um frumparta s. 228 ff., Njála II, 11 ff.; Sievers, Beitr. V, 501 ff., VI, 322 ff.; Vigfusson, Eyrbyggja saga, s. XLVII.

Anm. 2. Beisp. schon urn. suffigirung sind *hāteka* (Lindholm), *haitika* (Sjæll. brakt.), wol auch *snūhekA* (Stentofta), *fAlAhAk* (vgl. adän. *ak*) und *hAðerAʒ* (Björketorp), vielleicht *haiteʒa* (Kragehul). Ueber das verhältnis der formen s. Noreen im Grundriss² I, 617, § 201, 1; Bugge, No. I., s. 8 f.

2. *Þú* kann als -*ðu* (§ 215, 1), -*du* (§ 230, 1, b), -*tu* (§ 230, 2, a) suffigirt werden (dann auch als *du*, *tu* losgelöst auftreten, z. b. in St. Hom.), z. b. *estu* (*es-ðu, *es-þú; durch unrichtige auflösung von *estu* entsteht dann [*þú*] *est* statt *es*) du bist,

§ 456. Persönliche pronomina.

kenndu kenne (du), *skal(l)du* (dann sehr selt. *skald* statt *skall*), *skaltu* (*skalt-ðu § 266, § 273) du sollst, *vil(l)du*, *viltu* du willst, *heyrþo*, *-u* höre (du). Die negation *-at* kann zwischen das verbum und das pron. hineingeschoben werden, z. b. *gaftattu* (*-*at-ðu*) du gabst nicht, *grátattu* weine nicht u. a. Vgl. *attu* (*at þú*) dass du, *þóttu* (*þótt þú*) obgleich du.

3. Dat. *mér* und acc. *mik* werden in alten gedichten nicht selten als *-m* (aus *-*mʀ*, s. § 267 anm. 4), resp. *-mk* dem verbum in der 3. pl. suffigirt, z. b. *létom* sie liessen mir, *vánerom* (§ 150 anm. 2) hoffnungen sind mir, *rǫkomk* sie trieben mich, *under stóþomk* sie standen unter mir. Die formen auf *-mk* können bald diejenigen auf *-m* vertreten und umgekehrt, z. b. *leiþ eromk fioll* leid sind mir die berge. Wo diese suffixe an die 3. sg. treten sollten, hat das verbum die form der 3. pl., z. b. *verpomk orþe á* (statt *verpr á mik*) er schleudert worte auf mich, *gǫfomk* (statt *gaf mér*) er gab mir, *miok erom* (statt *er mér*) *tregt* sehr schwer ist es mir. Noch mehr auffallend sind konstruktionen wie *synda auke hǫfom* (statt *hefer mik*) *sótt* die menge der sünden hat mich niedergedrückt. Weitere beisp. bei Egilsson, s. 832 f.

Anm. 3. Diese formen werden bald mit den gleichlautenden mediopassiven auf *-om(k)* verwechselt und bekommen daher wie diese später nebenformen auf *-omz*, *-umzt*, *-umst*, *-unst*, s. Dyrlund, Tidskr. f. Fil. N. R. VI, 262 f.

Anm. 4. Ueber die suffixe *-m*, *-mk* und *-s* (aus *sér*), *-sk* (aus *sik*) bei der bildung des medio-passivs s. daselbst.

Anm. 5. Ueber eine mutmassliche suffigirung der nom. du. und pl. *it* und *ér* als resp. *-t*, *-r* s. § 150 anm. 1. Sonst werden *it*, *ér* nicht ganz selt. unsynkopirt suffigirt, z. b. *komeþer* ihr kommet, später als *kome þér*, dann auch *komeþ þér* (vgl. § 275 anm. 2) aufgefasst. So sind die jüngeren formen *þér*, *þyðr und *þit* statt *ér*, resp. *yðr*, *it* (§ 454 anm. 4 und 6) entstanden.

b) **Geschlechtiges.**

§ 456. Dies ist das pron. der 3. person *hann* er, *hon* sie. Ntr. und pl. werden von dem pron. dem. *sá* (§ 459) entlehnt.

	mask.	fem.
Sg. N.	hann	hon, später auch hun, alt auch hón
G.	hans	hennar
D.	honom (alt auch hónom), hǫnom, *hánom*, hǫnom, *hanum*	henne
A.	hann	hana (alt auch hána), *hona*, *hena*

§ 457. Possessivpronomina.

Anm. 1. Seltene nebenformen sind: mask. nom. (Rimb.) *hánn*, gen. (AM. 645, 4°) *háns*, dat. (St. Hom.) [*h*]*unom*; fem. nom. (Reykj. Máld.) *hán* (wie im agutn.), gen. anorw. *henne* (Fritzner II, 703, sp. 2; Hægstad, Kong. s. 26), *hannar* (Wadstein, F. Hom., s. 59 note), *hennom* (vor subst. im dat. pl.; Wadstein a. o., s. 37), mnorw. *henna(r)s* (Falk und Torp, Dansk-norskens syntax, s. XV note), dat. anorw. *henno* (Wadstein a. o., s. 37. Reichliche belege der anorw. acc. sg. f. *hona* und *hena* bieten Wadstein a. o., s. 59 note; Hægstad, G. Tr., s. 49; Hertzberg; Thorkelsson, Supplement IV.

Anm. 2. Ueber den sowol qualitativen wie quantitativen vokalwechsel s. § 111, § 122, 1 und 6, § 144, 1 und 5; über den wechsel von *n* und *nn* s. § 267, 2, c.

2. Possessiva.

§ 457. Diese sind: *minn* mein, *þinn* dein, *sinn* sein, ihr, *okkarr* uns beiden zugehörig, *ykkarr* euch beiden zugehörig, *várr* unser (von mehreren), *yþ(u)arr* euer (von mehreren).

	mask.	fem.	neutr.
Sg. N.	minn § 122, 2	mín	mitt
G.	míns	minnar	míns
D.	mínom, *minum*	minne, *minni*	míno, *minu*
A.	minn	mína	mitt
Pl. N.	míner, *mínir*	mínar	mín
G.	minna	minna	minna
D.	mínom, *minum*	mínom, *minum*	mínom, *minum*
A.	mína	mínar	mín
Sg. N.	várr	ór, vǫr	várt
G.	várs	várrar	várs
D.	órom, ossom, vǫrom, *várom*	várre	óro, osso, vǫro, *váro*
A.	várn	óra, ossa, vára	várt
Pl. N.	órer, osser, várir	órar, ossar, várar	ór, vǫr
G.	várra	várra	várra
D.	órom, ossom, vǫrom, *várom*	órom, ossom, vǫrom, *várom*	órom, ossom, vǫrom, *várom*
A.	óra, ossa, vára	órar, ossar, várar	ór, vǫr
Sg. N.	yþ(u)arr § 227 anm. 4	yþor, yðor	yþ(u)a(r)t § 290, 1
G.	yþ(u)ars	yþ(u)arrar	yþ(u)ars
D.	yþrom, yðrum	yþ(u)arre	yþro, yðru
A.	yþ(u)a(r)n § 290, 1	yþra	yþ(u)a(r)t
Pl. N.	yþrer, yðrir	yþrar	yþor, yðor
G.	yþ(u)arra	yþ(u)arra	yþ(u)arra
D.	yþrom, yðrum	yþrom, yðrum	yþrom, yðrum
A.	yþra	yþrar	yþor, yðor

§ 458. 459. Demonstrativpronomina.

1. Wie *minn* flektiren *þinn* und *sinn*. Formen mit *i* vor *nn*, *tt* (*mínn*, *mítt* u. s. w.) kommen vor 1200 bisweilen (s. Jónsson, Skjaldesprog, s. 76) sowie in den rímur durch ausgleichung sehr oft (s. Gíslason, Efterladte skrifter II, 180) vor.

Anm. 1. Urn. belegt sind nom. sg. f. *mīnu* (Opedal) und acc. sg. m. *mīninō* (Kjølevig), vgl. § 148 anm. 2, später *sin* (Sölvesborg).

Anm. 2. Durch ausgleichung steht nicht selten *nn* statt *n* und umgekehrt, z. b. gen. sg. m. ntr. *sinns*, acc. sg. f. und acc. pl. m. *sinna*, *sínna*, acc. pl. ntr. *sinn*; andererseits gen. sg. f. *sinar*, gen. pl. *sina*, acc. sg. m. *sin* (vgl. § 275, 1, wonach *sit* neben *sitt* zu erklären ist).

2. In der flexion von *várr* kommen die (nach pron. pers. *oss* gebildeten?) mit *oss*- anlautenden formen fast nur in alten gedichten vor. Die mit *ór*- anlautenden formen werden im 13. jahrh. allmählich durch die (in der ältesten zeit seltenen) mit *vár-*, *vǫr*- (später natürlich *vár*- geschrieben, s. § 103) anlautenden nebenformen ersetzt.

3. Wie *yþ(u)arr* (anorw. auch *iðarr*) flektiren *okkarr* und *ykkarr*.

Anm. 3. Ueber die flexion der pron. poss. vgl. Þorkelsson, Athugasemdir, s. 12 f., Wimmer, Læsebog⁴ XIII f., Hoffory, Tidskr. f. Fil. N. R. III, 297 ff., Gíslason, Aarbøger 1889, s. 343 ff., v. Friesen, N. Spr., s. 63 ff.

3. Demonstrativa.

§ 458. Diese sind: *sá* der (pron. dem.), *siá* (*þesse*) dieser, *hinn* jener, *enn*, *inn* der (artikel). Auch können hierher gerechnet werden *þuílíkr* (selt. *þílíkr*, s. Gering, Isl. Æv. I, XXI, Thorkelsson, Supplement IV) solcher, *slíkr* solcher, *sialfr* selbst und *same* (seltener *samr*) derselbe, welche ganz wie adj. (nach § 417, *same* nach § 423) flektiren, sowie der partikel *suá* solcher.

§ 459. Die flexion von *sá* ist wie folgt:

	mask.	fem.	neutr.
Sg. N.	sá	sú	þat, þæt, þet
G.	þes(s)	þeir(r)ar	þes(s)
D.	þeim	þeir(r)e, þæir(r)i	þuí, þí
A.	þan(n), þæn(n), þen(n)	þá	þat, þæt, þet
Pl. N.	þeir	þær	þau
G.	þeir(r)a	þeir(r)a	þeir(r)ra
D.	þeim	þeim	þeim
A.	þá	þær	þau

§ 460. Demonstrativpronomina.

Anm. 1. Aus urn. zeit sind nom. sg. m. sā (Lindholm), sᴀʀ (vielleicht als sā-eʀ aufzufassen; Stentofta, Björketorp), acc. sg. ntr. þat (By), þᴀt (Maglemose, Björketorp), acc. pl. f. þāʀ (Einang), þᴀiᴀʀ (Istaby) belegt.

Anm. 2. Die formen mit -rr- (über welche s. § 270 anm. 2) werden allmählich häufiger als diejenigen mit -r-.

Anm. 3. Nebenformen sind: sg. nom. m. sár (St. Hom. 1 mal; vgl. anm. 1 und das aschw.), mnorw. þann (auch misl., s. Gislason, Efterladte skrifter II, 180 f.), þœnn, þenn, nom. f. mnorw. þan, þœn (Hægstad, Kong. s. 26), nom. acc. ntr. anorw. þá (Wadstein, F. Hom., s. 141) und oft (z. b. Tüb. bruchst., Cod. Tunsh. u. a.) þætt, þett (nach þetta?), gen. m. ntr. öfter þers (anorw. auch þers, z. b. Flatdal), orkn. þis (Hægstad, Hild., s. 46), dat. ntr. (belege der form þi bei Egilsson, Hertzberg und Gering, Isl. Æv. I, XXI; vgl. auch Brenner, Altnord. handbuch, s. 117 und þt-líkr § 458) þué (Brenner, a. o.), þú (St. Hom., vgl. das aschw.), mnorw. þý (suecismus? vgl. aber Egilsson, s. 909), acc. f. mnorw. þan, þen (Hægstad, Kong. s. 13); pl. nom. m. þær (St. Hom., Wadstein, F. Hom., s. 58), þér (Wadstein, a. o.), þer (Physiologus I), nom. f. þeir (Reykj. Máld., Rímb.), þér (St. Hom., AM. 645, 4°, Physiologus III), þer (Rímb., Physiologus I, die bruchstücke von Grágás), gen. þer(r)a (z. b. Physiologus I, bruchst. von Elucidarius, Plácitúsdrápa) § 123, mnorw. theirras (Falk und Torp, Dansk-norskens syntax, s. XV note), ther(r)is, thœires (Hægstad, Kong. s. 37), dat. þem (z. b. Plácitúsdrápa; mit aus dem gen. entlehntem e), acc. m. und ntr. anorw. þeim (Hægstad, Kong. s. 13, 26, 37, acc. f. mnorw. thá (ib. s. 37). Ueber die häufigen þes, þan statt þess, þann s. § 275, 1. — Vgl. überhaupt Noreen im Grundriss² I, 620 ff.

Anm. 4. Statt des anlautenden þ steht häufig ð (§ 215, 1).

§ 460. Die flexion von siá ist in den ältesten hdschr. sehr verschieden, je nachdem sie aisl. oder anorw. sind. Die im folgenden paradigma durch den druck hervorgehobenen formen sind diejenigen, die in den ältesten aisl. hdschr. die einzigen gebräuchlichen sind. Die übrigen kommen anfangs nur in anorw. hdschr. vor, zeigen sich aber später auch im aisl. (nom. sg. þesse schon um 1152, s. Thorkelsson, Breytingar, s. 25.

	mask.	fem.	neutr.
Sg. N.	siá, þesse, þessorr, þesser	siá, þesse, þessor	þetta
G.	þessa	þessar, þessar(r)ar	þessa
D.	þessom, þæima, þema	þesse, þessar(r)e	þuísa, þesso
A.	þenna, þennan	þessa	þetta
Pl. N.	þesser	þessar	þesse, þessor
G.	þessa, þessar(r)a	þessa, þessar(r)a	þessa, þessar(r)a
D.	þessom, þæima, þem(m)a	þessom, þæima, þem(m)a	þessom, þæima, þem(m)a
A.	þessa	þessar	þesse, þessor

§ 461. 462. Demonstrativpronomina.

Anm. 1. Aeltere formen, die den ursprung dieses pronomens aus pron. *sá* und den enklitischen partikeln *-si* und *-a* (got. *-uh*) klar legen, kommen häufig in den runeninschriften der vikingerzeit vor, z. b. sg. nom. m. *sāsi*, f. *sūsi*, ntr. *þatsi* und *þita*, acc. m. *þansi* (*þensi* auf Man, s. Aarbøger 1899, s. 242) und *þana* oder *þina*, f. *þāsi*, dat. m. *þaimsi* (z. b. Karlevi), pl. nom. ntr. *þausi* u. dgl. Aus urn. zeit ist keine form belegt.

Anm. 2. Die formen sg. nom. m. f. *þessi*, gen. f. *þessarrar*, dat. m. *þessum*, f. *þessarri*, ntr. *þessu*, pl. nom. acc. ntr. *þessi*, gen. *þessarra*, dat. *þessum* werden im aisl. allmählich die herrschenden. Alle formen mit *-ss-* haben statt dessen nicht selten *-s-* nach § 275, 1. Seltene nebenformen sind sg. nom. m. anorw. *þessar* (Bugge, Tidskr. f. Phil. og Pæd. IX, 119), *þenna* (Falk und Torp, Dansk-norskens syntax, s. XV note), nom. f. mnorw. *þenne* (Hægstad, Kong. s. 26), dat. ntr. anorw. *þuisu*, *þisa* (Bugge, a. o. s. 117), acc. m. *þanna* (Gislason, Efterladte skrifter II, 152), f. *þissa* (Jónsson, Skjaldesprog, s. 79), ntr. *þatta* (Thorkelsson, Supplement IV), *þetti* (St. Hom.), *hitti* (St. Hom.; von *hinn* § 461 beeinflusst), pl. nom. m. anorw. *þesse* (Wadstein, F. Hom., s. 140).

Anm. 3. Bes. in anorw. hdschr. (vgl. auch Isl. Æv. I, XXII) kommen oft formen mit *-rs-* statt *-ss-* vor. Vgl. § 262 anm. 3.

Anm. 4. Ueber die flexion des wortes vgl. bes. Þorkelsson, Athugasemdir, s. 13 ff. Zur etymologie vgl. Bugge, Tidskr. f. Phil. og Pæd. IX, 111 ff.; Lidén, Arkiv IV, 97 ff. Vgl. übrigens im allgemeinen Noreen im Grundriss[2] I, 623 ff.

§ 461. *Hinn* flektirt ganz wie *minn* (§ 457; jedoch überall mit kurzem *i* in der wurzelsilbe). In etwas späterer sprache (doch schon vor 1250) kann *hinn* auch als artikel (statt *enn*, *inn* § 462) vor adjektiven gebraucht werden; es hat dann im nom. acc. sg. ntr. die form *hit* (statt *hitt*, das jedoch anorw. nicht selt. ist, s. Thorkelsson, Supplement IV) und im nom. acc. sg. m. oft *hin* (st. *hinn*), vgl. § 275, 1.

Anm. 1. In Reykj. Máld. kommt einmal dat. sg. f. *henni* statt *hinni* vor; vgl. aschw. sg. nom. m. *hæn* (neben gew. *hin*) und *hængat* (neben gew. *hingat*).

Anm. 2. Von einem ursprünglicheren pronominalstamme *he-*, *hi-* sind nur einige trümmer erhalten worden: sg. nom. acc. ntr. *hit* (got. *hita*), dat. ntr. **hi* im anorw. *hitt* (aus **hi-at* § 150) hierher, vielleicht auch acc. m. **hinn* (got. *hina*; vgl. *þann* = got. *þana*) in *hin(n)eg* oder *hinnveg* (s. § 227, 1 f., vgl. § 275, 1) 'hierher', 'dorthin', resp. 'dort'.

§ 462. *Enn, inn* (§ 143 anm. 1) wird ganz wie *hinn* flektirt, hat aber im nom. acc. sg. ntr. immer die form *et, it* (nie **ett*, **itt* § 275, 1) und, bes. im anorw., oft *en* (*in*) im nom. acc. sg. m. Es wird als bestimmter artikel gebraucht und zwar vor einem adjektiv (z. b. *enn góþe* der gute, *et góþa* das gute), dagegen nach dem substantiv. Auch in dem letzteren falle ist der artikel ursprünglich freistehend gewesen (St. Hom. und No. Hom. haben noch einige beisp. davon); schon früh (etwa um 1100, s. Jónsson, Skjaldesprog, s. 80 f.) aber ist er dem subst. suffigirt worden. Dabei treten folgende veränderungen der selbständigen wörter ein (s. Noreen, Arkiv VIII, 140 ff.).

1. Der artikel verliert seinen anlautenden vokal:

a) in den einsilbigen formen nur nach schwachtonigem sonanten, z. b. *líkame-nn* (St. Hom. noch *líkameenn*) der körper, *trúa-n* (St. Hom. *trúa en*) der glaube, *auga-t* das auge, gen. *hana-ns* des hahns, nom. acc. pl. *augo-n* die augen, aber nom. sg. *ǿ-en* der fluss, *tré-et* der baum, *faþer-enn* der vater u. s. w.;

b) in den zweisilbigen formen mit geschlossener pænultima ausserdem oft nach starktonigem sonanten, z. b. nicht nur gen. pl. *orþa-nna* der wörter, dat. sg. *sólo-nne* und *sól-enne* der sonne, sondern auch *ǿ-nne* neben *ǿ-enne* dem flusse, aber nur gen. sg. *fiaþrar-ennar,* dat. sg. *fioþr-enne* der feder u. s. w.;

c) in den zweisilbigen formen mit offener pænultima immer nach schwachtoniger, sehr oft aber auch nach starktoniger silbe, z. b. dat. sg. *ulfe-nom* (und *ulf-nom*) dem wolfe, *barne-no* dem kinde, nom. pl. *ulfar-ner,* acc. pl. *ulfa-na* die wölfe, *tungor-nar* die zungen, aber dat. sg. *streng-(e)nom* der saite, acc. sg. *sól-(e)na* die sonne, *fioþr-ena* die feder neben *ǿ-na* den fluss, nom. acc. pl. *menn-ener* neben (selt.) *menn-er* (aus *menn-ner; später selt. *menner-ner,* s. § 405) die männer, *negl-ener* die nägel, aber *mýss-nar* die mäuse, *kuerk(r)-nar* die kehle u. s. w.

2. Im dat. pl. steht statt des nach 1, c oben zu erwartenden *-om-nom* gewöhnlich *-onom,* das wol zunächst (nach § 268 anm. 2) aus **-omom* und dies aus **-om-mom* entstanden ist, z. b. *orþo-nom* den wörtern, *kirkio-nom* den kirchen. In den ältesten hdschr. wie St. Hom. und No. Hom. kommen noch einige solche formen auf *-omnom,* z. b. *kirkiomnom* den kirchen (neben noch ursprünglicheren auf *-omenom,* z. b. anorw. *stœinomenom* den steinen) vor; weil aber in allen derartigen fällen der erste nasal verkürzt geschrieben worden ist, ist eine lesung *-nn-* nicht ausgeschlossen (vgl. L. Larsson, Stud. över den St. hom., s. 89 note; Wadstein, F. Hom., s. 112 und 156).

Paradigmen: m. *boge-nn* der bogen, f. *laug-en* das bad, ntr. *borþ-et* der tisch.

§ 463. Relativpronomina. 281

	mask.	fem.	neutr.
Sg. N.	boge-nn	laug-en	borþ-et
G.	boga-ns	laugar-ennar	borþs-ens
D.	boga-nom	laugo-nne, laug-enne	borþe-no
A.	boga-nn	laug-(e)na	borþ-et
Pl. N.	bogar-ner	laugar-nar	borþ-en
G.	boga-nna	lauga-nna	borþa-nna
D.	bogo-nom	laugo-nom	borþo-nom
A.	boga-na	laugar-nar	borþ-en

Anm. 1. Von dem bestimmten artikel bei den adjektiven findet man bisweilen (in den ältesten hdschr. jedoch sehr selt.) im pl. formen, die von dem folgenden schwachen adj. die endung -u herübergenommen haben, z. b. nom. acc. *eno* (und nach § 461 *hinu*), gen. *enno* (*hinnu*) statt *enna* (bei wirklich schwacher flexion des artikels stünde ja **eno*); vgl. L. Larsson, Stud. över &c., s. 74, Svar på prof. Wiséns &c., s. 61 (wo jedoch die betreffenden formen als blosse schreibfehler betrachtet werden; ganz sichere beisp. bietet jedenfalls das 14. jahrh.).

Anm. 2. Bei dem mit suffigirtem artikel versehenen substantiv kann gen. sg. m. und ntr. (selt. f.) schon in den ältesten aisl. hdschr. (und etwas späteren anorw. wie Barlaams saga, Strengleikar u. a.) bisweilen in der weise gebildet werden, dass die artikelform -*ens* (selt. f. -*ennar*) zu dem acc. sg. des subst. gefügt wird, z. b. m. *svein-ens* des knaben, *smiþ-ens* des schmiedes, ntr. *nafn-ens* des namens, *tungl-ens* des mondes, *mustere-ns* des klosters, f. *skirn-ennar* der taufe. Zur selben zeit kommt aber auch schon vor, dass die endung -*s* zu dem mit artikel versehenen acc. sg. eines mask. subst. tritt, z. b. *ósenn-s* der mündung, *dagenn-s* des tages, *heimenn-s* der welt, *likamann-s* des körpers, *páfann-s* des papstes; durch übertragung kann dann die einheitliche endung -*nns* auch bei neutren auftreten, z. b. *ker-enns* des fasses, *mustere-nns* des klosters, *tré-enns* des baumes, aber auch *vaz-enns* des wassers. Vgl. L. Larsson, Stud. över &c., s. 64 f., Svar &c., s. 53. — Cod. AM. 645, 4° hat immer *sveinns-en(n)s* st. *sveins-ens* des knaben u. dgl.

Anm. 3. Hie und da kann der acc. eines mask. subst. mit dem nom. des artikels verbunden werden und umgekehrt, z. b. (St. Hom. und Cod. AM. 645, 4°) nom. pl. *postola-ner* die apostel, nom. sg. *prest-enn* der priester, *svein-en(n)* der knabe, acc. sg. *sveinn-en(n)* den knaben.

Anm. 4. Mnorw. kann dat. pl. (wie im aschw.) auf -*omen* (-*ome*, -*ume* § 289 anm. 7) enden, z. b. *gardomen, bóndome, iorðumme, kannukummæ* u. dgl., s. A. B. Larsen, Arkiv XIII, 253; Falk und Torp, Dansk-norskens syntax, s. XII note.

4. Relativa.

§ 463. Als pron. relat. dienen teils, aber ziemlich selt., die interrogativpronomina *huat* (im dat., s. § 464 mit anm. 1), *huerr* (*huarr*) und *hutlíkr* (über welche s. § 464, 3 und 4), teils und zwar sehr selt. das pron. demonstr. *sá* (s. § 459; beisp. bei Fritzner III, 155 sp. 2), teils endlich und dies gewöhnlich die partikeln *sem* und *es* (später *er*, am frühesten bei Sighuatr c. 1025 belegt; in alten aisl. hdschr. sowie im anorw., bes. onorw., auch bisweilen *en*), denen gew. das pron. demonstr. *sá* (*sú*, *þat* u. s. w.) vorausgeht. Ausserdem kommt nicht selt. die konjunktion *at* (woneben selt. ein aus dem ablautenden *et entstandenes *eð*, z. b. Flateyjarbók III, 254 [11] und nisl. bisweilen) in relativer bedeutung vor. — Nicht ganz selt. fehlt jedwedes relativum als einleitung des nebensatzes, s. Neckel, Ueber die altgerm. relativsätze, s. 77 und die dort angeführte literatur.

Anm. 1. Die form *es* herrscht durchaus in den allerältesten hdschr. (Reykj. Máld. I, II, AM. 237 fol. sowie den bruchstücken der Grágás), ist fast alleinherrschend im bruchstücke des Elucidarius, überwiegend in St. Hom. (*es* : *er* = 3 : 2) und noch in AM. 645, 4° (gegen 1250) ebenso häufig wie *er*. Sonst ist schon um 1200 die form *er* allgemein (schon in Rímb. weit überwiegend, *er* : *es* = 12 : 1), in anorw. hdschr. ausschliesslich, gebräuchlich. Ueber das etymologische verhältnis der formen *es*, *er*, *en* und *at* (*et > *eð*) s. Noreen im Grundriss² I, 625, § 208.

Anm. 2. *Es* wird sehr oft als -*s* (s. § 150), seltener *er* als -*r* (s. Neckel, a. o., s. 74 ff. und 80) seinem korrelate enklitisch angehängt, z. b. *sás* (*sár* St. Hom.; vielleicht schon hierher das urn. *sAR* Stentofta, Björketorp) derjenige welcher, *sús* diejenige welche, *þaz* dasjenige welches, *þanns* denjenigen welcher, *huars*, *þars* dort wo, da wo, *þegars* so bald als, *hudrz* (*hudrt-es) ob, *þás* (*þár*) damals als u. a. Ausführliche beisp. bei Gislason, Um frumparta, s. 235 ff.; Sievers, Beitr. V, 497 ff.

Anm. 3. Mnorw. (ja schon 1345 f.) kommt bisweilen *som* (vgl. das aschw.) statt *sem* vor, s. Hægstad, G. Tr., s. 92, Kong. s. 26.

5. Interrogativa.

§ 464. Diese sind die folgenden:

1. Das defektive *huat* '(wer,) was', dessen fehlende formen durch entlehnung von *huerr* (s. unten 3) ersetzt werden:

	mask.	neutr.		mask.
Sg. N.	—	huat	Pl. N.	—
G.	hues(s)	hues(s)	G.	—
D.	hueim	hui	D.	*huæim*
A.	—	huat	A.	—

Anm. 1. Seltene nebenformen sind: sg. nom. acc. ntr. *hot* (Fritzner), anorw. (s. Wadstein, F. Hom., s. 141) *hud* (vgl. *nøkkua* § 465 anm. 1 und got. *ƕa*) und *há* (s. § 309, 4), gen. *hués* (St. Hom.), dat. *hué* ('warum'; häufig

§ 464. Interrogativpronomina. 283

aber als fragepartikel 'wie'), anorw. *hú* (nur in der verbindung *hú ok há* 'wie und was'. Misl. kommt in derselben bedeutung wie *hui* 'warum' auffallenderweise auch häufig *þui* (§ 459) vor, s. Thorkelsson, Supplement IV, 191. — Gen. sg. ist nur aus den ältesten hdschr. zu belegen, dat. pl. nur anorw., sehr selt. (s. Þorkelsson, Athugasemdir, s. 16 und Hertzberg, s. 860) und gew. als relativum gebraucht.

2. *Huárr*, selt. in alten gedichten (s. Jónsson, Skjaldesprog, s. 82) *huaþarr* (got. *hvaþar*; s. § 282) 'welcher von beiden' flektirt:

	mask.	fem.	neutr.
Sg. N.	huárr (huaþarr)	huǫr	huárt
G.	huárs	huárrar	huárs
D.	huǫrom, *huárom*	huárre	huǫro, *huáro*
A.	huárn (huaþarn)	huára	huárt
Pl. N.	huárer	huárar	huǫr
G.	huárra	huárra	huárra
D.	huǫrom, *huárom*	huǫrom, *huárom*	huǫrom, *huárom*
A.	huára	huárar	huǫr

Anm. 2. Die lautgesetzliche form des dat. sg. ntr. ist in *þóþóro* (aus *þó-aþ-hóró*, s. § 74, 11) 'nichtsdestoweniger' erhalten.

3. *Huerr*, anorw. *huarr* und (in alter zeit überwiegend, s. Hægstad, G. Tr. s. 67, Wadstein, F. Hom. s. 48) *huærr* durch ausgleichung einer urspr. flexion *huarr*, dat. *huærium* u. s. w. 'welcher von mehreren'. *Huerr* flektirt ganz wie *sekr* (§ 421; also z. b. dat. sg. m. *hueriom*, f. *huerre*, ntr. *huerio* u. s. w.), nur mit der abweichung, dass statt des regelmässigen acc. sg. m. *huerian*, welche form nur in alten gedichten (häufig, s. Jónsson, Skjaldesprog s. 82 f.) und einmal im Cod. AM. 645, 4⁰ belegt ist, der prosaische sprachgebrauch durchweg die (auch in der poesie häufigere) form *huern* aufweist. *Huarr* dagegen wird gewöhnlich wie *huárr* (s. oben 2) flektirt (also z. b. dat. sg. m. *huarum*, f. *huarre*, ntr. *huaru* u. s. w.), seltener wie *huerr* (also dat. sg. m. *huarium*, ntr. *huariu*); acc. sg. m. heisst spät oft *huan* statt *huarn* (vgl. § 290, 1).

Anm. 3. Seltene nebenformen sind: sg. gen. f. anorw. *huariar*, *huæriar* (s. z. b. Hertzberg, s. 306), dat. m. anorw. *huǫrium* (Fritzner II, 116) und *horium* (s. § 74, 10), acc. f. aisl. *huerio* (nur nach einer anderen schwachen form auf *-o*, vgl. § 462 anm. 1).

4. *Huilíkr* 'wie beschaffen' flektirt ganz wie ein starkes adj. (nach § 417).

Anm. 4. Selt. nebenformen sind: Sg. nom. m. *huelíkr* (Gislason, Um frumparta, s. 191), dat. ntr. *hulko* (Fritzner II, 90; suecismus?).

6. Indefinita.

§ 465. In der bedeutung 'irgend ein' werden gebraucht: *ein(n)huerr* oder *einshuerr, eitthuat* (nur substantivisch), *nakkuarr* (u. a. formen, s. unten 3), *sumr* und *einn*; endlich das nur in negirenden sätzen gebräuchliche *neinn*. Nur anorw. belegt (1 mal) ist *sumhuærr* (s. Thorkelsson, Supplement IV).

1. *Einnhuerr*, f. *einhuer*, ntr. *eitthuert* wird in den übrigen kasus gew. so flektirt, dass *ein-* unverändert bleibt und *huerr* nach § 464, 3 geht; in der ältesten zeit flektirt oft auch *einn* (nach § 434). In dem vorwiegend anorw. *æinshuærr* bleibt *æins-* unverändert; ebenso *sum-* in *sumhuærr*.

2. *Eitthuat* wird nur im nom. acc. ntr. gebraucht.

3. *Nakkuarr* ist durch mischung von zwei ursprünglich verschiedenen pronominen entstanden: das adj. *nekkuerr* (auch *nǝkkuerr* § 79, 6) oder *nekkuarr* (auch *nǝkkuarr*), das wie *huerr* (jedoch oft ohne das charakteristische *i* vor *a, o, u* der endung), resp. *huarr* (§ 464, 3) flektirt; und das subst. *nekkuat* (auch *nǝkkuat*, früh daneben *nakkuat*, das auch als adj. gebraucht werden kann; selt. *nekkuet*), welches wie *huat* (§ 464, 1) geht. Diese flexion kommt aber nur in den ältesten hdschr. vor. Die vermischung beider wörter ergab schon in der älteren literatur ein pron. *nakkuarr* (auch *nǫkkuarr* und *nakkuerr*), das sowol als subst. wie als adj. gebraucht wird und folgende flexion hat:

	mask.	fem.	neutr.
Sg. N.	nakkuarr	nǫkk(u)or § 141	nakkua(r)t § 290, 1
G.	nakkuars	nakkuarrar	nakkuars
D.	nǫkk(u)orom § 141	nakkuarre	nǫkk(u)oro § 141
A.	nakkuarn	nakkuara	nakkua(r)t
Pl. N.	nakkuarer	nakkuarar	nǫkk(u)or
G.	nakkuarra	nakkuarra	nakkuarra
D.	nǫkk(u)orom	nǫkk(u)orom	nǫkk(u)orom
A.	nakkuara	nakkuarar	nǫkk(u)or

Früh tritt aber daneben (durch ausgleichung?) eine form *nǫkkuorr* (f. *nǫkkuor*, ntr. *nǫkkuot* u. s. w.) auf. Aus dieser entsteht endlich das in der späteren sprache gew. aisl. *nǫkkurr* (f. *nǫkkur*, ntr. *nǫkkut* § 290, 1, seltener *nǫkkurt*), welches wie ein regelmässiges adj. (ohne synkope) flektirt (jedoch im acc. sg. m. *nokkurn* oder seltener nach § 290, 1 *nǫkkun*); oft auch

§ 466. Indefinite pronomina.

nǫkkorr, nokkorr, selt. nakkorr, nukkurr § 141 (s. Thorkelsson Supplement IV), nekkurr oder nøkkurr; anorw. (schon in No. Hom.) nokkor (vgl. § 141, § 275, 5), seit dem ende des 13. jahrhs. oft (s. z. b. Hb., s. XXIV) nokor (§ 275, 1).

Anm. 1. Alte nebenformen sind: nom. sg. ntr. nøkkua (1 mal St. Hom.) statt nøkkuat (vgl. § 464 anm. 1), dat. sg. ntr. nøkki (1 mal St. Hom.), nøkkue (oft) st. nøkkui (§ 144, 3). Die anorw. bruchstücke der Jöfraskinna zeigen formen wie nokkoria, -ium, nokkria, -iar (s. Jónssons ausgabe, s. XIX).

Anm. 2. Ueber die flexion vgl. besonders Wimmer, Læsebog⁴ XXII f., Forn. forml. § 99, a, 3; Vigfusson, s. 451 f. Zur etymologie vgl. Bugge, Tidskr. f. Phil. og Pæd. IX, 122 ff.; Hoffory, Tidskr. f. Fil. N. R. III, 296 f.; oben § 54, 3, a, § 123.

4. *Sumr* flektirt ganz wie ein gew. adj. (§ 417).

5. Die flexion von *einn* s. § 434. Ganz ebenso geht *neinn*.

§ 466. 'Keiner', 'kein' wird durch *enge*, 'niemand' auch durch *man(n)ge*, 'nichts' auch durch *vetke* oder *vætke* ausgedrückt; über *huárge* 'keiner von beiden' s. § 467, 3.

1. *Enge* (über dessen entstehung s. § 123) hat eine sehr bunte flexion. Im folgenden paradigma werden die ältesten formen zuerst angeführt, die am häufigsten vorkommenden durch sperrung hervorgehoben, die seltensten [eckig] eingeklammert.

	mask.	fem.	neutr.
Sg.N.	en(n)ge, [øngr, ønge, engr], eingi, e(i)nginn	enge, [øng, eng], eingi, e(i)ngin	etke, ekke § 263,1, eke § 275, 1, [ænktit, ønti]
G.	e(i)nskes, e(i)nkis, [e(i)ngis, e(i)nskins, ønkins]	einegrar, engrar, øng-rar, øng(u)arrar, [eng(u)arrar]	= m.
D.	[einonge § 250, 1], engom, [øingum], øngom	einegre, engre, øngre, øng(u)arre, [eng(u)arre]	einoge, [enoge,] engo, øngo
A.	enge, øng(u)an, [enguan], engan, eingi, ængin	[einega], enga, [ǿinga], øng(u)a, [engua], ængi = nom.	
Pl.N.	eineger, enger, øng-(u)er, [enguer, engi]	e[i]negar, engar, øng-(u)ar, [enguar]	enge, [engo], eingi, e(i)ngin
G.	einegra, engra, øngra, øng(u)arra, [eng(u)arra]		
D.	einegom, engom, øngom		
A.	[einega], enga, øng(u)a, [engua]	= nom.	= nom.

§ 467. Indefinite pronomina.

Anm. 1. Ueber die flexion des wortes vgl. besonders Þorkelsson, Athugasemdir, s. 22 ff.; Wimmer, Forn. forml. § 99, e, 1; Fritzner; Jónsson, Skjaldesprog, s. 83 f. — Selt. anorw. nebenformen sind sg. nom. m. *ingin* (Hægstad, Upphavet, s. 8), acc. m. *ingan* (Hoprekstad, 2 te hand), nom. acc. ntr. *ikki* (Hægstad, G. Tr., s. 91); vgl. § 122 anm. 1.

2. *Man(n)ge*, gen. *man(n)skes*, dat. *mannege*, acc. *man(n)ge* (pl. fehlt) wird meist von dichtern gebraucht.

3. *Vetke*, das nur im sg. vorkommt, hat folgende formen:

Sg. N. A. vetke, vǽtke, vekke § 263, 1
    G. vettoges, selt. vetkes, vetterge(s)s (z. b. St. Hom., Vǫluspǫ́)
    D. vettoge

Anm. 2. Vgl. die ausdrücke *ekke vǽtta (vǽttanna)* durchaus nichts, *nǫkkot vǽtta* irgend etwas. Vgl. noch § 105, § 106, 3 und § 122 anm. 2. — Nur als adverb 'nicht' werden gebraucht *eyfet, eyvet, -ar, -o,* s. § 144, 2.

§ 467. 'Was auch immer' heisst *huatke, huatvetna, huat*; 'wer auch immer' *huerge*, wenn von mehreren, dagegen *huárge*, wenn von zweien die rede ist; selt. *velhuerr* (s. Thorkelsson, Supplement IV).

1. *Huat* und *huatvetna* werden nur im sg. gebraucht:

Sg. N. A. huatke, selt.   huatvetna § 380, 5, -vitna § 144, 2, huetvetna
        huakke § 263, 1   § 62, -vitna, hotuetna § 79, 8, -uitna
    G. huesskes (alt u. selt.)   huersvetna, -vitna (vgl. § 464, 1 und 3)
    D: huíge   huívetna, -vitna, sehr selt. huévetna, hóvetna
                                       (s. Egilsson)

Anm. 1. Vgl. Þorkelsson, Athugasemdir, s. 20 ff.

Huat flektirt ganz wie das pron. interr. *huat* (§ 464, 1).

2. *Huerge* flektirt:

	mask.	fem.	neutr.
Sg. N.	huerge § 274	huerge	huer(t)ke
G.	huer(s)kes, [huerges]	hueregrar	huer(s)kes, [huerges]
D.	huerionge § 250, 1, hueregom	huer(e)gre, huerrigi	hueregò
A.	huernge, huern(e)gan	huerega	huer(t)ke
Pl. N.	huereger	hueregar, huerege, [hueriage]	huer(e)ge
G.		hueregra	
D.		huerionge § 250, 1, hueregom	
A.	huerega	hueregar, huerege, [hueriage]	huer(e)ge

§ 468. Indefinite pronomina.

Anm. 2. Vgl. Þorkelsson, Athugasemdir s. 18 ff., Wimmer, Forn. forml. § 99, c, 2.

3. *Huárge* flektirt:

	mask.	fem.	neutr.
Sg. N.	huárge, [huáregr], huárgen	huǫrge	huár(t)ke, [huárgi]
G.	huár(s)kes, [huárges]	huárregrar	huár(s)kes, [huárges]
D.	huǫronge, huáronge § 250, 1, huár(e)gom	huáregre, [huárrigi]	huǫroge, huároge, huár(e)go
A.	huárnge, huárn(e)gan, huár(e)gan	huár(e)ga	huár(t)ke, [huárgi]
Pl. N.	huár(e)ger	huár(e)gar	[huárge]
G.		huáregra	
D.		huǫronge, huár(e)gom, huáronge § 250, 1	
A.	huár(e)ga	huár(e)gar	[huárge]

Anm. 3. Die synkopirten formen (nom. pl. *huárger, huárgar* o. d.) sind verhältnismässig selten. Vgl. übrigens Þorkelsson, Athugasemdir, s. 16 ff., Wimmer, Forn. forml. § 99, c, 1.

4. *Velhuerr* geht wie *huerr*, s. § 464, 3.

§ 468. 'Jeder' heisst *huerr* (anorw. *huærr, huarr*, s. § 464, 3), wenn von mehreren, *huárr, huár(r)tuegge* und (bes. im anorw.) *huár(r)tueggia* (-*tuæggia*) oder *tueggia huárr*, wenn von zweien die rede ist; 'jeder für sich' wird durch *sér huerr* (*huærr, huarr*), 'jeder zweite' durch *annarr huerr* (*huærr, huarr*) ausgedrückt. In diesen wörtern flektiren die einzelnen bestandteile ganz wie die gleichlautenden pron. interr. (§ 464, 2 und 3) und das zahlwort *annarr* (§ 445); *tueggia* (§ 435) und *sér* (§ 454) bleiben natürlich unverändert. In *huárrtuegge* flektirt das erste glied nach § 464, 2, das zweite schwach nach § 423 (und mit einem *i* vor *a, o, u* der endung), seltener nach § 425 (so bes. im nom. sg. f., nom. acc. pl. ntr., sehr selt. in andern kasus).

Anm. 1. Alt und selt. sind sg. m. nom. *huapartuegge* (s. Egilsson), acc. *huaparntueggia* (s. Sievers, Arkiv V, 132 f.; vgl. § 464, 2). — Später findet man bisweilen nom. pl. m. *huárutueggiu*, wo also auch das erste glied schwache flexion hat.

Anm. 2. Das nur plurale *báþer* (§ 436) mit derselben bedeutung wie *huárr, huár(r)tueggia, huár(r)tuegge* kann auch hierher gerechnet werden.

§ 469. Als pron. indef. können auch betrachtet werden: *maþr* (s. § 405) man, *annarr huárr* (§ 445 und § 464, 2), *annarr tueggia* (flexion nach § 445, *tueggia* bleibt unverändert) oder *annarrtuegge* (flexion wie *huárrtuegge* § 468) einer von zweien (pl. die einen, von zwei parteien gebraucht).

Anm. Pl. *menn* kommt auch bisweilen in der bedeutung 'man' vor, dann aber immer mit dem verbum im sg., s. Thorkelsson, Supplement IV, 103.

II. Abschnitt. Konjugation.

A. Tempusbildung.

§ 470. Je nach der bildung des präteritalstammes sind die germ. verba zweierlei art: **starke**, die ihren präteritalstamm ohne zusatz am ende bilden, z. b. prät. *gaf* zu *gefa* geben, *lét* zu *láta* lassen; und **schwache**, die im präteritum eine mit dentalem konsonanten beginnende ableitungssilbe anhängen, z. b. prät. *valþa* zu *velia* wählen, *felda* zu *fella* fällen, *lýsta* zu *lýsa* leuchten. Einige verba sind zum teil stark, zum teil schwach, s. § 511—516.

I. Starke verba.

§ 471. Die starken verba sind zweierlei art:

1. Die **ablautenden**, welche ihren präteritalstamm durch ablaut (§ 158 ff.) des wurzelvokals bilden, z. b. zu *grípa* 'greifen' prät. *greip*, prät. pl. *gripom*, part. prät. *gripenn*.

2. Die (einst) **reduplizirenden**, welche in urgerm. zeit (und noch im got.) den präteritalstamm (ausser im part. prät.) durch reduplikation der wurzelsilbe bildeten; dies ursprüngliche verhältnis ist jedoch im an. durch schwund der reduplikationssilbe (s. § 146) und noch andere vorgänge (s. Noreen im Grundriss² I, 633 f.) gänzlich verdunkelt worden, z. b. zu *heita* 'heissen' prät. *hét* (und *heit*, got. *haihait*), prät. pl. *hétom* (und *heitom*), part. prät. *heitenn*; zu *sueipa* 'einhüllen' prät. *sueip*, part. prät. *sueipenn*. Bei einigen verben ist jedoch die reduplikation noch einigermassen erhalten, s. § 496.

a) Ablautende verba.

Klasse I.

§ 472. Verba der ersten ablautsreihe (§ 159), z. b. *grípa* greifen, *greip, gripom, gripenn*.

Ganz wie *grípa* gehen: *klípa* (älter *klýpa*, schwach nach § 505) kneifen; *blífa* (d. lehnw. des 15. jahrhs.) werden, *drífa* treiben, *hrífa* greifen, *klífa* klimmen, *rífa* reissen, *svífa* ablenken, *þrífa* (aber *þrífa* schwach nach § 499) ergreifen; *bíta* beissen, *dríta* cacare, *hníta* stossen, *líta* sehen, *rísta* ritzen, *ríta* schreiben, *skíta* cacare, *slíta* zerreissen; *kvíþa* sich ängstigen, *líþa* gehen, *ríþa* reiten, *ríþa* (aschw. *vríþa*) drehen, *síþa* zaubern, *skríþa* schreiten, *sníþa* schneiden, *svíþa* sengen; *hníga* sich neigen, *míga* mingere, *síga* sinken, *stíga* steigen; *físa* pedere, *rísa* sich erheben; *gína* das maul aufsperren, *hrína* schreien, sich erfüllen, *hvína* kreischen, *skína* glänzen.

Anm. 1. *Hníga, míga, síga, stíga* haben im prät. sg. auch *hné* (einmal *hnég*, Morkinskinna ed. Unger s. 60, mit anal. wieder eingeführtem *ȝ*; vgl. aschw. *stægh* < *stéȝ), *mé, sé, sté* (s. § 224, 2; § 93, 2), welche formen ursprünglicher, wenn auch später seltener, sind.

Anm. 2. Von *hníga* (s. Jónsson, Skjaldesprog, s. 96), *síþa, svífa, svíþa* kommt selt., von *gína, líþa, sníþa* öfter auch ein schwaches prät. nach § 505 vor. *Kvíþa* geht gew. ganz nach § 505.

Anm. 3. Von *hníta* und *hvína* ist part. prät., von *skíta* ausserdem prät. sg. nicht belegt.

§ 473. Besondere eigentümlichkeiten zeigen sich bei:

bíþa warten	*beiþ*	*biþom*	*beþenn* § 154, 1
blíkia blinken	—	*blikom*	—
suikia, suikua, selt. *sýkua* § 79, 11 betrügen	*sueik,* selt. *sueyk* § 74, 16	*suikom*	*suik(u)enn,* selt. *sykenn* § 79, 10, § 227 anm. 4
víkia, víkua, selt. *(v)ýkua,* anorw. gew. *víka* weichen	*veik,* selt. *veyk*	*vikom*	*vikenn,* selt. *ykuenn*

Anm. Von einigen ursprünglich hierher gehörigen verben sind nur schwache spuren der alten starken bildung erhalten:

inf. *strýkua* (aschw. *hūp-strika*, ags. *strícan*, vgl. § 79, 5), part. prät. *strýkuenn* (s. Jónsson, Skjaldesprog s. 102) streichen (vgl. § 476 anm.);

part. prät. *snifenn* beschneit und 3. sg. präs. ind. *snýr* (§ 74, 6) schneit (beide formen nur dicht.), vgl. ahd. *snīwan*;

part. prät. *hnipenn* beklommen zu *hnípa* (schwach nach § 505 oder auch nach § 499) beklommen sein;

part. prät. *visenn* verwelkt (vgl. ags. *tōweosan*, mhd. *verwesen*);

§ 474—476. Klasse 2 der ablautenden verba.

part. prät. *pipenn* geschmolzen zu *pipa* (schwach nach § 505) schmelzen; part. prät. aisl. *ó-hlífenn* verwegen zu *hlífa* (schwach nach § 505) hüten;
part. prät. *lifenn* (zu got. *bi-leiban*) lebend;
1. sg. präs. ind. *té* (got. *teiha*) und part. prät. *tígenn* (§ 307, 3, a) ausgezeichnet, vornehm zu *tíd* (schwach nach § 510) zeigen;
1. sg. präs. ind. *lé* (got. *leiƕa*; § 107, 2) und part. prät. nom. pl. m. *léner* (einmal belegt, s. Vigfusson) zu *líd* (schwach nach § 510) leihen.

Die schwachen verben *digna* erweichen werden und *stikna* geröstet werden setzen hierher gehörige starke part. prät. *diginn* (got. *digans*) und *stikinn* (vgl. *steik* braten) voraus.

Klasse II.

§ 474. Verba der zweiten ablautsreihe (§ 160), z. b.
flióta fliessen, *flaut, flutom, flotenn*;
kriúpa kriechen, *kraup, krupom, kropenn*;
súpa saufen, *saup, supom, sopenn*.

Anm. Ueber die doppelheit *ió, iú* im inf. s. § 97.

§ 475. Wie *flióta* gehen: *brióta* zerbrechen, *gióta* giessen, *hlióta* bekommen, *hrióta* schnarchen, stieben, *liósta* schlagen, *nióta* geniessen, *skióta* schiessen, *þióta* tosen, *þrióta* aufhören (unpersönlich); *bióþa* bieten, *hrióþa* reuten, *rióþa* röten, *sióþa* sieden; *giósa* sprudeln, *hniósa* niesen.

Anm. 1. Von *hniósa* ist part. prät. nicht belegt, von *þrióta* nicht prät. pl. (wol aber prät. konj.).

Anm. 2. Eine nebenform zu part. prät. *þrotenn* 'erschöpft' (zu *þrióta*) ist vielleicht das adj. *þrútenn* 'geschwollen'. Seltene nebenformen sind: anorw. prät. sg. *boð* (AM. 655, 4°, Thomas Saga u. a.; ein erklärungsversuch bei Kock, Beitr. XXIII, 496), pl. *boðom, skotom*, part. prät. *buðinn*, s. Wadstein, Arkiv VIII, 85; aisl. part. prät. *hlutenn* (St. Hom.); vgl. § 476 anm., § 477 anm. 1.

§ 476. Wie *kriúpa* gehen: *driúpa* triefen; *kliúfa* spalten, *riúfa* zerbrechen; *fiúka* stieben, *riúka* rauchen, *striúka* (vgl. anm.) streichen, *liúka*, s. § 477; *fliúga* (auch *flúga* nach § 477) fliegen, *liúga* lügen, *smiúga* schmiegen, *siúga*, s. § 477.

Anm. Von *fliúga, liúga, siúga, smiúga* kommen im prät. sg. neben *flaug, laug, saug, smaug* die ursprünglicheren formen *fló, ló, só, smó* vor (§ 224, 2, § 94, 2). Seltene nebenformen sind: inf. *strýkia* und *strýkua* (vgl. § 473 anm., § 166, 1, § 309, 4), *fliúgia* (nach *fliúgiþ, -i* u. dgl., s. § 254), anorw. *rýfa* (nach dem präs.; s. Hertzberg), *riófa* (Hægstad, Kong. s. 21; vgl. § 97 anm. 1); prät. sg. aisl. *klof*, anorw. *fok*; s. Þorkelsson, Beyging; Wadstein, Arkiv VIII, 88. Vgl. § 475 anm. 2.

§ 477. 478. Klasse 2 der ablautenden verba. 291

§ 477. Wie *súpa* gehen: *lúka* (spät und selt., s. Fritzner, *liúka* nach § 476) verschliessen, *lúta* sich beugen, *súga* (spät und selt. *siúga* § 476) saugen, *flúga*, s. § 476, und wahrscheinlich die nur im inf. belegten *stúpa* hervorragen und *dúfa* (nur anorw. einmal) niederdrücken; dazu part. prät. als adj. *dofenn* erlahmt.

Anm. 1. Ueber die nebenform prät. sg. *só* s. § 476 anm. Ein paar mal ist part. prät. *lukenn* (St. Hom.; Hægstad, Kong. s. 38) belegt, vgl. § 475 anm. 2.

Anm. 2. Neben *lúka* steht *lykia* schwach nach § 502, jedoch sehr selt. in übertragener bedeutung. *Lúta* hat selt. schwaches prät. nach § 509 (*lútta*, pl. *lúttom*).

§ 478. Besondere abweichungen zeigen folgende verba:

flýia fliehen	*fló* (*flauh § 224, 2)	*flugom* § 307, 3, a; vgl. anm. 2 unten	—
friósa frieren	*fraus* aisl. alt *frøra* aisl. *frera*	*frusom* aisl. alt *frerom* aisl. *frerom*	*frosenn* aisl. alt *frørenn* aisl. *frerenn*
kiósa wählen	*kaus* aisl. alt *køra* aisl. *kera*	*kusom* aisl. alt *kørom, kurom* aisl. *kerom*	*kosenn* aisl. alt *kørenn, korenn* aisl. *kerenn*
spýia speien	*spió* § 102	*spióm*	—

Anm. 1. Prät. sg. *frøra, køra* (mit schwacher flexion nach § 523) sind den pluralformen *frørom, kørom* nachgebildet, über welche s. § 68, 3, § 307, 4; über die nebenformen *frera, -om, kera, -om* s. § 114. Prät. konj. *køsa* setzt wol ein prät. pl. *kosom (vgl. § 475 anm. 2) voraus. — Selt. heisst part. prät. im anorw. *køsenn* (legendarische Olafssage), *kørenn* (s. Hertzberg; öfter im aisl., s. oben).

Anm. 2. *Flýia* (statt *flióa, got. *þliuhan*) ist dem präs. *flýr* (got. *þliuhis*) nachgebildet. Prät. *fló, flugom* kommt nur alt und dicht. vor. Sonst hat das wort schwaches prät. nach § 503, 2 : *flópa* (*fló* mit zugefügter schwacher endung -*ða*), *flépa* (*flauhiðō), *flýpa* (nach präs. *flýr*), anorw. (s. Wadstein, F. Hom. s. 63) *flýiða* (nach dem inf.), part. *flóepr, flóepr, flýepr, flýpr*; in später zeit auch bisweilen *flúða*, part. *flúiðr, flúðr*. Nach dem prät. *flópa, flóepr* sind ferner die nebenformen inf. *flóia*, präs. *flór* gebildet.

Anm. 3. *Spýia* (nach präs. *spýr* § 74, 6 gebildet) hat später schwaches prät. nach § 502 (*spúpa*, part. ntr. *spút*).

Anm. 4. Nur in spärlichen resten ist die starke bildung bei vielen verben erhalten:

prät. pl. *bugom*, part. prät. *bogenn* 'gebogen';
prät. sg. *hnaup*, part. prät. ntr. *hnopet* 'geschlagen';
3. sg. präs. ind. *hrýss*, prät. sg. *hraus* 'schauderte';
zu *tióa* (got. *tiuhan*) 'ausreichen, helfen' (präs. ind. *tió, týr, týr*, pl. *tióm, tióeþ, tióa*) kommt in der bedeutung 'gezogen' ein altes part. prät. *togenn*

vor; sonst hat das wort (in seiner gew. bedeutung) nur schwaches prät. (nach § 503, 2): tép̆a, týp̆a, part. tép̆r, týp̆r, wozu die inf. téia (präs. té), týia (präs. tý), mit derselben entwicklung wie bei flýia (anm. 2 oben); ausserdem kann tióa ganz nach § 499 gehen (präs. tióa, prät. tióap̆a, part. prät. tióap̆r), im prät. ind. auch nach § 509 (tióp̆a);

nur im part. prät. belegt sind: hrop̆enn (vgl. ags. hréoðan) gefärbt, lop̆enn (vgl. ags. léodan) haarig, rotenn verfault, snop̆enn dünnhaarig, strop̆enn (zu ags. strúdan nach O. v. Friesen) notzüchtigt; ferner hokenn zu húka (schwach nach § 509, I) kauern, lúenn zu lýia (prät. schwach nach § 502) zerquetschen; die schwachen verben losna sich lösen und glúpna stutzen setzen starke part. prät. *losinn (got. lusans), *glúpinn voraus.

Klasse III.

§ 479. Verba der dritten ablautsreihe (§ 161), z. b.

bresta bersten *brast brustom brostenn*;
biarga bergen *barg burgom borgenn*;
spinna spinnen *spann spunnom spunnenn*;
slyngua, slyngia schleudern *slǫng slungom slungenn*;
sǫkkua sinken *sǫkk sukkom sokkenn*.

Anm. Ueber *e, i* im inf. s. § 156, § 106, 1; *ia* § 85; *y* § 79, 4; *ǫ* § 79, 3, § 106, 1. Ueber *o, u* im part. prät. s. § 154, 2, § 108, 1. Vgl. § 480 anm. 2.

§ 480. Wie *bresta* gehen: *detta* niederfallen, *gnesta* krachen, *kretta* mucken, *snerta* berühren, *spretta* springen, *suelta* hungern, sterben, *velta* wälzen; *skreppa* gleiten, *sleppa* gleiten lassen, *verpa* werfen; *serþa* unzucht treiben, *verþa* werden; *huerfa* sich wenden, *suerfa* feilen; *suelga* (auch *suelgia* nach der 2. pl. präs. ind. *suelgiþ*, 2. 3. sg. präs. konj. *suelgir, -i* u. a., vgl. § 254 und *fliúgia* § 476 anm.) schlucken; *bella* treffen, *suella* schwellen, *vella* sieden; *þuerra* abnehmen.

Anm. 1. Von *bella* und *kretta* ist ausser dem inf. (und dem auffallenden, vielleicht etymologisch verschiedenen, präs. *knettr* Málsháttakuǽþe 24; vgl. nnorw. *knetta*) nur prät. sg. belegt; von *gnesta* und *vella* ist part. prät. nicht belegt, von *serþa* und *suerfa* nicht prät. pl.

Anm. 2. In *detta, kretta, spretta, skreppa, sleppa* ist *e* im inf. nach § 106, 1, *o* im part. prät. nach § 108, 1 (sonst nach § 154, 2) zu erklären.

Anm. 3. In verben wo *v* oder kons. *u* dem wurzelvokal vorhergeht, fehlt dies in alter zeit natürlich vor dem *u, o* des prät. pl. und part. prät., zeigt sich aber oft in der späteren sprache, z. b. *urp̆om, orp̆enn* (später *vurðum, vorðinn*) zu *verþa*; *hurfom, horfenn* zu *huerfa* u. dgl. (s. § 227, 1, a mit anm. 1).

§ 481—483. Klasse 3 der ablautenden verba.

Anm. 4. Das adj. *skorpenn* 'eingeschrumpft' ist urspr. part. zu *skreppa* (wozu part. prät. *skroppenn* neugebildet ist); vgl. § 305 anm. 3. Sehr seltene anorw. nebenformen sind inf. *valla* (Wadstein, F. Hom., s. 48; ahd. *wallan*, ags. *weallan*) statt *vella* und prät. pl. *vorðom* (leg. Olafssage) st. (*v*)*urðum*; ebenso setzt anorw. prät. konj. *hørfa* (leg. Olafss.) st. *hyrfa* ein prät. pl. **horfom* (vgl. § 475 anm. 2) st. *hurfum* zu *huœrfa* voraus. Mnorw. kommt bisweilen prät. sg. *vart* (wie im aschw., s. An. gr. II, § 260 anm. 7) statt *varð* vor, s. Hægstad, Kong. s. 38. Aisl. ist ein schwaches part. prät. *serþr* statt *sorþenn* 1mal (Flateyjarbok III, 428) belegt.

§ 481. Wie *biarga* gehen: *gialda* (prät. sg. *galt* § 214) gelten, *gialla* (part. prät. nicht belegt) gellen, *skialfa* zittern, *skialla* klatschen.

Anm. 1. Spät geht *biarga* auch schwach nach § 499.
Anm. 2. Sehr seltene nebenformen sind: inf. *skella* (s. Þorkelsson, Beyging) und anorw. *gelda* (Cod. Tunsb.), *gilda* (mehrmals, s. Hægstad, G. Tr. s. 45); prät. sg. anorw. *skolf* (Þorkelsson, Beyging; vgl. *holp* § 485 anm. 5).

§ 482. Wie *spinna* gehen: *vinna* ausführen; *binda* binden, *hrinda* stossen, *vinda* winden; *springa* zerspringen, *stinga* stechen; *suimma* (vgl. *suima*, *symia* § 486) schwimmen.

Anm. 1. Prät. sg. zu *binda*, *hrinda*, *vinda*, *springa*, *stinga* heissen *batt* (selt. *bant*, Hb. s. XXX 2mal und Wadstein, Arkiv VIII, 85), *hratt*, *vatt*, *sprakk* (spät und selt. *sprang* nach dem pl., s. Þorkelsson, Supplement II), *stakk*, s. § 214, § 257, 2 und 3. — Ueber prät. pl. (*v*)*unnom*, (*v*)*undom*, *summom*, part. prät. (*v*)*unnenn* u. s. w. s. § 227, 1, a mit anm. 1.
Anm. 2. Sehr seltene nebenformen sind 1. pl. imperat. *hryndum* (sowie die schwache 2. sg. präs. ind. *hrinder*, nach § 505 wie im nisl.) und part. prät. ntr. *sommet* (vgl. § 486 anm. 2). S. Wadstein, Arkiv VIII, 92 und Þorkelsson, Beyging.

§ 483. Wie *slyngua*, *slyngia* gehen: *syng(u)a* (§ 227 anm. 4), *-(i)a* (§ 254 mit anm. 2) singen, *þryngua*, *-ia* drängen; *þyggua*, *-ia* (dies auch schwach nach § 502) kauen.

Anm. *þryngua* hat im präs. neben *þryng(r)* auch *þreng(r)*, wozu sowie zu einem vorauszusetzenden **sleng(r)* dann neugebildet werden inf. *þrengua*, *-ia* und *slengua* (wie nach präs. *tyggr* inf. *tyggua* statt **tiǫggua*, aschw. *tiugga*, aus **teggwa* § 79, 7), welche später oft schwach nach § 506, b flektiren. — Seltene nebenformen sind inf. aisl. *sǫngua* (St. Hom.; aschw. *sunga*, s. An. gr. II § 109), anorw. *þrǫng(u)a* (Hb., s. XXXIII; Hertzberg, s. 748 f.; hierzu das oben erwähnte präs. *þrengr* < **þrangwiʀ* § 74, 7) — gebildet wie *hnǫgg(u)a* (nschw. *nagga*) § 485 und *valla* § 480 anm. 4; ebenso setzt das eben erwähnte **slengr* ein inf. **slǫngua* (aschw. *slonga*, nschw. *slunga*) voraus; vgl. noch aschw. *togga*, *tugga* (wäre aisl. **tǫggua*) kauen, *varþa* werden, *halpa* helfen —; prät. pl. *sǫngom* (St. Hom. 4mal;

nach dem sg.), *syngom* (AM. 645, 4° nach dem konj. *synga*); part. prät. *syngenn* (St. Hom. 3 mal, AM. 645, 4°), *sǫngenn* (St. Hom. 3 mal) nach dem inf.

§ 484. Wie *søkkua* gehen: *hrøkkua* weichen, *kløkkua* stöhnen, *støkkua* springen.

Anm. Selt. nebenformen sind: inf. *sǫkkua* (Hb., s. XXXIII; Kahle, Die sprache der skalden, s. 278); part. prät. *sukkenn* (Kahle, ib. s. 260).

§ 485. Besondere abweichungen zeigen:

bregþa durch eine schnellbewegung in eine veränderte lage versetzen	*brá*	*brugþom*	*brugþenn*
brenna brennen	*brann*	*brunnom*	*brunnenn*
drekka trinken	*drakk*	*drukkom*	*drukkenn* § 108, 1
finna finden	*fann*	{ *funnom* { *fundom*	{ *funnenn* { *fundenn* § 307, 2, b
hialpa helfen	*halp, hialp*	*hulpom*	*holpenn*
hnǫgg(u)a stossen	*hnǫgg*	—	*hnuggenn*
renna rennen	*rann*	*runnom*	*runnenn*
sporna anstossen	*sparn*	*spurnom*	—

Anm. 1. Ueber die unregelmässigkeiten bei *bregþa* s. Noreen im Grundriss² I, 631, § 235, 1. In den bedeutungen 'rügen', 'betrügen', 'auslösen', 'auf etwas anspruch machen' kommt auch, bes. anorw., die (gew. schwach nach § 505 flektirende) form *brigþa* vor, welche dem 2. 3. sg. präs. (anorw., s. Hertzberg) *brigðr* (§ 520 anm. 4) nachgebildet ist.

Anm. 2. Neben *brenna, renna* kommen (bes. in alter zeit und anorw.) selt. *brinna* (Hertzberg; Jónsson, Skjaldesprog, s. 90), öfter *rinna* (Þorkelsson, Beyging; Hertzberg; Jónsson a. o.) vor; vgl. § 156, § 308, 11.

Anm. 3. *Hnǫgg(u)a* — nicht *hnøggua, wie Bugge bei Fritzner III, 1102 angiebt (s. Wadstein, Arkiv VIII, 91) — hat im präs. ind. sg. neben *hnøggr* auch *hnygg(r)*, das sich zu *hnǫgg(u)a* verhält wie *syng(r)* zu *sǫngua* und *tygg(r)* zu aschw. *togga* (s. § 483 anm.). Da hier *ggu* aus *ww* (§ 221, 2) entstanden ist, gehört dies verb (wie auch *tyggua* und *gyggua* anm. 6 unten) ursprünglich zu der 2. ablautsklasse (§ 474 ff.).

Anm. 4. Von (dem gew. schwach nach § 499 flektirenden) *sporna* (ahd., ags. *spurnan*) ist ein starkes präs. *spyrn (§ 60 anm. 1) nicht belegt, liegt aber der nebenform *spyrna* (schwach nach § 505) zu grunde. Neben *sporna* hat wol einmal ein dem aschw. *spiærna* entsprechendes *spiarna gestanden — vgl. (die schwachen) *horfa* sich wenden, *molka* melken neben (den starken) *huerfa*, ahd. *melchan* — und zu dessen präs. *spern (§ 520 anm. 4) ist die form *sperna* (schwach nach § 505) neugebildet.

Anm. 5. Sonstige, sehr seltene nebenformen sind: zu *hialpa* inf. anorw. *hœlpa* (Hertzberg), prät. sg. *holp* (Þorkelsson, Beyging), *help* (Fritzner; auch 3. sg. prät. konj. *helpe*, s. Þorkelsson a. o.); zu *sporna* prät. *spann*

§ 486. Klasse 4 der ablautenden verba.

(Þorkelsson a. o.); zu *bregþa, drekka* und *finna* part. prät. anorw. *brogðenn* (Wadstein, Arkiv VIII, 87), *drykkinn* (Elis saga), *fynninn* (Spec. regale, ed. Brenner, s. 96⁸⁵; zur erklärung s. § 167 anm. 3, Noreen, Arkiv I, 150 ff. und vgl. nisl. *byndin*, Thorkelsson, Supplement II, neben *bundin* garbe). *Hialpa* kann auch schwach nach § 499 gehen.

Anm. 6. Nur in spärlichen resten erhalten sind:
3. prät. pl. (anorw. einmal, s. Þorkelsson, Beyging) *gnullu* schrieen;
inf. und part. prät. *bryggia* (anorw., s. Hertzberg; ags. *bréowan*), *bruggenn* brauen, *gyggua*, *guggenn (aus *gugna* 'erschrecken' zu erschliessen) schreck einflössen, *melta*, *moltenn (erst als nisl. *moltinn* belegt) schmelzen;

part. prät. *bolgenn* angeschwollen, *holfenn* zu *holfa* (schwach nach § 509, I) gewölbt sein, *kroppenn* zu *kreppa* (schwach nach § 505) schrumpfen, *roskenn* (vgl. got. *wrisqan*) gewachsen, *storkenn* erstarrt; die schwachen verben *morkna* morsch werden und *þorna* (vgl. § 273) dorren setzen starke part. prät. *morkenn (nisl. *morkinn*) und *þorrenn (vgl. got. *gaþaúrsans*) voraus.

Klasse IV.

§ 486. Verba der vierten ablautsreihe (§ 162), z. b. *bera* tragen *bar bǫ́rom borenn*.

So gehen noch *skera* (vgl. jedoch anm. 4) schneiden, *stela* stehlen und mit gewissen abweichungen:

fela verbergen	*fal*	*fǫ́lom*	*folgenn* § 307, 3, a
koma (anorw. oft *kuma*) kommen	*kuam, kom*	*kuǫ́mom, kómom* § 74, 11	*komenn*
nema nehmen	*nam*	*nǫ́mom, nómom* § 111	*numenn, nomenn* (oft anorw., sehr selt. aisl.)
sofa schlafen	*suaf*	*suǫ́fom, sófom* § 74, 11	*sofenn*
suima, symia schwimmen	*suam*	*suǫ́mom*	*sumenn* § 227, 1, a
troþa treten	*traþ*	*trǫ́þom*	*troþenn*
vefa weben	*vaf, óf*	*vǫ́fom, ófom* § 74, 11	*ofenn*

Anm. 1. *Fela* (*felha § 224, 1) gehörte urspr. der 3. ablautsklasse (§ 479 ff.), wie auch das part. prät. bezeugt; demnach ist prät. pl. *fǫ́lom* anal. neubildung (statt *fulgom) zu sing. *fal* nach dem verhältnis *stal* : *stǫ́lom* u. dgl. Sehr selt. kommt anorw. ein schwaches part. prät. *felaðr* (s. Fritzner; vgl. das aschw.) vor.

Anm. 2. Neben *suima* (später auch schwach nach § 499), *symia* (*sumjan) kommt auch *suimma* (*swimnan § 308, 10) mit nur präsentischem -n-, vgl. *fregna* § 488 anm. 2) nach klasse III vor (s. § 482). Aus einer urspr. flexion *suimma*, prät. *suam*, part. *sumenn*, *somenn (gebildet wie *nomenn*, s. oben) sind durch ausgleichung sowol *suima* wie *suamm, summenn* und *sommenn* (§ 482 anm. 2) entstanden; ein dem inf. nachgebildetes part. prät. ntr. *suimit* ist einmal belegt (s. Þorkelsson, Beyging).

Anm. 3. *Koma, troþa, sofa* (über deren vokalisation s. Noreen, Sv. Landsm. I, 693; Sievers, Beitr. VIII, 80 ff.) haben präs. *kem, treþ, sef* (§ 60, 3, § 64 anm.), resp. *kem, treþ, sef* (§ 114). Zu *treþ* ist wol das bisweilen vorkommende schwache prät. *tradda*, part. *traddr* gebildet nach der analogie *gleþ* erfreue : *gladda* : *gladdr* u. dgl. (§ 502).

Anm. 4. Ueber prät. sg. *kom* s. Ljungstedt, Anmärkningar till det starka preteritum (Upsala 1887), s. 111 ff. *Óf* ist wol zu dem pl. *ófom* gebildet nach der analogie *fór* : *fórom* (§ 489); ebenso wol auch ein sehr seltenes *nám* (Wadstein, Arkiv VIII, 89) zu *námom* nach *át* : *átom* u. dgl. (§ 488 anm. 7). Umgekehrt sind nach der anal. *nam* : *nómom* gebildet zu prät. sg. *bar* selt. pl. aisl. *bórom* (z. b. St. Hom. 3 mal), zu *skar* sehr selt. pl. anorw. *skórom* (Hb. s. XXV).

Anm. 5. Von *slǫkkua (dän. *slukke*, vgl. *sǫngua, hnǫggua* u. dgl. § 483 anm.; *kk* nach § 269, 2) löschen ist aus alter zeit nur part. prät. *slokkenn* belegt; dann aus dem nisl. ein präs. *slekkr*, wozu schon im aisl. *slekkua* (schwach nach § 505) neugebildet ist. — Von *hlymia* klirren, das übrigens schwach geht, ist in Egils Hǫfoþlausn ein starkes prät. *hlam* (oder *hlamm*? vgl. *suam* und *suamm* zu *symia*) einmal belegt.

Klasse V.

§ 487. Verba der fünften ablautsreihe (§ 163), z. b. *gefa* geben *gaf gǫ́fom gefenn*.

So gehen noch: *drepa* erschlagen; *feta* den weg finden, *freta* pedere, *geta* bekommen, *meta* abschätzen; *leka* leck sein, *reka* treiben; *lesa* lesen; *trega* betrüben, *vega* (prät. *vá* § 224, 2) aufheben, wiegen, wägen.

Anm. 1. Von *trega* sind prät. sg. und pl., von *freta* prät. pl. und part. prät., von *leka* prät. pl., von *feta* part. prät. nicht belegt. Die nebenformen *frata, fata* (gebildet wie *valla, sǫngua* u. a., s. § 483 anm., § 486 anm. 5) gehen schwach nach § 499; so bisweilen auch *freta* und gew. *trega*, das jedoch ein prät. *tregþa* in der bedeutung 'betrauerte' aufzuweisen hat.

Anm. 2. Sehr seltene nebenformen sind: inf. *giafa* (s. § 91, 3, b), prät. sg. *gáf* (Rímb., St. Hom.), *mát* (No. Hom.; vgl. § 488 anm. 7, § 486 anm. 4 und Wadstein, Arkiv VIII, 89); prät. pl. anorw. (No. Hom., leg. Olafssage) *mótom* (s. § 111). Aisl. *drópom, gótom* (beides z. b. in St. Hom.) sind entweder als nur ungenaue schreibungen statt *drǫ́pom, gǫ́tom* oder als anal. neubildungen nach *nómom, kópom* (§ 488) u. dgl. aufzufassen (vgl. *bórom, skórom* § 486 anm. 4, *þógom* § 488 anm. 7).

§ 488. Klasse 5 der ablautenden verba.

§ 488. Besondere abweichungen zeigen:

eta, éta essen	át, s. anm. 1	ǫ́tom	etenn
fregna	frá § 224, 2	frǫ́gom	fregenn
kueþa sagen	kuaþ, kuat § 230 anm. 10	kuǫ́þom, kóþom § 74, 11	kueþenn
rek(k)ua § 79, 3, § 269, 2 dunkeln	—	—	ntr. rekk(u)et
sid (séa § 127ᵇ, b, 2, § 224, 1) sehen	sá § 117	sǫ́m § 127ᵃ, sóm § 111	sénn § 125
vega (anorw. auch viga) töten	vá, s. anm. 5	vǫ́gom	vegenn (anorw. auch viginn)
vesa, vera sein	vas, var	vǫ́rom, selt. (v)ó-rom § 74, 11	ntr. veret, selt. veset

und mit dem präsensvokal *i* nach § 155:

biþia bitten	baþ	bǫ́þom	beþenn
liggia § 269, 1 liegen	lá § 224, 2	lǫ́gom	legenn
sitia sitzen	sat	sǫ́tom	setenn
þiggia empfangen	þá	þǫ́gom	þegenn

Anm. 1. Neben *eta* tritt *éta* (*iéta* § 99), wo die vokallänge wol aus dem prät. (vgl. got. *fr-ēt*, lat. *ēdi*, gr. ἔδ-ηδα) herübergenommen ist, schon seit dem anfange des 13. jahrhs. auf, s. B. M. Olsen, Germania XXVII, 262 f.

Anm. 2. In *fregna* ist *n* ein spezifisches präsenssuffix, das den übrigen stammformen fremd ist; vgl. § 486 anm. 2 sowie lat. *cerno*, *sino*, *lino* u. dgl. Statt präs. *fregn* kommt sehr selt. *freng* (vgl. § 231, 2) oder *freg* (zu dem prät. *frá*, *frǫ́gom* neugebildet nach *veg* : *vá*, *vǫ́gom*) vor; s. Fritzner. Das wort geht auch schwach nach § 505, später und selt. auch nach § 499.

Anm. 3. Von *kueþa* kommt einigemal (in alten handschr.) auch prät. sg. *kuad* (in verbindungen wie *kuaþ þat* 'sprach so' entstanden, vgl. § 230, 1, a) vor; wenn das folgende wort mit *þ* (oder *ð*) anlautet (sonst sehr selt., s. Arkiv X, 207 note), steht sogar bisweilen *kua* (vgl. Hoffory, Arkiv II, 33 ff.). Dem prät. pl. *kóþom* nachgebildet ist der selt. anorw. (s. Hertzberg) sg. pass. *kóz* (*kóþ-s, vgl. aschw. *koþ*).

Anm. 4. Von *sid* kommen spät im präs. statt *sé*, *sér*, *sém*, *séþ* die formen *sidi*, *-ir*, *-im*, *-it* (wie nach § 499 gebildet) vor.

Anm. 5. *Vega* (*viga* — so regelmässig im Cod. Rantzovianus des Gulathingsgesetzes — vgl. § 154, 1) gehört urspr. der 1. ablautsklasse (vgl. got. *weihan*, ahd. *wīgan*). Demnach ist prät. *vá* aus *waih (s. § 54, 1, § 307, 3, a) entstanden und pl. *vǫ́gom* neubildung statt *vigom.

Anm. 6. Ueber den wechsel von *s* und *r* in *vesa*, *vera* s. § 307, 4. Im inf. und prät. sg. sind die formen *vera*, *var*, wo *r* auf übertragung aus den übrigen formen beruht (wie umgekehrt *s* im part. *veset*), jünger als *vesa*, *vas*, kommen aber schon bei den dichtern seit Einarr Skulason c. 1140 (s. Jónsson, Skjaldesprog s. 93) sowie in den ältesten hdschr. vor (z. b. Rimb. und Plácitúsdrápa). Die formen mit *s* kommen noch zum teil bei Snorre vor, sind aber später ganz ausser gebrauch. — Das im inf. einmal belegte

§ 489. 490. Klasse 6 der ablautenden verba.

vasa (St. Hom.) dürfte nur schreibfehler sein; vgl. aber § 483 anm., § 487 anm. 1, u. a. — Ueber die sehr eigentümliche flexion des präs. s. § 522, 3 und § 527.

Anm. 7. Sonstige seltene nebenformen sind: inf. *sita* (Þorkelsson, Beyging) nach präs. *sit*; präs. konj. *þege* neben dem gew. (nach dem inf. gebildeten, s. § 269, 1) *þigge* (s. Thorkelsson, Supplement IV, 186); prät. sg. *báð* (Wadstein, F. Hom. s. 121), *sát* (Wadstein, Arkiv VIII, 89), *vár* (mehrmals in No. Hom., s. Wadstein, F. Hom. s. 121) zu pl. *bǫ́þom* u. s. w. neugebildet (nach *át* : *ǫ́tom*; vgl. § 486 anm. 4) und nisl. (s. Cederschiöld, Mǫttuls saga, s. 43) *þáði* statt *þá* (vgl. *flópa* st. *fló* § 478 anm. 2); prät. pl. *frǿgom* (Fritzner; ungenaue schreibung statt *frǿgom*?), *þǿgom* (Íslendinga Bók, ed. Jónsson, s. XVII), vgl. § 486 anm. 4, § 487 anm. 2; part. prät. spät *rekkuat* (Fritzner II, 1099).

Anm. 8. Vereinzelt stehen prät. sg. *huak* (Ágrip, ed. Dahlerup, s. 15[17]) wankte (vgl. das schwache *huika* wanken nach § 499) und part. prät. *iáenn* zu *iá* (ahd. *jehan*, s. Lidén, Arkiv III, 240 f.) versprechen, das sonst schwach nach § 510 geht.

Klasse VI.

§ 489. Verben der sechsten ablautsreihe (§ 164), z. b.
fara fahren *fór fórom farenn*;
taka nehmen *tók tókom tekenn* (anorw. *tækinn*) § 71.

§ 490. Wie *fara* gehen: *ala* ernähren, *gala* singen, *kala* frieren, *mala* mahlen; *grafa* graben, *skafa* schaben; *hlaþa* (auf)laden, *vaþa* (prät. *óþ, óþom*, später *vóð, vóðum*, s. § 227, 1, a mit anm. 1) waten; und mit besonderen abweichungen:

deyia (*dawjan*) sterben	*dó* (*dōw § 227, 1, d)	*dóm* (*dōwum § 125)	*dáenn* § 157, 1
geyia bellen	*gó*	*góm*	—
hefia heben	*hóf*	*hófom*	*hafenn*
kefia niederdrücken	*kóf*	*kófom*	*kafenn*
skepia schaffen	*skóp*	*skópom*	—
standa stehen	*stóþ*	*stóþom*	*staþenn*
sueria schwören	*s(u)ór* § 227, 1, a mit anm. 1	*s(u)órom*	*suarenn, sorenn* § 164 anm. 2
vaxa wachsen	*óx*	*óxom, uxom* §164 anm. 2	*vaxenn*

Anm. 1. Auch schwach nach § 502 gehen *kefia* (bes. in alter zeit), *skepia* (im part. prät. immer), *sueria*, nur im part. prät. (aber dort fast immer) *hefia*. Das mit *skepia* gleichbedeutende *skapa* geht schwach nach § 499; so selt. im prät. misl. *gala* (Gislason, Efterladte skrifter II, 181), selt. im part. prät. anorw. *skafa* (s. Hertzberg).

§ 491. Klasse 6 der ablautenden verba.

Anm. 2. In *standa* ist *n* ein spezifisches präsensinfix, das von alters her den übrigen stammformen nicht zukommt; vgl. lat. *tundo, tango, cumbo* u. dgl.

Anm. 3. Sehr seltene nebenformen sind: prät. (schwach) aisl. *vexta* (s. Vigfusson), einen inf. **vexa* (got. *wahsjan*, aschw. *væxa*) voraussetzend; prät. pl. aisl. (St. Hom.) *grǿfom* (wie von einem **grefa* nach § 487, aschw. *grœva*, asl. *grebǫ*) und anorw. (Strengleikar, s. 70) *háfom* sind vielleicht nur schreibfehler (vgl. aber § 164 anm. 1); part. prät. ntr. anorw. *dát(t)*, den synkopirten kasus, pl. *dáner* u. dgl., nachgebildet (s. § 151).

Anm. 4. Nur im prät. sg. belegt ist aisl. (und nisl., s. Þorkelsson, Beyging) *hnóf* 'schnitt ab'.

§ 491. Wie *taka* gehen diejenigen verba, bei denen nach dem wurzelvokale im part. prät. ein palatal folgt. Ganz gehen so *aka* fahren, *skaka* schütteln und mit besonderen abweichungen:

draga (anorw. auch *drega* § 166, 4) ziehen	*dró* § 224, 2	*drógom*	*dregenn* (anorw. *drœginn* und *dregenn*)
flá (**flahan* § 224, 1, § 125) schinden	*fló*	*flógom*	*flegenn*
hlæia (**hlahjan* § 118) lachen	*hló*	*hlógom*	*hlegenn*
klá reiben	*kló*	*klógom*	*klegenn*
slá schlagen	*sló*	*slógom*	*slegenn*
þuá waschen	*þ(u)ó* § 227, 1, a mit anm. 1.	*þ(u)ógom*	*þuegenn*

Anm. 1. Ueber den wechsel zwischen (einstigem) *h* und *g* in *flá, hlæia, slá, þuá* s. § 307, 3, a. *Klá* flektirte urspr. wie *deyia* (§ 490), aber statt des nur 1 mal belegten (Gislason, Um frumparta s. 186) *kleyia* (dän. *kle*) wurde *klá* neugebildet zu dem präs. *klǽr* (**klawiR*; vgl. umgekehrt präs. *deyr* st. **dǽr* nach *deyia* wie nom. *mey* st. *mǽr* nach gen. *meyiar* § 157, 1) nach dem muster *sld : slǽr*; zu prät. *kló* wurde pl. *klógom* st. **klóm* (vgl. aschw. später *dōghom* st. *dōm*) gebildet nach *sló : slógom*, und ebenso part. *klegenn* st. **kláenn* nach *slegenn*.

Anm. 2. Auch schwach nach § 499 geht *aka* (selt.). *Slá* geht im prät. auch nach § 496: *slera, slera*, pl. *slerom, slerom*.

Anm. 3. Selt. nebenformen sind: prät. sg. *slóg* (s. Þorkelsson, Beyging) mit aus dem pl. entlehntem *g*; part. prät. ntr. anorw. *dragit* (Elis saga), innorw. *taket* (Hægstad, Kong. s. 38), nach anm. 5 zu erklären.

Anm. 4. Von dem schwachen (nach § 499) *gnaga* nagen sind zwei starke formen je einmal belegt (s. Þorkelsson, Beyging): 3. sg. präs. ind. aisl. *gnegr* und part. prät. ntr. anorw. *gnaget* (nach den synkopirten kasus vgl. anm. 5 und aschw. *gnaghin*). Vereinzelte part. prät. sind: *fegenn* (ags. *ʒefǽʒen*, vgl. got. *faheþs* und *faginōn*) froh, *vakenn* wach zu *vaka* (schwach nach § 509, I; vgl. got. *wakan*) wachen und der name *Þráenn* zu *þreyia* (schwach nach § 503, 5) oder *þrá* (nach § 501; vgl. *kleyia : klá*, s. anm. 1 oben) sich sehnen.

§ 492. 493. Klasse 1 und 2 der reduplizirenden verba.

Anm. 5. Part. prät. hat —' von den vereinzelten norw. *dragit, taket* (s. anm. 3), *gnaget* (s. anm. 4) abgesehen — den wechsel von umgelautetem vokal in den nicht synkopirten und unumgelautetem vokal in den synkopirten kasus (s. § 71 und vgl. § 167 anm. 3) durchgehends zu gunsten des umgelauteten ausgeglichen, z. b. *tekenn*, pl. *tekner* st. *takner (wonach umgekehrt aschw. *takinn*) 'genommen'.

b) Reduplizirende verba.

§ 492. Klasse I. Verba der ersten ablautsreihe. Hierher gehören nur:

heita heissen	*hét*	*hétom*	*heitenn*
leika spielen	*lék*	*lékom*	*leikenn*
sueipa fegen, wickeln	*sueip*	*suipom* (Fritzner III, 624)	*sueipenn*

Anm. Ueber die präteritalformen s. Noreen im Grundriss² I, 633, § 239. Seltene nebenformen sind: inf. *háta* (s. § 54 anm. 3), prät. *heit*, -*om* (s. § 146 und Hb., s. XXXVII sowie Hægstad, Kong. s. 38), sg. *hétt* (s. § 270, 1), *hit* (Hauksbók, s. Brenner, Literaturblatt 1885, sp. 54). *Sueipa* geht gew. schwach nach § 499 oder § 505. Ein isolirtes part. prät. ist *eikenn* rasend.

§ 493. Klasse II. Verba der zweiten ablautsreihe. Hierher gehören:

auka vermehren	*iók*	*iókom, iukom*	*aukenn* § 96 anm.
ausa schöpfen	*iós*	*iósom, iusom*	*ausenn*
hlaupa laufen	*hlióp*	*hliópom, hlupom* (anorw. auch *liupum*)	*hlaupenn*
búa wohnen, bereiten	*bió* (anorw. auch *biugga, biogga*)	*bioggom, biuggom*	*búenn*
hǫgg(u)a § 221, 2 hauen	*hió* (anorw. auch *hiogga*)	*hioggom, hiuggom*	*hǫgg(u)enn*

Anm. 1. Seltene nebenformen sind: inf. *bóa*, wenigstens durch das öfter im anorw. als im aisl. belegte substantivirte part. präs. *bóande* (s. § 412 und vgl. § 160 anm. 1) bezeugt, anorw. *heggua* (und part. prät. *hegguenn*; s. Hertzberg) nach dem präs. *hǫggr* (wie umgekehrt bisweilen *hǫggr* nach *hǫggua*); prät. sg. *hiú* (s. Larsson), anorw. (s. Fritzner II, 4, sp. 2; ebenso im dalekarlischen, s. Noreen, Sv. Landsm. IV, 144 f.) *lép* (vgl. § 166, 1), aisl. (wie im anorw., s. oben) *biogga* (s. Jónsson, Skjaldesprog s. 99) und mit aus der 2. 3. sg. entlehntem *gi* (s. § 254 anm. 1) anorw. *biuggia* (s. Wadstein, Arkiv VIII, 87); prät. pl. *hiuggiom* (s. Larsson), *hioggiom* (*hiǫggiom*), *bioggiom* (*biǫggiom*), *buggiom*, alle mit *gi* nach § 254 anm. 1, anorw. *laupom* (s. Wadstein a. o.). Zur erklärung der formen s. Ljungstedt, Anmärkningar till det starka preteritum (Upsala universitets årsskrift 1887), s. 126 ff. und Noreen im Grundriss² I, 633, § 240. — Ueber part. prät. ntr. *bút* neben *búet* s. § 151.

Anm. 2. Auch schwach flektiren *auka* (bes. im anorw.) nach § 499 und im anorw. *búa* nach § 509, II (jedoch nicht im präs.).

§ 494. Klasse 3 der reduplizirenden verba.

Anm. 3. Von *bauta* schlagen sind nur präs. ind. pl. und (als zweites glied in zusammensetzungen) part. prät. (dicht.) belegt; später auch ein schwaches prät. *bautaþa* nach § 499. Ein isolirtes part. prät. ist *auþenn* 'vom schicksal bestimmt'.

§ 494. Klasse III. Verba der dritten ablautsreihe. Hierher gehören:

blanda mischen	*blett* (*blind) § 214, § 257, 2, § 106, 1	*blendom*	*blandenn*
fá(*fanhan §307,3,b, § 125) bekommen	*fekk* (*fing) § 214, § 257, 3, b, § 106, 1	*fingom*, später *fengom*	*fingenn, fengenn*. Vgl. anm. 1
falda den kopf bedecken	*felt* § 214	*feldom*	*faldenn*
falla fallen	*fell*	*fellom*	*fallenn*
ganga gehen	*gekk* (*ging)	*gingom*, später *gengom*	*gingenn, gengenn*
halda halten	*helt*	*heldom*	*haldenn*
hanga hängen	*hekk* (*hing)	*hengom*	*hangenn*

Anm. 1. Von *fá* heisst die 3. sg. präs. konj. ein paar mal (s. Fritzner) *fange* (st. *fáe*); der inf. *fanga*, welcher sich zu *fá* verhält wie *hanga* zu got. *háhan*, bedeutet gew. 'fangen' (und wird schwach nach § 499 flektirt), selt. 'bekommen'; ebenso heisst die nicht seltene part. prät.-form *fangenn* gew. 'gefangen'. Zu *ganga* kommt mehrmals (s. Þorkelsson, Beyging) eine 3. sg. präs. ind. aisl. *gingr* (st. *gengr*) vor wie von einem inf. *ginga (vgl. ahd. *gingēn*, litau. *żengiu*, § 161 und Kluge, Beitr. z. gesch. d. germ. conj. s. 84, 160; anders Kock, Beitr. XXIII, 508). Die im Cod. Tunsb. belegte 3. sg. präs. konj. *hænge* ist mit dem aschw. inf. *hængia* zu vergleichen. Sehr seltene nebenformen sind ferner: prät. sg. *fell* (st. *felt*) und *hell* (s. § 265, § 307, 2, b), *heilt* (mehrmals, s. Wadstein, Arkiv VIII, 89 und Hægstad, G. Tr., s. 70) oder *hélt* (Wadstein a. o.); prät. pl. anorw. *hiældo* (s. Þorkelsson, Beyging; agutn. *hieldu*), mnorw. *heldo, hello* (s. A. M. Larsen, Lydlæren i den solørske dialekt, s. 135; aus *hiældo < *hioldo, s. An. gr. II, § 75, 2 und § 313 anm. 2).

Anm. 2. *Hanga* geht im präs. ind. immer, im prät. sg. und pl. oft schwach nach § 509. *Falda* geht selten, *blanda* oft schwach nach § 499.

Anm. 3. Ein isolirtes part. prät. ist *aldenn* alt (vgl. got. *us-alþan* altern).

Anm. 4. Ueber die (späte und seltene, s. Egilsson und Thorkelsson, Supplement IV) nebenform *gá* zu *ganga*, welche ursprünglich zwei ganz verschiedene verba sind, s. Lorenzen, Tidskr. f. Fil. N. R. IV, 223 ff.; Mahlow, Die langen vokale, s. 136 ff.; v. Fierlinger, K. Z. XXVII, 432 ff.

Anm. 5. Prät. pl. *fengom, gengom, hengom, blendom* sind dem sg., part. prät. *fingenn, gingenn* dem prät. pl. und dem inf. *ginga, vgl. anm. 1 oben) nachgebildet.

§ 495. Klasse IV. Verba, die im inf. und part. prät. der siebenten ablautsreihe (§ 165) gehören, im prät. dagegen der ersten (§ 159 anm., vgl. § 166, 2). Hierher gehören folgende verba, die in zwei gruppen zerfallen, je nachdem der inf. *á* oder *ó* als wurzelvokal zeigt:

I.
blása blasen	*blés*	*blésom*	*blásenn*
gráta weinen	*grét*	*grétom*	*grátenn*
huáta stossen	—	—	*huátenn*
láta lassen	*lét*	*létom*	*látenn*
ráþa raten	*réþ*	*réþom*	*ráþenn*

Anm. 1. Im inf. kommt neben *láta* nicht selt. *lata* vor (s. Gislason, Njála II, 920 f.), urspr. wol nur wenn das wort proklitisch stand (s. § 144, 1). Ausserdem kommt anorw. bisweilen (s. z. b. Hertzberg) *leta* vor, wol nach dem präs. anorw. *letr* (s. Wadstein, F. Hom. s. 52, und Hertzberg; aus *lætr* verkürzt in proklitischer stellung, s. § 144, 6) gebildet. Auffallend sind die seltenen anorw. (z. b. in No. Hom. und Spec. reg.) formen: 2. pl. imperat. *litið*, *litit*. — Neben *huáta* steht selt. anorw. *hóta* (s. § 165 und vgl. II unten).

Anm. 2. Im prät. kommen folgende, mehr oder weniger seltene, nebenformen vor: *greit* (aschw. *grēt*) s. § 166, 2; *leit* (aschw. *lēt*) s. § 166, 2 und Hertzberg, *lit* (agutn. *līt*) Hauksbók (vgl. *hit* § 492 anm.), anorw. *lētt* s. § 270, 1, pl. *litom* (agutn. *litum*) s. § 166, 2; *reiþ* (aschw. *rēþ*) s. § 166, 2.

Anm. 3. Im part. prät. kommt neben *huátenn* (s. Bugge, Tidskr. f. Fil. N. R. III, 264) später ein schwaches *huátat* (s. Þorkelsson, Supplement II), neben *látenn* ein anorw. *letenn* (s. Hertzberg und vgl. inf. *leta* anm. 1 oben) je 1 mal vor. Ein isoliertes *bráþenn* (vgl. aschw. *bráþa* mit part. *bráþin* und ahd. *brātan*) wird von dem schwachen *bráþna* 'geschmolzen werden' vorausgesetzt.

II.
blóta opfern	*blét*	*blétom*	*blótenn*
sóa feierlich töten	—	—	*sóenn*

Anm. 4. Auch schwach nach § 499 gehen sowol *blóta* (im präs. ind. und prät. gewöhnlich) wie später *sóa*.

Anm. 5. Ein isoliertes part. prät. ist *flókenn* 'verworren', 'verwickelt' (gleich ahd. *far-fluohhan*?).

§ 496. Klasse V. Verba, bei denen die alte reduplikationssilbe noch bewahrt ist (s. Noreen im Grundriss[2] I, 634, § 244). Hierher gehören z. b.

róa rudern	*rera, røra* § 74, 3	*rerom, rørom*	*róenn*
sá säen	*sera* § 307, 4, *søra*	*serom, sørom*	*sáenn*
snúa wenden	*snera* (*snezō-*), *snøra*	*snerom, snørom*	*snúenn*

Nach *róa* geht *gróa* keimen, nach *snúa* geht *gnúa* schaben. Von *slá* (s. § 491) schlagen kommen alternativ die nach *sá* gebildeten formen prät. sg. *slera, sløra*, pl. *slerom, slørom* vor.

§ 497. 498. Schwache verba.

Anm. 1. *Sá* kann (schon vor 1200, s. Jónsson, Arkiv XIII, 267) auch schwach nach § 501 gehen. Von *snúa* ist ein schwaches part. prät. *snuþr* einmal in St. Hom. belegt.

Anm. 2. Hierher gehört auch die einmal (aus Cod. AM. 677, 4°) belegte 3. sg. prät. *bnere* zu einem **bnúa* (got. *bnauan*) reiben.

Anm. 3. Das prät. sg. dieser verba flektirt schwach (§ 523).

Anm. 4. Ganz anders entstanden sind die § 478 mit anm. 1 erwähnten prät. *frera, frera* und *kera, kera*.

II. Schwache verba.

§ 497. Diese bilden regelmässig ihr prät. (und part. prät.) durch zusatz eines *ð*, selten *t* (§ 508, 1; § 512, 2; § 513, 3; § 515), *d* (§ 503, 3; § 514, 2 und 3; § 516), *þ* (§ 513, 1 und 2; § 516) oder *s* (§ 512, 1). Wenn durch synkope dies *ð* mit einem vorhergehenden konsonanten zusammentrifft, treten die in § 230 dargelegten lautgesetze ein, so dass das *ð* sich oft als *d, þ, t* zeigt.

Anm. Selten kommen formen ohne dentale ableitung (s. Noreen im Grundriss² I, 635, § 246, 3 und 641, § 256, 3) vor, z. b. in St. Hom. prät. ind. 3. sg. *horf(þ)e, haf(þ)e, skelf(þ)e, misger(þ)e, hug(þ)e-sk*, 2. pl. *sǫg(þ)oþ*, part. prät. *vaf(þ)r, séf(þ)r, lag(þ)r, sag(þr), samteng(þ)r*; in No. Hom. prät. ind. 3. sg. *horf(ð)e*, part. prät. *samtæng(ð)r, lag(ð)r*. Gewöhnlich sind part. prät. *gǫrr, sparr* neben dem seltenen anorw. *gǫrðr, gerðr* (s. § 508 anm. 3) 'gemacht' und dem nur im ntr. belegten *sparat* 'gespart'. Vgl. das aschw. und adän.

§ 498. Dagegen ist die bildung des präsensstammes sehr verschieden. Je nach dem ausgange der 1. sg. präs. ind., wo der präsensstamm am deutlichsten hervortritt, kann man vier schwache konjugationen unterscheiden:

1. Präs. sg. auf *-a*, prät. sg. *-aða*, part. prät. *-aðr*, z. b. *kalla, kallaþa, kallaþr* zu *kalla* rufen.

2. Präs. sg. auf konsonantisches **-i* (das nach § 220 sonantisch wird um dann nach § 147 fortzufallen), prät. sg. *-ða* (ohne *i*-umlaut der wurzelsilbe, s. § 63, 2), part. prät. *-(i)ðr* (ohne *i*-umlaut, s. § 64, b), z. b. *vel, valþa, val(e)þr* zu *velia* wählen.

3. Präs. sg. auf sonantisches (und zwar ursprüngliches) *-i* (mit *i*-umlaut der wurzelsilbe), prät. sg. *-ða* (mit *i*-umlaut, s. § 63, 1), part. prät. *-ðr* (mit *i*-umlaut), z. b. *stýre, stýrþa, stýrþr* zu *stýra* steuern.

4. Präs. sg. auf (ursprüngliches) -e (ohne *i*-umlaut der wurzelsilbe, s. § 63, 4), prät. sg. -ða (ohne *i*-umlaut), part. prät. -aðr oder -ðr (ohne *i*-umlaut), z. b. *spare, sparþa, sparat* (ntr.) oder *sparþr* zu *spara* sparen.

a) Erste schwache konjugation.

§ 499. Hierher gehören die meisten aisl.-anorw. verba, z. b.

	präs.	prät.	part. prät.
elska lieben	*elska*	*elskaþa*	*elskaþr*
stǫþua aufhalten	*stǫþua*	*stǫþuaþa*	*stǫþuaþr*
heria verheeren	*heria*	*heriaþa*	*heriaþr*
spá prophezeien	*spá*	*spáþa*	*spáþr* § 125

und bes. die vielen abgeleiteten verba auf *-na*, z. b.

| *vakna* erwachen | *vakna* | *vaknaþa* | *vaknaþr* |

Anm. Im prät. können *flóa* fluten und das deponens *óask* sich fürchten nach § 509, I gehen; *glóa* glühen, leuchten so auch im präs. *Vísa* zeigen kann anorw. im prät. und part. prät. nach § 505 gehen.

§ 500. Verba wie *heria* sind von denen, die wie *beria* (§ 502) gehen, wol zu unterscheiden. Die ersteren sind, der regel nach, denominativa zu *ja-, jō-* (oder *i-*)stämmen; bei den letzteren dagegen ist *-i-* ein verbales ableitungssuffix. Nach *heria* (zu *herr* § 379) gehen z. b. *anýia* erneuern, *belia* brüllen, *brynia* die brünne anziehen, *brytia* zerstückeln, *byria* (zu *byrr* § 379) beginnen, *dysia* begraben, *eggia* (zu *egg* § 371) anreizen, *emia* heulen, *gilia* verlocken, *gneggia* wiehern, *grenia* heulen, *kilia* zanken, *klyfia* belasten, *lyfia* (zu *lyf* § 372) heilen, *netia* mit netz fangen, *nytia* melken, *rifia* auswickeln, *skynia* (zu *skyn* § 372) einsehen, *stefia* (zu *stef* § 359) hindern, *syfia* schläfrig werden, *synia* verweigern, *veþia* wetten, *vitia* besuchen, *þefia* riechen.

Anm. *Synia* kann später (wie im aschw.) nach § 502 gehen; so auch bisweilen im anorw. *byria* geziemen, anstehen. Vgl. *feria* § 503 anm. 6.

§ 501. Wie *spá* (aus *spáa*), also mit kontraktion (§ 125), gehen nur wenige verba wie *fiá* hassen (dicht.), *má* abnutzen, *skrá* anschreiben und die neubildungen *fá* (statt *fǽia* nach dem prät. *fáþa*, das seinerseits eine neubildung statt *fǽþa* — urn. *faihiðō* s. § 54, 1 — nach dem typus *ǽia : áþa* § 502 ist, s. Bugge, No. I., s. 83; anders, aber nicht überzeugend — vgl. § 59 anm. 1 oben — Pipping, Neuphilologische Mitteilungen 15./11.—15./12. 1902, s. 17) malen, *strá* (statt *streyia*, aschw. *strēia*, nach prät. *stráþa* und der analogie von *þreyia : þráþa* u. dgl. § 503, 5; vgl. *þrá* § 503 anm. 5) streuen, *þiá* (s. § 227 anm. 4) knechten.

b) Zweite schwache konjugation.

§ 502. Hierher gehört eine ziemlich grosse anzahl von verben mit kurzer wurzelsilbe, z. b.

krefia verlangen	kref	krafþa	kraf(e)þr
beria schlagen	ber	barþa	bar(e)þr
telia erzählen	tel	talþa, später talda § 230, 1, b	tal(e)þr, taldr
venia gewöhnen	ven	vanþa, später vanda	van(e)þr, vandr
temia zähmen	tem	tamþa, spät tamda	tam(e)þr, tamdr
gleþia erfreuen	gleþ	gladda § 230, 1, a	gladdr § 418, 2
vek(k)ia § 269, 1, anorw. selt. vekua § 79, 12, erwecken	vek	vakþa § 230, 2, c, später vakta	vak(e)þr, vaktr
glepia narren	glep	glapþa, später glapta	glap(e)þr, glaptr
flytia fortschaffen	flyt	flutta § 266	fluttr § 418, 2
bysia strömen	bys	busta § 230, 2, a	—
leggia § 49, § 269, 1 legen	legg	lagþa	lag(e)þr (vgl. jedoch § 497 anm., § 504 anm.)
lýia zerquetschen	lý	lúþa	lú(e)þr
ǽia weiden	ǽ	áþa	á(e)þr

Anm. 1. Ein ausführliches verzeichnis hierher gehöriger verba findet sich bei Wimmer, Forn. forml. § 145—148. Vgl. auch Jónsson, Skjaldesprog s. 105 ff.

Anm. 2. Vereinzelte fälle von *i*-umlaut im part. prät., wie *kefþr* zu *kefia* (s. Fritzner) ersticken, *vendr* (statt *vandr* s. oben) in rímur (s. Gislason, Efterladte skrifter II, 183) oder anorw. *útrektr* (s. Hertzberg) zu *útrek(k)ia* ausdehnen, beruhen wol auf entlehnung des präsensvokals oder vielleicht auf kontamination von urspr. **veneþr*, acc. *vandan* u. dgl. (s. § 64, b). Vgl. § 504 anm.

§ 503. Besondere abweichungen zeigen sich in vielen fällen:

1. Im präs. (auch inf.) gehen, wenigstens alternativ, nach § 505:

fyrua ebben (impers.)	fyruer (3. sg.)	furþe (3. sg.)	—
melia, melua § 79, 6 zermalmen	mel, melue	malþa, melþa	—
smyria, smyrua schmieren	smyrue, s. § 522, 5	smurþa	smurþr
vekia (anorw. vǽkkia), vek(k)ua § 79, 12, § 269, 1 u. 2 zum fliessen bringen	vek (anorw. auch vǽkki)	vakþa, vakta, vekta (Fritzner)	vakþr, vaktr

2. Im prät. (auch part. prät.) gehen, wenigstens alternativ, nach § 505:

§ 503. Schwache konjugation 2.

frýia absprechen	*frý*	*frýþa*, selt. *frúþa*	*frý(e)þr*
gnýia lärmen	*gný*	*gnúþa*, selt. *gnýþa* oder *gníþa* § 157, 2	—
hlýia schirmen	*hlý*	*hlúþa*, alt selt. *hléþa* oder *hléþa* § 157, 2	*hlú(e)t* (ntr.)
knýia drängen	*kný*	*knýþa, knúþa, kníþa* (s. Jónsson, Skjaldesprog s. 107) § 157, 2	*kný(e)þr, knú(e)þr, kniþr*
lyk(k)ia § 269, 1 zuschliessen	*lyk*	*lukþa, lukta*, später *lykþa, lykta*	*lukþr, luktr*, später *lykþr, lyktr*
melua s. 1 oben			
sek(k)ia § 269, 1 schuldig machen	*sek*	*sekþa, sekta*	*sekþr, sektr*
selia verkaufen	*sel*	*selda* § 230 anm. 4	*seldr*
setia setzen	*set*	*setta*	*settr*
*sýia (got. *siujan*) nähen	—	*séþa*	*séþr, séþr*

Anm. 1. Zur erklärung von *lykþa, sekþa* s. Kock, Beitr. XVIII, 436 f. Ueber *selda, setta* s. ib. 453 (sehr unsicher).

Anm. 2. *Knýia* hat selt. ein prät. *knýiaþa, kníaþa* nach § 499. Ueber inf. *knía* s. § 157, 2. — Sehr seltene anorw. nebenformen sind: prät. sg. *frýiða* (nach dem inf., wie *flýiða* § 478 anm. 2; Wadstein, F. Hom. s. 63), pl. *sǫldum* (Wadstein, Beitr. XVII, 422 note; aschw. *saldum*), *sattum* (Wadstein, Der umlaut von *A*, s. 44; urn. *sAte* Gommor, aschw. *satte*).

Anm. 3. Ueber die ursprünglich starken verba *flýia, spýia, týia* s. § 478 mit anm. 2—4.

3. Das prät. ist, auch in der ältesten zeit, mittelst *-d* (nicht *ð*) gebildet (s. § 230 anm. 4) ausser bei *selia* (s. oben 2) auch bei

vilia wollen *vil* *vilda* *viliat* (ntr.), adj. *viliaþr, vilþr* erwünscht,

dessen part. prät. übrigens nach § 499 gebildet ist.

Anm. 4. Ueber die flexion des präs. von *vilia* s. § 522, 7.

4. Im part. prät. schwankt nach § 509, I

hyggia meinen *hygg* *hugþa* *hugþr, hugat* (ntr.)

5. Aus einem urgerm. wechsel zwischen antesonantischem *-auj-* und antekonsonantischem *-awi-* (s. § 157, 1) erklärt sich der vokalwechsel in:

heyia ausführen *hey* *háþa* *há(e)þr*
þreyia sich sehnen *þrey* *þráþa* *þráþr*

Anm. 5. Statt *þreyia* und *þrey* kommt durch ausgleichung später *þrá* (nach § 501), statt *hey* auch *há* (s. Jónsson, Skjaldesprog s. 106) vor.

Anm. 6. *Feria* 'mit der fähre über das wasser setzen' kann später ganz nach § 499 gehen.

§ 504. Die nicht synkopirten formen auf *-eþr* im part. prät., welche überhaupt der älteren sprache gehören (belege z. b. bei Jónsson, Skjaldesprog s. 105 f.), kommen nie bei verben vor, deren wurzelsilbe auf *ð* oder *t* endet (z. b. *fluttr*, nie **fluteþr*, zu *flytia*), s. § 418, 2; auch bei den meisten von den übrigen ist schon vorliterarisch die synkopirte form (seit um 1100) belegt und bei vielen sogar durchgedrungen. Wo in der ältesten sprache *-eþ-* stand (also im sg. nom. m. f., gen. m. ntr., pl. nom. acc. ntr., s. § 418, 2), ferner in sg. gen. dat. f., acc. m. und pl. gen. tritt nach 1200 *-en-* ein nach der analogie der starken verba, gemäss der proportion ntr. *malet* : m. *malenn* = ntr. *valet* : *x*, z. b. sg. nom. m. *valenn*, f. *valen*, gen. f. *valennar*, acc. m. *valenn*, pl. nom. acc. ntr. *valen* statt *valeþr*, *valeþ*, *valþrar*, *valþan*, *valeþ* zu *velia* wählen (aber nie **flutenn* u. s. w., weil kein **fluteþr* u. s. w. vorhanden gewesen war).

Anm. Ueber den mangelnden *i*-umlaut in den unsynkopirten kasus s. § 64, b. Ein lautgesetzlicher nom. acc. sg. ntr. *legit* zu *leggia* legen ist ein paar mal angetroffen worden (s. Kock, Beitr. XVIII, 433); vgl. auch § 502 anm. 2.

c) Dritte schwache konjugation.

§ 505. Hierher gehören eine sehr grosse anzahl von verben mit langer wurzelsilbe, z. b.

erfa erben	*erfe*	*erfþa*	*erfþr*
føra führen	*føre*	*førþa*	*førþr*
døggua betauen	*døggue*	*døgþa* § 220, § 274	*døgþr*
kemba kämmen	*kembe*	*kembþa*, spät *kembda* § 230,1,b	*kembþr*, *kembdr*
skelfa schütteln	*skelfe*	*skelfþa*, spät *skelfda*	*skelfþr*, *skelfdr*
sløngua schlingen	*sløngue*	*sløngþa*, spät *sløngda*	*sløngþr*, *sløngdr*
dǿma urteilen	*dǿme*	*dǿmþa*, spät *dǿmda*	*dǿmþr*, *dǿmdr*
hirþa bewachen	*hirþe*	*hirda*, *hirþa*, später *hirta* § 230 anm. 2	*hirdr*, *hirþr*, *hirtr*
fella fällen	*felle*	*felda* § 230, 1, b	*feldr*
sigla segeln	*sigle*	*siglþa*, *siglda*	*siglþr*, *sigldr*
kenna kennen	*kenne*	*kenda*	*kendr*
nefna nennen	*nefne*	*nefnþa*, *nefnda*	*nefnþr*, *nefndr*
þýþa deuten	*þýþe*	*þýdda* § 230, 1, a	*þýddr*
senda senden	*sende*	*senda* § 273, § 266	*sendr*
søkkua senken	*søkkue*	*søkþa*, später *søkta* § 230, 2, c	*søkþr*, *søktr*
ǿpa rufen	*ǿpe*	*ǿpþa*, später *ǿpta*	*ǿpþr*, *ǿptr*
mǿta begegnen	*mǿte*	*mǿtta* § 266	*mǿttr*
huessa schärfen	*huesse*	*huesta* § 230, 2, a	*huestr*
lypta in die höhe heben	*lypte*	*lypta* § 273, § 266	*lyptr*

§ 506. 507. Schwache konjugation 3.

Anm. 1. Weitere beispiele sind in grosser menge verzeichnet bei Wimmer, Forn. forml. § 137—141 und § 143. *Henta* 'passen' geht oft, *enda* 'enden' und *efla* 'im stande setzen' selten nach § 499.

Anm. 2. *Sløkkua* auslöschen hat im prät. neben gew. *sløkþa, -ta* auch selt. *slekþa* (Jónsson, Skjaldesprog s. 102), *slekta* (Fritzner III, 428; vgl. aschw. *slækkia*, s. § 79, 6) und *slykta* (Fritzner a. o.; vgl. § 72 und An. gr. II, § 106, 2, a).

§ 506. a) Verba, deren wurzelsilbe auf *ʒ, g* oder *k* endet, müssen nach § 254 inf. auf *-ia* aufweisen, z. b.

hneigia beugen	*hneige*	*hneigþa*	*hneigþr*
syrgia	*syrge*	*syrgþa*	*syrgþr*
telgia verschneiden	*telge*	*telgþa*, spät *telgda*	*telgþr, telgdr*
sprengia sprengen	*sprenge*	*sprengþa*, spät *sprengda*	*sprengþr, sprengdr*
drekkia ertränken	*drekke*	*drekþa*, später *drekta*	*drekþr, drektr*

Anm. 1. Weitere beispiele bei Wimmer, Forn. forml. § 142. In *leiga*, später *leigia*, mieten und *steik(i)a* braten ist das kons. *-i-* schwankend. St. Hom. (*g*)*líka* statt sonstigen (*g*)*líkia* 'gleichen' ist mit got. *galeikōn* zu vergleichen.

b) Einige verba, deren wurzelsilbe auf *-gw* oder *-kw* endet, haben infinitivformen auf *-ia* neben *-ua*, z. b.:

byggua, byggia wohnen	*bygg(u)e*	*bygþa*	*bygþr*
þrøngua, þrøngia, anorw. auch *þrǿngia* § 79, 6 drängen	*þrøng(u)e*	*þrøngþa*, spät *þrøngda*	*þrøngþr, þrøngdr*
þryskua § 79, 4, *þriskia*, anorw. auch *þreskia* dreschen	*þryskue, þriske*	*þriskþa*, später *þriskta*	*þriskþr, þrisktr*

Anm. 2. Wie *byggua* gehen noch *hryggua, -ia* betrüben, *skyggua, -ia* überschatten, *styggua, -ia* erschrecken, *tryggua, -ia* ruhig machen; wie *þryskua* gehen *kueykua* (s. Jónsson, Skjaldesprog s. 102), *keyk(u)a* § 79, 13, *keykia* (Jónsson a. o.), *kueikia* beleben und *myrkua, -ia* verfinstern.

§ 507. Hierher gehörige verba, deren wurzelsilbe auf *l* oder *n* ausgeht, haben gewöhnlich prät. auf *-da* oder *-ða*, part. prät. auf *-dr* oder *-ðr* (z. b. *fella, sigla, kenna, nefna* § 505). Unter umständen (s. § 230, 2, b) kommen aber bei solchen verben prät. auf *-ta*, part. prät. auf *-tr* vor, z. b.

villa irre führen	*ville*	*vilta*	*viltr*
rǽna rauben	*rǽne*	*rǽnta*	*rǽntr*

So gehen noch: *hella* giessen, *spilla* verwüsten, *stilla* beruhigen, *gylla* vergolden; *héla* (später regelmässig) mit reif überzogen werden, *véla* (anorw. auch *vǿla*, s. Fritzner; vgl. § 74, 12) um sich womit beschäftigen, *véla* (aisl. auch *vǽla* aus *vǿla*, s. § 74, 12; part. prät. jedoch im Cod. AM. 645, 4°

§ 508. Schwache konjugation 3.

einmal vældr < *véldr, vgl. anm. 2) überlisten, mǽla sprechen (aber mǽla messen geht regelmässig), stǽla stählen, fǿla (auch regelmässig) höhnen; sýsla (prät. sýsta, part. prät. sýstr § 281, 7) verrichten, víxla (part. prät. víxtr § 281, 7, víxltr) wechseln, øxla (prät. øxta, øxlta, part. prät. øxtr § 281, 7) vermehren; nenna wagen, senna sich auseinandersetzen, zanken, spenna spannen, ginna bezaubern, inna ausführen, minna erinnern, minnask sich küssen, þynna dünn machen; kvǽna (auch regelmässig, s. Fritzner und Gislason, Efterladte skrifter II, 183) verheiraten; girna (s. Gislason, Um frumparta s. 110; gew. regelmässig) begehren, vǽpna bewaffnen.

Anm. 1. Sýsla, víxla, øxla gehen auch nach §499; gylla, spilla, spenna in rímur auch regelmässig (s. Gislason, Efterladte skrifter II, 183).

Anm. 2. Bei einigen von diesen verben, z. b. véla überlisten (vgl. oben und Bugge, Arkiv II, 352 ff.), þynna, ist t nicht lautgesetzlich entstanden, sondern beruht auf analogiebildung; ebenso das einmalige vænta (s. Jónsson, Skjaldespróg s. 104) statt vænda zu væna vermuten.

§ 508. Besondere unregelmässigkeiten zeigen:

1. Einige verben, die das prät. schon urgermanisch mittelst t (unmittelbar an der wurzelsilbe angefügt) bildeten; über die dann eintretenden konsonantischen verhältnisse vgl. § 311, § 258; die wurzelsilbe hat natürlich im prät. keinen umlaut. Diese sind:

sǿkia suchen	sǿke	sótta, später sǿkta	sóttr
yrkia machen	yrke	orta § 311, später orkta, yr(k)ta § 281, 6	ortr, später orktr, yr(k)tr
þekkia gewahr werden	þekke	þátta (nur dicht.), þekþa, þekta	þekþr, þektr
þyk(k)ia, þik(k)ia § 275, 1, § 140 scheinen	þy(k)ke, þi(k)ke	þótta § 109	þóttr

Anm. 1. Von sǿkia und þykkia kommen spät prät. sǿkta und þókta vor, s. Jiriczek, Bósa saga s. XXXIV, und Jónsson, Fernir fornislenskir rímnaflokkar, s. VII. Samþykkia einwilligen geht regelmässig nach § 506, a, also prät. samþykþa, -þykta.

Anm. 2. Zu skemma schämen (vgl. skǫmm schande) kommt im prät. neben skemþa auch skamþa vor, das einen inf. *skama (got. skaman; vgl. skamma nach § 499) und eine flexion nach § 509, I voraussetzen dürfte.

2. Das verbum 'machen' mit mehreren hauptformen:

ger(u)a § 79, 6	ger(u)e	gerþa	gǫrr, später gørr, gerr
ger(u)a § 81	ger(u)e	gerþa	
giǫr(u)a § 254 anm. 1	giǫr(u)e; vgl. § 522, 5	g(i)ǫrþa § 79 anm. 3	giǫrr; vgl. § 497 anm.

§ 509. Schwache konjugation 4.

Anm. 3. Die formen mit *w* kommen nur dichterisch vor. Sehr seltene anorw. nebenformen sind prät. *giarða* (No. Hom. und bei Hertzberg), part. prät. *gǫrðr* (zu ntr. *gǫrt* gebildet nach *stýrðr* : *styrt* u. dgl.), *gerðr*; vgl. noch § 497 anm.

Anm. 4. Ueber die verschiedenen formen s. u. a. Gering, Finnboga saga, s. VI ff.; Gislason, Udvalg af oldno. skjaldekvad s. 130.

d) Vierte schwache konjugation.

§ 509. Hierher gehört eine ziemlich geringe anzahl von verben. Das part. prät. kann entweder auf *-aðr* oder (seltener) auf *-ðr* gebildet sein; in folge der bedeutung der meisten hierher gehörigen wörter kommt aber diese form fast nur im neutrum vor. Beispiele:

I. *duga* taugen   *duge*   *dugþa*   *dugat*
    una zufrieden sein   *une*   *unþa*, später *unda* § 230, 1, b   *unat*
    skolla schlenkern   *skolle*   *skolda* § 230, 1, b   *skollat*
    lopa anhaften   *lope*   *lodda* § 230, 1, a   *lopat*
    vaka wachen   *vake*   *vakþa*, später *vakta* § 230, 2, c   *vakat*
    brosa lächeln   *brose*   *brosta* § 230, 2, a   *brosat*

Anm. 1. Wie *duga* (selt. *dúga*, s. Jónsson, Skjaldesprog s. 108) gehen: *bága* (präs. auch nach § 499) quälen, *holfa* oder *hualfa* gewölbt sein (part. prät. nur als *holfat* belegt; vgl. jedoch § 485 anm. 6), *lafa* schlenkern, *lifa* (part. prät. auch *lifþr*, *lifinn*, vgl. § 504, in der bedeutung 'lebendig') leben, *nara* leben, *stara* starren, *váfa* schweben, *vara* ahnen (impers.; *vara* warnen geht nach § 499), *þora* (part. prät. selt. *þort* nach II unten) wagen und die im part. prät. nicht belegten *grúfa* sich niederbeugen, *mara* mit dem vorderteile (des schiffes) tief im wasser liegen, *stúra* betrübt sein, *ugga* fürchten. Ueber *spara* s. § 510, *glóa* s. § 499 anm. Vgl. noch § 510.

Anm. 2. Wie *una* gehen: *gana* (später bisweilen auch nach § 499) fortstürzen, *sama* oder *sóma* geziemen (part. prät. nur als *samat* belegt), *þola* (part. prät. auch *þolt* nach II unten). Von *luma* loslassen kommt wol nur die 2. sg. imperat. *lume* vor.

Anm. 3. Wie *skolla* geht *tolla* anhängen.

Anm. 4. Wie *vaka* gehen: *gapa* (über einmaliges prät. *gafði* s. § 308 anm. 1 und v. Friesen, De germ. mediageminatorna s. 39) gaffen und die im part. prät. nicht belegten *drúpa* sich neigen, *flaka* gähnen, *gnapa* sich beugen, *húka* (vgl. jedoch § 478 anm. 4) hockern; *blaka* flattern geht im prät. nach § 499.

Anm. 5. Wie *brosa* geht das im part. prät. nicht belegte *þrasa* schnauben.

II. *horfa* umkehren   *horfe*   *horfþa* (vgl. jedoch § 497 anm.)   *horft*
    skorta mangeln   *skorte*   *skorta* § 266, § 273   *skort*

§ 510. Schwache konj. 4. § 511. Verba präterito-präsentia.

Anm. 6. Wie *skorta* geht wol das im part. prät. nicht belegte *glotta* grinsen. Auch nach § 499 geht (bes. später) *iát(t)a* zugeben, einräumen. Ueber *þola* s. anm. 2, *þora* s. anm. 1. Vgl. noch § 510.

§ 510. Unregelmässigkeiten zeigen sich bei:

gá achten	*gáe*, anorw. auch *gǽ*	*gáþa*	*gáþr* § 125
hafa haben	*hefe*, alt auch *hef*	*hafþa*	*hafþr*, alt u. sehr selt. ntr. *hafat*
id versprechen	*ide, id* § 501	*idþa*	*idþr*, selt. *idenn* § 488 anm. 8
kaupa kaufen	*kaupe*	*keypta*	*keyptr* § 230 anm. 6
kligia ekel empfinden	*klige*	—	—
lid (alt *léa* § 127 b, b, 2) leihen	*lé*, spät *liǽ*	*léþa*	*léþr*, sehr selt. *lénn* § 473 anm.
ná bekommen	*nde*, spät *nǽ*	*náþa*	*náþr, ndet* (ntr.)
segia, seltener *seggia* § 269, 1 sagen	*sege*, alt u. sehr selt. *seg*	*sagþa*	*sagþr*, dicht. sehr selt. *sagaþr*
spara sparen	*spare*	*sparþa*	*sparr* § 497 anm., *spar(a)t*, vgl. I oben
tid (alt *téa*), seltener *tega* § 307, 3, a zeigen	*té, tiáe, tiá*	*téþa, tiáþa*	*téþr, tiáþr*, adj. *tígenn* § 473 anm. ausgezeichnet
trúa glauben	*trúe*, anorw. auch *trý*	*trúþa*	*trúat*, adj. *trúaþr* gläubig
þegia schweigen	*þege*	*þagþa*	*þag(a)t*

Anm. 1. Ueber die schwankende flexion des präsens von *gá, hafa, lid, ná, segia, trúa* und *þegia* s. § 522, 6. *Mistrúa* geht ganz nach § 499; so auch bisweilen *spara*; nur im präs. (vgl. jedoch anm. 2) das neben *tiá* nicht ganz selt., bes. in alter zeit, vorkommende *tega*.

Anm. 2. Sonstige sehr seltene nebenformen sind: zu *hafa* aisl. 3. sg. prät. *hafe* (s. § 497 anm.), anorw. inf. *hǫfa, hefa*, prät. *hǫfða, hefða* (s. Wadstein, F. Hom., s. 68 note); zu *segia* aisl. 2. pl. prät. *sǫgoþ* und part. prät. *sagr* (§ 497 anm.); zu *tega* part. prät. ntr. *tegat* (s. Jónsson, Skjaldesprog s. 110).

III. Verba, die zum teil stark, zum teil schwach gehen.

a) Verba präterito-präsentia.

§ 511. Diese sind ursprünglich starke verba, deren präsens verloren gegangen ist; das alte starke präteritum hat präsensbedeutung angenommen (vgl. lat. *memini*, gr. οἶδα), und ein neues schwaches präteritum mit präteritaler bedeutung ist geschaffen worden. Die hierher gehörigen verba sind im ganzen zehn, deren präsens den 1., 3., 4. und 5. ablautenden klassen angehört; prät. und part. prät. sind am ehesten als nach der 4. schwachen konjugation gebildet zu betrachten. Der alte infinitiv ist durch einen neuen, der sich dem präs. pl. anschliesst, ersetzt worden.

Anm. Wegen der unregelmässigen flexion des präs. ind. (s. § 522, 3 und 7) werden *vesa* (*vera*) 'sein' und *vilia* 'wollen' oft — aber mit unrecht — zu den verb. prät.-präs. gerechnet.

§ 512. Erste ablautsklasse:

1. *vita* wissen, präs. *veit*, pl. *vitom*, prät. *vissa* § 310, part. prät. *vitaþr*.

Anm. 1. Ueber die form *vetka* aus *veit-ek-a* ich weiss nicht s. § 123. Nicht ganz selt. ist im aisl. prät. *visa* (z. b. oft in Cod. AM. 645, 4°) mit unerklärter vereinfachung des -*ss*- (vgl. *kysa* : *kyssa* § 276 anm.).

Anm. 2. Im part. prät. kommt sehr selt. ein *vitinn* (s. Jónsson, Skjaldesprog s. 112) vor. Auch die adj. *viss* sicher und *víss* weise (s. § 310) sind ursprünglich part. prät.-formen von *vita*.

2. *eiga* besitzen; *á* (urn. *aih* § 54, 1); *eigom*; *átta* (*aihta § 258); *áttr*.

Anm. 3. Ueber den wechsel von *h* und *g* s. § 307, 3, a, § 311.

Anm. 4. Das adj. *eigenn* eigen ist ursprünglich ein altes starkes part. prät. zu *eiga*.

Anm. 5. Beachte den unregelmässigen ablaut im präs. pl.!

§ 513. Dritte ablautsklasse:

1. *unna* lieben; *ann*; *unnom*; *unna* (*unþa § 265); *un*(*na*)*t* ntr.

Anm. 1. Spät kommt im prät. auch *unti* (Hb. 1 mal *undi*) vor, s. Þorkelsson, Íslensk sagnorð með pálegri mynd i nútíð, s. 25.

2. *kunna* können; *kann*; *kunnom*; *kunna* (*kunþa § 265); *kunnat* ntr.

Anm. 2. Auch das adj. *kuþr*, *kunnr* § 252 bekannt, kund ist urspr. ein hierher gehöriges part. prät. — Sehr selt. (St. Hom.) kommt prät. *kynna* (aus dem konj. entlehnt, vgl. anm. 3 und § 514 anm. 4) statt *kunna* vor.

3. *þurfa* bedürfen; *þarf*; *þurfom*; *þurfta* § 230 anm. 6; *þurft* ntr.

Anm. 3. Seltene anorw. nebenformen sind inf. *þorfa* (No. Hom.; aschw. *þorva*), *þyrfa* (s. Hertzberg, Þorkelsson, a. o. s. 31, Hægstad, Kong. s. 19), *þarfa* (Hertzberg s. 864), präs. *þœrf* (Wadstein, F. Hom. s. 80 note, Hertzberg), pl. *þorfom* (Bugge bei Fritzner III, 1107), *þyrfom* (Þorkelsson, a. o. s. 30), part. prät. *þurfat* (ib. s. 32). Selten ist aisl.-anorw. prät. *þyrfta* (aus dem konj., vgl. anm. 2, § 514 anm. 4), s. ib. s. 31.

§ 514. Vierte ablautsklasse:

1. *muna* (St. Hom. 1 mal *mona*) sich erinnern; *man*; *munom*; *munþa*, später *munda* § 230, 1, b; *munaþr*.

2. *mono* (anorw. auch *manu*, s. Þorkelsson, a. o. s. 43; Wadstein, F. Hom. s. 49), sp. *munu* § 139, 3, werden; *mon*, sp. *mun* (anorw. oft *man*); *monom* (anorw. oft *manum*), sp. *munum*; *munda* § 230 anm. 4, *monda*, *mynda*, *minda* § 140, *mǫnda*, selt. *menda* § 114; part. prät. fehlt.

Anm. 1. Verhältnismässig seltene anorw. nebenformen sind präs. *mǫn*, pl. *mǫnum* (s. Wadstein, F. Hom. s. 76).

3. *skolo*, sp. *skulu* § 139, 3, sollen; *skal*; *skolom* (anorw. oft *skalum*, s. Wadstein, a. o. s. 49, Þorkelsson, a. o. s. 53 f.), sp. *skulum*; *skylda* § 230 anm. 4, *skilda* § 140, ziemlich selt. und bes. anorw. (s. z. b. Þorkelsson a. o. s. 57) *skulda*; adj. *skyldr* schuldig.

Anm. 2. Ziemlich selt. ist präs. pl. *skǫlom* (St. Hom. mehrmals), sehr selt. inf. anorw. (Barlaams s.) *skalu*, präs. sg. anorw. (Strengleikar) *ska* (vgl. das aschw.), s. § 287 anm. 2, und aisl. *sal* (s. Morgenstern, AM. Fragmente s. 47) gleich aschw. *sal* u. a. (s. An. gr. II, § 314 anm.).

Anm. 3. Ueber die inf. *skolo* (mnorw. bisweilen *skula*, s. Hægstad, Kong. s. 17 und 31), *mono* s. § 518. Beachte den von der 4. ablautsklasse abweichenden ablaut im präs. pl. dieser verba sowie die unregelmässige bildung des präs. sg. von *mono*.

Anm. 4. Prät. *mynda*, *minda*, *mǫnda*, *menda* und *skylda*, *skilda* sind eigentlich die formen des konjunktivs (§ 525), die im ind. gebraucht werden; vgl. § 513 anm. 2 und 3.

§ 515. Fünfte ablautsklasse:

1. *mega* können; *má* § 224, 2; *megom*; *mátta* (**mahta* § 311, § 258); *megat*, *mátt* ntr.

Anm. 1. Seltene nebenformen sind inf. anorw. *muga* (Fritzner II, 742, vgl. Hertzberg s. 861, Hægstad, Kong. s. 27; aschw. *mugha*) oder *maga* (Fritzner II, 618; got. *magan*, aschw. *magha*), aisl. *mega* (s. § 74, 3), misl. *megu* (s. Þorkelsson, a. o. s. 8 f.); präs. pl. mnorw. *mugom* (Hægstad, Kong. s. 19).

2. *knǫtto* können; *kná*; *knegom*; *knátta*; part. prät. fehlt.

Anm. 2. Ueber den inf. *knǫtto* s. § 519. Zu *kná* (ags. *cnáwe*) sind wol die übrigen formen nach der analogie von *má* : *megom* u. s. w. gebildet. — Selt. kommt ein prät. *knáþa* vor (s. Vigfusson).

Anm. 3. Auffallend ist der unregelmässige ablaut im prät. pl. dieser beiden verben.

b) Das verbum *valda*.

§ 516. *Valda* 'walten' geht im präs. und part. prät. wie ein starkes verbum; das prät. aber ist schwach gebildet und zeigt ablaut in der wurzelsilbe: *valda*, präs. *veld*, prät. *olla* (*wolþa § 265, § 227, 1, a), später *olda* § 307, 2, a oder *volla*, *volda* § 227 anm. 1, part. prät. ntr. *valdet*, später *voldit*, spät *ollat*.

Anm. 1. Nur einmal ist prät. pl. *ullum* st. *ollom* belegt (s. Vigfusson). Prät. konj. hat aber immer die form *ylla*, später *vylda*, nie *olla u. dgl.

Anm. 2. Ueber schwache präterita auf *-ra* zu starken verben s. § 478 anm. 1, § 491 anm. 2, § 496.

B. Endungen.
1. Aktivum.

§ 517. Als paradigmen regelmässig flektirender verba seien aufgestellt die starken *skióta* schiessen (§ 475), *falla* fallen (§ 494) und die schwachen *safna* sammeln (1. konj.), *suefia* beruhigen (2. konj.), *stýra* steuern (3. konj.), *vaka* wachen (4. konj.).

Präsens.

Infinitiv.

skióta	falla	safna	suefia, suœfia	stýra	vaka

Indikativ.

Sg. 1.	skýt	fell, fœll	safna	suef, suœf	stýre, -i	vake
2. 3.	skýtr	fellr, fœllr	safnar	suefr, suœfr	stýrer, -ir	vaker
Pl. 1.	skiótom	fǫllom, fallum	sǫfnom, safnum	suefiom, suœfium	stýrom, -um	vǫkom, vakum
2.	skióteþ, -et, -er § 521, 4, c	falleþ, -et, -er	safneþ, -et, -er	suefeþ, -et, suœfir	stýreþ, -et, -ir	vakeþ, -et, -er
3.	skióta	falla	safna	suefia, suœfia	stýra	vaka

Konjunktiv.

Sg. 1.	skióta	falla	safna	suefia, suœfia	stýra	vaka
2.	skióter	faller	safner	suefer, suœfir	stýrer, -ir	vaker
3.	skióte	falle	safne	suefe, suœfi	stýre, -i	vake
Pl. 1.	skiótem	fallem	safnem	suefem, suœfim	stýrem, -im	vakem
2.	skióteþ, -et, -er	falleþ, -et, -er	safneþ, -et, -er	suefeþ, -et, suœfir	stýreþ, -et, -ir	vakeþ, -et, -er
3.	skióte	falle	safne	suefe, suœfi	stýre, -i	vake

§ 517. Paradigmen. 518. Infinitiv.

Imperativ.

Sg. 2. skiót   fall   safna   suef, *suæf*   stýr   vake § 528, 4
Pl. 1. 2. = präs. ind. pl. 1. 2.

Participium.

skiótande   fallande   safnande   suefiande,   stýrande   vakande
                                  suæfiande

Präteritum.

Indikativ.

Sg. 1.	skaut	fell	safnaþa	suafþa	stýrþa	vakþa
2.	skauzt	felt	safnaþer	suafþer	stýrþer, -*ir*	vakþer
§ 524, 2						
3.	skaut	fell	safnaþe	suafþe	stýrþe, -*i*	vakþe
Pl. 1.	skutom, -*um*	fellom	sǫfnoþom, *safnaðom*	suǫfþom, *suafðum*	stýrþom, -*um*	vǫkþom, *vakþum*
2.	skutoþ, -ot, -*ur*	felloþ, -ot, -*ur*	sǫfnoþoþ, -ot, *safnaðor*	suǫfþoþ, -ot, *suafðor*	stýrþoþ, -ot, -*ur*	vǫkþoþ, -ot, *vakþur*
3.	skuto, -*u*	fello	sǫfnoþo, *safnaðo*	suǫfþo, *suafðu*	stýrþo, -*u*	vǫkþo, *vakþu*

Konjunktiv.

Sg. 1.	skyta	fella	safnaþa	suefþa, *suæfða*	stýrþa	vekþa, *vækþa*
2.	skyter, -*ir*	feller	safnaþer	suefþer, *suæfðir*	stýrþer, -*ir*	vekþer, *vækþir*
3.	skyte, -*i*	felle	safnaþe	suefþe, *suæfði*	stýrþe, -*i*	vekþe, *vækþi*
Pl. 1.	skytem, -*im*	fellem	safnaþem	suefþem, *suæfðim*	stýrþem, -*im*	vekþem, *vækþim*
2.	skyteþ, -et, -*ir*	felleþ, -et, -*er*	safnaþeþ, -et, -*er*	suefþeþ, -et, *suæfðir*	stýrþeþ, -et, -*ir*	vekþeþ, -et, *vækþir*
3.	skyte, -*i*	felle	safnaþe	suefþe, *suæfði*	stýrþe, -*i*	vekþe, *vækþi*

Participium.

skotenn   fallenn   safnaþr   suaf(e)þr   stýrþr   vakat (ntr.)

a) Infinitiv.

§ 518. Präsens inf. endet regelmässig auf -*a*, das nach einem *á* natürlich schwindet (§ 125), z. b. *slá* schlagen, *spá* prophezeien. Nur die verba präterito-präs. *mono, munu* 'werden', *skolo, skulu* 'sollen' (s. § 514, 2 und 3) — vereinzelt auch *megu* s. § 515 anm. 1 — haben die endung -*u* (= 3. pl. präs. ind., wie ja auch sonst präs. inf. und 3. pl. präs. ind. dieselbe endung haben). Vgl. Noreen im Grundriss² I, 636, § 247.

<small>Anm. Präs. inf. ist aus urn. zeit nicht belegt.</small>

§ 519. Ein präteritum inf., mittelst der endung -*u* von dem präteritalstamme gebildet (der form nach mit der 3. pl. prät. ind. identisch, vgl. anm.), kommt bei einigen (etwa 37) verben vor. Im prosaischen sprachgebrauch finden sich nur vier beispiele: *mundo* (*myndo, mondo, mondo, mindo* s. § 514, 2), *skyldo* (sehr selt. *skuldo*) und seltener *vildo*, anorw. *urðu* zu *mono* werden, *skolo* sollen, *vilia* wollen, *værða* (anorw.) werden. Sonst kommen derartige formen nur in der poesie vor, z. b. in der poetischen Edda: *mǽlto, skipto, bendo* zu *mǽla* sprechen, *skipta* schalten und walten, *benda* beugen; andere fälle sind *fóro* zu *fara* fahren, *knǫtto* (präs. inf. fehlt) können, *kunno* zu *kunna* können, *misto* zu *missa* verlieren, *mǫtto* zu *mega* können, *ollo* zu *valda* walten, *sendo* zu *senda* senden, *stópo* zu *standa* stehen, *vǫ́ro* zu *vesa, vera* sein u. a. (s. Lund, Oldnord. ordföjningslære, s. 386; Jónsson, Skjaldesprog s. 89 f., 100 f.). Von den verben der 1. und 2. ablautsklasse sowie der 1. schwachen konjugation ist keine einzige hierher gehörige form, von den verben der 4. schw. konj. nur einmaliges *nǫþo* (*náðu*) belegt.

<small>Anm. Dass diese an. neubildung aus der infinitivisch verwendeten 3. pl. prät. ind. entstanden ist (s. Noreen im Grundriss² I, 636, § 248), geht aus hie und da angetroffenen konstruktionen wie einerseits *hygg ek iarlar knáttu* (Þorkelsson, Ísl. sagnorð með pálegri mynd í nútíð s. 14), andererseits *Þórir kuaþ Gretti skyldi* (ib. s. 59; vgl. nisl. *hann sagðist skyldi*, ib. s. 61), *hann kuaz mundi* (Niála).</small>

b) Präsens indikativ.

§ 520. Die endungen eines regelmässig flektirenden verbs sind:

	stark	schwach 1	schwach 2	schwach 3, 4
Sg. 1.	— ⎫ mit *i*-uml. d.	-*a*	—	-*i*, -*e* § 138
2. 3.	-*r* ⎭ wurzelvokals	-*ar*	-*r*	-*ir*, -*er*
Pl. 1.	-*um*, -*om* § 139	-*um*, -*om*	-*ium*, -*iom*	-*um*, -*om*
2.	-*ið*, -*eð* oder -*it*, -*et* (anorw. auch -*ir*, -*er*)			
3.	-*a*	-*a*	-*ia*	-*a*

<small>Anm. 1. In der 1. sg. der starken verba ist der *i*-umlaut aus der 2., 3. sg. entlehnt; vielleicht ist einmaliges *blǿt* statt *blót* ein archaismus</small>

§ 520. Präsens indikativ.

(s. Wadstein, Arkiv VIII, 85). Die urn. endung der 1. sg. muss bei den starken verben und den schwachen verben der 2. und 3. konj. *-u*, resp. *-ju*, *-iu* (nach der *u*-synkope *-i*) gewesen sein, aber ein ganz sicherer beleg aus alter zeit fehlt (*wīju* Kragehul); später *snū-hekA* Stentofta, *fāhi* Åsum, Noleby. Diese ursprüngliche endung *-u* ist vor dem enklitischen *-mk*, *-m(R)* in der 1. sg. pass. (s. § 532) noch erhalten, z. b. aisl. *bindomk* werde gebunden, *glepiomk* freue mich, *leynom* verberge mich. Bei den schwachen verben der 1. konj. muss die (unbelegte) urn. endung (nasalirtes) *-ō* gewesen sein. Auch diese endung ist vor dem passivischen *-mk*, *-m(R)* als *-u*, *-o* erhalten, z. b. aisl. *kǫllomk* nenne mich, *hrósom* rühme mich. Die (ebenfalls unbelegte) urn. endung der 4. schwachen klasse scheint (nasalirtes) *-ē* gewesen zu sein. Vgl. Noreen im Grundriss² I, 636, § 249, 1.

Anm. 2. Die 2. sg. ist urn. nicht belegt, setzt aber die endungen *-iR*, *-ōR*, *-jiR*, *-īR*, *-ēR* (vgl. got. *bairis*, *salbōs*, *nasjis*, *dōmeis*, *habais*) voraus.

Anm. 4. Die 3. sg. hat urn. die endungen *-iđ*, *-ōđ*, *-jiđ*, *-īđ*, *-ēđ* (vgl. got. *bairiþ*, *salbōþ*, *nasjiþ*, *dōmeiþ*, *habaiþ*) gehabt nach ausweis von *bAriutiþ* bricht (Stentofta). Aber schon mit dem anfang der vikingerzeit (wenn nicht früher) wird die endung der 2. sg. angenommen, z. b. urn. *bArūtR* bricht (Björketorp). Doch sind spuren der ursprünglichen endung noch in der literatur erhalten, teils häufig vor dem passivischen *-sk*, *-s(R)*, z. b. *bǿtezk* wird gebüsst, *leynez* verbirgt sich u. s. w. (s. Brate, Äldre Vestmannalagens ljudlära, s. 64; vgl. schreibungen wie *hefōz*, *hefǿzt* bei Fritzner I, 685), teils in vereinzelten formen wie *þykke þér* es scheint dir (s. § 275 anm. 1), St. Hom. *geriþ* (aschw. einmal *gærid*) macht (s. Noreen, Arkiv V, 393 f.), *verđ* wird.

Anm. 4. Durch ausgleichung steht bei den starken verben im ganzen sg. *e* statt *i*, wo dies in urgerm. zeit aus *e* entstanden war (s. § 155), z. b. *gef*, *gefr*, *gefr* statt **giof*, **gifr*, **gifđ* nach dem inf. (und präs. pl.) *gefa* geben. Sehr selt. tritt ausgleichung zu gunsten des *i* ein, z. b. anorw. *brigđr*, wonach inf. *brigđa*, neben aisl. *bregþr* nach inf. *bregþa* schnell ersetzen. Wenn das *e* im inf. gebrochen ist, hat das präs. zwiefache bildung, je nachdem es den infinitivvokal vor oder nach der brechungszeit entlehnte; daher teils formen wie *bergr*, *helpr*, *skelfr*, *geldr*, teils — seltener und vorzugsweise anorw. — *biargr* (aostnorw. *biærgr*, s. § 67, 1), *hialpr*, *skialfr*, *gialdr* zu *biarga* bergen, *hialpa* helfen, *skialfa* zittern, *gialda* gelten, beides statt urspr. **birgr* u. s. w.; übrigens kann auch das verhältnis *falla* : präs. *fællr* > *fellr* ein *biarga* : **biærgr* > *bærgr* § 285 > *bergr* hervorgerufen haben. Anders, aber unannehmbar Kock, Beitr. XVIII, 464.

Anm. 5. Der *i*-umlaut im sg. sollte lautgesetzlich unterbleiben in starken verben mit kurzer wurzelsilbe (s. § 63, 2). Jedoch sind solche lautgesetzliche formen sehr selten (im gegensatz zu dem verhältnis im ostn.), wenn überhaupt vorkommend, denn z. b. 1. sg. *kom* (Lokasenna 6), 2. sg. *komr* (Vafþrúþnesmǫl 7), 3. sg. *komr* (Háfamǫl 62 und bei Hægstad, G. Tr. s. 47) zu *koma* kommen, anorw. *hǫggr* (s. Hertzberg) zu *hǫggua* hauen können sehr wol nach dem inf. neugebildet worden sein (vgl. anm. 4), und entsprechende fälle aus dem spätesten mnorw. (s. Hægstad, Kong. s. 37, Falk und Torp, Dansk-norskens syntax, s. XIII) dürften am ehesten ost-

§ 521. Präsens indikativ.

nordischem einfluss zuzuschreiben sein. Nach analogie der starken verba mit langer wurzelsilbe sowie gewisser schwachen verba ist nämlich sonst überall umlaut eingeführt worden, z. b. kǫm(r), gel(l), fer(r) zu koma kommen, gala singen, fara fahren u. s. w. (s. § 64 anm.). Auffallend ist das einmalige anorw. daur (Hægstad, G. Tr. s. 47) statt deyr oder lautges. *dǿr (< *dawiʀ nach § 77, 2 und § 68, 2) stirbt.

Anm. 6. Starke verba, die im inf. auf -ia nach kurzer wurzelsilbe enden, z. b. hefia heben, zeigen die endungen der 2. schwachen konj., also z. b. 3. pl. hefia.

§ 521. Folgende abweichungen sind zu bemerken:

1. Die 1. sg. nimmt schon ziemlich früh bisweilen die form der 3. sg. an — so bes. häufig bei vesa, vera sein (erst seit um 1350), hafa haben, segia sagen und noch einigen — z. b. býþr bietet (St. Hom.), stendr steht (G. Þorkelsson, Gyðinga saga, s. 62 [1]), skialfr zittert (Strengleikar), skýtr schiesst (Norges gamle love II, 30 [14]). Diese entlehnung findet früher im anorw. als im aisl. statt.

Anm. 1. Dicht. kommt bei verben der 1. schw. konj. bisweilen -i, -e statt -a vor, wenn das pron. ek — und gew. noch dazu die negation -a — dem verbum suffigirt wird (vgl. § 455, 1), z. b. kallegak (statt kalla-eg-a-ek) 'ich rufe nicht', ǽtleg 'ich denke'. Derselbe austausch, welcher auf elidirung der verbalendung -a vor dem e des pronomens beruht (s. Kock, Arkiv XIV, 224 ff.) zeigt sich unter denselben bedingungen auch in der 1. sg. prät. ind., z. b. vildegak 'ich wollte nicht', þorþeg 'ich wagte', präs. konj., z. b. biargegak 'ich rette nicht' und prät. konj., z. b. myndegak 'ich würde nicht'.

Anm. 2. Dicht. kommen oft formen auf -um, -om vor, welche also der 1. pl. ganz gleich sind (s. Þorkelsson, Arkiv VIII, 34 ff.). Bei verben der 1. schw. konj. kann diese form, wenigstens zum teil, ursprünglich sein (s. Wadstein, Arkiv VIII, 86; anders Falk, AfdA. XVIII, 193, wo entlehnung aus dem passiv angenommen wird), z. b. þiónum (ahd. dionōm, as. thionon) diene, ǽtlomk ich denke. Anal. ist dann bei anderen verben die form der 1. pl. in den sg. eingeführt worden, z. b. hyggiom denke, reynom prüfe, hǫfom habe, bióþomk ich biete, leikom spiele u. a. m. Vgl. § 524 anm. 3 und § 526 anm. 1.

2. Wo bei den starken verben und den schwachen verben der 2. konj. die endung -r der 2., 3. sg. mit einem vorhergehenden l, n, r, s zusammentrifft, sind die § 252, § 267 und § 276 mit anm. gegebenen regeln zu beachten. Es heisst also z. b. gell und gelr, stell (gew.), stelr und sehr selt. stel, duelr und duel (Hb. XLVI), selr und sell (anorw., s. Thorkelsson, Supplement IV, 128), skill, skilr und selt. skil, hylr und sehr selt. (z. b. Hb. s. XLVI 2 mal) hyl, aber nur fellr zu gala singen,

§ 521. Präsens indikativ.

stela stehlen, *duelia* verzögern, *selia* übergeben, *skilia* scheiden, *hylia* hüllen, *falla* fallen; *skin*(*n*), *venr*, *fregn*, *breþr* und *brennr* (alt *brenn*; ebenso *renn* neben *rennr* rennt, aber nie **reþr*, s. Jónsson, Skjaldesprog s. 88 f.), *fiþr* und *finnr* zu *skína* glänzen, *venia* gewöhnen, *fregna* fragen, *brenna* brennen, *finna* finden; *ferr* und selt. *fer*, *þuerr* zu *fara* fahren, *þuerra* abnehmen; *frýs*(*s*), *less* und oft *les*, *vex* zu *frjósa* frieren, *lesa* lesen, *vaxa* wachsen.

Anm. 3. Von *þyk*(*k*)*ia*, *þik*(*k*)*ia* 'scheinen' kommen oft *þyk*(*k*)*e*, *þik*(*k*)*e* statt *-er* vor; so besonders häufig vor unmittelbar folgendem *mér* mir oder *þér* (*ðer*) dir. Zur erklärung s. § 520 anm. 3 und § 275 anm. 1.

3. In der 1. pl. fehlt sehr oft, jedoch nicht in den alleraältesten hdschr., das auslautende *-m*, wenn die pron. *vit* (*mit*) 'wir zwei', *vír* (*mér*) 'wir' unmittelbar folgen, sonst selt., z. b. *bindo vér* wir binden. Zur erklärung s. § 275 anm. 1.

Anm. 4. Mnorw. wird die form durch diejenige der 3. pl. ersetzt, z. b. *vér vilia* wir wollen (s. Falk und Torp, Dansk-norskens syntax, s. XV note; Hægstad, Kong. s. 37).

4. a) In der 2. pl. fehlt regelmässig das auslautende *-ð* der endung *-ið*, *-eð*, wenn pron. *þit* (*ðit*) 'ihr zwei', *þér* (*ðer*) 'ihr' unmittelbar folgen, und auch sonst nicht selt., wenn das folgende wort mit *þ* (*ð*) anlautet, z. b. *gefe þér* ihr gebet, *ér drepe þá* ihr tödtet sie. Zur erklärung s. § 394 anm. 5 und § 275 anm. 1.

b) Die endung *-it*, *-et* kommt schon in den ältesten hdschr. hie und da (jedoch in St. Hom. nur sehr selt.) vor und ist schon im Cod. AM. 645, 4⁰ sowie allgemein seit dem ende des 13. jahrhs. häufiger als *-ið*, *-eð*. Zur erklärung s. § 150 anm. 1; anders Hoffory, Arkiv II, 33 note (dagegen L. Larsson, Isl. handskr. Nr. 645, 4⁰, s. XLV f.).

c) Die endung *-ir*, *-er* ist ausschliesslich anorw. und kommt (neben *-ið*, *-eð* und *-it*, *-et*) seit c. 1280 dann und wann, seit c. 1350 weit überwiegend vor; s. Bugge, Arkiv XVI, 333 ff. Zur erklärung s. § 150 anm. 1; anders Wadstein, F. Hom. s. 137.

Anm. 5. Im mnorw. des 15. jahrhs. kommt bisweilen (als suecismus) *-in* vor, z. b. *vilin* wollet.

Anm. 6. Mnorw. werden die pluralformen nicht selt. durch singularformen ersetzt, s. Falk und Torp, Dansk-norskens syntax, s. XV note; Hægstad, Kong. s. 27.

§ 522. Unregelmässige oder schwankende flexion zeigen folgende verba:

1. Die starken verba *blíkia* blinken, *suíkua, sýkua* betrügen und *víkua, ýkua* weichen (§ 473) können auch wie schwache verba der 3., 4. konj. flektiren, also z. b. 3. sg. *suíkuer, sýk(u)er* neben *suíkr, sýkr*.

2. *Heita* (§ 492) geht in der bedeutung 'rufen, versprechen' regelmässig, aber in der bedeutung 'genannt werden' (sehr selt., z. b. in No. Hom., in der bed. 'rufen, versprechen') wie ein schwaches verb der 3., 4. konj. (vgl. § 532 anm. 2).

3. *Vesa, vera* (§ 488 mit anm. 6) geht fast ganz wie ein präteritum:

Sg. 1. em, spät er § 521,1   Pl. 1. erom
    2. es, später est   2. eroþ, -t, -r
    3. es, später er   3. ero

Anm. 1. Ueber die verkürzten formen *s, (r)óm, (r)óþ, (r)ó* statt *es, erom, eroþ, ero* s. § 150 mit anm. 2. — Die formen *est, es, s* sind vor 1200 fast ausschliesslich gebräuchlich, aber schon im anfang des 13. jahrhs. ist *er* ebenso häufig wie *es* und wird bald allein herrschend; *ert* wird am frühesten bei Einarr Skúlason c. 1150 angetroffen und ist sehr bald nach 1200 das allgemeine. — Sehr seltene alte nebenformen sind 2. sg. *es* (got. *is*), *er*, 3. sg. *ves* (schreibfehler? denn immer nach *of* stehend; oder nach dem inf. *vesa* umgebildet?), s. Larsson. — Urn. ist die 3. sg. als *is* (Möjebro) belegt; das *e* im späteren *es* ist wol von der nach § 106, 2 entstandenen nebenform *er* entlehnt.

4. Die verba präterito-präs. (§ 512—515) gehen im allgemeinen wie regelmässige präterita. Jedoch kommen in der 2. sg. bei *mono, munu* 'werden' und *skolo, skulu* 'sollen' oft *monn, munn* und *skall* (in älterer zeit auch nicht selt. *mon, mun* und *skal*, s. Gislason, Udvalg af oldno. skjaldekvad, s. 51 f.; ob nach § 275, 1 zu erklären?) statt *mont, munt* und *skalt* vor. Im pl. zeigt fast immer *muna* 'sich erinnern', gewöhnlich auch *unna* 'gönnen, lieben' die endungen des präsens, welche in später zeit auch bei den übrigen verba prät.-präs. auftreten, bei *eiga* 'besitzen', *kunna* 'können', *mega* 'können' und bes. anorw. *vita* 'wissen' ausnahmsweise schon in alter zeit.

5. Unter den schwachen verben schwanken *gør(u)a, ger(u)a, giǫr(u)a* 'machen' § 508, 2 und *smyrua, smyria* 'schmieren § 503, 1 zwischen der 2. und 3. konj. in folgender weise: sg. 1. *gør(u)e, ger(u)e*, 2., 3. *gør(u)er, ger(u)er*, in alter

§ 523. Präteritum indikativ.

zeit auch gǫrr, gerr oder gǫrrer, gerrer (vgl. den 1 mal in Eluc., s. Larsson, belegten inf. gerra, gleich agutn. gierra), pl. 1. gǫrom, gerom, giǫrom, 2. gǫr(u)eþ, ger(u)eþ, giǫr(u)eþ, 3. gǫr(u)a, ger(u)a, giǫr(u)a; vgl. Sievers, Gött. gel. anz. 1883, s. 55 ff.

6. Zwischen der 2. und 4. schwachen konj. schwanken *gá* achten, *hafa* haben, *kligia* ekel empfinden, *liá* leihen, *ná* bekommen, *segia* sagen, *trúa* glauben und *þegia* schweigen (§ 510) in folgender weise:

Sg. 1.	hefe, alt auch hef, spät hefir § 521, 1	sege, alt und sehr selt. seg, spät segir § 521, 1	trúe, anorw. auch trý
2. 3.	hefer, alt oft hefr	seger, alt auch segr	trúer, anorw. auch trýr
Pl. 1.	hǫfom, *hafum*	segiom	trúm
2.	hafeþ, -t, -r	segeþ, -t, sægir	trúeþ, -et, -ir
3.	hafa	segia	trúa

Anm. 2. Wie *sege* gehen *klige* und *þege*, bei denen jedoch keine einsilbigen formen zu belegen sind; wie *trúe* gehen *gáe* und *spät* (aber auch im isl.) *náe* und *lé* (*lié*). Zur erklärung der schwankenden flexion s. Sievers, Beitr. VIII, 90 ff.

7. *Vilia* wollen (§ 503, 3) flektirt wie folgt:

Sg. 1.	vil, dicht. bisweilen vilia	Pl. 1.	viliom
2.	vill, später vilt, bisweilen (z. b. oft in No. Hom.) vil § 275, 1, sehr selt. vilr § 267, 2, b	2.	vileþ, -et, -ir
3.	vill, bisweilen vil, sehr selt. vilr	3.	vilia

Anm. 3. Die form *vilia* (got. *wiljau*) in der 1. sg. ist eigentlich die der 1. sg. konj. präs. Zur erklärung s. Kluge, Beitr. VIII, 515 ff., Sievers, ib. IX, 563 ff.

c) Präteritum indikativ.

§ 523. Die regelmässigen endungen sind:

	stark	schwach		stark und schwach
Sg. 1.	—	-a	Pl. 1.	-um, -om
2.	-t	-ir, -er	2.	-uþ, -oþ, -ut, -ot (anorw. auch -ur, -or)
3.	—	-i, -e	3.	-u, -o

Anm. 1. Die 1. sg. der starken verba ist schon urnordisch ohne endung: *un-nam* (Reistad), *ᴀih* (Maglemose), *fᴀlᴀh-ᴀk* (Björketorp). Die schwachen verba dagegen enden urn. auf nasalirtes -ō, z. b. *tawiðō* (Gallehus), *faihiðō* (Einang), *worahtō* (Tune), *hlaaiwiðō* (Kjølevig).

Anm. 2. Die 3. sg. der starken verba ist schon urn. endungslos: *was* (Tanum), *aih*? (Fonnås), *warᴀit* (Istaby), *gᴀf* (Stentofta). Bei den schwachen verben ist die endung -a (d. h. -ǣ, s. § 18, § 131), später -ę, noch später -i

(s. § 131), z. b. w[u]rtᴀ̆ (Etelhem), wurtĕ (Tjurkö), ortĕ (By), sᴀtĕ (Gommor), urti (Sölvesborg).

Anm. 3. Von dem alten urgerm. dual ist in urn. zeit noch ein beispiel erhalten: 1. dual waritu (Järsberg).

Anm. 4. Die 3. pl. eines schwachen verbums ist urn. einmal belegt und endet auf -un: ðaliðun (Tune).

Anm. 5. 2. sg. und 1. 2. pl. sind urn. überhaupt nicht belegt, setzen aber die endungen -t oder -eʀ und -um, resp. -uð voraus.

§ 524. Ueber die endungen im einzelnen ist zu bemerken:

1. In der 1. sg. der schwachen verben kann schon ziemlich früh (am frühesten in anorw. hdschr., z. b. schon in No. Hom. mehrmals, s. Wadstein, F. Hom., s. 102) die endung der 3. sg. -i, -e statt -a vorkommen; im 14. jahrh. ist dies -i in gewissen hdschr. regel; vgl. § 521, 1 mit anm. 1.

Anm. 1. Umgekehrt kommt im anorw. — z. b. in No. Hom. (s. Wadstein, F. Hom., s. 101) und in runeninschriften (s. Rydqvist, Svenska språkets lagar I, 329) — bisweilen vor, dass die endung -a aus der 1. sg. in die 3. sg. entlehnt wird.

Anm. 2. Ueber die behandlung auslautender ld, nd, ng im starken prät. s. § 214, § 257, 2 und 3. Ueber auslautendes ʒ s. § 217, 2, § 224, 2.

Anm. 3. Dicht. kommen oft formen auf -um, -om vor, welche also der 1. pl. ganz gleich sind (s. Þorkelsson, Arkiv VIII, 34 ff.). Bei dem schwachen prät. kann diese form ursprünglich sein (s. Wadstein, Arkiv VIII, 86 f.), z. b. hofþom hatte, lǫgþomk ich legte, hengþom hängte. Anal. ist dann auch bei starken verben die form der 1. pl. in den sg. eingeführt worden, z. b. réþom riet, kómomk ich kam, u. a. m. Vgl. § 521 anm. 2 und § 526 anm. 1.

2. Beim zutritt der endung -t in der 2. sg. des starken verbums ist folgendes zu beachten:

a) Endet die 1. 3. sg. auf vokal, so wird t gew. gedehnt (§ 270 mit anm. 1), z. b. biótt, selt. biót, zu bió wohnte; in fällen wie stétt, stét (neben steigt; s. § 224, 2 und § 258) zu sté (steig) stieg, slótt zu sló schlug ist tt lautges., weil aus ht entstanden.

b) Endet die 1. 3. sg. auf -t, so ist die älteste endung -st (aus -ss § 310 + nochmaliges endungs-t) sehr selt. belegt, z. b. (zweimal in St. Hom.) veist (got. waist, aschw. vēst) zu veit weiss. Durch einfluss der 1. 3. sg. lautet nämlich die 2. sg. fast immer auf -zt (woraus nicht selt. -z nach § 293, 1) aus, z. b. veiz(t), léz(t) zu veit weiss, lét lies, baz(t) zu batt band, helz(t) zu helt hielt, oder (jedoch sehr selt.) auf -tt, z. b. létt liesst, oder endlich ist die form derjenigen der 1. 3. sg. ganz

§ 525. Konjunktiv.

gleich, z. b. *helt* hieltst, *hratt* stiesst, was immer der fall ist, wenn die 1. 3. sg. auf *-st* endet, z. b. *laust* zu *laust* schlug.

c) Endet die 1. 3. sg. auf *-ð*, so ist das zu erwartende (und im aschw. bisweilen vorhandene) *-st* nicht zu belegen; sondern durch einfluss der 1. 3. sg. hat die 2. sg. ältest *-tt* (später nicht selt. *-ðt* geschrieben, s. § 259, 2 und anm. 1), später sehr oft (aber bei gewissen verben nie) *-zt*, z. b. *batt*, *bazt* zu *bað* bat, *reitt* (*reiðt*) zu *reið* ritt, *stótt* (nie *stózt*) zu *stóð* stand, *vart* (**vartt* § 273) zu *varþ* wurde.

d) Die endung *-t* fehlt oft, wenn *þú* unmittelbar folgt (sonst sehr selt.), z. b. *gekk þú* (mit restituirtem *þú* statt *gekktu* aus *gekkt þu*, § 266, § 273) du gingst (St. Hom. *þú tók* du nahmst, in den Eddaliedern *kuaþattu* du sagtest nicht, *varattu* du warst nicht).

3. In der 1. und der 2. pl. fehlen die auslautenden *-m*, *-ð* nach derselben regel wie im präsens (s. § 521, 3 und 4, a), z. b. *tóko vér* wir nahmen, *tóko þér* ihr nahmet; ausserdem fehlt *-ð* auffallend in *urþua iþ* (Guþránarhuǫt 3) 'ihr zwei wurdet nicht'. Eine form wie *tóko vit* 'wir zwei nahmen' kann natürlich auch die alte 1. dual (s. § 523 anm. 3) sein.

4. In der 2. pl. kommen die endung *-ut*, *-ot* und die anorw. nebenform *-ur*, *-or* in derselben ausdehnung wie im präsens *-it*, *-et* und *-ir*, *-er* vor (vgl. § 521, 4, b und c).

Anm. 4. In No. Hom. kommt einigemal ein aus dem präsens entlehntes *-ið*, *-eð* vor (s. Wadstein, F. Hom., s. 103).

d) Konjunktiv (optativ).

§ 525. Präsens und präteritum konj. haben in historischer zeit dieselben endungen. Jedoch besteht der wesentliche unterschied, dass die endungen des prät. konj., weil urgerm. i enthaltend, i-umlaut hervorrufen in der wurzelsilbe der starken verben (welche übrigens die ablautsstufe des prät. pl. aufweist) und der schwachen verben der 2., 3. und 4. konj., während die endungen des präs. konj., weil urgerm. *ai* (urn. $\bar{e}$) enthaltend, keinen umlaut erzeugen. Die regelmässigen endungen beider tempora sind:

Sg. 1. *-a* Pl. 1. *-im*, *-em*
    2. *-ir*, *-er*   2. *-iþ*, *-eþ*, *-it*, *-et*, anorw. auch *-ir*, *-er*
    3. *-i*, *-e*   3. *-i*, *-e*

§ 526. Konjunktiv.

Anm. 1. Aus urn. zeit sind keine hierher gehörigen formen belegt, wenn nicht vielleicht *wiliR* (Vi, hobel) eine 2. sg. präs. konj. ist.

Anm. 2. Auffallender weise zeigen die verba präterito-präs. — ausser *skyla* (später *skula, skola*) 'solle' und *myna, mena* (neben *muna, mona, mana*) 'werde' (sowie im anorw. bisweilen *þyrfa* statt *þurfa* 'bedürfe', s. Wadstein, F. Hom., s. 80; Þorkelsson, Íslensk sagnorð &c., s. 30 f.) — keinen umlaut im präs. konj., das doch ein altes prät. konj. ist. Auch im prät. konj. zeigen einige von diesen verben bisweilen unumgelautete formen: *munda, monda* neben *mynda, minda, menda* 'würde', *þurfta* neben *þyrfta* 'bedürfte', *skulda* neben *skylda, skilda* 'sollte' und selt. *kunna* neben *kynna* 'könnte'; also mit einer vermischung, die der im § 513 anm. 2 und 3 und § 514 anm. 4 erwähnten entgegengesetzt ist. Sonst ist unumgelautetes prät. konj. sehr selt., z. b. *biogga* neben *bygga, biøgga, bøgga* und *hlióþa* neben *hlǿpa, hlypa* zu *búa* wohnen, *hlaupa* springen.

§ 526. Von abweichungen sind folgende anzuführen:

1. In der 1. sg. wird die endung der 3. sg. in derselben ausdehnung wie bei dem schwachen präteritum (§ 524, 1; vgl. § 521 anm. 1) entlehnt, und zwar anorw. schon im anfang des 13. jahrhs., aisl. erst um 1300 (s. Þorkelsson, Breytingar á myndum viðtengingarháttar, s. 9 ff.).

Anm. 1. Alt und dicht. kommen einigemal formen vor, die der 1. pl. ganz gleich sind, z. b. aisl. *eigem* besitze, *ǽttem* besässe. In fällen wie anorw. (legend. Olafssage) *kuǽmomk* ich käme (eigentlich mediopassiv, s. § 532, 1) — das nur scheinbar der 1. pl. gleich ist (vgl. 2 unten) — statt *kuǽma* (got. qēmjau) *ek* ist die endung -*o(mk)* aus *-ō < *-au vor *m(i)k* lautgesetzlich berechtigt (s. § 133 und vgl. § 130, 1). Vgl. übrigens § 521 anm. 2 und § 524 anm. 3.

2. Der pl. kann, bes. in der späteren sprache, die endungen des indikativs annehmen. Im präs. konj. geschieht dies fast nur in der 1. pl., z. b. anorw. schon in No. Hom. *biðium* statt *biðim* 'bitten' u. a., aisl. erst in Mööruvallabók *látum* st. *látim* 'lassen' u. a. (ausnahmslos seit 1500). Im prät. konj. dagegen findet etwas später die entlehnung auch in der 2. und 3. pl. statt, z. b. anorw. in der legend. Olafssage 3. pl. *mindu* st. -*i* 'würden', misl. in der Flateyjarbók (um 1370—80) 2. pl. *vǽrut* st. -*it* 'wäret' (bei *mono* und *skolo* jedoch schon in St. Hom.); jedoch kommen auf Island die alten formen noch im anfang des 17. jahrhs. bisweilen vor. Vgl. Þorkelsson, a. o.

Anm. 2. In St. Hom. kommt (durch verschreibung?) dreimal eine form der 1. pl. präs. konj. auf -*e* (wie in der 3. pl.) statt -*em* vor, z. b. *auke* 'vermehren'; ausserdem einmal *haldenn* (gleich aschw. *haldin*?; vgl. Hultman in Finländska bidrag, Helsingfors 1894, s. 226) st. *haldem* 'halten'. Vgl. Noreen im Grundriss² I, 639, § 252.

§ 527. Konjunktiv. § 528. Imperativ.

§ 527. Besonders unregelmässig ist der konj. präs. von *vesa, vera* 'sein':

Sg. 1. *siá*, später auch *sé* § 526, 1 Pl. 1. *sém*, später *séum* § 526, 2
    2. *sér*, selt. *verir*   2. *séþ, -t, -r*
    3. *sé*, selt. *vese* (alt) oder *veri*   3. *sé*, später *séu*

Anm. In der ältesten zeit kommen natürlich auch unkontrahirte formen (*séa, séer, sée* u. s. w.) nach § 125 vor. Die 3. pl. hat in St. Hom. einmal die form *vese*. Misl. kommt im 15. jahr. auch die form *sért* (nach dem ind. *ert*) in der 2. sg. vor; s. Þorkelsson, Breytingar á myndum &c. s. 63, vgl. Beyging s. 584.

e) Imperativ.

§ 528. Der imperativ kommt nur im präs. vor und nur in der 2. sg., sowie 1., 2. pl. Die beiden letzten formen sind den 1., 2. pl. des präs. indik. völlig gleich. Die 2. sg. dagegen zeigt eine besondere form, über die folgendes zu bemerken ist:

1. Die starken verba haben keine endung, z. b. *far* fahre, *gef* gieb; ebenso die präterito-präsentia, z. b. *eig* besitze. Dass dies schon urn. (vgl. das got.) der fall war, beweisen formen wie *bitt* (sehr selt. *bind* nach dem präs., wie umgekehrt selt. präs. *bitt* nach dem imperat.) binde, *sprikk* zerspring (s. § 214 mit anm. 1). Ueber formen wie *blót(t)* opfere, *grát(t)* weine s. § 270 anm. 1.

2. Die 1. schwache konj. endet auf -*a*, z. b. *kalla* rufe.

3. Die 2. und 3. schwache konj. haben keine endung, z. b. *vel* wähle, *dóm* richte. In urn. zeit muss aber (wie aus formen wie *send* [nicht *satt] 'sende' hervorgeht, s. § 214 anm. 1) eine endung -*ī* (vgl. got. *walei, dōmei*) vorhanden gewesen sein. Diese ist wol noch im inlaute erhalten in formen wie *hyggiat* 'denke nicht', *teygiattu* 'strecke nicht (du)', *kueliat* 'peinige nicht', *deilet* 'streite nicht' zu *hyggia, teygia, kuelia, deila*.

4. Die 4. schwache konj. zeigt bei den meisten verben keine endung, z. b. *lif* lebe, *haf* habe, *seg* sage. Jedoch kommt eine endung -*i* (urn. -*ē*, vgl. got. *habai* u. dgl.) bei einer anzahl hierher gehöriger verben vor: aisl. *duge* tauge, *gape* gaffe, *lume* lass los, *trúe* glaube, *ugge* fürchte, *une* sei zufrieden, *vake* wache, *þege* schweige (und No. Hom. einmal *lifi* lebe). Ausser *þege* sind diese formen später durch endungslose imperative ersetzt worden.

Anm. Der imperativ ist aus urn. zeit nicht belegt, wenn nicht vielleicht *hleunō* (hobel von Vi) hierher gehört.

f) Participium.

§ 529. Das part. des präsens wird bei allen verben mittelst *-ande* gebildet, z. b. *farande* fahrend, *kallande* rufend, *veliande* wählend u. s. w.; zu *spá* prophezeien u. d. (§ 501) heisst das part. präs. natürlich *spánde* (§ 125). Ueber die flexion des part. präs. als subst. s. § 412, als adj. s. § 425.

Anm. 1. Prädikativ steht selt. (wie im aschw.) *-andes* statt *-ande*, z. b. *vera lifandes* 'lebendig sein' (s. Fritzner II, 511). Vgl. An. gr. II, 354 f., § 465, 2.

Anm. 2. Ueber das ablautende suffix *-und* im subst. *bónde* (aus *bóunde*, vgl. ahd. *friunt*, as. *fiund*) neben *búande* (*bóande*) 'bauer' zu *búa* (part. *búande*) 'wohnen', *hógynde* bequemlichkeit, kissen zu *hógia* bequem machen (vgl. anm. 3) u. a. s. § 167, 2.

Anm. 3. Urspr. participia ohne *i*-umlaut zu schwachen verben der 2. und 3. konj. sind die subst. *dómande* richter (neben part. *dǿmande*) zu *dǿma* richten, *hógynde* (vgl. anm. 2) neben anal. umgebildetem *hégende* bequemlichkeit zu *hégia* bequem (*hǿgr*) machen, *hǫfundr* urheber (neben part. *hefiande*) zu *hefia* heben; zur erklärung s. Streitberg, Zur germ. sprachgeschichte, s. 15, 17 f. und Urgerm. grammatik, s. 286. Ueber die starke flexion bei *hǫfundr* u. dgl. s. § 412 anm. 4.

Anm. 4. Eine urn. spur des part. präs. bietet *wita[n]ða-* (Tune).

§ 530. Das part. präteritum endet bei den starken verben auf *-inn, -enn*, z. b. *farenn* gefahren; bei den schwachen der 1. konj. auf *-aþr*, der 2. konj. auf *-(e)þr* (vgl. § 504, § 418, 2), der 3. konj. auf *-þr* (*-dr, -tr*; vgl. § 505), der 4. konj. auf *-(a)þr* (vgl. § 509). Die flexion ist die eines gewöhnlichen adjektivs.

Anm. 1. Ueber das scheinbar starke part. auf *-enn* bei den verben der 2. konj. s. § 504. Dagegen ist die partizipialbildung auf *-þr* ursprünglich nicht auf die schwachen verben beschränkt, sondern spuren solcher bildung kommen auch bei den starken verben vor, z. b. *kaldr* kalt zu *kala* frieren, *dauþr* tot zu *deyia* sterben, *skarþr* vermindert zu *skera* schneiden. — Ueber part. ohne dentale ableitung s. § 497 anm. und Noreen im Grundriss² I, 641, § 256, 3.

Anm. 2. Aus urn. zeit sind zwei starke part. prät. belegt: *haitinaʀ* (Tanum), *slaɣinaʀ* (Möjebro).

§ 531. Das part. prät. wird in verbindung mit dem präs. und prät. von *hafa* 'haben', bei einigen verben *vesa, vera* 'sein', zur bildung eines umschriebenen perfekts, resp. plusquamperfekts verwendet. Das part. steht in der verbindung mit *hafa* gewöhnlich im neutr., kann sich aber auch oft (bes. in alter zeit) nach dem objekt richten, z. b. *ek hefe kallat hann* oder *hann kallaþan* ich habe ihn gerufen, *hann hafþe sét hana* oder *hana séna* er hatte sie gesehen. In der verbindung mit *vesa, vera* richtet sich das part. nach dem subjekt, z. b. *þeir ero gengner* sie sind gegangen.

Anm. 1. Das hülfsverb *hafa* kann bisweilen ausgelassen werden.

Anm. 2. Futurum und konditionalis werden mittelst des präs., resp. prät. von *mono* (selt. *skolo*, das mehr die bedeutung von 'sollen' hat) und eines folgenden präs. infinitivs umschrieben, z. b. *ek mon kalla, ganga* ich würde rufen, gehen, *ek munda kalla, ganga* ich würde rufen, gehen. In derselben weise bildet man ein futur. exakt. und kondit. exakt.: *ek mon hafa kallat*, resp. *vera gengenn, ek munda hafa kallat*, resp. *vera gengenn*, wo jedoch bisweilen *hafa* und oft *vera* ausgelassen werden können.

II. Medio-passiv.

§ 532. Die formen des aktivums erhalten reflexive oder auch, wiewol seltener, passive bedeutung durch enklitische anfügung von persönlichen ungeschlechtigen pronominen entweder im acc. oder — urspr. wol nur bei verben mit dativischer rektion, ein unterschied der jedoch bald verwischt worden ist — im dat. Demnach treten zu den aktiven formen der 1. sg. teils -*mk* (aus *mik* § 150), teils (sehr selt.) -*m* (aus **méʀ* > **meʀ* § 144,2 > **-mʀ* § 150 > **-mm* § 267 anm. 4 > *m* § 275,5); dagegen zu allen übrigen formen das pron. reflexivum, teils als -*sk* (aus *sik*), teils (seltener) als -*s* (aus **séʀ* > **seʀ* > **-sʀ* > **-ss* — so noch oft im aschw. — § 267, 1 > -*s*). Hierbei sind folgende erscheinungen zu beachten:

1. In der 1. sg. präs. ind. starker verba und schwacher verba der 1., 2., 3. konj., im prät. ind. schwacher verba sowie im präs. und prät. konj. aller verba sind die urn. endungen -*u* (got. -*a*), nasalirtes -*ō* (got. -*ō*) und nicht nasalirtes -*ō* (got. -*au*) sämmtlich als -*u*, -*o* (§ 130, 1) erhalten, z. b. aisl. *tokom(k)* werde genommen zu *tek* nehme, *kǫllom(k)* werde gerufen zu *kalla* rufe, *veliom(k)* werde gewählt zu *vel* wähle, *dǿmom(k)* werde gerichtet (aus **dōmiu-mik* synkopirt, s. § 149) zu *dǿme* richte, *vǫlþom(k)* wurde gewählt zu *valþa* wählte, *hefþom(k)* würde gehabt zu *hefþa* hätte. Nach der analogie dieser formen tritt -*um(k)*, -*om(k)* auch im präs. ind. schwacher verba der

§ 532. Mediopassiv.

4. konj. und im prät. ind. starker verba ein, z. b. þolom(k) statt *þolemk werde geduldet zu þole dulde, gǫfom(k) statt *gafmk wurde gegeben zu gaf gab, bundom(k) statt *battmk wurde gebunden zu batt band; in dem letzten falle ist ausserdem (wie in den § 455, 3 erwähnten fällen) das pronominale suffix an die form der 3. pl. getreten (d. h. gǫfomk, bundomk sind in wirklichkeit aus gǫfo mik gaben mich, bundo mik banden mich entstanden).

2. In den übrigen formen müssen vor dem suffigirten -s(k) folgende lautgesetzliche veränderungen der aktiven endungen entreten:

a) -r (urn. -ʀ) schwindet nach § 291, 1, z. b. 2. sg. präs. ind. gefs(k) zu gefr giebst, binz(k) zu bindr bindest, kallas(k) zu kallar rufest.

b) -ð und -d werden zu -t (und t + s wird dann z geschrieben) nach § 230, 2, d, z. b. 2. pl. präs. ind. und konj. gefez(k) zu gefeþ gebet, prät. ind. démþoz(k) zu démþoþ richtetet, 1. 3. sg. prät. ind. kuaz(k) zu kuaþ sprach, 3. sg. präs. ind. þykkez(k) zu *þykkeþ (s. § 520 anm. 3) scheint, gefz(k) zu *gefþ giebt, stenzk zu stendr steht.

c) Nach -ll, -nn wird t eingeschoben nach § 300, 1, z. b. 2. sg. präs. ind. felz(k) zu fellr fällst, finz(k) zu fiþr (aus finnr, s. § 252) findest, 1. 3. sg. prät. ind. fanz(k) zu fann fand.

d) Geminata wird meist vereinfacht (s. § 274), z. b. 2. sg. präs. ind. blǽsk zu blǽss bläst, 1. 3. sg. prät. ind. feks(k) zu fekk bekam, part. prät. ntr. méz(k) zu métt begegnet.

Anm. 1. Ueber die bildung und geschichte des mediopassivs s. Wimmer, Det phil.-hist. samfunds mindeskrift 1879, s. 184 ff.; Wisén, Arkiv I, 370 ff.; Hoffory, ib. II, 96; Lyngby und Dyrlund, Tidskr. f. fil. N. R. VI, 257 ff.; Brate, Äldre Vestmannalagens ljudlära, s. 65; Bugge, Ant. tidskr. f. Sv. X, 117; Larsson, Studier öfver den isl. homilieboken, s. 75 f.; Þorkelsson, Supplement II, v, und Breytingar á myndum &c., s. 32 f.; Mogk, ZfdPh. XIII, 235; Wadstein, F. Hom., s. 115 f.; Noreen im Grundriss² I, 641 f., § 258; Morgenstern, Arkiv X, 207 f.; Specht, Acta germanica III, 1 (reiche materialsammlung).

Anm. 2. Von dem uralten ieur., im got. zum teil noch bewahrten, medio-passiv ist eine einzige spur erhalten in der 1. sg. präs. ind. heite ich werde genannt (die übrigen personen wie von einem schwachen verbum der 3. schw. konj.; s. § 522, 2). Diese form ist schon in urn. zeit mehrere mal belegt: haite-ʒa (Kragehul), hāte-ka (Lindholm), haiti-ka (brakteat aus Seeland). Vgl. Sievers, Beitr. VI, 561; Schmidt, K. Z. XXVI, 43. — Von dem neugebildeten mediopassiv ist urn. keine form belegt.

§ 533. 534. Mediopassiv. 329

§ 533. Die ältesten endungen des medio-passivs (vor 1200) hätten demnach folgendes aussehen:

Infinitiv:
Präsens.   Präteritum.
-as(k), 2. schw. konj. -ias(k)   kommt nicht vor.

Indikativ:
Präsens.   Präteritum.
Sg. 1. -um(k), -om(k), 2. schw. -ium(k), -iom(k) | -om(k), -um(k)
  2. st. u. 2. schw. -s(k), 1. schw. -as(k), 3. u. 4. | st. -z(k), schw. -is(k),
    schw. -is(k), -es(k) | -es(k)
  3. st. u. 2. schw. -z(k), 1. schw. -az(k), 3. u. 4. | st. -s(k), schw. -is(k),
    schw. -iz(k), -ez(k) | -es(k)
Pl. 1. -ums(k), -oms(k), 2. schw. -iums(k), -ioms(k) | -ums(k), -oms(k)
  2. -iz(k), -ez(k) | -uz(k), -oz(k)
  3. -as(k), 2. schw. -ias(k) | -us(k), -os(k)

Konjunktiv:
Sg. 1. -um(k) -om(k), 2. schw. -ium(k), -iom(k)   Pl. 1. -ims(k), -ems(k)
  2. -is(k), -es(k)   2. -iz(k), -ez(k)
  3. -is(k), -es(k)   3. -is(k), -es(k)

Imperativ:
        Pl. 1. -ums(k), -oms(k)
Sg. 2. -s(k), 1. schw. -as(k) (4. schw. unbelegt?)   2. -iz(k), -ez(k)

Participium:
Präsens.   Präteritum ntr.
-andes(k), 2. schw. -iandes(k) | st. u. 2. schw. -iz(k), -ez(k), 1. u. 4.
                                 schw. -az(k), 2., 3., 4. schw. -z(k)

§ 534. Diese endungen gelten jedoch in ihrer reinheit nicht einmal für die ältesten hdschr. Folgende veränderungen treten in rascher folge ein:

1. Schon vorliterarisch sind (wie im aktivum, s. § 520) die 2. und 3. sg. präs. ind. zusammengefallen, so dass sie beide auf -s(k) oder -z(k) enden können. Seit um 1250 im anorw., um 1300 im aisl. kann (wie im aktivum, s. § 521, 1, § 524, 1, § 526, 1) auch die 1. sg. (ausser im starken prät.) die form der 2. 3. sg. (zunächst im konj.) annehmen, was immer häufiger stattfindet und im anorw. um 1300 so wie im nisl. ausnahmslos durchgeführt worden ist.

2. Schon etwas nach 1200 können alle endungen, die -s(k) enthalten, dieses durch -z(k) ersetzen (selt. umgekehrt), was auf

§ 534. Mediopassiv.

analogiebildung nach denjenigen formen beruht, welche lautgesetzlich -ʐ(k) zeigen, nämlich ausser den § 532, 2, b und c sowie oben 1 erwähnten fällen noch die 2. sg. prät. ind. starker verba, part. prät. ntr., 2. sg. präs. ind. wie *binʐ*(k) wirst gebunden, *lǽʐ*(k) wirst gelassen, 1. 3. sg. prät. ind. wie *léʐ*(k) wurde gelassen u. a. Doch tritt ʐ statt s nach *l*, *n*?, *r* fast nie (bes. nicht im aisl.), zwischen *m* und *k* nur im anorw. ein; also z. b. aisl. 2. sg. präs. ind. nur *spyrsk*, 1. pl. *spyriomsk* (anorw. -*umʐk*) zu *spyria* fragen. Sonst kommen im aisl. (im gegensatz zum anorw.) seit um 1300 keine *s*-formen mehr vor.

3. Bald nach 1200 können die endungen der 1. sg. und pl. mit einander verwechselt werden. So steht in der 1. sg. ind. aisl. -*omsk* (sehr selt., z. b. AM. 645, 4⁰ und Ágrip), anorw. (vgl. oben 2) -*umʐk* (sehr selt., z. b. Strengleikar 3 mal), resp. aisl.-anorw. (sehr selt., z. b. AM. 623, 4⁰ und Strengleikar) -*oms*, -*ums*, häufig -*omʐ*, -*umʐ*, welche letzte form vor 1300 (bes. im aisl.) herrschend wird und dann dieselbe entwicklung wie die gleichlautende form der 1. pl. einschlägt (s. unten). In der 1. sg. konj. kommen entsprechende „plural"formen auf -*ems*(k), -*ims*(k) nicht vor, sondern nur im anorw. ein sehr seltenes -*imʐ* (einmal auch -*emk* in *týnemk* Strengleikar, wol durch kontamination von 1. sg. -*umk* und 1. pl. -*imsk*). — In der 1. pl. ind. ist vor 1250 die „singular"form -*omk* (einmal -*om* in *kǫllom* St. Hom.), -*umk* ebenso häufig, im anorw. sogar häufiger als -*omsk*, -*umsk* (-*umʐk*), -*omʐ*, -*umʐ* (-*oms*, -*ums* sind hier nicht belegt); dagegen in der 1. pl. konj. ist das nach -*omk* gebildete -*emk*, -*imk* weit seltener als -*emsk*, -*imsk*, -*emʐ*, -*imʐ*. Seit 1250 werden -*umʐ*, -*imʐ* und deren fortsetzer (s. unten 4) -*umʐt*, -*imʐt* (anorw. seit 1250, misl. seit 1350) bald herrschend, um endlich (c. 1500) im misl. durch -*unʐt* (noch später -*unst* geschrieben), im mnorw. durch die form der 3. pl. ersetzt zu werden.

4. Die anfangs weitaus häufigsten formen auf -*k* (-*mk*, -*sk* -*ʐk*) werden im anorw. seit 1250 (oder ein wenig später, denn noch Elis saga hat 9 mal -*ʐk*, 3 mal -*sk* gegen sonstiges -*ʐ* oder, s. unten, -*ʐt*), im aisl. seit 1300 (ja schon die bruchstücke der Kringla gegen 1260 haben immer -*ʐ*) nicht mehr gebraucht (so dass das häufige -*sk*, -*ʐk*, seltener -*mk* in einem teile der Hauksbók wol als einen archaismus anzusehen ist, vgl. Hb.

§ 535. Mediopassiv.

s. LVI). Jedoch werden dadurch diejenigen auf -*z* (seltener -*s*, s. 2 oben; -*m* ist immer, auch im sg., äusserst selten gewesen) nicht alleinherrschend. Schon in den ältesten anorw. hdschr. wird bisweilen zu den formen auf -*s* und -*z* (ganz ausnahmsweise zu einer auf -*k*) ein -*t* hinzugefügt, welches wol zum teil funktionell berechtigt ist, z. b. No. Hom. 2. sg. imperat. *minzt* (aus *minztu* < *minz ðu* § 230, 2, a ausgelöst; Elis saga hat 4 mal -*zt* vor *þ*, z. b. *slóguzt þegar* u. dgl., sonst nur -*z* oder, s. oben, -*zk*, -*sk*) erinnere dich, part. prät. ntr. *farezkt* (d. h. *faret* 'gefahren' + *sk* + nochmaliges neutrales -*t*), teils aber analogisch übertragen. Diese -*st*, -*zt* werden allmählich häufiger (schon alleinherrschend in der ersten partie der Hauksbók, s. Hb. s. XXX), bis sie -*s*, -*z* überwiegen (um 1350). Seit 1300 zeigt sich -*zt* (ganz ausnahmsweise -*st* wie in einer etwas norvagisirenden partie der Hauksbók neben selt. -*z*, s. Hb. s. L) auch im aisl. Da aber jetzt *z* und *ss* phonetisch gleichwertig sind (s. § 263, 2), wird ohne unterschied -*zt*, -*zst* und (misl. jedoch erst seit 1450 sowie ausnahmslos im nisl.) -*st* geschrieben. Seit 1450 kommen im misl. keine formen auf -*z* mehr vor. Dagegen im mnorw. wird (seit 1350) die form ohne -*t* wieder immer häufiger und um 1450 (wenigstens im onorw.) alleinherrschend, dann ohne jeden unterschied der aussprache -*s(s)*, -*s(s)z*, -*zs(s)*, -*z* geschrieben.

§ 535. Als paradigmen seien angeführt für die starken verba *lúkas(k)* 'sich schliessen, geschlossen werden', für die schwachen *kallas(k)* 'sich nennen, genannt werden'. Die ältesten formen werden zuerst angeführt, die seltensten [eckig] eingeklammert.

Präsens.

Infinitiv:

lúkask, [-as], -azk, -az, -azt (anorw. auch -*ast*, -*as*), -ast   kallask u. s. w.

Indikativ:

Sg. 1. lúkomk, -*umk*, [-om, -omsk, -*umzk*, -oms], -umz u. s. w. = 1. pl., lýkz u. s. w. = 2. 3. sg.   kǫllomk, *kallumk* u. s. w., kallaz u. s. w.

2. 3. lýksk, [-s], -zk, -z, -zt (und -*st*, -*s*), -st   kallask u. s. w.

§ 535. Mediopassiv.

Indikativ:

Pl. 1. lúkomsk, *-umzk*, -omk, *-umk*, [-om], -umz, -umzt (und *-umst*, *-ums*), -umst, -unzt, -unst   kǫllomsk, *kallumzk* u. s. w.

2. lúkezk, *-izk*, -iz, -izt (und *-ist*, *-is*), -ist   kallezk u. s. w.

3. lúkask u. s. w. = inf.   kallask u. s. w.

Konjunktiv:

Sg. 1. lúkomk, *-umk*, [*-imk*], -umz [und *-imz*], -umzt [und *-imzt*], -iz u. s. w. = 2. 3. sg.   kǫllomk, *kallumk* u. s. w.

2.3. lúkesk, *-isk*, [-es, *-is*], -ezk, *-izk*, -iz, -izt (und *-ist*, *-is*), -ist   kallesk u. s. w.

Pl. 1. lúkemsk, *-imsk*, -emk, *-imk*, -imz, -imzt (und *-imst*, *-ims*), -umz, -umzt u. s. w. = ind.   kallemsk u. s. w.

2. lúkezk, *-izk* u. s. w. = ind.   kallezk u. s. w.

3. lúkesk, *-isk* u. s. w. = 2. 3. sg.   kallesk u. s. w.

Imperativ:

Sg. 2. lúksk, [-s], -zk, -z, -zt (und *-st*, *-s*), -st   kallask u. s. w.

Pl. 1. } wie im ind.
2.

Participium (selten):

lúkandesk, [-es], -ezk, -iz, -izt (und *-ist*, *-is*), -ist   kallandesk u. s. w.

Präteritum.

Indikativ:

Sg. 1. lukomk, *-umk*, [-omsk, *-umzk*], -umz u. s. w. = 1. pl. präs. ind., laukz u. s. w. = 2. 3. sg.   kǫllopomk, *kallaðomk* u. s. w.

2. laukzk, -z, -zt (und *-st*, *s*), -st   kallaþesk, [-es], -ezk, -iz, -izt (und *-ist*, *-is*), -ist

3. lauksk, -zk, -z u. s. w. = 2. sg.   = 2. sg.

Pl. 1. lukomsk, *-umzk* u. s. w. = 1. pl. präs. ind.   kǫllopomsk, *kallaðomzk* u. s. w.

2. lukozk, *-uzk*, -uz, -uzt (und *-ust*, *-us*), -ust   kǫllopozk, *kallaðozk* u. s. w.

3. lukosk, *-usk*, [-os, *-us*], -ozk, *-uzk*, -uz u. s. w. = 2. pl.   kǫlloposk, *kallaðosk* u. s. w.

§ 536. Umschriebenes passiv.

Konjunktiv:

Sg. 1.	lykomk, -*umk* u. s. w. = 1. sg. präs. konj., lykiz u. s. w. = 2. 3. sg.		kǫlloþomk, *kallaðomk* u. s. w.
2.3.	lykesk, -*isk* u. s. w. = 2. 3. präs. konj.		kallaþesk u. s. w.
Pl. 1.	lykemsk, -*imsk* u. s. w. = 1. pl. präs. konj., lykumz u. s. w. = ind.		kallaþemsk u. s. w.
2.	lykezk, -*izk* u. s. w. = 2. pl. präs. konj., lykuz u. s. w. = ind.		kallaþezk u. s. w.
3.	lykesk, -*isk* u. s. w. = 3. pl. präs. konj., lykuz u. s. w. = ind.		kallaþesk u. s. w.

Participium (nur im neutr.):

lokezk, -iz, -izt (und -*ist*, -*is*)   kallazk u. s. w.

§ 536. **Ein umschriebenes passivum** wird mittelst *vesa, vera* 'sein' in verbindung mit dem part. prät. gebildet. Später (sehr selt. in alter zeit) kann statt *vera* bisweilen *verþa* 'werden' gebraucht werden. Also z. b. von *kalla* 'rufen, nennen' 1. sg. präs. ind. *ek em* oder *verþ kallaþr*, konj. *ek siá* o. *verþa kallaþr*, prät. ind. *ek vas, var* o. *varþ k.*, konj. *ek væra* o. *yrþa k.*, perf. ind. *ek hefe veret* (äusserst selt. *orþet*) *k.*, konj. *ek hafa veret k.*, plusquamperf. *ek hafþa veret k.*, konj. *ek hefþa veret k.*, futur. *ek mon vesa, vera* o. *verþa k.*, kondit. *ek munda vesa, vera* o. *verþa k.*, futur. exakt. *ek mon hafa veret k.*, kondit. exakt. *ek munda hafa veret k.* u. s. w.

Anm. 1. Statt perf., plusquamperf., futur. exakt. und kondit. exakt. werden gewöhnlich präs., resp. prät., futur. und kondit. gebraucht.

Anm. 2. Im futur. und kondit. wird fast gewöhnlich der inf. *vesa, vera* o. *verþa* ausgelassen.

Anhang.

Die wichtigsten urnordischen inschriften.[1]

1. Stein von Belland, Norwegen, gegen 600?

Die inschrift lautet: *keþan*

Dies wäre in altisländischer sprache: **Keþa?* § 91, 3, a, β.

Ins deutsche übersetzt: (Der stein) Keþe's (ist dies).

    Anm. Vgl.[2]) Bugge, No. I. s. 209 ff. , *N: II, s. (1904)*
    Jnl. 1. verlut (1905)

2. Stein von Berga, Schweden, 6. jahrh.

Urn.: *fino | saliȝastiʀ*

Aisl.: *Finna* (frauenname), **Salgestr* (anfr. *Saligast*).

Uebers.: Finna, Salgestr (ruhen hier).

    Anm. Vgl. Bugge, Tidskr. f. Phil. og Pæd. VII, 244 ff.; 313 f.

---

[1]) Alphabetisch geordnet nach den fundorten. Ergänzungen sind eingeklammert, durch ( ) was als in späterer zeit verloren gegangen, durch [ ] was als, absichtlich oder unabsichtlich, von dem ritzer fortgelassen vermutet wird. Ein pünktchen unter dem buchstaben giebt an, dass die lesung der betreffenden rune unsicher ist. Ein bogen über zwei buchstaben bezeichnet, dass die beiden zu einer "binderune" vereint sind. Die interpunktionszeichen der inschriften sind durch einen punkt wiedergegeben; neue zeile wird durch |, neue seite des denkmals durch — angegeben. Die hier durchgeführte worttrennung rührt von dem jeweiligen interpretator her.

[2]) Ich verzeichne hier zu jeder inschrift nur das wichtigste der betreffenden literatur. Vgl. übrigens für die zeit bis 1885 das ausführliche literaturverzeichnis bei Burg, s. 167 ff., mit nachträgen von Noreen in Nordisk revy 1884—85, sp. 363 (= Bezz. Beitr. XI, 181). Vollständige bibliographie bietet betreffs der norwegischen inschriften Bugge, No. I. bei der jeweiligen inschrift.

3. Stein von Björketorp, Schweden, 8. jahrh.

Urn.: *uþArAƀAspA — sAʀ þAt ƀArutʀ | uti Aʀ welAðAuðe | hÆrAmAlAusʀ ᴣ | inArunAʀ ArAᴣeu | fAlAhAk hAðerAᴣ* (statt *heðarag?*) | *hAiðʀuno ronu*

Aisl.: *Úþarf(a)spǫ́.* *Sár (aschw. sār) | þat brýtr, úte? er?* (lautges. *ar, aschw. ar; vgl. ags. northumbrisch aron pl.) vél(a)dauþe. *Herm(a)lauss* (vgl. *harmr, hermask, hermelega*) *ginnrúnar *ergio?* (vgl. *erge, argr*) *falk heþrag?, heiþrrúna rono* (vgl. nisl. *runa* 'folge', aisl. *rune* 'lauf').

Uebers.: Unglücksprophezeiung! (Demjenigen), der dies (denkmal) bricht, bevorstehend (eigentlich: draussen) ist tückischer tod. Ohne schaden habe ich hier [ich] die grossrunen der hexerei eingegraben, (so wie auch) die reihe der ehrenrunen.

Anm. Vgl. die inschr. von Stentofta (nr. 45 unten); Burg, s. 59 ff.; Bugge, Tidskr. f. Phil. og Pæd. VII, 323 f., VIII, 198 f., No. I., s. 8, 16, 27 note, 32, 55, 63, 80, 180, 193 f., 197, 214, 251, Arkiv VIII, 18 note; V. Rydberg, Sv. fornm. tidskr. II, 234 ff.

4. Stein von Bratsberg, Norwegen, 6. jahrh.

Urn.: *þaliʀ*
Aisl.: **Þalr* (**Þǽll? Þellr?* mannsname).
Uebers.: Þalr (ruht hier).

Anm. Vgl. (abweichend) Bugge, No. I., s. 363 ff.

5. Stein von By (oder Sigdal), Norwegen, 7. jahr.

Urn.: *eirilaʀ* (s. § 167 anm. 1) *hroʀaʀ ȟroʀeʀ orte þat aʀina uƀt alai fuðʀ | rmþé*

Aisl.: *Iarl* (§ 349, 2) **Hrǿrr* (§ 68, 4; ags., as. *hrōr* hurtig) **Hrǿrer* (s. § 360 anm.) *orte þat aren?* (s. § 69 anm.) . . . . .

Uebers.: Jarl Hrǿrr, Hrǿr's sohn, machte diese erhöhung . . .

Anm. Vgl. Bugge, No. I., s. 89 ff., 198; Sievers, Ber. d. k. sächs. ges. d. wissenschaften 1894, s. 139; Brate, Arkiv XI, 369 f., Sv. fornm. tidskr. IX, 333 f.

6. Stein von Bø, Norwegen, 6. jahrh.

Urn.: *hnaƀðas hlaiwa*
Aisl.: **Hnafþs* (mannsname, vgl. prät. *hnóf* schnitt ab) **hley* (got. *hlaiw*).
Uebers.: Hnafþ's grab.

Anm. Vgl. Bugge, No. I., s. 236 ff.; v. Grienberger, ZfdA. XXXII, 295.

7. Brakteat von Danneberg, Hannover, c. 600?

Urn.: *glēaugiʀ uéu rṇʀ*

    Anm. Vgl. Bugge, No. I., s. 125 ff.; Wimmer, Sønderjyll. run., s. 22.

8. Brakteat von Darum, I, Dänemark, c. 600.

Urn.: *niujil[a] . alu*
Aisl.: *Nýle (mannsname; zu aisl. *nýr*, got. *niujis*). *Ǫl.
Uebers.: Nýle. Gedeihen (bringt dies).

    Anm. Vgl. Bugge, Arkiv VIII, 22; Wimmer, Sønderjyll. run., s. 25 f., 33; v. Grienberger, ZfdPh. XXXII, 292; übrigens nr. 11 unten.

9. Brakteat von Darum, II, Dänemark, c. 600.

Urn.: *frohila . laþu*
Aisl.: *Frǿle (mannsname). *Lǫþ*.
Uebers.: Frǿle. Freundschaftliches anerbieten (ist dies).

    Anm. Vgl. Bugge, Arkiv VIII, 20, No. I., s. 247; Wimmer, Sønderjyll. run., s. 33.

10. Stein von Einang, Norwegen, 4. jahrh.

Urn.: *ðagaʀ þaʀ runo faihiðo*
Aisl.: *Dagr þǽr runar* (lautges. *rúna, s. § 363 anm. 4) *fáþa* (lautges. *fǽþa, s. § 501).
Uebers.: (Ich) Dagr die runen schrieb.

    Anm. Vgl. Bugge, No. I., s. 72 ff., 288.

11. Stein von Elgesem, Norwegen, c. 600?

Urn.: *alu*
Aisl.: *Ǫl.
Uebers.: Gedeihen (bringt dies).

    Anm. Vgl. nr. 8 oben; Bugge, No. I., s. 159 ff.

12. Spange von Etelhem, Schweden, etwas nach 500.

Urn.: *m[i]k m[a]r[i]la w[u]rtaa* (das letzte zeichen vielleicht ohne sprachliche bedeutung).
Aisl.: *Mik* *Mǽrle (vgl. *mǽrr* berühmt, Torsbjærg *māriʀ*) *orte* (lautges. *urte, Tjurkö *wurte*, Sölvesborg *urti*).
Uebers.: Mich Mǽrle machte.

    Anm. Vgl. Bugge, Tidskr. f. Phil. og Pæd. VII, 246 ff., No. I., s. 14 ff.; Wimmer, Runenschrift, s. 169.

13. Stein von Flistad, Schweden, 8. jahrh.

Urn.: ₃am{R} ᴀt{R} ₃la[n]ta

    Anm. Vgl. Bugge (und Noreen), Arkiv XVIII, 1 ff.

14. Spange von Fonnås, Norwegen, 7. jahrh.

Urn.: *ʋ l s k l ʀ | w k s h u | i ʋ ʀ s ᴀ ʋ s r ō s e | a | i h s p i ð u l t l*

    Anm. Vgl. Bugge, No. I., s. 50 ff.

15. Brakteat (Stephens nr. 24) aus Fünen, Dänemark, c. 600.

Urn.: *horaʀ | laþu* (.....)

Aisl.: *Hórr* (hier als mannsname). *Lǫþ* ......

Uebers.: Hórr. Freundschaftliches anerbieten (ist dies) ....

    Anm. Vgl. Bugge, Arkiv VIII, 20, No. I., s. 162 note, 172; vgl. übrigens nr. 9 oben und 27 unten.

16. Stein von Førde, Norwegen, gegen 700.

Urn.: *aluko*

Aisl.: **Ǫlka* (frauenname; vgl. as. *Aluco*, ags. *Aluca* m.).

Uebers.: Ǫlka (besitzt diesen angelschnurstein).

    Anm. Vgl. Bugge, No. I., s. 312 ff.

17. Goldenes horn von Gallehus, Dänemark, etwas nach 300.

Urn.: *ek hlewaʒastiʀ . holtiʋaʀ . horna . tawiðo.*

Aisl.: *Ek *Hlégestr hyltengr* (lautges. **hǫltengr*, vgl. § 61, 3 mit anm. 1) *horn *táþa* (1. sg. prät. ind. von **teyia* = got. *taujan*; flexion wie *heyia* § 503, 5).

Uebers.: Ich Hlégestr aus Holt (oder: Holte's sohn?) stellte das horn her.

    Anm. Vgl. Bugge, Tidskr. f. Phil. og Pæd. VIII, 215 ff.; Burg, s. 10 ff.; Thomsen, Arkiv XV, 193 ff.; Wimmer, Sønderjyll. run., s. 18 ff.

18. Stein von Gommor, Schweden, 7. jahrh.

Urn.: (.....) — *s{ᴀ}te* — (...) — *h{ᴀ}þuwol{ᴀ}f{ᴀ}*

Aisl.: .... *sette* (lautges. **satte*, aschw. *satte*, vgl. 503 anm. 1) ... *Hǫlf* (s. § 222).

Uebers.: (Diesen stein ..) setzte (nach) Hǫlf.

    Anm. Vgl. Bugge, Tidskr. f. Phil. og Pæd. VII, 347 ff.; Burg, s. 84 ff.

19. Spange von Himling(h)øie, Dänemark, 4. jahrh.

Urn.: *hariso*

Aisl.: *Harsa (frauenname; vgl. aisl. *herser* und erulisch *Hariso* m.)

Uebers.: Harsa (besitzt dies).

> Anm. Vgl. Bugge, Tidskr. f. Phil. og Pæd. VII, 251 f.; Burg, s. 47 f.

20. Stein von Istaby, Schweden, 7. jahrh.

Urn.: ᴀfatʀ hᴀriwulafa | hᴀþuwulafʀ hᴀeruwulafiʀ (fehler für *heruwulafiʀ?*) — warᴀit runᴀʀ þᴀiᴀʀ

Aisl.: *Epter* (lautges. *aptr?*, aschw. run. *afataʀ* Gursten) *Heriulf Hǫlfr* (s. § 222) **Hiorylfer?* (s. § 360 anm.) *reit rúnar þǽr* (s. Noreen im Grundriss² I, 622, § 204, 12).

Uebers.: Nach Heriulfr ritzte Hǫlfr, Hiorulfs sohn, diese runen.

> Anm. Vgl. Bugge, Tidskr. f. Phil. og Pæd. VII, 314 ff.; Wimmer bei Burg, s. 156 ff.; Brate, Bezz. Beitr. XI, 191 ff.; Sievers, Ber. d. k. sächs. ges. d. wissensch. 1894, s. 140.

21. Stein von Järsberg (oder Varnum), Schweden, 6. jahrh.

Urn.: ubaʀ hite . h͡araba͡naʀ | (wi)t ia͡h ek ērilaʀ runoʀ wa | rit | u

Aisl.: *Úfr* ('rauh', oder 'uhu', hier als mannsname wie — s. Bugge, No. I., s. 247 note — im aschw.; vgl. *Úfi* in der Flateyjarbók, lat. lehnw. *Ubii*, ahd. *uppi* 'bösartig' und? got. *ubils*) **Hite. Hrafn vit* *á (vgl. § 225 mit anm. 2; got. *jah*) *ek Iarl* (mannsname; § 349, 2) *rúnar rito* (1. dual. prät. ind. von *ríta*; s. § 523 anm. 3, § 278, 2).

Uebers.: Úfr dem Hitr (setzte den stein). Wir zwei, Hrafn und ich Jarl, die runen ritzten.

> Anm. Vgl. (abweichend) Bugge, Tidskr. f. Phil. og Pæd. VII, 237 ff., No. I., s. 89 f.

22. Stein von Kinneved, Schweden, 7. jahrh.?

Urn.: siʀ aluh

> Anm. Vgl. Bugge, No. I., s. 157, 162 ff.

23. Stein von Kjølevig (oder Strand), Norwegen, 6. jahrh.

Urn.: haðulaikaʀ | ek haɀusta[l]ðaʀ | hlaaiwiðo (wol fehler für *hlaiwiðo*) maɀu minino

Aisl.: **Hǫþleikr. Ek Haukstaldr* (lautges. *Hǫgstaldr) *hleyþa (1. sg. prät. ind. zu *hlǽfa aus *hlaiwian; vgl. got. *hlaiw* grab und urn. *hlaiwa* Bø) *mǫg minn*.

Uebers.: Hǫþleikr (ruht hier). Ich Hagestolz begrub meinen sohn.
Anm. Vgl. Bugge, No. I., s. 268 ff.

24. Lanzenschaft von Kragehul, Dänemark, etwas nach 400.

Urn.: *ek ērilāʀ a[n]suʒisalas m̄uhā haiteʒā ʒaʒaʒinu ʒāhē(lpu? sa)li ja(h) haʒala wiju bi ʒ (...)*
Aisl.: *Ek iarl* (s. § 349, 2) **Ásgisls Móe* (schwacher nom. sg. m. zu *mór* 'braun'; gew. als pferdename) *heiteg. Gǫgn* (acc. pl., lautges. **gegen*, s. § 352 anm. 2, § 418 anm. 1; vgl. noch ahd. *ga-gagan-wertian* u. dgl.), *hiolp* (vgl. got. *ga-hilpan*), **sǽl* (substantivirter acc. sg. ntr. zu *sǽll*, vgl. § 415 anm. 2) **á* (got. *jah*) **hagal* (subst. acc. sg. ntr. zu *hagall* 'dienlich') *vīge* (lautges. **vī*, ahd. *wīhiu*, vgl. got. *weiha*) **bī* (got. *bi*) *g* ...
Uebers.: Ich der jarl Ásgisl's, Móe heisse ich. Vorteil, hülfe, glück und nutzen weihe (ich) ein mit ...

Anm. Vgl. Wimmer, Runenschrift, s. 123 ff.; Burg, s. 37 ff.; Brate, Bezz. Beitr. XI, 187 ff. und (abweichend) Bugge, No. I., s. 14, 16, 102, 127, 247, 254 note.

25. Stein von Krogsta, Schweden, 6. jahrh.?

Urn.: *mwsēeiwi — seainaʀ*
Anm. Vgl. Bugge, No. I., s. 128 ff.; Wimmer, Runenschrift, s. 155 note.

26. Beinchen von Lindholm, Schweden, 5. jahrh.

Urn.: *ek erilaʀ sa wilaʒaʀ hateka. — aaaaaaaʀʀʀnnbmuttt . alu.*
Aisl.: *Ek Iarl* (s. § 349, 2), *sá *Vílagr* (vgl. ags. *wíle* kunstgriff, ahd. *Wīlant*) *heitek* (lautges. **hátek*, s. § 54 anm. 3) ...... **Ǫl*.
Uebers.: Ich Jarl, der kunstfertige bin ich genannt ...... Gedeihen (bringt dies).

Anm. Vgl. Bugge, Aarbøger 1871, s. 185 ff., No. I., s. 102, 130, 162, 264; v. Grienberger, ZfdPh. XXXII, 292 ff.; vgl. übrigens nr. 8 und 11 oben.

27. Brakteat (Stephens nr. 55) von Maglemose, Dänemark, 6. jahrh.

Urn.: *ho.ʀ* (statt *horaʀ*, s. oben nr. 11) | *ʌih ek þʌt* | *all* (verschrieben statt *alu*)
Aisl.: *Hórr* (hier als mannsname) *ák þat. *Ǫl*
Uebers.: Ich Hórr besitze dies. Gedeihen (bringt es).

Anm. Vgl. Bugge, No. I., s. 162 note, 172, 192.

28. (Aelterer) stein von Myklebostad, Norwegen, 6. jahrh.

Urn.: a[n]suɣas . i (...)
Aisl.: Ósogs...
Uebers.: Ósog's (stein ist dies)...

Anm. Vgl. Bugge, No. I., s. 324 ff.

29. Stein von Möjebro (oder Hagby), Schweden, 6. jahrh.

Urn.: frawaraðaʀ | anahaha is [s]laɣinaʀ
Aisl.: *Fráráðr *ande (wäre got. *an-ahaha, zu -ahs in inahs gebildet wie ainaha zu ains u. dgl.) es slegenn.
Uebers.: Fráráðr der beherzte ist totgeschlagen.

Anm.: Die lesung beruht auf erneuter untersuchung von v. Friesen (Pipping und Noreen), die deutung ist v. Friesens (vgl. Burg, s. 107 anm. 2; Wimmer, Runenschrift, s. 106 note).

30. Stein von Noleby (oder Fyrunga), Schweden, etwas nach 700?

Urn.: runo fahi raɣinaku[n]ðo to (....) | unaþou . suhurahsusih (....) | hakuþo
Aisl.: Rúnar (lautges. *rúna § 363 anm. 4) fá (lautges. *fǽ, s. § 501) regenkunnar (lautges. *-kunda § 307, 2, b, § 363 anm. 4) ....
Uebers.: Von den mächten stammende runen schreibe (ich) ....

Anm. Vgl. Bugge, Arkiv XIII, 317 ff., XV, 142 ff.; Brate, ib. XIV, 329 ff.

31. Pfeilschaft von Nydam, Schleswig, gegen 400.

Urn.: lua (wol statt alu verschrieben; vgl. nr. 8 und 11 oben).

Anm. Vgl. Wimmer, Sønderjyll. run., s. 17 f.

32. Brakteat (Stephens nr. 80) von Næsbjærg (oder Varde), Dänemark, 6. Jahrh.

Urn.: niuwila (statt niujila? vgl. nr. 8 oben) | lþl | tk
Aisl.: *Nýle (mannsname, ahd. Niwilo?) ....

Anm. Vgl. Bugge, Aarbøger 1871, s. 217 ff., Arkiv VIII, 22; Wimmer, Sønderjyll. run., s. 33.

33. Stein von Opedal, Norwegen, 6. jahrh.

Urn.: birɣŋɣuþọrọ swestar minu | liubu meʀ waɣe
Aisl.: ...... syster (lautges. *suester, vgl. § 74, 13 und § 155) mín, liúf mér *Váge (oder *Vage?).

Uebers.: .... meine schwester, mir Vágr lieb.
>Anm. Vgl. Bugge, No. I., s. 295 ff.

34. Stein von Reistad, Norwegen, gegen 600.

Urn.: iuþingaʀ | îk wakraʀ . unnam | wraita

Aisl.: *Ýþengr (ahd. Eodunc, lat. lehnw. pl. Juthungi, vgl. aisl. ióþ). Ek (lautges. *ik, s. Noreen, Urg. lautl., s. 13) Vakr *un(d)nam (1. sg. prät. ind. von *undnema) reit (aisl. reitr, u- und a-stamm, ritze, aschw. wrēter abgestochener platz, ahd. reiz linie; vgl. got. writs strich).

Uebers.: Y'þengr (ruht hier). Ich Wacker unternahm die ritzung.
>Anm. Vgl. Bugge, No. I., s. 216 ff.; Wimmer, Runenschrift, s. 210 ff.

35. Stein von Roes, Schweden, 8. jahrh.

Urn.: iuþin . ðuʀ (....)
>Anm. Vgl. Bugge, Sv. fornm. tidskr. XI, 114 ff.; Läffler, ib. 197 ff.

36. Stein von Räfsal, Schweden, gegen 800.

Urn.: hariwulfs (oder hariþulfs?) . stainaʀ (oder swainaʀ?)

Aisl.: Heriulfs (oder *Harþulfs?) steinar (oder sueinar?).

Uebers.: (Diese sind) oder: (Hier ruhen?) die steine (burschen?) Heriulf's (Harþulf's?).
>Anm. Vgl. Bugge, Tidskr. f. Phil. og Pæd. VIII, 163, No. I., s. 178; Wimmer, Runenschrift, s. 230 f.; S. Boije, Bidrag till kännedom om Göteborgs och Bohusläns fornminnen och historia III, 262 ff.

37. Stein von Saude, Norwegen, 6. jahrh.?

Urn.; wa[n]ðaɼaðas

Aisl.: Vandráþs.

Uebers.: Vandráþs (stein ist dies).
>Anm. Vgl. Bugge, No. I., s. 183 ff.

38. Brakteat (Stephens nr. 19) aus Schonen, Schweden, c. 600?

Urn.: laþu laukaʀ . ɡaukaʀ alu

Aisl.: Lǫþ . Laukr (hier als mannsname) . Gaukr (hier als mannsname). *Ol (vgl. nr. 8 und 11 oben).

Uebers.: Freundschaftliches anerbieten (ist dies). Laukr. Gaukr. Gedeihen (bringt dies).
>Anm. Vgl. Bugge, No. I., s. 162, 163 note; Läffler, Sv. fornm. tidskr. XI, 198.

39. Brakteat (Stephens nr. 57) aus Seeland, Dänemark, 6. jahrh.

Urn.: *hariuha haitika . fauauisa . ȝibu auna .*

Aisl.: **Heriúe?* (wenn *-uha* gleich *-ūa*, ahd. *Ūo* ist) *heitek fávíse. Giof* (lautges. **gif* wie im aschw., s. An. gr. II, § 78 anm. 1) *ána* (s. § 130 anm. 2, § 389 anm. 5).

Uebers.: Heriúe heisse ich, der wenig wissende. Die gabe der vorväter (ist dies).

<small>Anm. Vgl. Bugge, Aarbøger 1871, s. 203 ff., No. I., s. 247; Läffler, Ant. tidskr. f. Sv. VI, 2, s. 14.</small>

40. Brakteat (Stephens nr. 67) von Skodborg, Schleswig, 6. jahrh.

Urn.: *auja alawin auja alawin auja alawin jalawið*

<small>Anm. Vgl. Burg, s. 30 ff.; Wimmer, Runenschrift, s. 122 mit note.</small>

41. Brakteat von Skrydstrup, Schleswig, 6. jahrh.

Urn.: *laukāʀ | alu*

<small>Anm. Vgl. Wimmer, Sønderjyll. run., s. 25 und nr. 8, 11, 38 oben.</small>

42. Stein von Skåäng, Schweden, 6. jahrh.

Urn.: *hariwa ᛚeuȝaʀ .*

Aisl.: **Herenge* (vgl. ahd. *Herinc* zu aisl. *herr*, got. *harjis*) **áliúgr* (vgl. ahd. *ā-herzēr* 'ohne herzen', ags. *ǽ-mód* 'ohne mut' u. dgl.).

Uebers.: Herenge, der ohne falsch (, ruht hier).

<small>Anm. Vgl. Bugge, Arkiv VIII, 19, 22, XIII, 336, 338, No. I., s. 280; v. Grienberger, Arkiv XIV, 116.</small>

43. Stein von Skärkind, Schweden, 6. jahrh.

Urn.: *ski[n]þaleuƀaʀ*

Aisl.: **Skinnliúfr* (mannsname, 'mit feiner haut').

Uebers.: Skinnliúfr (ruht hier).

<small>Anm. Vgl. Bugge, Arkiv VIII, 23.</small>

44. Stein von Stenstad, Norwegen, gegen 500.

Urn.: *iȝíon halaʀ*

Aisl.: **Igingo* (**Igingo?* gen. oder dat. sg. f.? s. § 396 anm. 2 und 3; vgl. got. *Igo* m.) *hallr* oder *Hallr*.

Uebers.: Iginga's stein (ist dies); oder: Der Iginga (setzt) Hallr (den stein).

<small>Anm. Vgl. Bugge, No. I., s. 174 ff.; v. Grienberger, Arkiv XIV, 116; Läffler, briefliche mitteilung.</small>

45. Stein von Stentofta, Schweden, ende des 7. jahrhs.

Urn.: *niuhA borumʀ | niuha ʒestumʀ | hAþuwolAfʀ ʒAf | hAriwolAfʀ mAʒiu snuh|ekA heð — erA ʒinoronoʀ — h[A]iðeʀrunono| herAmalA[u]sAʀ ArAʒeu wel(A)|ðuð[s] sAʀ — bAriutiþ*

Aisl.: *Ný* (substantivirter acc. sg. ntr. zu *nýr*, s. § 415 anm. 2; gew. in der bedeutung 'das neue des mondes', d. h. 'neumond') *borom* (s. § 154, 2), *ný gestom Hǫlfr gaf, Heriolfr mege . Snýk* (lautges. **snúk* § 520 anm. 1) *heþra *ginnronom* (dat., lautges. **ginnronor* acc.; vgl. nisl. *runa* 'folge', aisl. *rune* m. 'lauf') *heiþrrúna* (lautges. **heiþrúnana*; vgl. *Heiþrún*, acc. *-rúno*, ein frauenname und § 363 anm. 5), **herm(a)lauss* (vgl. *harmr, hermask, hermelega*) **ergio?* (vgl. *erge, argr*). *Vél(a)dauþs* (lautges. *-duþs*, s. § 160) **sár* (aschw. *sār*) *brýtr* (lautges. **brýtt*).

Uebers.: Neues (denkmal) den söhnen, neues (denkmal) den gästen gab Hǫlfr, Heriolfr (gab es) dem sohne. Hier wende ich die grossen reihen der ehrenrunen, ohne schaden (diejenigen) der hexerei. Des tückischen todes (ist), wer (dies (denkmal) bricht.

<small>Anm. Vgl. die inschr. von Björketorp (nr. 3 oben); Wimmer, Aarbøger 1867, s. 58 f.; Burg, s. 63 ff.; Bugge, Tidskr. f. Phil. og Pæd. VII, 323 ff., VIII, 200 f., No. I., s. 8, 14, 16, 23 f., 27 note, 180, 214, 247 f., Arkiv XV, 150; v. Grienberger, Untersuchungen zur got. wortkunde, s. 48.</small>

46. Diadem von Strårup (oder Dalby), Dänemark, c. 400?

Urn.: *leþro*

Aisl.: **Leþra* (frauenname?).

Uebers.: Leþra (besitzt dies).

<small>Anm. Vgl. Wimmer, Sønderjyll. run., s. 16 f.; Bugge, No. I., s. 301.</small>

47. Medaillon von Svarteborg, Schweden, anfang des 7. jahrhs.?

Urn.: *ssiʒaðuʀ*

Aisl.: **Sigoþr* (aschw. *Sighadher*).

Uebers.: Sigoþr (besitzt dies).

<small>Anm. Vgl. Bugge, Sv. fornm. tidskr. XI, 109 ff.; Läffler, ib. 244 f.</small>

48. Stein von Sölvesborg, Schweden, ende des 8. jahrhs.

Urn.: *urti . wᴀþ(i | ᴀft a)smu[n]t sunu sin*

Aisl.: *Orte* (lautges. **urte*) *Vaþe ept* (lautges. **apt*, nach *epter* umgebildet) *Ásmund sun sinn.*

Uebers.: Machte (die runen) Vaþe nach Ásmund, seinen sohn.

<small>Anm. Vgl. Wimmer, Runenschrift, s. 227 ff.</small>

49. Stein von Tanem, Norwegen, c. 600?

Urn.: *mairlʀ ϒ*

<small>Anm. Vgl. Bugge, No. I., s. 367 ff.</small>

50. Stein von Tanum, Schweden, 6. jahrh.

Urn.: *þrawiʒan haitinaʀ was*

Aisl.: **Þrefingia heitenn vas.*

Uebers.: Dem þrefinge wurde (der stein) verheissen (oder: gewidmet).

<small>Anm. Vgl. Bugge, Tidskr. f. Phil. og Pæd. VII, 248 ff.; S. Boije, Bidrag till kännedom om Göteborgs och Bohusläns fornminnen och historia III, 259 ff.; Wimmer, Runenschrift, s. 156 note; v. Grienberger, ZfdPh. XXXII, 294.</small>

51. Brakteat (Stephens nr. 25) von Tjurkö, Schweden, 7. jahrh.

Urn.: *helðaʀ kunimu[n]ðiu . wurte runoʀ an wllhakurne* (wol statt *walhakurne* verschrieben).

Aisl.: *Hialdr* (hier als mannsname wie in der Landnáma, gall. *Celtus*, s. Much, Deutsche stammeskunde, s. 52; vgl. das entsprechende fem. aisl. *Hildr*) **Kunmunde* (ags. *Cynemund*, ahd. *Chunimunt*) orte (lautges. **urte*) *rúnar á *valkurne.*

Uebers.: Hialdr dem Kunimund machte die runen auf der wälschen krone.

<small>Anm. Vgl. Bugge, Aarbøger 1871, s. 190 ff., No. I., s. 334; Wimmer, Runenschrift, s. 213 f.; R. Henning, Die deutschen runendenkmäler, s. 123.</small>

52. Stein von Tomstad, Norwegen, 6. jahrh.

Urn.: *(..)an . waruʀ*

Aisl.: *... a* (gen. sg. eines mannsnamens) **vǫrr.*

Uebers.: ,...'s steinkreis (ist dies).

<small>Anm. Vgl. Bugge, No. I., s. 204 ff.</small>

53. Zwinge von Torsbjærg, Schleswig, gegen 300.

Urn.: owlþuþewaʀ (statt wolþuþewaʀ) — ni wajēmariʀ

Aisl.: *Ollþér (mannsname; vgl. got. wulþus und urn. þewaʀ Valsfjord), ne *veimǽrr (vgl. got. wajamērjan, aisl. vei und mǽrr).

Uebers.: Ollþér, der nicht tadelhafte(, besitzt dies).

Anm. Vgl. Bugge, Tidskr. f. Phil. og Pæd. VIII, 180 ff., No. I., s. 23, 352 note; Wimmer, Runenschrift, s. 104 f., Sønderjyll. run., s. 12 ff., v. Grienberger, ZfdPh. XXXII, 289 ff., 292 f.

54. Schildbuckel von Torsbjærg, Schleswig, gegen 300.

Urn.: aisʒʀh (oder hʀʒsia?)

Anm. Vgl. Wimmer, Sønderjyll. run., s. 15 f.

55. Stein von Tune, Norwegen, 5. jahrh.

Urn.: ek wiwaʀ after woðuri|ðe wita[n]ðahalaiƀan . worahto . r(unoʀ) — (...)ʀ woðuriðe . staina . (sati|ða.) þrijoʀ ðohtriʀ ðaliðun | arƀija sijosteʀ arƀijano

Aisl.: Ek *Vír (nach § 77, 2) epter (lautges. aptr) *Óþriþe (dat. sg. m.) *vitandhleifa (dat. sg. m.; vgl. aisl. vita anweisen und hleifr brot) orta runar. ... *Óþriþe stein sette (lautges. *satte wie im aschw.). Þriár dœtr deilþo (lautges. *dalþo?, s. § 54 anm. 3) erfe, *síaster (vgl. afris. sīa verwandter) arfa (lautges. *erfna, vgl. got. arbja, aschw. ærve).

Uebers.: Ich Vír nach Óþriþr, dem brotherrn, machte die runen. ... r dem Óþriþr den stein setzte. Drei töchter teilten das erbe, die am nächsten verwandten der erben.

Anm. Vgl. Bugge, No. I., s. 1 ff.; Läffler, Uppsalastudier s. 1 ff., Arkiv XII, 98 ff.; v. Friesen ib. XVI, 191 ff. (vgl. dagegen Wimmer, Sønderjyll. run., s. 13 f.; Burg, ZfdA. XXXVIII, 161 ff.).

56. (Aelterer) stein von Tørviken (oder Torvik oder Jondal), Norwegen, 6. jahrh.

Urn.: la[n]ðuwarijaʀ (vom schreiber selbst aus la[n]ða- korrigirt; vgl. § 130, 1)

Aisl.: *Landvǽrer (mannsname wie ahd. Lantwari, Landoar, latinisirt Landoerus).

Uebers.: Landvǽrr (ruht hier).

Anm. Vgl. v. Grienberger, Arkiv XIV, 124 note (vgl. 116); Läffler, Uppsalastudier, s. 1 note; anders Wimmer, Runenschrift, s. 166 f. und Bugge, No. I., s. 278 ff.

57. Brakteat (Stephens nr. 22) von Vadstena, Schweden, 6. jahrh.

Urn.: *luwatuwa . fuþarkgw . hnijèpʀs . tbemlwo*

Anm. Vgl. Wimmer, Runenschrift, s. 76; Bugge, Aarbøger 1871, s. 202 f.

58. Stein von Valby, Dänemark, 8. jahrh.?

Urn.: *wiþri | funþ | ʀ*

Anm. Vgl. Wimmer, Runenschrift, s. 77 note; Bugge, No. I., s. 130 ff.

59. Felsenwand zu Valsfjord, Norwegen, anfang des 6. jahrhs.

Urn.: *ek haǥustalðaʀ þewaʀ ǥoðaǥas | (.....)*

Aisl.: *Ek Haukstaldr* (lautges. **Hǫgstaldr*), *þér* (vgl. anorw. *þé-borenn* und zusammensetzungen wie aisl. *Hialmþér* u. dgl.; got. *þius*) **Góþags* ....

Uebers.: Ich Hagestolz, der mann Góþag's, (ritzte die runen).

Anm. Vgl. Bugge, No. I., s. 340 ff.

60. Stein von Vatn, Norwegen, 8. jahrh.

Urn.: *rhǫalįʀ faį ų (..)*

Aisl.: *Hróaldr* (mannsname) *fá?* (vgl. nr. 30 oben) ....

Uebers.: (Ich) Hroaldr schreibe ...

Anm. Vgl. Bugge, No. I., s. 353 ff.

61. Felsenwand zu Veblungsnæs, Norwegen, 7. jahrh.

Urn.: *eirilaʀ* (vgl. nr. 5 oben) *wiwila*.

Aisl.: *Iarl* (§ 349, 2) *Vile* (diminutiv zu **Vír* Tune; § 77, 2).

Uebers.: Jarl Vile (ritzte die runen).

Anm. Vgl. Bugge, No. I., s. 316 ff.; Sievers, Ber. d. k. sächs. ges. d. wissensch. 1894, s. 133.

62. Hobel von Vi, Dänemark, 2. hälfte des 3. jahrhs.

Urn.: *taliwo | ǥisa iow . wilįʀ (...) orþ (...) — tiþįs . hleuno (......)*

Anm. Vgl. Burg, s. 46; Wimmer, Aarbøger 1867, s. 29, 1868, s. 69 f.; Bugge, Arkiv VIII, 22, No. I., s. 103, 293.

63. Kamm von Vi, Dänemark, 2. hälfte des 3. jahrhs.

Urn.: *har[i]wa*

Aisl.: **Herenge* (vgl. oben nr. 42).

Uebers.: Herenge (besitzt dies).

Anm. Vgl. Wimmer, Die runenschrift, s. 63.

64. Spange von Vi, Dänemark, 2. hälfte des 3. jahrhs.
Urn.: *aaðaɜasu | laasauwiɴa*
   Anm. Vgl. § 363 anm. 1 (und § 289 anm. 2); Wimmer, Runenschrift, s. 147; Burg, s. 41 ff. |— Nach Bremer, Grundriss² III, 836 wäre die inschrift nicht urnordisch.

65. Zwinge von Vi, Dänemark, 2. hälfte des 3. jahrhs.
Urn.: *iala | mariha | makia*
   Anm. Mitteilung Wimmer's.

66. Stein von Vånga, Schweden, 6. jahrh.
Urn.: *haukoþuʀ*
Aisl.: **Haukoþr* (mannsname, 'der mit habicht jagt'?, s. § 227,2).
Uebers.: Haukoþr (ruht hier).
   Anm. Vgl. Burg, s. 95 f.; Bugge, No. I., s. 17, 165 note.

67. Stein von Årstad (oder Orstad), Norwegen, gegen 600.
Urn.: *hiwiɜaʀ | sar alu | þiɴwinaʀ*
Aisl.: **Hífegr* (mannsname, lat. *cīvicus?*) . . . . . .
   Anm. Vgl. Bugge, No. I., s. 225 ff. Aarb. 1905.

68. Brakteat (Stephens nr. 96) von Åsum, Schweden, 6. jahrh.
Urn.: *ehe ik akaʀ fahi*
Aisl.: . . (mannsname im dat. sg. m.) *ek* (lautges. **ik*) **Akr fá* (vgl. nr. 30 oben).
Uebers.: Dem . . . ich Akr schreibe (die runen).
   Anm. Vgl. Bugge, No. I., s. 111, 123.

Nachträge und berichtigungen.

§ 1, z. 10 lies sogen. jüngeren. — § 5 anm., z. 4 l. 1891—1903. — S. 7, z. 1 l. anorw. (aber erst seit c. 1280). — § 12 nr. 17 füge hinzu: Kommentirte ausgabe von F. Detter und R. Heinzel, Leipzig 1903. — § 14,5, z. 3 l. *a, æ (e)*, wnorw. dagegen als *u, o* oder *i, e*, z. b. — S. 22, z. 13 f. h. Hægstad, Maalet i dei gamle norske kongebrev, Kra. 1902. — S. 25, z. 4 l. 1901—3; z. 9. Rygh, Norske gaardnavne IV, 2 ist jetzt erschienen, Kra. 1902. — Ein verzeichnis solcher eigennamen, die nicht von menschen getragen werden giebt jetzt B. Kahle, I. F. XIV, 133 ff. — § 59 anm. 1 und 2 f. h. Pipping in Neuphilologische mitteilungen 15./11.—15./12. 1902, s. 17, resp. 13 f. — § 60, 7. Betreffs *ǫþoll* vgl. jetzt Noreen, I. F. XIV, 399; z. 5 l. *ofþegle*. — S. 49, z. 13 l. *Sorkvér*; z. 5 v. u. l. *ƀarūtʀ*. — § 67, 3 f. h. *þeónare* 1373 aus *piónare* diener (s. Hægstad, Kong. s. 18). — § 71, z. 12 l. § 63, 2 und § 167 anm. 3. — § 74, 11, z. 2 l. pl. *vǫpn*; 14, z. 6 f. h. auch *Sýar* (s. Hægstad, Kong. s. 11 und 17). — § 79, 4, z. 7 l. *þryskua* (neben *þriskia*). — § 79, 13, z. 1 l. *kuøykua* [ohne sternchen]. — § 86 anm. 2 f. h. Pipping in Neuphilologische mitteilungen 15./11.—15./12. 1902, s. 7 ff. — S. 77 vgl. jetzt Kock, Arkiv XIX, 234 ff., vor allem aber Pipping a. o. — § 93 anm. 1, § 94 anm. und § 95 anm. (so statt "Anm. 1" zu lesen) f. h. Hægstad, Kong. s. 20 und 32 f. — § 97 anm. 1 f. h. ebenso mnorw. *riófa* (Hægstad, Kong. s. 21). — § 106, 2, z. 5 l. unbetont; urn. *is* (Möjebro) ist. — § 106 anm. 4, z. 3 v. u. l. *suiddauðr*. — § 107, z. 1 l. zu *é*. — S. 86, z. 1 l. *Ífarr*; z. 7 v. u. l. § 267, 2, c [statt § 218, 2]. — § 111, z. 8 l. § 127ᵇ, a. — S. 91, z. 2 v. u. l. *firiho*). — § 130, 1, z. 10 f. h. urn. *wiju* Kragehul aus *wihiō (ahd. *wīhiu*) weihe; anm. 2 letzte z. l. *ÐaʒaʀR*. — § 133, z. 2 l. zu *a* oder *u* (nach § 130); z. 4 f. h. aber *gefomk, gæfomk* werde, resp. würde gegeben. — § 138, 2 und § 139, 2 f. h. Vgl. noch Hægstad, Kong. s. 21 f. und 33. — § 140, z. 4 l. *skildi*. — § 143 anm. 1 f. h. mnorw. *Nórigr* (Hægstad, Kong. s. 22; vgl. s. 33) aus *Nóregr* Norwegen. — S. 113, z. 7 l. -*spĀ*. — S. 114, z. 1 l. dem präfix; z. 23 l. *ðohtriʀ*; z. 33 l. hahn. — § 152 anm. 1 f. h. Mnorw. findet man z. b. *ko(no)nger*, pl. *ku(nu)ngar*, könig, gen. *Nór(e)ges* Norwegens; s. Hægstad, Kong. s. 22. — S. 121 note f. h. Vgl. noch Pipping in Neuphilologische mitteilungen 15./11.—15./12. 1902, s. 1 ff. — § 155 anm. 1. Stentofta [statt Björketorp]. — S. 132, z. 5 v. u. l. *hǫlþr*. — S. 133, z. 9 l. *Ópenn*. — § 184 f. h. 9. Mnorw. dial. aus *y* vor *r* und kakuminalem *l* (wie im aschw., s. An. gr. II, § 116) entstanden; s. Hægstad, Kong. s. 18. — S. 144, z. 9 l. *ʒaf*. — § 220, z. 8 f. h. urn. dat. sg. *Kunimu[n]ðiu* Tjurkö

Nachträge und berichtigungen.

ein mannsname, *mAȝiu* Stentofta sohne aus *-*iwi* (bemerkung O. v. Friesens); z. 10 l. § 74, 5, a. — § 221, 1, z. 2 streiche *veggr* wand; z. 6 l. *veggr* (got. *waddjus*). — § 224, 2, z. 8 und 9 l. § 93, 2, resp. § 94, 2. — § 227 anm. 4, z. 3 l. *yþ(u)arr*; z. 11—12 l. *þiafa (got. *ga-þiwan*), prät. *þéþa. — S. 154, z. 16 l. aisl. gegen 1300. — § 231, 1, b, z. 5 l. **brik(t)sle* <. — § 233 anm. 1, z. 2 f. h. Hægstad, Kong. s. 35. — § 240 anm. 3, z. 5 l. nach (§ 240 und). — S. 164 letzte z. l. mnorw. — § 274, z. 9 l. *détr*; z. 14 l. *gaddr*) fuss-. — § 278 anm. 2 f. h. Hægstad, Kong. s. 24 und 35. — § 281, 8, z. 2 l. *iam(n)t*. — § 283 anm. 1. *-lega*. — § 288, 2, z. 1 l. tor neben. — § 289, 1, z. 3 l. *Áke*; 2, z. 2 l. *Ále*. — § 291, 3 f. h. Hægstad, Kong. s. 23 und 35. — § 298 f. h. Mnorw. beisp. von *mpn* s. bei Hægstad, Kong. s. 35. — § 300 anm. 3, z. 2 l. *Aztríðr*; z. 3 l. *-az-*. — § 302, z. 5—6 l. pl. *Suí(i)ar*, *S(u)ý(i)ar* (s. — § 308, 11, z. 1 l. gespinst. — § 310, z. 12 l. *hnoþet* gehämmert. — § 346 anm. 3, z. 2 f. h. *Wa[n]ðaraðas* (Saude). — § 348 anm. 1, z. 1—2 f. h. mnorw. aber auch *biskuper* (wie im aschw.), s. Hægstad, Kong. s. 23. — § 348 anm. 4 f. h. Von *Nóregr* Norwegen kommt anorw. neben *Nóregs* ein nach dem dat. gebildeter gen. *Nór(e)ges* bisweilen vor; s. Hægstad, Kong. s. 22 und 33. — § 361 anm. 2 f. h. Mnorw. gehen auch *hirðir*, *eyrir* u. a. wie *an*-stämme, s. Hægstad, Kong. s. 13 und 24. — § 361 anm. 4 f. h. So mnorw. bes. bei mannsnamen wie *Þórer*, *Glóðer*, s. Hægstad, Kong. s. 24. — § 377, z. 4 l. *Glaþr*. — S. 234, z. 5 f. h. Anm. 4. Von *halr* heissen gen. und dat. pl. nur *holþa*, resp. *holþom*, nom. acc. pl. aber sowol *holþar*, *-a* wie (neugebildet) *haler*, *-e*; s. Gering, Vollständiges Wörterbuch sp. 1398. Zur erklärung s. § 309, 2 und vgl. § 356 anm. sowie An. gr. II, § 386 anm. 9. — § 378, 1, z. 2 f. h. in der bedeutung 'stätte' erst mnorw., s. Hægstad, Kong. s. 36. — S. 235, z. 7 l. *dýkr*. — § 380, z. 4 l. *sót(t)*. — S. 239, z. 2 v. u. l. *siþr* sitte. — § 385, 2 f. h. bisweilen *sons*, s. Hægstad, Kong. s. 24. — § 391, 1 f. h. *pápa* (auch *pápe*, gew. *páfe*) papst. — § 398 anm. 1 f. h. Mnorw. beisp. von acc. auf *-a* bietet Hægstad, Kong. s. 36. — § 420, z. 12 l. unten) munter. — § 454, z. 8 l. *viþ* ... *iþ* [statt *við* ... *ið*]. — § 462 anm. 2 und 3 f. h. Vgl. noch Hægstad, Kong. s. 24. — § 467, 1, z. 1 l. *Huatke*. — § 494 anm. 3 f. h. *baldenn* übermütig. — S. 317, z. 15 l. Anm. 3. — § 521, 3, z. 3 l. *vér*.

Register.

A. Altisländisch-altnorwegische wörter:

Die zahlen beziehen sich auf die paragraphen der grammatik. Wörter wie *halfr, hálfr, hiarta, hiœrta, meþ, með, telia, tœlia, steinn, stœinn, auga, ouga, dreyma, dreyma* sind gew. unter der ersten form aufgeführt; ebenso wörter wie *bryte, bryti* oder *iotonn, iotunn* nur als *bryte*, resp. *iotonn*. — In der buchstabenfolge stehen in diesem register (im gegensatze zu der s. 30 angegebenen ordnung) *ǫ, ǿ* nach *o, ó* sowie *þ (ð)* unmittelbar nach *t*.

á präp. adv. 'an' 51, 1, a; 117; 289, 5.
á adv. 'immer', s. *é*.
á f., s. *ǿ* 'fluss'.
-a neg. suffix, s. *-at*.
abbadís f. 237, 2; 374 u. anm. 2.
abbinde n. 260.
abbragþ n. 260.
abburþr m. 260.
ábrúþegr adj. 283, 1.
ábyr(g)þ f. 281, 5.
áe m. 227, anm. 4; 394 u. anm. 2.
af, áf präp. adv. 143, anm. 2; 163; 431.
af- präfix, s. *of*.
afbragþ n. 260.
afbrýþe n. 283, 1.
afburþr m. 260.
afe m. 80; 227, anm. 4.
affǫr f. 260.
afle m. 303, 1.
afráþ, -roþ n. 54, 3, b; 144, 1, 5.
afrake, -reke m. 70, anm. 1.
afr(h)endr adj. 284.
afrœðe (anorw.) n. 61.
af(s)tr adv. 299, 1.
Aftalr (anorw.) m. 266.
afund f., s. *ǫfund*.

-ag- suffix 167, 4.
age m. 164.
A(g)mundr (anorw.) m. 264, anm.; 283, 3.
-agr adj. 418 u. 1.
A(g)valdr (anorw.) m. 283, 3.
aka stv. 164, anm. 1; 491 u. anm. 2.
akarn n. 205.
Áke m. 118; 289, 1.
akkere n. 257, 3.
akr, ákr m. 164, anm. 1; 317, 1; 348, 1 u. anm. 2.
ál f., s. *ól*.
al- präfix 308, 9.
-al- suffix 167, anm. 1.
ala stv. 490.
alaþ n. 303, anm.
alboge m. 253, 1.
aldenn adj. (part.) 307, 2, a; 430; 494, anm. 3.
Aldís f. = *Alfdís* 281, 4.
aldr m. 307, 2, a; 348, anm. 2.
-aldr suffix 348.
aldregen (anorw.) adv. 150; 301, anm.
aldrigi(t) (anorw.) adv. 300, anm. 2.
aldrnare m. 69, anm.
Ále m. 111; 118; 289, 2.

Aleifr, Áleifr m. 51, 1, a; 54, 3, b; 75; 77, 2 u. anm.; 111; 289, 2; 348.
al(e)mandr m. = alemandel 246.
alen f. 368, s. ǫln.
alfa (anorw.) f. = halfa 284.
Alfarheimr 374, anm. 1; 382, 3.
alfe m. = afle 303, 1.
Alfer- (anorw.; in namen) 380, anm. 1.
Algarœim (anorw.) 248.
all- präfix 308, 9.
all 'keim', s. ǫll.
allonges, -ynges adv., s. ǫllonges.
allr adj. 168, 1; 267, 4, a u. anm. 4; 413, anm.; 415, anm. 2, 3; 417, anm. 2.
allrek (anorw.) adv. 231, anm. 2.
Allsogh (mnorw.) 145ª, 2.
almandr, s. alemandr.
almát(t)egr adj. 258; 263, 1.
almboge m. 253, 1.
almóge, -múge m. 109, anm. 1.
almosogœrðar (anorw.) f. pl. 374.
Almveig f. 367, anm.
Álǫf, -of f. 54, 3, b; 144, 5; 289, 2.
alr m. 377.
Alrekr m. 51, 2, a; 144, 3; 349, 1.
alun (anorw.), s. ǫln 368.
alvaldr m. 81.
alvitr adj. 406, 1.
alýþ, úþ f. 76.
alzkonar adv. 378.
á maðal (anorw.) präp. 114.
ambon (anorw.) = andbun 253, 1.
amboð (anorw.) n. pl. 253, 1.
ambǫ́tt, -bótt f. 76; 380, 4.
ambǽtti (anorw.) n. 61.
á meþal präp. 415, anm. 2, (5).
á mille, millom präp. 259, 4.
á miþel präp. 155.
amra swv. 225, anm. 2.
Amundr, s. Agmundr.
Án (mnorw.) m. 222.
án präp. 75; 111.
-an- suffix 130, anm. 3; 167, anm. 3.
ánasótt f. 77, 2; 394, anm. 2.
and- präfix 281, 2.
-and- suffix 167, 2 u. anm. 2.

an(d)boð (anorw.) n. pl. 253, 1.
andbun (anorw.) 253, 1; 283, 3.
ande m. 391, anm. 1.
-ande f. 401; vgl. -and-.
andlit(e), -let(e) n. 138, anm. 2; 159; 281, 2.
andlǽte (anorw.) 54, 3, b; 61; 159.
andr m. 348, anm. 2.
andsyptir (anorw.) m. 74, 13.
andvake, -a adj. 424.
andvege, s. ǫndvege.
andverþr adj. 76.
-ang- suffix 167, 3.
Angantýr m. 233, anm. 2.
angr m. 348, anm. 2.
-angr m. 348 u. anm. 2.
anlit n., s. andlit(e).
annarr pron. 130, 1; 252; 265; 290, 1 u. anm. 1; 413, anm.; 415, anm. 3; 445.
annarr hvárr pron. 469.
annarr hverr pron. 468.
annarr tueggia, annarrtuegge pron. 469.
annaß staþar 'anderswo' 262, 3.
ansuar n. = andsuar 281, 2.
ánumaþkr m. 250, anm. 1.
ányia swv. 500.
apaldr m. 348, 2 u. anm. 1.
apinia f. 140.
apr adj. 257, 1.
aptan adv. 431; 432, 3.
aptann m. 167, 5 u. anm. 3; 281, 10; 349 u. anm. 4.
aptare, -astr adj. 431.
aptrbygge m. 393.
aptre adj. komp. 431.
apynia f. 140.
ár n. 225.
ár adv. 'früh' 54, 2.
ár adv. = ápr 282.
-are 144, 1, 6; 148; 361, anm. 1; 392.
arenn m. 69 anm; 121, 1.
arfe m. 391.
arfnyte m. 393.
argr adj. 305, anm. 3.
árhialmr m. 51, 1, a; 54, 3, a.

armr m. 347.
armr adj. 226; 335, 1; 342, 1.
árna swv. 54, 2; 122, 1.
Arnaldr m. 227, 1, f.
Arnallr m. 284.
Arndórr m. 230, 1, b.
Arngrímr m. 77, 1.
Arn(h)eiþr f. 284.
Arnórr m. 265; vgl. *Arndórr*.
-*arr* (in namen) 54, 3, b; 144, 1; 284; 348.
ars m. 305, anm. 3.
artegn = *iarteign* 283, 3.
arþr m. 348, anm. 2 (2 mal).
Arviðr (mnorw.) m. = *Arnviðr* 281, 8.
ásiá f. 399.
Aski (mnorw.) 231, 1, a.
Asknes (anorw.) 306.
Áslákr m. 300, 4.
Asle (onorw.) = *Atle* 299, 2.
Ásleif f. 367.
Ásleifr m. 300, 4.
Ásló (anorw.) 111.
Ásmundr m. 77, 1; 145 b, 1; 388, anm. 2.
áss 'balken' 118; 289, 4.
áss 'gott', s. *óss*.
Ás(t)lákr m. 300, 4.
Ás(t)leifr m. 300, 4.
-*astr* superl. 417; (418).
Ástráþr m. 300, 2.
Ástríþr f. 300, 2.
Ásvaldr m. 227, 1, f.
at, *át* konj., präp. 150; 163; 240.
at rel.-partikel 463 u. anm. 1.
-*at* neg. suffix 54, 3, b; 144, 1; 150; 240; 300, anm. 2; 455, 1, 2; 521, anm. 1.
atburþr m. 378, 2.
ater (orkn.) = *aptr* 261.
at(h)œfe n. 164, anm. 1; 284.
athygle n. 167, 1.
athǿfe (anorw.) n. 164, anm. 1.
átíán zahlw. 258.
Atle m. 299, 2.
at sógoro adv. 74, 11; 76; 141.
átt f., s. *ǿtt* 122, 1; 451.
átta zahlw. 119, 1; 133; 258; 439.

áttande zahlw. 446.
atte m. 266.
átte zahlw. 266; 446.
át(t)ián zahlw. 258; 439.
áttréþr adj. 450.
atœfe n. 284.
aþ konj., s. *at* konj. 240.
aþal n. 164; 167, 1; 303, anm.
aþal- präfix 167, 1.
Aþalráþr m. 348.
Aþám(r) m. 348, anm. 1.
Aþ(g)ísl, -*(g)ils* m. 223; 348.
aþile m. 393 (2 mal).
á(þ)r adv. 282.
-*aþr* m. 130, anm. 3; 387.
-*aþr* part. prät. 417; 418, 1.
au- präfix 227, 2.
auga n. 395 (2 mal).
augbrǫ́ 160, anm. 3.
Augun (anorw.) 251; vgl. *Auþon(n)*.
Auisl m. 222; 223.
auk konj. 145 a, 2.
auka stv. 96 (u.) anm.; 493 u. anm. 2; 526, anm. 2.
aukuise m. 227, 2
Aul(u)ir (anorw.) m. 166, anm. 2; 227, 1, f.
aumr adj. 226; (227, 2).
Aun(n) m. 220; 222; 275, anm. 2; 348, anm. 1; vgl. *Auþon(n)*.
aur- präfix 'zurück' 227, 2.
aurgate m. 227, 2.
aurkunnask swv. 227, 2.
aurr m. 160.
aurr adj. 160.
aurvase m. 227, 2.
ausa stv. 96 (u.) anm.; 493.
austan adv. 431; 432, 3.
austanvarðr, -*verþr* adj. 161.
austastr adj. sup. 431.
austr m. 348, anm. 2.
austr(h)alfa f. 284.
Autn (anorw.) 254, anm. 4.
Autsetr (anorw.) 230, 2, d.
auþbǿnn adj. 428.
auþegr, -*ogr* adj. 167, 4; 418 u. 1; 429, anm. 3.

Auðels (mnorw.) m. 223.
auþenn adj. (part.) 493, anm. 3.
Auþgisl m. 222; 223.
auþ(h)æfe, -(h)éfe n. 164, anm. 1.
auþlingr m. 166, anm. 2.
Auþon(n) m. 145ʰ, 3; 220; 222; 251; 275, anm. 2; 349, 1; 388 u. anm. 1, 2.
auþr m. 166, anm. 2; 348, 2.
Auþr f. 374 u. anm. 1.
auþsœr adj. 419.
auþveldr adj. 428.
auvirþ n. 227, 2.
auvisle m. 227, 2.
Avaldr, s. Agvaldr.
ávalt adv. 54, 3, a; 80.
ávitall, -oll adj. 167, 1.
ax f. = ex 74, 7; 374.
Axnes (anorw.) 306.
-aztr superl. 300, anm. 3; 306, anm.
Aztríðr (anorw.) f. 300, anm. 3; 306, anm.

bága swv. 509, anm. 1.
bagge m. 308, anm. 3; 324, 4.
bak n. 351.
bakke m. 308, 8 u. anm. 3.
bákn n. 55, anm.
bakr m. 308, 8.
bakstr m. 348, anm. 2.
baldenn adj. 207, 2, a; nachtr. zu 494, anm. 3.
Baldr m. 307, 2, a; 348, anm. 2.
baldriþe m. 307, 2, a.
Báleygr m. 379 u. anm. 1.
balkr m. 78, c; vgl. bǫlkr.
ballr adj. 307, 2, a.
band n. 168, 1.
Ban(g)se (anorw.) m. 255.
barar, -er f. pl. 365.
bardage m. 391.
barmr m., s. baþmr.
barn n. 347.
barr (anorw.) adj., s. berr.
barr n. 267, 2, a.
Bárðr (anorw.) = Bǫrþr 388, anm. 2.
báss m. 289, 4.
bastarþr m. 348, 2.

batna swv. 164.
bátr m. 54, anm. 3.
batre adj. komp., s. betre.
báþer zahlw. 54, anm. 2; 62; 144, 1; 145ᵃ, 1; 221, 1; 308, 7; 436 u. anm. 1, 2; 468, anm. 2.
baþmr m. 230, anm. 12; 245, anm. 1.
baugr m. 160.
Baug-, Baukstaðer (anorw.) 94, anm.; 231, 1, b.
baula f. 160; 166, 3.
bauta swv. 308, 3; 493, anm. 3.
bazt adv. sup. 433.
baztofa f. 230, 2, d.
baztr adj. sup., s. beztr.
beils n. = beisl 303, 4.
beiskr adj. 310.
beisl n. 303, 4.
beit n. 54, anm. 3.
beiþa swv. 166, anm. 1.
beiþe (zahlw.) konj. 436, anm. 1.
beizl n. 303, 4.
bekkr m. 'bach' 269, 1; 379; 382, 2.
bekkr m. 'bank' 257, 3; 379; 382, 2.
Bele m. 393.
belgr m. 379; 382, 2.
belia swv. 166, 3; 500.
bella stv. 480 u. anm. 1.
ben f. (n.) 371; 372.
benda swv. 227, 1, f; 519.
Benedikt m. 348, anm. 1.
ber n. 359.
bera f. 88.
bera stv. 91, 3, a, β; 342, 1; 486 u. anm. 4.
Berdórr = Bergdórr 281, 5.
berfiall n. 88; 91, anm. 1.
berg n. 88; 351, anm. 3; vgl. biarg.
Bergar 351, anm. 3.
bergbúe m. 91, 1.
Bergvin = Biorgvin 91, 1.
beria swv. 500; 502.
ber(n)ska f. 281, 8.
berr adj., 68, anm. 1; 69.
Berse, Besse (mnorw.) m. 262, 3.
berserkr m. 379.
betr adv. komp. 433.
betre adj. komp. 164; 430.

beþr m. 358; 379 u. anm. 2.
Beyla 289, 2.
bezt adv. sup. 433.
beztr adj. sup. 64, c; 151; 293, 2; 430.
bialke m. 88; 91, 3, a, α; 161.
biarg n. 88; 91, 1; 161; vgl. berg.
biarga stv. 91, 3, a, α; 308, 5; 479;
    481, anm. 1; 520, anm. 4 (2 mal).
Biargvin = Biorgvin 91, 1.
biarkan n. 91, 3, a, α.
Biark(a)røy, Biarkøy (anorw.) 152,
    anm. 1; 291, 2.
Biartmarr m. 348.
biartr adj. 119; 2.
bikarr m. 348;. 349, 1.
bikkia f. 163; 269, 1.
bilda f. 303, 2.
binda stv. 106, anm. 1; 161; 172, 1;
    176, 1, 257, 2; 321, 2; 482 u. anm. 1;
    524, 2, b; 528, 1.
bindinde f. n. 167, 2.
biogga stv. 493, anm. 1.
Biolfr, Biólfr m. 127 b, a.
Biol(f)staðer (anorw.) 281, 4.
Bionn (anorw.) m. 262, 2.
-biorg f. 367.
Biorg(v)in, -yn (91, 1); 220; 227,
    anm. 4; 373.
biorn m. 166, anm. 3; 386 u. anm. 1, (2).
Biorn m. 262, 2; 386, anm. 2.
biórr m. 'biber' 127 b, anm.; 227, 2.
biórr m. 'bier' 308, 14; vgl. biúrr.
biórr m. 'streifen' 227, 2.
bióþa stv. 154, 2 (part.); 333, 1; 475
    u. anm. 2; 521, 1 u. anm. 2.
birke n. 362, anm. 2.
Birkiar m. pl. 362, anm. 2.
birta swv. 82.
biskop, -up m. 74, 5, b; 348, anm. 1.
bisna (anorw.) swv. = býsna 140.
bíta stv. 172, 1; 173, 1; 472.
bitell, -oll adj. 167, 1.
bitr adj. 310; 417, 2.
biþa stv. 154, 1 (part.); (159); 166,
    anm. 1; 167, anm. 3; 473.
biþia stv. 155 (part.); 166, anm. 1, 2;
    488 u. anm. 7; 524, 2, c; 526, 2.

Biúfr (anorw.) m. 254, anm. 3.
biúga n. 395.
biuggia (anorw.) stv. 493, anm. 1.
Biúgr m., s. Biúfr.
biúgr adj. 160.
Biulfr (anorw.) m. 127 b, a.
biúrr (orkn.) 'bier' 97, anm. 2.
blaka swv. 509, anm. 4.
blakkr adj. 166, 2; 257, 3.
blanda stv. 156, anm.; 257, 2; 494
    u. anm. 2, 5.
blár adj. 78, b; 419.
blása stv. 166, 2; 495, I.
blautr adj. 160; 308, 3.
blauþr adj. 308, 3.
bleikr adj. 166, 2.
blesson f. 263, 2.
blífa stv. 472.
blíkia stv. 254; 473; 522, 1.
blistra swv. 166, 2.
blíþka swv. 230, 2, e.
blóme m. 340, 1.
blómstr m. 348, anm. 2.
blóta stv. 495, II u. anm. 4; 520,
    anm. 1.
blotna swv. 160.
blǿstr m. 385 u. anm. 2.
blý n. 74, 6; 353.
blǽia f. 165, anm. 1.
blǽingr m. 59, anm. 1.
blǽr 68, 2.
bléia f. 165, anm. 1.
Bleykin (anorw.) 79, 13; 227, anm. 4.
*bnúa stv. 496, anm. 2.
bóa (anorw.) stv. 160, anm. 2; 493,
    anm. 1; vgl. búa.
bóande m. 160, anm. 2; 412 u. anm. 1;
    493, anm. 1; 529, anm. 2.
boge m. 160; 174, 1; 308, 5; 391, 3.
bogenn adj. (part.) 478, anm. 4.
bógr m. 385.
bók f. 175, 1; 406, 1; 407.
bókfell n. 88.
bokkr m. 154, 2; 308, 5; 318, 2.
Bókn f. 365.
Bókstaðer (anorw.) 94, anm.
bǫl n. 160, anm. 2.

Register. 355

bóla f. 108, 2.
bole m. 160; 166, 3.
bolgenn adj. (part.) 308, 5; 485, anm. 6.
bolle m. 161; 308, 9.
bolr m. 154, 2; 308, 9; 377.
bolstr, bólstr m. 119, 3; 154, 2; 348, anm. 2.
bón f. 64, c; 382, 3.
bónde m. 125; 160, anm. 2; 167, 2; 412; 529, anm. 2.
Bondi m. 63, 4.
bora swv. 174, 1.
borg f. 161; 381.
Borgný f. 373 u. anm. 3.
Borgund 161.
borr m. 154, 2; 378 u. 1.
bort adv. 145ª, 2; 305; vgl. braut adv.
borþ n. 174, 1.
bót f. 164; 406, 4.
botn m. 281, 8; 348, anm. 4.
Bótolfsvaka (anorw.) f. 141.
bǿféra, (-þa) f. 245, anm. 2; 282.
bǫl n. 356.
bǫlkr m. 78, c; 161; 385 u. anm. 2.
bǫllr m. 161; 385.
bǫlua swv. 79, 6.
Bórekr m. 282.
bǫrkr m. 308, 5; 385.
bǫror f. pl. 365.
bǫrr m. 245, anm. 2; 355 u. anm. 2.
Bǿrþr m. 127ª; 222; 388 u. anm. 2.
bǫþ f. 370.
bǫþfara f., s. bǿféra.
Bǫþuarr m. 128, a; 222.
Bǫþuildr f. 80; 128, a; 222; 284.
brá swv. 307, 3, a.
braga swv. 307, 3, a.
Brage m. 391, 3.
bragnar m. pl. 391, 3.
bragr m. 378.
brálla adv. 259, 4.
brandnór m. 350 u. anm. 1.
brattr adj. 257, 2.
bráþla adv. 259, 4.
bráþna swv. 495, anm. 3.
braullaup n. = brullaup 160, anm. 1.
braut f. 381.

braut adv. 145ª, 2; 271; 305; vgl. bort.
brautinge m. 62.
brauþ n. 160.
bréf n. 171, anm.
bregþa stv. 117; 154, 2 (part.); 485 u. anm. 1, 5; 520, anm. 4.
brekka f. 106, 1; 257, 3.
brenna stv. 156; 252; 267, 4, b; 308, 11; 485 u. anm. 2; 521, 2.
bresta stv. 479.
brestr m. 377 u. anm. 3.
breyma adj. 166, 1.
brid swv. 127ᵇ, b, 2; 307, 3, a.
Brig(i)ðaruð (anorw.) 152, anm. 1.
brigþa stv. 485, anm. 1; 520, anm. 4.
brigzle n. 230, 2, d; 231, 1, b; 281, 10; 306.
brík f. 406.
brilaup (anorw.) n., s. bryllaup.
brim n. 309, 2.
brime m. 166, 1.
Brimer m. 361.
brinia f. = brynia f. 140.
brinna stv., s. brenna 156; 485, anm. 2.
briðst f. 122, 3.
briðstkirkia f. 396, anm. 5.
brióta stv. 167, anm. 3; 475.
brix(t)le n. = brigzle 306.
broddr m. 218, 2.
brók f. 308, 8.
Brokkr m. 308, 8.
brosa swv. 509.
brot(t) adv., s. braut adv.
brotfall n. 233; 274.
broþ n. 160.
bróþer m. 175, 1; 307, 2; 410 u. anm. 1, 2, 3.
brǿ f. 160, anm. 3; 369.
brǫt adv., s. braut adv.
brú f. 160, anm. 3; 128, b; 365 u. anm. 2; 406, 3.
bruggenn part. 221, 2; 485, anm. 6.
brullaup n. 51, 1, a; 122, 4, 5; 160, anm. 1; 259, 4; 284; 382, 3; vgl. bryllaup.
brún f. 160, anm. 3; 406, 4 u. anm. 3.

23*

brundr m. 309, 3.
brune m. 156; 308, 10.
brúnn adj. 166, anm. 3.
brunnr m. 252; 338, 1; 348, 1.
brún(v)ǫlue adj. 227, 1, f.
brúþgume, -gaume m. 186, anm.; 391, 3.
brúþ(h)laup n. 284 u. vgl. *brullaup*.
bruþr m., s. *brunnr*.
brúþr f. 177, 1; 380, 1, 3; 382, 3.
brutt adv., s. *braut* adv.
Brúvin 129.
bryggia (anorw.) stv. 485, anm. 6.
bryllaup (anorw.) n. 122, 5; 140, anm.; 275, 3; vgl. *brullaup*.
Brýn 62; 129.
brynia f. 140; 344, 1; 399.
brynia swv. 500.
Bryniolfr m. 127 b, a.
brýnn, brynn adj. 122, 5.
bryte m. 390; 393 (2 mal).
brytia swv. 500.
bú n. 160, anm. 2; 347.
búa stv. 160, anm. 2; 221, 2; 308, 4; 493 u. anm. 1, 2; 524, 2, a; 525, anm. 2.
búande m. 160, anm. 2; 167, 2; 412 u. anm. 1; 529, anm. 2.
búe m. 160, anm. 2; 394.
bugr m. 377.
bukkr m. 154, 2; vgl. *bokkr*.
bukran, -ram 250, anm. 1.
bulke m. 246, anm.; 308, 5.
bulr m. 154, 2; 377; vgl. *bolr*.
bulstr n., s. *bolstr* 119, 3; 154, 2.
bunden n. 415, anm. 2; 485, anm. 5.
bunki (anorw.) m. 246, anm.
búnoþr m. 387.
búr n. 160, anm. 2.
burþr m. 277; 291, 2; 378 u. 2; 382, 3.
burr m. 154, 2; 378 u. 1.
bu(r)st f. 262, 3.
burt adv., s. *bort*.
bút adv. 151; 418, anm. 1; vgl. *búþ* adv.
buta swv. 308, 3.
butr m. 308, 3.
búþ f. 160, anm. 2.
búþ adv. = *bút* 240, anm. 3; 493, anm. 1.
buþkr m. 308, 3.

bý n. 74, 6.
bygg n. 79, 4; 221, 2; 308, 14; 356.
-bygge m. 393 (2 mal).
byggia, -ua swv. 60, 9 u. anm. 5; 160, anm. 2; 221, 2; 238, 2; 274; 308, 14; 506, b.
byggia swv. 'vermieten' 269, 1.
býle n. 60, anm. 3; vgl. *bóle*.
Býleiptr, -leistr m. 119, 2.
bylgia f. 398.
bylia swv. 160; 166, 3.
bylr m. 379.
byndin (nisl.) n. 485, anm. 5; vgl. *bunden*.
býr m. 127 b, b, 2; 160, anm. 2; 379 u. anm. 3, 4.
byria swv. 500 u. anm.
byrr m. 379 u. anm. 1.
byrta swv. = *birta* 82.
byrþr f. 374.
byrþ f. 382, 3.
bysia swv. 502.
byskop, -up m. 74, 5, b; 348, anm. 1.
býsna swv. 140.
bytta f. 308, 3.
Bœrtnœs, Bœrk- (anorw.) 254, anm. 4.
bóle n. 60, anm. 3; 160, anm. 2; 362, anm. 2.
Bóler 362, anm. 2.
belua swv. 79, 6.
bœn f. 64, c; 382, 3.
bœr m., s. *býr*.
bœta swv. 266.
bœþe (zahlw.) konj. 436, anm. 1.
bœxl f. 231, 1, b.

dá n. 353.
Dáfiþr, -finnr m. 348, anm. 1.
dagr m. 70; 164; 168, 1; 334, 1; 348 u. anm. 5.
Dagr m. 348, anm. 5.
dagverþr m. 76; 161; 220, anm.; vgl. *dǫgorþr*.
dalr m. 164; 348 u. 4; (377, 2).
Dampr m. 253, 1.
dámr m. 55, anm.
dánde adj. 165.

Daner m. pl. 377.
Danpr m. 253, 1.
danskr adj. 151.
dát(t) adj. n. 151; 418, anm. 1; 490, anm. 3.
daufr adj. 160.
dauþr m. u. adj. 94, 1; 157, 1; 160; 530, anm. 1.
Dávíþ(r) m. 348, anm. 1 u. 3.
deigr m. 159.
deigr adj. 421.
deila swv. 528, 3.
des f. 166, 3; 372.
detta stv. 106, 1; 108, 1; 257, 2; 480 u. anm. 2.
deyia stv. 157, 1; 160, anm. 2; 227, anm. 4; 490 u. anm. 3; 491, anm. 1; 520, anm. 5; 530, anm. 1.
dia(r)fr adj. 290, 2.
digna swv. 473, anm.
digoll m. 159.
dimmr adj. 336, 1.
diofoll m. 67; 349.
dirfask swv. 82.
dís f. 152, anm. 2; 374; 380, 3.
-dís (in namen) 374 u. anm. 2.
diúp n. 415, anm. 2.
diúpr adj. 429.
diúr (anorw.), s. *dýr*.
dofe m. 160.
dofenn adj. (part.) 477.
dókr m. 160, anm. 2.
dómande m. 412, anm. 1; 529, anm. 3.
dómare, -ere m. 61; 144, 1, 6.
dómr m. 165; 348, 3.
dorg f. 166, 4; 365.
dót(t)er f. 108, anm. 4; 119, 1; 258; 267, 3; 274; 409, anm. 1; 411 u. anm.
doðe, -i m. 160.
doþna swv. 160.
dǫf f. 365.
dǫgg f. 221, 2; 370 u. anm. 2.
dǫgorþr, -urþr m. 76; 141; 161; 220, anm.; 388.
dǿp f. 165; 380; 382, 1.
draga stv. 166, 4; 224, 2; 311; 491 u. anm. 3, 5.

dramb n. 351, anm. 1.
drasell m. 167, 1 u. anm. 1; 349, anm. 1.
draugr m. 166, anm. 3; 309, 1.
draumr m. 309, 1.
drega (anorw.) stv., s. *draga* 166, 4; 491.
dregg f. 372.
dreif f. 365.
dreke m. 70.
drekka stv. 106, 1; 108, 1; 257, 3; 485.
drekkia swv. 506, a.
drengr m. 379 u. anm. 1, 2.
drepa stv. 487 u. anm. 2.
dreyre m. 68, 8.
drífa stv. 472.
dríta stv. 472.
driúpa stv. 476.
dróg f. 166, 4.
Droplaug f. 367.
drót(t)enn m. 122, 3; 258; 349, anm. 2 (2 mal).
drót(t)ning f. 62; 122, 3; 138, anm. 2; 366.
dróttsete m. 108, 2.
drǫttr m. 311; 385.
drúpa swv. 509, anm. 4.
drykk(i)a f. 254, anm. 2.
drykkr m. 108, 1; 379 u. anm. 2.
-drǿgr adj. 421.
du pron. = *þu* 455, 2.
duelia swv. 162; 521, 2.
duena swv. 154, 1.
duergr m. 161; 166, anm. 3.
dúfa f. 177, 1.
dúfa (anorw.) stv. 477.
duga, dúga swv. 509 u. anm. 1; 528, 4.
dugandmaþr m. 412, anm. 4.
dugr m. 377.
duina swv. 154, 1.
dúkr m. 160, anm. 2.
dumbe, dumbr adj. 424.
dunn f. 382, 3.
dúnn m. 382, 3.
duǫl f. 365.
dust n. 108, anm. 1.
dyggr adj. 79, 4; 420 u. anm. 4.

dýkr m. 289, 1; 379.
dylia swv. 162.
dynkr m. 289, 1.
dynn f. 382, 3.
dýnn m. 382, 3.
dynr m. 379 u. anm. 1.
dyr pl., s. dyrr.
dýr n. 68, 7; 69.
dyrfask swv. = dirfask 82.
dyrgia f. 161; 166, anm. 3.
dyrka swv. 122, 5.
dyr(r) f. (n.) pl. 406, anm. 4.
dýrr adj. 122, 5; 414, anm. 1; 429.
dyrþ f. 122, 5.
dys f. 166, 3; 372.
dysia swv. 500.
dyttr m. 377.
dǽll adj. 165; 414, anm. 2.
døggua swv. 79, 6; 505.
dǿgr n. 164.
døkkr adj. 74, 3; 106, 1; 257, 3; 420.
døkkua swv. 79, 6.
dǿl f. 164; 365; 382, 2.
dǿll m. 377 (u. 1).
dǿma swv. 505; 529, anm. 3.
dǿme n. 362.

ð-, s. þ-.

e adv. 144, 6; vgl. ey adv.
edda f. 'grossmutter' 123; 230, 1, a.
edda f. 'poetik' 122, 7.
ef n. konj. 90; 155; 229, 2; 309, 2.
efan f. 91, 3, a, β.
efa(þ)samr adj. 309, 2.
efe m. 155.
eff 326.
efla swv. 303, 1; 505, anm. 1.
efre adj. komp. 114; 431 (2 mal).
Efrúsum (anorw.) 152, anm. 1.
ef(s)tr adj. sup. 281, anm. 4; 431 (2 mal).
Eftaleyti 287.
efter präp. = epter 232, 2.
eg pron., s. ek 240; 454; 455 u. anm. 2.
eg adv., s. egi.
Egell m. 349, anm. 1.
egg f. 269, 1; 371.

egg n. 221, 1; 359.
eggia swv. 500.
Eggþér m. 350.
eg(i) = eige adv. 145ᵃ, 1.
-egr adj. 418 u. 1.
Egþér m. pl. 377 u. 2.
ei adv. 74, 16; 75; vgl. ey adv.
eiga v. 54, 1; 224, 2; 307, 3, a; 334, 1;
  512, 2 u. anm. 3, 4, 5; 522, 4; 526,
  anm. 1.
eigande m. 412, anm. 3.
eige adv. 145ᵃ, 1.
eigen n. 415, anm. 2.
eigenn adj. 123; 307, 3, a; 512, anm. 4.
eik f. 406, 1; 407.
eike n. 362, anm. 2.
eikenn adj. (part.) 492.
Eikiar m. pl. 362, anm. 2.
eilífr adj. 145ᵃ, anm. 1.
eimyria f. 54, 3, a; 307, 4.
einarþr adj. = cinharþr 284.
Ein(d)riþe m. 51, 1, a; 122, anm. 1;
  123.
eindrógr adj. 421.
eindǿme n., s. endeme.
eine zahlw. 444.
einer m. 225.
einfaldr adj. 449.
einge pron., s. enge 123.
ein(h)arþr adj. 284.
einhere m. 393.
eining f. 451.
e(i)nn zahlw., pron. 123; 144, 1; 147;
  148, anm. 2; 257, 2, a; 289, anm. 5;
  434 u. anm. 1, 2; 444; 465 u. 5.
ein(n)huerr pron. 465 u. 1.
Einriþe m., s. Eindriþe.
einshuerr pron. 465 u. 1.
eir f. 380, 3.
eir n. 54, anm. 1; 54, 3, a.
eira swv. 54, anm. 1; 218, 2.
Eirekr m. 289, 3; 348.
eisa f. 398, anm. 2.
eisorfála f. 398, anm. 2.
eista n. 395.
Eistr, Eister m. pl. 404.
eitthuat pron. 465 u. 2.

eiþ n. 351, anm. 3.
Eiþar m. pl. 351, anm. 3.
-eiþ(r) (in namen) 284; 374 u. anm. 2.
eiþr m. 348, 2.
ek pron. pers. 90; 150; 240; 317,1;
    454 u. anm. 1, 2; 455, 1 u. anm. 2;
    521, anm. 1.
ek(k)e pron., adv., s. enge 51, 4; 122,
    anm. 1; 123; 263, 1; 274; 275, 1.
ekke m. 106, 1; 'schmerz' 257, 3.
ekkia f. 123; 257, 3.
él n. 106, 3; 359 (2 mal).
eldkueikia, -kueykia f. 79, 9.
eldr m. 123; 151; 348, 3 u. anm. 4;
    349, 2.
eld(s)tó f. 111; 365.
elfa swv. = efla 303, 1.
elfr f. 374 u. anm. 1; 380, anm. 1;
    382, 3.
-elfr (in namen) 374.
E(l)ftaleyti 287.
elgr m. 376.
elifr adj. 145ª, anm. 1.
Elín f. 367.
Ella m. 398.
ellar adv. 307, 3, a.
elle f. 400.
ellefo zahlw. 51, 1, a; 54, 3, a; 62;
    63, anm. 2; 122, 6; 145ª, anm. 1;
    166, 1; 248; 257, 4; 396, anm. 5;
    439 u. anm.
ellegar adv. 62; 63, anm. 2; 138,
    anm. 4; 240, anm. 4; 307, 3, a.
ellepte zahlw. 74, 7; 82; 232, 2; 249;
    446 u. anm.
ellre adj. komp. 265; 307, 2, a; 430.
elptr f., s. ǫlpt 167, 5.
-else suffix 303, 4.
elska swv. 499.
elsk(h)uge m. 284.
elþe n. 303, anm.
elzkuekua f. 79, 9.
elztó f., s. eld(s)tó.
elztr adj. sup. 430.
em (anorw.) konj. = ef 229, 2.
emia swv. 500.
en rel. part. 463 u. anm. 1.

en adv., s. enn adv.
-end- suffix 167, 2 u. anm. 2.
enda swv. 505, anm. 1.
enda adv. 130, 2.
-ende f. 401.
endeme, eindǿme n. 123; 144, 7.
ender m. 307, 2, b; 361, anm. 2.
Endriþe m., s. Eindriþe.
eng f. 372.
enge n. 362 u. anm. 1.
enge pron. indef. 51, 4; 79, 6; 81;
    122, anm. 1; 123; 231, 1, a; 250, 1;
    263, 1; 274; 466 u. 1 u. anm. 1.
-enge = -genge m. 223.
engl(i)skr, en(g)skr adj., s. enskr.
-engr, -ingr m. 210, 2; 348 u. 3 u.
    anm. 1.
-enn adj. 418, 3, (4), 5.
enn zahlw. (s. einn) 434 u. anm. 1, 2.
enn best. art. 143, anm. 1; 152; 225;
    257, 2, b; 267, 2, c; 268, anm. 2;
    458; 461; 462 (passim).
en(n) adv. 143, anm. 1; 150; 275, 1.
en(n)da adv. 130, 2.
enne n. 307, 2, b; 362.
enskr adj. 255; 281, 7 u. anm. 2.
epter präp. 82, anm. 2; 166, anm. 2;
    232, 2.
eptr adj. sup. = ef(s)tr 281, anm. 4.
eptre, epztr adj. 431.
ér pron. pers. 106, 2; 121, 1; 150,
    anm. 1; 454 u. anm. 4 (2 mal);
    455, anm. 5.
er rel.-partikel, s. es 256; 463 u.
    anm. 1, 2.
-ere m. = -are 144, 1; 148; (392).
erfa swv. 505.
erfe m. 391.
erfeþe n. 145ª, 1; 362; vgl. œrfað(e).
erfinge m. 332, 1; 393.
erinde n. 167, 2.
Erlingr m. 167, anm. 1.
ermr f. 374.
-ern- suffix 51, 2, b; 61.
erpskinn n. 232, anm. 4.
ertr f. pl. 406 u. anm. 3.
erþgróenn adj. 91, 1.

erþr n. 305, anm. 3.
es pron. = ér 454, anm. 4.
es rel.-partikel 150; 463 u. anm. 1, 2.
eta f. 88; 91, 3, a, β.
eta, éta stv. 269, anm. 3; 315, 1; 488 u. anm. 1.
etke pron. zu enge pron. 263, 1.
eð konj. = at 463 u. anm. 1.
eþa konj. 51, 4; 90; 233; 275, 1.
eþla f. 166, anm. 2; 259, 4.
eþle n. = elþe 303, anm.
eþle n. ‚natur' 63, anm. 2; 77, anm.; 114; 259, 4.
-eþr, -iþr part. 210, 2; 504.
ey f. 157, 1; 307, anm. 2; 309, 1; 373.
ey adv. 54, 3, a; 74, 16; 75; 93, 3; vgl. adv. á, e, œ.
-ey (in namen) 373.
eyfet(ar), -o 466, anm. 2; vgl. eyvet(ar).
eygr adj. 421.
eyiarskegge m. 393.
eykr m. 225; 379.
Eylaugr, Eylof (mnorw.) m. 145ᵃ, 2; 254, anm. 3.
eyra n. 68, 8; 395 (2 mal).
eyrer m. 361.
eyrr f. 160; 374.
eystre adj. komp. 431.
eyþa swv. 230, 1, a.
eyvet(ar), -o pron. (adv.) 144, 2; 258; 275, 4; 466, anm. 2.
Eyvindr m. 348, 2.

fá stv. 50, 4; 125; 156, anm. (mehrmals); 169, 4; 224, 1; 257, 3; 307, 3, b; 494 u. anm. 1, 5.
fá swv. 54, 1; 501.
Fáfner m. 219; 282; 361.
fafn (anorw.) = faðmr 219.
fagma swv. = faþma 251, anm.
fagnaþr m., s. fǫgnoþr 387.
fagr adj. 417; 423; 428.
falda stv. 265; 494 u. anm. 2.
faldr m. 161.
-faldr adj. 449.
falla stv. 307, 2, a; 341, 1; 494 u. anm. 1; 520, anm. 4; 521, 2.

falr m. 119, 2; 377.
fanga stv., s. fá stv. 494, anm. 1.
fár n. 166, 4.
fár adj. 'paucus' 77, 2; 118; 419; 428 u. anm. 2, 4.
fár adj. 'schimmernd' 54, 1.
fara stv. 166, 4; 175, 1; 276, anm.; 489; 519; 520, anm. 5; 521, 2.
fárlikt adj. neutr. 283, 3.
farre m. 267, 2, a.
Faste m. 232, anm. 1.
fastr adj. 414, anm. 2.
fata swv. 487, anm. 1.
fattr adj. 257, 2.
fátèkr adj. 421.
faþer m. 147; 168, 1; 307, 2; 333, 1; 409 u. anm. 2; 410, anm. 1, 2.
faþerne n. 61.
Faðmer (anorw.), s. Fáfner 219.
faþmr m. 219; 245, anm. 1.
faðr (anorw.) m., s. faþer 410, anm. 2.
fauskr m. 307, 4.
fé n. 74, 4; 78, c; 87; 118; 127ᵇ, b, 2; 145ᵇ, 1, 5; 224, 1; 302; 353; 383.
fegenn adj. (part.) 74; 427; 491, anm. 4.
fegrinde n. 167, 2.
feitr adj. 159.
fél f., s. þél f.
fela stv. 119, 2; 224, 1; 307, 3, a; 486 u. anm. 1.
félage m. 70, anm. 2; 391.
feldr m. 378 u. 2, 3.
Fell 88.
fella swv. 505.
felmsfullr adj. 88.
fen n. 359.
fengr m. 379 u. anm. 1.
-fengr adj. 421.
fer- zahlw. 166, anm. 3; 282.
ferell m. 167, 1; 349, anm. 1.
ferfaldr adj. 449.
feria swv. 500, anm.; 503, anm. 6.
ferner zahlw. 438, anm. 2; 449, anm.
ferre adv. 432, 3.
fertøgr adj. 450.
ferþ f. 382, 3.
féskyflr, -skylfr adj. 303, 1; vgl.

féskylmt, -skylft 229, anm. 2.
festr f. 374.
fet n. 88; 163, anm.
feta stv. 163, anm; 487 u. anm. 1.
fetell m. 349, anm. 1.
feþgar m. pl. 281, 9.
feþgen n. pl. 167, 5.
fiá swv. 501.
Fialarr m. 119, 2.
fialde (anorw.) m. 86, anm. 2.
fiall n. 74, anm. 3; 88; 267, 2, b; 351 (2 mal).
fiallhrape m. 308, anm. 1; 312, 1.
fialmsfullr adj. 88.
fiande, fiánde m. 51, 2, b; 61; 127ᵇ, a; 412.
fianzboþ n. 412, anm. 4.
fiar adv. 431; 432, 3.
fiara f. 81, anm.; 91, anm. 4; 227, anm. 1.
fiarg- 307, 3, a.
fiarr adv. 343, 3.
fiarre adj. komp. 88, anm.; 155; 431.
fiarre adv. komp. 432, 3.
fiatur (anorw.) m., s. *fiotorr.*
fifl m. 106, 1; 122, 2; 288, 2; 307, 1.
fifrilde n. 305, anm. 1.
fikia f. 254.
filfski zu *fiflskr* adj. 303, 1.
fimbol- 106, 1; 288, 2; 307, 1.
fim(m) zahlw. 288, 2; 336, anm.; 439.
fimt f. 281, 4; 451.
fimte zahlw. 281, 4; 446.
fimt(i)án zahlw. 439 u. anm.
fimtigi zahlw. 440.
fimtíu zahlw. 440.
fimtøgr adj. 450.
fingr m. (n.) 404.
finna stv. 82, anm. 1; 252; 265; 307, 2, b; 485 u. anm. 5; 521, 2.
finngálk(a)n, -gálpn n. 249 anm.
Finnr m. 348, anm. 1.
fiog(o)rtán zahlw. 86, anm. 1; 152, anm. 1; 163; 439 (u. anm.).
fiol- präfix 86 (u. anm. 2); 147; 415, anm. 2.
fiol f. 365 u. anm. 1.

fiolde m. 86, anm. 2.
fiolkunnegr adj. 91, 2.
fiolmennr adj. 429, anm. 3.
Fiolner m. 119, 2.
fioluerrenn adj. 128, a.
fior n. 86; 119, 2; (155); 307, 3, a; 356.
fiórer zahlw. 86 u. anm. 1; 166, anm. 3; 251; 282; 438 u. anm. 1.
fiorg n. pl. 307, 3, a.
Fiorgyn f. 373.
fiórtán zahlw., s. *fiog(o)rtán* 439.
fiórtiánde (anorw.) zahlw. 446, anm.
fiórtugti zahlw. 447, anm. 1.
fiorþ adv., s. *í fiorþ.*
fioruar m. pl. 355.
fiorutigi zahlw. 440.
fiorutíu zahlw. 440.
fiorþe, fiórþe zahlw. 446.
fiorþongr, fiórþongr m. 452.
fiorþr, fiorþr m. 155; 166, 4; 384; 386, anm. 1.
fiós n. 'viehhof' 74, 4; 111; 127ᵇ, a; 289, 4.
fiós f. 'walfischfleisch' 250, anm. 2.
fiotorr m. 86, anm. 2; 89, anm.; 349.
fioþr f. 365 u. anm. 1.
fiug(u)rtán (anorw.) zahlw., s. *fiog(o)rtán* 86, anm. 1; 439 (u. anm.).
fir präp., s. *fire(r).*
firar m. pl. 119, 2; 155.
Fírekr m. = *Friþrekr* 290, 2.
fire(r), -i(r) präp. 140; 290, anm. 2.
firnare adj. komp. 431.
firr adv. komp. 432, 3 u. anm. 4.
firra swv. 82.
firre adj. komp. 88, anm.; 155; 431.
firrmeir(r) adv. komp. 432, anm. 4.
first adv. sup. 432, 3.
firstr adj. sup. 431.
físa stv. 472.
fiske f. 401, 2.
fiskr m. 172, 1; 348.
fit f. 163, anm.; 372.
fita f. 159.
Fiþr m. 348, anm. 1.
fiðrildi (nisl.) n. 305, anm. 1.
fiúka stv. 476 u. anm.

fiúrtán (anorw.) zahlw., s. flog(o)rtán 439, anm.
fld stv. 307, 3, a; 491 u. anm. 1.
flagbrióska n. 395.
fláhugoll adj. 167, 1.
flaka swv. 509, anm. 4.
flake m. 70.
Flár (mnorw.) 128, b; 394.
fldr adj. 54, 1; 215, 2; 419.
flaug f. 365.
flaumr m. 309, 1.
fleire adj. komp. 123; 430.
fleke m. 70.
flekkr m. 318, 2.
fles f. 372.
flesk n. 123.
flestr adj. sup. 123; 430.
flet n. 359.
fley n. 359.
fleygr adj. 421.
fleyþr f. 374.
flik f. 406, 3.
flióta stv. 325, 1; 474.
fliúg(i)a stv. 166, 3; 308, 5; 309, 1; 476 u. anm. (2 mal).
fló f. 'floh' 94, 2.
fló f. 'schicht' 406.
flóa swv. 499, anm.; 227, 1, d.
Flóar (anorw.) 128, b; 394.
flóe m. 394.
flog n. 154, 2.
flóke m. 166, 3.
flókenn adj. (part.) 495, anm. 5.
flokkr m. 166, 3; 308, 5; 318, 2.
flór adj. 419.
flotnar m. pl. 391, 3.
flótte m. 108, 2.
flóþ f. 382, 3.
flǫkra swv. 166, 3.
flǫtr m. 385.
flug n. 154, 2.
fluga f. 308, 5.
fliúga stv. 476; 477; vgl. fliúga.
flugr m. 378.
flýia stv. 94, 2; 215, 2; 224, 2; 307, 3, a; 478 u. anm. 2; 503, anm. 3.
flytia swv. 502; (504).

fléia swv. = flýia 478, anm. 2.
fléþ f. 382, 3.
fléþr f. 374.
fnasa swv. 164; 166, 3.
fnykr m. 379.
fnýsa swv. 166, 3.
fnésa swv. 166, 3; 164.
fóa f. 108, 2.
fogl m. 154, 2; 348, 1.
fo(g)ut(t)i m. 283, 4.
fold f. 381.
foldr (anorw.) m. 161.
fóle m. 119, 2.
folguti m. 283, 4.
for- präfix 51, 1, a.
for f. 119, 2; 365.
for präp. 224.
foraδ n., s. forraδ.
forellre n., -ell(r)ar m. 362.
forenge m. 223.
forkunnr, -kuþr f. 374 u. anm. 1.
fórn, forn f. 122, 3.
for(r)aδ, -t n. 54, 3, b; 144, 1, 5; 230, anm. 10; 271.
fors m. 262, 3.
forþom adv. 141.
forvista f. 74, 13.
forvitne f. 401, 2.
forynia f. 51, 1, a; 275, 3.
forysta f. 74, 13.
foss = fors 262, 3.
fóstr n. 310.
fo(str)syster f. 51, 1, a; 275, 3; 281, 9, 10.
fótr m. 163, anm.; 325, 1; 403; 404 u. anm.
fouti m., s. fogut(t)i.
fǫgnoþr m. 384; 387.
fǫl n. 356.
fǫlr adj. 420 u. anm. 1; 423.
fǫnn f. 218, 2.
fǫr f. 366.
fǫroll adj. 167, 1; 418.
Fǫstolfr m. 76.
fǫþr m., s. faþer 410, anm. 2.
frá präp. 288, 1.
fráboérr adj. 288, 1.
Frakkar m. pl. 257, 3.

frakkr adj. 312, 2.
fram adv., s. *fram(m)*.
framalla adv. 262, 1.
frambǽrr adj. 288, 1.
fram(m) adv. 267, anm. 4; 270, anm. 4; 432, anm. 2.
framr adj. 414, anm. 2; 429.
Frankar m. pl. 257, 3.
frár adj. 77, 2; 80; 419; 420 u. anm. 2, 3; 427, anm. 1; 429.
frata swv. 487, anm. 1.
frau f. 398, 1.
frauke m. 160.
frauþ n. 160.
frauþr (anorw.) m. 160.
frauva f. 398, 1.
fréals (anorw.) adj. = *frials* 127 b, a.
fregna stv. 258, anm. 2; 488 u. anm. 2, 7; 521, 2.
fré(i)adagr (anorw.) m. 127 b, b, 2; 302; vgl. *friddagr*.
Freifa f. = *Freyia* 398.
fre(i)sta swv. 123.
freist(n)e f. 401, 3.
freknor f. pl. 312, 2.
frekr adj. 312, 2.
frelsa swv. 125; 285, anm. 3.
fremr adv. komp., s. *framm*.
frest n. 123.
fresta swv. 123.
freta stv. 305, anm. 3; 487 u. anm. 1 (2 mal).
frétt f. 106, 3 u. vgl.
frétta swv. 258, anm. 1, 2.
-(f)reþr, *-(f)reþr* (in namen) 154, 1; 281, 4; 388.
Freyia f. 398.
Freyr m. 379 u. anm. 1.
friddagr m. 127 b, b, 2; 308, anm. 4; 321.
frials adj. 127 b, a; 284.
frialsa swv. = *frelsa* 125.
Frigg f. 308, anm. 4; 221, 1; 373.
Frileifr m. 282.
frilla f. 259, 4.
frió n., s. *frǽ*.
friór adj., s. *frǽr*.

friósa stv. 68, 3; 114; 307, 4; 325, 1; 478 u. anm. 1; 496, anm. 4; 521, 2.
Frírekr m., s. *Friþrekr*.
Fríser m. pl. 377.
Friþekr m., s. *Friþrekr*.
Fri(þ)leifr m. 282.
friþr m. 154, 1; 291, 2; 385 u. 3.
Fríþr f. 374.
fríþr adj. 122, 2; 429, anm. 2.
-(f)riþ(r) (in namen) 281, 4; 374 u. anm. 2.
Friþrekr m. 118; 245; 282; 290, 2.
frolleikr m. 259, 4.
frór adj., s. *frár*.
froskr m. 160.
froþa f. 160.
fróþleikr m. 259, 4.
fróþr adj. 175, 1.
-froþr (in namen) 388.
frou, *frou(v)a* f. 398, 1.
frú, *frúva* f. 398, 1 (2 mal).
frumvaxta adj. 424.
frýia swv. 503, 2 u. anm. 2.
frǽ n. 67; 74, 8; 80; 93, 3; 102; 356 (2 mal).
frǽfask swv. 93, 3.
frǽgr adj. 421; 429.
frǽls (anorw.) adj. = *frials* 127 b, a.
frǽnde m. 129; 412.
frǽn(d)kona f. 281, 2; 412, anm. 4.
frǽndseme f. 162; 401, 2.
frǽr adj. 80; 93, 3; 102; 419; 420.
frǽta = *frétta* 258, anm. 1.
fré- (anorw.) 74, 8; vgl. *frǽ*.
frǿkn adj. 312, 2.
frør n. pl. 68, 3; 121, anm. 1.
frøþe f. n. (107, anm.); 401.
-(f)reþr (in namen) 74, 3; 281, 4; 388.
fúa (orkn.) f. 108, 2.
fugl m. 154, 2; 348, 1.
full n. 415, anm. 2.
fullr adj. 341, 1.
fundr m. 310; 378 u. 2; 382, 3.
fura, *fúra* f. 119, 2.
fúrr m. 382, 3.
fúss adj. 108, 1; 289, 4; 310.
fuviti m., s. *fogut(t)i*.

fyl n. 359.
fyl(g)þ f. 281, 5.
fylke n. 362, anm. 4.
fyllr f. 374.
fylœne, fylskne n. 216, 2; 281, 6; 306.
fyndr m. 382, 3.
fyr, fyre(r), -ir präp. 140; 290, anm. 2.
fyre, fýre n. 119, 2.
fýrr m. 382, 3.
fyrra swv. = *firra* 82.
fyrr(e) adv. komp. 432, anm. 1, 3, 4.
fyrre, fyrstr adj. 262, 3; 291, 2; 444; 428, anm. 1.
fyrrmeir(r) adv. komp. 432, anm. 4.
fy(r)st adv. sup. 262, 3; 432, anm. 1.
fyrþar m. pl. 74, 5, a; 154, 1.
fyrua swv. 79, 4; 503, 1.
fyruar m. pl. 79, 4.
fyst (s. *fyrst*) 262, 3.
fægelegr adj. 165.
fær n. 68, 2.
fæðgan (anorw.) n. pl. 167, 5.
fé n. = *fé* 74, 4; 78, c; 87.
fégelegr adj. 165.
féla swv. 507.
féra swv. 505.
férr adj. 428.
féþa swv. 310.
fézla f. 230, 2, d.
feyra (anorw.) f. 307, 4.

ga- präfix 146.
gá stv., s. *ganga* 494, anm. 4.
gá swv. 169, 4; 510 u. anm. 1; 522, 6 u. anm. 2.
gabba swv. 308, 1, 12; 320, 1.
gaddr m. 218, 2; 274.
gagarr m. 251, anm.
gagl n. 303, 3.
gagn n. 281, 8; 351, anm. 1; 352, anm. 2; 418, anm. 1.
gagnstigr adj. 418, anm. 1.
gagnsœr adj. 428.
gagnvart adv. 418, anm. 1.
gala stv. 267, 2, b; 490 u. anm. 1; 520, anm. 5; 521, 2.
galdr m. 274; 303, 2: 348, anm. 2.

galeiþ f. 406, 3.
galg- zu *gagl* n. 303, 3.
gallr adj. 161.
gamall adj. 144, 1, (5); 146; 416; 423; 430.
gaman n. 51, 2, a; 219; 352.
gambr m. 348, anm. 2.
gamle m. 308, 10.
gammr m. 308, 10.
gana swv. 509, anm. 2.
gang n. = *gagn* 281, 8.
ganga stv. 156, anm. (mehrmals); 214; 257, 3; 311; 494 u. anm. 1, 4, 5.
gangvere(r) m. 392, anm.
gapa swv. 308, 1, 12 u. anm. 1 (prät. *gafði*); 509, anm. 4; 528, 4.
gári (nisl.) 54, anm. 3.
Garmr m. 305, anm. 3.
garþr m. 161; 333, 1; 348, 2 u. anm. 4.
gasse m. 122, 1.
gát f. = *geit* 54, anm. 3.
gata f. 81, anm.; 227, anm. 1; 397.
gáta f. 398.
gátt f. 169, 4.
gauka (anorw.) f. = *gaupa* 249.
Gaukna (anorw.) = *Gaupna* 249; 254, anm. 4.
Gau(k)staðer (anorw.) 297.
Gau(k)storp (anorw.) 233, anm. 1; 297.
Gaustalr 237, 1.
Gautar m. pl. 160.
Gautna (anorw.) 254, anm. 4.
Gautsþorp, s. *Gau(k)storp*.
Gauþland 240, anm. 4.
gefa stv. 82, anm. 2; 170, 1; 487 u. anm. 2; (520, anm. 4).
gefande m. 412.
Gefvaldr (anorw.) m. 91, 2 u. anm. 1.
gegn n., s. *gagn*.
gegn präp. u. adj. 415, anm. 5; 418, anm. 1; vgl. folg.
gegnom, -em präp. 74, 7; 78, c; 254, anm. 1; 415, anm. 3, 5; 418, anm. 1.
geigo(r)skot n. 398, anm. 2.
geil f. 159; 365.
geire m. 54, anm. 3.
Geirmundr m. 123; 388, anm. 2.

Register. 365

geirr m. 54, anm. 1; 307, 4; 343, 5.
-geirr 54, 3, b; 223; 348.
Geirrøþr, -roþr, -rauþr m. 154, 2; 343, 6; 387, anm. 2.
Geirsteinn m. 291, 1.
geisl f. 307, 4.
geisle 'stock' 159.
geispa swv. 306.
geit f. 54, anm. 3; 406, 1; 407.
gelda (anorw.) stv., s. *gialda* 481, anm. 2.
geldr adj. 308, 3; 414, anm. 2.
gemlingr m. 162.
-(g)enge 223.
gengr adj. 421.
gera swv. = *gerua* 142.
gerfe f. 242.
gerna (anorw.) adv. 91, anm. 2.
gerr adj., s. *gǫrr*.
gerra swv. = *gerua* 522, 5.
gerþ f. 374.
gerþar f. pl. 365; 374.
Gerþr f. 374.
-gerþr (in namen) 374.
gerua swv., s. *gerua*.
gestr m. 376; 377, anm. 2; 382, 2.
Gestumblinda 253, 1; 289, anm. 6.
Géstœin (anorw.) m. 291, 1.
geta stv. 487 u. anm. 2.
geþ n. 359.
geyia stv. 160, anm. 2; 490.
geysa swv. 310.
Geysir (nisl.) m. 310.
giafa stv. = *gefa* 91, 3, b; 487, anm. 2.
giafall adj. 167, 1.
-giafe m. 91, anm. 4.
giafmildr adj. 91, 2.
Giafvaldr (anorw.) m. 91, 2 u. anm. 1.
giagnum (anorw.) präp. = *gegnom* 189, anm.; 254, anm. 1.
giald n. 155.
gialda stv. 214; 481 u. anm. 2; 520, anm. 4.
gialdkere m. 68, 3.
gialdkyri m. 68, 5.
gialla stv. 481.
giallr adj. 161.
giár, s. *í giár*.

giarna, -ara adv. 91, anm. 2; 433.
giáta (anorw.) 190, anm.; 254, anm. 1.
gift f. 325, 1.
gigia f. 254.
gil n. 159; 359.
gilda stv. 481, anm. 2.
gilde n. 155.
gilia swv. 500.
Gils m. 303, 4 u. vgl. folg.
-(g)ils (in namen), s. *-gísl*.
Gimer m. 361.
Gimlé 284.
gina stv. 472 u. anm. 2.
ginna swv. 507.
giof f. 365 u. anm. 1.
giofoll adj. 167, 1; 429, anm. 1.
giorþ f. 161; 365 u. anm. 1.
giósa stv. 310; 475.
gióta stv. 176, 1; 310; 475.
giǫ f. 369.
giǫf f. 74, anm. 3.
giǫgnum (anorw.) präp. = *gegnom* 198, anm.; 254, anm. 1.
giǫrr adj., s. *gǫrr* 198, anm.; 254, anm. 1.
giǫrua swv., s. *gerua* 254, anm. 1.
gipt f. 381.
Girker m. pl. 305; vgl. *Grik(k)iar*.
Girkland 51, 1, a.
girna swv. 230, 1, b; 281, 8; 507.
girskr adj. 305.
Gísl m. 303, 4 u. vgl. folg.
-(g)ísl, -(g)isl (in namen) 223; 303, 4; 348.
gíslar f. pl. 365.
gísle m. 159.
Gissurr m. 263, 2.
Giúf (anorw.) 287, anm. 3.
Giúke m. 127[b], anm.; 227, 2.
Gizorr m. 263, 2; 349, 1; 388.
glam(m) n. 146; 308, 10.
Glaser m. 307, 4; 361.
Glaþr m. 377.
Gleifner, Gleipner m. 308, 2.
glepia swv. 502.
gler n. 68, 1; 121, anm. 1; 307, 4.
gleþa f. 154, 1.
gleþe f. 401.

glepia swv. 502.
glid (anorw.) swv. 127 b, b, 2.
glika adv. 130, anm. 4.
glík(i)a swv. 506, anm. 1.
glíkr adj. 146; 280, anm.
glóa swv. 124; 165; (221, 2); 227, 1, d; 308, 14; 499, anm.
glófe m. 146.
glotta swv. 509, anm. 6.
glóþ f. 406, 4.
gloggr adj. 79, 6; vgl. *gløggr*.
glotoþr m. 387.
gluggr m. 221, 2; 308, 14; 348; 382, 3.
glúpna swv. 478, anm. 4.
glygg n. 356 (2 mal).
glyggr (anorw.) m. 382, 3.
glymr m. 146; 379 u. anm. 1.
glyrna 307, 4.
glys n. 307, 4.
glǽ(f)a swv. 165.
glǽsa swv. 307, 4.
gløggr adj. 79, 6; 221, 2; 414, anm. 2; 420; 429.
glǿpr m. 377; 382, 2.
Glǿðer (mnorw.) m., nachtr. zu 361, anm. 4.
gnadd n. 166, 3.
gnaga stv. 491, anm. 4, (5).
gnapa swv. 166, 2, 3; 509, anm. 4.
gnauþ f. 160; 166, 3.
gneggia swv. 146; 221, 1; 500.
gneiste m. 146.
*gnella stv. 485, anm. 6.
gnesta stv. 88; 480 u. anm. 1.
gneypr adj. 166, 1, 3.
gnípa f. 166, 1, 2.
gnit f. 146.
gnógr adj. 146; 164, anm. 2; 280, anm.
gnótt f. 108, 2; 164, anm. 2; 382, 3.
Gnǿ f. 369.
gnúa stv. 146; 496.
gnúpr m. 166, 1, 2, 3.
gnýstýrer m. 160, anm. 2.
gnýia swv. 157, 2; 503, 2.
gnýr m. 379 u. anm. 1.
gnyþr m. 160; 166, 3; 379.
gnégia swv. 307, 3, a.

gnǿtt f., s. *gnótt* 382, 3.
gnǿþesk prät. (zu *gnégia*) 307, 3, a.
góe f. 401.
Góer m. 361.
gol n., *gola* f. 154, 2.
gólegr adj., s. *góþlegr*.
goll n. 154, 2; 265.
Gór(r) m. 350.
Góreþr m., s. *Go(þ)reþr* 118; 282.
gotar m. pl. 154, 2; 160.
Gote m. 391, 3.
got(n)ar m. pl. 391, 3.
goþ m. n., s. *guþ*.
goþe m. 154, 2.
Goþland 240, anm. 4.
gó(þ)legr adj. 282.
Goþormr m. 233; 275, 3; vgl. *Guttormr*.
Go(þ)reþr, -roþr m. 74, 3; 118; 281, 4; 282; 388.
góþr adj. 64, c; 122, 3; 415, anm. 3; 417, anm. 1, 2; 430.
Goðþioð 240, anm. 4.
góz n. 230, 2, d; 351, anm. 2.
gofegr, -ogr adj. 167, 4; 427.
gǫgn(um) präp. 74, 7; 418, anm. 1; vgl. *gegnom*.
gǫltr m. 161; 308, 3; 385.
Gǫndol f. 368.
gǫrn f. 365.
gǫrr adj. (part.) 79, anm. 3; 198, anm.; 220; 227, anm. 1; 242; 254, anm. 1; 414, anm. 2; 420; 497, anm.; 508, 2 u. anm. 3, 4.
gǫrua adv. 74, 7; 432.
gǫs f. 118; 289, 4; 406 u. anm. 3.
gǫtt f. 311.
gǫtuar f. pl. 146; 370.
grafa stv. 164, anm. 1; 332, 1; 490 u. anm. 3.
gramr m. 377 u. 2 u. anm. 2.
Gramr m. 305, anm. 3.
gramr adj. 162; 305, anm. 3; 308, 10.
granne m. 146; 218, 2; 391.
grannleitr adj. 161.
grápa swv. 165; 166, 2, 3.
grár adj. 78, b; 127 b, b, 2; 160, anm. 3; 414, anm. 2; 416; 419, anm.; 423.

gras n. 328, 1.
gráta stv. 165; 166, 2; 495, I u. anm. 2.
graþongr m. 163.
graþr adj. 146.
grautr m. 348, 2.
gredder m. 146; 218, 2.
Gregóri(u)smæssa 152, anm. 1.
greiþr adj. 429.
grein f. 146; 282.
greip f. 166, 1, 2; 406, 3.
greiþa swv. 146.
Gréland = *Grénland* 289, 2.
gren n. 359.
grene n. 362.
grenia swv. 166, 2; 500.
Grenland = *Grénland* 289, 2.
Gretter m. 361.
grey n. 359.
grey-baka f. 163; 269, 1.
grey-hundr m. 160, anm. 3.
greyfa swv. 160.
greypa swv. 166, 1, 3.
griðr adj., s. *grár*.
Grik(k)iar, Grik(k)er m. pl. 254; 269, 1; 305; 358; 379.
Grik(k)land 51, 1, a.
gri(k)skr adj. 286; 305.
Grím(h)ildr f. 284.
grim(m)r adj. 162; 308, 10.
Grímr m. 348, 3.
Grimkell m., s. *Grinkell*.
grína stv. 166, 2.
grind f. 406, 2, 4.
Grinkell (anorw.) m. 250, 1.
grípa stv. 166, 1, 2; 313, 1; 472.
grípr m. 378.
griskr adj., s. *gri(k)skr*.
gríss m. 377 u. 1, 2.
griþongr m. 163.
Gróa f. 398.
gróa stv. 74, 3; 496.
gróp f. 166, 3.
grópasamlega adv. 165; 166, 2, 3.
gróþr m. 348, 2 u. anm. 1.
grof f. 365.
groftr m. 385, anm. 2.

grǫn f. 365.
grǫndoþr m. 387, anm. 1.
grǫptr m. 385.
gróþr m. 385 u. 3.
grúfa swv. 509, anm. 1.
grund f. 307, 2, b; 381.
grunnleitr adj. 161.
grunnr, gruþr m. 307, 2, b.
grunnr, gruþr adj. 428.
grunr m. 378.
grýia swv. 160, anm. 3.
grýfa swv. 160.
grœfr adj. 164, anm. 1.
grǿfr adj. 164, anm. 1.
Grǿ(n)land 289, 2.
grǿnn adj. 428.
grǿta swv. 165.
guddómr m. 259, 3.
gugna swv. 238, 2; 274; 485, anm. 6.
gul n., *gula* f. 154, 2.
Gulbrandr (anorw.) m. 230, anm. 15.
gull n. 154, 2; 265.
gullaþ n. 284.
Gullaugr m. 259, 4.
Gulle m. 259, 4.
Gulleifr m. 259, 4.
Gulleikr m. 259, 4.
gullenn adj. 148, anm. 1.
Gullentanne m. 161.
Gullveig f. 367, anm.
Gulmarr (anorw.) m. 230, anm. 15.
gumbull (anorw.) m. 167, 1.
gume m. 391, 3.
Gumundr m. = *Guþmundr* 282.
Gunnarr m. 284; 349, 1.
Gunnb(i)org (mnorw.) f. 285, anm. 3.
Gunn(h)ildr f. 284.
Gunnlǫþ f. 367.
Gunnor, -vǫr f. 141.
gunnr f. 267, 4, b; 374 u. anm. 1.
-gunnr (in namen) 374 u. anm. 1.
Gunnuldr, -valdr (anorw.) m. 141.
Guser m. 361.
gutar m. pl. 154, 2; vgl. *gotar*.
gutt, s. *góþr* (122, 3).
Guttormr, Guttarmr (mnorw.) m. 143, anm. 2; 233; 275, 3.

guþ m. n. 154, 2; 351; 377 u. 2 u. anm. 1, 2.
guþe m. 154, 2.
Guþlaugr, -leifr, -leikr 259, 4.
Gu(þ)mundr m. 145 b, 1; 282; 388, anm. 2.
Guðormr (anorw.) m. = *Guttormr* 233.
guþr f. 267, 4, b; 374 u. anm. 1.
-guþr (in namen) 374 u. anm. 1.
Guþreþr m., s. *Go(þ)reþr* 388.
Guþríþr f. 62; 281, 4; 282.
Guþrún f. 367.
Guþrøþr m., s. *Go(þ)reþr*.
guþsife m. (82); 393.
guþspell, -spiall, -spiald n. 88; 307, anm. 1.
guðsyflar = *-sifiar* 82.
gyggua swv. 79, 4; 221, 2; 485, anm. 3, 6.
gýgr f. 374 u. anm. 4.
Gylfer m. 361 u. anm. 2.
gylla swv. 507 u. anm. 1.
gyltr f. 161; 308, 3; 374.
gymbell m. 167, 1.
gymbr f. 162; 365; 382, 2.
Gymer m. 361.
gymstœinn (anorw.) m. = *gim-* 82.
Gýriþr f. 62; 282.
gyrþa swv. 161.
gyss m. 379.
gyþia f. 399.
Gœi(r)laugr (anorw.) m. 291, 1.
gœr, s. *í giár*.
gœra f. 146.
Gœrmundr (shetl.) m. = *Geir-* 123.
Gœstalr (anorw.) m. 266.
gœta swv. 'hüten' 258, anm. 1, (2).
gœta swv. 'auf die weide führen' 169, 4; 258, anm. 1, (2).
gǫgn(um) (anorw.) präp. = *gegnom* 74, 7; 78, c; 254, anm. 1.
gǫra swv., s. *gerua*.
gǫrr adj., s. *gǫrr*.
gǫrr adv. komp. 74, 7.
gǫrseme f. 401, 2, 3.
gerua swv. 74, 1, 7; 79, 6 u. anm. 3; 81; 142; 254, anm. 1; 497, anm. (2 mal); 508, 2 u. anm. 3, 4; 520, anm. 3; 522, 5.

gerua adv. 74, 7; 432.
gerue f. 79, 6; 401, 2, 3.
gézka, géska f. 230, 2, d; 293, 1.

há- präfix 169, 4.
há (anorw.) = *hafa* 152, anm. 1.
há swv. 'plagen' 169, 4.
há (anorw.) pron. = *huat* 309, 4.
Há(a)rr m. 54, 1; 125; 284.
hadda f. 230, 1, a.
hádege n. 362.
hafa swv. 152, 1; 164, anm. 1; 168, 1; 497, anm.; 510 u. anm. 1, 2; 521, 1 u. anm. 2; 522, 6; 528, 4; 531 u. anm. 1, 2.
háfa (anorw.) f. 164, anm. 1.
hafask swv. 'sich verhalten' 164, anm. 1.
hafn = *hǫfn* f. 78, c; 380, 1, 4.
hafnandi (anorw.) m. 412, anm. 1.
hafr m. 348, anm. 2.
háfr m. 164, anm. 1.
háfsáld, -sælda (anorw.) n., f. 287.
hafuð (anorw.) n. = *hǫfoþ* 94, 1; 141.
haga swv. 311.
hage m. 312, 1.
hagr m. 377.
hagr adj. 164.
hake m. 164.
Háke m. 289, 1.
Hákon(n), -un(n) m. 275, anm. 2; 349, 1; 378, anm.; 388 u. anm. 1.
Halaugr (mnorw.) m. 143, anm. 2.
halda stv. 168, 1; 214; 265; 307, 2, a; 494 u. anm. 1; 524, 2, b (2 mal); 526, anm. 2.
hal(d)kuœmr adj. 281, 2.
Haleyger m. pl. 379; 382.
háley(g)skr adj. 286.
halfa f. 284.
Halfdan(r) m. 348 u. 2.
halfr adj. 415, anm. 2; 417, anm. 2.
halkuœmr adj. 281, 2.
hall f. = *hǫll* 78, c; 381.
Hallb(i)org (mnorw.) f. 285, anm. 3.
Halldórr m. 230, 1, b.
Hallfreþr, -froþr, -freþr m. 74, 3; 154, 1; 388.

hallr m. 78, b; 348, 1 u. anm. 4.
hallr adj. 161; 265.
Hallvarþr m. 348.
Hálogaland 145ª, 2; 382.
halr m. 166, 3; 167, 5; 309, 2; 377 u. nachtr.
hals, (*háls*) m. 119, 3 u. anm. 3; 328, 1.
halztr adj. sup. 420, anm. 1.
hamarr m. (294); 347; 349, anm. 2.
Hamdir m. 230, 1, b; 250, 2; vgl. *Hampér*.
hamingia (anorw.) f. 308, 10.
há-mót 169, 4.
hampr m. 253, 1.
hamr m. 312, 1; 377 u. anm. 2.
Hampér, -*þer* m. 51, 2, a; 63, 4; 77, 2; 144, 2; 215, 1; 230, 1, b; 250, 2; 361.
hand f., s. *hǫnd* 406, anm. 1.
handan präp. adv. 161; 431; 432, 3,
Handir m., s. *Hampér* 250, 2.
hane m. 164; 337, 1; 390.
hanga stv. 156, anm; 257, 3; 311; 494 u. anm. 1 (2 mal), 2, 5.
hanke m. 257, anm. 3.
hann pron. m. 75; 111; 122, 1; 144, 5; 267, 2, c; 275, 1; 456 u. anm. 1, 2.
hanpr m. 253, 1.
hár m. 'hai' 50, 4; 169, 4.
hár m. 'ruderdulle' 169, 4; 377.
hár n. 312, 1.
hár adj. 55; 80; 94, 2; 307, 3, a; 419; 420 u. anm. 3; 428.
Har- (in namen) 220.
Haraldr m. 66; 141; (220); 227, anm. 4.
harge adv. 309, 4.
hari (anorw.) m. 68, anm. 1.
hark n. 312, 1.
harla adv. 281, 3.
harmr m. 309, 4.
háróttr adj. 417.
harpare m. 390.
Hárr m. 284.
hárr adj. 54, 2.
harre m. 391, 1.
Harþangr m. 75; 77, anm.
harþende n. pl. 167, 2 u. anm. 2; 227, 1, f.

harþenskr adj. 255; 281, anm. 2.
harþfengr adj. 421.
harþla adv. 281, 3.
harþr adj. 78, b; 414, anm. 2.
háske, haske m. 122, 1.
hásin 169, 4.
háss adj. 54, anm. 3.
hata swv. 271.
háta stv., s. *heita* 54, anm. 3; 492, anm.
hatr n. 147.
hat(t)a swv. 271.
haufoþ n., s. *hǫfoþ* 160.
haugr m. 160; 307, 3, a.
haugr (anorw.) adj., s. *hár* adj. 307, 3, a.
haukr m. 127ª, anm.; 227, 2.
haukstaldr, -stalde, -stalle m. 166, anm. 2; 217, 1; 231, 1, b; 307, 2, a.
hauldr (anorw.) m. 166, 3.
haustr m. 127ª, anm.; 226; (227, 2).
Hávin 129.
he-, hi- pron. 461, anm. 2.
hefa (anorw.) swv., s. *hafa* 510, anm. 2.
hefia stv. 164, anm. 1; 232, 1; 490 u. anm. 1, 3; 529, anm. 3.
hegat adv. 91, anm. 3; 159, anm.
heggr m. 379.
hegre m. 154, 1; 307, 3, a.
heif(s)t f., s. *heipt*.
heilagr adj. 123; 167, 4; 418 u. 1, 3 u. anm. 3; 423; 427.
heilinde n. 167, 2 u. anm. 2.
heill m. 307, 4.
heill adj. 417 u. 2; 429, anm. 2.
heilsa swv. 307, 4.
heilynde n. 227, 1, a.
heima n. 395.
Heimdal(l)r, -dǫllr, -dæll m. 348, 2.
heimdrage, -drege m. 70, anm. 1.
heimell, -oll adj. 51, 2, b; 167, 1; 418, 1, 4.
heimold f. 303, 2.
heims(k)legr adj. 281, 6.
Heiner, heinir m. pl. 282.
heipt f. 229, anm. 2; 281, anm. 4.
heip(t)giarn adj. 281, 10.

heita stv. 54, anm. 3; 146; 159, anm.; 171,1; 270,1; 277; 471,2; 492 u. anm.; 522,2; 532, anm. 2.
heitr adj. 159.
heiþne f. 401.
heiþr m. 348, 2 u. anm. 1.
heiþr f. 374.
Heiþsefar m. pl. 144, 6.
Heizæfesþing n. 230, 2, d.
hekn n. = *helkn* 287, anm. 1.
hel f. 373 u. anm. 2.
héla f. 106, 3.
héla swv. 507.
heldr adv. komp. 433.
heldre, helztr adj. 428, anm. 1.
hel(f)ningr, helfingr m. 229, 2; 452.
helft, -þ f. 230, anm. 7; 452.
Helga f. 74, 7; 78, c.
Helge m. 74, 7; 82, anm. 3; 84, anm. 2; 88.
helge f. 401.
helgr f. 374 u. anm. 4.
he(l)kn n. 287, anm. 1; 351.
hella swv. 507.
heller m. 361 u. anm. 4.
helmingr, helningr m. 281, 4; 452.
helz(t) adv. sup. 293, 1; 433.
helzti adv. 82, anm. 3; 287, anm. 2.
helztr adj. sup. 428, anm. 1.
hemengr m. 167, 3.
Hem(m)ingr m. 308, 10.
hemmingia (anorw.) f. 308, 10.
hengat (anorw.) adv. 156, anm.
Hengiankiapta f. 281, 2.
henta swv. 505, anm. 1.
hepta swv. 232, 2.
hér adv. 99; 159, anm.; 171, 1.
heraþ n. 99; 351 (2 mal); 352.
herbyrgi n. 82.
here m. 68, anm. 1.
hére m. = *hegre* 154, 1; 307, 3, a.
herfe n. 309, 4.
Hergils m. 303, 4.
heria swv. 499; 500.
Heriann m. 348; 349, 1.
Herioldr m. 66; 141.
Heriolfr m. 66 (2 mal); 127 ᵇ, a.

hérna adv. 130, 2.
herr m. 66; 379 u. anm. 2.
herra, -e m. 391, 1.
herser m. 361.
herskár adj. 419.
hertoge, -uge m. 154, 2.
herþr f. 374.
hestr m. 122, 6; 281, 10; 292; 348, anm. 3.
hetia m. 399.
heþan adv. 91, 3, a, α; 154, 1; 159, anm.
Heþenn m. 167, anm. 3; 349.
heþra adv. 154, 1; 159, anm.
hey n. 157, 1; 307, anm. 2; 356; 359 u. anm.; vgl. *hǿ*.
heyia swv. 157, 1; 503, 5 u. anm. 5.
heyra swv. 95, anm.
heyrn f. 68, 8.
hi-, he- pron. 461, anm. 2.
hiá präp. 395.
Hiaki (anorw.) m. 91, 3, b.
hial n. 91, 2; 312, 1.
hiala swv. 91, anm. 4.
hialdr m. 85.
Hialmþér, -tér m. 233, anm. 2; 350 u. anm. 4.
hialm(ul)-vǫlr u. a. formen 246.
hialmvitr f. 380, 1, (4).
hialpa stv. 74, anm. 3; 91, 3, a, α; 155; 313, 1; 481, anm. 2; 485 u. anm. 5 (2 mal); 520, anm. 4.
hialpsmaþr m. 380, 2.
hialt n. 88; 216, anm. 1; 351.
Hia(l)tland 287, anm. 1.
hiarn n. 312, 1.
hiarne m. 218, 2; 273; 307, 4.
hiarse m. 307, 4.
hiarta n. 74, 9; 85; 91, 3, a, α; 315, 1; 330; 390; 395.
hiartegn n., s. *iarte(i)gn*.
Hiatland 287, anm. 1.
Hiaþnengar m. pl. 167, anm. 3.
hibýle, -bili n., s. *hýbýle*.
hieri m. = *here* 68, anm. 1; 99.
higat adv., s. *hegat*.
higgia swv. = *hyggia* 140.

Hildetannr, -taþr m. 161; 267, 4, b; 348; 406, anm. 3.
Hildr f. 374.
hildr f. (284); 374.
-hildr (in namen) 284; 374 u. anm. 2.
Hillar f. pl. 365.
hilper m. 155.
himenn m. 219; 229, anm. 3; 349 u. anm. 4.
himi(n)riki (anorw.) n. 106, anm. 2; 289, 3.
himna f. 257, anm. 5.
hind f. 406.
hindar(r) adv. komp. 432, 3.
hindre adj. komp. 161; 431.
hineg adv., s. *hinneg*.
hingat adv. 156, anm.
hinn pron. 240; 267, 2, c; 275, 1; 458; 461 u. anm. 1; 462, anm. 1.
hinna f. 257, anm. 5.
hinneg, -ig, -veg adv. 143, anm. 1; 227, 1, f; 275, 1; 461, anm. 2.
hinnog, -ug adv. 150; 220.
hinztr adj. sup. 431.
hinzt adv. sup. 432, 3.
hiól n. 227, anm. 3; 307, anm. 2.
hiolp f. 86; 380, 2.
hiolt f. 351.
hión n. 395 (2 mal).
hióna n. 395 (2 mal).
hiorr m. 74, anm. 3; 79, anm. 4; 86; 312, 1; 355 u. anm. 1, 2; (386).
hiortr m. 86; 166, anm. 3; 386 u. anm. 1.
hiorþ f. 86; 381.
hiorðing n. 215, anm. 1.
Hirar f. pl. 365.
hirþa swv. 230, anm. 2; (237, 2); 505.
hirþer m. 360.
Hisingr m. 140.
Hisingsbúar m. pl. 380, 2.
hit pron. 240; 461, anm. 2.
hit (anorw.) adv. 150; 159, anm.; 461, anm. 2.
hite m. 82, anm. 1; 159.
hitta swv. 82, anm. 1.
hitti pron. (neutr.), s. *sid* pron. 460, anm. 2.

hið pron. = *hit* 240.
hiþ n. 312, 1.
hiðing (anorw.) f. 140.
hiþra adv. 154, 1; 159, anm.
hiú(n) n. 127[b], b, 2; 395 (3 mal).
hiúna n. 395 (2 mal).
Hiælgi (anorw.) m. 84, anm. 2; 88.
Hiælmlop (mnorw.) 145[a], 2.
Hiænsval (mnorw.) 244; 250, 2.
hiæsi (anorw.) = *here* m. 68, anm. 1.
Hiæsi (anorw.) m. 91, 3, b.
hlakka swv. 257, 3.
hlam n., s. *glam* (146).
hlam prät. 486. anm. 5.
hlaþa stv. 310; 490.
hlass n. 310; 329, 1.
hlast f. 310.
hlátr m. 348, 2 u. anm. 1; 274.
hlaupa stv. 60, 10, 11; 96 (u.) anm.; 493 u. anm. 1 (2 mal); 525, anm. 2.
hlaut f. 160.
hlé n. 77, 2; 157, 2.
Hleiþr f. 366.
hlekkr m. 257, 3; 379.
hlenne m. 265.
Hlér(r) m. 350 (2 mal).
hlíf f. 365.
Hlíf f. 365.
hlífa swv. 473, anm.
hlióta stv. 475 u. anm. 2.
hlióþ n. 160.
hlít f. 366.
hlíþ f. 366.
hliþ f. 380, 3.
Hliþskialf 248.
hlotenn adj. 154, 2.
Hloþvér, -ver m. 107, 2; 144, 2; 160; 307, 3, b; 350 u. anm. 4; 361.
Hlǫkk f. 365.
hlum(m)r m. 308, 10; 377; 382, 3.
hlunninde n. pl. 167, 2.
hlunr m. 382, 3.
hlust f. 307, 4.
hlusta swv. 68, 3.
hlutenn adj. 154, 2.
hlutr m. 160; 378 u. 4; 382, 3.
hlý n. 157, 2.

hlýia swv. 157, 2; 503, 2.
hlykkr m. 312, 1.
hlymia swv. 486, anm. 5.
hlymr m. = glymr 146; 379.
hlymr m. = hlum(m)r 382, 3.
hlynr m. 379; 382, 3.
hlýr n. pl. 68, 7; 307, 4.
hlýr adj. 414, anm. 2; 419.
hlýþne f. 401.
Hlæfoþr m. 93, 3.
Hlæfreyr m. 93, 3.
hlæia stv. 307, 3, a; 491 u. anm. 1.
hlera swv. 68, 3; 307, 4.
*hnafa stv. (def.) 140, anm. 4.
hnakke m. 318, 2.
hneggia (nisl.) swv. 146.
hneigia swv. 506, a.
hneppr adj. 414, anm. 2.
hniga stv. 93, 2; 472 u. anm. 1, 2.
hniósa stv. 475 u. anm. 1.
*hnióþa stv. (def.) 310; 478, anm. 4.
hnipa swv. 473, anm.
hnipenn adj. (part.) 473, anm.
hniss n. 310.
hnita stv. 310; 472 u. anm. 3.
hnóf prät. 490, anm. 4.
hnoss f. 310; 329, 1.
hnot f. 64, anm.; 406 u. anm. 3.
hnoþa n. 395.
hnǫgg(u)a stv. 74, 5, a; 74, 7; 221, 2; 483, anm.; 485 u. anm. 3.
hnykr m. 312, 1.
hnøggr adj. 79, 6; 221, 2; 414, anm. 2; 420.
hnøre m. 68, 3.
hó f. 74, 2; 157, 1; vgl. hǫ.
hodd f. 218, 2.
hóf n. 164, anm. 1.
hofoð (anorw.) n. 94, 1; vgl. hǫfoþ.
hóg- adj. 414, anm. 2.
hógende n., s. hógynde.
hóglegr adj. 164.
hogr m. 154, 2.
hógynde n. 61; 167, 2; 529, anm. 2, 3.
hokenn adj. (part.) 478, anm. 4.
hol n. 308, 6; 415, anm. 2.
Holaugr m. 143, anm. 2.
holfa swv. 485, anm. 6; 509, anm. 1.
holfenn adj. (part.) 485, anm. 6.
holgan f. = holdgan 281, 2.
holkr m. 308, 6.
hóll m. 74, 11; 78, c.
hollr adj. 161; 174, 1; 265; 417, 2.
holt n. 351, anm. 3.
Holtar, -er 351, anm. 3.
hón, hon pron. f. 111; 122, 6; 144, 1; 144, 5; 267, 2, c; 456 u. anm. 1, 2.
honn n. = horn 262, 2.
hoppa swv. 308, 2; 314, 2.
hor (mnorw.) adv. 74, 10; 79, 8.
hór adj., s. hár 55; 307, 3, a.
horfa swv. 485, anm. 4; 497, anm. (2 mal); 509, II.
horn n. 262, 2.
horro (anorw.) adv. 74, 10.
horrækkia (anorw.) f. 269, 1; 281, 8.
hors n. 305, anm. 3.
horskr adj. 162; 310.
horso (anorw.) adv. 74, 10.
horvetna, -vitna adv. 79, 8; 81; 380, 5.
hóste m. 165; 227, 1, a.
hót n. 165; 227, 1, a.
hóta swv. 165.
hóta (anorw.) stv. 495, anm. 1.
hotvetna, -vitna pron. 79, 8; 380, 5; 467, 1.
hǫ f. 74, 2; 157, 1; 307, anm. 2; 369; vgl. hey.
hǫfa (anorw.) swv., s. hafa 510, anm. 2.
hǫfn f. 78, c.
hǫfo(d)dúkr m. 275, 5.
hǫfoþ n. 94, 1; 160; 308, 2; 352.
hǫfundr m. 348, 2; 412, anm. 4; 529, anm. 3 (2 mal).
hǫfuðbarmr (anorw.) m. 230, anm. 12.
hǫgg n. 354.
hǫggua stv. 60, 9 u. anm. 5; 74, 7; 221, 2; 308, 14; 493 u. anm. 1; 520, anm. 5.
Hǫgne m. 77, anm.
Hǫlfr m. 222.
Hǫlge m. = Helge 82, anm. 3.
hǫlkn n. 351.

hǫll f. 78, c; 381.
hǫlþr m. 166, 3; 167, 5; 309, 2.
hǫlzti adv. 82, anm. 3.
hǫmongr m. 167, 3.
hǫnd f. 321, 2; 383; 406, anm. 1, 2.
hǫnk f. 257, anm. 3; 339, 1; 406, 3.
hǫrr m. 354; 355, anm. 2.
Hǫrþar m. pl. 75.
Hǫrþr m. 151; 385.
Hǫskuldr m. 307, 2, a.
hǫss adj. 420.
hǫttr m. 316, 7; 385 u. anm. 2.
hǿttr m. 311; 385.
hǿþong f. 167, 3.
Hǿþr m. 385.
hrafn m. 267, 3; 308, anm. 1; 312, 1; 348, 1.
hrammr m. 308, 10.
hrapallegr adj. 259, 4.
hrár adj. 77, 2; 419.
hraþr adj. 162; 310.
hraukr m. 308, 5.
hraume m. 312, 1.
hregg n. 359.
hreifr (nisl.) adj. 284, anm.
hrekkr m. 379.
hreinn adj. 428.
hreinsaþr adj. 230, 2, f.
Hrei(þ)marr m. 282.
hreþiar f. pl. 372.
hreyse n. 289, 4.
hreysar f. pl. 374.
hrífa stv. 472.
hríka stv. 312, 1.
hrína stv. 472.
hrinda stv. 257, 2; 482 u. anm. 1, 2.
hriósa stv. 68, 3; 166, 1; 478, anm. 4.
hrióta stv. 475.
hrióþa stv. 475.
hrís n. 351, anm. 3.
Hrísar 351, anm. 3.
Hrist f. 380, 3.
hrista swv. 166, 1.
hriúfr adj. 160; 312, 1.
Hróaldr m. 128, b; 216, anm. 2; 217, anm.; 222 u. anm.; 227, 1, d.

Hróarr m. 51, 1, a; 54, 3, b; 69; 144, 1; 222; 223; 227, 1, d.
Hróbiartr m., s. Hróþbiartr.
hroke m. 160; 308, anm. 3.
Hrokkell m. 122, 3; 230, 2, e; 263, 1.
hrokkenn adj. 312.
hrókr m. 312, 1.
hrolla swv. 218, anm. 3.
Hrólfr m. 125; 222 u. anm.
Hrollaugr m. 122, 3; 259, 4; 348.
Hrolleifr m. 122, 3; 259, 4.
Hrómundr m. 282.
Hró(o)lfr m., s. Hrólfr.
hrósa swv. 310.
hross n. 305, anm. 3.
hroste m. 307, 4.
Hró(þ)biartr m. 122, 3; 282.
hroþenn adj. (part.) 478, anm. 4.
Hróþgeirr m. 51, 1, a; 54, 3, b; vgl. Hróarr.
Hró(þ)mundr m. 282.
hróþr m. 167, 5; 310; 348, 2 u. anm. 1.
hróþrbarmr m. 230, anm. 12.
hrǫnn f. 218, 2; 307, 4.
hrufa f. 160; 312, 1.
hrúga f. 160; 308, 5 u. anm. 3.
hrum(m)r adj. 308, 10.
hrútr m. 166, anm. 3.
hrúþr m. 348, anm. 2.
hrýfe m. 160; 312, 1.
hryggr m. 269, 1; 379 u. anm. 1.
hryggr adj. 79, 4; 420 u. anm. 4.
hryggua, -ia swv. 221, 2; 506, anm. 2.
hrytr m. 379.
hræ n. 80; 93, 3; 356.
hrøkkua stv. 79, 3; 106, 1; 108, 1; 257, 3; 484.
hrøkkua swv. 79, 6.
hrør n. 68, 3.
hrǿra swv. 245; 307, 4.
Hrǿrekr m. 62; 144, 3; 167, 5; 282.
hrǿrna swv. 68, 3; 245.
hrøþask swv. 245.
hrǿþa, -e f. 245.
Hró(þ)rekr m., s. Hrǿrekr.
hú (anorw.) adv. 309, 4; 464, anm. 1.
h(u)á (anorw.) pron. 309, 4.

huak prät. 488, anm. 8.
huakke pron., s. *huatke* 263, 1.
hualfa swv. 509, anm. 1.
hudll m. 74, 11; 78, c.
hualr m. 348; 377 u. 2.
huara (anorw.) adv., s. *huarra*.
huarge adv. 309, 4.
hudrge(n) pron. 231, 1, a; 250, 1; 467 u. 3 u. anm. 3.
huarmr m. 309, 4.
huarr (anorw.) pron. 66; 74, 10; 414, anm. 2; 463; 464, 3 u. anm. 3; 468.
hudrr pron. 118; 282; 464, 2 u. anm. 2; 468.
huar(r)a, -e (anorw.) adv. 54, 3, b; 271.
hudr(r)tuegge, -tueggia pron. 273; 468 (2 mal) u. anm. 1, 2.
huarvetna adv. 62; 79, 8; 81.
hudrz konj. 'ob' 463, anm. 2.
huass adj. 165, anm. 2; 310; 329, 1; 417 u. 2; 427.
huassu (anorw.) adv. 262, 3.
huat pron. 240; 309, 4; 330; 463; 464, 1 u. anm. 1; 467 u. 1.
huata swv. 271.
hudta stv. 165 u. anm. 2; 495, I u. anm. 1, 3.
huatke pron. 231, 1, a; 263, 1; 467 u. 1 (u. anm. 1).
huatr adj. 165, anm. 2; 310.
huat(t)a swv. 271.
huatvetna, -vitna pron. 62; 79, 8; 144, 2; 467 u. 1 (u. anm. 1).
huað = *huat* 240.
huaþarr pron., s. *hudrr* 118; 464, 2.
huaþartuegge pron. 468, anm. 1.
hué pron., part. 464, anm. 1.
huel, huél n. 74, 12; 105, anm.; 307, anm. 2.
huéla n. 395.
huellr adj. 312, 1.
huerfa stv. 309, 4; 480 u. anm. 3, 4; 485, anm. 4.
huerge pron. 250, 1; 467 u. 2 (u. anm. 2).
huernog adv. 150; 220.
huerr m. 348.

huerr pron. 66; 83, anm. 1; 275, 1; 309, 4; 463; 464, 1, 3 u. anm. 3; 468.
huerskonar, -kunar adv. 154, 2.
huerso adv. 262, 3.
huervetna, -vitna adv. 62.
huessa swv. 505.
huessu adv. 262, 3.
huetia swv. 310.
huetvetna, s. *huatvetna*.
húfa f. 160; 308, 2.
húfr m. 308, 2.
hufuð (anorw.) n. = *hǫfoþ* 141.
hugall adj. 167, 1 u. anm. 1; 418.
Hugleikr m. 160.
hugr m. 154, 2; 307, 4; 378.
hugsa swv. 307, 4.
-(h)ugþ suffix 283, 1; 382, 3.
hui pron. 464, anm. 1.
huika swv. 488, anm. 8.
huilft f. 229, anm. 2.
huilíkr pron. 463; 464, 4 u. anm. 4.
huilmt f. 229, anm. 2.
huílþ, -d f. 122, 2; 230, 1, b.
huimleiþr adj. 122, anm. 1.
huina stv. 472 u. anm. 3.
huisla swv. 166, 2.
-huit (in namen) 367.
huitthárr, -hærr adj. 414, anm. 2.
húka swv. 478, anm. 4; 509, anm. 4.
huls n. = *húsl* 303, 4.
húm n. 312, 1.
humarr m. 154, 2.
hun pron., s. *hón* 144, 5; 456.
hunang n. 154, anm. 4.
hundr m. 176, 1; 348.
hundrafaldr adj. 415, anm. 3.
hundraþ, -t zahlw. 141; 230, 2, f.; 442 u. anm.
Húner, Húnar m. pl. 382, 3.
hungr m. 348, anm. 2.
hunsl (misl.) = *húsl* 289, anm. 3.
huorfa (misl.) = *huerfa* 83, anm. 1.
huort (misl.) adv. 83, anm. 1.
huossu (misl.) adv. 83, anm. 1.
huǫrvetna 79, 8; vgl. *huarvetna*.
hurþ f. 381.
hús n. 177, 1; 351, anm. 3.

Húsar, -er 351, anm. 3.
húsfreyia, húsfrú f. 232, anm. 6; 300, 2; 398, 1.
húsl n. 108, anm. 1; (289, anm. 3); 303, 4.
húspreyia, -prøy f. 232, anm. 6.
hústrú f. 300, 2; 398, 1.
húþ f. 312, 1.
-(h)úþ suffix 283, 1; 382, 3.
huærgi(n) (anorw.) adv. 150; 301, anm.
huæsa swv. 165; 166, 2.
hý n. 312, 1.
hýbýle, -bili n. 74, 6; 78, c; 140 u. anm.; 160, anm. 2.
hýe m. 395.
hyggia swv. 140; 269, 1; 497, anm.; 503, 4; 521, anm. 2; 528, 3.
hyggiande f. 401.
hylia swv. 521, 2.
hylr m. 379 u. anm. 1.
Hymer m. 361.
Hýner m. pl. 382, 3.
hýra swv. = heyra 95, anm.
hyrr m. 379.
hyrta swv. = hirta 82.
hyrða swv. = hirða 82.
hyrðir m. = hirðir 82.
Hýsingr m. 140.
hyske n. 122, 5.
hyte m. = hite 82, anm. 1.
hytta swv. = hitta 82, anm. 1.
hýðing f. 140.
hæimall (anorw.) adj. 167, 1; vgl. heimell.
hæim(f)t (anorw.), s. heipt 229, anm. 2.
hælagr (anorw.) adj., s. heilagr (123).
hælgdarland, hælda- (anorw.) n. 248.
hæll m. 59, anm. 1; 129; 169, 4.
Hælla (anorw.) 74, 7; 82, anm. 3.
hælpa (anorw.) stv., s. hialpa 485, anm. 5.
Hæn 129.
hængat (anorw.) adv. 156, anm.
hæra f. 146.
hærr (anorw.) pron. = huerr 309, 4.

hætta f. 74, 7.
hætta swv. 311.
hættr adj. 429.
hæþ f. 59, anm. 1; vgl. hǿð.
hæðeng (anorw.) f. 167, 3.
Hǿ(e)ngr m. 129.
hǿfa swv. 164, anm. 1.
hǿfut n. = hofoþ 230, anm. 10.
hǿgende n. 61; 529, anm. 3; vgl. hǿginde.
hǿggua (anorw.) stv. 493, anm. 1.
hǿgia swv. 529, anm. 2, 3.
hǿginde n. 167, 2; vgl. hǿgende.
hǿgr adj. 164; 414, anm. 2; 421; 429, anm. 2.
hǿgre adj. komp. 431, anm.
hǿkia f. 164.
Helga (anorw.) f. 74, 7; 78, c.
Helge m. = Helge 74, 7; 82, anm. 3.
helzti adv. 82, anm. 3.
hǿna f. 164.
Hǿngr m. 129.
hǿns(n) n. pl. 164; 289, 4; 304; 351.
Heruer m. 79, 6.
hǿsn n. pl., s. hǿns(n).
hǿta swv. 165 u. anm. 2.
hǿð (anorw.) f. 59, anm. 1; 94, 2.

í präp. 50, 3; 106, anm. 2; 117; 289, 5.
iá swv. 488, anm. 8; 510.
iá adv. 190, 3; 224, 2; 225, anm. 1.
iđenn adj. (part.) 488, anm. 8.
iafarr m. 349, anm. 1.
iafn- präfix 51, 1, a.
iafn adj. 85; 229, 2; 417 u. 2 u. anm. 1.
iafur (anorw.) m. 74, 9; 86, anm. 2.
iaga swv. 225, anm. 1.
iak pron., s. ek 90.
iake m. 91, anm. 4.
Iákob(r) m. 348, anm. 1.
iall m. = iarl 262, 1.
ialmr, ialfr m. 229, anm. 2.
iam(m)ikit (anorw.) adj. 275, 3.
iamn adj. = iafn 229, 2; 281, 8.
iam(n)væl (anorw.) adv. 229, 2.
Iam(p)taland 298.
Iamtar, Iamtr m. pl. 404.

iara f. 85; 91, 3, a, β.
iargtegn n., s. *iartei(g)n.*
iarknasteinn m. 281, 6.
iarl m. 262, 1; 267, 3; 281, 7; 348, anm. 4; 349, 2.
iarlegr adj. 281, 3.
iarn, *idrn* n. 121, 1; 218, 2; 307, 4, *iartei(g)n*, -teikn, -tegn, -tign n. 281, 6, 8; 283, 3; 307, 3, a; 308, 5.
Iarundr (anorw.) m. 89, anm.
iata f. 85; 88; 91, 3, a, β.
Iatmundr m. 89, anm.
idt(t)a swv. 258, anm. 1; 509, anm. 6.
iáttyrþe n. 106, 3; 119, 1.
iatun (anorw.) m. 86, anm. 2.
iaþarr m. 85; 89, anm.; 91, 3, a, β; 167, 5; 349.
iaxl 85.
í dag adv. 217, 1.
jeg (nisl.) pron. = *ek* 454, anm. 2.
iek (anorw.) pron. = *ek* 454, anm. 2.
iéta stv. = *eta* 488, anm. 1.
if n. 155; vgl. *ef.*
ifa swv. 82, anm. 1.
Ífarr m. 80; 107, 2; 128, a; 167, 5; 307, 3, b.
ife m. 155.
í fiorþ adv. 86 (2 mal).
ifir präp. 140.
ifrinn (anorw.) adj. 140; 227, 2; vgl. *yfrenn.*
í furstonne adv. 428, anm. 1.
-*ig*- suffix 167, 4.
í gegn(om) präp. adv. 415, anm. 2; 418, anm. 1.
í giár, í gær adv. 68, 2; 69; 254, anm. 1.
ikki pron. 122, anm. 1; vgl. *enge.*
il f. 372.
-*il*- suffix 167, anm. 1.
illa adv. 433.
illgrese n. 362.
illr, illr adj. 122, 2; 218, anm. 3; 267, 4, a; 430 (u. anm. 2).
Illuge m. 284.
illvirke m. 393.
Ilmr f. 374.

-*ils* (in namen) 348.
ilstre n. 155; 307, 4.
(*í*) *millem* präp. 415, anm. 5.
imiss, *i*- adj., s. *ýmiss* 140; 418.
í miþel präp. 415, anm. 2.
in adv. 'noch', s. *enn* 143, anm. 1.
-*in*- suffix 167, anm. 3.
-*inl*- suffix 51, 2, b; 167, 2 u. anm. 2.
-*inde* f. 401.
Indriþe m., s. *Eindriþe.*
-*ing*- suffix 51, 1, b; 51, 2, b; 138, anm. 2; 167, 3; 366 (2 mal) u. anm. 2; 451.
-*inge* m. 393.
Ingemarr m. 61; 144, 1; 145 b, 3.
Ingebiorg f. 89; 364.
Ingialdr m. 127 b, a; 141; 167, 5; 227, anm. 4.
inginn (anorw.) pron. 122, anm. 1; 466, anm. 1; vgl. *enge.*
Inguarr m. 81; 128, a; 307, 3, b.
Ingue m. 81.
Inguildr f. 284.
inn best. art. = *enn* 143, anm. 1.
inn adv. 431; 432, 3.
-*inn* part. prät. 418 u. (4), 5.
inna swv. 507.
innifli n., s. *innyfle* 140.
innre adj. komp. 252; 431.
innyfle, -ylfe n. 140; 215, 2; 303, 1.
inztr adj. sup. 431.
Ióan m. 349, 2.
Ióarr m. 248; 302, anm.
iód(d)is f. 152, anm. 2; 275, 3.
ioforr m. 74, 9; 86; 227, 2; 349, anm. 1 u. 3.
Iófríþr f. 374.
Ióghar (anorw.) m. 248; 302, anm.
iokoll m. 225; 269, 4.
iól n. pl. 97, anm. 2; 225.
iolfoþr, Iol- m. 387 u. anm. 1.
Iólfr m. 125.
iolstr m. 155; 307, 4.
iomfrú, ionfrú (anorw.) f. 255; 281, anm. 2.
Ión m. 349, 2.
Ió(o)lfr m. 125.

Iór- (in namen) 227, 2.
iór m. 102, anm. 1; 350 u. anm. 2, 4.
Iórís (anorw.) 227, 1, f.
iorþ f. 86 (2 mal); 89; 91, 3, a, α; 366; 381 u. anm. 2.
Iorþón, (*-án*) 111.
Iorundr m. 89, anm.
Iórvík 227, 2.
Iósef, Ioseppr m. 348, anm. 1.
iostr m. 386.
iotonn m. 86; 349.
ioþorr m., s. *iaþarr*.
ioforr m. 74, 9; vgl. *ioforr*.
iorue m. 79, 7.
isarn n. 307, 4.
-isl (in namen) 223, anm.; 303, 4; 348.
ismátt, -ótt f. 108, 2 u. anm. 3.
Israel m. 348, anm. 1 u. 3.
iss m. 122, 3; 173, 1; 348, 1 u. anm. 1.
it pron. pers. 150, anm 1; 240; 454 u. anm. 4; 455, anm. 5; 521, 4, a.
iþ pron., s. *it* 240; 454.
iþ f. 159.
iðag adv. = *í dag* 217, 1.
iðarr (anorw.) pron. = *yþ(u)arr* 457, 3.
Iþe m. 393.
iþia f. 159.
-iþr part. prät. 418 u. 2.
iþrar f. pl. 365.
iþre adj. komp. 252 (2 mal); 431.
iþrótt f. 111; 215, anm. 1; 275, 3; 382, 3.
Iþunn f. 374.
iþvandr, iþ- adj. 122, 2.
iúgr n. 97, anm. 2; 251; 282.
iúl n. pl. 97, anm. 2.
iungfrú, iunk-, ium- f. 225, anm. 1; 238, 1; 255; 398, 1.
iúr n., s. *iúgr*.

kafna swv., s. *kuafna*.
Kágastaðum (anorw.) 254, anm. 3.
kagge m. 308, anm. 3.
kaggr m. 308, anm. 3.
kakke m. 308, anm. 3.

kala stv. 164, anm. 2; 490; 530, anm. 1.
kaldr adj. 164, anm. 2; 530, anm. 1.
kalfr m. 119, anm. 3; 332, 1.
kall m. = *karl* 262, 1 u. anm. 1.
kalla swv. 498, 1; 534, 3.
kambr m. 257, anm. 4; 319, 2; 348.
Kammefiol 244.
kampr, kanpr m. 253, 1.
kan(n)úkr, kanunkr, kanóke m. 108, anm. 1; 289, 1.
kapp n. 257, 1.
kappe m. 257, 1; 398.
Kåre m. 61.
kar(l) m. 281, 7; 348, anm. 4; 349, 2; vgl. *kall*.
kar(l)maþr m. 281, 7.
Kárr m. 61.
Kat(a)rína (anorw.) f. 152, anm. 1.
kátr adj. 169, 4; 258, anm. 1; 311.
Katrín f. 367.
kattbelgr m. 77, 1; 145[b], 4.
kaupa swv. 230, anm. 6; 510.
kaupangr m. 348 u. anm. 2 (2 mal).
kefia stv. swv. 164, anm. 1; 227, anm. 1; 490 u. anm. 1; 502, anm. 2.
keikr adj. 159.
kelda f. 396, anm. 1.
-kell, -keli (in namen) 263, anm.; 349, 2.
kelling f. = *kerling* 262, 1.
kelta f. 88.
kemba swv. 505.
kempa m. f. 398.
kengr m. 379 u. anm. 1.
kenna swv. 317, 1; 505.
ken(n)ing f. 51, 1, b; 275, 2.
kenpa m. = *kempa* 253, anm.
keptr m. 88; 89.
ker n. 68, 1.
kerf n. 88.
kerling f. 262, 1; 364.
kerte n. 362, anm. 4.
ket n., s. *kiot* 79, 3; 114.
ketell m. 299, 2; 349, anm. 1; (in namen) 263, anm. u. 349, 2.
ketlingr m. 274.
keykia, -ua swv., s. *kueyk(u)a*.

kialta f. 88; 155.
kiaptr m. 88; 89.
kiarf n. 88.
kiarne m. 161.
kikna swv. 159.
kilia swv. 500.
kilting f. 155.
kind f. 161; 406, 4.
kinn f. 406 u. anm. 3.
kinnbakke m. 308, anm. 3.
kiolr m. 91, 2; 386.
kioltung f. 155.
kioptr m. 88; 89.
kiósa stv. 68, 3; 69; 307, 4; 328, 1; 496, anm. 4.
kiot, kiǫt n. 79, 3; 356 (2 mal).
Kiǫtue m. 79, 7.
kippe n. 362, anm. 4.
kirkia f. 254; 398 u. anm. 2.
kir(k)messa f. 281, 6.
kiþ n. 359 (2 mal).
kiúklingr m. 160; 308, 8.
klá stv. 157, 1; 491 u. anm. 1.
klafe m. 166, 3.
klappa swv. 314, 2.
kláþe m. 157, 1.
klauf f. 166, 3.
klé m. 350; 394 u. anm. 1.
klefe m. 154, 1.
klegge m. 393.
kleif f. 159; 365.
kle(i)ss adj. 123.
kleme(n)zmessa f. 257, 2.
klénn adj. 171, anm.
kleppr m. 106, 1; 257, 1.
kless adj. 123.
klettr m. 106, 1; 257, 2.
kleyia stv. 157, 1; 491, anm. 1.
klif n. 159.
klifa stv. 472.
klife m. 154, 1.
kligia swv. 510; 522, 6 u. anm. 2.
klipa stv. 472.
kliúfa stv. 166, 3; 476 u. anm.
kló f. 74, 2; 75; 130, 2; 145[b], 3; 157, 1; 406.
klofe m. 166, 3.

klubba, klumba f. 257, anm. 4.
klungr m. 348, anm. 2.
klyf f. 166, 3; 372.
klyfia swv. 500.
klýpa swv. 472.
klyppa swv. 82.
klœia stv. 157, 1.
klœþe n. 54, anm. 3; 362, anm. 4.
Klø(e)ngr m. 129.
kløkkr adj. 79, 6; 420.
kløkkua stv. 79, 3; 106, 1; 257, 3; 484.
Klémœtson m. 82, anm. 2.
knappr m. 308, 2; 314, 2.
knár adj. 419; 427.
kné n. 77, 2; 102, anm. 1; 117; 127[b], b, 2; 317, 1; 353 u. anm. 2.
knefell m. 308, 2.
knésbót, -fót f. 108, 2; 229, 1; 258, anm. 1.
knía swv. 127[b], b, 2; 157, 2; 503, anm. 2.
knoþa swv. 308, 3.
knǫrr m. 385 u. 3.
knǫtto v. 142; 166, 4; 515, 2 u. anm. 2, 3; 519.
knǫttr m. 166, 3; 316, 7; 385.
knúe m. 394.
knútr m. 166, 3; 308, 3.
knýia swv. 157, 2; 503, 2 u. anm. 2.
knylla swv. 218, anm. 3.
Knytlengr m. 122, 5.
knœkkia (anorw.) swv. 269, 1.
kobbe m. 308, 1.
kodde m. 322, 3.
kofa(r)n n. 290, 1.
kokkr m. 160; 308, 8.
kokodrillus 305, anm. 1.
Kolbinn, -bœinn (anorw.) m. 145[a], 1.
Kólfr, Kólgr (anorw.) m. 248.
kollr m. 307, 2, a.
kólna swv. 119, 3.
koma stv. 74, 11 (2 mal); 114; 154, 2; 162, anm; 309, 3; 486 u. anm. 3, 4; 520, anm. 5 (2 mal); 524, anm. 3; 526, anm. 1.
kon m. = *konr* 275, anm. 2.

kona f. 154, 2; 156; 162; 308, 11; 309, 4; 338, 8; 398, 2.
kongr, kóngr m. 119, 4; 152, anm. 1.
konongr m. 119, 4; 152, anm. 1; 348.
kon(r) m. 275, anm. 2; 378 u. anm.
koppr m. 308, 2.
korn n. 161.
kos- zu *ker* n. 68, 3; 307, 4.
kostr m. 378 u. 2, 4.
Kǫfstǫðum 254, anm. 3.
kǫfurr (anorw.) m. 254, anm. 3.
kǫgoll m. 308, anm. 3.
kǫgurr m. 254, anm. 3.
kǫkkr m. 308, anm. 3; 385.
Kǫlfr m. 226.
kǫngoll m. 169, 4; 311.
kǫngorváfa, (-ol-) f. 74, 11; 246, anm.
kǫr f. 365.
kǫrtr m. 385.
kǫs f. 365.
kǫstr m. 385.
kǫttr m. 316, 7; 385 u. anm. 2.
krabbe m. 320, 1.
kraf(s)tr m. = *kraptr* 299, 1.
krake m. 165, anm. 2.
krákr m. 165, anm. 2.
krankr adj. 257, anm. 3.
kraptr m. 299, 1; 348, 2.
krefia swv. 502.
kreppa swv. 485, anm. 6.
krepp-hendr adj. 106, 1.
kretta stv. 480 u. anm. 1, 2.
Krist m., s. *Kristr.*
kristenn adj. 418, 5.
Kristia(r)n (anorw.) m. 301.
Kristín f. 367.
krist(t)ne f. 281, 10; 401, 2.
Krist(r) m. 281, 10; 291, 2; 292 (2 mal); 306; 348 u. anm. 1, 3.
kriúpa stv. 474.
krókr m. 165, anm. 2.
krof n. 308, 2.
kropenn adj. 108, 1; 257, 1; 485, anm. 6.
kroppr m. 308, 2.
krós n. = *kross* 276.
krossmessa f. 74, 3.
kryppell m. 108, 1.

k(u)afna swv. 164, anm. 1; 227, anm. 1.
kudn f. = *kuǽn* 63, 1.
kudnlauss adj. 63, 1; 145 ᵇ, 4.
Kuaser m. 361.
kubbr m. 257, anm. 4.
k(u)efia stv. swv. 164, anm. 1; 227, anm. 1; vgl. *kefia.*
kueykua, kueika f. 79, 13.
kueyk(u)a, kueikia swv. 79, 13; 227, anm. 4; 506, anm. 2.
kuelia swv. 528, 3.
kuenna f. (156); 398, 2.
kuen-kendr adj. 156.
kuennsyft, -suift f. 74, 13.
kuerk f. 407 u. anm. 3.
kuern f. 365.
kueþa stv. 74, 4; 488 u. anm. 3.
kúfa (anorw.) swv. 254, anm. 3.
kúfóttr adj. 308, 1 u. 2.
kúga swv. 254, anm. 3.
kuí f. 365.
kuíga, -ende f. 128, b; 157, anm.; 160.
kuígr m. 128, b; 157, anm.
kuik(k)r adj. 79, 10; 269, 2; 420.
Kui(k)staðer (anorw.) m. 297.
kuik(u)ende n. 79, 10; 227, anm. 4.
kuilla f. 259, 4.
kuinna f. (156); 398, 2.
kuirkia swv. 79, 10.
kuirr adj., s. *kyrr.*
kuisl f. 365.
Kuistaðer (anorw.) 297.
kuistr m. 378; 385.
kuittr m. 385.
kuiþa stv. 472 u. anm. 2.
kuiþr m. 385.
kulþe m. 164, anm. 2.
kuma (anorw.) stv., s. *koma* 486.
kumbr m. 257, anm. 4.
kumpánn m. 108, anm. 1; 257, anm. 1.
kundr m. 307, 2, b.
-kundr, -kunnr adj. 161; 307, 2, b.
-kunn suffix 380.
kunna v. 166, 4; 257, anm. 2; 265; 275, 1; 338, 1; 513, 2 u. anm. 2; 519; 522, 4, 5; 525, anm. 2.

kunnegr, -ogr adj. 167, 4.
kunnr adj. 252; 417; 423; 513, anm. 2.
-kunnr, -kundr adj. 161; 307, 2, b.
kuǫl f. 365.
kuold (misl.) n. = kueld 83, anm. 1.
kuǿn f. 63, 1; 382, 3.
kuppán(n) (anorw.) m. 108, anm. 1; 257, 1 u. anm. 1.
Kúrer m. pl. 377.
kurr m. 348, anm. 2.
kuþr adj. 252; 417; 423; 513, anm. 2.
kuǽfa swv. 164, anm. 1.
kuǽmr adj. 162, anm.
kuǽn f. 63, 1; 162; 382, 3.
kuǽna swv. 507.
kuǽþe n. 360.
kuekua swv. 79, 9; vgl. kueykua.
kyfla swv. 303, 1.
kykr adj., s. kuik(k)r.
kykuende n. 79, 10.
kylfa, kyfla swv. 303, 1.
kylr m. 379.
kyn n. 337, 1; 357; 359.
kynda swv. 140 (präs.).
kynne f. 265.
kýr f. 68, 6; 160; 403; 408 u. anm. 1.
kyrkia swv. 79, 10.
kyrr adj. 74, 13; 78, c; 343, 3; 414, anm. 2.
kyrtel(l) m. 349, anm. 2.
kys(s)a swv. 276, anm.; 512, anm. 1.
kǽta swv. 258, anm. 1.
kǽte f. 258, anm. 1; 401.
kǿfa swv. 164.
kǿnr adj. 162, anm.
kǿnn adj. 166, 4.
kør n. 68, 2; 307, 4.
køt n. = kiot 114.

-la adv.-suffix 283, anm.; 307, 3, a.
lafa swv. 509, anm. 1.
láfe m. 80; 165; 227, anm. 2.
-láfr (in namen) 348.
lágr adj. 428.
-lákr, -leikr (in namen) 54, 3, b; 348.
lamb n. 257, anm. 4; 319, 2.
lan (anorw.) f. = lǫn 365, anm. 1.

lán n. 54, 1; 171, anm.; 351, anm. 1.
land n. 321, 2; 351, anm. 3.
landamǽre, -mǿre (anorw.) n. 165.
landbóle (-búli orkn.) m. 60, anm. 3; 160, anm. 2.
Lander 351, anm. 3.
landskia(l)fte m. 281, 4; 391, 1.
landøyða (anorw.) f. 230, anm. 12.
langr adj. 323, 2; 339, 1; 340, 1; 415, anm. 2; 426, 2.
langt adv. 432, anm. 3.
langǽr adj. 93, 3.
lanzeyra (anorw.) f. 230, anm. 12.
lanzofrenge m. 223.
lasmeyrr, -mǽrr adj. 166, 3.
láss m. 288, 3.
lát n. 362, anm. 3.
láta, lata stv. 165, anm. 2; 166, 2; 171, 1; 270, 1; 495, I u. anm. 1, 2, 3; 524, 2, b (2 mal); 526, 2.
latr adj. 165, anm. 2; 310.
látr m. 274.
lápmaþr m. 54, anm. 3.
lax m. 348, anm. 3.
lauf n. 308, 1.
Laufey f. 373.
laug f. 366.
-laug (in namen) 367.
laugardagr, (anorw.) laugur- m. 251; 366, anm. 1.
-laugr (in namen) 348.
laun n. pl. 337, 1; 351.
lausn, (launs) f. 68, 8; 148, anm. 1; 304.
lausong f. 366.
lauss adj. 160.
laut f. 381.
lauþr n. 251.
lávarþr m. 348, 2.
lé(e) m. 127 b, b, 2; 350; 394 u. anm. 1.
léa swv., s. liá 510.
-leg-, -lig- suffix 138, anm. 4.
-lega adv. 307, 3, a.
-legastr adj. sup. 418 u. 1.
leggia swv. 269, 1; 344, 1; 497, anm. 2 (2 mal); 502; 504, anm.
leggr m. 307, 3, a; 379.

Register. 381

-*legr* adj. 240, anm. 4; 417, anm. 3; 429, anm. 3.
leif f. 365; (in namen) 367.
-*leifr* m. 348.
leig(i)a swv. 307, 3, a; 506, anm. 1.
leika n. 309, 2; 395.
leika stv. 159, anm.; 492; 521, anm. 2.
leikande f. 309, 2.
Leikangr 297, anm. 4.
-*leikr* nom.-suffix 348.
-*leikr*, -*lákr* (in namen) 54, 3, b; 348.
Leik(v)angr 227, anm. 4.
Leikvin 79, 13; 81.
leita swv. 159.
leitr adj. 161.
leiþ f. 54, anm. 3; 366.
leiþangr m. 167, 3; 348, anm. 2.
Leiðangr 245, anm. 1.
leiþende n. 167, anm. 2; 227, 1, f.
leka stv. 163, anm.; 487 u. anm. 1.
lemstr m. 348, 2 u. anm. 1.
lén n. 54, 1; 171, anm.
lend f. 161; 365.
léner part. m. pl. 473, anm.
lenge adv. 432.
lérept, -*ript* n. 105, anm.; 107, 1; 138, anm. 2; 289, 3.
lesa stv. 74, 3; 276, anm.; 487; 521, 2.
lesta swv. 123.
leta (anorw.) stv., s. *láta* 495, anm. 1.
lete f. 401.
létta swv. 105; 107, 2.
léttare m. 105.
léttr adj. 107, 2.
leyfa swv. 232, anm. 4.
leygr m. 160.
leyna swv. 160.
lid swv. 107, 2; 127[b], b, 2; 307, 3, a; 473, anm.; 510 u. anm. 1; 522, 6 u. anm. 2.
lifa swv. 509, anm. 1; 528, 4 (2 mal); 529, anm. 1.
lifenn, -*inn* adj. (part.) 473, anm.; 509, anm. 1.
lifiar f. pl. 140.
lifr f. 365.
li(f)spund n. 301.

-*lig-*, -*leg-* suffix 138, anm. 4.
liggia stv. 269, 1; 488.
-*ligr* adj. 240, anm. 4; vgl. -*legr*.
lík(h)amr, -*me*, *líkamn* m. 51, 1, a; 284; 377.
lík(i)a swv. 506, anm. 1.
líkr adj. 280, anm.
lilia f. 399.
limar f. pl. 365.
limr m. 385 u. 3, 4.
lind f. 380, 3.
linde n. 307, 2, b.
linnr m. 265; 307, 2, b.
linr adj. 417, 2.
línspund n. 301.
lióna swv. 160.
liónar m. pl. 282.
liós n. 216, anm. 4; 415, anm. 2.
lióss adj. 122, 3; 216, anm. 4; 348, anm. 3.
liósta stv. 475; (524, 2, b).
lióstr m. 348, anm. 2.
liótr adj. 160.
lióþ n. 160.
lióþr m. 382, 3.
lírit(t)r m., s. *lýritr* 140.
lispund n. 301.
lit adv., s. *litt*.
lita stv. 227, 1, c; 472.
litell adj. 122, 2; (252); 299, 2; 418 u. 5; 430.
litr m. 227, 1, c; 385 u. 3.
lit(t), *litt* adv. 122, 2; 152, anm. 1; 433.
lítta (anorw.) swv. = *létta* 107, 2.
líttat 'ein wenig' 266.
líþa stv. 472 u. anm. 2.
líþr m. 'gelenk' 385 u. 2.
líþr m. 'lindwurm', s. *linnr*.
Liðskialg (anorw.) 248.
liúfr adj. 332, 1.
liúga stv. 94, 2; 160; 224, 2; 476 u. anm.
liúka stv. 476; 477.
liús (anorw.) n. = *liós* 97, anm. 2.
ló f. 94, 2; 406.
lófe m. 80; 146; 165; 227, anm. 2.

loge m. 160.
lokka swv. 318, 2.
lokkr m. 318, 2.
lón n. 160, anm. 2.
losna swv. 160; 478, anm. 4.
lopa swv. 509.
lopenn adj. (part.) 478, anm. 4.
ló f. 307, 3, a; 369.
Lǫfðarhorn (anorw.) 248.
lǫg n. pl. 351.
lǫgg f. 370.
lǫgn n. pl. 351.
lǫgr m. 145 [b], 1, 5; 307, 3, a; 385 u. 3.
Lǫgðarhorn (anorw.) 248.
lǫgþer m. 361.
lǫm f. 288, 3; 365.
lǫn f. 365 u. anm. 1.
lǫskr adj. 310; 420.
lǫstr m. 385.
-lǫþ f. 367.
lubba f. 308, 1.
lúenn adj. (part.) 478, anm. 4.
lúfa f. 308, 1.
lugvitne n. 160.
lúka stv. 154, 2 (part.); 177, 1; 477 u. anm. 1, 2.
luma swv. 509, anm. 2; 528, 4.
lún (anorw.) 160, anm. 2.
lund f. 382, 3.
lunder f. pl. 161.
lundr m. 227, 1, c; 348, 2.
-lundr adj. 414, anm. 2.
lunga n. 395.
lús f. 406 u. anm. 3.
lúta stv. 477 u. anm. 2.
lútr adj. 160.
lúþr m. 160; 348, anm. 2.
lyf f. (n. pl.) 140; 359; 372.
lyfia swv. 500.
lyge f. 160; 401, 3.
lygn adj. 414, anm. 2.
lýia swv. 478, anm. 4; 502.
lykell m. 63, 3; 64, c; 246; 349, anm. 1.
lykkia f. 269, 1.
lyk(k)ia swv. 269, 1; 477, anm. 2; 503, 2 u. anm. 1.
lynd (anorw.) f. 382, 3.

lyndr adj. 414, anm. 2.
lyng n. 79, 4; 356.
lypta swv. 505.
lýr m. 379 u. anm. 1.
lýréttr, -rit(t)r m. 140; 144, 2; 258 u. anm. 2 (2mal); 275, 4; 282.
lýske f. 231, 1, a.
lytr (anorw.) m. 382, 3.
lýþr m. 377 u. 2; 382, 2, 3.
læ n. 74, 8; 80; 93, 3; 356.
læfirke m. 93, 3.
-læg- (anorw.) suffix = *-lig-* 138, anm. 4.
lægr adj. 421.
Læiftravágr (anorw.) 82, anm. 2.
Læiri(k)stúnir (anorw.) 297.
Læirangr (anorw.) 245, anm. 1.
lækner m. 361 u. anm. 4.
lær n. 68, 2; 307, 3, a.
læra swv. 54, anm. 1.
lærept, -reft n. = *lérept* 105, anm.
lættare m. 105.
læte n. 362, anm. 3.
lǿ n. = *læ* 74, 8.
lǿbraut f. 74, 8.
Leftravágr (anorw.) 82, anm. 2.
lǿkr m. 163, anm.; 379 u. anm. 1.
lǿra f. 68, 3.
Leykvin (anorw.) 79, 13; 81.

má swv. 501.
máfr m., s. *már* 227, anm. 1; 242.
maga (anorw.) v., s. *mega* 515, anm. 1.
Mághins (anorw.) m. 304, anm. 2; vgl. *Magnús*.
magn n. = *megen* n. 151; 352, anm. 2.
Magnús, Mágnus m. 304, anm. 2; 348, 2 u. anm. 1.
magr adj. 312, 4.
mágr m. 163.
makke m. 257, 3.
mál n. 118; 228 u. anm.
mala stv. 166, 4; 490.
malauss (anorw.) adj. 275, 3.
málfinne, -fime f. 257, anm. 5.
mall (anorw.) n. = *mál* 228, anm.
malr m. = *melr* 224, 1; 348.
man- (zu *maþr*) 308, anm. 5.

man, mán n. 162.
mánaþr m. 111; 130,2; 309,2; 387 u. anm. 1; 404.
máne m. 309,2; 335,1; 391.
mange pron. 466 u. 2.
mangr (anorw.) adj. 430.
manheimar m. pl. 308, anm. 5.
man(n)ge pron. 466 u. 2.
mannlíkan n. 351.
mannlera, -leþa f. 245, anm. 2.
mannr m., s. *maþr*.
mantull (anorw.) m. 257, 2.
manu (anorw.) v., s. *mono* 514, 2.
manvit n. 308, anm. 5.
már m. 54,1; 74,2; 78,c; 80; 111, anm.; 227, anm. 1; 242; 355.
mara swv. 509, anm. 1.
Marg(a)réta (anorw.) f. 152, anm. 1.
margr adj. 51,3; 281,5; 417, anm. 1; 430.
Margrét f. 367.
Marí(u)mæssa (anorw.) f. 152, anm. 1.
marr m. 119,2; 348 u. 4; 377,2; 378 u. 1, 2.
-marr (in namen) 61; 348.
marskinn (anorw.) = *marð-* 281,3.
mata swv. 266.
máte m. 163, anm.
matr m. 378 u. 3.
máttegr adj. 62; 258, anm. 2; 418 (u. 1); 423; 427.
maþkr m. 162; 308, anm. 2.
maþr m. 162; 230, anm. 11; 252 (2 mal); 267, 4, b (2 mal); 308, anm. 5; 405; vgl.
maþr pron. 469 u. anm.
mega v. 74,3; 117; 142; 224,2; 258; 311; 515,1 u. anm. 1; 518; 519; 522,4.
megen n. 71; 151; 352 u. anm. 2; 418, anm. 1.
megen, -in adv. 250, anm. 1; 268; 375, anm.
megenn adj. 418, anm. 1.
megn n., s. *megen* n.
megn adj. 418, anm. 1.

megim, -om adv. = *megen* adv. 250, anm. 1; 268.
megu (misl.) v., s. *mega* 515, anm. 1; 518.
meinn adj. 428.
meir(r) adv. komp. 270, anm. 4; 433.
meir(r)e adj. komp. 307, 4; 430.
meiss m. 310.
meita swv. 310.
meiþmar f. pl. 365.
meiþr m. 348, 2.
mek (anorw.) pron. = *mik* 138, anm. 3; 454.
mél n. pl. 106,1; 161; 289,2.
meldr m. 348,2 u. anm. 1.
melia swv. 74, 7; 503, 1.
mellem,-om (anorw.) präp. 415, anm. 5.
melr m. 88; 224,1; 348.
melta swv. 485, anm. 6.
men n. 359.
mér pron. pers. 106,2; 121,1; 150; 267, anm. 4; 454 u. anm. 1; 455,3 u. anm. 3, 4; 520, anm. 1; 521, anm. 3; 532.
mér pron. = *vér* 268; 454 u. anm. 4; 521, 3.
mergr m. 68, anm. 1; 254; 379 u. anm. 2.
mergþ f. 281, 5.
merke n. 362 u. anm. 1.
merr f. 374 u. anm. 1.
messa f. 74, 3.
mest(r) adj. adv. sup. 123; 292; 307, 4; 430; 433.
met n. 88.
met pron., s. *vit* 138, anm. 3; 268; 454.
met präp. = *meþ* 230, 2, f (2 mal).
meta stv. 111; 163, anm.; 487 u. anm. 2.
metorþ n. 91, anm. 1.
meþal- 155; 162; 167,1.
meþal präp. 90; 259, 4; vgl. *miþal.*
meþan adv. konj. 51,4; 61; 91,3, a, α; 233; 275,1; 289, 5.
mey, meyia f., s. *mær* f. 69; 373, anm. 1; 491, anm. 1.

384 Register.

meyrr adj. 414, anm. 2.
mialtr m. 311.
midr adj., s. *mœr* adj.
miaþveiter m. 91, 2.
mig pron., s. *mik* 240; 454.
miga stv. 93, 2; 472 u. anm. 1.
mik pron. pers. 138, anm. 3; 150; 240; 454 u. anm. 1; 455, 3 u. anm. 3, 4; 520, anm. 1; 532.
mikell adj. 51, 3; 54, anm. 1; 74, 5, b; 155; 269, 4; 418 u. 5; 430.
Mik(i)áll m. 254.
mikilsti adv. 287, anm. 2.
mil n. 106, 1.
milde f. 401, 2.
mildr adj. 415, anm. 2; 429, anm. 1.
millom, -e(m) präp. 259, 4; 415, anm. 3, 5.
Mímer m. 361, anm. 2.
mín pron. pers. 454.
miniar f. pl. 372.
mining f., s. *minning*.
minn pron. poss. 106, anm. 2; 122, 2; 148, anm. 2; 257, 2, a; 267, 2, c; 457 u. 1 u. anm. 1, (3).
minna swv. 507; 534, 4.
minnask swv. 161; 507.
minne 'mündung' 161.
minne 'gedächtnis' 265; 277.
minne adj. komp. 252; 267, 4, b; 430.
min(n)ing f. 51, 1, b; 275, 2.
minnr adv. komp. 433.
minzt(r) adj. adv. sup. 430; 433.
miok, miog adv. 86 (2 mal); 155; 240; 415, anm. 2; 418, 5; 433.
miol n. 308, 9; vgl. *miǫl*.
miolk f. 86 (2 mal); 161; 311; 407 u. anm. 1, 2.
mioll f. 308, 9; 366.
Miollner m. 361.
mióŕ adj., s. *mœr* adj.
miot n. 88; 309, 2.
miotoþr m. 309, 2.
mioþdrekka f. 91, 2.
mioþr m. 386 u. anm. 1.
miǫl n. 166, 4; 356; vgl. *miol*.
miǫrkue m. 79, 3, 7; vgl. *merkue*.
misa f. 74, 5, b.

misgera swv. 497, anm.
misgœrandi (anorw.) m. 412, anm. 1.
miskun(n) f. 74, 5, b; 274; 275, 4.
miss- präfix 274.
missa swv. 519.
missare, -ere n. 61; 144, 1, b.
missœmia f. 74, 7.
mistrúa swv. 510, anm. 1.
mit pron., s. *vit* 268; 454 u. anm. 4; 521, 3.
miþal, -el präp. 155; 167, 1; vgl. *meþal*.
miþ(i)aldre adj. 127 b, a; 285.
miþmunda, (-e) n. (m.) 395.
Miðió (anorw.) 127 b, a.
miþr adj. 155; 162; 172, 1; 270, anm. 4; 413, anm.; 421 u. anm. 1.
miþr adv. komp. 433.
Móeiþr f. 222; 227, 1, d; 284.
Móensheimar 227, 1, d.
Móer m. 361.
moka swv. 308, anm. 3.
mold f. 166, 4; 381.
mole m. 166, 4.
molka swv. 161; 485, anm. 4.
Mo(l)skones (mnorw.) 244.
moltinn (nisl.) part. 485, anm. 6.
mon m., s. *monr*.
móna f. 250, anm. 1.
Monámr m. 54, 3, b; 250, anm. 1.
mono v. 139, 3; 140; 230, anm. 4; 257, anm. 2; 514, 2 u. anm. 1, 3, 4; 518; 519; 522, 4; 525, anm. 2; 526, 2; 531, anm. 2; 536.
mónoþr m., s. *mánaþr*.
mon(r) m. 154, 2; 378 u. 2 u. anm.
Mo(n)str 289, 4.
Móþld f. 222; 227, 1, d.
Mór 350 u. anm. 1.
mór m. 'haideland' 128, b; 347; 350.
mór m. = *már* 74, 2; 78, c.
Mórekr m. 282.
morgonn, -enn m. 64, c; 167, 5 u. anm. 3; 281, 5; 349, anm. 4.
morkna swv. 485, anm. 6.
mose m. 307, 4.
Moskones (mnorw.) 244.
Mostr = *Monstr* 289, 4.

mót n. 163, anm.
motr m. 348, anm. 2.
motte m. 162; 233; 308, anm. 2.
móþer f. 409 u. anm. 2; 411, anm.
móþerne n. 61.
móþr m. 348.
móðr (anorw.) f. = *móþer* 411, anm.
-*móþr* (in namen) 388.
Móvin 129; vgl. *Mén*.
mǫg(g)lan f. 269, 4.
Mǫgnús m. = *Magnús* 348, anm. 1.
mǫgr m. 163; 309, 1; 385 u. 3.
mǫkkr m. 385.
mǫlogr adj. 418 (u. 1).
mǫlr m. 385.
mǫn f. 365.
mǫrk f. 'mark' 403.
mǫrk f. 'wald' 381 (2 mal); 406,1,2,4; 407.
mǫrr m. 355.
mǫrþ (fiár) 281, 5.
mǫrþr m. 385.
mǫskue m. 391.
mǫ́ttogr adj. 418 (u. 1).
mǫttoll m. 257, 2.
mǫ́ttr m. 385 u. 3.
muga (anorw.) v., s. *mega* 515, anm.1.
múge m. 308, anm. 3.
múgr m. 308, anm. 3.
múkr m. = *munkr* 108, anm. 1; 289, 1.
mullaug f. 257, 4.
mun m., s. *monr*.
muna v. 257, anm. 2; 514, 1; 522, 4.
Mundámr, -án (anorw.) m. 250, anm. 1.
mun(d)laug f. 257, 4; 281, 2.
mundr m. 348, 2 u. anm. 5.
-*mundr* (in namen) 388 u. anm. 1.
mungát n. 253, 2.
munkr m. 108, anm. 1; 289, 1.
munlaug f. 257, 4; 281, 2.
munnr m. 161; 252; 265; 348, 1 u. anm. 4.
mun(r) m., s. *mon(r)*.
munu v., s. *mono*.
mús f. 406 u. anm. 3.
mútare m. 392, anm.
muþr m., s. *munnr*.

mýfell, mýell m., s. *mýll*.
myke f. 401, 1.
mykill adj., s. *mikell* 74, 5, b.
mykr f. 401, 1.
mykr n., s. *myrkr* n.
mýll m. 74, 6; 129; 227, anm. 4; 349, 2.
Mýlner m. 361.
myrgenn m., s. *morgonn* 64, c; 167, 5 u. anm. 3.
myrkia swv. 506, anm. 2.
my(r)kr n. 74,5,a; 281,9; 290,2; 351, anm. 1.
myrkr adj. 79, 4; 420 u. anm. 3, 4.
myrkua, -ia swv. 506, anm. 2.
myrkue m. 79, 3, 7; 88, anm.
mýrr f. 307, 4; 374.
mysa (nisl.) f. 74, 5, b.
myskunn f., s. *miskun(n)* 74, 5, b.
Myðiu (anorw.) 74, 5, b.
mǽker m. 361.
mǽla swv. 'messen' 507.
mǽla swv. 'sprechen' 230, 2, b; 269, anm. 2; 507; 519.
mǽr f. 68, 2; 69; 77, 2; 157, 1; 309, 1; 373 u. anm. 1; 491, anm. 1.
mǽr adj. 80; 102; 419; 420 u. anm. 2; 427, anm. 1; 429.
mǽrr adj. 145ᵇ, 3; 414, anm. 1.
mø̨ga v., s. *mega* 74, 3; 515, anm. 1.
mø̨lua swv. 79, 6; 503, 1, 2.
Mén 62; 129; 227, 1, d.
mø̨rgenn (anorw.) m., s. *morgonn* 64, c; 167, 5.
mø̨rkue m. 74, 5, a; 79, 3, 7; 88, anm.
Mø̨rtalr m. 237, 1; 281, 6.
messa (anorw.) f. = *messa* 74, 3.
mǿ̨ta swv. 505.
mǿþgen n. pl. 351.
mǿþgor f. pl. 281, 9.

ná swv. 510 u. anm. 1; 519; 522, 6 u. anm. 2.
ná-, nó- 'nahe-' 75; 428, anm. 1.
náar adv. komp., s. *nǽr(r)* 432, anm.1.
ndenn adj. 418, anm. 1; 427.
nafarr m. 54, 3, b; 69; 144, 1; 223.

nafle m. 248.
nafn n. 219; 229,2; 281,8; 351, anm. 1.
nagl m. 403; 405.
nagle (anorw.) = *nafle* 248.
Naglfar n. 309,1.
naglfare m. 309,1.
nakkuarr, -err, nakkorr pron. 54,3,a; 81; 122,1; 263,1; 290, anm. 1; 465 u. 3 u. anm. 1, 2; andere formen 51, 2, a; 79, 2, 6; 111, anm.; 123; 141; 275,1; 290,1; 464, anm. 1.
nakkuat pron. 290, anm. 1; 465,3.
nánn (anorw.) adj., s. *náenn*.
nár m. 69; 77, 2; 80; 118; 309,1; 377 u. anm. 2.
nár adv. komp., s. *nǽr(r)* 432, anm. 1.
nara swv. 509, anm. 1.
Nare m. 81.
Narfe m. 81.
nátt, natt f., s. *nótt*.
naþr m. 348, anm. 2.
-naþr m. 130, anm. 3; 387, anm. 1.
naumr adj. 226.
naust n. 160, anm. 2.
nautr m. 160.
nauþegr, -ogr adj. 167, 4.
nauþ(r) f. 380, 1; 382, 3.
nauþsyn f. 372.
nef n. 312, 4; 359.
nefa = *nema* konj. 229, 2.
nefe m. 309, 2.
Nefer m. 361.
Nefiulfr m. 127 b, a.
nefna swv. 281, 8; 505.
negla swv. (part.) 303, 3.
neima (anorw.) konj. 229, 2.
neinn pron. 465 u. 5.
nekkuarr, -err pron. 81; 123; 263,1; 465, 3; vgl. *nakkuarr*.
nekkuat pron. 51, 2, a; 465, 3.
nekkueþr adj. 151; vgl. *nøk(k)ueþr*.
nekkurr pron., s. *nakkuarr* 81; 465, 3.
nema stv. 111; 154, 2 (part.); 162; 170, 1; 335, 1; 486 u. anm. 4.
nema konj. 229, 2.
nenna swv. 230, 2, b; 265; 507.

nér adv. komp. 432, anm. 1.
-ner (in namen) 361.
Nere m. 79, 6.
nerþre, nerztr adj. 431.
nes n. 312, 4; 358; 359.
Nesiar m. pl. 358.
nest n. 'nest' 154, anm. 2.
nest n. 'proviant' 155.
nest adv. sup. 432, anm. 1.
nestr adj. sup. = *nǽstr* 122, 6.
net n. 164; 359.
netia swv. 500.
neþan adv. 91, 3, a, β; 154, 1; 431; 432, 3.
neþar f. pl. 154, 1.
neþarre adj. komp. 154, 1; 431.
neþre adj. komp. 154, 1; 431.
neyþ f. 382, 3.
neztr adj. sup. 431.
Níall m. 349, 1.
nifl n. 155; 227, 2.
nift f., s. *nipt*.
Nikolás m. 348, anm. 1.
nío zahlw. 51, 3; 127 b, b, 2; 147; 439.
niól f. 155; 227, 2.
nionde zahlw. 446.
Niorþr m. 386.
niósn f. 216, anm. 4.
nióta stv. 475.
niótr adj. 160.
Niǫruasund 79, 7; 85; 161.
nipt f. 309, 2; 380, 3.
niréþr adj. 450.
nista swv. 155.
nit(i)án zahlw. 163; 439.
nit(t)a swv. 106, 3; 258, anm. 1.
nitøgr adj. 450.
niþ n. 359 (2 mal).
niþar f. pl. 154, 1; 359.
Niþaróss 152, anm. 1; 348, 2.
Níþaþr m., s. *Níþoþr*.
niþe m. 393 (2 mal).
Niþhǫggr m. 355.
Niþoþr, -uþr m. 141; 284; 387.
niþr m. 357; 358 u. anm.
niþre adj. komp., s. *neþre*.
niund f. 451.

nó-, ná- 'nahe' 74, 2; 75; 111, anm.; 428, anm. 1.
no = nu, nú adv. 144, 4.
Nóatún 227, 1, d.
nógr adj. 280, anm.
nokkorr, anorw. nok(k)or pron. 79, 2; 111, anm.; 275, 1, (5); 465, 3 u. anm. 1; vgl. nakkuarr.
nór m. 160, anm. 2.
Noregr 227, 1, f u. vgl. folg.
Nóregr 122, 3; 227, 1, f; nachtr. zu 143, anm. 1 u. zu 348, anm. 4.
nórenn (anorw.) adj. = norrǿnn 144, 7.
Nórigr nachtr. zu 143, anm. 1; vgl. Nóregr.
Normenn m. pl. 281, 3.
norn f₁ 380.
norrǿnn adj. 144, 7; 281, 3; 343, 4.
Norvegr 122, 3; 227, 1, f.
norþan adv. 431; 432, 3.
norþar(r)e, -astr adj. 431.
Nor(þ)menn m. pl. 281, 3.
Norðmǽre, -mǿre (anorw.) 165.
norþre adj. komp. 431.
norþr(h)alfa f. 284.
nórǿnn adj. 281, 3; vgl. norrǿnn.
nót f. 164; 406.
note m. 160.
nótt f. 60, anm. 4; 111; 122, 1; 258 (2 mal); 274; 337, 1; 406, 1; 407.
nóttorþr m. 388.
-noþr m., s. -naþr.
nǫf f. 365.
nǫkkorr pron. 290, 1 u. anm. 1; 465, 3; vgl.
nǫkkuarr pron. 81; 141; 465, 3; vgl. nakkuarr.
nǫkkue m. 269, 2.
nǫk(k)ueþr adj. 151; vgl. nøk(k)ueþr.
nǫkkuorr pron. 465, 3; vgl. nakkuarr.
nǫkkurr pron. 465, 3; vgl. nakkuarr.
nǫkkursti adv. 287, anm. 2.
nǫl f. 118; 228; 365.
Nǫrr (nǫrr) m. 79, 6; 81; 161; 355; 414, anm. 2.
Nǫruasund 79, 6; 161; vgl. Neruasund.

Nǫrue m. 79, 6; 81.
nǫs f. 312, 4; 365.
nǫtt f., s. nótt.
nú, nu adv. 144, 4.
nukkurr pron., s. nakkuarr 141; 465, 3.
ný n. 359.
-ný (in namen) 373 u. anm. 3.
nykill (anorw.) m. = lykell 246.
nykr m. 74, 5, a; 348, anm. 2.
nýr adj. 419; 421 u. anm. 1; 429, anm. 1.
nýra n. 395.
nyrþre, nyrztr adj. 431.
Nyrue m. 79, 4; 161.
nýsa swv. 216, anm. 4.
nyt f. 372.
-nyte m. 393.
nytia swv. 500.
nǽfr f. 365; 382, 2.
nǽfnd (anorw.) f. 380, 4.
nǽr adv., s. nǿrr.
nǽra swv. 165.
nǽre adv. 432, anm. 1.
nǽr(r) adv. 270, anm. 4; 432, anm. 1, 4.
nǽr(r)e adj. komp. 428, anm. 1.
nǽr(r)meir(r) adv. komp. 432, anm. 4.
nǽst adv. sup. 432, anm. 1.
nǽstr adj. sup. 122, 6; 129; 428, anm. 1.
nǿfr adj. 312, 4.
nøkkua (u. a. formen) pron. 464, anm. 1; 465, anm. 1.
nøkkuarr, -err pron. 54, 3, a; 79, 6; 81; 465, 3 u. anm. 1; vgl. nakkuarr.
nøkkuat pron. 465, 3 u. anm. 1.
nøk(k)ueþr adj. 79, 6; 151; 220; 269, 2; 418 u. 2.
nøktr adj. = nøk(k)ueþr 151.
nǿra swv. 165.
nǿrþre, nǿrztr adj. 60, 3; 114; 431.
Nǿruasund 79, 6; 161; 414, anm. 2.

ó (anorw.) f., s. ǿ 'fluss'.
ó- präfix 51, 1, a; 108, 1; 289, anm. 6.
óask swv. 499, anm.
obbelde u. 260.
oblǿt, oblǻta f. 406.

Oddlaug f. 259, anm. 2.
Oddleifr m. 259, anm. 2.
oddr m. 174, 1; 218, 2.
of- präfix 51, 1, a; 143, anm. 2.
of präp. 139, anm. 6; 166, anm. 2; 431.
óf n. = *óhóf* 284.
of alt adv. 54, 3, a.
ofan adv. 229, 2; 308, 2; 432, anm. 4.
ofarmeir(r) adv. komp. 432, anm. 4.
ofar(r), *ofa(r)st* adv. 433.
ofbelde n. 260.
Ófeigr m. 54, 3, b.
offra swv. 326.
ófiot n. pl. 88.
oflǫt, *ofláta* f. 406.
ofn m. 307, anm. 2.
of(r)- präfix 51, 1, a.
of(s)t adv., s. *opt* 299, 1.
ofþegle n. 60, 7.
of valt adv. 54, 3, a.
og konj. = *ok* 240.
óglepesklæþe n. 401, 2.
ogn (anorw.) m. = *ofn* 307, anm. 2.
ógn, *ogn* f. 122, 3; 164.
-ogr adj. (167, 4); 418 u. 1.
óhlifenn adj. (part.) 473, anm.
óhóf n. 284.
óhógande n. 167, 2.
ok n. 225.
ok konj. 145 a, 2; 240.
okkar pron. pers. 108, 1; 454 u. anm. 5.
okkarr pron. poss. 257, 3; 290, 1; 457 u. 3 (u. anm. 3).
okkarra pron. = *okkar* 454, anm. 5.
ok(k)r pron. pers. 108, 1; 454.
okr n. 122, 3.
ól f. 111; 127 a; 169, 4; 366.
Óláfr, *-afr* m. 51, 1, a; 54, 3, b; 75; 77, 2 u. anm.; 111; 144, 1; 289, 2; 348.
Ólafsmessa f. 74, 3.
Óle m. 111; 118; 289, 2.
ólegr adj. 282.
-olfr (in namen) 154, 2; 227, 1, a.
óll m. 111; 127 a; 169, 4.
Ollaug f. 259, anm. 2.

Olleifr m. 259, anm. 2.
óln f., s. *ǫln*.
om (mnorw.) präp. 139, 3.
oman (anorw.) adv. = *ofan* 229, 2.
Ón (mnorw.) m. = *Ǫnn* 222.
ón f., s. *vǫn*.
ón präp. 75; 111.
-on suffix 130, anm. 3; 380.
onder (shetl.) präp. = *under* 139, 3.
óneiss adj. 54, 3, b; 284.
-ong f. 366 (2 mal); vgl. *-ung-*.
-ongr m. 348 u. 3 u. anm. 1; 452; vgl. *-ung-*.
óp n. 227, 1, a.
op (shetl.) präp. = *upp* 139, 3.
openn adj. 71; 108, 1; 167, anm. 3; 418.
opt adv. 154, 2; 299, 1; 432, 1 u. anm. 3.
or-, *ór-* (anorw.) präfix 69; 121, 1; 139, 3; vgl. *er-*.
ór präp. 69; 121, 1; 139, 3; vgl. *ór*.
ór- pron.-stamm, s. *várr*.
órar f. pl. 227, 1, a; 365.
Óri(k)staðer (anorw.) 297.
ormr m. 227, 1, a.
Or(m)snæs (mnorw.) 281, anm. 3.
orrosta, *-asta*, *or(r)ǫsta* f. 141; 275, 3.
orþ n. 227, 1, a.
os, *ós* pron. = *oss* 108, 1; 289, 4; 307, 4; 454 u. anm. 6 (2 mal).
ósk f. 108, 1; 289, 4.
Ósk f. 367 u. anm.
Ósló, *Osló* f. 94, 2; 111; 144, anm.
óss m. 'gott', s. *ǫ́ss* 111.
óss m. 'mündung' 348, 2.
óss (anorw.) pron. = *oss* 454, anm. 6.
os(s) pron. pers. 108, 1; 122, 7; 275, 1; 289, 4; 307, 4; 454 u. anm. 6.
óst f., s. *ǫ́st*.
ostr m. 225.
ósuífr adj. 74, 14.
Ósuífr, *Ósýfr* m. 74, 14; 78, c.
ósémr adj. 298.
Otkell m. 237, 1; 274.
otr m. 162; 348, anm. 2.
ótta f. 109; 227, 1, f.
Óttarr m. 111; 284.

ótte m. 164.
-óttr adj. 417.
ópal n. 164; 352 u. anm. 1.
Ópenn m. 167, anm. 3; 227, 1, a.
Óþr m. 348, 2.
óþr m. 348, 2.
-oþr m. 130, anm. 3; 387.
oukt (anorw.) zu ǫfogr 227, 2.
óveitoll adj. 167, 1.
oxe m., s. uxe.

ǫ́ f. 'fluss' 74, 2; 78, c; 118; 127ᵃ; 157, 1; 163; 224, 1; 307, 3, a u. anm. 2; 364; 369 u. anm. (2 mal).
ǫ́ f. 'schaf' 408, anm. 2; vgl. ǽr.
ǫfegr, -ogr adj. 167, 4; 227, 2.
ǫfund f. 76.
Ǫgmundr m. 264, anm.
ǫgn f. 365.
ǫk(k)la n. 75; 130, 2; 145ᵇ, 3; 257, 3; 274; 395.
ǫkle m. 395.
ǫl f. = ól 111.
ǫl n. 309, 2 (2 mal); 356 u. anm.
ǫlboge m., s. ǫlnboge.
ǫld f. 366; 381 u. anm. 2.
Ǫlfoss m. 76; 108, 1.
Ǫlfr m. 127ᵃ; 222.
ǫllonges, -ynges adv. 61; 76.
ǫlmosa f. 76.
ǫln, ǿln f. 119, 3; 148, anm. 1; 164; 365; 368.
ǫl(n)boge m. 253, 1; 281, 8.
ǫloge m. 76.
ǫlonn m. 265.
ǫlpt f. 167, 5; 406, 1, 4; 407.
ǫlr m. 307, 4.
ǫlr adj. 420.
ǫlþ(r) n. 309, 2.
ǫluþ f. 76.
Ǫlvalde m. 81.
Ǫlvér m. 62; 166, anm. 2.
ǫmbon 283, 3.
ǫmbott f. 76.
Ǫmmundr (anorw.) m. 264, anm.
Ǫn m., s. Ǫnn.
ǫnd f. 'atem' 381.

ǫnd f. 'ente' 406, 4.
ǫndoge, -ugi m. 76; 220.
ǫndorr m. 349, 2.
ǫndorþr adj. 76; 141; 220, anm.
Ǫndoþr m. 76; 141; 387.
ǫndr m. = andr 349, 2.
ǫndugi m. 220.
ǫndvarðr (anorw.) adj. = ǫndverþr 141.
ǫndvege, ǫndugi m. 220.
ǫndverþr adj. = ǫndorþr 220, anm.
ǫngr adj. 79, 6; 414, anm. 2; 420.
Ǫn(n) m. 127ᵃ; 222; 275, anm. 2; 348, anm. 1.
ǫnn f. 218, 2.
Ǫnundr m. 110, 1; 388.
ǫr, ǿr f. 'pfeil' 119, 2; 370 u. anm. 2.
ǿr f. 'ruder' 54, 2; 366.
ǫrk f. 406, 1; 407.
ǫrn m. 385 u. 1 u. anm. 2.
Ǫrnolfr m. 76.
ǿrr m. 54, 2; 385 u. 3, 4 u. anm. 2.
ǫrr adj. 420; 427.
ǿss m. 'balken', s. áss 'balken'.
ǿss m. 'gott' 111; 145ᵇ, 1, 5, 7; 289, 4 (2 mal); 385 u. 1, 4 u. anm. 2.
ǿst f. 111; 118; 289, 4.
ǿstvinr m. 51, 1, a.
ǿtt f. 122, 1; 382, 3; vgl. ǽtt.
ǿttonde zahlw. 446.
ǿttongr m. 167, 3.
ǿþlask swv. 60, 7.
ǿþoll adj. 60, 7 u. nachtr.
ǿþrovís adv. 130, 1.
ǫx f., s. ex.
ǫxl f. 376; 380, anm. 2.
Ǫzorr m. 141; 349, 1; 384; 388.

pá(e) m. 227, anm. 5; 390; 394, anm. 1.
páfe m. nachtr. zu 391, 1.
Páll m. 74, 2.
pápa, -e m. nachtr. zu 391, 1.
paradís(e) f. 366.
paþreimr m. 146, anm.
pengr m. 152, anm. 1.
pen(n)ingr, pengr m. 51, 1, b; 152, anm. 1; 275, 2; 313, anm.
Pétarr, Pettarr m. 348; 349, 1.

píkisdagar m. pl. 106, 1; 289, 1.
pils f. = *pisl* 303, 4.
pi(n)sl f. 107, 1; 289, 4; 303, 4.
Pinslar, (wnorw.) *Pintlar* 234.
pistell m. 146, anm.
Póll m. 74, 2.
postola, *-e* m. 146, anm.; 391, 1.
prestr m. 292; 313, anm.
prettr m. 348, 4.
prísund f. 295, anm. 1.
profeta, *-e* m. 391, 1.
(p)salmr m. 277, anm.
(p)saltare m. 277, anm.
Púl 'Apulien' 146, anm.
pund n. 313, anm.
pústr m. 348, anm. 2.
pyttr m. 377.

rá f., s. *rǫ́* 'ecke' 111; 169, 4; 307, 3, b.
Rafund 248.
Ragnaldr m. 227, 1, f.
Ragnarr m. 66; 348.
Ragndíðr f. 245.
Ragneiþr f. 284; 374.
Ragn(f)ríþr f. 281, 4.
Ragnhildr f. 265, anm.; 374.
Ragnvaldr m. 81; 281, 8.
ragr adj. 305, anm. 3.
Ragund (anorw.) 248.
Ra(g)valdr (anorw.) m. 283, 3.
Ráld(e)r (mnorw.) m. 128, b.
ram(m)r adj. 308, 10.
Ram(p)n- (anorw.) 283, 8; 298.
rámr adj. 165.
Ramstaðer (mnorw.) 283, 8.
Rámundr (anorw.) m. 282.
rand f. = *rǫnd* 78, c.
Randeiþr f. 284.
Randvér m. 350.
ranginde, *-ynde* n. pl. 167, 2.
Rangnill (onorw.) f. 265, anm.
rangr adj. 278, anm. 2.
rann n. 218, 2.
Rannveig f. 54, 3, b; 307, 3, a; 367.
Ránríke 283, 3.
rass m. 271; 305, anm. 3.
rata swv. 278.

Ratatoskr m. 108, 1; 289, 4.
ráþa stv. 166, 2; 171, 1; 495, 1 u. anm. 2; 524, anm. 3.
ráþe m. 278.
ráþgiafe m. 91, anm. 4.
Rd(ð)mundr (anorw.) m. 282.
-ráþr (in namen) 348.
rauf f. 365.
raukn 166, 3.
Raumelfr (anorw.) f. 160.
raun f. 160.
raus(t)n f. 300, 3.
rauþr adj. 160; 251.
-rauþr (in namen) 388.
Rauþsender m. pl. 377.
Ravaldr (anorw.) m. 283, 3.
reformr m. 145[a], anm. 1; 154, 1.
refr m. 82, anm. 2; 154, 1; 348.
regen n. pl. 71; 352 u. anm. 2.
Regenn m. 71; 348 u. 3; 349, 1.
reifr adj. 284, anm.
reik f. 54, anm. 3; 166, 2; 406.
reim f. 365.
rein f. 366.
reine m. 278.
reitr m. 278; 385.
reiþ f. 366.
reiþe f. 278, anm. 2; 401, 2.
reiþr adj. 278.
reka stv. 166, 3; 278; 487.
rekende f. (n.) 401, 2, 3; 412, anm. 2.
rekendr pl. (m. f. n.) 412, anm. 2.
rekenn m. 166, 3.
rekia swv. 'darlegen' 163, anm.
rekia swv. 'recken' 269, 1.
rek(k)ia f. 74, 7; 269, 1.
rekkr m. 106, 1; 257, 3.
rekningr m. 166, 3.
-rekr (in namen) 348.
rekstr m. 348, 2 u. anm. 1.
renna stv. 156; 267, 4, b; 308, 11; 485 u. anm. 2; 521, 2.
repsa swv. 232, 2.
Rerer m. 361.
rétta swv. 106, 3; 119, 1; 258 u. anm. 2.
réttende, *-inde* n. pl. 167, 2.
réttr m. 105; 342, 1; 385 u. 3.

rét(t)r adj. 163, anm.; 258; 342, 1; 415, anm. 3.
réttvíse f. 401.
réttynde n. pl. 61; 74, 3; 167, 2.
reþr n. 305, anm. 3.
-reþr (in namen) 388.
reykr m. 379 u. anm. 2.
reyna swv. 521, anm. 2.
reyner m. 282.
reyrr m. 68, 8; 343, 5; 348, 2.
reyþr f. 374.
rif n. 'reibung' 154, 1.
rif n. 'rippe' 359.
rífa stv. 166, 1; 173, 1; 472.
rifia swv. 500.
rífka swv. 229, 1.
rifr m. 379.
ríke n. 317, 1; 362 u. anm. 1.
Rík(g)arþr m. 301.
ríkr adj. 173, 1; 421; 427; 429.
rim f. 365.
Rín f. 365.
Rindr f. 374.
rinna stv. = renna 156; 485, anm. 2.
ríófa (mnorw.) stv. = riúfa 476, anm.; nachtr. zu 97, anm. 1.
rjómi (nisl.) m. 160.
ríóþa stv. 475.
ríóþr adj. 160.
ríp f. 407.
rísa stv. 472.
ríse m. 278.
rispa f., swv. 306.
rist f. 278; 406.
rísta stv. 472.
rit f. 406, 4.
ríta stv. 278; 472.
ríþa stv. 'drehen' 278; 472.
ríþa stv. 'reiten' 472; 524, 2, c.
-ríþ(r) (in namen) 281, 4; 374 u. anm. 2.
riúfa stv. 166, 1; 476 u. anm.
riúka stv. 476.
ró f. 'ecke', s. rǫ́.
ró f. 'eisenplatte' 406.
ró f. 'ruhe' 365.
ró (anorw.) f. 'stange' 74, 2.
róa stv. 74, 3; 227, 1, d; 496.

róg n. 227, 1, b.
Rogaland 382.
Rognvaldr m. 110, 1.
Rómaríki 94, anm.
rómr m. 165.
rone m. 154, 2.
Ronnǫg (anorw.) f. 144, 5.
rór adj. 419.
roskenn adj. (part.) 227, 1, b; 485, anm. 6.
rót f. 406.
róta swv. 227, 1, b.
rotenn adj. (part.) 478, anm. 4.
roþ n. 154, 2.
roþe m. 160.
róþr m. 348, 2 u. anm. 1.
-roþr (in namen) 388.
Roumaríki 94, anm.
rǫ́ f. 'ecke' 111; 169, 4; 278; 307, 3, b; 369.
rǫ́ f. 'rahe' 369.
rǫ́ f. 'reh' 54, 1; 369.
rǫ́ f. 'stange' 74, 2.
rǫdd f. 218, 2; 381.
rǫgg f. 221, 2; 308, 14; 370.
rǫgn n. pl., s. regen 352, anm. 2.
Rǫgnvaldr m. 81; 227, 1, f.
rǫggr m. 355.
rǫk n. pl. 74, 7; 163, anm.
rǫk 'furche' 54, anm. 3; 166, 2.
Rǫ́n f. 282; 365.
rǫnd f. 78, c; 406, 2, 4 u. anm. 1; 307, 3, b; 381 (2 mal).
rǫng f. (111); 307, 3, b; 403; 406.
Rǫnnǫg f. 54, 3, b.
rǫ́s f. 289, 4.
rǫskr adj. 420; 427.
Rǫskua f. 398.
rǫst f. 376.
rǫþ f. 365.
ruangr adj. 278, anm. 2.
rudda f. 230, 1, a.
rugr m. 378.
rún f. 160; 365.
-rún (in namen) 367.
rune m. 'ferkel' 154, 2.
rune m. 'fluss' 156; 308, 11.

ruþ n. 154, 2.
Ruzar m. pl. = Ryzar 348, 4.
ruœiði (anorw.) f. 278, anm. 2.
rýfa (anorw.) stv. 476.
Ryger m. pl. 358; 379; 382.
rýgr f. 374 u. anm. 4.
rýia swv. (221, 2); 308, 14.
rykkr m. 379.
Rýmner m. 361.
rymr m. 379.
rytta m. f. 233; 398.
Ryzar m. pl. 348, 4; 377, 2.
rœik(t)na (anorw.) swv. 300, anm. 2.
rœi(n)son (anorw.) f. 289, 4.
rœkkia (anorw.) swv. = rekia 269, 1.
rǿkr adj. 421.
rǿna swv. 230, 2, b; 269, anm. 2; 507.
rǿttr m. = réttr 105.
refr m. = refr 82, anm. 2.
régia swv. 227, 1, b.
rek n. pl. = rǫk 74, 7; 163, anm.
rékia swv. 163, anm.
rek(k)r n. 74, 3; 87; 269, 2.
rek(k)ua stv. swv. 79, 3; 269, 2; 488 u. anm. 7.
rékr adj. 163, anm.
Rén 62.
rettyndi (anorw.) n. pl. 74, 3.
-reþr (in namen) 74, 3; 281, 4; 388.

sá adv. = suá 227, anm. 5.
sá pron. 68, 2; 117; 121, 1; 123; 130, 1, 2 (mehrmals); 132; 137, anm. 1; 148, anm. 2; 163; (215, 1); 270, anm. 2; 275, 1; 289, 5; 458; 459 u. anm. 1—4; 461, anm. 2; 463 (u. anm. 2); 464, anm. 1.
sá stv. 121, anm. 2; 130, anm. 4; 146; 307, 4; 496 u. anm. 1.
safn n. 219.
sal m., s. salr.
sáld n. 54, 1; 119, anm. 2; 303, 2.
salmr m. 277, anm.
Salomón m. 348, anm. 1.
sal(r) m. 378 u. 1 u. anm.
saltare m. 277, anm.
saltkubbe m. 308, 1.

sama swv. 164; 509, anm. 2.
saman adv. 162; 415, anm. 2.
same pron. 458.
samfeddr, -feþr adj. 230, 1, a; 237, 2; 274.
samfeþra pl. 391, anm. 2.
samkund f. 309, 3.
samméddr, -méþr adj. 230, 1, a; 237, 2; 283, 9.
samméþra pl. 391, anm. 2.
sam(p)na swv. 298.
samr pron. 162; 458.
samtengia swv. 497, anm. (2 mal).
samþykkia swv. 508, anm. 1.
samþykkr adj. 421.
Sandvin 62.
sanninde, -ende (-ande) n. 62; 167, 2 (u. anm. 2).
sannr adj. 252; 257, 2, a; 265; (276); 417 u. 2 u. anm. 1.
sannunde, -ynde 167, 2 (u. anm. 2).
sápa f. 54, anm. 3.
sár m. 54, 1; 377 u. 2.
sár n. 54, 2.
Sarle m. 77, anm.
sárr adj. 54, 2; 122, 1.
sáta f. 396, anm. 1.
Satán m. 348, anm. 1.
sáttr adj. 111; 169, 4.
saþr adj., s. sannr.
Saul(u)ir (anorw.) m. 166, anm. 2; 227, 1, f.
saumr m. 166, 1.
sautián zahlw., s. siaut(i)án.
sauþr m. 378; 382, 1.
séa stv., s. sid 127 b, b, 2; 488.
sef n. 154, 1.
sefe m. 155.
sege m. 154, 1.
seggia swv. = segia 269, 1.
seggr m. 379 u. anm. 1.
segia swv. 269, 1; 497, anm. 2 (2 mal); 510 u. anm. 1, 2; 521, 1; 522, 6 u. anm. 2; 528, 4.
segianzsaga f. 412, anm. 4.
Seimr (wnorw.) 125, anm.; 284.
seinka swv. 289, 1.

seinn adj. 429, anm. 2.
seiþr m. 348, 2.
sek (anorw.) pron. = sik 138, anm. 3; 454.
sek(k)ia swv. 269, 1; 503, 2 u. anm. 1.
sekkr m. 318, 2; 379 u. anm. 4.
sekr adj. 269, 1; 414, anm. 2; 421; 423.
sel n. 359.
sele m. 154, 1.
selia swv. 230, anm. 4; 503, 2, 3 u. anm. 1, 2.
selr m. 88; 119, 2; 348 u. 1.
sem partikel, pron. 463 u. anm. 3.
-seme suffix 162.
Sémr (onorw.) 125, anm.
senda swv. 307, 2, b; 505; 519; 528, 3.
senna swv. 507.
senktr adj. 257, anm. 3.
Seorðr (shetl.) m. = Sigurþr 283, 4.
sér pron. refl. 106, 2; 121, 1; 150; 454; 455, anm. 4; 468; 520, anm. 3; 532.
sér huerr pron. 468.
Serker m. pl. 379.
serkr m. 379 u. anm. 2.
sérlœstis (anorw.) adv. 123.
serþa stv. 88; 480 u. anm. 1, 4.
sess m. 310; 329, 1.
set n. 88; 167, 5.
seta f. 88.
setia swv. 503, 2 u. anm. 1, 2.
setna swv. 88.
setr n. 88; 167, 5.
sétt f. 106, 3; 451.
sétte zahlw. 88; 105; 446.
seþr adv. 161.
sex zahlw. 439.
sextán, -tián zahlw. 439 u. anm.
sexte (anorw.) zahlw. = sétte 446.
sextigi, -togo, -tugu zahlw. 440.
sextegr adj. 450.
seytián zahlw., s. siaut(i)án.
seytiánde zahlw. 446, anm.
Sǽimr (onorw.) 125, anm.
si- präfix 'immer-' 106, anm. 2; 289, anm. 6.
sia f. 107, 2; 127ᵇ, b, 2.

sía swv. 107, 2; 127ᵇ, b, 2; 307, 3, a.
sid pron. 108, anm. 1; (215, 1); 270, anm. 2; 275, 1; 458; 460 u. anm. 1—4.
sid stv. 87; 111; 117; 127ʰ, b, 2; 224, 1; 307, anm. 2; 488 u. anm. 4.
-sid f. 399.
sialdan, siald(n)ar adv. 85; 91, 3, a, α; 415, anm. 2; 427, anm. 2; 432, 1.
sialdnare, -astr adj. 427, anm. 2; 430, anm. 1.
sialdsénn adj. 427, anm. 2; 430, anm. 1.
sialfr pron. 86; 413, anm.; 458.
sidnzvitne n. 412, anm. 4.
sidr m., s. siór.
siatna swv. 85; 88.
siau zahlw. 208, anm.; 227, 2; 439 (2 mal) u. anm.
siaug, siaum (anorw.) zahlw. (s. siau) 439, anm.
siaund f. 451.
siaunde zahlw. 446.
siauréþr adj. 450.
siaut(i)án zahlw. 62; 285, anm. 1; 439 u. anm.
siautegr adj. 450.
siauði (anorw.) zahlw. = siaunde 446, anm.
s(i)eytián zahlw., s. siaut(i)án.
Sif f. 155; 373.
sifiar f. pl. 155; 373.
Sifka m. 398.
Siftun (anorw.) 74, 13.
sig n. = sigr m. 167, 5; 348, anm. 2.
sig pron. = sik 240; 454.
siga stv. 93, 2; 307, 3, a; 472 u. anm. 1.
sige m. 154, 1.
Sigg f. 373.
sigla swv. 505.
Sigmundr m. 388 (u. anm. 1).
Signí (anorw.) f. 77, 2; 157, 2; 373, anm. 1.
Signý f. 77, 2; 373, anm. 1.
Sigorþr m., s. Sigurþr.
sigr m. 155; 167, 5; 348, 2, 4 u. anm. 2.
sigrbákn n. 55, anm.
Sigríþr f. 281, 4; 374.

Sigroþr, -roþr m. 281,4; 388, anm. 2.
Sigtryggr m. 220; 231, 1, b; 355.
Sigtúner pl. 351, anm. 3.
Sigðir (anorw.) m. 215, 1.
sigþr m. 163, anm.
Sigþrúþr f. 374.
Siguatr m. 284.
Sigurþr m. 51, 2, a; 88, anm.; 141; 155; 388 u. anm. 2; vgl. *Siugurðr*.
Sigvalde m. 88, anm.
Sigvarþr m. 141; vgl. *Sigurþr*.
Sigyn, -un f. 227, anm. 4; 373 (2 mal).
sik pron. 150; 240; 454; 455, anm. 4; 520, anm. 3: 532.
siklatun, -um 250, anm. 1.
sild, sild f. 122, 2; 406, 3.
sile m. 154, 1.
silfr n. 82.
silki(s)parlak 292, anm.
sílla adv. 259, 4.
sima, (-e) n. (m.) 166, 1; 395.
Simón m. 348, 2 u. anm. 1.
sin f. 365.
sin pron. pers. 454.
Siner m. 361.
siniór m. 348, anm. 1.
sinn n. 265; 307, 2, b; 453 u. anm.
sinn pron. poss. 106, anm. 2; 122, 2; 257, 2, a; 267, 2, c; 275, 1; 457 u. 1 u. anm. 1, 2, (3).
sinne n. 453.
sinnig adv. 143, anm. 1.
sió zahlw., s. *siau* 439, anm.
sióbgarbúð (anorw.) 248.
sióle m. 227, 2.
Siolfr m. 127 b, a.
sión f. 307, anm. 2; 382, 3.
sionde zahlw. 446, anm.
sióʀ m. 67, 3; 74, 8; 78, c; 80; 93, 3; 102; 355.
siot n. 88; 167, 5.
siót n. 227, anm. 3.
siotián (anorw.) zahlw., s. *siaut(i)án* 439, anm.
siótugr adj. 450.
sióþa stv. 475.
sióundi zahlw. 446, anm.

sira, siri m. 391, 1.
sitia, (sita) stv. 172, 1; 310; 488 u. anm. 7 (2 mal).
siþ adv. 431; 432, 3 u. anm. 4.
síþa f. 173, 1.
síþa stv. 472 u. anm. 2.
siþan, siþan(n) adv. 233; 275, 1; 415, anm. 4.
siþarmeir(r) adv. komp. 432, anm. 4.
siþar(r)e, -ar(a)str, -astr adj. 431.
síþla adv. 259, 4.
siþr m. (nachtr. zu) 385 u. 3.
síþr adv. komp. 432, anm. 1.
síþre adj. komp. 431.
siúga stv. 476 u. anm.; 477.
Siugurðr (anorw.) m. 86, anm. 1; 88, anm.; 152, anm. 1; 155; 167, 5; 283, 4; vgl. *Sigurþr*.
Siugvalde m. 86, anm. 1; 88, anm.
siúkr adj. 311; 417.
siunde zahlw. 127 b, a u. anm.; 227, 2; 446.
Siurðr, Siurðr (anorw.) m. 152, anm. 1; 283, 4; vgl. *Siugurðr*.
sivirðing (anorw.) f. 227, anm. 4.
síz(t) adv. sup. 230, 2, d; 293, 1; 432, anm. 1.
Siæimr, Siæimr (onorw.) 125, anm.
sie (misl.) zahlw. = *siau* 439, anm.
sionde zahlw. 446, anm.
sietián (anorw.) zahlw., s. *siaut(i)án* 439, anm.
skaf (anorw.) 232, anm. 4.
skafa stv. 490 u. anm. 1.
skage m. 164; 312, 1.
skaka stv. 491.
skakker n. 261, anm.
skál f. 309, 4.
skáld, skald n. 119, anm. 2; 122, 1; 303, 2; 351.
Skalpr m. 303, anm.
skamm f. = *skǫmm* 380, 1.
skamma swv. 508, anm. 2.
skam(m)r adj. 298; 308, 10; 309, 2; 428.
skammœr adj. 419.
skamt adv. 432, 2 u. anm. 3.

Skáney f. 282.
skapa swv. 490, anm. 1.
-skapr m. 378.
skap(t)ker n. 261, anm.
-skár adj. 419.
skare m. 312, 1.
skark n. 312, 1.
skarlak(an), skarlat, -að n. 254, anm. 4.
skarþ n. 309, 2.
skarþr adj. 162, anm.; 530, anm. 1.
skass n. 310.
skate m. 391, 3.
skattr m. 316, 7; 348.
skattyrþe n. pl. 271.
skaþe m. 164; 310; 391.
Skaþe f. 391.
skauþer f. pl. 160; 166, 1; 312, 1.
skefell m. = skemell 229, anm. 2.
skegg n. 359.
-skegge m. 393.
skeggia f. 221, 1.
skegg(i)ǫld f. 285.
skeiþ f. 312, anm.; 406, 3, 4.
skeiþ n. 312, anm.
skeiþer f. pl. 166, 1; 312, 1.
skel f. 66; 372.
Skeldulfr m. 91, 1.
skelfa swv. 505.
skella stv. = skialla 481, anm. 2.
skellr m. 377 (u. 1).
skemell m. 229, anm. 2.
skemma(sk) swv. 312, 1; 508, anm. 2.
skepia stv. 313, 1; 490 u. anm. 1.
skeppa f. 312, anm.
sker n. 309, 2; 359.
skera stv. 162, anm.; 312, 1; 486 u. anm. 4; 530, anm. 1.
Skerengr m. 167, 3.
Skeyner m. pl. 377.
ski n. 77, 2; 157, 2; vgl. ský.
skial n. 312, 1.
skiala swv. 91, anm. 4.
skialdsueinn m. 91, 2.
Skialdulfr m. 91, 1.
Skialdvǫr f. 367.
skialfa stv. 119, anm. 3; 481 u. anm. 2; 497, anm.; 520, anm. 4; 521, 1.

skialla stv. 481 u. anm. 2.
skiallr adj. 312, 1.
skikkia f. 106, 1.
skildingr (anorw.) m. = skillingr 307, anm. 1.
skilfingr m. 155; 229, 2.
skilia swv. 267, 2, b; 276, anm.; 521, 2.
skillingr m. 307, anm. 1.
skilmingr m. = skilfingr 229, 2.
skilnaþr, -noþr m. (230, 2, f); 387.
skina stv. 472; 521, 2.
skinn n. 257, anm. 5; 265.
skiól n. 157, 2.
skioldr m. 89; 386 u. anm. 1.
Skioldulfr m. 91, 1.
Skiolf 155.
skiór f. 102.
skióta stv. 475 u. anm. 2; 521, 1.
skióttr adj. 127 b, a.
skióþa f. 157, 2; 160; 312, 1.
skip n. 313, 1.
skipon, -an f. 380.
skipta swv. 232, 2; 519.
skipvere m. 393.
skira swv. 122, 2.
Skirner, Skírner m. 122, 2; 361.
skirr adj. 54, 2; 122, 2; 159; 166, 1; 428.
skita stv. 472 u. anm. 3.
skiþe n. 166, 1; 312, 1.
skófa f. 396, anm. 5.
skógr m. 164; 312, 1; 348, 2, 3.
skokkr m. = skrokkr 312, anm.
skóle m. 160, anm. 2.
skolla swv. 509.
skolo v. 139, 3; 140; 230, anm. 4; 287, anm. 2; 455, 2; 514, 3 u. anm. 2, 3, 4; 518; 519; 522, 4; 525, anm. 2; 526, 2; 531, anm. 2.
skór m. 128, b; 350 u. anm. 3.
skor f. 162, anm.; 365.
skorpenn adj. (part.) 305, anm. 3; 480, anm. 4.
skorta swv. 509, II.
skóþ n. 164.
Skǫgol f. 77, 1; 364.
skǫl f. 365.

skǫll f. 309, 4.
skǫm(m) f. 308, 10.
skǫp n. pl. 309, 2.
skǫpoþr m. 309, 2.
skǫr f. 312, 1; 365.
skǫrongr m. 167, 3.
skrafa swv. 308, anm. 1; 312, 1.
skrapa swv. 308, anm. 1; 312, 1.
skraume m. 312, 1.
skref (anorw.) n. 154, 1.
skreiþ f. 312, anm.
skreppa f. 312, anm.
skreppa stv. 106, 1; 108, 1; 257, 1; 305, anm. 3; 480 u. anm. 2, 4.
skríkia f. 312, 1.
skrimls n. = skrimsl 303, 4.
skript f. 406, 4.
skríþa stv. 312, anm.; 472.
skriþr m. 378 u. 1.
sk(r)okkr m. 312, anm.
skró f. 369.
skrǫk n. 79, 6; 356.
sk(r)ukka f. 312, 1 u. anm.
sk(r)ykker m. pl. 312, 1 u. anm.
skrǽk (anorw.) n. = skrøk 356.
skrǽkr m. 312, 1; 379.
skrøk n. 79, 6; 356.
skrøkua swv. 79, 6.
skudl n. 309, 4.
skualdr n. 309, 4.
skuetta stv. 106, 1; 257, 2.
skugge m. 221, 2; 227, 1, e.
skuggsið f. 221, 2; 399.
skuiare m. 78, c.
skukka f. = skrukka 312, 1 u. anm.
skula (mnorw.) v., s. skolo 514, anm. 3.
skuld f. 381; 382, 3.
skúli (anorw.) m. 160, anm. 2.
skulu v., s. skolo.
skúme m. 312, 1.
skunda swv. 309, 3.
skurfor f. pl. 312, 1.
skur(þ)goþ n. 281, 3.
skurþr m. 378; 382, 1.
Skúta m. 398.
skutr m. 378.
ský n. 312, 1; 359; vgl. ski.

skýare m. 74, 14; 78, c; 302.
skyggua, -ia swv. 79, 4; 221, 2; 238, 2; 506, anm. 2.
skygn adj. 238, 2; 429.
skygna swv. 274.
ský(i)are (anorw.) m. 302.
skykker m. pl. 312, 1 u. anm; vgl.
skykkr m. 379 u. vgl. skykker.
skyld f. 382, 3.
skyldr adj. 429.
skyle m. 393.
skyn f. (n.) 359; 372.
skynda swv. 309, 3.
skynia swv. 500.
skynsemþ, -sømð f. 162.
skýrr adj. 166, 1; 428.
skyte m. 393 (2 mal).
skytia m. (f.) 399.
skǽfa swv. 80.
skǽre n. pl. 162, anm.
skǽrr adj. 159; 166, 1; 428.
skǿra f. 162, anm.
skǿra (anorw.) swv. = skerà 162, anm.
Skǿrer m. 361.
slá stv. 224, 1; 307, 3, a; 334, 1; 491 u. anm. 1, 2, 3; 496; 524, 2, a; (534, 4).
slagár f. pl. 408, anm. 2.
slagr m. 377; 382, 1.
slakke m. 312, 1.
slakr adj. 164.
slátr n. 274.
sleipr adj. 308, 13.
sleppa stv. 308, 13; 480 u. anm. 2.
slétta swv. 106, 3.
sliár adj., s. slǽr.
slíkr pron. 146; 415, anm. 2; 458.
sliór adj., s. slǽr.
slíta stv. 472.
slíþr f. 365.
sló (anorw.) f., s. slǿ.
slokkenn adj. (part.) 486, anm. 5.
slókr m. 164.
slǿ f. 74, 2; 369.
slǫngua f. 398.
slǿttr m. 385.
slý n. 74, 6.

slyngua, -ia stv. 79, 4; 479; 483 u. anm.
slær adj. 80; 93, 3; 102; 419; 420 u. anm. 2; 429, anm. 1.
slegr m. 379.
slǿgr adj. 421; 428.
sløkkua swv. 79, 6; 269, 2; 486, anm. 5; 505, anm. 2.
slengua stv. 79, 6; 483, anm.; 505.
slenguan(d)bauge m. 281, 2.
smár adj. 312, 4; 419; 428 u. anm. 2.
-smátt f. 108, anm. 3.
smer n. = smior 114.
smior, smiǫr n. 74, 9; 79, 3 u. anm. 4; 85, anm. 1; 88, anm.; 114; 356.
smiþande m. 412, anm. 3.
smiþia f. 397.
smiþr m. 377, 2; 348 u. 2, 3, 4 (2 mal).
smiuga stv. 94, 2; 308, 5; 476 u. anm.
-smogoll adj. 154, 2; 167, 1.
smokkr m. 308, 5; 318, 2.
-smótt f. 108, anm. 3.
smugall adj. 154, 2; 167, 1.
smyrls n. pl. = smyrsl 303, 4.
smyrua, -ia swv. 79, 4; 503, 1; 522, 5.
smør n., s. smior.
snafþr adj. 312, 4.
sndkr m. 163, anm.; 308, 5.
snefia swv. 312, 4.
sneis f. 310; 365.
snekkia f. 163, anm.
snem(m)a adv., s. snim(m)a.
snerta stv. 88; 480.
sniallr adj. 155.
sniár m., s. snió́r.
snifenn adj. (part.) 80; 242; 473, anm.
snigell m. 163, anm.; 308, 5.
snille f. 155; 401.
snim(m)a adv. 156; 271; 308, 10; 432.
sniófa swv. 242.
Sniolfr m. 127 b, a.
snió́r m. 80; 93, 3; 102; 355.
sniþa stv. 310; 472 u. anm. 2.
snókr m. 163, anm.; 308, 5.
snopa swv. 308, 12, 13.
snoppa swv. 308, 13; 314, 2.
snor f. 68, 3; 69.

snót f. 381.
snopenn adj. (part.) 478, anm. 4.
snǫggr adj., s. sneggr.
snǫs f. 312, 4.
snúa stv. 121, anm. 2; 160, anm. 3; 221, 2; 308, 14; 496 u. anm. 1.
snubba swv. 308, 12.
snugga swv. 221, 2; 308, 14.
snúþr m. 348, 2.
snykr m. 312, 1.
sný́r präs. 'es schneit' 74, 6; 473, anm.
snǽlda f. 160, anm. 3.
snǽr m., s. snió́r.
sneggr adj. 79, 6; 221, 2; 414, anm. 2; 420.
sner f. 68, 3; 69.
só (anorw.) adv. = sud 165.
sóa stv. 495, II u. anm. 1.
sofa stv. 74, 11; 114; 162; 486 u. anm. 3.
sofn (anorw.) m. 74, anm. 4; vgl. suefn.
sofna swv. 229, anm. 3.
sókn f. 304, anm. 1.
sól f. 145 b, 1, 7; 366; 381 u. anm. 1, 2.
som (mnorw.) pron. = sem 463, anm. 3.
sóma swv. 164; 509, anm. 2.
soman (anorw.) adv. 162.
son m., s. sonr.
Són 282.
sonkn (anorw.) f. = sókn 304, anm. 1.
sóno adv. = sud nú 74, 11.
son(r) m. 60, anm. 1; 133; 134; 154, 2 (2 mal); 328, 1; 385 u. 1, 2 (mit nachtr.), 4 u. anm. 2.
sópa swv. 166, 2.
sopna swv. = sofna 229, anm. 3.
soppr m. 74, 10; 77, 1; vgl. suǫppr.
sorg f. 227, 1, a; 380.
Sorkvér m. 62; 79, 8, 12.
sorta swv. 161.
sortna swv. 161.
Sóte m. 414, anm. 2.
sót(t) f. 108, 2; 258, anm. 1; 311; 380.
sǫg f. 163, anm.; 364.
sǫgn f. 382.
sǫk f. 166, 3; 365.

sǫkkua stv. 484, anm.
sól f. 381.
sǫl n. 356.
Sǫlfe m. 361.
Sǫlog (anorw.) f. 54, 3, b; 144, 5.
Sǫlvér, -ver m. 166, anm. 2; 361 u. anm. 2.
Sǫlvæig f., s. Sǫlog.
sǫngr m. 323, 2; 355 u. anm. 2.
sǫngua stv. 483, anm. (3 mal).
Sǫrle m. 77, anm.
sótt f. 258; 382, 3.
sǫþoll m. 349, anm. 1.
spá swv. 499; 501.
spakr adj. 416; 423 u. anm.; (426).
spánn m., s. spǫ́nn 111.
spanyr adj. 275, 3.
spár adj. 419.
spara swv. 497, anm.; 498, 4; 510 u. anm. 1.
sparhaukr m. 77, anm.
speld n. 88.
spell n. 88.
spellvirke n. 91, 1.
spenna swv., stv. 262, anm. 2; 507 u. anm. 1.
sperna swv. stv. 262, anm. 2.
spiall n. 88.
spík f. 406.
spilla swv. 507 u. anm. 1.
spinna stv. 308, 11; 338, 1; 479.
spior f. 365 u. anm. 1.
spítale m. 146, anm.
spóe m. 227, 1, d.
spǫ́nn m., s. spǫ́nn.
sporna stv. 485 u. anm. 4, 5.
spotta swv. 233.
spǫ́ f. 369, anm.
spǫlr m. 385.
spǫng f. 381 (2 mal); 406, 4.
spǫ́nn m. 60, anm. 4; 78, anm.; 111; 385 u. 1.
spǫrr m. 226; 227, anm. 1; 313, 1; 355 u. anm. 1.
sprakke m. 391.
sprekla f. 312, 2.
sprengia swv. 506, a.

sprengr m. 379 u. anm. 1.
spretta stv. 106, 1; 108, 1; 257, 2; 480 u. anm. 2.
springa stv. 214 (2 mal); 257, 3; 313, 1; 482 u. anm. 1; 528, 1.
sprǫ́ f. 369.
sprǽkr adj. 312, 2.
spune m. 308, 11.
spýia stv. 74, 6; 102; 478 u. anm. 3; 503, anm. 3.
spyrna swv. 485, anm. 4.
stafkærta (anorw.) 74, 7.
Stafló 248.
stafn m. 166, 3.
stafr m. 166, 3; 348 u. 4; 377, 2.
Stagla, Stagló (anorw.) 130, 2; 248.
stake m. 163; 308, 8.
stakkr m. 308, 8.
stál n. 228.
stallr m. 308, 9.
stam(m)r adj. 308, 10.
standa stv. 328, 1; 490 u. anm. 2; 519; 521, 1; 524, 2, c.
stara swv. 509, anm. 1.
Starkaþr = Stǫrkoþr m. 141.
starkr adj., s. sterkr 414, anm. 2.
staþr m. 64, b; 164; 376; 378, 1, 2; 382, 1.
staurr m. 160.
stef n. 359.
stefia swv. 500.
stefna f. 74, 7; 398, anm. 2.
stege m. 154, 1.
steik f. 365.
steik(i)a swv. 506, anm. 1.
Steindórr m. 230, 1, b.
stein(n) m. 348, 1; 349, anm. 2.
stekkr m. 379.
stela stv. 91, 3, a, β; 162; 267, 2, b; 276, anm.; 340, 1; 486; 521, 2.
sterkr adj. 161; 414, anm. 2; 421; 429, anm. 2.
stertr m. 88.
stétt f. 105; 106, 3; 311.
steþe m. 393.
steþia swv. 166, 3.
stiake m. 163.

stiarfe m. 312, 3.
stiarna f. 74, anm. 3; 85; 91, 3, a, α; 398.
stíga stv. 93, 2; 224, 2; 311; 472 u. anm. 1; 524, 2, a.
Stígandr, -e m. 412, anm. 4.
stige m. 154, 1.
stígr, stigr m. 159; 348 u. 4; 385 u. 3.
stikna swv. 473, anm.
stilla swv. 507.
stinga stv. 257, 3; 482 u. anm. 1.
stinnr adj. 265.
stiolr m. 386.
Stiór(a)dall (anorw.) 67, 3; 152, anm. 1.
stirfenn adj. 312, 3.
stir(þ)na swv. 281, 3.
stiþr adj. 265.
stiúf-, stiúg-, stiúk-, stiúp- 248; 249; 308, 2; 414, anm. 2.
Stiórdal (norw.) 67, 3.
stofa f. 154, 2.
stofn m. 154, 2; 166, 3; 281, 8; 308, 1; 348, anm. 4.
Stófr m. = Stólfr 287.
stokkr m. 318, 2.
Stólfr m. 226; 287.
stóll m. 308, 9; 348, 1 u. anm. 1.
stomn m., s. stofn.
stórdðr (anorw.) adj. 275, 3.
storkenn adj. (part.) 485, anm. 6.
storkna swv. 161.
Stórolfr m. 226.
stórr adj. 160, anm. 2; 428.
stór(r)dðr (anorw.) adj. 275, 3.
stoþ f. 114; 154, 2; 406, 4 u. anm. 3.
stǫng f. 381 (2 mal); 406, 2, 4.
Stǫrkoþr m. 76; 141; 387.
stoþ f. 370.
stoþua swv. 222; 499.
strá n. 77, 2; 353.
strá swv. 77, 2; 80; 501.
streitask swv. 159.
Strender m. pl. 377.
strengr m. 379.
strind (anorw.) f. 161.
Strind 161.
stritask swv. 159.

striúgr m. 160.
striúka stv. 79, 5 u. vgl. strýkua.
striúpe m. 160.
strokkr m. 108, 1; 257, 3.
stroþenn adj. (part.) 478, anm. 4.
strǫnd f. 161; 381 (2 mal); 406, 2, 4.
strúgr m. 160.
strúpe m. 160.
strykr m. 379.
strýkua, -ia stv. 79, 5; 166, 1; 309, 4; 473, anm.; 476, anm.; vgl. striúka.
stubbe, stubbr m. 166, 3; 308, 1; 320, 1.
stufa f. 154, 2.
stúfe, stúfr m. 308, 1.
stufn (anorw.) m. 154, 2; 308, 1; vgl. stofn.
Stúfr m. 232, anm. 4.
stuga (anorw.) f. 248.
stuldr m. 378; 382, 1.
Stullaugr m. 262, 1.
Stulle m. 262, 1.
stumn (anorw.) m., s. stufn.
stund f. 381.
stúpa stv. 477.
Stúpsruð (anorw.) 232, anm. 4.
stúra swv. 509, anm. 1.
Sturla, -e m. 398.
Sturlaugr m. 262, 1.
stuttr adj. 108, 1; 257, 2.
stuþ f. = stoþ 154, 2.
stuþell m. 349, anm. 1.
stýf-, s. stiúf-.
styggia, -ua swv. 506, anm. 2.
Styggr m. 220.
styggr adj. 74, 5, a; 79, 4; 221, 2; 420.
styggua, -ia swv. 506, anm. 2.
stýk- = stiúf- 249.
stynia swv. 312, 3.
stynr m. 379.
stýp- (anorw.) = stiúf- 414, anm. 2.
stýra swv. 160; (498, 3).
styria f. 160; 399.
Styrkarr m. 61.
styrk(r) m. 291, 2; 379.
styrkr adj. = sterkr 161; 421.
styrr m. 379.
stytta swv. 108, 1.

styþia swv. 166, 3.
stæla swv. 230, 2, b; 507.
stætt f. = *stétt* 105.
stekkua stv. 79, 3; 106, 1; 108, 1; 257, 3; 484.
stekkua swv. 79, 6.
-*stéþingr* m. 164.
sú pron., s. *sá* pron.
suá pron. 458.
suð adv., konj. 165; 227, anm. 5.
suala f. 79, 8; 81, anm.; 227, anm. 1.
sualar f. pl. 365.
Suálaug f. = *Suanlaug* 289, 2.
Suanhuit f. 367.
suanne m. 391.
suanr m. 377 (u. 1).
suar n. 74, 10 (pl. *sor*).
suárr adj. 414, anm. 2.
suarre m. 391.
suartr adj. 161.
suát 'so dass' 150.
suédde (anorw.) adj. 106, anm. 4.
suefn m. 74, anm. 4; 82, anm. 2; 162; 229, 2.
suefne n., s. *suefn*.
Suegþer m. 123.
suei interj. 159.
sueigr m. 348, 2.
Sue(i)gþer m. 123.
Sueinke m. 289, 1.
sue(i)nn m. 123.
sueipa stv. 146; 166, 2; 277; 471, 2; 492 u. anm.
suelg(i)a stv. 480.
suelgr m. 379 u. anm. 1.
suella stv. 480.
suelta stv. 480.
suemn m. = *suefn* 229, 2.
suena swv. 154, 1.
suenn m. = *sueinn* 123.
suerfa stv. 480 u. anm. 1.
sueria stv. 74, 10; 164, anm. 2; 227, anm. 1; 490 u. anm. 1.
Suerk(u)er m. 79, 8, 12.
Suerrer m. 361.
suéviss adj. 106, anm. 4.
súga stv. 94, 2; 477 u. anm. 1.

sugl (anorw.) n. = *sufl* 248.
sui interj. 159.
Suiar m. pl. 74, 14; 106, anm. 4; 127[b], b, 1; 302.
suidá(e), *suidauðr*, *suiddá*, (-*a*), *suiddauðr* (anorw.) adj. 106, anm. 4; 258, anm. 3; 270, anm. 3.
suifa stv. 472.
Suifor f. 80.
Suiiar m. pl. = *Suiar* 302 mit nachtr.
suikua, -*ia* stv. 79, 11; 254; vgl. *sýkua*.
suill (anorw.) f. 74, 13; 78, c; 157, anm.
suim(m)a stv. 162; 308, 10; 482 u. anm. 1, 2; 486 u. anm. 2, (5).
suin n. 157, anm.; 160.
suina swv. = *suena* 154, 1.
suinnr adj. 252; 265.
suipa swv. 166, 2.
Suipall m. 167, 1.
suipoll adj. 167, 1.
suipr m. 377.
Suipthun 74, 13.
suiptr adj., s. *syptr*.
suiþa stv. 472 u. anm. 2.
Suiþióþ, *Suiþior* f. 106, anm. 4; 215, anm. 1; 230, anm. 12.
suiþr adj. 252; 265.
s(u)ivirðing f. 227, anm. 4.
Suivǫr f. 80.
súl f. 157, anm.
sullr m. 377.
sultr m. 378 u. 1, 2; 382, 1.
sumar n. (294); 347; 352.
sumhuœrr (anorw.) pron. 465 u. 1.
sumr pron. 298; 413, anm.; 465 u. 4.
sun m., s. *son(r)*.
sund n. 162; 281, 2; 309, 3; 351, anm. 1.
Sun(d)lendinga fiorþungr 295, anm. 1.
sundr adv. 161.
sundri (anorw.) adj. komp. 431.
sunnan adv. 265; 431; 432, 3.
sunnare (anorw.) adj. komp. 431.
sun(r) m., s. *son(r)*.
Suolþ(r) f. 365.
suǫppr m. 74, 10; 77, 1; 257, 1; 385.
suǫrþr m. 385.

súpa stv. 474.
Súptungr m. = Suttungr 233.
Surtr m. 161; 348, 2.
sút(t) (anorw.) f. = sót(t) 108, 2; 258, anm. 1.
Suttungr m. 233.
supr adv. 252; 267, 4, b.
S(u)ý(i)ar m. pl. 74, 14 mit nachtr.; 302; vgl. Suiar.
suœnskr adj. 74, 15; 78, c; 106, anm. 4.
s(u)efn m., s. suefn.
s(u)efne n. 74, anm. 4 u. vgl. suefn.
Sýar m. pl., s. Suý(i)ar.
syfia swv. 162; 500.
Syftun 74, 13.
Sygin f. 227, anm. 4; 373 (2 mal).
sygn (anorw.) adj. = sykn 304, anm. 1.
sýgn (anorw.) adj. 304, anm. 1.
sygn saka 255.
Sygtryggr (anorw.) m. 231, 1, b.
sýia f. 398.
*sýia swv. 503, 2.
Sýiar (anorw.) m. pl., s. Suý(i)ar 74, 14; 302.
sykn adj. 74, 13; 78, a; 304, anm. 1.
sýkn adj. 166, 3; 304, anm. 1.
sýkn dagr m. 166, 3.
Syktryggr (anorw.) m. 231, 1, b.
sýkua stv. 74, 16; 79, 11; 254; 473; 522, 1.
sylfr n. = silfr 82.
sylgr m. 379.
syll f. 74, 13; 78, c; 406.
sylla f. 406.
sylta f. 227, 1, a.
-syme suffix = -seme 162.
symia stv. 162; 308, 10; 309, 3; 482; 486 u. anm. 2, (5).
syn f. 372.
sýn f. 382, 3.
sýna swv. 122, 5.
syndr (anorw.) adv. 161.
syng saka 255.
syng(u)a, -ia stv. 79, 4; 227, 1, e; 345; 483 u. anm.
synia swv. 500 u. anm.
sýnn adj. 428.

syn saka (anorw.) 255.
synɛtr adj. sup. 257, 2, a; 431.
syptr adj. 74, 13; 82.
sýr f. 68, 6; 157, anm.; 160; 408 u. anm. 1.
syrgia swv. 506, a.
syruar m. pl. 79, 4, 6; 355.
sysken n. pl., s. systken.
sýsla swv. 234; 281, 7; 507 u. anm. 1.
syster f. 74, 13; 78, a; 131; (147); 409, anm. 1; 411.
sys(t)ken n. pl. 231, 1, a; 281, 9, 10; 306.
sýta swv. 258, anm. 1.
sýtla (wnorw.) swv. = sýsla 234.
sýþre adj. komp. 431.
syzken n pl. 306.
syztr adj. sup. 257, 2, a; 431.
Sǽheimr 125, anm.; 284.
sǽ(i)ng, -(e)ng f. 129; 406, 1, 2; 407.
sǽk(k)ia (anorw.) swv. 269, 1; 503, 2.
sǽll adj. 429, anm. 2.
Sǽmr (onorw.) 125, anm.; 284.
Sœndin (anorw.) 62.
sǽng f., s. sǽing.
sǽr m., s. siór.
-sǽr adj. 419.
sǽtt f. 258; 382, 3.
sǽtte (zahlw.) = sétte 105.
Sǽœimr (anorw.) 125, anm.
séfa swv. 497, anm.
søfn m., s. suefn.
søfne n. 74, anm. 4.
søgr m. 163, anm.; 379 u. anm. 1.
søkia swv. 166, 3; 311; 508, 1 u. anm. 1.
søkkr m. 74, 7.
søkkua stv. 79, 3; 106, 1; 108, 1; 227, 1, e; 257, 3; 479; 484, anm.
søkkua swv. 79, 6; 505.
søkn adj. 166, 3; 304, anm. 1.
søkn dagr (anorw.) m. 166, 3.
Søluer m. 166, anm. 2.
-semð (anorw.) = -semþ 162.
sǿnskr adj. 74, 15; 78, c.
Sørkuer m. 62; 79, 8, 12.
søruar m. pl. 79, 4, 6; 355.
sørue f. 79, 6.
sótr adj. 414, anm. 2; 429, anm. 1.

tá f., s. *tǫ́* 'hofplatz'.
taka stv. 489; 491 u. anm. 3, 5; 524, 2, d.
tákn n. 54, anm. 3; vgl. *teikn*.
tal n. 308, 9.
-tán zahlw. 51, 1, a; 439 (u. anm.).
Tanne, Tannr m. 406, anm. 3.
-tannr m. 348.
tár n. 118.
Taþr, Tannr m. 406, anm. 3.
-taþr m. 348.
tau(f)r n. 94, 1; 227, 2.
taug f. 160; 309, 1; 365.
taumr m. 309, 1.
taur n. 227, 2.
téa swv., s. *tiá* 510.
tefla swv. 303, 1.
tega swv. = *tiá* 307, 3, a; 308, 5; 510 u. anm. 1, 2.
tegr m. 74, 3; 155; 307, 3, a; vgl. *tigr*.
teigr m. 348, 2.
teikn n. 54, anm. 3; 308, 5, 6.
tel (orkn.) präp. = *til* 106, anm. 5.
telgia swv. 303, 3 (part.); 506, a.
telia swv. 502.
temia swv. 502.
tengia swv. 307, 3, b.
ten(n)ingr m. 51, 1, b; 275, 2.
téréþr adj. 450.
teþe n. 362.
teygia swv. 146; 528, 3.
tiá swv. 107, 2; 307, 3, a; 308, (5), 6; 473, anm.; 510 u. anm. 1, (2).
tiald n. 281, 2; 351, anm. 1.
tial(d)búþ f. 281, 2.
-tián zahlw. 51, 1, a; 439 (u. anm.).
-tiánde zahlw. 167, 2.
tiara f. 81, anm.; 91, anm. 4; 166, anm. 3; 227, anm. 1.
tiarn n. 89.
tifar m. pl. 74, 6; 80; 355.
tigenn adj. (part.) 307, 3, a; 473, anm.
tigge m. 393.
Tiggue m. 393.
tigr m. 155; 166, 3; 307, 3, a; 385 u. anm. 3; 440; 442; 450, anm. 1; vgl. *tegr*.

tík f. 406, 1; 407.
til(l) präp. 271, anm.
time m. 391.
tindr m. 161.
tinna f. 265.
tint f. 406.
tío zahlw. 51, 3; 127 [b], b, 2; 302; 307, 3, a; 439.
tióa stv. swv., s. *týia*.
tiogo (anorw.) zahlw. 88, anm.; 439, anm.
tionde zahlw. 167, 2; 446.
tiorn f. 89.
tír m. 78, c; vgl. *týr*.
tirr m. 348, 2.
tiréþr adj. 442; 450.
titt adv. 432, anm. 3.
tiþ f. 380.
tiþinde, -ende n. pl. 167, 2.
tiund f. (302); 451.
tiusdagr m. 100, anm.; 102, anm. 2.
tó f., s. *tǫ́*.
todde m. 308, 3; 322, 3.
Tófi m. 63, 4.
toft, tóft f., s. *topt*.
tog f. 160; 365.
togenn adj. (part.) 478, anm. 4.
togr m. 154, 2; vgl. *tegr, tigr*.
tolf zahlw. 74, 10; 439.
tolfréþr adj. 442; 450.
tolft f. 382, 3; 451.
tolfte zahlw. 446.
tolla swv. 509, anm. 3.
tollr m. 308, 9.
tomt (anorw.) f. = *topt* 281, 4; 288, 2.
toppr m. 348.
topt, tópt f. 108, 1; 122, 3; 261; 288, 2.
tor- präfix 51, 1, a; 69; 139, 3.
tordýfill m. 74, anm. 5.
torg n. 351, anm. 3.
Torgar 351, anm. 3.
Tosti m. 63, 4.
tótt (nisl.) f. = *topt* 108, 1; 261.
tottogo zahlw. 51, 2, a; 74, 10, 13; 152, anm. 1; 257, 2; 267, 2, c; 283, 4; 439 (u. anm.)

tǫ́ f. 'hofplatz' 111; 169, 4; 307, 3, b.
tǿ f. 'zehe' 54, 1; 74, 2; 406.
tǫfr n. 94, 1; 227, 2.
tǫ́g f. 406, 3.
tǿl f. 365.
tǫng f. 381 (2 mal); 406, 1, 4; 407.
tǫnn f. 161; 265; 267, 4, b; 406 u. anm. 3.
trana f. 391.
trane m. 254, anm. 4; 391.
traulla, trauþlega adv. 259, 4.
traust f. 160; 166, anm. 3.
trauþr adj. 251.
tré n. 77, 2; 102, anm. 1; 117; 127 b, b, 2; 157, 2; 166, anm. 3; 315, 1; 353 u. anm. 2.
trega stv. 487 u. anm. 1 (2 mal).
trióna f. 157, 2.
trog n. 154, 2; 166, anm. 3.
troll n. 161.
troþa stv. 114; 161; 282 (part.); 486 u. anm. 3.
trǫll n. 161.
trú f. 365; 398.
trúa f. 398.
trúa swv. 160; 510 u. anm. 1; 522, 6 u. anm. 2; 528, 4.
trug (anorw.) n. 154, 2.
trúr adj. 166, anm. 3; 308, 14; 419.
trúþr m. 348, 2.
trygell m. 349, anm. 1.
tryggr adj. 74, 5, a; 79, 4; 160; 166, anm. 3; 221, 2; 308, 14; 420; 429, anm. 1.
tryggua, -ia swv. 506, anm. 2.
trygguar (anorw.) f. pl. 370.
trýio-soþoll m. 157, 2.
tu pron. = þu 455, 2.
tué- 449.
tuéfaldr adj. 232, anm. 1; 449.
tueggia huárr pron. 468.
tueir zahlw. 68, 2; 130, anm. 5; 221, 1; 267, 2, c u. anm. 4; 289, 5; 308, 7; 315, 1; 435 u. anm. 1, 2, 3.
tuénn zahlw. 107, 2; 449.
tuenne(r), tuenn(en) zahlw. (107, 2); 435, anm. 4; 449, anm.

tuen(n)ing f. 451.
tuennr, tueþr zahlw. 252; 449.
tuévalldr adj. 232, anm. 1.
tuft (anorw.) f., s. topt.
tug f. 160; 365.
tugr m. 154, 2; vgl. tegr, tigr.
tugtugti zahlw. 447, anm. 1.
tugtugu (anorw.) zahlw. 439, anm.
tuifaldr adj. 449.
tuinn zahlw. 449.
tuinner zahlw., s. tuenner.
tuinn(i) (anorw.) zahlw. 74, 13; 78, c; 435, anm. 4.
tuinnr zahlw. 449.
tuisuar, -or zahladv., s. týsuar.
tuitidn zahlw. 439.
tuitidnde zahlw. 447, anm. 1.
tuittugu (anorw.) zahlw. 439, anm.
tuitygr, -tøgr adj. 74, 3; 450, anm. 1.
tuiþr zahlw. 449.
tún n. 351, anm. 3.
Túnar 351, anm. 3.
tunga f. 339, 1; 398.
Tunne m. 161.
tuolf zahlw. = tolf 74, 10.
tupt (anorw.), s. topt.
tut(e)gu, tutigu (anorw.) zahlw. 439, anm.
tutt (mnorw.) f. = topt 261.
tuttr m. 308, 3.
tuttu (orkn.) = tottogo 152, anm. 1; 283, 4; 439, anm.
tuttugu zahlw., s. tottogo.
tuǽvetr adj. = tué- 449.
tygell m. 349, anm. 1.
tygge m. 393.
tyggua stv. 79, 4; 221, 2; 227, 1, e; 485, anm. 3, 6.
týia swv. (stv.) 307, 3, a; 478, anm. 4; 503, anm. 3.
tykta swv. 258, anm. 2.
tylft, -þ f. 325, 1; 382, 3; 451.
týna swv. 534, 3.
tynni (anorw.) zahlw., s. tuinni.
typta swv. 258, anm. 2.
tyr- präfix 68, 5; 69; 121, anm. 1.
týr m. 78, c; 355; vgl. tífar u. Týr.

Týr m. 74, 6; 355.
tyre n. = *tyrue* 227, anm. 4.
tyrke m. 393.
týrsdagr, týrst(d)agr m. 100, anm.; 237, 1.
tyrtryggia swv. 68, 5.
tyr(u)e n. 79, 4; 166, anm. 3; 227, anm. 4.
týsdagr m. 237, 1.
tysuar, -ár, -or zahladv. 79, 10; 81; 453.
tyttugti (anorw.) zahlw. 74, 13; 447, anm. 1.
tyttugu (anorw.) zahlw. 439, anm.
tegr m. 74, 3; vgl. *tegr, tigr*.
téia swv. 478, anm. 4.
tékr adj. 421.

þá f. 169, 4.
þá adv. 117; 289, 5.
þagall adj. 167, 1 u. anm. 1.
þak(k)a swv. 257, 3; 276, anm.
þakke pron. = *þatke* 263, 1.
Þambarskelfe, -skelme m. 229, 2.
þangat adv. 137, anm. 1; 156, anm.
þan(n)eg, -ig adv. 51, 2, a; 137, anm. 1; 143, anm. 1; 227, 1, f; 275, 1.
þannog adv. 150; 220; 231, anm. 2.
þannok adv. = *þannog* 231, anm. 2.
þannveg (anorw.) adv. 227, 1, f.
þar-(aldr u. a.; mnorw.) 143, anm. 2.
þar adv. 215, 1.
þarfa (anorw.) v. = *þurfa* 513, anm. 3.
þar(f)nask swv. 281, 4.
þát eins 150.
þatke pron. 263, 1.
þáttr m. = *þóttr* 169, 4.
þaðan (anorw.) adv. 137, anm. 1; 163.
þefia swv. 500.
þefr m. 379.
þegar adv. 91, anm. 3.
þegat adv. 91, anm. 3.
þeg(g)ia swv. 269, 1; 510 u. anm. 1; 522, 6 u. anm. 2; 528, 4 (2 mal).
þegn m. 88.
þek (anorw.) pron. = *þik* 138, anm. 3; 454.

þekia, (þekkia) swv. 'decken' 269, 1.
þekkia swv. 'gewahr werden' 169, 4; 257, 3; 311; 508, 1.
þekkr adj. 308, 5; 421.
þél f. 50, 4; 107, 2.
þél n. 107, 2.
þelamǫrk (155); 382.
þele m. 91, 3, a, β.
þéna swv. 171 anm.
þengat (wnorw.), s. *þangat*.
þengell m. 161.
þennug (wnorw.) adv. 137, anm. 1.
þér pron. pers. 'dir' 106, 2; 121, 1; 454; 520, anm. 3; (521, anm. 3).
þér pron. = *ér* 150, anm. 1; 454 u. anm. 4; 455, anm. 5; 521, 4, a.
-*þér* (in namen) 215, 1; 350 u. anm. 4; 361.
þerflask und
þermlask swv. 229, anm. 2.
þerna f. 166, anm. 3.
Þesmor (anorw.) 88.
þesse pron., s. *siá* und 458; 460 u. anm. 1—4.
þessorr pron., s. *siá* pron.
þestolfr m. 91, 1.
þéttr adj. 107, 2; 311.
þeðan (wnorw.) adv. 91, 3, a, α; 137, anm. 1; 163.
þeyge adv. 62.
þeyr m. 379.
þeónare (mnorw.) m. = *þiónare* nachtr. zu 67, 3.
þiá swv. 227, anm. 4; 501.
þialfe m. 229, 2.
þialme m. 229, 2.
þiarfr adj. 312, 3.
þiasmor (anorw.) 88.
þiassi, þiaze m. 263, 2.
þig pron., s. *þik*.
þiggia stv. 224, 2; 269, 1; 308, 5; 488 u. anm. 7 (3 mal).
þik pron. pers. 240; 454.
þik(k)ia swv., s. *þykkia* 140.
þil n. 359.
þile n. 362.
þiler m. pl. 155; 382.

þilíkr pron. = þuílíkr 458; 459, anm. 3.
þin pron. pers. 454 u. anm. 3.
þína (anorw.) = þin 454, anm. 3.
þineg adv. = þinneg, s. þanneg.
þing n. 161; 351.
þingat adv. 156, anm.
þinghǫ́ f. 369.
þingill (anorw.) m. 161.
þinn pron. poss. 106, anm. 2; 122, 2; 215, 1; 257, 2, a; 267, 2, c; 457 u. 1 (u. anm. 3).
þinneg adv., s. þanneg.
þiófr m. 97, anm. 1; (287); 327, 1; 348.
þiokkr adj. 79, 4; 86 u. anm. 1; 87; 88, anm.; 155; 311; 414, anm. 2; 420 u. anm. 3.
þióna swv. 171, anm.
þiónare m. nachtr. zu 67, 3.
þiónn m. 157, 2; 166, anm. 3.
þiórekr m. 282.
þiór(r) m. 348, anm. 1.
þiós f. = fiós f. 250, anm. 2.
þióta stv. 475.
þióþ f. 230, anm. 12; 333, 1; 381.
þióþmarr m. 349, 1.
þió(þ)rekr m. 282.
þir f. 77, 2; 157, 2; 373, anm. 1.
þísl f. 107, 2; 216, anm. 4.
þistell m. 281, 10; 349.
þit pron. = it 454; 455, anm. 5.
þít (anorw.) adv. 150.
þiþ pron. = it 454.
þíþa swv. 473, anm.
þíþenn adj. (part.) 473, anm.
-þiúfr (in namen) 97, anm. 1; 287.
þiukkr (anorw.) adj. = þiokkr 86, anm. 1.
þó adv. 94, 2; 224, 2.
þófr m. = þólfr 287.
þokke m. 108, 1; 257, 3.
þola swv. 327, 1; 509, anm. 2.
þolemóþlega adv. 289, anm. 4.
þolemǿþe f. 289, anm. 4.
þólfr m. 226; 287.
þolláckr m. 262, 1.
þolleifr m. 262, 1.
þóolfr m. = þólfr 226.

þóorþr m. = þórþr 226.
þora swv. 114; 509, anm. 1.
þóraddr m. 284.
þóraldr m. = þorvaldr 227, 1, f.
þórallr m. 284.
þórarr m. 144, 1; 349, 1; vgl. þorgeirr.
þórdís, þor- f. 237, 2; 374.
þórelfr f. 374.
þórer m. 145 a, 1; 245; 361 u. nachtr. zu anm. 4.
þorfa (anorw.) v. = þurfa 513, anm. 3.
þorfastr m. 232, anm. 1.
þorfinnr m. 122, 3.
þorgeirr m. 51, 1, a; 54, 3, b; 145 a, 1; 223; 291, 1; 348.
Þorgerþr f. 374.
þorgils, -gísl m. 82; 303, 4.
Þorguþr f. 374.
Þór(h)addr m. 284.
Þór(h)allr m. 284.
þori m. = þorre 276, anm.
Þórifill (anorw.) m. 227, 1, f.
Þóriδ (anorw.) m. = þórer 245.
þorkell m. 263, anm.; 349, 2.
þorleifr m. 54, 3, b; 262, 1.
þorleikr, þorláckr m. 51, 1, a; 54, 3, b; 262, 1; 348.
þormóþr m. 388.
þorna swv. 218, 2; 273; 485, anm. 6.
þórolfr m. 226; 232, 2; vgl. þólfr.
þorp n. 351, anm. 3.
Þorpar 351, anm. 3.
Þórr m. 108, 1; 118; 289, 3; 312, 3; 348, 3; 349, 2.
þorre m. 276, anm.
þo(r)skr m. 262, 3.
þórs(t)dagr m. 237, 1.
þorsteinn m. 122, 3.
þórþr, þorþr m. 122, 3; 226; 388 u. anm. 2.
þórunn f. 267, 4, b.
Þorvaldr m. 143, anm. 2; 227, 1, f; 348.
þorvarþr m. 226.
Þorvastr (anorw.) m. 232, anm. 1.
Þorveig f. 307, 3, a.
þoskr m. = Þorskr 262, 3.
þót(t) konj. 150.

þóþóro konj. 74, 11; 415, anm. 3; 464, anm. 2.
þǫgoll adj. 167, 1.
þǫkk f. 380.
þǫrf f. 365.
þǫttr m. 169, 4; 385 u. 3.
þrá swv. 491, anm. 4 u. vgl. folg.
Þráenn m. 157; 227, anm. 4; 491, anm. 4.
Þrándr m. 167, 2; 388.
þrár adj. 157, 1; 169, 4; 419.
þrasa swv. 509, anm. 5.
Þraser m. 361.
þraskioldr m., s. þreskǫldr 385.
Þraut f. 160.
þré (anorw.) zahlw. 106, 1; vgl. þrír.
þréfaldr adj. 449.
þrekr m. 377.
þrell m. = þræll 122, 6.
þrening f., s. þrenning.
þrénn zahlw. 107, 2; 449.
þrenner zahlw. (107, 2); 437, anm. 3; 449, anm.
þren(n)ing f. 51, 1, b; 275, 2; 451.
þrennr zahlw. 449.
þrentánde (anorw.) zahlw. 250, 2; 446, anm.
þreskia (anorw.) swv. = þryskua 506, b.
þreskǫldr u. a. formen 74, 3; 76; 141; 385 u. anm. 2 (2 mal).
þresuor (anorw.) zahladv. 453.
þrétián zahlw. = þrettán 439, anm.
þrettán zahlw. 257, 2; 267, 2, c; 439.
þrettánde zahlw. 446 u. anm.
þrettogonde zahlw. 447, anm. 1.
þrétugti (anorw.) zahlw. 447, anm. 1.
þreþr zahlw. 449.
þreyia swv. 157, 1; 491, anm. 4; 503, 5 u. anm. 5.
þriátigi, -tíu zahlw. 440.
þriátygti (anorw.) zahlw. 447, anm. 1.
þrífa stv. 472.
þrífa swv. 472.
þrífaldr adj. 449.
þrinner zahlw., s. þrenner.
þrinning f. = þrenning 451.

þrinnr zahlw. 449.
þrióska f. 293, 1.
þrióta stv. 475 u. anm. 1, 2.
þrír zahlw. 74, 6; 127 b, b, 2; 106, 1; 221, 1; 267, 2, c u. anm. 4; 308, 7; 327, 1; 375, anm.; 437 u. anm. 1, 2.
þriskia swv. 79, 4; 506, b.
þrisuar, þriss(u)or zahladv. 453.
þritegr adj. 450.
þritegt f. 451.
þriþe zahlw. 446 (2 mal).
Þriþ(i)ongr m. 452.
þriþr zahlw. 449.
þró f. 109; 406, 3.
þróndr m. 'eber' 412, anm. 4.
Þróndr m. 167, 2; 388 u. anm. 2; 412, anm. 4.
þroskr adj. 310.
þrote m. 160; 310.
þróttr m. 348, 2; 378 u. 1.
þrø f. 369.
þrǫmr m. 385 u. 3.
þrǫng f. 370.
þrǫngr adj. 74, 7; 79, 6; 414, anm. 2; 420; 428; 429, anm. 2.
þrǫng(u)a (anorw.) stv. 74, 7; 483, anm.
þrǫstr m. 385.
þróþr m. 385 u. 2.
þrútenn adj. (part.) 160; 475, anm. 2.
Þrúþr f. 374 u. anm. 1.
-þrúþr (in namen) 374 u. anm. 1.
Þrúþvangr 227, 1, f.
þrymr m. 379.
þryngua, -ia stv. 79, 4; 483 u. anm.
Þrýrekr m., s. þrýþrekr.
þryskua swv. 79, 4; 506, b.
þrysuar, -uár, -(u)or zahladv. 79, 4; 453.
Þrý(þ)rekr, Þrýþ(r)ekr m. 245; 282; 290, 2; 374, anm. 1.
þræll m. 59, anm. 1; 122, 6; 129.
þrængia (anorw.) swv. 79, 6; 506, b.
þræta f. 258, anm. 1.
þræt(t)a swv. 258, anm. 1.
þrætige (shetl.) zahlw. 440.
Þrǿnder, Þrǿndr m. pl. 227, 1, d; 382, 2; 404.

þrengr adj. 79, 6; 414, anm. 2; vgl. þrǫngr.
þrengua, -ia swv. 79, 6; 506, b.
þrenqua, -ia stv. = þryngua 483, anm.
þreskoldr m., s. þreskǫldr.
þú pron. pers. 117; 144, 4; 215, 1; 230, 1, b u. 2, a; 233; 266; 454; 455, 2; 524, 2, d.
þuá stv. 327, 1; 491 u. anm. 1.
þueite n. 159; 362, anm. 4.
þuengr m. 379.
þuerr adj. 119, 2.
þuerra stv. 480; 521, 2.
þuí als fragepartikel 464, anm. 1.
þuílíkr pron. 458.
þuingan f. 74, 13.
þuita f. 159.
þuítegr adj. 450.
þulr m. 378.
þumall m. 349.
Þundr m. 388.
þungr adj. 429.
þunnr adj. 414, anm. 2; 429.
Þunorr m. = Þórr 108, 1; 289, 3; 312, 3; 349, 2.
þuǫttr m. 385.
þurfa v. 230, anm. 6; 513, 3 u. anm. 3; 525, anm. 2.
Þurfríþr f. 51, 1, a; 275, 3; 281, 4, b.
þurft f. 382, 3.
Þuríþr f. 51, 1, a; 62, anm.; 108, 1; 275, 3; 281, 4, b.
þurr adj. 176, 1; 267, 2, a; 274; 414, anm. 2.
þurs m. 145 b, 1; 348, 1 u. anm. 3.
þurþr m. 378.
þús(h)und(raþ) zahlw. 443.
þutr m. 382, 3.
þý f. 373 u. anm. 1; vgl. þír.
þydder (mnorw.) pron. = yþr 454, anm. 6.
þýft, -þ f. 230, anm. 7.
þyggua, þyggia stv. 483 u. anm.
þykkia swv. 51, 4; 108, 1; 109; 140; 218, anm. 4; 257, 3; 258 u. anm. 2; 275, 1; 311; 508, 1 u. anm. 1; 520, anm. 3; 521, anm. 3.

þykkr m. 379 u. anm. 1.
þykkr adj. 79, 4; 88, anm.; 155; 311; vgl. þiokkr.
þyngan f. 74, 13.
þynna swv. 507 u. anm. 2.
þyrell m. 74, 13 u. anm. 5.
þyrfa (anorw.) v. = þurfa 513, anm. 3.
þyrft f. 382, 3.
þyria swv. 307, 4.
þyrner m. 361.
þyrr adj. 414, anm. 2; vgl. þurr.
þysia swv. 307, 4.
þyss m. 379.
þytr m. 379; 382, 3.
þýþa swv. 505.
þý(þ)verskr adj. 222.
þǽgr adj. 421; 428.
þækkia (anorw.) 'decken' 269, 1.
þængat (onorw.) adv. 137, anm. 1.
þænneg (onorw.) adv. 137, anm. 1.
þær (onorw.) adv. 137, anm. 1.
þæðan (onorw.) adv. 137, anm. 1.

ú- präfix, s. ó-.
uf präp., s. of.
Ufeigr m. 145 a, 1.
Úfíkspueit (mnorw.) 145 a, 1.
uft (anorw.) adv. = opt 154, 2.
Úfæikstaðer (anorw.) 231, 1, b.
-ug- suffix 167, 4.
Ugestr (anorw.) m. = Ulf- 287, anm. 1.
ugga swv. 509, anm. 1; 528, 4.
ugla f. 238, 2; 274.
-ugþ suffix 283, 1; 382, 3.
uka (anorw.) f. = vika 398.
úknytter pl. 166, 3; 308, 3.
-ul- suffix 167, anm. 1.
ulfalde m. 246, anm.; 287.
ulfr m. 154, 2; 227, 1, a; 307, anm. 2; 348, anm. 1.
-ulfr (in namen) 154, 2; 227, 1, a.
Ulgestr m. = Ulfgestr 281, 4, a.
ull f. 227, 1, a; 341, 1; 366.
Ullr m. 265; 348, 2.
um alt adv. 54, 3, a.
um präp. 139, 3; 268, anm. 1; 275, 1; vgl.
umb präp., s. um u. 319, 2.

Umblauzstaðir (anorw.) 253, 1; 289, anm. 6.
umm präp., s. um.
-un suffix 130, anm. 3; 380.
una swv. 162; 509; 528, 4.
Úndss m. 54, 3, b.
Unavágar f. pl. 222.
und f. 227, 1, a.
-und- suffix 51, 2, b; 167, 2 u. anm. 2.
undan (anorw.) präp. 307, 2, b.
undarn m. 162; 167, 5.
under präp. 139, 3.
undingi (anorw.) m. 223; 307, 2, b.
undorn m. 162; 167, 5.
-ung- suffix 51, 1, b u. 2, b; 139, anm. 2; 167, 3; vgl. -ong f., -ongr m.
ungr adj. 50, 4; 109; 176, 1; 225; 307, 3, b u. 4; 323, 2; 428 u. anm. 3 (4).
ungviþe n. 362.
-unn f., s. -unnr.
unna v. 265; 513, 1 u. anm. 1; 522, 4.
unningi (anorw.) m. 223; 307, 2, b.
unnr f. 162; 265; 267, 4, b; 380, 1.
-unn(r) f. 267, 4, b; 374 u. anm. 1, 2.
unz 'bis' 150; 237, 1.
upp, úp(p) adv. 139, 3; 270, anm. 4; 308, 2; 433.
uppe, úpi adv. 270, anm. 4; 308, 2.
ups f. 232, anm. 4; 249.
uppskárr adj. 54, 2; 61.
úr n. 160.
ur-, úr- (anorw.) präfix 69; 121, 1; vgl. or-.
úr präp. 69; 121, 1; vgl. ór.
úrr m. 348, 2; 382, 3.
urt f. 227. 1, a; 382, 1.
urþr m. 380, 1; 382, 3.
Urþr f. 380, 1.
Úrékia m. 398.
út adv. 270, 1; 431; 432, 3 u. anm. 3.
útan, útar adv. 144, 4; 270, 1.
útrek(k)ia swv. 502, anm. 2.
útt (anorw.) adv. = út 270, 1.
úttan, -ar, -astr (anorw.) 270, 1.
-úþ suffix 283, 1; 382, 3.
uþr f., s. unnr.
-uþr f., s. -unnr.

-uþr m. 130, anm. 3; 387.
úvaldr (anorw.) m. 287.
ux (anorw.) f. = ups 249.
uxe m. 60, 3; 108, anm. 4; 154, 2; 216, anm. 3; 304 (pl.); 328, 1; 391, 2 (pl.).

vá f. 169, 4.
vá swv. 307, 3, b.
váfa swv. 74, 11; 509, anm. 1.
vaff n. 326.
Vafþrúþner m. 361.
Vagarðr (anorw.) m. 287, anm. 1.
vagga f. 308, 4 u. anm. 3; 324, 4.
vagn m. 308, 4.
vaka swv. 509; 528, 4.
vakenn adj. (part.) 491, anm. 4.
vakka swv. 308, anm. 3.
vákn (anorw.) n. = vápn 249.
vakna swv. 499.
vakr adj. 267, 3.
vákr adj. = veikr 54, anm. 3.
val (anorw.) adv., s. vel.
válaþ n. 228.
valda v. 161; 214; 265; 307, 2, a; 516 u. anm. 1; 519.
valdere(r) m. 392, anm.
-(v)aldr (in namen) 348.
Valdiúfr m. 230, 1, b; 248; 287.
Valdiúgœr (anorw.) m. (230, 1, b); 248.
Vále m. 289, 2.
Valer, Váler m. pl. 119, 2; 377.
valfǫþr m. 410, anm. 2.
valla adv. 262, 1.
valla (anorw.) stv., s. vella.
valr m. 'die gefallenen' 377.
valr m. 'falke' 348; 377 u. 2 u. anm. 2.
valrof n. 145ᵃ, 2.
Valþiófr m. 248; vgl. Valdiúfr.
vamm n. 336, 1.
vammál (anorw.) n. 259, anm. 3; vgl. vaþmál.
vam(p)n (anorw.) n. = vápn 304, anm. 1 (2 mal).
ván f., s. vǫn.
van(d)lega adv. 281, 2.
vandr adj. 161.
vándr adj. 169, 4; 430 (u. anm. 2).

vaner m. pl. 162.
vange m. 307, 3, b.
vangr m. 229, 1.
vangr adj. 307, 3, b.
vanlega adv. 281, 2.
vanmál (anorw.) n. 230, anm. 13; vgl. *vaþmál*.
vanr m. 377 u. anm. 2.
vanr adj. 162.
vant (anorw.) n. = *vatn* 304.
vápn n. 249; 304, anm. 1.
vár pron. pers. 454 u. anm. 5 (2 mal).
vara swv. 'ahnen' 509, anm. 1.
vara swv. 'warnen' 509, anm. 1.
vara (shetl.) = *vera* 104, anm. 2.
várar f. pl. 365.
vargr m. 348 u. 3.
varhygþ f. 61.
varkunn f. 380.
varla adv. 262, 1; 307, 3, a.
varlega adv. 307, 3, a.
várr pron. = *vár* 454, anm. 5.
várr pron. poss. 50, 3; 108, 1; 122, 1; 128, b; 267, 2, c; 289, 3; 457 u. 2 (u. anm. 3).
várra pron. = *vár* 454, anm. 5.
vartare m. 392, anm.
varða (orkn., shetl.) = *verþa* 104, anm. 2.
var(þ)hald 284.
-*varþr* (in namen) 348.
varúþ f. 61; vgl. -*úþ*.
vás n. 289, 4.
vaska swv. 310.
Vaste m. 232, anm. 1.
vatmál n. = *vaþmál* 382, 3.
vatn n. 162; 281, 8; 304; 310; 315, 1; 351, anm. 1.
vatr n. = *vatn* 351, anm. 1.
vátr adj. 162.
vát(t)r m. 274; 385.
vaþa stv. 490.
váþe m. 169, 4.
vaþell m. 167, 1 u. anm. 1; 349, anm. 1.
vaþmál, váþmál n. 122, 1; 230, anm. 13; 259, anm. 3; 382, 3.
vaþr m. 377.

vaxa stv. 164, anm. 2; 227, anm. 1; 490 u. anm. 3; 521, 2.
vé n. 107, 2; 127 b, b, 1; 307, 3, a; 353.
véar m. pl. 307, 3, a.
Vé(e) m. 307, 3, a; 394.
vefa stv. 74, 11; 486 u. anm. 4.
vefia swv. 497, anm.
vefmál n. = *vaþmál* 382, 3.
vefr m. 379.
vega stv. 'aufheben' 487.
vega stv. 'töten' 117; 154, 1; 159; 307, 3, a; 488 u. anm. 5.
veggr m. 221, 1 (2 mal); 379.
veglegr adj. 429, anm. 3.
vegna (*minna v.* etc.) 348, anm. 6.
vegr m. 'ruhm' 377.
vegr m. 'weg' 170, 1; 348 u. 2, 3, 4 (2 mal) u. anm. 6; 377, 2.
veig f. 365.
-*veig* (in namen) 307, 3, a; 367.
veikr adj. 54, anm. 3; 74, 16.
veill adj. 125, anm.; 144, 6.
veit f. 406.
veitall adj. 167, 1.
veiþr f. 374.
ve(i)zla f. 123.
vekia swv. 'erwecken', s. *vekkia*.
vekia swv. 'zum fliessen bringen' 503, 1.
vekke pron. = *vetke* 263, 1.
vek(k)ia swv. 'erwecken' 79, 12; 269, 1; 502.
vél f. 74, 12; 105, anm.; 365.
vel adv. 162; 433.
véla swv. 'sich beschäftigen' 107, 2; 230, 2, b; 507.
véla swv. 'überlisten' 74, 12; 507 u. anm. 2.
vélfinne, -fime 257, anm. 5.
velhuerr pron. 467 u. 4.
velia swv. 119, anm. 1; 344, 1; 498, 2.
vella stv. 161; 480 u. anm. 1, 4.
Vellan(d)katla 281, 2.
velta stv. 480.
vend n. 295, anm. 1.
venia swv. 502 u. anm. 2; 521, 2.
ver n. 167, 5; 359.

vér pron. pers. 106, 2; 121, 1; 268; 454 u. anm. 4 (4 mal); 521, 3.
-vér (in namen) 144, 2; 307, 3, b; 350 u. anm. 4; 361.
vera v. 69; 74, 11; 104, anm. 2; 106, 2 (*er, ero*); 121, 1 (2 mal); 150 u. anm. 1; 275, anm. 1; 307, 4; 455, 2; 488 u. anm. 6, 7; 511, anm.; 519; 521, 1; 522, 3 u. anm. 1; 526, 2; 527 (passim); 531 u. anm. 2; 536 u. anm. 2.
-vere m. 393 (3 mal).
vergangr m. 281, 3.
veria swv. 'kleiden' 69.
verk n. 155; 161; 281, 6; 351, anm. 1.
verkr m. 379.
Vermar, -er m. pl. 348, 4; 377, 2.
verpa stv. 161.
verr m. 154, 1; 342, 1; 348 u. 3.
verr adv. komp. 433.
verre adj. komp. 267, 2, a; 307, 4; 430 u. anm. 2.
ve(r)sna swv. 262, 3; 307, 4.
verst adv. sup. 433.
verstr adj. sup. 291, 2; 430; 433.
verþ n. 415, anm. 2.
verþa stv. 104, anm. 2; 170, 1; 221, anm. 1; 230, anm. 10; 281, 3; 480 u. anm. 3, 4 (2 mal); 519; 520, anm. 3; 524, 2, c u. 3; 536 u. anm. 2.
ver(þ)gangr m. 281, 3.
verþr m. 155; 385 u. anm. 1.
verþr adj. 155; 415, anm. 2.
vesa v., s. *vera*.
vesall adj. 61; 144, 1, (5), 6; 418, 1 u. anm. 3; 429, anm. 2.
vesna swv. = *versna* 262, 3.
vestan adv. 431; 432, 3.
vestastr adj. sup. 431.
Vestfoll (onorw.) 265, anm.
Vestfylder m. pl. 377; 382, 2.
vest(r) sup. = *verst(r)* 430; 433.
vestre adj. komp. 431.
vestr(h)alfa f. 284.
vesæll adj., s. *vesall*.
vet (anorw.) pron. = *vit* 138, anm. 3; 454.

vetke pron. 263, 1; 274; 466 u. 3 u. anm. 2.
-vetna (zu *vættr*) 380, 5.
vetr m. 106, 1; 257, 2; 274; 404.
vett (anorw.) f. 406, 4.
vetterges 'nichts' 380, anm. 1.
véttfangr, s. *véttvangr*.
vet(t)ke, s. *vetke*.
vettoge 'nichts' 380, anm. 2.
véttr, vettr f., s. *vættr*.
véttvangr m. 105; 106, 3; 229, 1.
veþ n. 66; 359.
veþia swv. 500.
veðill (anorw.) m. 167, 1; 349, anm. 1.
veþr m. 155; 170, 1; 348, 2 u. anm. 1.
veykr adj. = *veikr* 74, 16.
vezla f. = *veizla* 123.
ví (mnorw.) pron. = *vér* 454, anm. 4.
vídd f. 380.
Vifill (anorw.) m. 100; 227, 1, f; 248.
vig n. 159; 307, 3, a.
viga (anorw.) stv. = *vega* 'töten' 154, 1; 159; 488 u. anm. 5.
Vige m. 393.
Vigfúss m. 122, 2.
Vigg f. 373.
viggr m. 379 u. anm. 1.
vígia swv. 307, 3, a; 334, 1.
Vigiul- (anorw.) 100; 248.
vigr f. 365.
vigr adj. 421.
Vigu(l)staðer (mnorw.) 244.
vík f. 407.
vika f. 398.
víka (anorw.) stv. = *víkia* 473.
Vikand (anorw.) 143, anm. 2.
víkia stv. 79, 11; 254; vgl. *ýkua*.
vildr adj. 429, anm. 2.
vile m. 393 (2 mal).
Víle m. 77, 2; 131; 154, anm. 1; 361.
Víler m. 361 u. anm. 2.
vilia swv. 230, anm. 4; 267, 2, b; 275, 1; 340, 1; 503, 3 (u. anm. 4); 511, anm.; 519; 521, anm. 5; 522, 7 u. anm. 3.
Vilið(l)mr (anorw.) m. 287.
villa swv. 230, 2, b; 507.

Vimboldr m. 253, 1.
Vimor f. 368.
vin m., s. *vinr*.
-(v)in (in namen) 373.
vinát(t)a f. 275, 4.
vinda stv. 257, 2; 482 u. anm. 1.
Vinder, Vindr m. pl. 404.
Vin(d)land 295, anm. 1.
vindr m. 348, 2.
vindr adj. 161.
vingiof f. 253, 2.
Vingner m. 307, 3, b.
Vingþórr m. 307, 3, b.
viniey f. 285.
Vinland 281, 3.
Vinland 295, anm. 1.
vinna stv. 252; 227, anm. 1; 482 u. anm. 1.
vin(r) m. 162; 275, anm. 2; 378 u. 2 u. anm.
vinstre adj. komp. 289, 4; 431, anm.
vintur (misl.) m. = *vetr* 257, 2.
Vin(þ)land 281, 3.
Vinþr m. pl. 155; 162; 404.
vír pron. = *vér* 454, anm. 4.
virgell, -oll m. 167, 1.
virke n. 155.
-virke m. 393.
virþa swv. 82; 155.
virþar m. pl. 154, 1.
vísa f. 310.
vísa swv. 310; 499, anm.
visenn adj. (part.) 473, anm.
víse(r) m. 391.
viss adj. 310; 417 u. 2.; 512, anm. 2.
viss adj. 310; 512, anm. 2.
vist f. 381.
vistre adj., s. *vinstre*.
visundr m. 348, 2.
vit pron. pers. 240; 268; 454 u. anm. 1, 4; 521, 3.
vit (anorw.) präp. = *viþ* 230, 2, f.
vita v. 123; 310; 329, 1; 512, 1 u. anm. 1, 2; 522, 4; 524, 2, b (2 mal).
vitia swv. 500.
vitind, -and 167, 2.
vitke m. 122, 2; 231, 1, a.

-vitna (zu *vǽttr*) 380, 5.
vitr adj. 427.
vit(t)r m. = *vetr* 106, 1.
víttr f., s. *vǽttr*.
-vít(t)r f. 380, 1, 4.
vitund 167, 2.
viþ f. 159; 372.
viþ pron. = *vit* 240; 454.
viþa adv. 432, 1 u. anm. 3 (2 mal).
viþbeina n. 395.
viþer m. 159; 221, 1.
viþferle m. 60, 7.
viþia f. 399.
viþka swv. 230, 2, e.
viþkueþ n. 74, anm. 4 (pl.).
viþr m. 385 u. 2.
viþre m. 155.
vixl n. 216, anm. 3.
vixla swv. 230, 2, b; 281, 6; 507 u. anm. 1.
víz adv. 'weit' 230, 2, d.
vókn (nisl.) n. = *vápn* 249.
vón f., s. *vǫn*.
worþ n. = *orþ* 227, 1, a.
Wóþenn m. = *Óþenn* 227, 1, a.
vǫ́ f. 307, 3, b.
vǫg f. 365.
vǫ́g f. 406, 4.
vǫk f. 366.
vǫllr m. 385.
vǫlr m. 385.
vǫlua f. 79, 8; 345; 398.
Vǫlundr, (v-) m. 74, 12; 388.
vǫmb f. 257, anm. 4; 319, 2.
vǫ́n f. 78, anm.; 111; 381.
vǫndr m. 384; 385, 3.
vǫr f. 365.
Vǫ́r f. 365.
-vǫr (in namen) 367.
vǫr n. 167, 5.
vǫrn f. 382, 1.
vǫrr m. 385.
vǫr(r) f. 365.
vǫrþr m. 385 u. 2, 3.
vǫttr m. 257, 2; 385.
vǫttr (anorw.) m. 385.
vǫþ f. 380, 4; 382, 3; 406, 4.

vǫþue m. 79, 8.
vǫxtr m. 385.
vreiðe (anorw.) f. 278, anm. 1.
wulfr m. = *ulfr* 227, 1, a.
výkua stv., s. *ýkua*.
vyrða swv. = *virþa* 82.
vǽ subst. 93, 3; 144, 6.
vǽgr adj. 421.
vǽkka (anorw.) f. 263, 1.
vǽkkia (anorw.) swv. 'zum fliessen bringen' 269, 2; 503, 1.
vǽl f. = *vél* 74, 12; 105, anm.
vǽla swv. 74, 12; 507.
vǽna swv. 507, anm. 2.
Vǽner m. 162.
vǽngr m. 358; 379 u. anm. 4.
vǽnn adj. 162; 417 u. 2; 428; 429, anm. 2.
vǽpna swv. 230, 2, b; 507.
vǽr (anorw.) pron. = *vér* 105, anm.; 454 u. anm. 4.
vǽrenge m. 223.
vǽringr (anorw.) m. 358.
vǽtke pron., s. *vetke*.
vǽtt f. 'deckel' 105.
vǽtt f. 'gewicht' 105.
vǽttke pron. = *vetke* 263, 1.
vǽttr f. 105; 106, 3; 122, anm. 2; 144, 2; 380, 1, 3, 4, 5 u. anm. 1, 2; 466, 3 u. anm. 2.
vǽttvangr m. = *véttvangr* 105.
vǽðmál (anorw.) n. = *vaþmál* 382, 3.
vek(ku)a f. 79, 12.
vek(k)ua swv. 'zum fliessen bringen' 269, 2; 503, 1.
vekua swv. 'erwecken', s. *vekkia*.
vekue m. 79, 12.
vél f. = *vél* 74, 12.
véla (anorw.) swv. = *véla* 'sich beschäftigen' 507.
Vélundr m. 74, 12; 388.

yfa (anorw.) swv. 82, anm. 1.
yfir präp. 140.
*yfla swv. (prät. u. part.) 281, 4, a; 303, 1.
yfrenn adj. 140; 227, 2; 418, anm. 5.

ýger m. 72.
Yggr m. 379.
ýgiask swv. 72.
ýgr adj. 72; 421.
-ygþ suffix 283, 1; 382, 3.
ýke n. 72.
ykkar pron. pers. 106, anm. 1; 454.
ykkarr pron. poss. 227, anm. 4; 257, 3; 290, 1; 457, 3 (u. anm. 3).
yk(k)r pron. pers. 74, 5; 454.
ýkua stv. 74, 16; 79, 10, 11; 473; 522, 1.
ýler m. 225.
yl(f)ði, ylft (anorw.) zu **yfla* 281, 4, a; 303, 1.
ylgr f. 307, anm. 2; 374 u. anm. 4.
ylma swv. 82.
ylmr m. 82.
ylr m. 379 u. anm. 1.
ymbrudagar m. pl. 82.
Ymer m. 361.
ýmiss, (y-) adj. 62; 122, 5; 140; 418 u. 1, 4 u. anm. 1, 4.
ymr m. 379.
-yn (in namen) 373.
-ynd- suffix 167, 2 u. anm. 2.
-ynde f. 401; vgl. *-ynd-*.
ynglingr m. 210, 2.
Ynguarr m. 81; 107, 2; 128, a; 167, 5; 307, 3, b.
Yngue m. 79, 4; 81.
Ynguildr f. 284.
ýr m. 74, 6; 102, anm. 2.
ýr pron. = *yþr* 282.
ýr präp. = *úr* 68, 6; 69; 121, 1.
Yre f. 391.
ýrenn adj. 227, 2; 418, anm. 5.
Yria(r) (anorw.) pl. 160.
yrkia swv. 161; 227, 1, a; 311; 508, 1.
ýrr m. = *úrr* 382, 3.
yrþr m. 380, 1; 382, 3.
ýsa f. 225.
ysia f. 307, 4.
ýskia swv. 108, 1.
yss m. 379.
ýtarstr (anorw.) adj. sup. 431.
ýtre, ytre adj. komp. 122, 5; 431.

-ýþ suffix 283, 1; 382, 3.
yþar(r), yþarra pron., s. yþu-.
yþr pron. pers. 74, 5; 230, anm. 11; 252; 282; 454 u. anm. 6 (2 mal); 455, anm. 5.
yþ(u)ar pron. pers. 79, 3; 454 u. anm. 5.
yþ(u)arr pron. poss. 227, anm. 4; 252; 290, 1; 307, 4; 457 u. 3 (u. anm. 3).
yþ(u)arra pron. = yþ(u)ar 454, anm. 5.
ýztr, yztr adj. sup. 431.

ǽ adv. 93, 3; 144, 1; vgl. ey adv.
ǽfe f. 80; 93, 3; 242; 401, 2.
ǽfen- 80; 93, 3.
ǽfenlegr adj. 82, anm. 2; 417, anm. 2.
ǽftann (anorw.) m. = aptann 167, 5 u. anm. 3.
Ǽger m. 163; 307, 3, a; 309, 1; 361.
Ǽggðir (anorw.) m. 215, 1.
ǽgi adv. = eige 145ᵃ, 1.
ǽginn (anorw.) adj., s. eigenn (123).
ǽia swv. 502.
ǽinginn (anorw.) pron. = enge 122, anm. 1.
Ǽiðsif(i)ar (anorw.) pl. 144, 6.
Ǽlftruð (anorw.) 229, anm. 2.
ǽlli(u)fti (anorw.) zahlw. = ellepte 74, 7; 227, 2; 446, anm.
ǽllugu, ǽlluva (anorw.) zahlw. = ellefo 74, 7; 166, 1.
Ǽlmtrartiorn (anorw.) 229, anm. 2.
ǽlptr (anorw.) f., s. ǫlpt 406, 1.
ǽmbæt(t)e (anorw.) n. 275, 4.
Ǽn (anorw.) 62.
ǽr (anorw.) n. = ǽrr 74, 7.
ǽr f. 68, 2; 77, 2; 408 u. anm. 2.
-ǽr adj. 419.
ǽra swv. 54, anm. 1.
ǽrfað(e), -ǽðe (anorw.) n. 54, 3, b; 61; 144, 1, 5; 145ᵃ, 1.
ǽrlipti (anorw.) = ellepte 446, anm.
ǽr(r) (anorw.) n. 74, 7.
ǽrr (anorw.) m., s. ǿrr 385, anm. 2.
ǽrtog, -ug (anorw.) f., s. ørtog.
ǽs f. 289, 4; 365; 382, 2.
Ǽstriþr f. = Astriþr 385, anm. 2.
ǽte n. 362, anm. 4.

ǽtla swv. 258.
ǽtt f. 54, 1; 122, 1; 382, 3; 451.
ǽttbarmr, -baþmr m. 230, anm. 12.
ǽttenge m. 167, 3.
ǽþ(r) f. 'ader' 374.
ǽþr f. 'eider' 374.
œx (anorw.) f., s. ex.

ǿfenlegr adj. 82, anm. 2.
ǿfre adj. komp. 114; 431.
ǿfrenn (anorw.) adj. = yfrenn 227, 2.
ǿfstr adj. sup. 114; 232, anm. 4; 431.
ǿger m. 72.
ǿgia(sk) swv. 72; 164.
ǿgr adj. 72; 421.
ǿkkr (nisl.) m. 79, 3.
ǿkkuenn adj. 79, 3; 106, 1.
ǿllyfti, -kti, ǿllepti (anorw.) zahlw. = ellepte 74, 7; 82 u. anm. 3; 249; 446, anm.
Øluer m. 62; 79, 6; 166, anm. 2.
ǿmta swv. 250, 2.
ǿnge pron., s. enge pron.
ǿngr adj. 79, 6; 414, anm. 2; 420.
ǿngr pron., s. enge 79, 6; 81.
ǿngua swv. 79, 6.
ǿnta swv. 250, 2.
ǿpa swv. 227, 1, a; 505.
ǿpstr adj. sup. = ǿfstr 232, anm. 4.
ǿptir (anorw.) präp. = epter 166, anm. 2.
ǿr- präfix 68, 3; 69; 121, 1; 139, 3.
ǿr präp. 68, 4; 69; 121, 1; 139, 3.
ǿre adj. komp. (s. ungr) 50, 4; 109; 307, 3, b u. 4; 428, anm. 3.
ǿrende n. 152, anm. 1 (gen. pl. ørna); 167, 2; 362.
ǿrenn adj. 227, 2; 418, anm. 5.
ǿrinde n., s. ǿrende.
ǿr(h)óf n. 284.
ǿr(h)ǽfe n. 284.
ǿrr n. 74, 7.
ǿrr adj. 227, 1, a.
ǿrtog (anorw.) f. 60, 7; 63, anm. 2; 145ᵃ, 2; 167, 5; 365.
ǿrǽfe n. 284.
ǿs pron. pers., s. os(s).
ǿska f. 109; 307, 3, b.

éskia swv. 108, 1.
ess pron. pers., s. os(s).
éstr adj. sup. 293, 1.
eple n. 60, 7; 63, anm. 2; 77, anm.; 114; 167, 1.
eplask swv. 60, 7.
eplengr m. 166, anm. 2.
épre éztr adj. 428, anm. 1.
ex f. 74, 7; 167, 5; 374 u. anm. 2.

éxla swv. 230, 2, b; 281, 6; 507 u. anm. 1.
Øyll(u)ir (anorw.) m. 166, anm. 2; 227, 1, f.
Øystrin (anorw.) 62.
eyðla (anorw.) f. = epla 166, anm. 2; 259, 4.
Øyðvin (anorw.) 79, 13.

B. Urnordische wörter (so wie wichtigere wörter der vikingerzeit):

Die zahlen nach 'anh.' beziehen sich auf die nummern des anhangs.

а (adän.) 289, 5.
aaðaɜa[n]su 363, anm. 1; anh. 64.
ᴀfatʀ anh. 20.
ᴀft anh. 48.
after anh. 55.
aih 224, 2; 523, anm. 2; anh. 14.
ᴀih 54, 1; 224, 2; 523, anm. 1; anh. 27.
-ainaʀ 346, anm. 1; anh. 25.
Akaʀ 346, anm. 1; anh. 68.
alawin anh. 40.
ᴀleuɜaʀ 346, anm. 1; anh. 42.
all = alu anh. 27.
alu 363, anm. 1; anh. 8; 11; 26; (27); (31); 38; 41; 67.
Aluko 396, anm. 1; anh. 16.
an 289, 5; anh. 51.
anahaha 389, anm. 1; anh. 29.
аnart (aschw.) 290, 1.
Anoana nachtr. zu 389, anm. 1.
A[n]suɜas 346, anm. 3; anh. 28.
A[n]suɜisalas 135; 145 ᵇ, 1; 147; 289, anm. 2; 346, anm. 3; anh. 24.
Aovin (Einhard) 145 ᵇ, 2; 220; 222.
ᴀʀ anh. 3.
ᴀrᴀɜeu anh. 3; 45.
arbija 346, anm. 2; anh. 55.
arbijano 389, anm. 5; 391; anh. 55.
aʀina 69, anm.; 346, anm. 5; anh. 5.
(A)smu[n]t 77, 1; 145 ᵇ, 1 (2 mal), 7 (2 mal); 289, anm. 2; anh. 48.
Asripr (Man) 300, 2.

Asuɜas, s. A[n]suɜas.
Asuɜisalas, s. A[n]suɜisalas.
auja anh. 40.
Aulfr (aschw.) 222.
auna 77, 2; 130, anm. 2 (adän.); 389, anm. 5; 394, anm. 2; anh. 39.
aus (Cod. Leid.) 77, 1; 145 ᵇ, 5, 7.
bᴀriutiþ 135; 155, anm.; 217, 2; 520, anm. 3; anh. 45.
bᴀrutʀ 63, 1; 135; 145 ᵇ, 1, 7; 217, 1; 520, anm. 3; anh. 3.
bi anh. 24.
Birɜ[i]ŋɜu 363, anm. 1; vgl. folg.
birɜŋɜuboro 363, anm. 1; anh. 33.
borumʀ 145 ᵇ, 3; 154, 2; 346, anm. 8; anh. 45.
Daɜaʀ 130, anm. 2; 147; 217, 1; 218, 1; 346, anm. 1; anh. 10.
ðalidun 54, anm. 3; 523, anm. 4; anh. 55.
-ðᴀuðe 55; 131 u. anm.; 215, anm. 2; 389, anm. 1.
ðohtriʀ 108, anm. 4; 147; 258; 267, 3; 409, anm. 1; anh. 55.
-ðuðs 160; anh. 45.
Éhe 346, anm. 4; anh. 68.
eirilaʀ 167, anm. 1; 346, anm. 1; anh. 5; 61.
ek 454, anm. 1; anh. 17; 21; 23; 24; 26; 27; 55; 59.
eka 90.

erilaʀ 130, anm. 2; 167, anm. 1; 267, 3; 346, anm. 1; 349, 2; anh. 21; 24; 26.
faaþi (adän.) 224, 1.
fahi 224, 1; 520, anm. 1; anh. 30; 68.
fahi[ðo] 54, 1.
fai 224, 1; anh. 60.
faihiðo 54, 1; 130, 2; 148; 224, 1; 501; 523, anm. 1 u. nachtr.; anh. 10.
fᴀlᴀhᴀk 135; 224, 1; 455, anm. 2; 523, anm. 1; anh. 3.
fatlaþʀ (aschw.) 145ᵇ, 2.
faþi (adän.) 224, 1.
fauauisa 389, anm. 1; anh. 39.
feu (Abeced. nordm.) 145ᵇ, 1.
Fino 396, anm. 1; anh. 2.
fiu (Cod. Leid.) 145ᵇ, 5.
flu (adän.) 224, 2.
Frawaraðaʀ 53; 77, 2; 346, anm. 1; anh. 29.
Frohila 389, anm. 1; anh. 9.
ӡᴀf 217, 2; 523, anm. 2; anh. 45.
ӡaӡaӡinu 346, anm. 6; anh. 24.
ӡahe(lþu) anh. 24.
ӡakaʀ, s. *ӡaukaʀ*.
-ӡastiʀ 147; 217, 1; 218, 1; 375, anm. anh. 2; 17.
Ӡaukaʀ 346, anm. 1; anh. 38.
ӡestumʀ 63, 1; 267, anm. 4; 346, anm. 8; anh. 45.
ӡiðu 363, anm. 1; anh. 39.
ӡinᴀrunᴀʀ anh. 3.
ӡinoronoʀ anh. 45.
-ӡisalas 135; 147; 346, anm. 3; anh. 24.
ӡlēauӡiʀ 375, anm.; anh. 7.
Ӡoðaӡas 346, anm. 3; anh. 59.
hᴀerᴀmᴀlᴀusʀ anh. 3; vgl. *-lᴀusʀ*.
Hᴀeruwulafiʀ 132; 135; 360, anm.; anh. 20.
haӡala 346, anm. 2; anh. 24.
Haӡustalðaʀ, *-sta[l]ðaʀ* 166, anm. 2; 217, 1; 231, 1, b; 346, anm. 1; anh. 23; 59.
Hᴀislaʀ (aschw.) 223, anm.
h[ᴀ]iðeʀrunono anh. 45; vgl. *runono*.
hᴀiðʀruno 54; anh. 3; vgl. *runo* (Björketorp).

haite 54; 132; vgl. folg.
haiteӡa 455, anm. 2; 532, anm. 2; anh. 24; vgl. *haite*.
haitika 455, anm. 2; 532, anm. 2; anh. 39; vgl. *haite*.
haitinaʀ 147; 167, anm. 3; 267, 1; 346, anm. 1; 530, anm. 2; anh. 50.
-halaiban 135; 289, 5; 389, anm. 3; anh. 55.
halaʀ 346, anm. 1; anh. 44.
Haraðanaʀ 135; 267, 3; 346, anm. 1; anh. 21.
Hari-, Harja- 220.
Har[i]ua 389, anm. 1; anh. 42; 63.
Hariso 396, anm. 1; anh. 19.
Hariþulfs (?) 346, anm. 3; anh. 36.
Hariuha 108, anm. 4; 389, anm. 1; anh. 39.
HᴀriwolᴀfʀR 66; anh. 45; vgl. *-wolᴀfʀ*.
Hᴀriwulafa 346, anm. 5; anh. 20; vgl. *-wulafa*.
Hariwulf(a)ʀ 127ᵇ, a.
Hariwulfs 227, 1, a; 346, anm. 3; anh. 36.
Harua, s. *Hariua*.
Haruþs (aschw.) 151.
hateka 54, anm. 3; 455, anm. 2; 532, anm. 2; anh. 26.
hᴀðerᴀӡ 455, anm. 2; anh. 3.
Haðulaikaʀ 224, 1; 307, 2; 346, anm. 1; anh. 23.
HᴀþuwolᴀfᴀR 346, anm. 5; anh. 18; vgl. *-wolᴀfᴀ*.
HᴀþuwolᴀfʀR 222; anh. 45; vgl. *-wolᴀfʀ*.
Hᴀþuwulafʀ 222; 307, 2; anh. 20; vgl. *-wulafʀ*.
Hauaʀaʀ nachtr. zu 346, anm. 1.
Haukoþuʀ 227, 2; 383, anm. 1; anh. 66.
Helðaʀ 85; 91, 1; 217, 1; 346, anm. 1; anh. 51.
herᴀmᴀlᴀ[u]sᴀʀ 346, anm. 1; anh. 45.
heðerᴀ anh. 45.
hiabi (anorw.) 287.
Hite 132; 346, anm. 4; anh. 21.
hiðeʀrunono, s. *hᴀiðeʀrunono*.
Hiwiӡaʀ 346, anm. 1; anh. 67.
hlaaiwiðo 523, anm. 1; anh. 23.

hlaiwa 346, anm. 2; anh. 6.
hleuno 56; 528, anm.; anh. 62.
HlewaȝastiR 375, anm.; anh. 17; vgl.
 -*ȝastiR*.
Hnabðas 346, anm. 3; anh. 6.
holtivaR 346, anm. 1; anh. 17.
hoR anh. 27; vgl. folg.
HoraR 346, anm. 1; anh. 15; vgl. *hoR*.
horna 130, anm. 2; 147; 154, 2; 346, anm. 2; anh. 17.
hosli (aschw.) 145 b, 2.
Hrabisun (anorw.) 279, anm. 1.
Hrikariki (anorw.) 279, anm. 1.
HroAltR 346, anm. 1.
HroRaR 346, anm. 1; anh. 5.
HroReR 132; 360, anm.; anh. 5.
iah, jah 224, 2; 225, anm. 2; anh. 21; 24.
Iȝivon 130, anm. 1; 396, anm. 2, 3; anh. 44.
ik 454, anm. 1; anh. 34; 68.
is 106, 2; 522, anm. 1; anh. 29.
IuþinȝaR 56; 155, anm.; 346, anm. 1; anh. 34.
kamas (anorw.) 244.
karuR (aschw.) 74, 1; 145 b, 7; 220.
Keþan 389, anm. 2; anh. 1.
Kunimu[n]ðiu 134; 220; 383, anm. 3; anh. 51.
-*kurne* 132; 154, 2; 346, anm. 4; anh. 51.
kuþi (adän.) 131, anm.
Kuþumu[n]t (adän.) 130; 145 b, 1 (2 mal).
laasauwiva anh. 64.
lagu (Abeced. nordm.) 77, 2.
lą[n]kmuþrku (aschw.) 396, anm. 5.
La[n]ðuwarijaR 130, 1; 346, anm. 1; anh. 56.
-*lAsAR, s. -lAusAR*.
laþu 363, anm. 1; anh. 9; 15; 38.
LaðuwarijaR, s. La[n]ðuwarijaR.
laucr (Cod. Leid.) 77, 2; 145 b, 5.
laukaR 55; 346, anm. 1; anh. 38; 41.
-*lAusAR* 346, anm. 1; anh. 45.
-*lAusR* 55; 267, 1; 346, anm. 1; anh. 8.
Leþro 396, anm. 4; anh. 46.
-*leuðaR* 155, anm.; 346, anm. 1; anh. 56.

-*leuȝaR* 155, anm.; anh. 56.
li[n]ki 'lange' (adän.) 63, 3.
liuðu 56; 363, anm. 1; anh. 33.
lua (= *alu*?) anh. 31.
luwatuwa anh. 57.
mAȝiu 134; nachtr. zu 220; 383, anm. 3; anh. 45.
maȝu 147; 383, anm. 4; anh. 23.
makia 346, anm. 5; anh. 65.
Marila 389, anm. 1; anh. 11.
-*mariR* 53; 218, 1; 267, 1; 375, anm.; anh. 53.
meR 106, anm. 3; 454, anm. 1; anh. 33.
m[i]k 454, anm. 1; anh. 11.
minino 148, anm. 2; 415, anm. 1; 457, anm. 1; anh. 23.
minu 363, anm. 1; 457, anm. 1; anh. 33.
Muha 108, anm. 4; 389, anm. 1; anh. 24.
-*nam* 136; 523, anm. 1; anh. 34.
Nhaki (Man) 216, anm. 2.
ni anh. 53.
niþR (aschw.) 145 b, 1, 7.
niuha, niuhA 346, anm. 2; anh. 45.
Niujil[a] 155, anm.; 221; anh. 8.
Niuwila 155, anm.; 221; 389, anm. 1; anh. 32.
orte 131; 154, 2; 224, 1; 227, 1, a; 523, anm. 2; anh. 5.
os (Abeced. nordm.) 77, 1; (111, 1); 145 b, 1, 7.
OwlþuþewaR 265; anh. 53; vgl. *þewaR*.
raȝinaku[n]ðo 130, anm. 2; 363, anm. 4; anh. 30.
Rauniva nachtr. zu 389, anm. 1.
reidu (Cod. Leid.) 145 b, 5, 7.
RhroAltR 145 b, 7 (2 mal); 216, anm. 2; 217, anm.; 222, anm.; 227, 1, d; anh. 60.
ronu 396, anm. 4; anh. 3.
Ruar (anorw.) 279, anm. 1.
runAR 130, 2 u. anm. 2; 363, anm. 4; anh. 20.
runo (Björketorp) 130, 2 u. anm. 2; 363, anm. 5; anh. 3.
runo (Einang, Noleby) 130, anm. 2; 363, anm. 4; anh. 10; 30.

runono 130, anm. 2; 363, anm. 5; anh. 45.
runoR 130, 2 u. anm. 2; 363, anm. 4; anh. 21; 51; (55).
sa 459, anm. 1; anh. 26.
(sa)li anh. 24.
SaliʒastiR 375, anm.; anh. 2; vgl. *-ʒastiR*.
sar anh. 67.
saR 459, anm. 1; 463, anm. 2; anh. 3; 45.
sasi u. andere formen dieses paradigmas 460, anm. 1.
sᴀte 131; 503, anm. 2; 523, anm. 2; anh. 18.
satiða anh. 55.
sijosteR 132; 415, anm. 1; 426, anm. 1; anh. 55.
Siktriku (aschw.) 74, 5, a; 145 ᵇ, 7; 220.
sin 415, anm. 1; 457, anm. 1; anh. 48.
sitiR (aschw.) 145 ᵇ, 1, 2, 3.
ski[n]þaleuðaR 265; anh. 43.
slaʒinaR 71; 167, anm. 3; 346, anm. 1; 530, anm. 2; anh. 29.
snuhekᴀ 455, anm. 2; 520, anm. 1; anh. 45.
sol (Abeced. nordm.) 145 ᵇ, 1, 7.
soulu (Cod. Leid.) 145 ᵇ, 7.
-spᴀ 145 ᵇ, 7; 224, 1; 363, anm. 1; anh. 3.
SsiʒaðuR 224, 1; 383, anm. 1; anh. 47.
staina 54; 147; 346, anm. 5; anh. 55.
stainaR 267, 1; 346, anm. 6; anh. 36.
StikuR (aschw.) 74, 5, a; 145 ᵇ, 7; 220.
sun (aschw., adän.) 145 ᵇ, 7 (3 mal).
-sunR (aschw.) 145 ᵇ, 7.
sunu acc. sing. 145 ᵇ, 1 (2 mal), 2, 7 (2 mal; aschw.); 383, anm. 4; anh. 48.
swainaR (?) anh. 36.
swestar 131; 147; 409, anm. 1; anh. 33.
Tᴀitʀ nachtr. zu 346, anm. 1.
taiþir (anorw.) 382, 1.
Talivo 396, anm. 1; anh. 62.
tawiðo 523, anm. 1; anh. 17.
triku 370.
truknaþu (adän.) 130, anm. 3.

tuþr (anorw.) 160.
ð-, s. nach *b-*.
þᴀiᴀR 459, anm. 1; anh. 20.
þaliR 375, anm.; anh. 4.
þaR 68, 2; 121, 1; 130, 2 u. anm. 2; 459, anm. 1; anh. 10.
þat, þᴀt 459, anm. 1; anh. 3; 5; 27.
(-)þewaR 77, 2; 130, anm. 2; 215, 1; 218, 1; 233, anm. 2; 346, anm. 1; anh. 53; 59.
þiaþan (agutn.) 137, anm. 1.
þrawiʒan 289, 5; 389, anm. 3; anh. 50.
þrijoR 363, anm. 4; 437, anm. 1; anh. 55.
þur (adän.) 289, anm. 1.
þuris (Abeced. nordm.) 145 ᵇ, 1.
þurlabr 54, 3, b.
uar (adän.) 145 ᵇ, 7.
UðaR 346, anm. 1; anh. 21.
Ufaak 54, 3, b.
uftiR (fär.) 166, anm. 2.
-ulf (adän.) 145 ᵇ, 6.
Ulfs (adän.) 227, 1, a.
unnam 136; 523, anm. 1; anh. 34.
Urm (adän.; Einhard) 227, 1, a.
urti 131; 224, 1; 227, 1, a; 523, anm. 2; anh. 48.
uti anh. 3.
upᴀrᴀðᴀspᴀ 135; 145 ᵇ, 7; 224, 1; 363, anm. 1; anh. 3.
Waʒe 346, anm. 4; anh. 33.
WakraR 267, 3; 346, anm. 1; anh. 34.
wajemariʀ anh. 53; vgl. *-mariʀ*.
Wa[n]ðaraðas nachtr. zu 346, anm. 3; anh. 37.
warᴀit 135; 136; 278; 523, anm. 2; anh. 20.
-warijaʀ 346, anm. 1; anh. 56.
waritu 135; 278; 523, anm. 3; anh. 21.
waruR 383, anm. 1; anh. 52.
was 136; 242; 523, anm. 2; anh. 50.
Waðaraðas, s. *Wa[n]ðaraðas*.
WAþ(i) 215, anm. 2; anh. 48.
welᴀðᴀuðe anh. 3.
wel(ᴀ)ðuð[s] 160; anh. 45.
wiju 130, 1; 224, 1; 520, anm. 1; anh. 24.

wilaȝaʀ 346, anm. 1; anh. 26.
wiliʀ 525, anm. 1; anh. 62.
[*wi*]*t* 454, anm. 1; anh. 21.
wita[*n*]*ðahalaiban* 135; 289, 5; 389, anm. 3; 529, anm. 4; anh. 55.
Wiwaʀ 154, anm. 1; 346, anm. 1; anh. 55.
Wiwila 77, 2; 131 u. anm.; 154, anm. 1; 389, anm. 1; anh. 61.
wllhakurne 224, 1; anh. 51; vgl. -*kurne*.
-*wolAfA* 135; 145ᵇ, 6; 154, 2; anh. 18.
-*wolAfʀ* 135; 154, 2; 227, 1, a; 346, anm. 1; anh. 45.

worahto 130, 2; 135; 154, 2; 224, 1; 227, 1, a; 311; 523, anm. 1; anh. 55.
Woðuriðe 346, anm. 4; anh. 55 (2 mal).
wraita 54; 278; 346, anm. 5; anh. 34.
-*wulafa* 135; 145ᵇ, 6; 154, 2; 346, anm. 5; anh. 20.
-*wulafiʀ* 135; anh. 20.
-*wulafʀ* 135; 145ᵇ, 6, 7; 154, 2; 227, 1, a; 346, anm. 1; anh. 20.
-*wulfs* 227, 1, a; 346, anm. 3; anh. 36.
w[*u*]*rta* 131; 147; 224, 1; 523, anm. 2; anh. 11.
wurte 131 u. anm.; 154, 2; 224, 1; 227, 1, a; 523, anm. 2; anh. 51.

Nachträge (vgl. s. 348 f.):

S. 3, z. 8 v. u. füge hinzu: Nedre Hov und Øvre Stabu; z. 7 v. u. h. Vetteland. — S. 4, z. 4 f. h. Eidsvaag; z. 8 f. h. Tveito. — S. 49, z. 3 v. u. lies *ðᴀriutiþ*. — § 68, 8, z. 3 l. *hauseins*) gehör. — § 74,12, z. 1—2 l. sg. *vél* (nur ....) neben *vél* nach pl. *vélar* kunstgriff. — S. 67, z. 3 l. *Ósýfr*, *Ósuifr* (§ 74, 14); *sónskr*. — § 79, 8, z. 7 l. *Sorkvér*. — § 81, z. 7 l. *nakkuarr*, *nekkuarr*. — S. 170, z. 6 l. *kambr* kamm. — § 265, z. 7 l. *falda*. — § 281, 3, z. 5 l. *skur(þ)goþ*. — § 308, 2, z. 1 l. *ð (f)*. — § 346 anm. 1, z. 3 f. h. *-ðaʀ* (Vetteland); z. 9 l. *Iuþiŋᴢaʀ*; f. h. *Haᵾaʀaʀ* (Eidsvaag); z. 13 f. h. *Tᴀitʀ* (Tveito); anm. 5, z. 2 f. h. *-ina?* (Vetteland). — S. 228, z. 10 v. u. l. *roþ*. — S. 231, z. 5 v. u. l. *ǫx, ax*. — § 389 anm. 1, z. 2 f. h. *Rauniᵾa* (Øvre Stabu); z. 3 f. h. *Anoana* (brakteat nr. 48). — § 396 anm. 1, z. 2 l. *Taliᵾō*. — § 454, anm. 1, z. 2 f. h. Nedre Hov. — S. 284, z. 1 v. u. l. *nǫkkurn*. — § 523 anm. 1, z. 4 f. h. *faihiðō* (Vetteland); anm. 2, z. 2 l. *ᴢᴀf*. — S. 335, z. 4 l. *hᴀiðʀruno*. — S. 341, z. 4 l. *iuþiŋᴢaʀ*. — S. 342, z. 3 v. u. l. *iᴢiᵾon*. — S. 343, z. 8 l. *herᴀmᴀlᴀ[u]sᴀʀ*. — S. 347, z. 4 f. h. Bugge, No. I., s. 424 ff.

Zum register (nur wichtigere): l. *af-* ... *of-*. — *Aþalráþr*. — *bitell*, *-oll* m. — *Inguildr* f. — *landskial(f)te* ... 391, anm. 1. — F. h. zu *á* adv. 54, 3, a u. b, s. *ey*; *alen* u. *arenn* 71; *-arr* 223; *auka* u. *ausa* 60, 10, 11; *biskop* 348 nachtr.; *brók* 406; *dreif* 406 (2 wörter); *efla* 281, 4; *eyrer* u. nachtr.; *fá* u. *falla* 99; *fló* 'floh' 406; *hirþer* 361 nachtr.; *ko(no)ngr* 152 nachtr.; *meþal* u. *miþal*, *-el* 415 anm. 2, 5; *morgonn* 110, 1. — F. h. *al(f)t* f. 281, 4, b. — *á meþan* adv. 54, 3, a. — *einna*, resp. *enna* adv. 148, anm. 2. — *ilfði* prät. 303, 1. — *knettr* präs. 480, anm. 1. — *kum(b)l* 281, anm. 1. — Uebrigens vgl. immerhin verwandte wörter und wortteile.

Druck von Erhardt Karras, Halle a. S.

CPSIA information can be obtained
at www.ICGtesting.com
Printed in the USA
LVHW110254260522
719801LV00005B/31